THERESA TSCHENKER

Politischer Streik

Abhandlungen zum deutschen und internationalen Arbeits- und Sozialrecht

Band 12

Politischer Streik

Rechtsgeschichte und Dogmatik des Tarifbezugs und des Verbots des politischen Streiks

Von

Theresa Tschenker

Duncker & Humblot · Berlin

Die Juristische Fakultät der Europa-Universität Viadrina Frankfurt (Oder)
hat diese Arbeit im Jahre 2022 als Dissertation angenommen.

Bibliografische Information der Deutschen Nationalbibliothek

Die Deutsche Nationalbibliothek verzeichnet diese Publikation in
der Deutschen Nationalbibliografie; detaillierte bibliografische Daten
sind im Internet über http://dnb.d-nb.de abrufbar.

Satz: 3w+p GmbH, Rimpar
Druck: CPI books GmbH, Leck
Printed in Germany

ISSN 2747-9021
ISBN 978-3-428-18950-2 (Print)
ISBN 978-3-428-58950-0 (E-Book)

Gedruckt auf alterungsbeständigem (säurefreiem) Papier
entsprechend ISO 9706 ♾

Internet: http://www.duncker-humblot.de

Danksagung

Dieses Buch beruht auf meiner im Oktober 2021 eingereichten und im April 2022 an der Juristischen Fakultät der Europa-Universität Viadrina Frankfurt (Oder) verteidigten Dissertation. Ich danke Prof. Dr. Eva Kocher für die von Anfang an umfassende Unterstützung und kritische Begleitung meiner Promotion und die Erstellung des Erstgutachtens. Prof. Dr. Benjamin Lahusen hat die vorliegende Veröffentlichung mit den wertvollen Denkanstößen seines Zweitgutachtens bereichert.

Für den fortwährenden Austausch danke ich allen Mitarbeiter*innen und Teilnehmer*innen der Kolloquien am Lehrstuhl für Bürgerliches Recht, Europäisches und Deutsches Arbeitsrecht, Zivilverfahrensrecht von Prof. Dr. Eva Kocher. Die Kritik und Lektüreempfehlungen der Teilnehmer*innen des Kolloquiums des Arbeitskreises Arbeitsrechtsgeschichte des Max-Planck-Instituts für Rechtsgeschichte und Rechtstheorie im Januar 2021 waren anregend und hilfreich. Für seinen Zuspruch und die Diskussion danke ich Michael Holthaus. Bei Michael Kittner möchte ich mich für den Austausch und die Hilfestellung bei der Recherche von rechtshistorischen Schriften bedanken.

Der Denk- und Schreibprozess ist ein kollektiver, das Schreiben selbst ist jedoch oft einsam. Der permanente Austausch mit meinen Freund*innen machte die Einsamkeit erträglich. Die Fertigstellung dieser Arbeit wäre ohne euer empathisches Umsorgen und Unterstützen unmöglich gewesen. Pascal Annerfelt danke ich für die fortwährende inhaltliche Auseinandersetzung, die Ermunterung und die gemeinsamen Vorträge und Workshops. Für die vielen Gespräche, das aufmerksame Redigieren und eure Kritik danke ich Joost Beerwerth, Franziska Brachthäuser, Laurens Brandt, Anna Malou Bußmann-Welsch, Lars Feldmann, Selma Gather, Christoph Gollasch, Simone Habel, Dr. Burglinde Hagert, Alexander Harder, Franziska Hartmann, Anna Heinen, Johanna Jaspersen, Dr. Kai Krüger, Dr. Doris Liebscher, Nick Markwald, Laura Redmer, Loui Rickert und Claudia Theilig. Ha Mi Le hat mich auf der Zielgeraden mit ihrer Begeisterung für diese Arbeit begleitet und die gesamte Schrift akribisch lektoriert. Vor allem Jörg Meyer danke ich von Herzen für seine permanente emotionale Unterstützung, die Ermunterungen und das Freudebereiten an der Promotion sowie die fortlaufenden Diskussionen und das sorgfältige Redigieren. Der Bürogemeinschaft reuti in Berlin-Neukölln bin ich dankbar für das solidarische und kritische Umfeld des Reflektierens und Schreibens und ihre Unterstützung.

Meinen Eltern Heike und Frank danke ich für die bedingungslose Unterstützung und meinem Bruder Kristian für das ständige Erinnern an die Realität der Lohnarbeitsverhältnisse und die aktuellen gewerkschaftlichen Kämpfe.

Berlin, im April 2023 *Theresa Tschenker*

Inhaltsübersicht

Inhaltsverzeichnis

Abkürzungsverzeichnis

a. A.	andere Ansicht
Abs.	Absatz
ADGB	Allgemeiner Deutscher Gewerkschaftsbund
ADR	Akademie für Deutsches Recht
AEUV	Vertrag über die Arbeitsweise der Europäischen Union
AFG	Arbeitsförderungsgesetz
AOG	Gesetz zur Ordnung der nationalen Arbeit
AP	Arbeitsrechtliche Praxis (Entscheidungssammlung zum Arbeitsrecht)
ARD	Arbeitsgemeinschaft der öffentlich-rechtlichen Rundfunkanstalten der Bundesrepublik Deutschland
Art.	Artikel
AuR	Arbeit und Recht (Zeitschrift)
BAG	Bundesarbeitsgericht
BB	Betriebs-Berater (Zeitschrift)
BGB	Bürgerliches Gesetzbuch
BGH	Bundesgerichtshof
BIP	Bruttoinlandsprodukt
BRD	Bundesrepublik Deutschland
BT-Drs.	Bundestagsdrucksache
BVerfG	Bundesverfassungsgericht
CDU	Christlich Demokratische Union Deutschlands
CSU	Christlich-Soziale Union in Bayern
DAF	Deutsche Arbeitsfront
DAR	Deutsches Autorecht (Zeitschrift)
DDR	Deutsche Demokratische Republik
DGB	Deutscher Gewerkschaftsbund
DP	Deutsche Partei
EGMR	Europäischer Gerichtshof für Menschenrechte
EGV	Vertrag zur Gründung der Europäischen Gemeinschaft
EMRK	Europäische Menschenrechtskonvention
ESC	Europäische Sozialcharta
EuG	Gericht der Europäischen Union
EUV	Vertrag über die Europäische Union
FDP	Freie Demokratische Partei
ff.	die Folgenden
Fn.	Fußnote
Gestapo	Geheime Staatspolizei
GG	Grundgesetz
GRCh	Charta der Grundrechte der Europäischen Union
GRUR	Gewerblicher Rechtsschutz und Urheberrecht (Zeitschrift)
IG	Industriegewerkschaft

IGH	Internationaler Gerichtshof
ILO	International Labour Organization
IPBPR	Internationale Pakt über bürgerliche und politische Rechte
IPWSKR	Internationale Pakt über wirtschaftliche, soziale und kulturelle Rechte
JW	Juristische Wochenschrift
KPD	Kommunistische Partei Deutschlands
LG	Landgericht
lit.	littera (lateinisch für Buchstabe)
LVG	Landesverwaltungsgericht
m. j. w. N.	mit jeweils weiteren Nachweisen
m. w. N.	mit weiteren Nachweisen
MuSchG	Mutterschutzgesetz
NATO	North Atlantic Treaty Organization
NDR	Norddeutscher Rundfunk
Nr.	Nummer
NS	Nationalsozialismus
NSDAP	Nationalsozialistische Deutsche Arbeiterpartei
NVwZ	Neue Zeitschrift für Verwaltungsrecht
NWI	Nationaler Wohlfahrtsindex
OLG	Oberlandesgericht
RAG	Reichsarbeitsgericht
RAGE	Entscheidungen des Reichsarbeitsgerichts
RG	Reichsgericht
RGBl.	Reichsgesetzblatt
RGE	Entscheidungen des Reichsgerichts
RGewO	Reichsgewerbeordnung
RGSt	Entscheidungen des Reichsgerichts in Strafsachen
RGZ	Entscheidungssammlungen der Entscheidungen des Reichsgerichts in Zivilsachen
Rn.	Randnummer
SA	Sturmabteilung
SAP	Sozialistische Arbeiterpartei
SchwerbG	Schwerbeschädigtengesetz
SPD	Sozialdemokratische Partei Deutschlands
StGB	Strafgesetzbuch
TV	Tarifvertrag
TVG	Tarifvertragsgesetz
TVVO	Verordnung über Tarifverträge, Arbeiter- und Angestelltenausschüsse
u. a.	und andere
USPD	Unabhängige Sozialdemokratische Partei Deutschlands
UWG	Gesetz gegen den unlauteren Wettbewerb
ver.di	Vereinte Dienstleistungsgewerkschaft
VvB	Verfassung von Berlin
WRV	Weimarer Reichsverfassung
ZAG	Zentralarbeitsgemeinschaft der industriellen und gewerblichen Arbeitgeber und Arbeitnehmer
ZDF	Zweite Deutsche Fernsehen
zit.	zitiert
ZP	Zusatzprotokoll der EMRK

Einführung: Der „politische" Streik in frauendominierten Branchen

> „So muß denn jeder, der sich mit der Frage des politischen Streiks in Deutschland befassen will, zurück zu den Ereignissen und zu den Quellen, will er nicht in der Öde juristisch-normativer Argumentation steckenbleiben, die jeden Sinn für die Ambivalenzen des Streiks vermissen läßt und der Geschichte mit interessierter Vergeßlichkeit begegnet."[1]

Die Debatte um das Verbot des „politischen" Streiks flammt im rechtswissenschaftlichen und im gewerkschaftlichen Diskurs immer wieder auf. Zuletzt haben die Aktionsbündnisse rund um den Feministischen Streik und den Klimastreik die Diskussion auch in der Öffentlichkeit entfacht.[2]

Deutsche Gerichte und der Großteil der deutschen Rechtswissenschaft markieren nur bestimmte Streiks als „politisch". Es gelten diejenigen Streiks als „politisch", mit denen Arbeitnehmer*innen[3] Ziele außerhalb von Tarifverhandlungen verfolgen. Die Trennung von „politischen" und tarifbezogenen Streiks hat zudem normative Folgen: Deutsche Gerichte bewerten den „politischen" Streik als rechtswidrig, den tariflichen hingegen als rechtmäßig. Die Trennung von Politik und Tarifvertrag zu

---

[1] *Haupt et al.*, 1981, 13, S. 16.

[2] Siehe dazu näher S. 289 ff.

[3] Ich verwende gendergerechte Sprache. Immer dann, wenn dies nicht erfolgt, beziehe ich mich auf eine Formulierung einer anderen Quelle oder bezeichne ausschließlich Personen mit der genannten Geschlechtsidentität. Auch schreibe ich beispielsweise von der Arbeiterbewegung, weil diese in der betrachteten Zeit fast ausschließlich von Männern in der Öffentlichkeit repräsentiert wurde, sich zudem selbst so bezeichnete und die interne Reflexion geschlechtsbezogener Herrschaftsverhältnisse in dieser historischen Bewegung mit der heutigen nicht vergleichbar ist.

Zur Begriffskritik, dass eigentlich die Arbeit„nehmer*innen" ihre Arbeitskraft anbieten und verausgaben und damit „Geber*innen" sind, siehe das Vorwort von Friedrich Engels in *Marx*, 1867, 11, S. 34. Die Begrifflichkeit des Arbeitnehmers setzt ein Verständnis von Arbeit als Arbeitsgelegenheit oder Arbeitsplatz voraus – der Arbeitnehmer nimmt die Arbeitsgelegenheit wahr oder den Arbeitsplatz ein. Rein schuldrechtlich betrachtet, ist die Arbeitsleistung geschuldet, nicht der Arbeitsplatz, vgl. *Karassek*, Arbeit Bewegung Geschichte 16 (2017), 106, S. 111. Weil in der vorherrschenden rechtlichen und politischen Betrachtung die Begriffe jedoch andersherum verwendet werden und ich mich in der vorliegenden Arbeit auf diesen Diskurs beziehe, werde ich sie ebenfalls in dieser ideologischen Verdrehung benutzen.

rekonstruieren und die darauf aufbauenden rechtlichen Bewertungen des Streiks in Frage zu stellen, sind Gegenstände dieser Untersuchung.

Anhand frauendominierter Branchen,[4] insbesondere der Altenpflege, lässt sich anschaulich aufzeigen, dass die scheinbar klare rechtsdogmatische Trennung von Politik und Tarifvertrag einer Untersuchung der Regelungsmechanismen nicht standhält. In diesen Branchen sind die von der Gesetzgebung ausgestalteten und die tariflich regelbaren Arbeits- und Wirtschaftsbedingungen untrennbar miteinander verbunden.

I. Arbeitsbedingungen und Streikpraxis in frauendominierten Branchen

In der Altenpflege sind die Arbeitsbedingungen im Vergleich zu männerdominierten Branchen prekär. Niedrige Löhne[5] und gesundheitliche Belastungen herrschen vor. Die Arbeitsbelastung ist auf die Nacht- und Wochenendarbeit[6] und die Arbeitsverdichtung zurückzuführen, die auf der geringen Personalausstattung in den Einrichtungen beruht.[7] Streiks in der Altenpflege beschränken sich bislang auf einzelne Haustarifverträge und die Verhandlungsrunden mit den kommunalen Arbeitgeber*innen um Flächentarifverträge. Die Arbeitnehmer*innen sind in dieser Branche vor allem mit sozialstaatlichen Regelungen konfrontiert. Dementsprechend erkämpft die für Gesundheit und Pflege zuständige Vereinte Dienstleistungsgewerkschaft (ver.di) nicht nur Tarifverträge, sondern fordert eine verbindliche, bundesweit einheitliche und bedarfsgerechte Personalbemessung[8] und setzt sich für die Einführung einer Bürgerversicherung im gesamten Gesundheitsbereich ein.[9]

---

[4] Laut dem Zweiten Gleichstellungsbericht sind in den Berufszweigen der Sozialen Arbeit, der Haushaltsnahen Dienstleistungen, der Gesundheit und Pflege und der Erziehung rund 80 Prozent der Arbeitnehmer*innen Frauen, *Sachverständigenkommission für den Zweiten Gleichstellungsbericht*, 2017, BT-Drs. 18/12840, S. 142.

[5] *Carstensen/Seibert/Wiethölter*, 4. November 2020, S. 2 f. wonach die Löhne in der Altenpflege aufgrund des Fachkräftemangels zwar überdurchschnittlich seit dem Jahr 2012 gestiegen sind, aber dennoch im Jahr 2019 circa 10 Prozent unter dem Bundesdurchschnitt aller Arbeitnehmer*innen lagen; *Bispinck et al.*, 2013, S. 6, 14 f.; *Schroeder*, 2018, S. 173 ff. Nach einer repräsentativen Befragung der Arbeitnehmer*innen in Deutschland im Zeitraum 2016 bis 2019 gab die Mehrheit der Arbeitnehmer*innen in der Alten- und Krankenpflege mit 53 Prozent an, Schwierigkeiten zu haben, mit ihrem Einkommen ihren Lebensunterhalt zu finanzieren. Im Vergleich zu allen Berufsgruppen, in denen 38 Prozent der Arbeitnehmer*innen angeben, zu wenig zu verdienen, ist der Anteil demnach überdurchschnittlich hoch. Dies liegt nicht an den atypischen Beschäftigungsverhältnissen, die in den Pflegeberufen dem bundesweitem Durchschnitt entsprechen, sondern an der geringeren Stundenlöhnen, vgl. *Institut DGB-Index Gute Arbeit*, 2020, S. 1 ff.

[6] *Institut DGB-Index Gute Arbeit*, 2020, S. 5; *Schroeder*, 2018, S. 78, 173 ff.; *I. Nowak*, 2017, 182, S. 193 f.

[7] *Theobald*, 2018, S. 66; *Institut DGB-Index Gute Arbeit*, 2020, S. 6.

[8] *Ver.di*, 2021, S. 14 ff.

Gewerkschaftliches Handeln ist in weiteren frauendominierten Branchen eng mit dem Auf- und Umbau des Sozialstaats verbunden. Ver.di streikte in den letzten Jahren nicht nur für tarifvertragliche Verbesserungen wie Entlastungstarifverträge in der Krankenpflege,[10] sondern fordert beispielsweise die Abschaffung des Fallpauschalensystems der Krankenhausfinanzierung.[11] Die Streikenden an der Berliner Charité und den Häusern des Vivantes-Konzerns in Berlin wiesen im Herbst 2021 immer wieder darauf hin, dass notwendige staatliche Investitionen im Gesundheitsbereich getätigt werden müssten.

In der frauendominierten Beschäftigungsbranche der Kindererziehung hat der Zusammenhang von sozialstaatlichen Ausgaben und den Arbeitsbedingungen ebenfalls Auswirkungen auf die Streikpraxis. Die Erzieher*innen forderten in ihren Streiks in den Jahren 2009 und 2015 nicht nur eine verbesserte Personalbemessung, sondern kritisierten unter anderem die Austeritätsvorgaben in Sozial- und Bildungspolitik auf kommunaler, Landes- und Bundesebene und die Finanzpolitik, die den Kommunen nicht ausreichend Ressourcen zugeteilt habe.[12] Die Gewerkschaft ver.di rief am 8. März 2022 zum ersten Warnstreik in der Tarifrunde für die Arbeitnehmer*innen der Sozial- und Erziehungsdienste mit der Vereinigung der kommunalen Arbeitgeberverbände auf. Feministische Streikbündnisse führen seit mittlerweile vier Jahren an diesem Internationalen Frauenkampftag Aktionen durch. Das Streikbündnis in Kassel unterstützte den tariflichen Streik und forderte von der Stadt und dem Land Hessen die bestmögliche Versorgung der Arbeitnehmer*innen, Kinder und Angehörigen. Dazu solle eine bedarfsgerechte Personalbemessung gesetzlich geregelt werden, anstatt sich auf unzureichenden Regelungen wie dem Kinderförderungsgesetz auszuruhen.[13] Die Bündnisse um den 8. März überschreiten mit ihrem Forderungskatalog das tariflich Regelbare und adressieren auf verschie-

---

[9] *Ver.di*, 2011; die Gewerkschaft strebt an, die bestehende Pflegeteilleistungsversicherung zu einer bedarfsdeckenden Pflegevollversicherung umzugestalten, *ver.di*, 2021, S. 4.

[10] Ver.di konnte Tarifverträge und sonstige Kollektivvereinbarungen zur Entlastung der Arbeitnehmer*innen in den letzten Jahren erfolgreich abschließen. Vor allem an den Universitätskliniken wurden sogenannte Entlastungstarifverträge von den Arbeitnehmer*innen mit Streiks oder zumindest deren Androhung erkämpft. Die Regelungen der Tarifverträge und Kollektivvereinbarungen haben alle dasselbe Ziel – mehr Personal in der Pflege einzusetzen und letztlich auch neue Stellen zu schaffen. Als Vorbild kann der Tarifvertrag Gesundheitsschutz und Demografie gelten, der am 28. April 2016 zwischen ver.di und der Berliner Charité geschlossen wurde. Der Tarifvertrag war der erste seiner Art und die gewerkschaftlichen Interessenvertretungen an anderen Klinken konnten darauf aufbauen, siehe dazu *Tschenker*, IndBez 2019, 366, S. 375 f.

[11] *Ver.di, Fachbereich Gesundheit, Soziale Dienste, Wohlfahrt und Kirchen*, 2020. Die Gesetzgebung hat das Fallpauschalensystem, nach dem die Krankenhäuser sich über die Abrechnung von eingruppierten Behandlungsfällen finanzieren, im Jahr 2003 schrittweise eingeführt. Es ist in § 17b Krankenhausfinanzierungsgesetz geregelt.

[12] *Kerber-Clasen*, 2017, 34, S. 46.

[13] *SuE-Solibündnis Kassel*, express – Zeitung für sozialistische Betriebs- und Gewerkschaftsarbeit vom 2–3/2022.

denen Ebenen auch den Staat.[14] Die Kooperation von feministischen Streikbündnissen und Gewerkschaften in Tarifauseinandersetzungen reizen die Grenzen des deutschen Streikrechts aus und weisen darauf hin, dass die Arbeitsbedingungen in frauendominierten Branchen nicht nur von den Ergebnissen der Tarifverhandlungen abhängen.

II. Gesetzliche Grundlagen der prekären Arbeitsbedingungen am Beispiel der Altenpflege

Bislang haben Rechtswissenschaftler*innen eher allgemein festgestellt, dass das Sozialrecht erhebliche Auswirkungen auf die in den Pflegeeinrichtungen erbrachte Arbeit hat. Ein großer Teil des Lohns der Arbeitnehmer*innen stammt aus den Pflegeversicherungsbeiträgen und die Gesetzgebung regelt mit dem Elften Sozialgesetzbuch die Art, den Umfang und die Finanzierung der Dienstleistungen, die von den Arbeitnehmer*innen erbracht werden.[15]

Am Beispiel des Altenpflegemarkts[16] lässt sich darstellen, wie die gesetzliche Ausgestaltung die prekären Arbeitsbedingungen hervorgerufen und verstetigt hat. Zu den Regularien, von denen der Altenpflegemarkt durchzogen ist, gehören unter anderem die Heimgesetze und Verordnungen in den einzelnen Bundesländern mit unterschiedlichen Personalschlüsseln, die Bauverordnungen[17] und das durch die soziale Pflegeversicherung[18] geschaffene Elfte Sozialgesetzbuch als Kernstück des

---

[14] Siehe dazu näher die Darstellung der letzten Aktionstage der Feministischen Streikbündnisse S. 289 ff.

[15] *Welti/Wiebelitz-Spangenberg*, AuR 2017, 59.

[16] Als Altenpflegemarkt kann der Wirtschaftssektor gelten, in dem verschiedene Akteur*innen tätig werden, um die Dienstleistung der ambulanten und stationären Altenpflege anzubieten, *Schroeder*, 2018, S. 42. Aus der Darstellung werden diejenigen Pflegeformen ausgeschlossen, die nicht auf der Ausübung abhängiger Beschäftigung beruhen und unbezahlt bleiben, wie die informelle Pflegearbeit von Angehörigen und Freund*innen. Auch diejenige Pflegearbeit, die nicht explizit im Elften Sozialgesetzbuch geregelt ist, wird hier nicht betrachtet. Dazu zählt insbesondere die Live-In-Pflege, die vor allem von Frauen aus Ost- und Mitteleuropa im Haushalt der pflegebedürftigen Person durchgeführt wird und die aufgrund ihres Umfangs als dritte, informelle Säule des Altenpflegemarkts gelten kann. Siehe dazu und zum Problem der Arbeitszeitorganisation in diesem Pflegesektor *Habel/Tschenker*, 2022.Weil eine tiefgehende Beleuchtung des kirchlichen Arbeitsrechts einer eigenständigen Dissertation entspräche, beschränkt sich die vorliegende Darstellung auf private, öffentlich-rechtliche und nicht kirchliche gemeinnützige Einrichtungen. Siehe zum Arbeitskampfrecht in kirchlichen Einrichtungen *Kocher/Krüger/Sudhof*, NZA 2014, 880.

[17] Die frühere Bundeskompetenz für das Heimrecht ging durch die Föderalismusreform von 2006 auf die Bundesländer über gemäß Art. 74 Abs. 1 Nr. 7 GG. Mittlerweile haben alle Länder von dieser Gesetzgebungskompetenz Gebrauch gemacht und die ordnungsrechtlichen Vorschriften des Heimgesetzes durch landesrechtliche Regelungen ersetzt, LPK-SGB XI-*Plantholz*, § 75, Rn. 31.

[18] Im Folgenden ist immer, wenn von der Pflegeversicherung gesprochen wird, die soziale Pflegeversicherung gemeint.

Systems. Rechts- und Sozialwissenschaftler*innen sprechen hier von einem stark reglementierten Markt.[19]

Der Altenpflegemarkt ist gesetzlich als Wettbewerbsmarkt ausgestaltet, da er im Vergleich zur Krankenversicherung auf einer Teilleistungsversicherung[20] beruht. Die Pflegeeinrichtungen werben mit möglichst geringen Preisen um die Pflegebedürftigen als Vertragspartner*innen.[21] Die Ausgestaltung der Pflegeversicherung als Teilleistungsversicherung bewirkt, dass alle Kosten, die nicht von den Pflegekassen übernommen werden, von den Pflegebedürftigen selbst getragen werden müssen. Zudem existiert keine staatliche Bedarfsplanung an Pflegeeinrichtungen. Von dieser Entscheidung versprach sich die Legislative einen intensivierten Wettbewerb zwischen den Leistungsanbietenden.[22] Diese Regulierung führt dazu, dass sowohl die Einrichtungsbetreiber*innen als auch die Pflegebedürftigen von geringen Personalkosten profitieren, die den Großteil der Kosten ausmachen.[23] Für Einrichtungsbetreiber*innen wird auf diesem Markt der Anreiz gesetzt, Personalkosten zu verringern, indem wenig und unqualifiziertes Personal eingestellt[24] und deren Entlohnung gering gehalten wird.[25]

Die Arbeitgeber*innen werden als Leistungsträger*innen von den Kostenträger*innen (Pflegekassen und Sozialversicherungsträger) vergütet. Die Höhe der Vergütung ist allerdings nicht gesetzlich fixiert, sondern die Arbeitgeber*innen besitzen einen Spielraum in den Vergütungsverhandlungen. Die Einrichtungsbetreiber*innen können steigende Ausgaben, beispielsweise durch bessere Bezahlung der Arbeitnehmer*innen oder Einstellung von mehr Personal, in den Verhandlungen über die Vergütungsvereinbarungen und Pflegesätze geltend machen. Diese Kosten sind im Wege der Leistungsgerechtigkeit der Vergütung von den Finanzierungsträger*innen zu erstatten.[26] Auch bezüglich der Vergütung greift die Gesetzgebung in den Altenpflegemarkt ein. Seit dem 1. September 2022 gilt, dass nach § 82c Abs. 1 SGB XI bei tarifgebundenen oder an kirchliche Arbeitsrechtsregelungen

---

[19] *M. Schäfer/Voland/Strenge*, NZS 2008, 570, S. 570; *Schroeder*, 2018, S. 45, 113; *Kümmerling*, 2009, 136, S. 151.

[20] BT-Drs. 12/5262, S. 90.

[21] *Heiberger/Schwarzer/Riebling*, Berlin J Soziol 27 (2017), 209, S. 214; *Sachverständigenkommission für den Zweiten Gleichstellungsbericht*, 2017, S. 150.

[22] BT-Drs. 12/5262, S. 83.

[23] *Schroeder*, 2018, S. 68; LPK-SGB XI-*Brünner/Höfer*, § 84, Rn. 14.

[24] *Bode*, 2013, 9, S. 20; *D. Meyer*, Zeitschrift für öffentliche und gemeinwirtschaftliche Unternehmen (ZögU) 35 (2012), 44, S. 51; den Zusammenhang von erhöhten Kosten für die Pflegebedürftigen und vergleichsweise hohen Personalschlüsseln und Entgelten belegt eine Studie aus dem Jahr 2008, die eine Erklärung für die hohen Preise in stationären Einrichtungen in Nordrhein-Westfahlen liefert, *Augurzky et al.*, 2008. Daraus kann der Umkehrschluss gezogen werden, dass Einrichtungen, die geringe Preise für ihre Leistungen anstreben, ihre Personalkosten verringern müssen.

[25] *Sell*, 2009; *Evans*, 2016, S. 38.

[26] Nach §§ 82 Abs. 1 Nr. 1, 84 Abs. 2 S. 1, 89 Abs. 1 S. 2 SGB XI und dazu BSG 29. 1. 2009 – B 3 P 6/08 R, Rn. 17 m. w. N., Rn. 36; BT-Drs. 16/7439, S. 71.

gebundenen Pflegeeinrichtungen eine Bezahlung von Gehältern der Beschäftigten bis zur Höhe der aus dieser Bindung resultierenden Vorgaben nicht als unwirtschaftlich in den Verhandlungen abgelehnt werden kann. Auch ein Versorgungsvertrag, den jede Pflegeeinrichtung mit der Pflegekasse schließen muss, darf ab dem 1. September 2022 nach § 72 Abs. 3a SGB XI nur mit Pflegeeinrichtungen abgeschlossen werden, die ihren Arbeitnehmerinnen und Arbeitnehmern eine Entlohnung zahlen, die in Tarifverträgen oder kirchlichen Arbeitsrechtsregelungen vereinbart ist, an die die jeweiligen Pflegeeinrichtungen gebunden sind. Einrichtungen, die keiner Tarifbindung unterliegen, dürfen die Entlohnung eines Tarifvertrags, dessen Anwendungsbereich nach § 72 Abs. 3b SGB XI eröffnet ist, nicht unterschreiten. Liegen mehrere Tarifverträge im Anwendungsbereich, dürfen die Arbeitgeber*innen einen Tarifvertrag frei wählen. Unmittelbar nach Inkrafttreten der Regelungen zeichnete sich ab, dass trotz geplanter Abfederung der steigenden Eigenanteile der Pflegebedürftigen,[27] die Pflegebedürftigen die Kosten der Lohnsteigerungen tragen müssen.[28]

Eine unzureichende staatliche Finanzierung kann dazu führen, dass die durch die Verbesserung der Arbeitsbedingungen gestiegenen Kosten auf die Pflegebedürftigen umgelegt werden. Diese Kostenverteilung hat Auswirkungen auf die Streikpraxis, wie ein Beispiel aus der Tarifpolitik von ver.di zeigt. Im Jahr 2014 erkämpften die Arbeitnehmer*innen einer Altenpflegeeinrichtung in Ostfriesland einen Haustarifvertrag. Das Entgeltniveau lag am Ende des Streiks bei nur 90 Prozent des Tarifvertrags für den öffentlichen Dienst. Der Betriebsratsvorsitzende erklärte als Mitglied der ver.di Tarifkommission das Zustandekommen dieses vergleichsweise geringen Ergebnisses mit dem defizitären Finanzierungssystem der Leistungen in der Altenpflege:

> „Wir haben ein Selbstzahler-Haus und wenn die Eigenbeiträge noch weiter steigen, müssen Menschen dort womöglich ausziehen. Das wollen wir natürlich nicht […] Aber wir können nicht auf unser Recht und die nötige Lohnerhöhung verzichten. Stattdessen muss sich das Finanzierungssystem ändern“.[29]

Eine Anhebung des Lohnniveaus in der Altenpflege ist demnach selbst nach der letzten pandemiebedingten Reform nicht sichergestellt.

Die Beteiligung der Arbeitnehmer*innen ist bei den Verhandlungen zu den Vergütungsvereinbarungen und Pflegesätzen, die für die Finanzierungssituation der Einrichtung und damit die Arbeitsbedingungen maßgeblich sind, nicht im SGB XI vorgesehen. Die Festlegung des Personalbedarfs während der Vergütungsverhandlungen illustriert diesen aus Sicht der Arbeitnehmer*innen mangelhaften Prozess: Einrichtungen und Kostenträger*innen gehen stets von einer optimalen Besetzung

---

[27] *Redaktion beck-aktuell*, 1. September 2022.

[28] *Christian Kretschmer*, 1. 9. 2022.

[29] *Gruß*, 2019.

der Arbeitsplätze aus. Personalausfälle durch Krankheit, Urlaub oder Fortbildungen werden nicht berücksichtigt.[30]

Die gesetzlichen Regelungen zur Personalausstattung sind vielmehr Ursache als Lösung der Arbeitsbelastung in der Altenpflege. Die Voraussetzungen für den Abschluss eines Versorgungsvertrages zwischen Pflegeeinrichtung und Pflegekasse sind hinsichtlich der Personalausstattung gering und werden vor Inbetriebnahme der Pflegeeinrichtung nicht überprüft.[31] Auch die Vorgaben zur Personalausstattung in den Rahmenverträgen sind defizitär. Die Personalrichtwerte wurden seit der Einführung der Pflegeversicherung nicht aktualisiert.[32] Zudem unterscheiden sich die Richtwerte von Bundesland zu Bundesland.[33] Für die darauf aufbauenden Personalschlüssel in Gesetzen und Verordnungen gilt dasselbe.[34] Das bundeseinheitlich geltende Personalbemessungssystem krankt an der fehlenden Verbindlichkeit und Durchsetzungsfähigkeit, weil die Gesetzgebung keine Sanktionsmechanismen bei der Unterschreitung der Personalschlüssel festgelegt hat.[35]

Viele Ursachen für die Missstände der Arbeitsbedingungen in der Altenpflege finden sich in der gesetzgeberischen Ausgestaltung des Altenpflegemarkts. Die Arbeitsbedingungen hängen demnach nicht ausschließlich von den einzelnen Arbeitsverträgen oder (fehlenden) Tarifverträgen ab. Vielmehr hat die bisherige legislative Ausgestaltung der Pflegeversicherung die Mechanismen geschaffen, die konstant geringe Löhne und eine dünne Personaldecke bedingen.

III. Rolle des Staats und Verbot des „politischen" Streiks

Auf dem Altenpflegemarkt begegnen sich nicht nur die Anbieter*innen und Abnehmer*innen der Pflegedienstleistungen sowie die Arbeitnehmer*innen. Der Altenpflegemarkt ist maßgeblich staatlich beeinflusst. Der Staat hat mit der Einführung der Pflegeversicherung einen eigenen Arbeitsmarkt für vormals unbezahlte und von Frauen ausgeführte Pflegearbeit geschaffen. Dabei nimmt der Staat nicht nur die Rolle des Arbeitgebers mit öffentlich-rechtlichen Pflegeeinrichtungen ein, sondern er regelt unter anderem die Finanzierung der Dienstleistungen, die Entlohnung der Arbeitnehmer*innen, die Personalausstattung und die Vergütungsver-

[30] *I. Nowak*, express – Zeitung für sozialistische Betriebs- und Gewerkschaftsarbeit 2014, 31, S. 31 ff.

[31] Nach § 72 Abs. 3 Nr. 1 i. V. m. § 71 Abs. 2 Nr. 1 SGB XI müssen in stationären Pflegeeinrichtungen Pflegebedürftige unter ständiger Verantwortung nur einer ausgebildeten Pflegefachkraft, die nicht mit der Heimleitung identisch ist, gepflegt werden. Zur fehlenden Überprüfbarkeit der Vorgaben vor Inbetriebnahme der Pflegeeinrichtung LPK-SGB XI-*Plantholz*, § 72, Rn. 21.

[32] *R. Richter*, 2017, Rn. 22, 460; *Moritz*, 2013, S. 82.

[33] *Wipp/Sausen*, 2018, S. 214; *Greß/Stegmüller*, 2016, S. 27.

[34] Beispielhaft für Nordrhein-Westfalen Dickmann-*Dickmann*, G. II., Rn. 1.

[35] *Greß/Stegmüller*, 2016, S. 28 f.

handlungen zwischen den Einrichtungen und Kostenträger*innen ohne Beteiligung der Arbeitnehmer*innen. Diesen Markt gestaltet der Staat vor allem in seiner gesetzgebenden Funktion.

Dies wirft die Frage auf, ob Arbeitnehmer*innen ihre Forderungen auch mittels des Streiks an den Staat richten können müssen, wenn er die Aufgabe übernimmt, einen Arbeitsmarkt zu schaffen und derart zu regulieren, dass die Gestaltung der Arbeitsbedingungen von staatlichen Entscheidungen abhängig ist. Das Verbot des „politischen" Streiks wird vorliegend anhand dieser Konstellation überprüft: Ist es von der völkerrechtsfreundlichen Auslegung des Art. 9 Abs. 3 GG gedeckt, wenn Streikende mit ihren Forderungen auf staatliches Handeln abzielen, das den Arbeitsmarkt der jeweiligen Arbeitnehmer*innen umgestalten und dementsprechend an den Arbeitsbedingungen etwas ändern kann?

Rechtswissenschaftler haben bereits in den 1970er und 1980er Jahren für die Bereiche der privaten und öffentlichen Existenzsicherung festgestellt, dass die Arbeitsbedingungen zwar stark von legislativen Entscheidungen beeinflusst seien, die deutsche Rechtswissenschaft und Rechtsprechung aber den staatlichen vom arbeitskampfrechtlichen Einflussbereich abgrenze.[36] Sobald ein Streik nicht nur Arbeitgeber*innen, sondern auch den Staat als Ausgestalter der Arbeitsbedingungen adressiert, markieren Rechtsprechung und Rechtswissenschaft diesen als „politischen" Streik.

Obwohl die Arbeitsbedingungen, insbesondere in der Altenpflege und anderen frauendominierten Branchen, stark von legislativen Entscheidungen beeinflusst sind, wird in der deutschen Rechtswissenschaft eine Trennung des staatlichen und des arbeitskampfrechtlichen Einflussbereichs vorgenommen. Zurückzuführen ist diese Unterscheidung auf die frühe Arbeitskampfrechtsprechung in der Bundesrepublik. Die Gerichte zeichneten in den 1950er Jahren die Leitlinien des deutschen Arbeitskampfrechts vor: Arbeitskämpfe dürfen nur im Rahmen von Tarifverhandlungen geführt werden und sogenannte politische Streiks sind verboten. Danach sind nach ständiger Rechtsprechung Streiks, mit denen Gewerkschaften und Arbeitnehmer*innen ihre Forderungen an den Staat richten, rechtswidrig.

Die eingangs zitierte These, Rechtswissenschaft und Rechtsprechung würden die Geschichte des sogenannten politischen Streiks mit „interessierter Vergesslichkeit" behandeln, bildet den Ausgangspunkt meiner Untersuchung. Hinter dieser These steht die Annahme, dass Rechtswissenschaft und Rechtsprechung nur an bestimmten geschichtlichen Ereignissen interessiert seien. Diejenigen Streiks, die sich nicht in die Geschichtserzählung und rechtsdogmatische Auslegung des vorherrschenden Diskurses fügten, seien schlicht unbeachtet geblieben.

---

[36] *Mückenberger*, KJ 1980, 258, S. 262 für die Bereiche der privaten und öffentlichen Existenzsicherung. Eine ähnliche Kritik am Beispiel des Beamtenstreikverbots äußerte *Hoffmann*, KJ 1971, 45, S. 50.

Die vorliegende Arbeit geht den Fragen nach, welche Streiks bei der historischen Narration der Streikrechtsgeschichte nicht erwähnt wurden und wie sich diese Vergessenheit auf die Auslegung des Streikrechts unter dem Grundgesetz auswirkte. Die vorliegende Betrachtung begibt sich im Vergleich zur Rechtsprechung und vorherrschenden rechtshistorischen Erzählung auf die Suche nach Streiks, die über Tarifverhandlungen hinausgingen. Solche Streiks gab es. Sie waren nicht nur Gegenstand von gerichtlichen Auseinandersetzungen, sondern wurden zu oft durch den staatlich und unternehmerisch orchestrierten Einsatz von Militär und Polizei niedergeschlagen. Geraten solche Ereignisse in die Vergessenheit normativer Betrachtung, ist eine Wertungsschieflage im Arbeitskampfrecht programmiert.

Neben der rechtshistorischen Betrachtung der Arbeitskampfpraxis vor der Entstehung des Grundgesetzes sind die rechtswissenschaftlichen Gutachten, die anlässlich des Zeitungsstreiks im Jahr 1952 erstellt wurden, und das erste Urteil des Bundesarbeitsgerichts zum Arbeitskampfrecht vom 28. Januar 1955 von Interesse. Die wenigen Urteile des Bundesarbeitsgerichts zum Arbeitskampf orientieren sich an diesen Leitlinien und bewerten Streiks, die nicht auf tarifvertragliche Regelungen gerichtet sind, als rechtswidrig. Ein Schwerpunkt meiner Untersuchung liegt daher auf der rechtshistorischen und ideengeschichtlichen Entwicklung des Tarifbezugs des Arbeitskampfs und des Verbots des sogenannten politischen Streiks. Zudem stellt sich hierbei die Frage, ob sich das Streikrecht auch ohne den Tarifbezug rechtsdogmatisch begründen lässt.

Erstes Kapitel

Eingrenzung der Forschungsfragen

Im ersten Abschnitt berufe ich mich auf den aktuellen Stand der rechtswissenschaftlichen Diskussion zum Tarifbezug und Verbot des sogenannten politischen Streiks und zeige die Forschungslücken auf. Im zweiten Abschnitt erläutere ich die grundlegenden Begrifflichkeiten des Arbeitskampfs, Streiks und „politischen" Streiks. Anschließend fasse ich die daraus abzuleitenden Forschungsfragen zusammen und erläutere den Aufbau der Arbeit.

Erster Abschnitt

Stand der rechtswissenschaftlichen Diskussion zum Tarifbezug des Arbeitskampfrechts und zum „politischen" Streik

Die überwiegende Mehrheit der Stimmen in der rechtswissenschaftlichen Kommentarliteratur bewertet den sogenannten politischen Streik als rechtswidrig, weil er nicht auf Tarifverhandlungen ausgerichtet ist. Kann ein rechtmäßiger Arbeitskampf nur in Bezug auf Tarifverhandlungen geführt werden, scheide der „politische" Streik aus dem Schutzbereich von Art. 9 Abs. 3 GG aus.[1]

Die unterschiedliche Bewertung von „arbeitsrechtlichem" und „politischem" Streik geht auf das Zeitungsstreikgutachten von Hans Carl Nipperdey aus dem Jahr 1953 zurück. Seiner Person, seiner Rechtsaufassung und der juristischen Auseinandersetzung zum Zeitungsstreik von 1952 ist ein eigener Unterabschnitt gewidmet.[2] An dieser Stelle soll nur knapp Nipperdeys Definition des „politischen" Streiks wiedergegeben werden. Er grenzte den „politischen" Streik vom tarifbezogenen Arbeitskampf entlang der Adressat*innen der Streikforderungen ab. Ein tarifbezo-

[1] FJK ArbeitskampfR-HdB-*Frieling*, § 4, Rn. 61 f.; ErfK-*Linsenmaier*, GG Art. 9, Rn. 119; Sachs-*Höfling*, GG Art. 9, Rn. 113; MHdb ArbR-*Ricken*, § 272 Der Streik, Rn. 39; Schaub ArbR-HdB-*Treber*, § 192 Arbeitskampfmaßnahmen der Arbeitnehmer, Rn. 14; *Gamillscheg*, 1997, S. 1097 ff.; *Kissel*, 2002 § 24 III; *Otto*, 2006 § 5 Rn. 38 f.; TVG-*Löwisch/Rieble*, Grundlagen, Rn. 493; Maunz/Dürig-*Scholz*, GG Art. 9, Rn. 316, 376; v. Mangoldt/Starck/Klein-*M. Kemper*, GG Art. 9, Rn. 168 m.j.w.N.; für die Rechtmäßigkeit eines kurzfristigen „politischen" Demonstrationsstreiks Däubler ArbeitskampfR-*Däubler*, § 13, Rn. 59 ff.; Däubler ArbeitskampfR-*Wroblewski*, § 17, Rn. 176 ff.; Denninger-*Schiek*, GG Art. 9, Rn. 143; BKS-*Berg*, AKR, Rn. 188 ff. Zur Rechtsprechung siehe S. 274 ff. und S. 280 ff.

[2] Siehe S. 219 ff. und S. 272 ff.

gener Streik adressiert ausschließlich die Arbeitgeber*innen. Ein „politischer“ Streik liege demnach vor, wenn er den Staat, in Form seiner drei Gewalten Regierung, Parlament und Justizapparat, adressiert und gleichzeitig die bestreikten Unternehmen schädigt. Kampfzieladressat*in und Kampfmitteladressat*in fallen auseinander. Diese Form des Streiks sei rechtswidrig, weil sich ein solcher nicht ausschließlich gegen die Arbeitgeber richte.[3]

Die rechtswissenschaftliche Debatte ist davon geprägt, den Tarifbezug des Arbeitskampfs als Rechtmäßigkeitsvoraussetzung zu nennen, ohne ihn dogmatisch einzuordnen. Der Tarifbezug des Arbeitskampfs wird nicht als Grundrechtseinschränkung markiert und dementsprechend nicht gerechtfertigt. Die Begründungen der Tarifakzessorietät haben oft tautologischen Charakter, denn der Tarifbezug des Arbeitskampfrechts wird aus der Funktion des Arbeitskampfs, der Tarifautonomie zu dienen, hergeleitet. Verwiesen wird dafür auf die Rechtsprechung des Bundesarbeitsgerichts.[4]

In den letzten Jahren haben Jurist*innen mehrere ausführliche Betrachtungen der Tarifakzessorietät des Arbeitskampfrechts als Dissertationen vorgelegt. Paul Gooren schließt aus seiner umfassenden Untersuchung der Rechtsprechung und Literatur, dass weder das nationale noch das internationale Recht den Tarifbezug vorschreiben. Der Tarifbezug stelle vielmehr einen Eingriff in die Arbeitskampffreiheit dar.[5] Der Tarifbezug könne aber im Rahmen einer Verhältnismäßigkeitsprüfung gerechtfertigt werden. Unter Rückgriff auf die Rechtsprechung des Bundesarbeitsgerichts aus dem Jahr 1955 und dessen Wertung, der Streik sei an sich unerwünscht und widerspreche dem Gemeinwohl, schlussfolgert Gooren, dass der Schutz des Arbeitskampfgegners einen legitimen Zweck darstelle. Die Interessen der Arbeitgeber an der Nichtdurchführung eines Streiks seien unabhängig von der Anerkennung des Rechts am eingerichteten und ausgeübten Gewerbebetrieb durch Art. 14 Abs. 1 GG sowie Art. 12 Abs. 1 GG geschützt.[6] Damit sei der Tarifbezug des Arbeitskampfs verhältnismäßig und sogleich verfassungsgemäß. Zu einem anderen Ergebnis kommt Gooren nach der Berücksichtigung der Gewährleistungen aus Art. 6 Nr. 4 ESC und Art. 11 EMRK im Wege der völkerrechtsfreundlichen Auslegung des Grundgeset-

---

[3] *Nipperdey*, 1953, S. 41.

[4] FJK ArbeitskampfR-HdB-*Frieling*, § 4, Rn. 1 ff., 5 f.; MHdb ArbR-*Ricken*, § 272 Der Streik, Rn. 38; BeckOK ArbR-*Waas*, GG Art. 9, Rn. 30 f.; Schaub ArbR-HdB-*Treber*, § 192 Arbeitskampfmaßnahmen der Arbeitnehmer, Rn. 13; TVG-*Löwisch/Rieble*, § 2, Rn. 390; Maunz/Dürig-*Scholz*, GG Art. 9, Rn. 316; v. Mangoldt/Starck/Klein-*M. Kemper*, GG Art. 9, Rn. 127, 166; Dreier-*H. Bauer*, GG Art. 9, Rn. 84; *Gamillscheg*, 1997, S. 939 ff., 1071; *Brox/Rüthers* (Hrsg.), 1982, Rn. 128, 138; mit Bezug auf den hohen Stellenwert der Tarifautonomie und die positive Beeinflussung des Tarifbezugs der wirtschaftlichen Entwicklungen im Nachkriegsdeutschland *Seiter*, RdA 1986, 165, S. 185; Die Begründungsarmut geht zum Teil so weit, dass die Tarifbezogenheit auf nationale Zuschreibungen zurückzuführen sei: „Solche Ergebnisse sind der deutschen Kompromissbereitschaft zu verdanken“. *Manzanza Lumingu*, 2017, S. 32. Zur Diskussion dieser Rechtsprechung siehe S. 296 ff.

[5] *Gooren*, 2014, S. 95 ff.

[6] *Gooren*, 2014, S. 140 ff.

zes: Danach sei der Tarifbezug verfassungswidrig.[7] Er fasst zusammen, dass der politische Demonstrationsstreik zur Wahrung und Förderung der Arbeits- und Wirtschaftsbedingungen zulässig sei.[8]

Matti Hauer schlägt in seiner Überprüfung der Tarifakzessorietät am europäischen Recht vor, den nicht tarifbezogenen Arbeitskampf in den Schutzbereich von Art. 9 Abs. 3 GG einzubeziehen, da sonst ein Rückfall in die enge Schutzbereichsformel des Bundesverfassungsgerichts nach der Kernbereichstheorie drohe. Seine Ausarbeitung vernachlässigt allerdings eine eigene historische und teleologische Herleitung des Arbeitskampfrechts und stellt die Überprüfung der innerstaatlichen Tarifakzessorietät anhand völkerrechtlicher und unionsrechtlicher Gewährleistungen in den Vordergrund. Hauer arbeitet die Diskrepanz zwischen der deutschen Konzeption des Arbeitskampfrechts und dem völkerrechtlichen Streikrecht heraus. Das deutsche Arbeitskampfrecht gründe als Annexgrundrecht zum Tarifvertrag auf der Wertung, der Arbeitskampf habe „schädliche Wirkungen“ und sei deswegen auf nur bestimmte Anwendungsfelder zu beschränken. Demgegenüber komme dem Arbeitskampfrecht auf völkerrechtlicher Ebene eine eigenständige freiheitsrechtliche Gewährleistung zu.[9] Im Ergebnis stellt er fest, dass die Begrenzung des Arbeitskampfrechts durch den Tarifbezug auf Schutzbereichsebene gegen Art. 6 Nr. 4 ESC verstoße und sich nach Art. 11 Abs. 2 EMRK nicht pauschal rechtfertigen lasse.[10]

Alberto Povedano Peramato überprüft die verschiedenen Spielarten des Streiks anhand des Arbeitsvölkerrechts auf ihre Rechtmäßigkeit. Dabei grenzt er den Demonstrationsstreik vom politischen Streik anhand der Konkretheit und Umsetzbarkeit der Forderungen ab. Arbeitnehmer*innen wiesen mit Demonstrationsstreiks auf Missstände hin, stellten aber keine klar umrissenen Forderungen an staatliche Hoheitsträger, insbesondere die Gesetzgebung. Eine weitere Unterart des politischen Streiks sei der Erzwingungsstreik, mit dem ein intensiver Druck auf die Entscheidungsträger ausgeübt werden solle, so dass sie keine andere Wahl hätten, als den Streikforderungen nachzugeben.[11] Nach der Untersuchung der völkerrechtlichen Verträge kommt Povedano Peramato zu dem Ergebnis, dass Art. 6 Nr. 4 ESC kein Recht auf den politischen Streik gewährleiste, da es auf Kollektivverhandlungen zwischen den Arbeitsvertragsparteien beschränkt sei.[12] Zudem sei der tarifbezogene Streik nach Art. 31 ESC (a. F.) als Eingriff in das Streikrecht gerechtfertigt, da damit der Schutz der arbeitsvertraglichen Pflicht aus Art. 2 Abs. 1 GG, der Schutz der

---

[7] *Gooren*, 2014, S. 276.

[8] *Gooren*, 2014, S. 302. Gooren grenzt den Demonstrationsstreik, mit dem die Meinung zu einer bestimmten Angelegenheit mit Nachdruck kundgetan werden soll, vom Erzwingungsstreik ab, der auf die Durchsetzung einer bestimmten staatlichen Maßnahme abziele, vgl. *Gooren*, 2014, S. 295. Zur Kritik an dieser Abgrenzung siehe S. 213 ff.

[9] *Hauer*, 2020, S. 124 f.

[10] *Hauer*, 2020, S. 138 f., 152 f.

[11] *Povedano Peramato*, 2019, S. 108 f.

[12] *Povedano Peramato*, 2019, S. 206 f.

Arbeitsleistung nach Art. 14 Abs. 1 GG und der Schutz vor „Betriebsstörungen“ und die unternehmerische Entscheidungsfreiheit aus Art. 12 Abs. 1 GG auf Seiten der Arbeitgeber gewährleistet werde.[13] Der EGMR interpretiere das Streikrecht als nicht tarifbezogenes nach Art. 11 Abs. 1 EMRK. Jedoch sei auch hier der Tarifbezug als Eingriff in das Streikrecht über den deutschen grundrechtlichen Schutz der Arbeitgeber gerechtfertigt.[14]

Maren Schansker kommt in ihrer Dissertation zu dem Ergebnis, dass das Arbeitskampfrecht auf tariflich regelbare Ziele beschränkt bleiben und zudem auf eigene tarifliche Forderungen begrenzt werden muss.[15] Sie stützt ihre Argumentation vor allem auf den funktionellen Zusammenhang zwischen Arbeitskampf und Tarifautonomie und eine privatrechtliche Einordnung des Arbeitskampfrechts.[16]

Fabian Odenthal hat in seiner Dissertation unter anderem die Rechtmäßigkeit des „politischen“ Streiks untersucht. Bei der grundrechtlichen Herleitung des Arbeitskampfrechts gibt er die Rechtsprechung des Bundesarbeitsgerichts wieder und hält am Tarifbezug des Arbeitskampfrechts fest.[17] Er führt die Herleitung des Arbeitskampfrechts aus der Tarifautonomie fort und kommt aufgrund einer Darstellung der Beratungen des Parlamentarischen Rats zu dem Ergebnis, dass selbst die Unterform des „politischen“ Streiks – der Demonstrationsstreik mit Bezügen zu den Arbeits- und Wirtschaftsbedingungen – nicht von Art. 9 Abs. 3 GG gewährleistet sei. Auch nach Berücksichtigung des Völkerrechts sei der „politische“ Streik in keiner Ausprägung zulässig.[18]

Andreas Engels hat in seiner grundrechtsdogmatischen Untersuchung der Arbeitskampfrechtskonzeption des Bundesarbeitsgerichts den Tarifbezug als Grundrechtsbeschränkung eingeordnet, die das Gericht in Art. 9 Abs. 3 GG hineingelesen habe. Eine solche dem Grundgesetz immanente Beschränkung des Schutzbereichs sei abzulehnen. Der Tarifbezug könne allerdings in der Verhältnismäßigkeitsprüfung als Mittel dienen, um Grundrechtskollisionen im Einzelfall zu lösen.[19]

Martin Hensche hat in seiner Dissertation „Teleologische Begründungen in der juristischen Dogmatik“ aus dem Jahr 1998, die bislang in der Arbeitsrechtswis-

---

[13] *Povedano Peramato*, 2019, S. 215 ff.

[14] *Povedano Peramato*, 2019, S. 307, 388.

[15] *Schansker*, 2015, S. 305 ff.

[16] *Schansker*, 2015, S. 48 ff., 108. Für die privatrechtliche Einordnung des Arbeitskampfs, die mit der Negierung der grundrechtlichen Dimension des Arbeitskampfs einhergeht, siehe auch *Picker*, ZfA 2011, 443, S. 453 ff.; *Rieble*, BB 2008, 1506, S. 1512; *Seiter*, 1975, S. 272.

[17] *Odenthal*, 2020, S. 27, 70 ff.

[18] *Odenthal*, 2020, S. 109 ff. Ein Demonstrationsstreik liegt nach *Odenthal* dann vor, „wenn es nur zu kurzzeitigen Arbeitsniederlegungen, Demonstrationen oder Kundgebungen kommt und so die Unterstützung oder Ablehnung bestimmter politischer Gestaltungen oder hoheitlicher Entscheidungen zum Ausdruck gebracht werden soll.“, vgl. *Odenthal*, 2020, S. 105.

[19] *A. Engels*, 2008, S. 226 ff.

senschaft nicht nachweisbar rezipiert wurde, die Charakteristika einer normativ aussagekräftigen teleologischen Auslegung anhand der Rechtsprechung des Bundesarbeitsgerichts der 1980er Jahre zum Tarifbezug des Streiks und der Aussperrung untersucht. Da sich Hensche in seiner an Methodik interessierten Betrachtung ausschließlich auf die Rechtsdogmatik des Arbeitskampfs bezieht, die durch die rechtswissenschaftlichen Gutachten zum Zeitungsstreik aus dem Jahr 1952 und die Rechtsprechung des Bundesarbeitsgerichts des Jahres 1955 begründet wurde, bleibt er argumentativ mit der Tarifakzessorietät des Arbeitskampfrechts verhaftet. Er kommt zu dem Schluss, dass die Zwecksetzung des Arbeitskampfs auf der Gewährleistung der effektiven Tarifpraxis liegen müsse. Die Effizienz bestimmt Hensche quantitativ. Die Tarifpraxis sei effektiv, wenn sie möglichst viele Arbeitsverhältnisse betreffe.[20] Er erweitert damit die Legitimität des Arbeitskampfrechts um den Effektivitätsgedanken. Für eine dogmatische Begründung, die den Tarifbezug des Arbeitskamprechts hinterfragen will und Begründungsansätze über die Tarifpraxis hinaus sucht, kann nicht auf seine Rekonstruktion der These, die begrenzte Funktion des tarifbezogenen Arbeitskampfs bestimme die Grenzen seiner Zulässigkeit, zurückgegriffen werden.

Insgesamt lassen die aktuellen rechtswissenschaftlichen Ausarbeitungen die Genesen des Tarifbezugs und des Verbots des sogenannten politischen Streiks im Unklaren. Vielmehr wird regelmäßig die Konzeption des Arbeitskampfrechts des Bundesarbeitsgerichts als Ausgangspunkt gewählt, ohne eine eigenständige rechtsdogmatische Auslegung von Art. 9 Abs. 3 GG vorzunehmen. Diejenigen Arbeiten, die den deutschen Tarifbezug auf völkerrechtlicher Ebene als Eingriff in das Streikrecht werten, rechtfertigen diesen mit grundrechtlichen Positionen der Arbeitgeber*innen, die es in der besonderen Konstellation eines Streiks zu hinterfragen gilt, da der Bruch des Arbeitsvertrags und der ökonomische Schaden auf Seiten der Arbeitgeber*innen das Wesenselement eines jeden Streiks und dessen rechtlicher Anerkennung ist. Zudem ist die Wertung, dass die Grundrechte aus Art. 2, 12 und 14 GG einen Zugriff der Arbeitgeber*innen auf die Arbeitskraft der Streikenden rechtfertigen würden, rechtsdogmatisch zu untersuchen, da sich Zweifel auftun, ob diese mit der Rechtsprechung der obersten Gerichte zu Eigentum und der Vertragsfreiheit während eines Streiks in Einklang stehen.

Die Entstehung des Grundgesetzes und die Auseinandersetzungen in Rechtswissenschaft und Rechtsprechung in den Anfangsjahren der Bundesrepublik wurden bei der Betrachtung des Tarifbezugs des Arbeitskampfrechts noch nicht hinreichend berücksichtigt. Mit der vorliegenden Arbeit soll diese Forschungslücke geschlossen und damit ein Beitrag zur rechtshistorischen Aufarbeitung und zur Dogmatik des Arbeitskampfrechts geleistet werden.

Es besteht noch keine eigenständige rechtsdogmatische Herleitung des Streikrechts unabhängig vom Tarifbezug. Auch zur Schließung dieser Lücke sollen die vorliegenden Überlegungen einen Beitrag leisten.

---

[20] *M. Hensche*, 1998, S. 216.

Zweiter Abschnitt

Begriffe des Arbeitskampfs, Streiks und „politischen" Streiks

Dieser Abhandlung liegt ein weiter Arbeitskampfbegriff zugrunde, der den nicht tarifbezogenen Streik miteinschließt und auch den „politischen" Streik begrifflich als Untersuchungsgegenstand erfasst.

Das Gros der Rechtswissenschaftler*innen versteht unter einem Arbeitskampf erstens einen kollektiven Konflikt auf Seiten der Arbeitnehmer*innen. Arbeitgeber*innen hingegen können einzeln auftreten. Zweite Voraussetzung ist, dass eine der beiden Streitparteien Druck ausübt. Die Druckausübung des Streiks kann ökonomischer Natur sein, indem den Arbeitgeber*innen ein wirtschaftlicher Schaden entsteht, muss sie aber nicht.[21] Drittens muss das Beschäftigungsverhältnis gestört werden, um viertens ein bestimmtes Ziel zu erreichen, das in der Regel auf die Verbesserung der Arbeitsbedingungen ausgerichtet ist.[22] Geht die Arbeitskampfmaßnahme von den Arbeitnehmer*innen beziehungsweise ihren Gewerkschaften aus, ist die Rede vom Streik. Darunter fallen allerdings, wie auch das Bundesarbeitsgericht festgestellt hat,[23] aufgrund der Arbeitskampfmittelfreiheit nicht nur Arbeitsniederlegungen, sondern auch alle weiteren Maßnahmen, die die oben genannten Kriterien erfüllen. Geht die Arbeitskampfmaßnahme von den Arbeitgeber*innen aus, handelt es sich um eine Aussperrung.

Für diesen weiten Arbeitskampfbegriff spricht, dass es dogmatisch unsauber ist, den „politischen" Streik, der eine andere Funktion als der tarifbezogene Streik hat, begrifflich aus dem Arbeitskampfrecht auszuschließen. Dadurch würden grammatikalische und teleologische Auslegung vermengt, weil bestimmte Zielrichtungen des Arbeitskampfs bereits begrifflich aus dem juristischen Blickfeld geraten. So ist die definitorische Beschränkung auf Arbeitgeber*innen als Adressat*innen des Streiks oder auf tarifliche Regelungen als zulässige Arbeitskampfziele eine teleologische Wertung, die die semantische Auslegung überschreitet. Der Sprachgebrauch von Arbeitskampf[24] und Streik beinhaltet selbst noch keine Verengung des

---

[21] Durch die Streiks der Erzieher*innen ist den kommunalen Kindertagesstätten kein finanzieller Schaden entstanden, da die Kommunen in der Regel mehr Geld für die Betreuungsleistungen ausgeben, als sie durch die Gebühren der Eltern einnehmen. Müssen die Einrichtungen an die Erzieher*innen keinen Lohn zahlen und bekommen dennoch die Gebühren der Kita-Nutzer*innen ausbezahlt, können die Kommunen sogar Ausgaben einsparen. Daher ist es in solchen Konstellationen umso wichtiger den gesellschaftlichen Druck auf einer politischen Ebene durch Kampagnenarbeit zu erhöhen.

[22] Däubler ArbeitskampfR-*Däubler*, § 8, Rn. 1 ff.; die überwiegende Mehrheit der aktuellen Kommentare vertritt einen weiten Arbeitskampfbegriff, um das soziale Phänomen einzufangen, siehe *Otto*, 2006, § 1 Rn. 1 m. w. N.

[23] BAG 22. 9. 2009 – 1 AZR 972/08, Ls. 6.

[24] Der Arbeitskampf hat laut Duden die Bedeutung, eine „unter Anwendung bestimmter Kampfmaßnahmen geführte Auseinandersetzung um Fragen der Arbeitsbedingungen, des zu zahlenden Entgelts u. Ä." zu sein.

Anwendungsbereichs und lässt keine Schlüsse auf rechtliche Wertungen zu, wie etwa das Verbot des sogenannten politischen Streiks oder auf die zwingende Tarifbezogenheit der Arbeitskampfmaßnahme. Anhand der Begrifflichkeit des Arbeitskampfs kann keine Aussage über die Rechtmäßigkeit der Maßnahmen getroffen werden.[25]

Die überwiegende Mehrheit der Rechtswissenschaftler*innen übernahm die Bezeichnung der an den Staat gerichteten Streiks als „politische" Streiks.[26] Um die rechtlichen Wertungen aufzudecken, die sich hinter der konstruierten Trennlinie zwischen tarifbezogenem und „politischem" Streik verbergen, markiere ich den Begriff mit Anführungszeichen oder spreche vom sogenannten politischen Streik. Da es keine historischen Beispiele dafür gibt, dass Arbeitgeber*innen jemals „politisch" ausgesperrt hätten, ist die Rede vom „politischen" Streik.[27]

Es soll an der Differenzierung nach den Adressat*innen des Streiks festgehalten werden. Allerdings sind die Adressat*innen nicht immer identisch mit denjenigen Akteur*innen, die für die Ausgestaltung der Arbeitsbedingungen verantwortlich sind. Der Staat kann Arbeitgeber sein. Dann erkennen Gerichte die Rechtmäßigkeit des Streiks unproblematisch an. Der Staat kann aber auch, wie an den Beispielen der frauendominierten Branchen gezeigt, eine besondere Rolle gegenüber den Arbeitnehmer*innen einnehmen, ohne deren Arbeitgeber zu sein. Das ist der Fall, wenn er die Rahmenbedingungen des Arbeitsmarkts schafft und die Arbeitsbedingungen in der Branche maßgeblich ausgestaltet. Er handelt dabei regelmäßig gesetzgeberisch. In der Altenpflege legt die Gesetzgebung das Finanzierungssystem der Pflegeeinrichtungen fest und zeichnet damit die Mittel und Ausgestaltungsspielräume der Arbeitgeber*innen vor, wie sie die Personaldichte und die Lohnbedingungen ausgestalten können. Die Gesetzgebung regelt Mindestbesetzungen des Personals und Mechanismen zur Einhaltung von bestimmten Lohnuntergrenzen in der Altenpflege. Sie schafft die Bedingungen der Beteiligung bei den Verhandlungen grundlegender Vertragswerke in der Altenpflege und reguliert damit die Mitbestimmung bei der Ausgestaltung der Arbeitsbedingungen. Der Staat wirkt somit ebenso auf die „Arbeits- und Wirtschaftsbedingungen" ein wie die Tarifpartner mit ihren Verträgen.

---

[25] So auch ErfK-*Linsenmaier*, GG Art. 9, Rn. 94; *Gooren*, 2014, S. 43, 49 ff.; MHdb ArbR-*Ricken*, § 265 Begriff und Arten des Arbeitskampfes, Rn. 2; zur Zusammenfassung der damaligen Debatte *Ramm*, AcP 1961, 336, S. 337 ff. Auch die Gerichte haben nicht über die Rechtmäßigkeit eines Streiks anhand begrifflicher Zuordnungen entschieden. Vielmehr hat die Rechtsprechung immer wieder betont, dass Art. 9 Abs. 3 GG gerade auch die Freiheit zum Einsatz unterschiedlicher Mittel des Arbeitskampfs garantiert, vgl. BAG 22.9.2009 – 1 AZR 972/08, NZA 2009, 1347, S. 1351; BVerfG 26.3.2014 – 1 BvR 3185/09, NZA 2014, 493, S. 494. Lediglich anlässlich des Zeitungsstreiks 1952 setzte sich der BGH mit der Frage, ob die ordentliche Gerichtsbarkeit oder die Arbeitsgerichte für diesen sogenannten politischen Streik zuständig sei, auseinander, zum Zeitungsstreik 1952 siehe S. 271 ff., zur Wortlautauslegung von Art. 9 Abs. 3 GG siehe S. 101 ff.

[26] Siehe Fn. 1.

[27] Zur Vermutung, warum das so ist, siehe S. 111 ff.

Die Kategorisierungen in Unterformen des „politischen“ Streiks in Erzwingungs- und Demonstrationsstreik scheint mir nicht sinnvoll. Dass ein Streik der Gesetzgebung keine andere Wahl lassen soll, als die Forderungen der Streikenden direkt umzusetzen, und ihn deswegen als verbotenen Erzwingungsstreik zu klassifizieren, geht an der Realität der Aushandlungsmechanismen während solcher politischen Kämpfe vorbei.[28] Den Streik mit präzisen und umsetzbaren Forderungen als „politischen“ Streik einzuordnen und wenn die Streikenden lediglich auf gesellschaftliche Missstände aufmerksam machen, ihn als Demonstrationsstreik zu klassifizieren,[29] geht ebenso fehl. Erstens verbleibt der Gesetzgebung immer ein Spielraum, wie sie die Forderungen umsetzt. Es kommt daher nicht auf die Konkretheit der Forderung an beziehungsweise ist diese nicht zu bestimmen: Sollen die Arbeitnehmer*innen bereits einen Gesetzesvorschlag ausgearbeitet haben oder ist es ausreichend, wenn sie ausformulieren, welche Folgen sie sich vom staatlichen Handeln erhoffen? Zweitens wird ein „politischer“ Streik wie auch ein tariflicher Streik stets mit einer Kundgebung der Arbeitnehmer*innen zusammenfallen, in der sie nicht nur ihre Forderungen kundtun, die konkret ihre Arbeitsverhältnisse verbessern sollen, sondern auch die systemisch bedingten Ursachen thematisieren.[30]

Dritter Abschnitt

Aufbau der Arbeit und Forschungsfragen

Grundrechtsdogmatische Untersuchungen beginnen in der Regel mit der Auslegung des zu prüfenden Grundrechts. Anschließend wird das rechtliche Problem verortet, diskutiert und bewertet. Die Auslegung des Grundrechts basiert zumeist auf der bisherigen Rechtsprechung und rechtswissenschaftlichen Auseinandersetzung. Dieser klassische Aufbau nach Rechtsgrundlagen, Problem und eigener Bewertung ist für die Untersuchung der Rechtmäßigkeit des sogenannten politischen Streiks nicht geeignet. Wenn die Rechtsgrundlagen auf die herrschende rechtswissenschaftliche Lehre und Rechtsprechung zurückzuführen sind, die es gleichermaßen zu kritisieren gilt, kann diese Methode nicht den Ausgangspunkt bilden.

Für die Untersuchung der Thesen, dass der Tarifbezug des Arbeitskampfrechts auf der wegweisenden Weichenstellung des Arbeitskampfrechts durch die Zeitungsstreikgutachten und der Rechtsprechung des Bundesarbeitsgerichts aus dem Jahr 1955 beruht und sich bis heute gehalten hat, muss ein Aufbau gewählt werden, der sich von der bisherigen Rechtsentwicklung emanzipieren kann. Eine Auslegung von Art. 9 Abs. 3 GG, die sich an der bisherigen Rechtsprechung und Literaturmeinung

[28] Siehe dazu näher S. 213 ff.

[29] Siehe unter anderen *Povedano Peramato*, 2019, S. 109, der allerdings herausstellt, dass eine Differenzierung schwierig ist und nicht immer gelingen wird.

[30] Zum Streik und seiner Funktion in der Demokratie siehe S. 95 ff.

zum Streikrecht orientiert, würde die Rechtmäßigkeit des Streiks nur zugunsten von tarifierbaren Forderungen annehmen und ließe keine Spielräume für alternative Ansichten zu. Eine Auslegung des Streikrechts, die sich unabhängig von dem Konstrukt der Tarifakzessorietät bewegen will, muss die bisherige Rechtsprechung und -lehre zunächst ignorieren, um sie anschließend an dem selbst entwickelten Prüfungsmaßstab zu messen. Eine solche Auslegung von Art. 9 Abs. 3 GG stellt die zwingende Notwendigkeit des Tarifbezugs infrage und geht auf die Suche nach einer eigenständigen Gewährleistung des Streikrechts.

Aus diesen Gründen stelle ich im ersten Abschnitt die historische Entwicklung des Streikrechts bis zur Entstehung des Grundgesetzes dar. Der Fokus der Untersuchung liegt auf dem Verhältnis von Streiks und Kollektivvereinbarungen und auf Streiks, die sich nicht nur an die Arbeitgeber*innen, sondern auch an den Staat richteten. Anschließend zeige ich die Auslegungsspielräume des Grundgesetzes auf. Dies erfolgt auf Grundlage der rechtshistorischen Abhandlung und einer genetischen, teleologischen, semantischen und systematischen Auslegung von Art. 9 Abs. 3 GG.

Für die rechtshistorische und rechtsdogmatische Untersuchung des Streikrechts stellen sich folgende Fragen:

1. Welche Erkenntnisse lassen sich aus der Geschichte des Streikrechts hinsichtlich des Tarifbezugs und des sogenannten politischen Streiks ziehen?
2. Welche alternativen Begründungen des Streikrechts ergeben sich aus der historischen, genetischen, teleologischen, semantischen und systematischen Auslegung des Art. 9 Abs. 3 GG?

Im zweiten Abschnitt untersuche ich, welche Vorgaben den Streikgarantien im Unionsrecht und in völkerrechtlichen Verträgen bezüglich der Tarifakzessorietät des Arbeitskampfrechts und des Verbots des politischen Streiks zu entnehmen und wie diese in der deutschen Rechtsordnung zu berücksichtigen sind.

Der dritte Abschnitt bildet das Kernstück der rechtshistorischen Untersuchung mit der Darstellung der Genese des Arbeitskampfrechts in der jungen Bundesrepublik. Zentral sind dabei die Rechtsgutachten, die von Ernst Forsthoff, Wolfgang Abendroth und der Leitfigur des deutschen Arbeitskampfrechts Hans Carl Nipperdey anlässlich des Zeitungsstreiks im Jahr 1952 erstellt wurden. In ihrem Verständnis des Arbeitskampfrechts decke ich Kontinuitäten zur Weimarer Republik sowie zum Nationalsozialismus und dogmatische Widersprüche auf und zeige, wie sie die frühe Rechtsprechung, insbesondere die des Bundesarbeitsgerichts, beeinflussten.

Im Weiteren beleuchte ich, inwiefern die Argumentationslinien zum Verbot des „politischen" Streiks bis in die gegenwärtige Rechtsprechung reichen. Insofern die Gerichte die rechtsdogmatische Begründung des Tarifbezugs und des Verbots des sogenannten politischen Streiks verschoben oder erneuert haben, gilt es, diese Argumentation auf ihre grund- und menschenrechtliche Vereinbarkeit zu überprüfen. Die Untersuchung erfolgt entlang dieser Leitfragen:

1. Welche Kernargumente werden in den rechtswissenschaftlichen Gutachten zum Zeitungsstreik von 1952 und der ersten Arbeitskampfrechtsprechung des Bundesarbeitsgerichts vom 28. Januar 1955 angeführt?
2. Können der Tarifbezug des Arbeitskampfrechts und das Verbot des sogenannten politischen Streiks nach den hier vertretenen Gewährleistungen von Art. 9 Abs. 3 GG unter Berücksichtigung der unions- und völkerrechtlichen Arbeitskampfgarantien aufrechterhalten bleiben?
3. Hat sich die Begründung des Tarifbezugs und des Verbots des sogenannten politischen Streiks in der Rechtsprechung des Bundesarbeits- und Bundesverfassungsgerichts gewandelt? Wenn ja, ist diese Begründung rechtsdogmatisch überzeugend?

Zweites Kapitel

Tarifbezug des Arbeitskampfrechts und Verbot des „politischen“ Streiks

Richten die Arbeitnehmer*innen ihre Forderungen an den Staat, wird diese Form des Arbeitskampfs von Rechtsprechung und Rechtswissenschaft als „politischer“ Streik eingeordnet und als rechtswidrig bewertet. Ob die Arbeitnehmer*innen der Altenpflege ihre Forderungen nach strukturellen Veränderungen im staatlich gesetzten System der Versicherung, Finanzierung, Entlohnung und Personalausstattung im Wege des Arbeitskampfs auch gegen den Staat durchsetzen können, ist demnach eine Frage der Rechtmäßigkeit des sogenannten politischen Streiks.

Im ersten Abschnitt stelle ich die nationalen Gewährleistungen des Streikrechts anhand einer rechtsdogmatischen Auslegung von Art. 9 Abs. 3 GG dar. Im zweiten Abschnitt lege ich die internationalen Gewährleistungen des Streikrechts mit dem Fokus auf den Tarifbezug und das Verbot des sogenannten politischen Streiks aus. Im dritten Abschnitt gehe ich rechtshistorisch dem Ursprung des Tarifbezugs und des Verbots des sogenannten politischen Streiks auf den Grund und prüfe rechtsdogmatisch, ob die konstituierenden Argumente für beide Rechtsfiguren mit den deutschen und internationalen Gewährleistungen Streikrechts vereinbar sind.

Erster Abschnitt

Grundgesetzliche Gewährleistungen des Streikrechts

Das Grundgesetz gewährleistet das Arbeitskampfrecht – das ist mittlerweile unumstritten. Nur über die Frage, wie dieses Grundrecht aus Art. 9 Abs. 3 GG abzuleiten ist, herrscht nach wie vor eine rege Debatte. Vorliegend interessiert, wie das Grundgesetz in Bezug auf den Tarifbezug und den sogenannten politischen Streik ausgelegt werden kann: Welche Aussagen sind dem Grundgesetz zwingend zu entnehmen und welche Interpretationsspielräume ergeben sich?

Die Untersuchung der historischen Entwicklung des Streiks und dessen rechtlicher Behandlung ist für die Bestimmung des Gewährleistungsgehalts von Art. 9 Abs. 3 GG nicht nur erkenntnisreich,[1] sondern unabdingbar.[2] Eine ausführliche

[1] *Alexy*, 1991 (1983), S. 294.

Darstellung der Entwicklungsgeschichte der Streiks, ihrer Bedingungen und Konsequenzen sowie die juristische Handhabe in den unterschiedlichen Epochen bildet die Grundlage für die vorliegende Auslegung des Streikrechts. Da im Zeitungsstreikgutachten und der ersten Arbeitskampfrechtsprechung des Bundesarbeitsgerichts die maßgebliche Weichenstellung für den Tarifbezug und das Verbot des sogenannten politischen Streiks liegt, beschränkt sich die historische Betrachtung zunächst auf den Zeitraum bis zur Entstehung des Grundgesetzes (A.).

Die rechtshistorische Untersuchung der Streikpraxis und der juristischen Diskussionen dient im Weiteren als Grundlage dafür, den Gewährleistungsgehalt von Art. 9 Abs. 3 GG zu ermitteln. Diesen bestimme ich mittels der teleologischen, semantischen und systematischen Auslegung des Grundgesetzartikels und prüfe, durch welche Grundrechte das Streikrecht allgemein und insbesondere in den frauendominierten Pflegeberufen eingeschränkt werden kann (B.).

Die Untersuchung des Gewährleistungsgehalts von Art. 9 Abs. 3 GG hinsichtlich der Fragen des Tarifbezugs und des sogenannten politischen Streiks schließe ich mit einer zusammenfassenden Darstellung der Ergebnisse ab (C.).

A. Geschichte des Streiks und dessen rechtlicher Wertung

Die historische Auslegungsmethode basiert im Falle des Streikrechts auf einer Darstellung seiner Geschichte. Die Narration darf dabei nicht einzelne Streiks selektiv heranziehen, die mit der vorherrschenden Auslegung von Art. 9 Abs. 3 GG deckungsgleich sind, sondern muss ein Bild malen, in dem die wechselseitige Bedingtheit von tatsächlichen Kämpfen und deren (rechtlich abgesicherten) Ergebnissen nachvollziehbar wird. Die Geschichtsdarstellung speist sich aus dem historisch-gesellschaftlichen sowie dem geistes- und dogmengeschichtlichen Kontext in der Entstehungsphase einer Regelung.[3]

Das Bundesverfassungsgericht hat in ständiger Rechtsprechung bestätigt, dass der historischen Auslegung besondere Bedeutung für Art. 9 Abs. 3 GG zukommt. Das Gericht zog aus den historischen Betrachtungen allerdings unterschiedliche Schlüsse: So begründete das Bundesverfassungsgericht mit der historischen Auslegung, dass die Koalitionsfreiheit nicht ihres historisch gewordenen Sinnes beraubt

---

[2] So auch ErfK-*Linsenmaier*, GG Art. 9, Rn. 15. Trotz der historischen Prägung des Arbeitskampfrechts und der daran orientierten Auslegung von Art. 9 Abs. 3 GG müssen die grundrechtlichen Gewährleistungen als entwicklungsoffen verstanden werden, weil die Arbeits- und Wirtschaftsbedingungen einem ständigen Wandel unterliegen. Seit Beginn der kapitalistischen Produktionsweise müssen trotz der stetigen Entwicklung der Arbeitswelt die Grundwidersprüche zwischen Kapital und Arbeit sowie zwischen Fremdbestimmung durch abhängige Beschäftigung und Selbstbestimmung in der von der Privatautonomie gestützten Rechtsordnung als dominierend verstanden werden.

[3] *Rüthers*, 2005, S. 499.

werden solle.[4] In einer weiteren Entscheidung bezog sich das Gericht auf die Arbeitskampfgeschichte, leitete daraus allerdings keinen normativen Satz ab. Es stellte fest, dass die Koalitionsfreiheit „obwohl historisch vor allem den Arbeitnehmern vorenthalten und von diesen erstritten, nicht als Arbeitnehmer-Grundrecht ausgestaltet, sondern [...] ebenso Arbeitgebern zu[steht]“.[5] Auch nutzte das Bundesverfassungsgericht die historische Auslegung dazu, die aktuelle rechtliche Handhabung des Art. 9 Abs. 3 GG mit der früheren Rechtsauslegung zu rechtfertigen.[6] Letztere Auslegungsvariante muss allerdings stets die Rechtsentwicklung im Auge behalten, um nicht zwischenzeitlich erkämpfte Rechtspositionen zu vernachlässigen.

Das Bundesarbeitsgericht hat in der bis heute prägenden Entscheidung zum Verhältnis von Tarifvertrag und Arbeitskampf aus dem Jahr 1980 festgestellt, dass in der bisherigen Sozialgeschichte Gewerkschaften fast immer gehalten waren, eine Verbesserung der Arbeitsbedingungen zu fordern und durchzusetzen. Das Bundesarbeitsgericht legt somit Art. 9 Abs. 3 GG vor dem Hintergrund der Sozialgeschichte aus und nutzt diese als „Erkenntnismittel“.[7]

Von besonderem Interesse für die Auslegung von Art. 9 Abs. 3 GG ist die Entstehungsphase des Grundgesetzes. Das Arbeitskampfrecht kann allerdings nicht allein durch die Betrachtung des Streikgeschehens unmittelbar vor und während der Beratungen des Parlamentarischen Rats umfänglich verstanden werden.

Weil sich Art. 9 Abs. 3 GG sprachlich stark an Art. 159 WRV orientiert und das Grundgesetz als Gegenentwurf zum nationalsozialistischen System konzipiert ist, sind bei dessen Auslegung auch diese Epochen rechtshistorisch näher zu untersuchen. Um den historisch gewordenen Sinn des Art. 9 Abs. 3 GG, wie es das Bundesverfassungsgericht ausdrückt,[8] zu bestimmen, setzt die Untersuchung der Streikgeschichte weit vor der Legalisierung dieses Mittels an.

Schwerpunkt der rechtshistorischen Betrachtung liegt auf den Fragen, gegen wen und auf was sich Streik richteten, wie das Verhältnis zwischen Streik und Kollektivvereinbarungen ausgestaltet war und ob die juristische Bewertung des Streiks nach eben diesen Kriterien differenzierte.

Begrifflich ist in der historischen Darstellung zwischen Lohnabhängigen beziehungsweise Arbeiter*innen und Arbeitnehmer*innen zu unterscheiden. Der Arbeitnehmer*innenbegriff entspricht dabei weder den realen Verhältnissen[9] noch ist er schon immer für die Bezeichnung von lohnabhängigen Arbeiter*innen verwendet

---

[4] BVerfG 18.11.1954 – 1 BvR 629/52, BVerfGE 4, 96, S. 106.

[5] BVerfG 26.6.1991 – 1 BvR 779/85, BVerfGE 84, 212, S. 224.

[6] BVerfG 6.5.1964 – 1 BvR 79/62, BVerfGE 18, 18, S. 27 ff.; BVerfG 19.2.1975 – 1 BvR 418/71, BVerfGE 38, 386, S. 394; BVerfG 24.5.1977 – 2 BvL 11/74, BVerfGE 44, 322, S. 347 f.

[7] BAG 10.6.1980 – 1 AZR 822/79, NJW 1980, 1642, S. 1643, 1647.

[8] BVerfG 18.11.1954 – 1 BvR 629/52, BVerfGE 4, 96, S. 106.

[9] Zur ideologischen Verdrehung des Begriffs siehe Einführung, Fn. 3.

worden. Bis zum 18. Jahrhundert „arbeiteten" die meisten abhängig Beschäftigten nach dem damaligen Sprachgebrauch nicht, sie „dienten". Die Begriffe Dienstnehmer und Dienstgeber tauchten erst zum Ende des 18. Jahrhunderts auf. Als Dienstnehmer wurden sowohl diejenigen bezeichnet, die Gesinde anstellten und ihre Dienste in Anspruch nahmen, als auch das Gesinde selbst. Daraus ging die Bezeichnung derjenigen, die Sachgüter herstellten oder Dienstleistungen anboten als Arbeitnehmer hervor. Diejenigen, die den Auftrag zur Arbeitsausführung gaben, wurden Arbeitgeber genannt. Die erste Erwähnung des Arbeitnehmer- und Arbeitgeberbegriffs in einer deutschsprachigen Rechtsnorm findet sich in einer Ergänzung der Gewerbeordnung von 1849, wobei sich der Arbeitnehmerbegriff nur langsam gegenüber den Bezeichnungen Arbeiter, Geselle und Gehilfe durchsetzte.[10] Der Arbeitnehmerbegriff wurde unter anderem seit der Einführung der verschiedenen sozialversicherungsrechtlichen Instrumente unter dem Reichskanzler Otto von Bismarck verwendet, um die Leistungsbezieher auf Personen zu begrenzen, die Arbeitsverträge geschlossen hatten.[11] Ich verwende den Begriff der Arbeitnehmer*innen für die Untersuchung ab dem Zeitpunkt, als er als Rechtsbegriff eingeführt wurde.

I. Die Anfänge des Streiks

Die Geschichte der Kämpfe von Sklav*innen, Feudalknechten, Arbeiter*innen ist eine sehr lange, die Anerkennung des Streikrechts hingegen eine kurze. Streiks wurden seit jeher nicht nur gegen die unmittelbaren Sklavenhalter*innen, Feudalherr*innen und Arbeitgeber*innen, sondern auch gegen die staatliche Obrigkeit geführt. Der Staat trat dabei selbst als Arbeitgeber auf[12] oder ging in vorkapitalistischen Produktionsweisen und Gesellschaftsformen repressiv gegen Streiks vor, um die staatliche Ordnung aufrechtzuerhalten.[13]

---

[10] *Karassek*, Arbeit Bewegung Geschichte 16 (2017), 106, S. 123 ff. mit Verweis auf eine Ausarbeitung des Rechtswissenschaftlers *Otto von Giercke*, der noch im Jahr 1917 ausschließlich den Begriff des Arbeiters verwendete.

[11] Gesetz betreffend die Krankenversicherung der Arbeiter v. 15.6.1883, RGBl., S. 73; Unfallversicherungsgesetz v. 6.7.1884, RGBl., S. 69; Gesetz betreffend die Invaliditäts- und Altersversicherung v. 22.6.1889, RGBl. S. 97.

[12] Die ersten Nachweise über Streiks finden sich über die Nekropolenarbeiter in Ägypten, die staatliche Bedienstete waren und deren Arbeitsniederlegung für die Auszahlung des ausstehenden Lohns in Form von Getreide auch an die staatliche Obrigkeit gerichtet war, vgl. *Kittner*, 2005, S. 9 ff.

[13] Beispielsweise war die Sklaverei im römischen Reich die gängige Form abhängiger Arbeit. Verweigerten die Sklav*innen die Arbeit, kam dies einer Meuterei und einem Aufruhr gleich und wurde auf das Härteste, vielfach mit dem Tode, bestraft, *Kittner*, 2005, S. 17. Auch in den späteren feudalen Arbeitsverhältnissen der Landwirtschaft, die den größten Wirtschaftssektor ausmachte, kam eine Arbeitsniederlegung einem Aufruhr gleich, *Kittner*, 2005, S. 18.

Die Auseinandersetzungen der Gesellenbewegung aus der Zeit der vorkapitalistischen Produktionsweise werden in historischen Betrachtungen regelmäßig vernachlässigt, obwohl sie zum Verständnis des Verhältnisses von Streiks und Staat vieles beitragen können. Die Gesellenvereine entstanden im Handwerk, der erste im Jahr 1331 in Berlin. Die Gesellen richteten ihre Streikforderungen oft gegen ihre Meister, um höhere Löhne zu erkämpfen. Aufgrund der staatlichen Streikverbote waren Konflikte mit der Staatsmacht programmiert.[14]

Daneben richteten sich die Streiks bewusst und direkt gegen staatliche Institutionen. Die Handwerksgesellen waren in Bruderschaften organisiert und führten unter anderem Streiks für das Recht auf eine eigene Gerichtsbarkeit im Jahr 1414 in Straßburg und 1423 in Mainz und im Jahr 1425 einen Streik für die Zulassung der vorher verbotenen Bruderschaft.[15] Im Jahr 1490 führten die Inntaler Knappen einen Streik gegen die staatliche Obrigkeit, um die Reduzierung ihrer Feiertage rückgängig zu machen.[16]

Der Rat der Stadt oder die Zunft drohten den Gesellen mit öffentlichen Strafen, um Streiks zu verhindern. Wenn sich die Meister nicht anders zu helfen wussten, forderten sie beim Staat das Verbot des Gesellenvereins ein. Zu Beginn des 15. Jahrhunderts schlossen sich einige Städte zu Bündnissen zusammen, um Vereinsverbote und andere Repressalien umzusetzen. Auch in den Territorialstaaten wurden Versammlungen und Vereinigungen von Gesellen und deren Streiks verboten. Bis ins 16. Jahrhundert hinein erhoben die Gesellen als Reaktion auf die staatliche Repression die Forderung, die Sanktionen für die als Vertragsbruch angesehenen Streiks abzumildern.[17]

Das erste Gesetz, das auf Reichsebene ein Streikverbot enthielt, war die Reichszunftordnung von 1731, die als Reaktion auf große Streiks erlassen worden war. Arbeitsniederlegungen firmierten zu dieser Zeit noch unter der Bezeichnung des Aufstands, worunter eine Aktivität gegen die staatliche Ordnung verstanden wurde.[18] Die Aufstände der Gesellen ebbten dennoch nicht ab und sie forderten neben höheren Löhnen die Flexibilisierung des Kündigungsschutzes, wenn die Verträge die Gesellen zu lange an den Meister banden.[19]

Ab Mitte des 18. Jahrhunderts, zu Beginn des Fabriksystems und der im juristischen Sinn freien Arbeitsverträge, gab es für die Fabrikarbeiter*innen zunächst keine gesetzlichen Streikverbote wie sie sich gegen die Gesellenbewegung gerichtet hatten. Unternehmen und staatliche Behörden kooperierten allerdings, indem sie

[14] *Kittner*, 2005, S. 25 ff. Die Stadtobrigkeiten griffen vermehrt dann ein, je größer die Konfliktfelder waren und rechtfertigten dies damit, eine Gefährdung der öffentlichen Ordnung verhindern zu wollen, *Kittner*, 2005, S. 26.

[15] *Germelmann*, 1980, S. 11 f.

[16] *Rüthers*, 1982, 1, Rn. 2.

[17] Zum Ganzen *Kittner*, 2005, S. 48 ff., 54 ff., 73 ff.

[18] *Kittner*, 2005, S. 114 ff.

[19] *Keiser*, 2013, S. 161 f.

Streikende verhaften ließen und weitere Strafen bei Wiederholung des Streiks androhten.[20] Der preußische König verordnete schließlich im Jahr 1845 ein umfassendes Streik- und Vereinsverbot sowie die Strafbarkeit des Vertragsbruchs mit der „Allgemeinen Gewerbeordnung".[21]

Zusammenfassend ist für die Zeiten vor und während der Anfänge der kapitalistischen Produktionsweise festzuhalten, dass die Streiks neben der Verbesserung der Arbeitsbedingungen immer schon das Ende staatlicher Repression zum Ziel hatten und den Staat zum Teil direkt adressierten.

II. Streikvereine

Die sogenannten Streikvereine bildeten sich zu Beginn des 19. Jahrhunderts. Sie stellten lockere Zusammenschlüsse dar, die in der Regel aus Streiks hervorgingen.[22] Zahlreiche Streiks fanden in der Mitte des 19. Jahrhunderts in der Druckindustrie statt. Daraus ging im Jahr 1848 der „National-Buchdrucker-Gehilfen-Verband" hervor. Diese erste Gewerkschaft brachte die Forderung, die Koalitionsverbote und damit auch die Streikverbote aufzuheben, in die Paulskirchenversammlung ein. Noch im selben Jahr der Gewerkschaftsgründung fand trotz der Streikverbote der erste großflächige, nationale Streik statt. Die Drucker*innen betonten während dieser Streiks den Zusammenhang zwischen den Streiks und der Forderung nach Koalitionsfreiheit.[23]

Streiks waren in der Regel der Koalitionsbildung und dem Abschluss von Tarifverträgen vorgelagert. Die Arbeiter*innen beschlossen meist spontan und zunächst unorganisiert, den Arbeitsprozess zu stören, um ihre Interessen durchzusetzen. Die Lohnabhängigen kollektivierten sich im konkreten Konflikt. Dabei konnte auf den Erfahrungsschatz und die Erinnerungen der Gesellenbewegung zurückgegriffen werden.[24] Neben Streiks griffen die Arbeiter*innen auch auf das Mittel der Petition zurück und kollektivierten sich in ersten Vereinen.[25]

Zusammenfassend lässt sich für diese Epoche festhalten, dass gewerkschaftliche Organisationen und die Herausbildung eines Tarifvertragssystems aus Streiks resultierten und nicht umgekehrt. Der sozialdemokratische Vordenker Eduard Bernstein bezeichnete in seiner Analyse von 1906 diese Form der Kollektivierung als „Elementarform der Gewerkschaft. Sie ist überall in erster Linie Streikvereinigung, der Streik ihr eigentlicher Zweck".[26]

---

[20] *Kittner*, 2005, S. 136 f.

[21] *Kittner*, 2005, S. 189 f.

[22] *Wahsner/Bayh*, 1983, S. 76 f.

[23] *Kittner*, 2005, S. 197 ff., 201.

[24] *Kittner*, 2005, S. 212, 240 f.; *Wahsner*, 1979, 144, S. 145 f.

[25] *Ritter/Tenfelde*, 1975, 61, S. 62 ff.

[26] *Bernstein*, 1906, S. 31.

III. Erste Legalisierungsversuche

Die Gesetzgebung des Norddeutschen Bunds hob durch die Regelungen §§ 152, 153 der Reichsgewerbeordnung (RGewO) von 1869 das Streikverbot auf. Diese Regelungen wurden im Jahr 1871 unverändert in das Deutsche Reich übernommen.[27] Durch die Aufhebung der Strafbarkeit kam es zwar zu einem Anstieg der Streiks.[28] Allerdings enthielten die Normen die Beschränkung, dass die Pflichten des Arbeitsvertrags stets, also auch während eines Streiks, einzuhalten waren. Der Arbeitsvertrag musste demnach gekündigt werden, damit die Arbeitnehmer*innen in den Streik treten konnten.[29] Die Aufhebung des Streikverbots brachte demnach keine Gewährleistung des Streikrechts.

Bereits im Jahr 1875 wurde eine Gesetzesinitiative zur strafrechtlichen Verfolgung des Vertragsbruchs, d. h. der Arbeitseinstellung ohne vorherige Kündigung laut, die aufgrund einer breiten Protestwelle der Arbeitnehmer*innen jedoch keinen Erfolg im Reichstag hatte. Im Jahr 1878 wurde durch das von Bismarck initiierte Sozialistengesetz der Großteil der freien gewerkschaftlichen Zentralverbände, Lokalvereine und Unterstützungskassen verboten. Anschließend waren es lose Streikkomitees, die diese Organisationen wieder zum Leben erweckten, um sie anschließend wiederaufzubauen.[30]

Die Streiks im Kaiserreich drehten sich neben Auseinandersetzungen um die Verringerung der Arbeitszeit und Erhöhung des Lohns auch um politische Teilhabe im monarchischen System. Zudem stellten Arbeitnehmer*innen vermehrt Systemfragen und verlangten die Abschaffung der Lohnarbeit als solcher.[31] Der Wortlaut der §§ 152, 153 RGewO gab keine Reglementierung auf bestimmte Streikziele oder ein bestimmtes Streikverfahren vor.[32]

Unternehmen und Staat gingen während der gesamten Periode zwischen Inkrafttreten der §§ 152, 153 RGewO bis zum Ersten Weltkrieg systematisch gegen Koalitionen und vor allem Streikende vor. Streiks sollten tunlichst unterbunden werden.[33] Der Staat setzte Polizei und Militär gegen Streikende ein.[34]

Der Staat ging auch in seiner gesetzgebenden Funktion gegen die gewerkschaftliche Betätigung vor. Insbesondere die politische Betätigung von Frauen unter anderem in Arbeiterinnenvereinen und Gewerkschaften wurde vom Staat versucht zu verhindern. Bis zum Jahr 1908 galt das Preußische Vereinsgesetz von 1850. Es verbot

[27] *Kittner*, 2005, S. 234.

[28] *Keiser*, 2013, S. 284 f.

[29] *Kittner*, 2005, S. 293 f.

[30] *Ritter/Tenfelde*, 1975, 61, S. 67 ff., 79 ff.

[31] *Kittner*, 2005, S. 248, 252 f.

[32] Däubler ArbeitskampfR-*Däubler*, § 3, Rn. 2; die Gesetzgebungsdiskussion war maßgeblich von Erwägungen zur negativen Koalitionsfreiheit bestimmt, *Kittner*, 2005, S. 234.

[33] *Kittner*, 2005, S. 248.

[34] *R. Schröder*, 1988, S. 244 f.

Frauen, sich in Vereinen oder Parteien zu engagieren und wurde von den meisten deutschen Staaten weitgehend übernommen.[35]

Eine Beschränkung erfuhr die Streikfreiheit zudem durch die Rechtsprechung des Reichsgerichts.[36] Dabei ging die Justiz gegen die Gewerkschaften mittels Normen des Strafrechts, insbesondere §§ 185, 253 StGB[37] und des Vereins- und Versammlungsrechts vor.[38] Zudem diente § 153 RGewO als Sonderstrafrecht und als zentrale Norm zur Abwehr von Streiks.[39] Um den Anwendungsbereich der Norm zu eröffnen, werteten die Strafsenate der Gerichte Streikforderungen als von § 152 RGewO umfasst, nur um die Gewerkschaften anschließend daran zu hindern, eine geschlossene Streikbereitschaft bei den Arbeitnehmer*innen herzustellen. Die Strafsenate subsumierten selbst diejenigen Fälle unter § 153 RGewO, in denen Streikende versucht hatten, über moralische Ansprachen die Streikbrecher*innen von der Richtigkeit der Arbeitsniederlegung zu überzeugen. Durch die weite Auslegung von § 153 RGewO wurde das Streikpostenstehen faktisch verboten.[40]

Der Arbeitsrechtler Hugo Sinzheimer fasste die historische Situation wie folgt zusammen: „Die Organisationen, die § 152 Abs. 1 im Auge hat, sind Kampforganisationen".[41] Das Reichsgericht unterschied allerdings bei der Anwendung von § 152 RGewO nicht zwischen „arbeitsrechtlichen" und „politischen" Streikforderungen.[42] Der Staat war vor allem daran interessiert, Streiks – egal welcher Art – zu unterbinden.

Im Vergleich zu den Strafsenaten kann die Zivilgerichtsbarkeit als arbeitskampffreundlich bezeichnet werden. Der Rechtswissenschaftler Rainer Schröder führt dies auf die grundlegende Akzeptanz wirtschaftlicher Kämpfe im Kaiserreich zurück. Er zeichnet die Parallelen der kartellrechtlichen Entscheidungen und den Auseinandersetzungen zwischen Arbeitgeber*innen und Arbeitnehmer*innen und den arbeitskampfrechtlichen Entscheidungen nach und kommt zu dem Ergebnis, dass beide Kampfformen gleichermaßen von den Zivilsenaten des Reichsgerichts als

---

[35] Die Gewerkschaften waren jedoch an der schleppenden Organisierung von Frauen nicht gänzlich unbeteiligt. Sie setzten sich zum Teil mittels paternalistischer Argumentationen für das Verbot von Frauenarbeit ein und untersagten Frauen die Mitgliedschaft in Gewerkschaften, *Gerhard/Wischermann*, 1996, S. 69 f., 73 ff., 107 ff., 280 f.; *Notz*, 2020, 28, S. 31; *Fuhrmann*, 2021, S. 29 f.; *Ritter/Tenfelde*, 1975, 61, S. 100, 108.

[36] Däubler ArbeitskampfR-*Däubler*, § 3, Rn. 3 ff.

[37] Zur Anwendung von § 253 StGB siehe *Kittner*, 2020, S. 27 f.; *Kittner*, 2005, S. 292 ff.; *R. Schröder*, 1988, S. 293.

[38] *Kittner*, 2005, S. 271 ff.

[39] *Kittner*, AuR 2018, G9–G12.

[40] *Gusy*, 1997, S. 4.

[41] *Sinzheimer*, 1927, S. 71.

[42] *Kittner*, 2005, S. 294 f.; *Hentschel*, 1988, S. 31 f. Zum Problem der Definition, was unter „politischen" Streikforderungen zu verstehen ist und was nicht, siehe S. 31 ff. und S. 260 ff.

nicht zivilrechtswidrig bewertet wurden. Allerdings wurden Aussperrungen genauso wie Streiks behandelt.[43]

Exemplarisch für die Anerkennung des Arbeitskampfs kann der Fall des Kieler Bäckerboykotts gelten. Der Zivilsenat des Reichsgerichts prüfte § 823 Abs. 1 BGB als Anspruchsgrundlage für den geforderten Schadensersatz und stellte fest, dass kein Eingriff in das Recht am eingerichteten und ausgeübten Gewerbebetrieb vorliege.[44]

Statt des deliktischen Schadensersatzanspruchs aus unerlaubter Handlung wendeten die Zivilsenate für einen Schadensersatzanspruch der Arbeitgeber § 826 BGB an, machten von der Norm jedoch nur zurückhaltend Gebrauch.[45] Als weitere Anspruchsgrundlage kam § 823 Abs. 2 BGB in Betracht, wenn ein gesetzliches Verbot durch den Streik gebrochen wurde. Insgesamt wertete das Reichsgericht den eingerichteten und ausgeübten Gewerbebetrieb im Arbeitskampfrecht nicht als sonstiges Recht nach § 823 Abs. 1 BGB.[46]

IV. Streiks und Sozialstaat

Die steigende Zahl an Streiks und die wachsende Organisierung der Arbeiter*innen zu Beginn des letzten Drittels des 19. Jahrhunderts nötigten die Reichsregierung dazu, nicht nur mit massiven Repressionen zu reagieren, sondern auch Überlegungen zu sozialen Schutzsystemen der abhängig Beschäftigten anzustellen.[47]

Nach dem niederschlesischen Bergarbeiterstreik 1869, dem Gründungsjahr der Sozialdemokratischen Arbeiterpartei, äußerte Bismarck erste Vorschläge zur sozialen Absicherung der Arbeiter*innen.[48] Die Streiks dieser Zeit waren so der „Ausgangspunkt systematischer Schutzgesetzgebung“.[49] Bismarck wollte mit den Sozialversicherungsgesetzen zur Etablierung der Krankenversicherung im Jahr 1883, der Unfallversicherung 1884 und der Invaliden- und Altersversicherung 1889 unter anderem der Arbeiterbewegung die Grundlage dafür entziehen, streiken zu müssen. Dass die Streikenden selbst den Staat als legislatives Organ der Sozialgesetzgebung adressierten, lässt sich den historischen Quellen nicht entnehmen, ihre Streiks bewegten aber umgekehrt die staatlichen Kräfte zum Handeln.

---

[43] *R. Schröder*, 1988, S. 251 ff.

[44] RG 12.7.1906 – VI 497/05, RGZ 64, 52.

[45] *Kittner*, 2020, S. 31 f.

[46] *Kittner*, 2005, S. 294, 310.

[47] *Gladen*, 1974, S. 41 ff.; *Hentschel*, 1988, S. 29 ff.

[48] *Stolleis*, 2003, S. 48 f.

[49] *Preis*, RdA 2019, 75, S. 78.

V. „Politische“ Streiks und Massenstreiks

Unzählige Massenstreiks fanden zwischen dem Ende des 19. und dem Beginn des 20. Jahrhunderts in Europa statt. Der Massenstreik kann aufgrund der zeitgenössischen Beobachtungen und Analysen der Theoretikerin und marxistischen Publizistin Rosa Luxemburg als ein Phänomen der Arbeitnehmer*innenbewegung dieser Epoche umschrieben werden, das auf eine Veränderung der wirtschaftlichen und demokratischen Verhältnisse abzielte und die Bedingung der Möglichkeit vieler europäischer Revolutionen schaffte. Im Vergleich zum Generalstreik oder „politischen“ Demonstrationsstreik entstanden Massenstreiks oft ohne vorhergehenden Aufruf von Anarchist*innen oder die (gewerkschaftliche) Planung und Organisierung der Arbeitnehmer*innen. Eine trennscharfe Differenzierung in der Begriffsverwendung lässt sich jedoch nicht ausmachen, denn Bezeichnungen wie politischer Streik oder General- und Massenstreik wurden zum Teil synonym verwendet.[50] Kennzeichnend für diese Streiks ist, dass sie über Berufs-, Branchen und Gewerkschaftsgrenzen hinweg stattfanden. Viele rechtliche und tatsächliche Verbesserungen der Situation der Arbeitnehmer*innen sind in fast allen europäischen Staaten auf die Streiks dieser Epoche zurückzuführen.[51]

In Großbritannien wurden neben Streiks um bessere Arbeitsbedingungen und einzelnen Erfolgen durch gesetzliche Regulierung der Fabrik- und Bergwerksarbeit und der Einführung des Zehnstundentags im Jahr 1847, Bestrebungen zur Demokratisierung des Wahlrechts laut – wenn auch nur für Männer. Ein neunmonatiger Streik der Londoner Bauarbeiter im Jahr 1859 zwang das britische Parlament dazu, das Koalitionsrecht einzuführen.[52] In Österreich erzwangen Arbeiter*innen durch eine Demonstration im Dezember 1869 vor dem Reichsratsgebäude in Wien das Koalitionsrecht. Ein Demonstrationsstreik im Jahr 1905 beeinflusste die österreichische Wahlgesetzreform maßgeblich und zwei Jahre später führte die österreichische Gesetzgebung das allgemeine Wahlrecht für Männer ab 24 Jahren ein. In Frankreich gehen die Aufhebung des Koalitionsverbots im Jahr 1884, das Sozialversicherungsgesetz für den Bergbau aus dem Jahr 1894 und das Arbeitsunfallschutzgesetz von 1898 auf Aktivitäten der Arbeiterbewegung zurück. In Italien ist die staatliche Zusage, bei der Bekämpfung von Streiks keine militärischen Mittel einzusetzen, auf einen Massenstreik im Norden des Landes im Jahr 1894 zurückzuführen.[53] Der zum Teil erfolgreiche Streik der belgischen Arbeiter*innen von 1893 führte zu einer Reform des Wahlrechts, der Massenstreik im Jahr 1902 schließlich

---

[50] *Luxemburg*, 1972 (1906), 91, S. 124 ff.; *Luxemburg*, 1972 (1910), 451, S. 459 f.

[51] *Abendroth*, 1969; *Geary*, 1983, S. 162 ff.; *Novitz*, 2010, S. 27; *Kruke*, APuZ 2013, 3, S. 4 sieht im Jahr 1848 den Startpunkt der Europäischen Arbeiterbewegung mit sozialen und politischen Forderungen, ausführlich dazu *Dowe/Haupt/Langewiesche* (Hrsg.), 1998.

[52] *Abendroth*, 1969, S. 21 f., 37.

[53] *Abendroth*, 1969, S. 54 ff.

zum allgemeinen Wahlrecht.[54] Für diese Staaten kann zusammengefasst werden, dass die gewonnenen demokratischen Grundrechte und die rechtliche Absicherung der Arbeitnehmer*innen auf die Streiks in Europa zurückzuführen sind. Diese europäische Entwicklung ist auch bei der Auslegung der Europäischen Menschenrechtskonvention von Bedeutung.[55]

Vor dem Hintergrund der durch die Streiks erzielten Errungenschaften gab es im deutschsprachigen Raum hitzige Debatten um das Wesen und den Einsatz des sogenannten politischen Streiks.[56] Als Höhepunkt kann die Generalstreik- beziehungsweise Massenstreikdebatte innerhalb der Vertretungen der Arbeitnehmer*innen gelten. Die Grabenkämpfe spielten sich insbesondere zwischen den sozialistisch geprägten freien Gewerkschaften und der SPD sowie zwischen den unterschiedlichen Lagern der Partei ab. Der revisionistische Parteiflügel und die Gewerkschaften sprachen sich gegen einen Massenstreik als Kampfmittel aus, der progressive Parteiflügel befürwortete diesen.[57] Ende des 19. Jahrhunderts lehnte eine breite Bewegung innerhalb der freien Gewerkschaften insbesondere den Tarifvertrag noch ab, da er nicht geeignet sei, die Unterschiede zwischen Kapital und Arbeit zu überwinden. Im Zuge eines wachsenden Pragmatismus akzeptierten die Gewerkschaften ihn allerdings als vertragliche Absicherung der Ergebnisse von Streiks.[58]

Im internationalen Vergleich gab es in diesem Zeitraum bis zum Ersten Weltkrieg im Deutschen Reich wenige Streiks, mit denen die Arbeitnehmer*innen direkt den Staat adressierten. Der Hamburger Streik gegen die Verschlechterung des Wahlrechts durch die Wiedereinführung des Dreiklassenwahlrechts im Jahr 1906 wurde zum Teil als sogenannter politischer Streik, zum Teil als bloße Demonstration bewertet.[59] Für die Einführung des demokratischen Wahlrechts in Preußen streikten im Jahr 1910 sowohl am 23. Februar in Frankfurt am Main und am 15. März in Kiel mehrere Tausende Arbeiter.[60]

Eine größere Rolle spielten Streiks für höhere Löhne, eine Verkürzung der Arbeitszeit und bessere Arbeitsbedingungen.[61] Der Staat blieb bei diesen Streiks aber kein unbeteiligter Beobachter. So setzte er bei den Streiks im Bergbau 1889, 1905 und 1912 und bei dem mehrheitlich von Frauen getragenen Streik der Textilarbei-

---

[54] *Luxemburg*, 1972 (1910), 463–483, S. 467 f.; *Polasky*, Journal of Contemporary History, 1992, 449; *Abendroth*, 1969, S. 58 f.; *Haupt et al.*, 1981, 13, S. 17 werten diesen Streik als Beginn einer Periode „politischer“ Massenstreiks.

[55] Siehe S. 142 f.

[56] *Haupt et al.*, 1981, 13, S. 17.

[57] *Annerfelt*, AuR 2020, G9–G12; *Kittner*, 2005, S. 368 ff.; *Redler*, 2007, S. 37 ff.

[58] *Kittner*, 2005, S. 374.

[59] *Luxemburg*, 1972 (1906), 91, S. 126; *Luxemburg*, 1972 (1910), 451, S. 456 ff.; *Redler*, 2007, S. 45 f.

[60] *Luxemburg*, 1972 (1910), 305, S. 328, Fn. 2 und 3.

[61] *Haupt et al.*, 1981, 13, S. 34 konnten als Streiks, die direkt auf staatliche Maßnahmen abzielten, für die Epoche vor dem Ersten Weltkrieg lediglich die gegen das Preußische Dreiklassenwahlrecht geführten lokal begrenzten Halbtagsstreiks ausmachen.

ter*innen im sächsischen Crimmitschau von 1903 bis 1904 um die Einführung des Zehnstundentags seine gebündelten vereins-, polizei- und strafrechtlichen Instrumentarien ein, um die Streiks zu beenden.[62] Diesen Streiks war gemein, dass der Staat mit massiven Repressionen gegen die Streikenden vorging.[63]

Wird eines der Kriterien des „politischen" Streiks[64] darin erblickt, dass der Streik ein irgendwie geartetes Tätigwerden des Staats anregen soll, so verdeutlicht dieser historische Ausschnitt, dass die Streiks allein schon deshalb „politischen" Charakter hatten, weil sich staatliche Stellen veranlasst sahen, auf das Streikgeschehen einzuwirken. Weil es keine rechtliche Rahmung gab, unter welchen Bedingungen, Arbeitnehmer*innen rechtmäßig streiken durften, adressierten die Streikenden indirekt immer auch den Staat mit der impliziten Forderung, den Streik zu legalisieren. Die der kapitalistischen Produktionsweise inhärente Konstruktion einer vermeintlich getrennten politischen und ökonomischen Sphäre, die auch auf juristische Wertungen Einfluss nehmen sollte, wird durch diese Streiks widerlegt.

VI. Weimarer Republik

Die Ausgestaltung des kollektiven Arbeitsrechts in der Weimarer Republik lässt sich nur mit Wissen um die Streiks während des Ersten Weltkriegs und unmittelbar nach Kriegsende beurteilen (1.). Die während dieser Epoche geschlossenen Abkommen und die innergewerkschaftlichen Debatten stelle ich im nächsten Schritt dar (2.).

Anschließend beleuchte ich die rechtswissenschaftliche Diskussion in der Weimarer Nationalversammlung und der anschließenden Verfassungskommentierung (3.) und die Rechtsprechung zum Arbeitskampf (4.). Als Besonderheit der Weimarer Republik arbeite ich das System der staatlichen Zwangsschlichtung heraus (5.).

Zum Schluss fasse ich die Diskussionen der Weimarer Republik in Hinblick auf den Tarifbezug und die Bewertung des sogenannten politischen Streiks zusammen (6.).

1. Erster Weltkrieg und „politische" Streiks der Revolution

Zu Beginn des Ersten Weltkriegs war zunächst ein Rückgang der Streiks zu verzeichnen. Das Militär war auf funktionierende Betriebe angewiesen und bewilligte Lohnforderungen in der Regel umgehend, um Streiks zu vermeiden. Mit dem

---

[62] *Notz*, 2020, 28, S. 33 f.

[63] *Kittner*, 2005, S. 335 ff.; *Haupt et al.*, 1981, 13, S. 34.

[64] Wie der „politische" Streik unter der heutigen Rechtslage und anhand der Situation in frauendominierten Branchen definiert wird, siehe S. 23 ff. und 31 ff.

sogenannten Burgfrieden vom 4. August 1914 hatten neben den Parteien auch die Gewerkschaften zugesichert, die Kriegswirtschaft zu unterstützen, indem sie unter anderem auf Streiks verzichteten.[65]

Die Reichsleitung versuchte aufgrund der im Laufe des Ersten Weltkriegs erstarkenden Arbeitsunruhen die Gunst der Arbeitnehmer*innen zu gewinnen. Das Gesetz über den vaterländischen Hilfsdienst vom 6. Dezember 1916, das von der Obersten Heeresleitung veranlasst worden war und dem Reichstag und Bundesrat zustimmten, führte die staatlich gelenkte Kriegswirtschaft und die Arbeitsverpflichtung für alle Männer, die nicht in der Armee dienten, ein. Die Arbeitnehmer*innen verloren dadurch ihr Kündigungsrecht und waren in ihrer Freizügigkeit eingeschränkt. Insgesamt führte das Gesetz zu einer noch unbeschränkteren Willkür, mit der die Arbeitgeber*innen in ihren Betrieben agieren konnten.[66] Als Zugeständnis an die Gewerkschaften führte die Gesetzgebung verpflichtende Arbeiterausschüsse in Betrieben mit mehr als 50 Arbeitnehmer*innen nach § 11 Hilfsdienstgesetz ein.[67] Die staatliche Anerkennung und die Integration in die Kriegswirtschaft führten zu einem Auftrieb der reformistischen Kräfte in den Gewerkschaften.[68]

Ein Streik, der nicht direkt auf die Veränderung der Arbeits- und Wirtschaftsbedingungen abzielte, ereignete sich im Laufe des Ersten Weltkriegs. Am 28. Juni 1916 streikten 55.000 Arbeitnehmer*innen der Berliner Rüstungsindustrie für die Befreiung Karl Liebknechts. Als Vertreter des revolutionären Flügels der SPD im Reichstag hatte er kurz zuvor zu einer Demonstration gegen den Krieg aufgerufen und war daraufhin verhaftet worden. Der Streik verfehlte sein Ziel: Liebknecht wurde verurteilt und musste eine Haftstrafe im Zuchthaus antreten.[69]

In den beiden darauffolgenden Kriegsjahren nahmen die nicht gewerkschaftlich organisierten Streiks zu. Diese Streiks richteten sich unter anderem gegen die Verschlechterungen, die das Hilfsdienstgesetz für die Arbeitnehmer*innen gebracht hatte, gegen die Politik der SPD und der Gewerkschaften und gegen die katastrophale Ernährungslage in der Bevölkerung. Die Streikenden forderten zudem die Beendigung des Kriegs und die Einführung des allgemeinen Wahlrechts – auch für Frauen. Im April 1917 legten zwei- bis dreihunderttausend Berliner Arbeitnehmer*innen, unter ihnen viele Frauen, im sogenannten Brotstreik die Arbeit nieder.[70] Diese Streiks gipfelten im Berliner Streik der Munitionsarbeiter*innen im Januar 1918, der nicht von Gewerkschaften oder Arbeiterparteien, sondern von Delegierten aus den Betrieben organisiert worden war. Sie forderten einen Frieden ohne Annexionen deutscher Gebiete zugunsten Sowjetrusslands und ohne Entschädigungen zu

---

[65] *Höpfner*, 2015, S. 94; *Kittner*, 2005, S. 380 f.

[66] *Hoffrogge*, 2018, S. 45.

[67] RGBl. 1916 Nr. 276, S. 1333 ff.; *Kittner*, 2005, S. 385; *Hentschel*, 1988, S. 58 f.

[68] *Feldman/Steinisch*, 1985, S. 21 f.

[69] *Hoffrogge*, 2018, S. 42 ff.

[70] *Hoffrogge*, 2018, S. 46 ff.; *Notz*, 2020, 28, S. 34 f.

schließen, die Lebensmittelversorgung zu verbessern, die Pressefreiheit wiederherzustellen, die Einmischung des Militärs in Gewerkschaftsangelegenheiten zu beenden und das allgemeine Wahlrecht für den Preußischen Landtag einzuführen.[71]

Die sogenannte Novemberrevolution war mit der Demission des Kaisers und der doppelten Ausrufung der Republik am 9. November 1918 noch nicht beendet. Die „politischen" Streiks ebbten keinesfalls ab. Bis zum Jahr 1923 gab es immer wieder Streiks, mit denen die Forderungen der Revolution umgesetzt werden sollten.[72]

Ab Dezember 1918 bis zum April 1919 kam es in den Bergbauregionen in Oberschlesien und im Ruhrgebiet sowie der industriellen Ballungsregion in Mitteldeutschland zu „politischen" Streiks. Die Streikenden forderten unter anderem die Sozialisierung zumindest des Bergbaus und der Schwerindustrie sowie den Ausbau beziehungsweise die Beibehaltung der Rätestrukturen. Die Landesregierungen verhängten bei fast jedem Streik den Belagerungszustand und das Militär beendete die Streiks gewaltsam.[73] Die Unternehmer befürworteten die Interventionen des Militärs und unterstützten diese zum Teil finanziell.[74]

Die Beteiligten des Berliner Generalstreiks im März 1919 stellten ähnliche Forderungen wie die Arbeitnehmer*innen der anderen landesweiten Streiks auf: Neben der Sozialisierung verschiedener Bereiche und dem Ausbau des Rätesystems forderten sie unter anderem das Verbot vom Militäreinsatz bei Streiks und Demonstrationen, die Befreiung der politischen Gefangenen sowie das Ende der politischen Prozesse vor Gericht. Es handelte sich demnach nicht um einen Streik, der den Umsturz der Regierung zum Ziel hatte. Der Reichswehrminister Gustav Noske (SPD) beantwortete den Streik mit einem massiven Truppenaufgebot und der Einrichtung von Kriegsgerichten, nachdem die Preußische Regierung den Belagerungszustand verhängt hatte. Die Regierung verhaftete, misshandelte und erschoss die Streikenden. Trotz der weit über eintausend Toten kann der Berliner Generalstreik aus Sicht der Streikenden nicht ausschließlich als Niederlage bewertet werden. Schließlich ist die schnelle Verabschiedung des Sozialisierungsgesetzes vom

---

[71] *Abendroth*, 1997 (1985), S. 185; *Luban*, 2015, 11, S. 21; *Hoffrogge*, 2018, S. 52 ff.; *Kittner*, 2005, S. 390 ff.; *Haupt et al.*, 1981, 13, S. 34.

[72] In der aktuellen historischen Forschung wird argumentiert, dass die sogenannte Novemberrevolution zwar ihren „revolutionären Moment" in den Monaten Oktober und November des Jahres 1918 hatte, die gesamte revolutionäre Situation allerdings bereits im Jahr 1916 mit den ersten sozialen Protesten begann und bis in das Jahr 1923 reichte, als sich die Unruhen der sozialen Bewegungen legten und sich die deutsche Währung nach der Hyperinflation durch die Einführung der Rentenmark stabilisierte, vgl. *Weinhauer/McElligott/Heinsohn*, 2015, 7, S. 11 ff., 22, 33 f. m. j. w. N. Zu den letzten großen Streiks des Jahres 1923 zählen die Streiks der Landarbeiter*innen im Mai, sich vor dem Hintergrund der Wirtschaftskrise vor allem für eine Erhöhung ihrer Deputate einsetzten (vgl. *Kittner*, 2005, S. 440 f.), der Streik der Bergarbeiter Oberschlesiens im Juni und der Streik der Berliner Metallarbeiter im Juni, *Wenzel*, 2003, S. 150.

[73] *Weipert*, 2014, S. 43 ff.; *Haupt et al.*, 1981, 13, S. 35.

[74] *P. Weber*, 2010, S. 377 ff.

23. März 1919 und die Erhaltung der Rätestrukturen, die als heutige Betriebsräte fortleben, auf den Streik zurückzuführen.[75]

Das Betriebsrätegesetz vom 8. Februar 1920 ist auf zwei weitere Streiks zurückzuführen. Die Schlichtungsergebnisse des Streiks im März 1919 im mitteldeutschen Braunkohlerevier sowie des Streiks der Angestellten der Metallbranche und des Bankenwesens vom April 1919 in Berlin sind als zwei unmittelbare Vorlagen für das Betriebsrätegesetz zu werten. Bei letzterem Streik griff die Reichsregierung ein, indem sie eine Schlichtungsstelle unter Vorsitz des Reichsarbeitsministers einsetzte.[76] In beiden Streiks ging es zentral um die zu erweiternde Mitbestimmung in den Betrieben. Die Forderungen der Arbeitnehmer*innen wurden von der Gesetzgebung aber nur bruchstückhaft umgesetzt. Beide Streiks können aufgrund der Forderungen hin zu einer umfassenden Mitbestimmung, die in einer reichsweiten gesetzlichen Regelung mündeten, als „politische“ Streiks verstanden werden.

Im Jahr 1920 fand ein erfolgreicher Generalstreik gegen den Kapp-Lüttwitz-Putsch statt. Bereits zwei Tage nach dem rechten Putsch legten die Berliner Arbeitnehmer*innen am 15. März 1920 das komplette Wirtschaftsleben lahm, mit teilweiser Ausnahme der Krankenhäuser und dem vollständigen Ausbleiben von Streiks bei der Polizei und der Feuerwehr. Auch im Rest der Republik wurde gestreikt. Nach Angaben des ADGB beteiligten sich 12 Millionen Arbeitnehmer*innen an dem Generalstreik. Der selbsternannte Reichskanzler Wolfgang Kapp und der selbsternannte Reichswehrminister General Walther Freiherr von Lüttwitz traten am 17. März zurück. Der Putsch war damit beendet.[77] Einige Arbeitgeber*innen nutzten den Generalstreik, um unliebsame Arbeitnehmer*innen zu kündigen oder zu maßregeln, andere beantworteten den Streik sogar mit Aussperrungen.[78] Bis auf ein paar wenige Ausnahmen verweigerten die Arbeitgeber*innen in der Zentralen Arbeitsgemeinschaft es,[79] den streikenden Arbeitnehmer*innen nach Niederschlagung des Putsches eine Entschädigung zu zahlen.[80]

Im Anschluss an den Widerstand gegen den Putsch bildeten sich in der ganzen Republik Rätekonferenzen, die einen erneuten Versuch unternahmen, die Forderungen der Revolution durchzusetzen, indem sie den Generalstreik verlängerten. In Berlin forderte die gewerkschaftliche Streikleitung, dass die alte SPD-geführte Regierung nur dann zurückkehren dürfe, wenn das Heer und die Verwaltung demokratisiert und Sozialisierungen sowie sozialpolitische Maßnahmen umgesetzt werden würden. Der erfolgreiche Generalstreik der Arbeitnehmer*innen gegen den Putsch und die reorganisierte Revolutionsbewegung ließen die Befürchtungen in den reaktionären Kreisen der Reichs- und Landesregierungen und dem Militär vor einer

[75] *Weipert*, 2014, S. 41 f., 100 ff., 134 ff., 148 ff.

[76] *Kittner*, 2005, S. 415 ff.

[77] *Weipert*, 2014, S. 190 ff.; *Kittner*, 2005, S. 420 ff.

[78] *P. Weber*, 2010, S. 389.

[79] Siehe S. 52 ff.

[80] *Feldman*, 1975, 229, S. 246.

erneuten Revolution wachsen. Landesregierungen und Militär gingen mit massiver Gewalt gegen die Streikenden vor. In Berlin verhängte der Innenminister am 19. März den verschärften Belagerungszustand. Das Militär hatte in dieser Situation freies Spiel und ermordete zahlreiche Arbeiter*innen. Im Ruhrgebiet wurden Beteiligte am fortlaufenden Generalstreik in den nächsten Tagen von militärischen Standgerichten abgeurteilt und erschossen. Der ADGB erklärte am 20. März nach Verhandlungen mit der Regierung den Generalstreik in Berlin für beendet. Vom gewerkschaftlichen Forderungskatalog wurden nur ein paar wenige personelle Veränderungen – unter anderem der Rücktritt des Reichswehrministers Gustav Noske – tatsächlich umgesetzt. Die anderen Forderungen verliefen im Sand.[81]

Am 27. Juni 1922 fand ein Massenstreik nach der Ermordung des Reichsaußenministers Walter Rathenaus statt. Die Parteien SPD, USPD, KPD sowie der ADGB hatten zum Streik aufgerufen. Die Streikbeteiligten (außer die KPD) forderten die Reichsregierung und den Reichstag dazu auf, ein Gesetz zum Schutz der Demokratie zu erlassen.[82]

Juristische Auseinandersetzungen um die Rechtmäßigkeit all dieser Arbeitsniederlegungen sind nicht bekannt. Die Hauptursache für das Ausbleiben von straf- und zivilrechtlichen Gerichtsprozessen zu diesen Streiks dürfte die militärische Intervention der Staatsmacht gegen die Streikenden bilden. Wo der Staat Gewalt nutzte, um die Streiks zu beenden, waren keine zivilrechtlichen Klagen der Arbeitgeber*innen oder strafrechtliche Ermittlungen notwendig.

Ein weiterer Streik in dieser Zeit kann als „politischer" Streik eingeordnet werden. Zu Beginn des Jahres 1922 hatte das Reichsverkehrsministerium einen Gesetzesentwurf erarbeitet, in dem der Achtstundentag für die Beamten der Reichsbahn als Ausnahme vom Arbeitszeitgesetz aufgehoben werden sollte. In der Streikmobilisierung setzte sich die Reichsgewerkschaft Deutscher Eisenbahn-Beamten und -Anwärter nicht nur gegen die unterdurchschnittlich niedrige Entlohnung ein, auch das Abweichen vom Arbeitszeitgesetz sollte verhindert werden. Die Reichsregierung reagierte umgehend auf die Streikankündigung und Reichpräsident Ebert erließ am 1. Februar 1922 die „Verordnung, betreffend das Verbot der Arbeitsniederlegung durch Beamte der Reichsbahn" auf Grundlage von Art. 48 Abs. 2 WRV. In § 1 Abs. 1 der Verordnung war geregelt, dass den Beamten der Reichsbahn ebenso wie allen übrigen Beamten nach dem geltenden Beamtenrecht die Einstellung oder Verweigerung der ihnen obliegenden Arbeit verboten ist. Im darauffolgenden Absatz war der Aufruf zum Streik mit Strafe belegt. Damit war auch die Gewerkschaftstätigkeit von der Verordnung erfasst. Der Streik fand dennoch statt und die Forderungen hatten sich nun auf die Beseitigung der Verordnung erweitert. Die Eisenbahner konnten ihre ursprünglichen Ziele erreichen, auch wenn viele Disziplinarmaßnahmen gegen die

---

[81] *Weipert*, 2014, S. 204 ff., 229 ff.; *P. Weber*, 2010, S. 391 ff.

[82] *P. Weber*, 2010, S. 558 ff.; *H. Grote*, 1952, S. 55 ff.

Beamten eingeleitet und viele angestellte Eisenbahner gekündigt wurden.[83] Zudem festigte das Reichsgericht in den schadensersatzrechtlichen und strafrechtlichen Auseinandersetzungen das Verbot des Beamt*innenstreiks.[84] Die Frage nach den rechtmäßigen Streikforderungen wurde von den Senaten des Reichsgerichts nicht aufgeworfen. Die juristische Debatte drehte sich stattdessen alleinig um die Rechtmäßigkeit der Verordnung und damit um das Streikverbot für Beamt*innen. Die Rechtsprechung markierte diesen Streik zur Verhinderung einer Reform des Arbeitszeitgesetzes und zur Zurücknahme der Verordnung damit nicht als „politischen" Streik.

2. Stinnes-Legien-Abkommen und ZAG

In Anbetracht der Februar- und Oktoberrevolution 1917 in Russland, der drohenden Demobilisierung des Deutschen Reichs und der damit einhergehenden wirtschaftlich prekären Lage und vor allem der wachsenden Organisation von Arbeitnehmer*innen wuchs auf Unternehmerseite die Angst vor der Sozialisierung der Unternehmen und der Einführung eines Rätesystems. Die Arbeitgeber, insbesondere die Vertreter der Schwerindustrie, die bisher jegliche Verhandlung mit den Gewerkschaften abgelehnt hatten, zeigten sich nun kompromissbereit. Vor diesem Hintergrund sahen sie die Sozialpartnerschaft mit den Gewerkschaften als kleineres Übel an als sozialistische Gesellschaftsmodelle.[85]

Bereits 1917 suchten die Arbeitgeber die Gespräche mit den Gewerkschaften, um sich gegen den „Staatssozialismus", den sie in der Weiterführung der staatlichen Wirtschaftspolitik auch nach Ende des Kriegs befürchteten, zu wappnen. Insgesamt sahen sie sich in den Verhandlungen nicht nur der wachsenden Organisation von Arbeitnehmer*innen ausgesetzt, sondern auch einer Regierung, die den sozialpolitischen Forderungen der Gewerkschaften offener gegenüber stand als den Unternehmerinteressen. Die Arbeitgeber willigten während der Verhandlungen im Oktober 1918 in die Forderungen der Gewerkschaften nach Koalitions- und Tariffreiheit, der Bestätigung der Arbeiterausschüsse des Hilfsdienstgesetzes und deren Ausdehnung auf alle Industriezweige sowie in einen von den Gewerkschaften vorgeschlagenen Staatssekretär für das von Unternehmern geforderte Demobilisierungsamt ein. Die politisch geschwächte Reichsregierung gehorchte den Forderungen der Koalition von Arbeitgebern und Gewerkschaften und richtete am 5. November 1918 das Demobilisierungsamt ein, in das das Reichswirtschaftsamt eingegliedert wurde. Auch wurde in diesen Verhandlungen bereits beschlossen, eine

---

[83] *P. Weber*, 2010, S. 524 ff.; *Kittner*, 2005, S. 443 ff., der die Problematik der Änderung des Arbeitszeitgesetzes jedoch nicht erwähnt.

[84] RG 19. 10. 1922 – VI 541/22, RGSt 56, 412, juris; RG 30. 10. 1922 – III 402/22, RGSt 56, 419, juris; RG 24. 2. 1927 – 574/26 IV, JW 1927, 1249.

[85] *Kittner*, 2005, S. 402, 413; *Höpfner*, 2015, S. 96; Däubler ArbeitskampfR-*Däubler*, § 4, Rn. 3; Wiedemann TVG-*Oetker*, Geschichte, Rn. 7; *O. E. Kempen*, NZA-Beil 2000, 7, S. 9.

Arbeitsgemeinschaft zu gründen.[86] Historiker betrachten diese Ereignisse als „wirtschaftspolitische Revolution“, die der eigentlichen Revolution vom 9. November 1918 voranging; zudem wird darin die Ursache dafür gesehen, warum es in den Folgemonaten nicht zu einem wirtschaftlichen Systemwechsel kam.[87]

Durch die sogenannte Novemberrevolution verbesserte sich die Verhandlungsbasis der Gewerkschaften abermals und sie stellten weitere Forderungen. Das nach den Verhandlungsführern, dem Großindustriellen Hugo Stinnes und dem Gewerkschafter Carl Legien, benannte Stinnes-Legien-Abkommen vom 15. November 1918 beinhaltete unter anderem die Anerkennung der Gewerkschaften, die Zusicherung der Koalitionsfreiheit, die Einführung des Achtstundentags ohne Lohnkürzungen und die Möglichkeit des Abschlusses von Tarifverträgen in allen Wirtschaftszweigen.[88] Zugleich wurde die Zentralarbeitsgemeinschaft der industriellen und gewerblichen Arbeitgeber und Arbeitnehmer (ZAG) gegründet, die paritätisch die Wirtschaftsbedingungen gestalten sollte.[89]

Das Streikrecht fand keine Erwähnung in dem Abkommen. Es stellt sich die Frage, warum die Gewerkschaften ein Abkommen unterzeichneten, in dem zwar unter anderem das Koalitionsrecht und die Tarifautonomie als Rechte vorgesehen waren, aber das Streikrecht nicht explizit gewährleistet wurde. Wie sich schon in der Massenstreikdebatte gezeigt hatte,[90] waren die Gewerkschaften tief gespalten in zwei Lager. Auf der einen Seite standen diejenigen, die eine tiefergehende gesellschaftliche Transformationen in Richtung einer sozialistischen Ordnung anstrebten und auf der anderen Seite befand sich das Lager, das den tariffreundlichen und damit sozialpartnerschaftlichen Kurs einschlagen wollte.[91] Letzterem ist Legien zuzuordnen, der glaubte durch das Abkommen die wirtschaftlich schlechte Situation und die daraus entstehende soziale Notlage der Arbeitnehmer*innen entschärfen zu können.[92]

Nach Abschluss des Abkommens und über die gesamte Zeit des Bestehens der ZAG stritten die Mitglieder der Freien Gewerkschaften intensiv über diese Grundsatzfrage. Auseinandersetzungen herrschten vor allem über das Verhältnis zwischen den Gewerkschaften und den Arbeiter- sowie Soldatenräten, in denen Teile der Gewerkschaften gefährliche Konkurrenz, wenn nicht gar die Abschaffung der Ge-

---

[86] *Feldman*, 1975, 229, S. 236 ff.

[87] *Hentschel*, 1988, S. 63 ff.; *Feldman*, 1970, 312, S. 333.

[88] Däubler ArbeitskampfR-*Däubler*, § 4, Rn. 3.

[89] *Kittner*, 2005, S. 399 ff.

[90] Siehe S. 45 ff.

[91] *Höpfner*, 2015, S. 96; *M. Becker*, 2005, S. 48, 57.

[92] *Feldman/Steinisch*, 1985, S. 28; beispielweise machte Legien die Streikenden im Bergbau, die sich für Lohnnachzahlungen einsetzten, für die Kohleknappheit und den drohenden Zusammenbruch der deutschen Wirtschaft verantwortlich und forderte am 10. Februar 1919 gemeinsam mit dem Großindustriellen Ernst von Borsig die Arbeiter dazu auf, die Streiks einzustellen. Er mahnte die Arbeiter des Bergbaus: „Darum sind Putsche und wilde Streiks nicht die Wege, die uns zum Ziele führen!“, *Legien/Borsig*, 1959 (1919), 70, S. 71.

werkschaften witterten. Zudem waren sich die Gewerkschafter*innen uneins über den Ablauf und den Zeitpunkt der Sozialisierung der Unternehmen. Die Freien Gewerkschaften sprachen sich zunächst dafür aus, nach dem Krieg erst einmal die Wirtschaft wiederaufzubauen.[93] Dennoch verlor der ADGB das Streikrecht nie ganz aus den Augen. Er fasste eine Resolution für die Unabdingbarkeit des Streikrechts[94] und Gewerkschafter*innen des ADGB kritisierten an der ZAG insbesondere die fehlende Absicherung des Streikrechts.[95]

Zusammenfassend ist festzuhalten, dass die Gewährleistung des Streikrechts in der innergewerkschaftlichen Diskussion nur deshalb eine nebensächliche Rolle spielte, weil die Grundsatzdebatte entlang der Frage verlief, ob die Gewerkschaften für ein Rätesystem oder ein Tarifvertragssystem mit sukzessiver Verbesserung der Lebensbedingungen der Arbeitnehmer*innen als Vorbereitung der Sozialisierung des Wirtschaftssystems eintreten sollten. Daraus kann aber nicht abgeleitet werden, dass die Gewerkschaften auf das Streikrecht verzichtet hätten.[96]

Die Hoffnung des reformerischen Flügels der Gewerkschaften, lediglich durch Verhandlungen in der ZAG und ohne Druckausübung mittels Streiks die Arbeitgeber*innen zu Eingeständnissen bewegen zu können, war von Anfang an zum Scheitern verurteilt. Vor dem Hintergrund der Hyperinflation und der Ruhrkrise zeigte sich, dass die Errungenschaften von 1918 allzu zerbrechlich waren. So war es der Verhandlungsführer des Arbeitsgemeinschaftsabkommens Hugo Stinnes selbst, der am 9. November 1922 eine Rede vor dem Reichswirtschaftsrat hielt und die Wiedereinführung des Zehnstundentags ohne Überstundenzulagen oder Lohnausgleich forderte.[97]

Der Achtstundentag blieb auch im Weiteren der strittigste Punkt innerhalb der ZAG. Das eigenmächtige Vorgehen der Zechenbesitzer bei der Verlängerung der Schichtzeiten im Oktober 1923 hatte die ersten Gewerkschaften zum Austritt aus der ZAG bewogen.[98] Spätestens ab dem Zeitpunkt, als die staatliche Zwangsschlichtung eingeführt wurde, gab es für viele der Gewerkschaften keinen Grund mehr an der ZAG festzuhalten. Der Raum für staatsfreie Tarifverhandlungen hatte sich aufgelöst.[99] Die letzten Gewerkschaften traten 1924 aus der ZAG aus und legten diese Epoche der industriellen Beziehungen ad acta.[100]

---

[93] Protokoll der Konferenz der Vertreter der Verbandsvorstände der Freien Gewerkschaften vom 3. Dezember 1918 im Berliner Gewerkschaftshaus, abgedruckt in *Feldman/Steinisch*, 1985, S. 141 ff.

[94] *Generalkommission der Gewerkschaften Deutschlands*, 1919, Resolution A. 4.

[95] *Allgemeiner Deutscher Gewerkschaftsbund*, 1919, S. 467.

[96] *Gusy* führt die zurückhaltende rechtspolitische Intervention der Gewerkschaften auf den pragmatischen Umstand zurück, dass sie nach Kriegsende zunächst damit beschäftigt waren, den massiven Zustrom an neuen Mitgliedern zu bewältigen, *Gusy*, 1997, S. 67.

[97] *Feldman/Steinisch*, 1985, S. 97.

[98] *Feldman/Steinisch*, 1985, S. 118 ff.; *Gusy*, 1997, S. 363.

[99] *Hentschel*, 1988, S. 73 f.; *Feldman/Steinisch*, 1985, S. 122; zur staatlichen Zwangsschlichtung siehe S. 64 ff.

3. Rechtswissenschaftliche Diskussion um das Arbeitskampfrecht aus Art. 159 WRV

Die fehlende Anerkennung des Streikrechts im Stinnes-Legien-Abkommen führte weder dazu, dass Streiks ausblieben, noch ebbte die rechtliche Diskussion ab. Auf Verfassungsebene hatte sie gerade erst begonnen.

Im zuständigen Ausschuss der verfassungsgebenden Nationalversammlung der Weimarer Reichsverfassung von 1919 wurde die Einführung der Arbeitskampffreiheit debattiert, auf eine ausdrückliche Regelung konnten sich die Beteiligten aber nicht einigen. Der Abgeordnete Hitze führte den Unterschied zwischen den Begriffen der Koalitionsfreiheit und der Vereinigungsfreiheit an. Er stellte dar, dass die Vereinigungsfreiheit die Streikfreiheit nicht umfasse und dieser Begriff daher vorzugswürdig sei. In Art. 159 WRV fand schließlich der Begriff der Vereinigungsfreiheit Eingang.[101]

In der Kommentarliteratur war umstritten, ob Art. 159 WRV das Arbeitskampfrecht umfasse. Diejenigen, die das verneinten, bezogen sich auf die Beratungen in der Nationalversammlung. Indem die Abgeordneten statt des Begriffs der Koalitionsfreiheit die Vereinigungsfreiheit gewählt hätten, sei dies klargestellt worden. Der Großteil der arbeitsrechtlichen Kommentatoren schrieben der Arbeitskampffreiheit somit keine eigenständige Garantie in der Weimarer Reichsverfassung zu. Als Ausfluss der allgemeinen Handlungsfreiheit oder Annex der Koalitionsfreiheit bejahten sie eine Streikfreiheit beziehungsweise -befugnis, aber kein Recht, die gesetzlichen oder vertraglichen Pflichten zu verletzen. [102] Die Ansicht setzte sich durch, dass ein Streik nur nach vorheriger Kündigung durch die Arbeitnehmer*innen rechtmäßig sei und umgekehrt den Arbeitgebern stets einen Kündigungsgrund nach § 123 Abs. 1 Nr. 3 GewO liefere.[103]

Als einziger Arbeitsrechtler derjenigen, die kein verfassungsrechtliches Arbeitskampfrecht herleiteten, nahm Walter Kaskel in seinem Lehrbuch zum Arbeitsrecht mit der Erstauflage aus dem Jahr 1924 die begriffliche Differenzierung zwischen „arbeitsrechtlichem“ und „politischem“ Streik beziehungsweise Demonstrationsstreik vor. Kaskel begrenzte seine juristische Abhandlung auf diejenigen Kämpfe, die auf Gesamtstreitigkeiten, d. h. Tarifverträge, zielten. Daraus leitete er ab, dass als Streikadressat nur der Arbeitgeber in Betracht komme. Danach scheide

---

[100] *Hentschel*, 1988, S. 68; *Kittner*, 2005, S. 413.

[101] *Verfassungsgebende Deutsche Nationalversammlung*, 28. 5. 1919, S. 389; *Kittner*, 2005, S. 431.

[102] *Hueck/Nipperdey*, 1930, S. 435 f.; Nipperdey-*Nipperdey*, Art. 159, S. 416; Anschütz WRV-*Anschütz*, Art. 159, Rn. 5; *Groh*, 1923, S. 49 ff.; *Kaskel*, 1928, S. 386; *Sinzheimer*, 1927, S. 86.

[103] *Nikisch*, 1930, S. 99; in der historischen Einordnung so auch *Konzen*, AcP, 1977, 473, S. 475; *Kittner*, 2005, S. 432.

der „politische“ Streik und Demonstrationsstreik für die arbeitsrechtliche Untersuchung aus.[104]

Wenige Stimmen in der rechtswissenschaftlichen Literatur legten Art. 159 WRV so aus, dass sowohl die Koalitionsfreiheit als auch ein Arbeitskampfrecht davon umfasst seien. Als Argument wurde angeführt, dass ein Koalitionsrecht ohne Streik ein Schwert ohne Klinge sei.[105]

Diejenigen, die ein Arbeitskampfrecht verfassungsrechtlich herleiten wollten, waren auch die einzigen, die Überlegungen zur rechtsdogmatischen Einbettung des Arbeitskampfrechts in die Rechtsordnung anstellten. Der Rechtsanwalt Walter Katzenstein[106] pflichtete zwar den Gegnern des Streikrechts bei, dass die Durchführung von Streiks auf lange Sicht vermieden werden müsse, trat aber für eine Gewährleistung des Arbeitskampfrechts aus Art. 159 WRV als konsequente Weiterführung der Tariffreiheit ein. Katzenstein begründete die Gewährleistung des Arbeitskampfrechts unter anderem mit der Abhängigkeit der Tarifautonomie vom Streik: „so ist der Schutz der Tariffreiheit nicht wohl denkbar ohne den Schutz der Kampffreiheit“. Gleichzeitig gab er zu bedenken, dass der Arbeitskampf nicht das „soziale Ideal“ darstelle.[107]

Ein weiterer Befürworter des Arbeitskampfrechts war Heinz Potthoff. Er argumentierte, dass nur das Verbot von „Kampfhandlungen, die nicht eine Wahrung und Förderung der Arbeitsbedingung bezwecken“, rechtmäßig sein könne.[108] In einem späteren Aufsatz versuchte Potthoff den Streik dogmatisch unter Bezugnahme auf das Lehrbuch von Kaskel in die Rechtsordnung einzubetten. Dazu grenzte er den rechtmäßigen Streik vom sogenannten politischen Streik über die gegenständlichen Forderungen der Arbeitnehmer*innen ab: Streikziele, die nicht auf die Arbeitsbedingungen gerichtet seien, könnten nicht rechtmäßig sein. Er gab allerdings zu bedenken, dass diese Unterscheidung nicht immer leicht zu treffen sei. Seine Ausführungen stützte er auf die Annahme, dass der Streik von der Rechtsordnung unerwünscht sei, denn niemand könne ein Interesse daran haben, dass die Arbeitstä-

---

[104] *Kaskel*, 1928, S. 370 ff., 377.

[105] *Winters*, 1919, S. 13 f. Die Erkenntnis Winters', dass das Koalitionsrecht ohne Streikrecht wertlos sei, sollte das Bundesarbeitsgericht 61 Jahre später in seinem wegweisenden Urteil von 1980 mit Bezug zu den Tarifverhandlungen in das geltende Arbeitskampfrecht einführen, BAG 10.6.1980 – 1 AZR 822/79, NJW 1980, 1642, S. 1643; siehe dazu S. 296 ff. Im Ergebnis so auch *Lewinsohn*, ArbR 1920, 103; *Potthoff*, 1925, S. 28 ff.; LG Frankfurt 20.7. 1923 – 2 S 391/72, JW 1924, S. 1059: „6. Beharrliche Dienstverweigerung liegt nicht vor, wenn sie in Erfüllung höherer Pflichten ihren Grund hat. […] Wenn der Handlungsgehilfe sich in Gemeinschaft mit anderen Angestellten beim Streikbeschluß seiner Organisation fügt, so hat er dabei lediglich ein anerkanntes Mittel im wirtschaftlichen Kampf durch seine Teilnahme unterstützt“.

[106] Katzenstein war Jude und wurde mit seiner Frau Anneliese Katzenstein und den gemeinsamen Töchtern Tana und Suse Sybille im Jahr 1942 im Vernichtungslager Kulmhof von Nazis ermordet, vgl. *Luig*, 2004, S. 238, 428.

[107] *Katzenstein*, JW 1928, 274.

[108] *Potthoff*, Deutsches Arbeitsrecht, 1925, 987, Sp. 989.

tigkeit unterbrochen werde, weil dies zu Schäden unter anderem der Volkswirtschaft und Volksgesundheit führe.[109] Den Streik verglich er mit dem Völkerkrieg als

> „ein sozialwidriges Mittel zur Beseitigung von Meinungsverschiedenheiten. Denn er ist unökonomisch; er zerstört. Und er ist gemeinschädlich; der Schaden, den die Kämpfer der Gegenseite zufügen wollen, wird in der Regel auch der Gesamtheit zugefügt".[110]

Der Arbeitskampf müsse vom Staat verhindert werden. Das Zwangsschlichtungswesen der Weimarer Zeit sei deshalb unverzichtbar.[111]

Potthoff ging daher von einer gesamtwirtschaftlichen Unerwünschtheit des Streiks aus. Nur der Streik, der um Arbeitsbedingungen geführt werde, könne rechtmäßig sein. Davon grenzte er den „politischen" Streik ab. Ob darunter nur der „politische" Streik im Kontext revolutionärer Bestrebungen einiger Gruppen als staatsumstürzender und damit verbotener Streik verstanden werden sollte, führte er nicht weiter aus. Zwischen den Adressat*innen des Streiks differenzierte er nicht, d. h. ob ausschließlich die Arbeitgeber*innen oder auch explizit staatliche Stellen mit den Forderungen konfrontiert werden dürften, spielte für seine rechtsdogmatische Einordnung keine Rolle. In Potthoffs Rechtsauslegung lassen sich die ersten Ideen einer Abgrenzung des „arbeitsrechtlichen" vom „politischen" Streik finden, die für die Lehre Nipperdeys und die gesamte Entwicklung des Arbeitskampfrechts in der Bundesrepublik maßgeblich werden sollten.[112]

Zusammenfassend ist festzustellen, dass der Arbeitskampf nach der überwiegenden Ansicht in der rechtswissenschaftlichen Literatur der Einhaltung der arbeitsvertraglichen Pflichten unterlag. Das Rechtmäßigkeitserfordernis der Tarifbezogenheit des Arbeitskampfs oder, dass er ausschließlich an die Arbeitgeber*innen gerichtet sein müsse, lässt sich dem Großteil der arbeitskampfrechtlichen Abhandlungen nicht entnehmen. Kaskel nahm eine solche Differenzierung rein begrifflich vor und schloss somit den nicht tarifbezogenen Arbeitskampf von seiner rechtswissenschaftlichen Untersuchung aus. Die Befürworter des Streikrechts bezogen sich entweder auf diese diffuse Abgrenzung des „politischen" vom „arbeitsrechtlichen" Streik oder leiteten das Arbeitskampfrecht aus einem Akzessorietätsverhältnis zur Tariffreiheit ab. Die Juristen differenzierten bei der Frage der Rechtmäßigkeit des Arbeitskampfs nicht zwischen solchen Streiks, bei denen sich die Forderungen ausschließlich gegen die Arbeitgeber*innen richteten und solchen, die staatliche Stellen adressierten. Bemerkenswert ist, dass unabhängig von der Positionierung, ob die Weimarer Reichsverfassung ein Arbeitskampfrecht gewährleiste, sich alle einig waren, dass der Arbeitskampf als solcher zu vermeiden sei.[113]

---

[109] *Potthoff*, Die Justiz, 1926, 262, S. 269.

[110] *Potthoff*, Die Justiz, 1926, 262, S. 271.

[111] *Potthoff*, Die Justiz, 1926, 262, S. 271. Zur Gleichsetzung von Krieg und Arbeitskampf siehe auch *Kaskel*, 1928, S. 373.

[112] Siehe S. 179 ff.; S. 241 ff.; S. 272 ff. und S. 280 ff.

[113] So im Ergebnis auch *A. Kaiser*, 1981, 130, S. 135 ff.

4. Rechtsprechung zum Arbeitskampf

Zwar waren die einfachgesetzlichen Grundlagen zur Verhinderung von Streiks im Vereinsrecht mit dem Gesetz vom 26. Juni 1916 weggefallen und die Gesetzgebung hob § 153 RGewO mit dem Gesetz vom 22. Mai 1918 auf.[114] Zudem wendeten Gerichte und Staatsanwaltschaften strafrechtliche Normen nicht mehr an.[115] Aber die Rechtsprechung zur Sittenwidrigkeit eines Streiks nach § 826 BGB verschärfte sich. Der Dritte Zivilsenat des Reichsgerichts wendete § 826 BGB an, wenn der Streik einem sittenwidrigen Zweck diente, einem etwaigen Missverhältnis zwischen den erstrebten Vorteilen und dem voraussichtlichen Schaden der Arbeitgeber unterlag, wenn verbotene Kampfmaßnahmen angewendet wurden oder wenn ähnliche Gründe vorlagen.[116] Insbesondere der letzte Sittenwidrigkeitsgrund ist aufgrund seiner allgemein gehaltenen Formulierung als Einführung einer zusätzlichen Generalklausel in § 826 BGB zu werten. Die Judikative befähigte sich damit selbst dazu, willkürlich über die Rechtmäßigkeit eines Streiks zu entscheiden. Die Gewerkschaften waren dieser absoluten Unvorhersehbarkeit, wie das Gericht den Streik bewerten würde und der damit einhergehenden Rechtsunsicherheit, ausgeliefert.[117]

Zudem führte das Reichsgericht die Rechtsfigur der Betriebs- und Arbeitsgemeinschaft ein und begründete mit letzterer die Arbeitskampfrisikolehre, nach der auch am Streik nicht Beteiligte keinen Lohn erhielten, wenn sie ihre Arbeitskraft zwar angeboten hatten, der Arbeitgeber aber aufgrund des Streiks den Betrieb nicht hatte aufrechterhalten können.[118] Damit schwächte das Gericht um ein weiteres die Machtposition der Gewerkschaften, weil Arbeitgeber*innen auch für nicht Streikende von ihrer Lohnzahlungspflicht befreit werden konnten. Ihr wirtschaftlicher Schaden minimierte sich dadurch.

Auch das Reichsarbeitsgericht verfolgte einen arbeitskampfvermeidenden Kurs. Diese Linie zeigt sich in der Rechtsprechung zur Tariffähigkeit. In mehreren Entscheidungen urteilte das Gericht, dass es für die Tariffähigkeit einer Gewerkschaft nicht notwendig sei, dass diese kampfwillig und kampffähig sei.[119] Damit gestand das Reichsarbeitsgericht auch gelben Gewerkvereinen[120] die Tariffähigkeit zu und ver-

[114] *Nörr*, 1988, S. 185.

[115] *Kittner*, 2005, S. 429 f.

[116] RG 20.12.1927 – III 239/27, RGZ 119, 291, S. 294.

[117] *Kittner*, 2005, S. 433 f.; *F. Neumann* (1937), 31, S. 63, der die tautologische Definition der Sittenwidrigkeit, die das Reichsgericht aufgestellt hat, kritisiert.

[118] RG 6.2.1923 – III 93/22, RGZ 106, 272; zur frühen Kritik dieses Urteils siehe *F. Heller*, 1932, S. 19 ff.

[119] RAG 29.9.1928 – RAG 24/28, *Volkmar u. a.* (Hrsg.), 1929, S. 25 ff.; RAG 10.10.1928 – RAG 144/28, *Volkmar u. a.* (Hrsg.), 1929, S. 22 ff.; RAG 9.2.1929 – RAG 370/28, *Volkmar u. a.* (Hrsg.), 1929, S. 127.

[120] In dieser Zeit handelte es sich bei Gewerkvereinen um antisozialistische Vereine, die überwiegend von den Unternehmer*innen finanziert wurden, *Kittner*, 2005, S. 324. Seitdem werden Gewerkschaften, die nicht gegnerfrei sind, d. h. von Arbeitgeber*innen maßgeblich beeinflusst werden, gelbe Gewerkschaften genannt.

deutlichte sein Verständnis einer Gewerkschaft, die nicht durch ökonomische Druckausübung die Interessen der Arbeitnehmer*innen durchsetzen sollte. Nicht durch den Arbeitskampf sollten Vereinbarungen zustande kommen, sondern in wirtschaftsfriedlichen Verhandlungen.

In einem weiteren Urteil zur tarifvertraglichen Friedenspflicht betonte das Reichsarbeitsgericht die Prämisse der Wirtschaftsfriedlichkeit für das kollektive Arbeitsrecht. In dem Fall ging es um die Erprobung des sogenannten Bedaux-Verfahrens. Dabei handelte es sich um ein Arbeitsorganisationsverfahren, dessen Einführung in aller Regel Auswirkungen auf die Arbeitsverdichtung und Lohnhöhe zulasten der Arbeitnehmer*innen hatte.[121] Das Unternehmen wollte das Verfahren austesten, um die Arbeit wirtschaftlicher zu organisieren. Die Gewerkschaft hingegen wollte die Erprobung in dem Betrieb und auf lange Sicht die Einführung des Bedaux-Verfahrens durch einen Streik verhindern und rief die Arbeitnehmer*innen am Tag der Verfahrensprobe zur Arbeitsniederlegung auf. Die Arbeitnehmer*innen folgten dem Aufruf und konnten das Testverfahren verhindern. Der Arbeitgeber zog vor Gericht, um zukünftige Arbeitsniederlegungen solcher Art zu untersagen. Die Gewerkschaft berief sich auf den geltenden Tarifvertrag, der vorsah, dass jede Abweichung von der Entlohnung nach dem Lohntarif der Zustimmung der anderen Tarifvertragspartei bedürfe. Darüber hinaus verwies sie auf die relative Friedenspflicht der Tarifvertragsparteien, und dass sie sich deshalb gegen das Bedaux-Verfahren wehren dürfe, da dieses nicht Inhalt des Tarifvertrags gewesen sei.

Das Reichsarbeitsgericht urteilte trotz der zuvor noch begründeten relativen Friedenspflicht, dass nicht alle Materien, die noch nicht tarifvertraglich geregelt sind, rechtmäßige Arbeitskampfziele seien. Das Gericht konstruierte aus dem Grundsatz von Treu und Glauben eine Generalklausel, über die es die Rechtmäßigkeit der Arbeitskampfziele bewertete:

> „Jeder Tarifvertrag dient der Erhaltung und Wahrung des Wirtschaftsfriedens. Auch die Tarifverträge werden von den Grundsätzen von Treu und Glauben beherrscht und für jede Tarifvertragspartei ergibt sich nach den Grundsätzen von Treu und Glauben schon aus dem Abschluß des Tarifvertrags die Pflicht, eine grundlose Störung des Wirtschaftsfriedens zu unterlassen, und Kampfmaßnahmen gegenüber dem Vertragsgegner und dessen Mitgliedern auch da, wo eine tarifliche Regelung nicht besteht, nur dann zu veranlassen oder zu unterstützen, wenn damit ein wirtschaftliches Ziel verfolgt wird, oder sonst eine begründete Veranlassung dazu vorliegt“.[122]

Was das Reichsarbeitsgericht als „wirtschaftliches Ziel“ oder anderweitig begründet ansah, machte es nicht transparent und schuf sich damit einen nicht an positives Recht rückgebundenen Entscheidungsspielraum, den es nach Belieben ausfüllen konnte. So sah das Gericht in der Arbeitseinstellung, um die Testversuche des Bedaux-Verfahrens zu verhindern, weder einen Verstoß gegen den bestehenden

[121] RAG 19.3.1930 – RAG 497/29, Bensh. Samml. IX Nr. 58, 254, zu dem Bedaux-Verfahren siehe auch die kritische Urteilsanmerkung *Nipperdeys*, S. 261 ff.

[122] RAG 19.3.1930 – RAG 497/29, Bensh. Samml. IX Nr. 58, 254, S. 259 f.

Tarifvertrag, gegen den sich die Gewerkschaft hätte wehren dürfen noch eine anderweitige wirtschaftliche oder anderweitig begründete Zielstellung, die rechtmäßig sei.[123] Es stufte demnach die angestrebte Verhinderung der Erprobung eines Lohnsystems nicht als schützenswertes Arbeitskampfziel ein, obwohl es sich dabei eindeutig um eine Materie der Arbeits- und Wirtschaftsbedingungen handelte.

Das Reichsarbeitsgericht dehnte in einem weiteren Fall den positivrechtlich bestimmten Prüfungsmaßstab bei der Beurteilung der Rechtmäßigkeit einer Arbeitskampfmaßnahme aus.[124] Der zu entscheidende Fall spielte sich im Baugewerbe ab. Eine Baufirma war mit der Fertigstellung eines Gebäudes in Verzug geraten und hatte deshalb ihren angestellten Maurern die Zahlung von Prämien neben dem Stundenlohn angeboten. Diese Lohnzahlungsmethode glich einem Akkordlohnsystem, das allerdings im schuldrechtlichen Teil des geltenden Tarifvertrags verboten war, um die Arbeitsbelastung der Arbeitnehmer*innen gering zu halten und die Sicherheit der Arbeitnehmer*innen zu gewährleisten. Der Bauarbeiterverband[125] verlangte nun die Entlassung der Maurer und drohte der Baufirma mit der Ergreifung von wirtschaftlichen Kampfmaßnahmen. Die Baufirma gab diesem Druck nach und entließ diejenigen Arbeitnehmer*innen, die zum Akkordlohn gearbeitet hatten. Die nun Erwerbsarbeitslosen verklagten die Gewerkschaft auf Schadensersatz für den entgangenen Verdienst. Das Reichsarbeitsgericht prüfte diesen Anspruch nach § 826 BGB und damit zugleich, ob die Androhung der wirtschaftlichen Kampfmaßnahme einen Verstoß gegen die guten Sitten darstellte. Das Gericht kam zu dem Ergebnis, dass diese Maßnahme nicht sittenwidrig gewesen sei, aber

> „im einzelnen Fall die Anschauung einer sozialen Interessen- und Arbeitsgemeinschaft gegen die über ihr stehende Wertung durch die Volksgesamtheit verstoßen [kann]. Gerade bei der hier zur Entscheidung stehenden Frage der Abwehr gegenüber Interessenverletzungen, die aus dem eigenen Lager drohen, gesteht auch die ruhig denkende öffentliche Meinung auf beiden Seiten der Arbeit und darüber hinaus dem gefährdeten Verband ein kräftiges, wenn auch besonnenes Vorgehen zu“.[126]

Im Ergebnis lehnte das Reichsarbeitsgericht das Klagebegehren der Maurer ab, weil diese im Verband organisiert waren und vom Verbot des Akkordlohns wussten. Das Urteil veranschaulicht trotz des Anerkennens der Rechtmäßigkeit der angedrohten Kampfmaßnahme, dass das Gericht den bestehenden weiten Prüfungsmaßstab der Sittenwidrigkeit nicht einschränkte, sondern um Formeln wie der „Wertung durch die Volksgesamtheit“ zunehmender Beliebigkeit zuführte, die es mit

---

[123] RAG 19. 3. 1930 – RAG 497/29, Bensh. Samml. IX Nr. 58, 254, S. 259 f.

[124] RAG 6. 11. 1929 – RAG 246/29, Bensh. Samml. VII Nr. 92, 404.

[125] Aus dem Urteil geht nicht hervor, ob es sich um eine Gewerkschaft handelte, zumindest war der Verband tariffähig und hatte vorher mit dem Arbeitgeberverband den Tarifvertrag geschlossen, der das Verbot des Akkordlohnsystems enthielt.

[126] RAG 6. 11. 1929 – RAG 246/29, Bensh. Samml. VII Nr. 92, 404, S. 409.

seiner eigenen Anschauung über die Recht- und Unrechtmäßigkeit des Arbeitskampfs füllen konnte.[127]

Entsprechend dem Großteil der Rechtswissenschaftler vertrat auch das Reichsarbeitsgericht, dass für einen nicht rechtswidrigen Streik das Arbeitsverhältnis zunächst gekündigt werden müsse.[128] Die Gewerkschaften reagierten auf die Kündigungspflicht als Voraussetzung für einen rechtmäßigen Streik, indem sie Maßregelungsklauseln und Wiedereinstellungsklauseln in ihre Tarifverträge aufnahmen. Diese Praxis schwächte ihre Verhandlungsposition in den eigentlichen Tarifauseinandersetzungen erheblich, weil sie zunächst diese Forderung durchsetzen mussten. Die Gerichte lehnten die Wiedereinstellung dennoch häufig ab, indem sie die Wiedereinstellungsklauseln als Abschlussnormen dem schuldrechtlichen Teil des Tarifvertrags zuordneten, der für die einzelnen Arbeitnehmer*innen keine normative Wirkung entfaltete.[129] Die Arbeitnehmer*innen waren somit auf die „Gemaßregeltenunterstützung“ der Gewerkschaften angewiesen. Die Tarifklauseln brachten ihnen aufgrund der restriktiven Rechtsprechung keine soziale Sicherheit.[130]

Ausnahmen für diese Praxis ergaben sich aus der Rechtsprechung des Reichsarbeitsgerichts für Betriebsratsmitglieder[131] und Schwerbeschädigte. Interessant für die Handhabung des sogenannten politischen Streiks ist die Auslegung des Schwerbeschädigtengesetzes. Nach § 12 Abs. 3 SchwerbG in der Fassung vom 23. Dezember 1922 bzw. nach § 13 Abs. 3 SchwerbG in der Fassung vom 12. Januar

[127] Diese Urteile und weitere zu betriebsverfassungsrechtlichen Fragen nahm der Arbeitsrechtler Otto Kahn-Freund zum Anlass für eine Untersuchung der Rechtsprechung. Er konstatierte in seinem 1931 veröffentlichten Aufsatz anhand einer umfassenden Analyse der Urteile des Reichsgerichts in Arbeitssachen und des Reichsarbeitsgerichts, dass die Gerichte einen den gesellschaftlichen Interessengegensätzen übergeordneten Wirtschaftsfrieden entwickelt und als Rechtssatz behauptet hätten. Die Gewerkschaften seien nach der Rechtsprechung dazu verpflichtet, diesen Wirtschaftsfrieden zu wahren. Zudem wies Kahn-Freund darauf hin, dass diese Konzeption Parallelen zu faschistischen Ordnungsvorstellungen aufzeige, vgl. *Kahn-Freund*, 1966 (1931), 149, S. 162 ff., 171 ff. In einem späteren Interview reflektierte Kahn-Freund die Methodik und Rezeptionsgeschichte seiner Untersuchung. An der Zielstellung und dem Ergebnis der Forschung, die ideologische und gewerkschaftsfeindliche Haltung des Reichsarbeitsgerichts aufgedeckt zu haben, hielt er fest. Von dem Vorwurf beziehungsweise der Schlussfolgerung, dass die einzelnen Richter sich am italienisch-faschistischen Arbeitsrecht orientiert hätten, distanzierte er sich, *Kahn-Freund*, KJ 1980, 183, S. 193 f. Zu einem ähnlichen Schluss kommt die Historikerin Gabriele Metzler. Sie konstatiert, dass „trotz mannigfacher Feststellungen zur Zulässigkeit von Streik und Aussperrung [...] dem Konzept der Arbeitsbeziehungen eher ein Aufruf zur Harmonie immanent“ war, vgl. *Metzler*, 1993, 471, S. 485.

[128] RAG 20. 8. 1928, RAGE 2, 211, *Köst*, 1954, S. 187 ff.; RAG 19. 12. 1931, RAG 10, 34, *Köst*, 1954, S. 421 ff.

[129] RAG 26. 1. 1928, RAGE 3, 140; RAGE 5, 127.

[130] *Nörr*, 1988, S. 191; *Kittner*, 2005, S. 432.

[131] Das Reichsarbeitsgericht wertete die Kündigung anlässlich eines Streiks nicht als Beendigung der Betriebsratsmitgliedschaft nach § 39 BRG und sprach dem Kläger das weitere Bestehen seines Betriebsratsamts auch ohne Maßregelungsklausel im Tarifvertrag zu, RAG 3. 10. 1928 – RAG 140/28, Bensh. Samml. IV, 100.

1923 waren Schwerbeschädigte, die lediglich aus Anlass eines Streiks oder einer Aussperrung fristlos gekündigt worden waren, nach Beendigung des Streiks oder der Aussperrung wiedereinzustellen.[132]

Das Reichsarbeitsgericht wendete die Norm auch auf den sogenannten politischen und auf den nicht von Gewerkschaften getragenen Streik an.[133] Das Reichsarbeitsgericht hatte in dem Fall über die Wiedereinstellung nach § 13 Abs. 3 SchwerbG zu entscheiden. Die schwerbeschädigten Kläger waren mit allen anderen Arbeitnehmer*innen eines Bergbauunternehmens am 15. Januar 1931 gekündigt worden, um eine Lohnherabsetzung der Gesamtbelegschaft herbeizuführen. Dagegen trat der Großteil der Arbeitnehmer*innen in den Streik. Die schwerbeschädigten Arbeitnehmer*innen verlangten nach dem Streik die Wiedereinstellung in den Bergbaubetrieb. Der Arbeitgeber lehnte ab und machte in der Revision geltend, dass die Formulierung „Streik“ in § 13 Abs. 3 SchwerbG eng auszulegen sei. Das Wort Streik meine nur den wirtschaftlichen Kampf zwischen Arbeitnehmer*innen und Arbeitgebern zur Verbesserung der Arbeitsbedingungen und der „politische“ Streik sei davon ausgeschlossen. Es habe sich bei dem Streik um einen „politischen“ und „wilden“ Streik gehandelt, weil er von der Revolutionären Gewerkschaftsopposition, einer Gruppe der Kommunistischen Partei Deutschlands, geführt worden sei. Diese habe illegale Ziele verfolgt, indem sie die „Diktatur des Proletariats“ anstrebte. Das Reichsarbeitsgericht entschied, dass eine solch verengte Definition der Schutzbestimmung nicht zu entnehmen sei und definierte den Streik wie folgt:

> „Unter Streik versteht man an sich die mit oder ohne Kündigung des Arbeitsverhältnisses erfolgende gemeinsame Arbeitsniederlegung einer Mehrheit von Arbeitnehmern in dem ganzen Betrieb oder in Teilen eines Betriebs mit dem Zweck, durch diese Kampfmaßnahme ein bestimmtes Ziel zu erreichen. Je nachdem dieses Ziel wirtschaftlicher Natur (Durchsetzung günstiger Arbeitsbedingungen) oder politischer Natur (Erkämpfung politischer Rechte) ist, unterscheidet man den wirtschaftlichen und den politischen Streik. Beiden ist aber wesenseigen, dass sie nach außen durch eine gemeinsame Arbeitsniederlegung einer Mehrheit von Arbeitnehmern im Betriebe in Erscheinung treten“.[134]

Weil der Schutzzweck des Schwerbeschädigtengesetzes aber sowohl beim „politischen“ als auch „wilden“ Streik erfüllt sei, komme es auf diese Klassifizierungen vorliegend nicht an. Zudem erkannte das Reichsarbeitsgericht:

> „Erfahrungsgemäß wird häufig unter dem äußeren Gewande eines wirtschaftlichen Streiks versucht, politische Kampfziele zu erreichen, indem eine Streitigkeit zwischen Arbeitgeber und Arbeitnehmerschaft zum Anlaß genommen wird, einen Streik herbeizuführen, der in Wahrheit politische Ziele verfolgt. Es kann den Schwerbeschädigten nicht zugemutet werden, dass in solchen Fällen zu unterscheiden, ob es sich um einen rein wirtschaftlichen

[132] RGBl. I 1922, S. 972, 974; RGBl. I 1923, S. 57.

[133] RAG 7.11.1931 – RAG 187/31, RAGE 9, 302.

[134] RAG 7.11.1931 – RAG 187/31, RAGE 9, 302, S. 304.

Streik oder unter der Decke eines wirtschaftlichen Streiks um einen politischen Streik handelt."[135]

Dieses Urteil des Reichsarbeitsgerichts ist für die Handhabung des sogenannten politischen Streiks in der Weimarer Republik gleich in vielerlei Hinsicht aufschlussreich. Das Gericht zog die Trennlinie zu diesem Zeitpunkt nicht zwischen tariflichen und „politischen" Streik. Vom sogenannten politischen grenzte es den „wirtschaftlichen" Streik ab, der auf die Verbesserung der Arbeitsbedingungen gerichtet sei. Darunter subsumierte das Gericht auch Streiks, die nicht im Rahmen von Tarifverhandlungen, sondern wie hier als Gegenmaßnahme zu Lohnherabsetzungen und Kündigungen geführt wurden.

Zudem verdeutlicht diese Rechtsprechung, dass eine Unterscheidung des Arbeitskampfs, je nachdem welche Ziele er verfolgte, keine Auswirkung auf die Anwendung von Schutzbestimmungen hatte. Die Trennung von „wirtschaftlich" und „politisch" blieb dabei vage, denn obwohl der kommunistischen Gruppe „politische" Ziele unterstellt wurden, klärte das Gericht nicht auf, warum diese nicht auch wirtschaftlicher Art sein könnten. Vielmehr gab das Reichsarbeitsgericht zu bedenken, dass die Zuordnung zu „wirtschaftlichen" oder „politischen" Zielstellungen insbesondere nach dem äußeren Erscheinungsbild einer Arbeitsniederlegung oft nicht zweifelsfrei zu vollziehen sei.

Zudem grenzte das Reichsarbeitsgericht den „politischen" Streik nicht anhand der Adressat*innen ab. Ob durch den Streik auch Forderungen an den Staat gerichtet werden sollten, spielte für die Einordnung und auch für die Anwendung der Arbeitnehmerschutzbestimmungen keine Rolle. Die Rechtsprechung lässt sich vielmehr so verstehen, dass unter einem „politischen" Streik solche mit systemumwälzenden Bestrebungen verstanden wurden, denn das Reichsarbeitsgericht und auch dessen Vorinstanz fokussierten in ihrer Betrachtung das Ziel der kommunistischen Gruppe der Errichtung einer „Diktatur des Proletariats". Diese Klassifizierung des sogenannten politischen Streiks als einen solchen, der auf den wirtschaftlichen oder politischen Systemwechsel abzielte, sollte sich in den Beratungen zum Grundgesetz wiederholen.[136]

Insgesamt zeigt sich, dass die Rechtsprechung des Reichsgerichts und des Reichsarbeitsgerichts davon geprägt war, Arbeitskämpfe zu verhindern, wo es nur ging. Dazu hatten die Gerichte über den wertungsoffenen Tatbestand der Sittenwidrigkeit aus § 826 BGB weitere Generalklauseln konstruiert, die sie beliebig mit ihren Unrechtsvorstellungen über den Arbeitskampf füllen konnten. In den Urteilen des Reichsarbeitsgerichts zeichnet sich die Prämisse der Wirtschaftsfriedlichkeit ab, die der Streikvermeidung diente. Die Wertung, dass insbesondere der „politische" Streik rechtswidrig sei, lässt sich der Rechtsprechung allerdings nicht entnehmen, auch wenn zu solch einer Wertung überhaupt nur wenige Urteile Anlass gaben. Vor

---

[135] RAG 7.11.1931 – RAG 187/31, RAGE 9, 302, S. 306 f.

[136] Siehe S. 77 ff.

allem die „politischen“ Streiks in den revolutionären ersten Jahren der Republik wurden vom Militär unter Anordnung der Reichsregierung blutig niedergeschlagen. Gerichte wurden in diesen Auseinandersetzungen erst gar nicht angerufen.

5. Das Weimarer System der staatlichen Zwangsschlichtung

Die Gesetzgebung hatte noch vor der Gründung der Weimarer Republik die staatliche Schlichtung mit dem Hilfsdienstgesetz vom 5. Dezember 1916 eingeführt. Sie wurde anschließend in die Tarifvertragsverordnung vom 23. Dezember 1918 aufgenommen. Diese Regelungsmechanismen ließen aber noch keinen endgültigen Schiedsspruch gegen den Willen einer Partei zu.[137]

Die Zwangsschlichtung wurde dann mit § 23 der Demobilmachungsverordnung vom 19. Januar 1919 ermöglicht. Nach dieser Norm konnte der Demobilisierungskommissar einseitig Schlichtungssprüche für verbindlich erklären. Die Verordnung befähigte den Kommissar zu Zwangsschlichtungen bei allen Streitigkeiten anlässlich von Einstellungen und Kündigungsverboten der Millionen Soldaten, die aus dem Kriegsdienst zurückgekehrt waren. Der Kommissar konnte das Interventionsrecht aber auch auf alle sonstigen Arbeitsbedingungen anwenden. Zweck der Zwangsschlichtung war die Vermeidung von Streiks, insbesondere von solchen, die nicht gewerkschaftlich getragen waren. Nach dem Willen der Gesetzgebung sollte die störungsfreie Produktion in der Wiederaufbauphase nach dem Krieg gewährleistet werden. Arbeitskämpfe sollten verhindert werden, um die Gesamtwirtschaft zu fördern.

Mit der Verordnung über das Schlichtungswesen vom 30. Oktober 1923 strebte die Gesetzgebung neben der Vermeidung von Arbeitskämpfen zwei weitere Zielsetzungen an. Zum einen sollte der Kollektivautonomie zur Verwirklichung verholfen werden und zum anderen wollte der Staat aktiv in die Lohn- und Wirtschaftspolitik eingreifen. Beide Mechanismen sollten die Gewerkschaften in denjenigen Branchen unterstützen, in denen sie zu schwach waren, selbst Kollektivvereinbarungen zu erkämpfen. Trotz dieser Regelungsintention bedeutete die staatliche Zwangsschlichtung das Ende der Gewährleistungen der Koalitionsfreiheit.

Diese Entwicklung erklärt die zum Großteil positive Einstellung der Gewerkschaften und für die Gewerkschaften tätigen Juristen gegenüber der staatlichen Schlichtung.[138] Der überwiegende Teil der Gewerkschaften zeigte sich der Schlichtung gegenüber aufgeschlossen, weil sie im Jahr 1916 die Erfahrung gemacht hatten, über den Streitbeilegungsmechanismus des Hilfsdienstgesetzes das erste Mal in der Kampfhistorie mit staatlicher und arbeitgeberseitiger Akzeptanz die Arbeitsbedingungen mitgestalten zu dürfen. Die Schlichtung war aus ihrer Sicht der

[137] Der gesamte Absatz zur Geschichte der staatlichen (Zwangs-)Schlichtung in der Weimarer Republik basiert auf *P. Weber*, 2010, S. 356 ff.; *Kittner*, 2005, S. 456 ff.; *Nörr*, 1988, S. 191 ff.

[138] *Sinzheimer*, 1930, 17, S. 22 ff.; *Nörpel*, 1930, 72, S. 74 ff.

Türöffner zur Mitbestimmung gewesen, auch wenn der Streik in diesem Verfahren explizit als Instrument ausgeschlossen war. Hinzu kam die enge personelle Verknüpfung zwischen Gewerkschaften und Reichsarbeitsministerium, die das Vertrauen in eine für die Arbeitnehmer*innen günstige Entwicklung der staatlichen Schlichtung verstärkte.

Der Arbeitsrechtler und Rechtshistoriker Michael Kittner hat darüber hinaus die These aufgestellt, dass die Gewerkschaften durch die Zwangsschlichtung sogar zu Streiks animiert wurden, weil sie die Verantwortung für ein nicht zufriedenstellendes Ergebnis auf den Staat übertragen hätten können. Zudem hätten sich Gewerkschaften auch deshalb auf die Zwangsschlichtung eingelassen, weil sie aufgrund der Hyperinflation ihrer Finanzmittel beraubt gewesen wären, dadurch keine Streikunterstützung mehr auszahlen hätten können und insgesamt an Kampfstärke durch den Mitgliederrückgang verloren hätten.[139]

6. Zusammenfassung

Die Anfangsphase der Weimarer Republik war von zahlreichen „politischen" Streiks geprägt. Sie fanden als Fortführung der sogenannten Novemberrevolution statt. Zum Ziel hatten sie die Demokratisierung der Wirtschaft, unter anderem durch die Einsetzung beziehungsweise Stärkung von Arbeiter- beziehungsweise Betriebsräten. Die Reichsregierung setzte in der Regel das Militär ein, um diese Streiks blutig niederzuschlagen. Rechtsdogmatisch begründete Verbote dieser Streiks waren deswegen nicht nötig.

Die Entwicklung der rechtswissenschaftlichen Diskussion und Rechtsprechung zum Arbeitskampf in der Weimarer Republik lässt sich als Epoche der ersten rechtlichen Anerkennung des Arbeitskampfs, wenn auch ohne verfassungsrechtliche Grundlage, zusammenfassen. Während der gesamten Weimarer Zeit wurde sowohl in der Rechtswissenschaft als auch innergewerkschaftlich um die Anerkennung des Arbeitskampfrechts gerungen.

Die unterschiedlichen Meinungen, Rechtsfiguren und Argumentationen in Rechtsprechung und Rechtswissenschaft hatten gemein, dass sie den Streik als etwas ansahen, dass es zu vermeiden gelte. Juristen und der reformistische Teil der Gewerkschaften sahen im Streik vor allem Schäden für die Wirtschaft, die man doch gerade in den Krisenzeiten nach dem Ersten Weltkrieg wiederaufbauen wollte.

Die Tarifbezogenheit des Arbeitskampfs kam in der rechtswissenschaftlichen Debatte nur dort vor, wo Juristen die ersten Versuche unternahmen, das Arbeitskampfrecht in die Rechtsordnung einzubetten. Zwischen Streiks, die sich an den Staat richteten, und Streiks, die ausschließlich die Arbeitgeber*innen adressierten, unterschied die Rechtsprechung gar nicht und die Rechtswissenschaft nur vereinzelt. Selbst wenn Arbeitsrechtler den „politischen" Streik erwähnten, dann erfolgte die

---

[139] *Kittner*, 2020, S. 462 ff., 480 ff., 500 f.

Abgrenzung zum „arbeitsrechtlichen“ Streik nicht oder nur mittels undefinierter Kriterien. Als erster und einziger nutzte Potthoff diese Differenzierung für die rechtsdogmatische Herleitung eines Streikrechts.

Das Reichsarbeitsgericht setzte sich in nur einem Urteil aus dem Jahr 1931 mit der Klassifizierung des sogenannten politischen Streiks auseinander. Dabei vollzog das Gericht die Abgrenzung des „politischen“ Streiks nicht entlang der Trennlinie zum tarifbezogenen Streik oder zum Streik, der sich an den Staat richtete. In dem Fall spielte die Einordnung als „politischer“ Streik vielmehr eine Rolle, weil es um die Agitation kommunistischer Gruppen ging. Das Gericht wendete die infrage stehende Schutzbestimmung für die Wiedereinstellung von den gekündigten schwerbeschädigten Arbeitnehmern unabhängig von der Einordnung des Arbeitskampfs an. Zudem problematisierte es nicht, dass der dem Urteil zugrundeliegende Arbeitskampf nicht auf Tarifverhandlungen ausgerichtet war. Das Reichsarbeitsgericht hatte demnach ein weites Verständnis von Arbeitskampfmaßnahmen. Es wendete sogar auf den „politischen“ Streik, der „die Diktatur des Proletariats“ zum Ziel hatte, die Arbeitnehmerschutzbestimmungen an. Die Rechtsprechung verwendete die Kategorie des „politischen“ Streiks nur für die Streikorganisator*innen, denen sie systemstürzende Absichten unterstellte. Der Tarifbezug oder das Verbot des sogenannten politischen Streiks waren den Gerichten fremd.

Eine weitere Besonderheit der Weimarer Republik stellen die Regelungen zur Zwangsschlichtung dar. Die Gesetzgebung verfolgte damit unter anderem das Ziel, Arbeitskämpfe zu vermeiden, um die Produktivität der Gesamtwirtschaft zu fördern. Die Verordnungen bestanden auf einfachgesetzlicher Ebene und wurden nicht aus der Weimarer Reichsverfassung abgeleitet – ein Unterschied zur Argumentation Nipperdeys in der frühen Bundesrepublik, den ich im Abschnitt zum Zeitungsstreik von 1952 herausarbeite.[140]

VII. Nationalsozialismus

Die Nationalsozialisten schafften das kollektive Arbeitsrecht und seine tatsächlichen Vorbedingungen ab. Für die kollektivarbeitsrechtlichen Freiheiten bedeutete dieses Vorgehen eine Zäsur.[141]

[140] Siehe S. 241 ff.

[141] Das Arbeitskampfrecht im Nationalsozialismus zu betrachten und dabei die Entrechtung, Verfolgung und Ermordung von Millionen von Menschen, die im Holocaust gipfelte, nicht zu thematisieren, ist ein häufiges Vorgehen in den rechtswissenschaftlichen Darstellungen. Die Aussparung des menschenfeindlichen und zerstörerischen Ausmaßes der nationalsozialistischen Ideologie und Herrschaft läuft Gefahr, die Rolle des Unrechts und die Verantwortlichkeit von Jurist*innen in dieser Zeit zu leugnen und faschistische Strukturen im Recht auch zukünftig nicht frühzeitig zu erkennen.

Die Nationalsozialisten zerschlugen die Gewerkschaften am 2. Mai 1933 praktisch widerstandslos.[142] Die Gewerkschaften und Verbände der Arbeitgeber*innen wurden durch die Deutsche Arbeitsfront (DAF) ersetzt; die Bildung anderer Organisationen wurde verboten.[143] Dieser einheitliche Verband machte die Koalitionsfreiheit praktisch bedeutungslos.

Im Jahr 1934 erließ die NS-Führung das Gesetz zur Ordnung der nationalen Arbeit (AOG). Das AOG ermächtigte die sogenannten Treuhänder der Arbeit, die direkt dem Reichsarbeitsministerium unterstellt waren, Tarifordnungen zu erlassen.[144] Von einem selbstbestimmten Aushandeln der Arbeits- und Wirtschaftsbedingungen zwischen den Koalitionen konnte spätestens ab diesem Zeitpunkt keine Rede mehr sein.[145]

Durch das AOG wurde eine weitere Bestrafungsmöglichkeit von gewerkschaftlichen Aktivitäten eingeführt. Nach § 36 Abs. 1 Nr. 2 Alt. 1 AOG sollten Angehörige der „Gefolgschaft“, die den Arbeitsfrieden im Betrieb durch böswillige Verhetzung der „Gefolgschaft“ gefährden, vor den Ehrengerichten[146] gesühnt werden, weil darin Verstöße gegen die soziale Ehre zu sehen seien. Unter Verhetzung verstand der AOG-Kommentator *Rolf Dietz* die Aufforderung zu einem Verhalten, das dem Arbeitsfrieden abträglich ist, zum Beispiel die Aufforderung zu Arbeitsniederlegungen und Streik.[147] Nach seiner Ansicht sollte dieser Paragraf Streiks verhindern.[148]

Festhalten lässt sich, dass sich die Gewerkschaften in der Illegalität nur schwer organisieren konnten und der nationalsozialistische Staat zudem über alle denkbaren Repressionsmittel abseits von gerichtlichen Verurteilungen Gebrauch machte.[149] Im besten Fall wurden Streikende gekündigt. Schlimmstenfalls wurden sie mit dem nationalsozialistischen Staat in seiner Ausprägung als „Maßnahmenstaat“[150] konfrontiert. Gewerkschafter*innen und Streikende wurden verschleppt, in Konzen-

---

[142] *Kittner*, 2005, S. 512 ff., 531; Däubler ArbeitskampfR-*Däubler*, § 5, Rn. 2.

[143] *Kranig*, 1983, S. 27 ff.

[144] Hueck/Nipperdey/Dietz AOG-*Nipperdey*, § 26 Vorb., Rn. 10; Hueck/Nipperdey/Dietz AOG-*Nipperdey*, § 32, Rn. 40.

[145] Gesetz zur Ordnung der nationalen Arbeit, RGBl. I 1934, S. 45 ff.; Däubler ArbeitskampfR-*Däubler*, § 5, Rn. 5, 8.

[146] Die durch die Nazis eingeführten Ehrengerichte waren eine Art Disziplinar- und Dienststrafbarkeit, die selbstständig neben der Straf-, Zivil- und Arbeitsgerichtsbarkeit stehen sollte. Das Arbeitsverhältnis wurde als besonderes Gewalt- und Pflichtverhältnis konstruiert. Aus den Verletzungen dieser Pflichten sollte sich eine eigene Strafbarkeit ableiten, die neben die strafrechtliche Ahndung treten sollte. Der Grundsatz ne bis in idem wurde damit aufgehoben, Hueck/Nipperdey/Dietz AOG-*Dietz*, § 36, Rn. 7.

[147] Hueck/Nipperdey/Dietz AOG-*Dietz*, § 36, Rn. 21.

[148] Hueck/Nipperdey/Dietz AOG-*Dietz*, § 36, Rn. 27.

[149] Zum Überblick über die Forschung zu Streiks im Nationalsozialismus und zum Umgang der der Rechtswissenschaften und der Rechtsprechung damit *Morsch*, Vierteljahreshefte für Zeitgeschichte, 1988, 649.

[150] *Fraenkel*, 1984.

trationslager verbracht und ermordet.[151] Im Nationalsozialismus existierten weder die tatsächlichen Vorbedingungen noch die rechtliche Absicherung von Streiks.

VIII. Entwicklung bis zur Entstehung des Grundgesetzes

Die Ereignisse, die unmittelbar der Entstehung des Grundgesetzes vorgelagert waren, sind unter anderem für die subjektiv-teleologische Auslegung von Art. 9 Abs. 3 GG von entscheidender Bedeutung.[152] Der Wille des verfassungsgebenden Organs kann nicht nur auf Grundlage der Beratungsprotokolle bestimmt werden, sondern dafür ist ein breiteres Verständnis der Streiks in der Nachkriegszeit erforderlich.

Für das Verständnis, vor welchem Hintergrund der Parlamentarische Rat zur Ausgestaltung des Art. 9 Abs. 3 GG tagte, beleuchte ich zunächst die Streiksituation in den Jahren zwischen Kriegsende und Verabschiedung des Grundgesetzes (1.). Für den Stand der juristischen Debatte zur Rechtmäßigkeit des Arbeitskampfs betrachte ich die Rechtsprechung der Arbeitsgerichte und die Verfassungsgebung in den Ländern (2.). Zum Schluss fasse ich die Rechtsentwicklungen zusammen, wie sie sich bis zu den Beratungen des Parlamentarischen Rats darstellten (3.).

1. Streiks im Vorfeld der Beratungen des Parlamentarischen Rats

Nach der Befreiung vom nationalsozialistischen System fanden in den Jahren 1946, 1947 und 1948 zahlreiche „politische“ Streiks statt. Anlass war zumeist die mangelnde Lebensmittelversorgung. Die Forderungen der Arbeitnehmer*innen richteten sich allerdings nicht nur darauf, die Ernährungslage akut zu verbessern, sondern waren erheblich breiter gefächert: Sie streikten unter anderem für die Durchführung der Bodenreform, die Entlassung von Nazis aus der öffentlichen Verwaltung und betrieblicher Führungspositionen, die Verstaatlichung des Bergbaus, die Enteignung der Schlüsselindustrien und gegen die Demontagepolitik der Alliierten. Daneben blieben die Streiks mit Forderungen auf der Betriebsebene nicht aus: Die Arbeitnehmer*innen legten die Arbeit nieder, um Lohnerhöhungen und Wiedereinstellungen von Kolleg*innen durchzusetzen, unter ihnen auch Betriebsratsvorsitzende.[153]

Kurz vor den Beratungen im Parlamentarischen Rat über die Ausgestaltung von Art. 9 Abs. 3 GG und die Einbeziehung eines Streikrechts fand am 12. November 1948 ein 24-stündiger Generalstreik mit 9.250.000 Beteiligten in der amerikanischen

---

[151] *Morsch*, Vierteljahreshefte für Zeitgeschichte, 1988, 649, S. 678 ff.; *Kittner*, 2005, S. 531.

[152] Siehe S. 73 ff.

[153] *Mielke/Rütters/Becker*, 1991, 9, S. 67 ff.; *Haupt et al.*, 1981, 13, S. 36; *Seegert*, 1985, S. 82 ff.; *Redler*, 2007, S. 50 f.

und britischen Besatzungszone statt.[154] Die einmalig hohe Beteiligung an diesem Streik ist nur vor dem Hintergrund der Mobilisierung in den Streiks der vorangegangenen zwei Jahre zu verstehen.

Die Arbeitnehmer*innen legten ihre Arbeit nieder, um unter anderem gegen den Preisanstieg, der durch die Währungsreform bei gleichzeitigem Lohnstopp ausgelöst worden war, sowie für die Überführung der Grundstoffindustrien und der Kreditinstitute in Gemeineigentum und für eine Demokratisierung der Wirtschaft zu kämpfen.[155]

Die Historiker Uwe Fuhrmann bewertet die Folgen des Generalstreiks als schwerwiegend. Er sieht als Konsequenz die wirtschaftspolitische Kursänderung der CDU/CSU von der freien Marktwirtschaft zur sozialen Marktwirtschaft, die sich in Produktionsprogrammen, dem Ersten Lastenausgleichsgesetz, dem Sozialversicherungsanpassungsgesetz und einer Verschiebung des politischen Diskurses ausgedrückt habe.[156] Juristische Auseinandersetzungen um die Rechtmäßigkeit dieses Streiks gab es keine.

2. Rechtsprechung und Landesverfassungen zum Arbeitskampfrecht

In dem Zeitraum zwischen Befreiung durch die Alliierten und dem Inkrafttreten des Grundgesetzes ergingen nur wenige Urteile zum Arbeitskampfrecht. Die Rechtsprechung reichte von der Feststellung, dass der Arbeitgeber kein Recht habe, nach einem Streik Vergeltungsmaßnahmen gegen die Arbeitnehmer*innen zu ergreifen,[157] über die Ansicht, dass nur die Gewerkschaften das Streikrecht ausüben dürften und einzelne Arbeitnehmer*innen, die zum Streik aufriefen, gekündigt werden könnten,[158] bis zurück auf die Weimarer Traditionslinie, dass für einen rechtmäßigen Streik die Arbeitnehmer*innen vorher fristgemäß kündigen müssten.[159]

Aufgrund der geringen Anzahl der Urteile und dem überraschenden Faktum, dass keiner der Streiks, in denen nicht tarifierbare Forderungen aufgestellt wurden, vor

[154] *Haupt et al.*, 1981, 13, S. 37.

[155] *Kittner*, 2005, S. 557; *Redler*, 2007, S. 52 f.; zu den Details des Generalstreiks *Fuhrmann*, 2017, S. 214 ff.

[156] *Fuhrmann*, 2017, S. 231 ff.

[157] ArbG Elmshorn 9.3.1948 – Ca 32/48, FHArbSozR 1 Nr. 10. Die Berufung des Arbeitgebers gegen das erstinstanzliche Urteil wurde vom LAG Kiel mit der Begründung zurückgewiesen, dass der Arbeitgeber mit einer streikbedingten Kündigung gegen das auf persönlicher und betrieblicher Grundlage beruhende personenrechtliches Gemeinschafts- und Treueverhältnis zwischen Arbeitgeber und Arbeitnehmer verstoßen habe und weil darin eine Verletzung des alten demokratischen Grundsatzes, dass niemand wegen seiner gewerkschaftlichen Betätigung Nachteile erleiden darf, gesehen wurde, LAG Kiel 19.5.1948 – 2 Sa 43/48, FHArbSozR 1 Nr. 163.

[158] ArbG Heidelberg 23.11.1948 – Ca 557 u. 558/48, FHArbSozR 1 Nr. 279.

[159] LAG Düsseldorf 7.9.1948 – 48 Sa 126/48, FHArbSozR 1 Nr. 113.

einem Gericht landete, kann der Rechtsprechung in dieser Zeit keine Linie zum sogenannten politischen Streik entnommen werden.

Noch bevor die Beratungen des Parlamentarischen Rats zum Grundgesetz stattfanden, hatten viele verfassungsgebende Versammlungen der Bundesländer das Streikrecht in die Landesverfassungen aufgenommen. In keiner der Landesverfassungen war ein Streikrecht vorgesehen, das auf die Verhandlungen von Tarifverträgen beschränkt war oder den sogenannten politischen Streik ausschloss.[160]

3. Zusammenfassung

Die Zeit vor der Zusammenkunft des Parlamentarischen Rats war von diversen Streiks geprägt, in denen die Arbeitnehmer*innen sowohl den Staat als auch die Arbeitgeber*innen adressierten. Die Streikziele waren vielfältig, weil die Ausgestaltung des deutschen Arbeits- und Wirtschaftssystems zur Disposition stand. Nur wenige Streiks führten zu juristischen Auseinandersetzungen. Keines der Urteile erging zu einem sogenannten politischen Streik. Eine Trennung von „arbeitsrechtlichem“ und „politischem“ Streik ist dementsprechend nicht in der Judikatur dieser Zeit aufzufinden.

In den Ländern hatten die verfassungsgebenden Versammlungen bereits Verfassungen erlassen, die das Streikrecht enthielten, ohne Einschränkungen hinsichtlich des Tarifbezugs oder des sogenannten politischen Streiks vorzusehen.

Der Parlamentarische Rat tagte somit in einer Zeit, in der Streiks mit diversen Forderungen stattfanden und die Frage der Rechtmäßigkeit des Streiks von den Gerichten zum Großteil in Tradition der Rechtsprechung der Weimarer Republik beantwortet worden war. Die protokollierten Diskussionen zur Ausgestaltung des Art. 9 Abs. 3 GG im Parlamentarischen Rat sind Gegenstand der Untersuchung des Willens der Verfassungsgebung.[161]

IX. Zwischenergebnis der historischen Betrachtung des Arbeitskampfrechts

Die Entwicklung des Arbeitskampfrechts zeigt, dass die Interessendurchsetzung der Arbeitnehmer*innen untrennbar mit dem Streik verbunden ist. Der Streik ist das notwendige Mittel, mit dem sie ihre Forderungen gegen Arbeitgeber*innen und Staat verwirklichen können. Dies wird insbesondere durch die Streiks, die den Staat direkt adressierten und die Massenstreiks in ganz Europa zum Ende des 19. und zu Beginn des 20. Jahrhunderts deutlich.

---

[160] Däubler ArbeitskampfR-*Däubler*, § 6, Rn. 7.

[161] Siehe S. 73ff.

Gewerkschaftsgründungen und die Herausbildung eines Kollektivvertragssystems waren konkreten Auseinandersetzungen am Arbeitsplatz und Streiks stets nachgelagert. Die Lohnabhängigen trafen die Kampfmaßnahmen in Konfliktsituationen, aus denen Koalitionen hervorgingen und denen Abschlüsse von Tarifverträgen folgten. Das Tarifvertragssystem, wie wir es heute vorfinden, ist lediglich eines der Resultate von unzähligen Streiks.

Jeder Streik hatte vor seiner staatlichen Anerkennung eine „politische" Dimension in dem Sinne, dass selbst wenn sich Lohnabhängige mit einer Forderung ausschließlich an die Arbeitgeber*innen wandten, sie mit staatlichen Repressionen zu rechnen hatten. Bis zum Jahr 1869 verstieß jeder Streik gegen ein staatliches Verbot. Auch nach der Aufhebung des Streikverbots wendeten die Gerichte Normen des Strafrechts, des Vereins- und Versammlungsrechts sowie der Reichsgewerbeordnung in einer Weise an, die Streiks kriminalisierte und sanktionierte. Solange der Staat das Streikrecht nicht anerkannt hatte, adressierte jeder Streik zumindest mittelbar staatliche Stellen.

Im Kaiserreich fanden Streiks statt, in denen Arbeitnehmer*innen politische Teilhabe im monarchischen System forderten. In den „politischen" Streiks zum Ende des Ersten Weltkriegs und während der sogenannten Novemberrevolution von 1918 bis in das Jahr 1923 kämpften Arbeitnehmer*innen unter anderem für die Einführung des allgemeinen Wahlrechts und für demokratische Wirtschafts- und Produktionsverhältnisse. Auf Befehl der SPD-geführten Reichsregierung beendete das Militär diese Streiks gewaltsam. Viele Streikende wurden getötet. Alle späteren Streiks der Weimarer Republik, in denen Arbeitnehmer*innen ihre Forderungen an den Staat im außertariflichen Bereich richteten, landeten in den seltensten Fällen vor Gericht, wurden dann aber von der Rechtsprechung nicht anders behandelt als tarifliche Streiks: Die Arbeitnehmer*innen mussten vor dem Streik ihr Arbeitsverhältnis gekündigt haben. Das Reichsarbeitsgericht bezog sich in nur einem Urteil auf die Klassifizierung des „politischen" Streiks, bei dem der Vorwurf von kommunistischer Agitation im Raum stand. Eventuelle Fernziele des Streiks bezog das Reichsarbeitsgericht jedoch nicht in seine Bewertung ein, sondern stellte lediglich die Frage, ob mit dem Streik wirtschaftliche Ziele verfolgt wurden. Es sprach nur dann vom „politischen" Streik, wenn es darin systemumwälzende Bestrebungen erblickte. Die Tarifakzessorietät der Arbeitskampffreiheit war der Rechtsprechung in dieser Phase fremd.

In der Rechtswissenschaft der Weimarer Republik findet sich die Trennung von „politischen" und „arbeitsrechtlichen" Streiks und der Tarifbezug des Streikrechts nur dort, wo Juristen versuchten, das Streikrecht verfassungsrechtlich einzuordnen. Insgesamt ist den Urteilen und rechtswissenschaftlichen Veröffentlichungen der Weimarer Zeit der Tenor zu entnehmen, dass der Streik zu vermeiden sei, weil er der Wirtschaft schade. Die Rechtsprechung tendierte dazu, den Streik über die Nutzung von Generalklauseln als rechtswidrig zu bewerten.

Die nächste intensive Streikperiode, in der Arbeitnehmer*innen unter anderem für die Demokratisierung der Wirtschaft kämpften, ereignete sich nach der Befreiung vom nationalsozialistischen System insbesondere in den Jahren 1947 und 1948.

B. Auslegung des Art. 9 Abs. 3 GG

Dem Tarifbezug des Arbeitskampfrechts oder dem Verbot des „politischen“ Streiks kam bis zur Entstehung des Grundgesetzes keine maßgebende Bedeutung in der rechtswissenschaftlichen Diskussion zu. Ob diese rechtlichen Wertungen in den Beratungen des Parlamentarischen Rats eine Rolle spielten, ist Gegenstand des folgenden Abschnitts.

Bei der Bestimmung des Schutzbereichs des Streikrechts fokussiere ich die Frage, ob sich der Tarifbezug des Streikrechts und das Verbot des sogenannten politischen Streiks aus der rechtsdogmatischen Interpretation des Grundgesetzes ergeben *müssen.*[162] Leitet sich der Tarifbezug des Streikrechts nicht zwingend aus Art. 9 Abs. 3 GG ab, stellt sich die Frage, ob das Streikrecht trotz fehlender Tarifakzessorietät als eigenständiges Grundrecht verfassungsrechtlich begründet werden kann (I.).

Anschließend gehe ich der Frage nach, aufgrund welcher konkurrierenden Grundrechte oder Rechtsgüter mit Verfassungsrang sich Beschränkungen von Streiks, insbesondere in der Altenpflege, rechtfertigen lassen (II.).

I. Bestimmung des Schutzbereichs

Um zu verstehen, vor welchem Hintergrund in dieser Arbeit Art. 9 Abs. 3 GG ausgelegt wird, sind zwei Ergebnisse der vorliegenden Untersuchung vorwegzunehmen: Erstens haben die Abgeordneten des Parlamentarischen Rats die Normierung des Streikrechts durch einen vierten Absatz des Art. 9 GG unterlassen. Und zweitens schlussfolgerte der Großteil der zeitgenössischen Rechtswissenschaftler*innen daraus, dass sich eine verfassungsrechtliche Ableitung des Arbeitskampfrechts nicht direkt aus Art. 9 Abs. 3 GG begründen lasse.[163] Bis heute wird die Position fortgeführt.[164] Dieser Auslegung, die sich allein auf den Wortlaut stützt, setze ich eine rechtshistorisch und teleologisch fundierte Interpretation von Art. 9 Abs. 3 GG entgegen.

---

[162] Zur Kritik am juristischen Methodenkanon, der selbst nur Konstruktion sei, siehe *Lahusen*, 2011.

[163] Grundlegend siehe S. 241 ff. und S. 274 ff.

[164] Zuletzt grundlegend *Gooren*, 2014, S. 58; *A. Engels*, 2008, S. 176 f. m. w. N.

Zur Bestimmung des Schutzbereichs von Art. 9 Abs. 3 GG werfe ich zunächst einen Blick auf die Diskussionen im Parlamentarischen Rat, um die Zwecksetzungen der historischen Gesetzgebung im Wege der subjektiv-teleologischen Auslegung zu ergründen (1.).

Im nächsten Teil wende ich mich der objektiv-teleologischen Auslegung zu. Um die objektiv-teleologischen Zwecksetzungen von Art. 9 Abs. 3 GG zu bestimmen, ist ein Rückbezug auf die Streikgeschichte notwendig. Für die normative Begründung dieser Zwecksetzungen ziehe ich weitere verfassungsrechtliche Gewährleistungen und Prinzipien heran (2.).

Zum Schluss befasse ich mich mit der semantischen (3.) und systematischen Auslegung (4.) des Grundrechtsartikels, für deren normative Begründung die historische Auslegung ebenfalls unabkömmlich ist.

1. Subjektiv-teleologische Auslegung: Parlamentarischer Rat zu Art. 9 Abs. 3 GG

Eine Form der teleologischen Auslegung ist die subjektiv-teleologische. Das Telos der Norm speist sich nach dieser Methode aus den Behauptungen und Ansichten der Gesetzgebung.[165] Die subjektiv-teleologische Auslegung fragt nach dem Willen der historischen Gesetzgebung. Sie fragt nach der ursprünglichen Intention der Gesetzgebung und wird daher auch genetische Auslegung genannt.[166]

Quellen für diese Auslegungsmethode sind im Fall des Art. 9 Abs. 3 GG primär die Protokolle der Sitzungen des Parlamentarischen Rats. Daneben ist auf die für Art. 9 Abs. 3 GG relevante gesellschaftliche Interessengruppe und ihre Forderungen einzugehen: die Gewerkschaften. Neben den christlichen Kirchen nahmen die Gewerkschaften als Interessenvertretungen den größten Einfluss auf die Entstehung des Grundgesetzes.[167] Die Verfassungsauslegung muss die politischen Kräfte, die um die Ausgestaltung der einzelnen Artikel gerungen haben, offenlegen und den Verfassungstext als Kompromiss der widerstreitenden Interessen verstehen, um historische Wahrheit beanspruchen zu können.[168] Den innergewerkschaftlichen Kontroversen und Forderungen und wie diese in den Parlamentarischen Rat kamen, widme ich mich im ersten Unterabschnitt (a)).

In den Unterabschnitten b) und c) gehe ich der Frage nach, ob es der Wille der Verfassungsgebung war, *dass* ein Streik recht durch das Grundgesetz gewährleistet werde und wenn ja, *wie* dieses ausgestaltet sein sollte. Die Abgeordneten berieten sich in zwei Ausschüssen zu dem Gewährleistungsgehalt des Streikrechts: Die erste Sitzung, in der über das Streikrecht diskutiert wurde, fand am 24. November 1948

---

[165] *Reimer*, 2016, Rn. 360; *M. Hensche*, 1998, S. 21.

[166] *Rüthers*, 2005, S. 462, 499; *Alexy*, 1991 (1983), S. 291 f.

[167] *J. Michael Schulz*, 2001, 213, S. 226 f.

[168] *Ridder*, 1975, S. 98.

innerhalb des Ausschusses für Grundsatzfragen statt, die zweite Sitzung innerhalb des Hauptausschusses am 3. Dezember 1948. Die Abgeordneten diskutierten die Einführung eines vierten Absatzes in Art. 9 GG. Ein näherer Blick auf die einzelnen Standpunkte der Abgeordneten und die Diskussion in beiden Ausschüssen zeigt, dass die Interpretation, Art. 9 GG beinhalte kein wortwörtliches Streikrecht und deswegen sei dieses grundrechtlich nicht garantiert, zu kurz greift. Das Ergebnis dieser Untersuchung fasse ich zum Schluss zusammen (d)).

a) Der Vorschlag von Eberhard und den Gewerkschaften

Wie schon nach dem Systembruch des Jahres 1918 waren die politischen Forderungen innerhalb der Gewerkschaften stark umstritten und änderten sich im Zeitverlauf.[169] Der Verfassungsausschuss der Gewerkschaften wich von seiner zentralen Forderung ab, die er noch in den Beratungen zu den Landesverfassungen vertreten hatte, „im Grundgesetz [...] die Grundsätze für die Wirtschafts- und Sozialverfassung" niederzulegen und vertrat in der Gewerkschaftsratssitzung vom 30. September 1948, dass im Parlamentarischen Rat nur solche Forderungen unterbreitet werden sollten, „die als klassische Grundrechte Aussicht auf Annahme fänden". Als Gründe für die Rücknahme der Forderungen nannten die Gewerkschafter, die politische Zusammensetzung des Parlamentarischen Rats und dass sie davon ausgingen, dass es sich bei dem Grundgesetz um ein Provisorium handele.[170]

Der Vorsitzende des Gewerkschaftsrats Hans Böckler leitete die Forderungen an den Präsidenten des Parlamentarischen Rats Konrad Adenauer weiter und diese gingen anschließend allen Abgeordneten zu. Bezüglich des Streiks forderte der Gewerkschaftsrat:

> „Der Gewerkschaftsrat schlägt eine Fassung vor, die das Streikrecht der Gewerkschaften gewährleistet und klar ausspricht, daß derjenige, der sich an einem gewerkschaftlichen, nicht gegen einen Tarifvertrag verstoßenden Streik beteiligt nicht rechtswidrig handelt. Das würde insbesondere eine Erfüllung unserer seit langen Jahren erhobenen Forderung bedeuten, daß die Beteiligung an einem nicht tarifwidrigen Streik keinen Grund zur fristlosen Entlassung bildet".[171]

Als Streikrechtsartikel legte der Gewerkschaftsrat den folgenden Formulierungsvorschlag vor: „Das Streikrecht der Gewerkschaften ist gewährleistet. Wer sich

---

[169] *Mielke/Rütters/Becker*, 1991, 9, S. 35 ff.; siehe S. 52 ff.

[170] *Gewerkschaftsrat*, 1991 (1948/49), 862, S. 862 f. und Fn. 1; *Böckler*, 1991 (1948), 864; *J. Michael Schulz*, 2001, 213, S. 226 f.; so auch der Industrieverband Bergbau im Jahr 1947: „Solange die sozialistische Demokratie nicht erreicht ist, wird man infolgedessen das Streikrecht der Arbeiter- und Angestelltenschaft weiterhin als letztes legales Kampfmittel – auch für die Forderung der Sozialisierung – zu betrachten haben", *Berger*, 1991 (1947), 740, S. 758.

[171] *Böckler*, 1991 (1948), 864, S. 866 f.; so auch schon *Bundesvorstand des DGB*, 1991 (1947), 851, dessen Verfassungsforderungen auf einen Entwurf Nipperdeys zurückgehen, *Bundesvorstand des DGB*, 1991 (1947), 851, S. 852, Fn. 2.

an einem gewerkschaftlichen nicht tarifwidrigen Streik beteiligt, handelt nicht rechtswidrig".[172]

Wie umstritten die Forderungen innerhalb der Gewerkschaften waren, zeigt die Kritik am Vorgehen des Gewerkschaftsrats. Nach dem Abschluss der Beratungen im Parlamentarischen Rat, als in der Presse veröffentlicht wurde, dass die Verfassungsgebung das Streikrecht nicht wortwörtlich im Grundgesetz niedergelegt hatte, ereilten den Gewerkschaftsrat diverse Beschwerden von Gewerkschaftern. Darauf erwiderte Fritz Tarnow als Mitglied des Gewerkschaftsrats, dass man sich damit einverstanden erklärt habe, auf die Aufnahme eines Streikrechts in der Verfassung zu verzichten, weil man in Anschluss an die Weimarer Zeit davon ausginge, dass das „Streikrecht als selbstverständlich in die allgemeine Rechtsordnung eingegangen sei" und weil man fürchtete, das Streikrecht würde nur mit Beschränkungen in das Grundgesetz aufgenommen werden. Er betonte zum Schluss seines Antwortbriefs, dass mit diesem Vorgehen keineswegs intendiert gewesen sei, das bestehende Streikrecht anzutasten und eine solche Befürchtung sei auch nicht aus den Positionen der Fraktionen des Parlamentarischen Rats abzuleiten.[173]

Die politische Linie der Gewerkschaftsführung kann als zumindest rechtshistorisch uniformiert in Hinblick auf die Weimarer Rechtslage gelten, nach der keinesfalls ein Streikrecht anerkannt war.[174] Eine Deutung dieses Vorgehens, dass die Gewerkschaften gänzlich auf die verfassungsrechtliche Garantie des Streikrechts verzichtet hätten, verbietet sich allerdings. Dem Gewerkschaftsrat war bis zum Ende der parlamentarischen Beratungen daran gelegen das Streikrecht im Grundgesetz zu verankern, er verzichtete lediglich darauf, um nicht frühzeitig Beschränkungen der rechtlichen Gewährleistungen zu riskieren.

Auch hinsichtlich der Frage, *wie* das Streikrecht ausgestaltet werden sollte, ist der Formulierungsvorschlag der Gewerkschaften, der in den Parlamentarischen Rat eingebracht wurde, erhellend. Die Gewerkschaften regten an, das Recht zum Streik zu gewährleisten, solange dieser „nicht tarifwidrig"[175] sei. Dass der Streik nur mit Tarifbezug rechtmäßig sei, ist dieser Formulierung nicht zu entnehmen. Daraus lässt sich lediglich schließen, dass die Gewerkschaften den Streik unter anderem dann als rechtmäßig verstanden haben wollten, wenn er die Friedenspflicht zu der in den Tarifverträgen geregelten Materie einhalte.

Dieselbe Schlussfolgerung lässt sich aus den ersten Sozialpolitischen Grundsätzen ziehen, die auf dem Münchener Gründungskongress des Deutschen Ge-

---

[172] *Böckler*, 1991 (1948), 864, S. 866f.

[173] *Tarnow*, 1991 (28.12.1948), 878, S. 878f. Kittner wertet dieses Vorgehen der DGB-Spitze kritisch und konstatiert, dass es ein „bedenkliches Licht auf die Professionalität der damals Handelnden" wirft und die Gewerkschaften das Streikrecht als Teil des Alltagsgeschäfts Tarifpolitik gegenüber der entscheidenderen Frage der Mitbestimmung und Demokratisierung der Wirtschaft vernachlässigt hätten, *Kittner*, 2019, 101, S. 165, Fn. 80.

[174] Siehe dazu S. 55ff. und S. 58ff.

[175] *Böckler*, 1991 (1948), 864, S. 866f.

werkschaftsbundes (DGB) im Oktober des Jahres 1949 beschlossen wurden. Dort hieß es zum Streikrecht:

> „Koalitionsrecht ist nicht nur die Freiheit und das Recht der Arbeitnehmer, sich miteinander zu vereinigen zur Erlangung günstiger Arbeits- und Wirtschaftsbedingungen; es schließt das Recht der Koalitionen der Gewerkschaften zur Selbstbestimmung ihres Aufgaben- und Zuständigkeitsbereiches sowie das Recht des Arbeitskampfs zur Erreichung ihrer Ziele ein".[176]

Und explizit zum Streik forderte der DGB: „Das Recht des Arbeitskampfs ist den Gewerkschaften zu gewährleisten mit der Maßgabe, daß nicht rechtswidrig handelt, wer sich an einem gewerkschaftlichen Kampf beteiligt".[177] Danach benannte der DGB den Streik als Mittel zur Durchsetzung der selbstbestimmten Ziele der Gewerkschaften und forderte dessen Einsatz ohne rechtliche Sanktionen. Der DGB begrenzte den Streik nicht auf die Durchsetzung von Tarifverträgen, sondern erstreckte ihn auf die gesamten Arbeits- und Wirtschaftsbedingungen.

Auch die Richtlinien des DGB zur Führung von Streiks, die ebenfalls auf dem Gründungskongress im Oktober 1949 in München beschlossen wurden, enthielten keine Einschränkung des Streiks auf tarifliche Regelungen.[178] Die Gewerkschaften traten somit in den Anfangsjahren der Bundesrepublik keinesfalls für ein Streikrecht ein, dass sich lediglich auf Tarifverträge beschränkte. Der Streik sollte stattdessen für die Erreichung von vielfältigen Zielen wie beispielsweise der Demokratisierung der Wirtschaft und der Überführung der Schlüsselindustrien in Gemeineigentum gewährleistet sein.[179]

Dass die Gewerkschaften sich nicht auf den tarifbezogenen Streik beschränkt wissen wollten, zeigt sich auch an deren Streikpraxis in den frühen 1950er Jahren, als sie mit den Streiks zur Montanmitbestimmung und zum Betriebsverfassungsgesetz jeweils zu Streiks aufriefen, die sich an die Gesetzgebung wandten.[180]

Der Abgeordnete Fritz Eberhard (SPD) bezog sich im Ausschuss für Grundsatzfragen positiv auf den Regelungsvorschlag der DGB-Gewerkschaften: „Das Streikrecht der Gewerkschaften ist gewährleistet. Wer sich an einem gewerkschaftlichen nicht tarifwidrigen Streik beteiligt, handelt nicht rechtswidrig".[181]

---

[176] *Protokoll Gründungskongreß des Deutschen Gewerkschaftsbundes*, 1991 (1950), 830; zur Einordnung auch *Bührig*, WWI 1954, 187, S. 188.

[177] *Protokoll Gründungskongreß des Deutschen Gewerkschaftsbundes*, 1991 (1950), 830, S. 832f.

[178] *Protokoll Gründungskongreß des Deutschen Gewerkschaftsbundes*, 1991 (1950), 605.

[179] *DGB*, 1950 (1949), 318–326.

[180] Siehe S. 179ff. und S. 188ff.

[181] *Wernicke/Schick/Pikart* (Hrsg.), 1993, S. 696.

b) Konsens über die Gewähr des Streikrechts

Selbst konservative und wirtschaftsnahe Kräfte im Parlamentarischen Rat befürworteten eine Implementierung des Streikrechts im Grundgesetz. Der Abgeordnete Hermann Hans von Mangoldt setzte sich für seine Fraktion CDU/CSU für die Aufnahme des Rechts zur gemeinschaftlichen Arbeitsverweigerung mit Bezug zur Koalitionsfreiheit ein.[182] Der Abgeordnete Theodor Heuss, der wenige Tage nach der Sitzung des Hauptausschusses zum Vorsitzenden der neu gegründeten FDP gewählt werden sollte,[183] sprach sich für die Streikfreiheit als grundrechtliche Garantie aus, auch wenn seine Fraktion sie auf die Lohn- und Arbeitsbedingungen beschränkt wissen wollte.[184] Die nationalkonservative Deutsche Partei[185] legte folgende Formulierung vor: „Das Recht bei wirtschaftlichen und sozialen Auseinandersetzungen zu streiken, wird im Rahmen der Gesetze anerkannt".[186]

Kurz vor Ende des Hauptausschusses, als klar wurde, dass sich die Diskussionen in detaillierten Einzelfragen verfingen, fasste der Abgeordnete Otto Heinrich Greve (SPD) die Diskussion zusammen:

> „Wir müssen zu einer gewissen Systematik in unserer Auseinandersetzung kommen. Niemand von uns behauptet, daß das Recht des Streiks zur Wahrung und Förderung der Arbeits- und Wirtschaftsbedingungen etwa nicht gewährleistet werden soll".[187]

Diese Feststellung fand ausdrückliche Zustimmung und keine Widerrede unter den Abgeordneten.

c) Streit über den Gewährleistungsumfang des Streikrechts

Zur Beantwortung der Frage, wie das Streikrecht ausgestaltet werden sollte, muss hervorgehoben werden, dass die wirtschaftliche und mitbestimmungsrechtliche Situation der jungen Bundesrepublik zu diesem Zeitpunkt noch offen war.[188] Dies zeigt sich auch an den zahlreichen Streiks zu dieser Zeit, die sich unter anderem auf die Demokratisierung der Wirtschaft und die Vergemeinschaftung der Schlüsselindu-

---

[182] *Wernicke/Schick/Pikart* (Hrsg.), 1993, S. 698 f.

[183] *E. H. M. Lange*, 2020.

[184] *Wernicke/Schick/Pikart* (Hrsg.), 1993, S. 696.

[185] Die Deutsche Partei hatte im 1949 gewählten Bundestag 17 Sitze inne und trat mit Forderungen unter anderem zur Beendigung der sogenannten Entnazifizierung, der Wiedereinsetzung der 1945 entlassenen Beamten und der Gleichstellung von Angehörigen der Waffen-SS und Angehörigen der Wehrmacht hervor, *Meyn*, Politische Vierteljahresschrift, 1965, 42, S. 43.

[186] *Wernicke/Schick/Pikart* (Hrsg.), 1993, S. 697.

[187] *Feldkamp*, 2009, S. 527.

[188] *Wernicke/Schick/Pikart* (Hrsg.), 1993, S. 697 ff., insb. S. 701.

strien richteten.[189] Daher war die Diskussion im Parlamentarischen Rat von den Einzelfragen über die Ausgestaltung des Streikrechts geprägt.

Im Ausschuss für Grundsatzfragen wurde diskutiert, mit welchen Einschränkungen das Streikrecht in den Text des Grundgesetzes einfließen solle. Der Abgeordnete Eberhard (SPD) bestand darauf,

> „das Streikrecht der Gewerkschaften besonders herauszuheben. Der Redaktionsausschuß scheint das auch zu beabsichtigen. Wir alle sind hier sehr daran interessiert, daß nicht von irgendeiner Gruppe wilde politische Streiks gemacht werden".[190]

Darauf erwiderte der Abgeordnete Heuss (FDP) mit Bezugnahme auf den Generalstreik vom 12. November 1948:

> „Vielleicht in Auswirkung des letzten Streiks [gemeint ist der Generalstreik vom 12. November 1948, Anm. T.T.] ist die Formel: ‚Das Streikrecht wird ... anerkannt' als etwas zu große Geste bezeichnet worden, weil das Streikrecht nicht in seinem Sinne umschrieben worden ist. Wir haben infolgedessen den Antrag eingebracht, zu sagen: ‚Das Recht der gemeinschaftlichen Arbeitseinstellung, um eine Regelung der Lohn- und Arbeitsbedingungen durchzuführen, wird im Rahmen der Gesetze anerkannt.' Das ist also eine Absage an den politischen Streik, und es ist eine Hinleitung auf den Arbeitskampf. Ein politischer Streik als solcher wird immer wieder möglich sein. Ich will gar nicht sentimental sein; das gehört zum öffentlichen politischen Leben. Das ist eine politische Aktion als solche, während die gemeinschaftliche Arbeitseinstellung, um eine Regelung der Lohn- und Arbeitsbedingungen durchzuführen, das Streikrecht auf seine klassische Funktion zurückführt".[191]

Der Abgeordnete Wilhelm Heile (DP) wiederholte die Absage an den sogenannten politischen Streik im späteren Gesprächsverlauf, woraufhin der Vorsitzende von Mangoldt (CDU) erwiderte: „In diesem Absatz ist ausdrücklich gesagt, daß dieses Recht zur Wahrung und Förderung der Arbeits- und Wirtschaftsbedingungen gewährt wird, nicht zu politischen Zwecken".[192]

Den Ausführungen im Ausschuss für Grundsatzfragen lässt sich entnehmen, dass ein Recht zum „politischen" Streik nicht durch das Grundgesetz gewährleistet werden solle, allerdings blieb die Definition des „politischen" Streiks noch vage.

Was die Abgeordneten unter einem „politischen" Streik verstanden, zeigte sich im Hauptausschuss des Parlamentarischen Rats am 3. Dezember 1948. Als Beispiel für den sogenannten politischen Streik wurde der Generalstreik gegen den Kapp-Lüttwitz-Putsch aus dem Jahr 1920 genannt. Der Abgeordnete Theophil Heinrich Kaufmann (CDU) führte aus:

> „Der Generalstreik, der beim Kapp-Putsch geführt wurde, war kein Streik gegen bestehende Rechtsordnungen, sondern ein Streik gegen eine bestehende Rechtsunordnung, die durch

---

[189] Siehe dazu S. 68 ff.

[190] *Wernicke/Schick/Pikart* (Hrsg.), 1993, S. 696.

[191] *Wernicke/Schick/Pikart* (Hrsg.), 1993, S. 696.

[192] *Wernicke/Schick/Pikart* (Hrsg.), 1993, S. 698.

den Putsch veranlaßt worden war. Es muß eine Formulierung gefunden werden, um das erstere zu ermöglichen, den politischen Streik zur Opposition gegen die bestehende Rechtsordnung aber unmöglich zu machen".[193]

In der weiteren Diskussion zeigt sich, dass die Abgeordneten unter dem Begriff des „politischen" Streiks eine Aktion verstanden, die den Staat in seinen Grundfesten angreift oder verteidigt.[194] Keiner der Abgeordneten definierte den sogenannten politischen Streik als jede Art von Streik, der staatliche Institutionen adressiert. Ein Streik, der sich auch an den Staat richtet, war demnach nicht gemeint, sondern vielmehr ein Aufstand, der das politische System als solches infrage stellt.[195]

Die Mitglieder des Parlamentarischen Rats konnten sich in den Beratungen nicht auf eine spezifische Formulierung zum Gewährleistungsgehalt und zu den Grenzen des Streikrechts einigen. Die Legislative sollte die relevanten Entscheidungen treffen, beispielsweise die Beschränkung des Streikrechts für Beamte[196] und der Gesetzgebung sollte ein Entscheidungsspielraum für noch ungewisse und zukünftige Entwicklungen eingeräumt werden. Die Abgeordneten im Parlamentarischen Rat verwiesen deshalb die Ausgestaltung des Streikrechts an die spätere Gesetzgebung.[197]

Der Abgeordnete Eberhard beantragte am 4. Dezember 1948 im Hauptausschuss den vierten Absatz zu streichen, aber „nicht, weil dadurch die Streiks aus dem gesellschaftlichen Leben beseitigt werden könnten" und verwies auf den Vorschlag der Gewerkschaften für die zweite Lesung. In der zweiten Lesung des Hauptausschusses wurde das Streikrecht nicht noch einmal angesprochen und Art. 9 GG wurde in der heute bekannten Form ohne zusätzlichen vierten Absatz aufgenommen.[198]

Im April 1949 schrieb Eberhard zu den Beratungen im Parlamentarischen Rat, dass „auch im Kaiserreich und in der Weimarer Republik" gestreikt worden sei, „ohne daß ein Verfassungsartikel den ‚Streik' regelte".[199] Aus seiner Äußerung im Parlamentarischen Rat und diesem Beitrag lässt sich schließen, dass Eberhard nicht davon ausging, dass der Streik rechtlichen Einschränkungen unterliegen würde. Die frühe Rechtsprechung in der Bundesrepublik sollte ihn eines Besseren belehren.

---

[193] *Feldkamp*, 2009, S. 523.

[194] *Feldkamp*, 2009, S. 526.

[195] So auch Däubler ArbeitskampfR-*Däubler*, § 13, Rn. 60; *Poscher*, RdA 2017, 235, S. 238 ff.

[196] Der Deutsche Beamtenbund wollte den Ausschluss des Streikrechts der Beamten in den Text des Grundgesetzes aufnehmen, *Wernicke/Schick/Pikart* (Hrsg.), 1993, S. 695.

[197] *Wernicke/Schick/Pikart* (Hrsg.), 1993, S. 700 ff.; *Feldkamp*, 2009, S. 523 ff.

[198] *Feldkamp*, 2009, S. 533.

[199] Zit. nach *J. Michael Schulz*, 2001, 213, S. 228.

d) Zwischenergebnis

Als Zwischenergebnis ist festzuhalten, dass im Parlamentarischen Rat Einigkeit über die grundrechtliche Gewährleistung des Streikrechts herrschte. Parteiübergreifend war man sich einig, dass im Grundgesetz das Streikrecht niedergelegt ist.

Wird die historische Verfassungsauslegung nach Ridder als Kompromiss der damals widerstreitenden Interessen verstanden,[200] muss nach den Ansichten des einflussreichen Interessenverbands der Arbeitnehmer*innen – dem DGB – gefragt werden. In dem Formulierungsvorschlag der Gewerkschaften fand sich als Rechtmäßigkeitsvoraussetzung des Streiks wieder, dass er nicht tarifwidrig sein dürfe. Anhand der damaligen Forderungen des DGB kann jedoch nachgewiesen werden, dass sich die Erwähnung der Tarifwidrigkeit auf die tarifliche Friedenspflicht und nicht darauf richtete, dass nur der tarifbezogene Streik als Grundrecht gewährleistet werden sollte.

Die eindeutige Bestimmung eines Telos von Art. 9 Abs. 3 GG kann den Protokollen der Diskussionen im Parlamentarischen Rat nicht zweifelsfrei entnommen werden. Es kann aber ex negativo eine Festlegung auf bestimmte Zwecksetzungen ausgeschlossen werden. So wurde die Tarifakzessorietät des Streiks in den Ausschüssen nicht diskutiert. Auch die Trennung zwischen sogenannten arbeitsrechtlichen und politischen Streiks blieb terminologisch und inhaltlich unklar. Die Abgeordneten bezogen sich beim „politischen“ Streik vor allem auf historische Beispiele des systemverteidigenden oder -verändernden Aufstands. Die Protokolle der Beratungsgespräche zeigen zudem, dass die Abgeordneten keine Einschränkung bezüglich der Adressat*innen eines Streiks in Erwägung zogen. Als weitere Einschränkung diskutierten die Abgeordneten lediglich das Verbot des Beamt*innenstreiks.

Aus den Beratungen kann nicht geschlussfolgert werden, dass jeder Streik, der staatliche Stellen adressiert, per se aus dem Gewährleistungsbereich von Art. 9 Abs. 3 GG ausgeschlossen werden sollte. Streiks, die sich auf staatliches Handeln bezüglich der Arbeits- und Wirtschaftsbedingungen richteten, wurden von den Abgeordneten nicht problematisiert. Eine Interpretation von Art. 9 Abs. 3 GG, die nicht tarifbezogene und an den Staat adressierte Streikforderungen für rechtmäßig erachtet, ist somit vom Willen der Verfassungsgebung umfasst.

2. Objektiv-teleologische Auslegung: Funktionen des Streiks

Die objektiv-teleologische Methodik unterscheidet sich von der subjektiven dahingehend, dass hier Zwecksetzungen als juristisches Argument benutzt werden, die sich nicht auf die historische Gesetzgebung zurückführen lassen.[201] Diese Auslegungsmethode ist genauso reizvoll, wie sie schwer zu handhaben ist. Der Reiz liegt in

---

[200] *Ridder*, 1975, S. 98.

[201] *Alexy*, 1991 (1983), S. 296.

der Chance, Erkenntnisse und Wertungen, die außerhalb des Rechts liegen, in die juristische Dogmatik einfließen zu lassen. Dabei ist allerdings zu beachten, dass sich die Zwecksetzung nicht allein auf empirische Beobachtungen zurückführen lassen darf, sondern dass die Zwecksetzung mit einer normativen Wertung, einem Gebot, verbunden sein muss. Die Gebotenheit eines empirischen Zustands muss wiederum normativ begründet werden. Das Feld dieser Begründungen ist weit. Begründungen können sich aus den geschriebenen Rechtssätzen sowie ungeschriebenen Rechtsprinzipien ergeben.[202]

Die bisherige teleologische Auslegung von Art. 9 Abs. 3 GG durch die Rechtsprechung und die überwiegenden Ansichten in der Rechtswissenschaft verkürzt das Grundrecht auf eine Hilfsfunktion der Tarifautonomie. Die rechtmäßige Ausübung des Arbeitskampfrechts wird auf Tarifverhandlungen begrenzt. Dabei wird die normative Zwecksetzung aus der empirischen Feststellung abgeleitet, dass der Arbeitskampf für das Funktionieren der Tarifautonomie notwendig sei. Der normative Charakter dieser Feststellung – schließlich begrenzt er das Freiheitsrecht auf Tarifverträge – bleibt dabei unbegründet.[203]

Im Folgenden untersuche ich, welche Funktionen des Streikrechts sich anhand der historischen Darstellung der Vielfalt von Streikzielen, -formen und -adressat*innen identifizieren lassen und ob diese, jenseits der funktionalen Eingrenzung auf die Tarifautonomie, durch verfassungsrechtliche Prinzipien begründet werden können.

In Betracht kommen die Funktionen des Streiks, die asymmetrischen Verhandlungspositionen auszugleichen (a)) und einen Beitrag zur materiellen Umverteilung zu leisten (b)). Zudem untersuche ich die Aspekte des Streiks, dass dieser die demokratische Teilhabe (c)) und die selbstbestimmte Gestaltung der Arbeits- und Wirtschaftsbedingungen für Arbeitnehmer*innen ermöglicht (d)).

Ist die Funktion des Streikrechts durch Normen des Grundgesetzes begründbar, kann sie der objektiv-teleologischen Auslegung von Art. 9 Abs. 3 GG dienen.

a) Ausgleich der asymmetrischen Verhandlungspositionen

Dass Art. 9 Abs. 3 GG den Ausgleich der asymmetrischen Verhandlungspositionen bezweckt, lässt sich zunächst aus der rechtsgeschichtlichen Abhandlung ableiten. Lohnabhängige konnten mittels des Streiks den Arbeitgeber*innen und dem Staat Zugeständnisse zur Verbesserung ihrer Arbeits- und Lebensbedingungen abringen. Der Streik war das notwendige Mittel der Arbeitnehmer*innen, um in diesen Auseinandersetzungen Verhandlungsmacht zu erlangen.[204]

Die Zwecksetzung des Ausgleichs der asymmetrischen Verhandlungsposition durch den Streik lässt sich zunächst mit dem Willen der Verfassungsgebung be-

[202] *Larenz*, 1991, S. 322; *Alexy*, 1991 (1983), S. 296 ff.; *M. Hensche*, 1998, S. 21.

[203] Siehe dazu S. 244 ff. und S. 296 ff.

[204] Siehe dazu S. 37 ff.

gründen. Den Beratungen im Parlamentarischen Rat ist eine grundsätzliche Anerkennung des Streikrechts zu entnehmen. Die Abgeordneten hatten sich mit der Forderung der Gewerkschaften auseinanderzusetzen und sie sprachen überwiegend vom Streikrecht und nicht von der Aussperrung. Es ist davon auszugehen, dass die Bejahung des Streikrechts die Notwendigkeit dieses Rechts zum Ausgleich der Verhandlungspositionen zugunsten der Arbeitnehmer*innen einschloss.

Von Rechtsprechung und Rechtswissenschaft wird diese empirische Vorannahme, dass zwischen Arbeitnehmer*in und Arbeitgeber*in ein strukturelles Ungleichgewicht vorliegt, ebenfalls bei der Auslegung von Art. 9 Abs. 3 GG anerkannt. Das Streikrecht hilft dabei, einen Ausgleich herbeizuführen.[205]

Was für das Arbeitsrecht im Besonderen gilt, hat das Bundesverfassungsgericht für weitere schuldrechtliche Verhältnisse angenommen. Das Bundesverfassungsgericht hat für unterschiedliche Vertragskonstellationen anerkannt, dass in der Wirklichkeit strukturell ungleiche Verhandlungsstärken bei den Vertragsparteien vorlagen. Im Handelsrecht hat das Bundesverfassungsgericht anhand der objektiven Wertentscheidung des Sozialstaatsprinzips aus Art. 20 Abs. 1 und Art. 28 Abs. 1 GG entschieden, dass zivilrechtliche Generalklauseln dahingehend auszulegen seien, dass sie dem wirtschaftlichen Ungleichgewicht der Vertragsparteien entgegenwirken. Das Gericht, das zur Auslegung des einfachen Rechts befugt sei, müsse die sozialrechtliche Dimension, die auch der Berufsfreiheit aus Art. 12 Abs. 1 GG zukomme, bei der Auslegung der zivilrechtlichen Generalklauseln beachten und könne Wettbewerbsklauseln danach für unwirksam erklären.[206]

Für den Bürgschaftsvertrag hat das Bundesverfassungsgericht entschieden, dass die Grundrechtskonzeption der Privatautonomie nach Art. 2 Abs. 1 GG durch Wertungen des Sozialstaatsprinzips aus Art. 20 Abs. 1 und Art. 28 Abs. 1 GG dahingehend auszulegen sei, dass „die Zivilrechtsordnung darauf reagieren und Korrekturen ermöglichen“ müsse. Die Privatautonomie könne nur dann als Mittel für einen Interessenausgleich zwischen den Vertragsparteien dienen, wenn zwischen diesen ein ausgewogenes Kräfteverhältnis bestehe. Aus dem Grundgesetz ergebe sich damit der Ausgleich gestörter Vertragsparität als Hauptaufgabe des Zivilrechts.[207]

---

[205] BVerfG 4.7.1995 – 1 BvF 2/86 u.a., NZA 1995, 754, 756; BVerfG 26.6.1991 – 1 BvR 779/85, NZA 1991, 809, S. 811; BAG 10.6.1980 – 1 AZR 822/79, NJW 1980, 1642, S. 1643; Däubler ArbeitskampfR-*Rödl*, § 21, Rn. 60; Kempen/Zachert-*O. E. Kempen*, Grundlagen, Rn. 106.

[206] BVerfG 7.2.1990 – 1 BvR 26/84, NJW 1990, 1469, S. 1470; zu Klauseln im Arbeitsvertrag BVerfG 23.11.2006 – 1 BvR 1909/06, NJW 2007, 286, S. 287; zum rechtmäßigen Eingriff der Gesetzgebung in Art. 12 Abs. 1 GG, um sozialen oder wirtschaftlichen Ungleichgewichten entgegenzuwirken siehe BVerfG 23.10.2013 – 1 BvR 1842/11, 1 BvR 1843/11, NJW 2014, 46, S. 47.

[207] BVerfG 19.10.1993 – 1 BvR 567/89 u.a., NJW 1994, 36, S. 38f.; zur Kritik der Übertragung des Konzepts der Vertragsparität aus dem Schuldrecht auf Tarifverträge, denen mit ihrer Normwirkung nach § 4 Abs. 1 TVG ein anderer Rechtscharakter zukommt als den

Asymmetrische Verhältnisse beim Zustandekommen von Verträgen auszugleichen, lässt sich demnach neben Art. 9 Abs. 3 GG auch aus anderen Normen herleiten. Somit kann die Zwecksetzung des Streikrechts, asymmetrische Verhandlungspositionen auszugleichen, objektiv-teleologisch begründet werden.

b) Beitrag zur materiellen Umverteilung

Wer nach den Ursachen für die ungleichen Verhandlungschancen zwischen Arbeitnehmer*innen und Arbeitgeber*innen fragt, stößt unweigerlich auf die gesamtgesellschaftlich ungleiche Verteilung von Eigentumspositionen an Grundstücken, Sachgütern, Geldvermögen etc. in der kapitalistischen Privateigentums- und Lohnarbeitsgesellschaft. Während Arbeitgeber*innen im Eigentum dieser Mittel sind und Personen für sich arbeiten lassen, verfügen Arbeitnehmer*innen in diesem Verhältnis nur über ihre eigene Arbeitskraft.[208]

Wie die rechtshistorische Untersuchung gezeigt hat, haben sich Streiks seit jeher zumindest implizit gegen diese ungleiche Verteilung gewendet, indem Arbeiter*innen vor allem höhere Löhne oder die Reduzierung von Arbeitszeit bei gleichbleibenden Löhnen gefordert haben. Auch haben sich Arbeitnehmer*innen explizit für eine Demokratisierung des Wirtschaftssystems oder die Vergemeinschaftung bestimmter Industrie- und Dienstleistungszweige eingesetzt wie beispielsweise beim Generalstreik im Jahr 1948.

Streiks haben als Verteilungskämpfe demnach die Funktion, einen Beitrag zur materiellen Umverteilung zu leisten. Dass der Zweck des Freiheitsrechts darin liegt, Streiks zu erlauben, damit Arbeitnehmer*innen an der materiellen Umverteilung teilhaben können, kann durch mehrere grundrechtliche Gewährleistungen und Verfassungsprinzipien objektiv-teleologisch begründet werden.

Als erstes untersuche ich, inwiefern das Diskriminierungsverbot aufgrund der sozialen Herkunft aus Art. 3 Abs. 3 GG grundrechtlich gewährleistet, dass eine materielle Umverteilung erfolgt (aa)). Mit derselben Frage wende ich mich anschließend dem Vergesellschaftungsartikel aus Art. 15 GG (bb)), dem Gleichberechtigungsgebot und Verbot der Diskriminierung von Frauen nach Art. 3 Abs. 2 und Abs. 3 GG (cc)) und dem Sozialstaatsprinzip aus Art. 20 Abs. 1 und 28 Abs. 1 GG zu (dd)).

aa) Diskriminierungsverbot aufgrund der sozialen Herkunft nach Art. 3 Abs. 3 GG in der bürgerlichen Rechtsordnung

Das Diskriminierungsverbot aufgrund der Herkunft ist in Art. 3 Abs. 3 GG niedergelegt. Sind unter Herkunft die materiellen Ausgangsbedingungen einer Person

---

schuldrechtlichen Verträgen mit Austauschcharakter, und es sich daher nicht als Grundprinzip des Arbeitskampfrechts eigne, vgl. Däubler ArbeitskampfR-*Rödl*, § 21, Rn. 48 ff.

[208] Zur ungleichen Verteilung und der Rolle des Rechts siehe 2. Kap., Fn. 221.

zu fassen, kann der Zweck des Streikrechts, einen Beitrag zur materiellen Umverteilung zu leisten, über Art. 3 Abs. 3 GG objektiv-teleologisch begründet werden.

Das Bundesverfassungsgericht hatte sich bereits im Jahr 1959 zur Auslegung der Kategorisierung[209] der Herkunft positioniert. Es nahm in seinem Grundsatzurteil zu dieser Diskriminierungskategorisierung eine starke Begrenzung des Anwendungsbereichs vor. Der Erste Senat definierte die Herkunft als „von den Vorfahren hergeleitete soziale Verwurzelung" und grenzte diese von der „in den eigenen Lebensumständen begründete Zugehörigkeit zu einer bestimmten sozialen Schicht" ab. Des Weiteren führte er aus:

> „‚Herkunft' im Sinne sozialer Abstammung kann zwar einer der Faktoren sein, welche die gegenwärtige Vermögens- und Einkommenslage beeinflussen; das aber reicht nicht aus, um die finanzielle Fähigkeit oder Unfähigkeit einer Partei, ihrem Anwalt aus eigenen Mitteln zu honorieren, unter den Begriff ‚Herkunft' zu bringen".[210]

Der Senat schloss damit das alleinige Berufen auf die „gegenwärtige Vermögens- und Einkommenslage" als Diskriminierungsgrund aus.

Das Bundesverfassungsgericht hat diese Rechtsprechungslinie bis heute nicht infrage gestellt. Das Gericht adressiert das Problem der sozialen Ungleichheit nicht über das Diskriminierungsverbot aus Art. 3 Abs. 3 GG, sondern über das Sozialstaatsprinzip aus Art. 20 Abs. 1 und 28 Abs. 1 GG.[211] Die Richterin Susanne Baer und die Richter Reinhard Gaier und Johannes Masing des Ersten Senats des Bundesverfassungsgerichts haben in ihrer abweichenden Meinung zum Urteil über den Verstoß von Ausnahmen der Erbschaftssteuer für Betriebsvermögen gegen Art. 3 Abs. 1 GG festgestellt, „dass Reichtum in der Folge der Generationen in den Händen weniger kumuliert und allein auf Grund von Herkunft oder persönlicher Verbundenheit unverhältnismäßig wächst".[212] Obwohl sie die Herkunft explizit benannten, legten die Richter*innen in der abweichenden Meinung den Gleichheitssatz anhand des Sozialstaatsprinzips aus und fordern eine erhöhte Rechtfertigungslast für Regelungen, die dazu geeignet sind, soziale Ungleichheit zu verfestigen. Auf das Diskriminierungsverbot aufgrund der sozialen Herkunft nach Art. 3 Abs. 3 GG beriefen sie sich dafür nicht.

Das Bundesverfassungsgericht legte Art. 3 Abs. 3 GG subjektiv-teleologisch anhand der Protokolle der Beratungen des Parlamentarischen Rats aus.[213] Der Parlamentarische Rat lehnte die Kategorisierung der Herkunft an ein von ihm in Auftrag

---

[209] Statt Merkmal, Grund oder Kategorie wähle ich den Begriff der Kategorisierung, weil er die prozesshafte Konstruktion von verschiedenen Dimensionen der Diskriminierung aufzeigt, *Baer/Bittner/Göttsche*, 2010, S. 26.

[210] BVerfG 22.1.1959 – 1 BvR 154/55, BVerfGE 9, 124, S. 128 f.

[211] Siehe dazu S. 93 ff.

[212] Abweichende Meinung zum Urteil BVerfG 17.12.2014 – 1 BvL 21/12, DStR 2015, 31, S. 66, Rn. 3.

[213] BVerfG 22.1.1959 – 1 BvR 154/55, BVerfGE 9, 124, S. 128 f.

gegebenes Gutachten an. Der Autor des Gutachtens, der Staatsrechtler Richard Thoma, plädierte für Folgendes:

> „In den Absatz 3 wäre m. E. noch das Wort ‚der Klasse' einzufügen, so daß er nicht nur gegen die nazistisch-antisemitischen Entrechtungen Front macht, sondern auch gegen die bolschewistischen Entrechtungen der höheren Klasse der Gesellschaft".[214]

Er schlug vor, den Grundgesetzartikel wie folgt zu formulieren: „Art. 2 Abs. 3: Niemand darf seiner Abstammung, seiner Rasse, seines Glaubens, seiner religiösen und politischen Weltanschauung oder seiner Zugehörigkeit einer sozialen Klasse wegen bevorrechtigt oder benachteiligt werden".[215] Daraufhin nahm der Redaktionsausschuss die Kategorie der Herkunft in die Aufzählung der Diskriminierungsverbote auf. Weitere Materialien dazu existieren nicht.

Aus den spärlichen Materialien lässt sich nichts Spezifisches über die Intention der Verfassungsgebung herleiten. Jenseits der problematischen, totalitarismustheoretischen und den Holocaust relativierenden Gleichsetzung antisemitisch motivierter „Entrechtungen" durch die Nazis mit „Entrechtungen" durch die Bolschewisten,[216] ist dem Gutachten nicht zu entnehmen, was unter sozialer Klasse verstanden werden soll. Aus der Ablehnung realsozialistischer Enteignungen, auf die Thoma hier anspielt, kann jedoch geschlussfolgert werden, dass es ihm nicht um eine Umverteilung der Vermögenspositionen, sondern um das Aufrechterhalten des Status quo ging.

Die Rechtswissenschaftler*innen Nazil Aghazadeh-Wegener, Doris Liebscher und Felix Hanschmann haben sich anlässlich der Auslegung der Diskriminierungskategorie des „sozialen Status" in § 1 Landesantidiskriminierungsgesetz Berlin neben den soziologischen Befunden und theoretischen Einordnungen von klassistischer Diskriminierung auch der Auslegung der grundgesetzlichen Kategorisierung zugewandt. Sie argumentieren, dass die Ausführungen des Bundesverfassungsgerichts offenließen, welcher Grad an Kausalität zwischen der gegenwärtigen sozialen Lage und der Ausgangslage vorliegen müsse, damit eine Diskriminierung nach Art. 3 Abs. 3 GG bejaht werden könne. Die Rechtsprechung des Bundesverfassungsgerichts werfe jedoch nicht nur Anschlussfragen auf, sondern gebe auch Auslegungsspielraum her. So könne Art. 3 Abs. 3 GG über soziale Aufstiegschancen hinaus auch den Schutz vor Zuschreibungen, die an soziale Ungleichheiten anknüpfen, garantieren.[217]

Ob unter Herkunft jene Ausprägungen von Klassismus zu verstehen sind, die sich gegen Menschen aus der Armuts- und Arbeiter*innenklasse wie einkommens-, er-

---

[214] *Thoma*, 1993 (1948), 361, S. 373.

[215] *Thoma*, 1993 (1948), 361, S. 375.

[216] Siehe darüber hinaus zum „Schweigen der Materialien" zum Nationalsozialismus, *Liebscher*, 2021, S. 342 ff.; zur Einordnung des Gutachtens Thomas in die Täter-Opfer-Umkehr und die aufkeimende, antikommunistische Rhetorik des kalten Kriegs in den verfassungsgebenden Organen, siehe ebd. S. 348 ff.

[217] *Aghazadeh-Wegener/Liebscher/Hanschmann*, 2020, S. 11 f., 16 f.

werbs- oder wohnungslose Menschen oder Arbeiter*innenkinder richten, ist mit Ausnahme der Expertise von Aghazadeh-Wegener, Liebscher und Hanschmann bisher rechtswissenschaftlich nicht diskutiert worden. Auch welche Formen der Klassenzugehörigkeit Art. 3 Abs. 3 GG adressiert, haben Rechtswissenschaftler*innen noch nicht untersucht. Handelt es sich dabei um Klassenzugehörigkeiten, die nach Eigentumspositionen, Bildungsabschlüssen oder sozialen Beziehungen differenzieren und wie hängen diese zusammen? Eine Einordnung des grundgesetzlichen Begriffsverständnisses von Herkunft innerhalb der wissenschaftlichen Debatten um Klassismus[218] ist die Rechtswissenschaft bislang schuldig geblieben.

Der Erste Senat des Bundesverfassungsgerichts hat das asymmetrische Verständnis des Gleichheitsrechts anerkannt, mit dem diskriminierende gesellschaftliche Verhältnisse und Strukturen herausgekehrt werden und das sich gegen „verfestigte Hierarchien“ richten können muss.[219] Hingegen bleibt nach der Rechtsprechung des Bundesverfassungsgerichts die soziale Herkunft als Kategorie in einem meritokratischen System dem Können und Wollen der Einzelnen zugeordnet. Gesellschaftliche Verhältnisse und Strukturen werden gerade nicht in den Blick genommen. Der Erste Senat setzte in seinem Urteil aus dem Jahr 1959 der allgemeinen sozialen Ungleichheit die spezielle, von jedem Menschen selbst zu verantwortende wirtschaftliche Lage entgegen. Der Senat individualisierte damit den Gegensatz zwischen Kapital und Arbeit. Das Gericht erkannte die gesellschaftliche Spaltung zwischen Personen, die auf die Ausübung einer Lohnarbeit angewiesen sind, und Eigentümer*innen der Produktionsmittel nicht als Diskriminierungskategorisierung nach Art. 3 Abs. 3 GG an. In ökonomischer Hinsicht ist auch nach der vorherrschenden Lesart in der rechtswissenschaftlichen Literatur[220] von Art. 3 Abs. 3 GG jede*r des eigenes Glückes Schmied*in, ganz getreu der schuldrechtlichen Prämisse „Geld hat man zu haben“.

Diese Rechtsansicht ist angesichts der Ausgestaltung der bürgerlichen Rechtsordnung schlüssig. In der bürgerlichen Gesellschaft gehen kapitalistische Produktionsverhältnisse und gesellschaftliche Arbeitsteilung Hand in Hand mit der rechtlichen Anerkennung sozialer Ungleichheit. Die bürgerliche Rechtsordnung stellt Ungleichheit her und schützt diese. Jurist*innen haben die gewaltsam geschaffenen Eigentumsverhältnisse durch gerichtliche Auseinandersetzungen rechtlich abgesi-

---

[218] Einen Überblick liefern *Seeck/Theißl* (Hrsg.), 2021; zur Definition von Klassismus *A. Kemper/Weinbach*, 2016, S. 19; *Seeck*, 2021, 17.

[219] Für den deutschsprachigen Raum maßgebend *Baer*, 1995, S. 221 ff., 236; beispielsweise für die Geschlechterfrage v. Mangoldt/Starck/Klein-*Baer/Markard*, GG Art. 3, Rn. 352; allgemein zum Diskriminierungsverbot v. Mangoldt/Starck/Klein-*Baer/Markard*, GG Art. 3, Rn. 418; die strukturelle Dimension von Diskriminierung betont auch der Erste Senat des Bundesverfassungsgerichts, indem er feststellt, dass der Zweck von Art. 3 Abs. 3 GG sei, „Angehörige strukturell diskriminierungsgefährdeter Gruppen vor Benachteiligung zu schützen“, BVerfG 10.10.2017 – 1 BvR 2019/16, NJW 2017, 3643, Rn. 59.

[220] So sehen die Kommentator*innen von Art. 3 Abs. 3 GG darin nur einen Teilschutz für die sozialen Lebensumstände v. Mangoldt/Starck/Klein-*Baer/Markard*, GG Art. 3, Rn. 502; Maunz/Dürig-*Langenfeld*, GG Art. 3 Abs. 3, Rn. 60; Dreier-*Heun*, GG Art. 3, 132.

chert.[221] Der Staat gewährt zu diesem Zwecke Rechtspositionen und Durchsetzungsmechanismen. Das bürgerliche Recht reproduziert die Ungleichheit zudem, weil alle weiteren Rechtsgeschäfte auf der bestehenden ungleichen Eigentumsverteilung aufbauen. Dass die bürgerliche Rechtsordnung die Ungleichheit herstellt und reproduziert, wird durch sie selbst verschleiert, denn im Privatrecht treten sich die Menschen als Gleiche gegenüber. Für den tatsächlichen Widerspruch von Kapital und Arbeit ist kein widerspruchsfreier Ausdruck im Recht möglich[222] und von der bürgerlichen Rechtsordnung auch nicht vorgesehen. Die soziale Ungleichheit erscheint als Axiom, das hingenommen werden muss – so auch in der Rechtswissenschaft. Der Wirkungszusammenhang zwischen rechtlicher Anerkennung der Bedingungen des Wirtschaftssystems und der daraus entstehenden sozialen Ungleichheit bleibt in der Rechtswissenschaft mit wenigen Ausnahmen unhinterfragt.[223] Konsequent wird die ökonomische Ungleichheit im Vergleich zu anderen Ungleichbehandlungen von der bürgerlichen Rechtsordnung akzeptiert.[224]

---

[221] Aufbauend auf den Beobachtungen von Karl Marx zur ursprünglichen Akkumulation, *Marx*, 1867, 11, S. 741 ff., hat die Juristin Katharina Pistor in rechtshistorischer Perspektive herausgearbeitet, wie Jurist*innen die ungleiche Verteilung von Eigentumspositionen gesichert und (vor allem fiktives Kapital) geschaffen haben, *Pistor*, 2021 (2019). Pistor reißt mit ihrer Ausarbeitung jedoch die Beziehung zwischen rechtlicher Codierung von Kapital und der Mehrwertgenerierung durch Ausbeutung der Arbeitskraft nur an. Beiläufig erwähnt sie, dass Lohnarbeit nicht durch das Recht kapitalisiert werden kann und damit aus dem Abschöpfungsprozess des Mehrwerts ausgeschlossen ist, *Pistor*, 2021 (2019), S. 31. *Pistor* verweist auf die Untersuchung des Ökonomen Geoffrey M. Hodgson der grundlegend definiert, was im Kapitalismus als Kapital bezeichnet werden kann. Hodgson führt aus, dass sich Lohnarbeit und Kapital dadurch unterscheiden, dass Arbeitnehmer*innen sich nicht selbst als Sicherheit für ihre Arbeitskraft anbieten könnten. Personen als Sicherheiten anzugeben, liefe auf eine Rückkehr zum System der Sklaverei hinaus, daher sei auch der Begriff des Humankapitals abzulehnen. Kapitalist*innen könnten ihre Vermögenswerte als Sicherheiten nutzen, um mehr Geld zu leihen und zu investieren. Arbeiter*innen hingegen könnten dies nicht, weil die Arbeitskraft nicht als Sicherheit dienen könnte, *Hodgson*, 2015, S. 184 ff., 201. Entgegen Pistors These, dass die Codierung den Wert und die Erschaffung von Vermögen sowie dessen Verteilung erklären kann, *Pistor*, 2021 (2019), S. 41, ist alleinig die Untersuchung des Rechts, das zwar ein wichtiges Instrument ist, nicht geeignet, um zu verstehen, wie im Kapitalismus Mehrwert geschaffen und ungleich angeeignet wird. Hodgson identifiziert als Ursachen der ungleichen Verteilung unter anderem: Erstens bestehe ein Verhandlungsungleichgewicht zwischen Arbeitgeber*innen und Arbeitnehmer*innen. Zweitens könne Arbeitskraft nicht kapitalisiert werden, weil es nicht als Sicherheit dienen könne. Und drittens könnten Arbeitnehmer*innen nicht von der Ausübung der Arbeitskraft getrennt werden. Letzteres führe dazu, dass Arbeitnehmer*innen an die Lohnarbeit gebunden seien und sich nicht der anderweitigen Vermehrung von Kapital widmen könnten, *Hodgson*, 2015, S. 352 ff.

[222] *Seegert*, 1985, S. 298.

[223] Zum Zusammenspiel von rechtlichen Subjekten, der Vertragsfreiheit und dem Eigentumsschutz in der kapitalistischen Produktionsweise, vgl. *Marx*, 1867 (1843), 347, S. 354 ff.; zur Einordnung der Marxschen Analyse siehe *Rickert*, KJ 2021, 3; zur spezifischen Form des Rechts *Paschukanis*, 1929, S. 87 ff.; zur Einordnung aus heutiger Sicht *Krauth*, 2013; zur Kritik an Krauth, der einen Rechtsnihilismus vertrete, siehe *Uhlig*, KJ 2014, 224, S. 226 f.; *Uhlig*, 2020, S. 216, Fn. 623; zur Weiterentwicklung Paschukanis Theorie und Kritik, dass sich Paschukanis auf das Tauschverhältnis beschränke und damit andere Herrschaftsmechanismen des Rechts vernachlässige, siehe *Buckel*, 2020, 189, S. 194 ff. Die Rechts- und Poli-

Selbst wenn Art. 3 Abs. 3 GG nach einem empirisch und theoretisch informierten Verständnis von klassistischer Diskriminierung ausgelegt wird, kann diese Norm für die Begründung des Zwecks des Streikrechts, der materiellen Umverteilung zu dienen, nicht herangezogen werden. Schließlich verbietet Art. 3 Abs. 3 GG zwar die Diskriminierung aufgrund von bestehender sozialer Ungleichheit, schafft aber keine Handlungsbefugnis, an dieser ungleichen ökonomischen Ausgangslage etwas zu ändern. So würde ein Verbot der Diskriminierung aufgrund der gegenwärtigen Einkommenslage nichts an eben dieser Lage der geringen Entlohnung oder Sozialleistung ändern. Personen hätten den gleichen Zugang zu diesen Ressourcen, eine Umverteilung des durch Arbeit geschaffenen Mehrwerts würde allerdings nicht erreicht werden.

bb) Vergesellschaftung nach Art. 15 GG

Dass Art. 9 Abs. 3 GG den Zweck verfolgt, einen Beitrag zur materiellen Umverteilung zwischen Arbeitnehmer*innen und Arbeitgeber*innen zu leisten, könnte mit der legislativen Befugnis zur Vergesellschaftung aus Art. 15 GG normativ begründet werden. Dazu müsste sich dieser Zweck nach einer objektiv-teleologischen Auslegung aus Art. 15 GG ergeben.

Der erste Satz des Vergesellschaftungsartikels besagt, dass Grund und Boden, Naturschätze und Produktionsmittel zum Zwecke der Vergesellschaftung durch ein Gesetz, das Art und Ausmaß der Entschädigung regelt, in Gemeineigentum oder in andere Formen der Gemeinwirtschaft überführt werden können.

Aus rechtshistorischer Perspektive hat die Verfassungsgebung mit Art. 15 GG den Kompromiss zur Eigentums- und Wirtschaftsordnung in eine Grundgesetznorm gegossen. Die SPD setzte sich in der Entstehungsphase des Grundgesetzes noch für die Vergesellschaftung des Privateigentums ein.[225] Die sozialdemokratischen Abgeordneten hatten dem Grundgesetz nur zugestimmt, weil Art. 15 GG die Gesetzgebung zur Vergesellschaftung berechtigt und damit eine Änderung der Wirt-

---

tikwissenschaftlerin Sonja Buckel betont zudem die Dialektik des Rechts, das nicht nur Herrschaft über Subalterne, sondern auch Emanzipation durch deren Rechtsnutzung ermögliche, *Buckel*, 2007, S. 240. Zur Kritik unter anderem an Paschukanis Lesart der Marxschen Rechtstheorie siehe auch schon die Dissertation der Philosophin und Soziologin Andrea Maihofer, die herausgearbeitet hat, dass nach Marx dem Recht durchaus eine eigenständige Entstehungs- und Wirkweise gegenüber den ökonomischen Verhältnissen zukomme, *A. Maihofer*, 1992; zur Falsifikation der Werttheorie von Marx, die aber nur bedingt auf die Erkenntnisse der materialistischen Rechttheorie durschlage, siehe *Uhlig*, 2020, S. 210f.

[224] Im Ergebnis so auch v. Mangoldt/Starck/Klein-*Baer/Markard*, GG Art. 3, Rn. 504; Abweichende Meinung der Richter Gaier und Masing und der Richterin Baer zum Urteil BVerfG 17.12.2014 – 1 BvL 21/12, Rn. 2.

[225] Die SPD hatte sich in dem Heidelberger Programm aus dem Jahr 1925 die Vergesellschaftung des Privateigentums zum Ziel gesetzt, vgl. *Sozialdemokratische Partei Deutschlands*, 1947; mit dem Godesberger Programm von 1959 verschrieb sich die SPD den Grundsätzen der Marktwirtschaft, vgl. *Sozialdemokratische Partei Deutschlands*, 1959, S. 13f.

schaftsordnung noch möglich bleiben sollte.[226] Aufbauend auf sozialistischen Forderungen stellte der Abgeordnete Carlo Schmid (SPD) klar, dass es bei der Ausübung dieser grundgesetzlichen Kompetenz um die „strukturelle Umwandlung der Wirtschaftsverfassung" gehe.[227]

Die Norm bezweckt, der kapitalistischen Wirtschaftsweise bestimmte Bereiche zu entziehen, um den eigentumslosen Bevölkerungsgruppen Verfügungsmacht über diese Bereiche zu verschaffen. Nach der Vergesellschaftung solle das Wirtschaften dadurch gekennzeichnet sein, dass es auf die Bedarfsdeckung der Menschen und nicht auf Gewinnerzielung ausgerichtet ist.[228]

Diese Zwecksetzung lässt sich für das Verhältnis zwischen Arbeitgeber*innen und Arbeitnehmer*innen folgendermaßen übersetzen: Die Arbeitgeber*innen haben Eigentum an den Produktionsmitteln und die Arbeitnehmer*innen haben keine Entscheidungsbefugnis über dieses Eigentum. Die Vergesellschaftung nach Art. 15 GG gewährleistet die Übertragung der Verfügungsgewalt von den Arbeitgeber*innen auf die Arbeitnehmer*innen. In vergesellschafteten Unternehmen sollen Arbeitnehmer*innen selbst über die Verteilung des Erwirtschafteten bestimmen können und sich beispielsweise höhere Löhne auszahlen. Zudem soll das vergesellschaftete Wirtschaften zur Bedarfsdeckung und nicht mehr zur Gewinnerzielung erfolgen.

Wie in der kapitalistischen Produktionsweise Gewinne generiert werden, lässt sich am vorliegenden Untersuchungsgegenstand der Altenpflegeeinrichtungen eindrücklich aufzeigen. Die Einrichtungsbetreiber*innen beziehen staatliche Gelder aus den Vereinbarungen mit den Pflegekassen und den Eigenbeträgen der Pflegebedürftigen. Gewinne können sie erzielen, indem sie Personalkosten kürzen. Was Gewinne auf Seiten der Arbeitgeber*innen erzeugt, führt auf Seiten der Arbeitnehmer*innen zu geringeren Löhnen oder zu einer Abschichtung der Personaldecke mit einhergehender Steigerung der Arbeitsbelastung für die verbleibenden Arbeitnehmer*innen.[229] Einer solchen Gewinngenerierung durch Verringerung des Lohns

---

[226] Siehe die Rede des SPD-Abgeordneten Menzel, vgl. *Feldkamp*, 1997, S. 528 f., und der Abgeordneten Schmidt und Greve, vgl. *Wernicke/Schick/Pikart* (Hrsg.), 1993, S. 197 ff. Die Forderung nach der Vergesellschaftung bestimmter Industriezweige war unmittelbar nach dem Ende des Zweiten Weltkriegs auch auf konservativer Seite zu finden. Die CDU sah in der Kooperation zwischen dem NS-Staat und Großindustriellen eine Mitursache für den Aufstieg und das Überdauern des Regimes und wollte sich von der kapitalistischen, d. h. nicht an den Bedürfnissen der Menschen orientierten Produktion, abwenden, vgl. beispielsweise das Ahlener Wirtschaftsprogramm der CDU aus dem Jahr 1947, s. *Mommsen*, 1960, S. 576 ff.; zum Ganzen Maunz/Dürig-*Durner*, GG Art. 15, Rn. 8.

[227] *Wernicke/Schick/Pikart* (Hrsg.), 1993, S. 213 f.

[228] Dreier-*Wieland*, GG Art. 15, Rn. 27 f.; v. Münch/Kunig-*Bryde*, GG Art. 15, Rn. 10; BeckOK GG-*Axer*, GG Art. 15, Rn. 10 f.

[229] Siehe S. 20 ff.

oder unbezahlter Mehrarbeit[230] soll in der vergesellschafteten Wirtschaftsform entgegengewirkt werden. Die normative Zwecksetzung, einen Beitrag zur materiellen Umverteilung zu leisten, ist der Vergesellschaftung damit inhärent.

Die Gesetzgebung hat von der Eingriffsbefugnis des Art. 15 GG in das Eigentum von Unternehmer*innen bislang noch keinen Gebrauch gemacht. Die fehlende Belebung des Artikels steht seiner Geltungskraft allerdings nicht entgegen.[231]

Durch Art. 15 GG sind die Zwecke der bedarfs- und mitbestimmungsorientierten Wirtschaftsweise auf verfassungsrechtliche Ebene gehoben worden. Die Vergesellschaftungsbefugnis verfolgt unter anderem den Zweck, einen Beitrag zur materiellen Umverteilung im Verhältnis zwischen Arbeitgeber*innen und Arbeitnehmer*innen zu leisten. Die Funktion von Streiks, dass sie zur Umverteilung von Reichtümern zugunsten der Arbeitnehmer*innen beitragen, lässt sich demnach als rechtsdogmatische Zwecksetzung von Art. 9 Abs. 3 GG mittels Art. 15 GG objektiv-teleologisch begründen.

cc) Gleichberechtigungsgebot und Verbot der Diskriminierung von Frauen nach Art. 3 Abs. 2 und Abs. 3 GG

Für Streiks in frauendominierten Branchen lässt sich zusätzlich die Überlegung anführen, dass der Zweck Streikrechts, einen Beitrag zur materiellen Umverteilung zu leisten, mit dem speziellen Gleichheitssatz der Art. 3 Abs. 2 und Abs. 3 GG objektiv-teleologisch begründet werden könnte.

Die Arbeitsbedingungen in frauendominierten Branchen sind signifikant schlechter als in männerdominierten Branchen.[232] Zurückzuführen ist dies unter anderem auf die historisch gewachsene geringe oder ausbleibende materielle Anerkennung von Sorgearbeit, die Flexibilisierung und Deregulierung der Beschäftigungsverhältnisse, die geringe Tarifbindung, die Einführung marktwettbewerblicher Steuerungslogiken in vormals staatlich organisierten Arbeitsfeldern bei gleichzeitiger Professionalisierung und Prekarisierung der frauendominierten Arbeit.[233]

---

[230] Siehe dazu grundlegend die Arbeitswerttheorie von *Marx*, 1867, 11; Überblick der Kritik daran bei Uhlig, der darauf hinweist, dass das Verhältnis zwischen Arbeit und Verteilung des Mehrwerts nicht auf den Wert verweisen müsse, sondern auf den Gewinn, *Uhlig*, 2020, S. 198 ff.

[231] Dreier-*Wieland*, GG Art. 15, Rn. 20; v. Mangoldt/Starck/Klein-*Depenheuer/Froese*, GG Art. 15, Rn. 3; die rechtswissenschaftlichen Diskussionen sind zuletzt aufgrund der Kampagne „Deutsche Wohnen & Co. Enteignen“, die einen Berliner Volksentscheid mit Bezug auf Art. 15 GG initiiert hat, entbrannt, vgl. *Drohsel*, KJ 2020, 30; *Röhner*, KJ 2020, 16 m. w. N. Auch wird in Hessen die Rekommunalisierung einer Universitätsklinik auf Grundlage von Art. 15 GG diskutiert, vgl. *Wieland*, 2021.

[232] In der Altenpflege sind beispielsweise die Entgelte geringer und die Belastung höher, siehe S. 18.

[233] *I. Nowak*, 2017, 182; *Schurian*, 2017; *Oschmiansky*, Zeitschrift für Sozialreform 2010, 31; *Haubner*, Luxemburg 2016, 112; grundlegend zur fehlenden materiellen Anerkennung

Die Überwindung dieser strukturellen Ungleichheit in den Pflegeberufen und die überwiegende Betroffenheit von Frauen könnten vom Diskriminierungsverbot aus Art. 3 Abs. 2 S. 1 und Abs. 3 S. 1 GG aufgrund des Geschlechts und über das Gleichberechtigungsgebot von Frauen aus Art. 3 Abs. 2 S. 2 GG umfasst sein.

Für ungleich schlechtere Arbeitsbedingungen in der Pflege ist insbesondere der in Art. 3 Abs. 2 S. 2 GG niedergelegte Verfassungsauftrag zur tatsächlichen Gleichstellung von Frauen und Männern zu betrachten.[234] Art. 3 Abs. 2 GG adressiert vordergründig staatliche Stellen.[235] Das Bundesverfassungsgericht hat in der Entscheidung zum Nachtarbeitsverbot und seitdem in ständiger Rechtsprechung herausgestellt, dass sich der Gleichberechtigungssatz nicht nur auf gesetzlicher Ebene auswirken, sondern sich auf die soziale Wirklichkeit erstrecken müsse:

> „Er zielt auf Angleichung der Lebensverhältnisse. [...] Überkommene Rollenverteilungen [...] dürfen durch staatliche Maßnahmen nicht verfestigt werden. Faktische Nachteile, die typischerweise Frauen treffen, dürfen [...] durch begünstigende Regelungen ausgeglichen werden“.[236]

Diesen Regelungsgehalt hat die Gesetzgebung durch die Verfassungsänderung aus dem Jahr 1994 mit Einfügung des Art. 3 Abs. 2 S. 2 GG unterstrichen.[237]

Das Gleichberechtigungsgebot dient der Überwindung der strukturellen Diskriminierung von Frauen. Das Gebot erfasst historisch gewachsene Strukturen, die sich unter anderem in der Arbeitswelt niederschlagen.[238] Darunter fallen beispielsweise die geringere Wertschätzung von Arbeit in frauendominierten Branchen oder die fehlende Professionalisierung und Entlohnung von als weiblich gelesenen Fähigkeiten wie Empathie, Verantwortung und Umsicht. Solche verfestigten Stereotype, die materielle Konsequenzen wie Lohndifferenzen und ungleiche Berufschancen zur Folge haben können, sollen beseitigt werden.[239]

In der strukturell schlechteren Bezahlung sowie der höheren Arbeitsbelastung unterscheiden sich die frauen- von männerdominierten Branchen. Gegen den Einwand, dass in den vergeschlechtlichten Branchen unterschiedliche Tätigkeiten mit daraus resultierenden abweichenden Anforderungen an die Arbeitnehmer*innen

---

von Frauenarbeit insbesondere außerhalb des Lohnarbeitsverhältnisses *Federici*, 2015 (1974); zu den Ursachen, die spezifisch in der Regulierung des Altenpflegemarkts begründet liegen, siehe S. 20 ff.

234 v. Mangoldt/Starck/Klein-*Baer/Markard*, GG Art. 3, Rn. 366; Dreier-*Heun*, GG Art. 3, Rn. 102; v. Münch/Kunig-*Boysen*, GG Art. 3, Rn. 162.

235 v. Mangoldt/Starck/Klein-*Baer/Markard*, GG Art. 3, Rn. 364.

236 BVerfG 28. 1. 1992 – 1 BvR 1025/82 u. a., BVerfGE 85, 191, S. 207 (Nachtarbeitsverbot); BVerfG 16. 11. 1993 – 1 BvR 258/86, BVerfGE 89, 276, S. 281; BVerfG 10. 10. 2017 – 1 BvR 2019/16, NJW 2017, 3643, S. 3647, Rn. 60.

237 *Kocher*, RdA 2002, 167, S. 169.

238 Zum Verständnis des Gleichheitsrechts als Hierarchisierungsverbot siehe 2. Kap., Fn. 285.

239 v. Mangoldt/Starck/Klein-*Baer/Markard*, GG Art. 3, Rn. 368 f.

vorherrschen und man Äpfel nicht mit Birnen vergleichen könne, ist zu erwidern, dass sich daran bereits die Problematik der Vergleichsgruppenbildung zeigt. Die Darstellung von Diskriminierung anhand von Vergleichsgruppen kann dazu führen, die Lebensrealität der zum Vergleich herangezogenen Gruppe – hier der männerdominierten Berufe – als Schablone, als Maßstab und damit als anzustrebende Normalität zu setzen. Zudem kann dadurch die kategorienspezifische Hierarchisierung von Personengruppen, die sich des Vergleichs entzieht, unkenntlich gemacht werden.[240] Die fehlende Anerkennung von Sorgearbeit ist eine geschlechtsspezifische Erfahrung von Frauen, die bereits auf vergeschlechtlichter Arbeitsteilung und sexistischen Stereotypen bei der Bewertung der unterschiedlichen Tätigkeiten beruht. Dem Argument, dass frauen- und männerdominierte Tätigkeiten so unterschiedlich seien, dass sie nicht verglichen werden könnten, ist entgegenzuhalten, dass bereits diese Arbeitsteilung Ausdruck einer historisch gewachsenen Frauendiskriminierung ist. Männer hielten Frauen aus entlohnter Arbeit und der gesamten öffentlichen Sphäre fern.[241] Die Vergleichsgruppenbildung abzulehnen führt nicht nur dazu, dass Frauendiskriminierung nicht erkannt wird, es schreibt einen Aspekt der geschichtlich gewordenen hierarchischen Ungleichbehandlung von Männern und Frauen fort. Die Vermeidung einer solchen Diskriminierung ist von Art. 3 Abs. 2 S. 1 und Abs. 3 S. 1 GG umfasst.

Aus dem Diskriminierungsverbot und dem Gleichberechtigungsgebot lässt sich entnehmen, dass das Grundgesetz die Überwindung von Geschlechterhierarchisierungen anstrebt. Streiks, die auf eine Verbesserung der Entlohnung und der Arbeitsbedingungen in frauendominierten Branchen ausgerichtet sind, zielen nicht nur auf die Verringerung der ökonomischen Ungleichheit zwischen Arbeitnehmer*innen und Arbeitgeber*innen, sondern tragen auch zur Angleichung der geschlechtsspezifischen Verhältnisse von ungleich verteilter und nicht wertgeschätzter Sorgearbeit bei. Das Gleichberechtigungsgebot des Art. 3 Abs. 2 S. 2 GG und das Verbot der Diskriminierung von Frauen aus Art. 3 Abs. 2 S. 1 und Abs. 3 S. 1 GG zielen auf die Beseitigung dieser Ungleichheiten ab. Diese grundrechtlichen Gewährleistungen können das Telos des Streikrechts, einen Beitrag zur materiellen Umverteilung zu leisten, für Streiks in frauendominierten Branchen begründen.[242]

---

[240] *Baer*, 1995, S. 235 ff.; *Röhner*, 2019, S. 173 ff.

[241] Siehe S. 42 insbesondere Fn. 35.

[242] Da die Altenpflege zunehmend von migrantischen Personen ausgeführt wird, können über den mehrdimensionalen Diskriminierungsansatz Verschränkungen zwischen vergeschlechtlichten und rassistischen Diskriminierungen adressiert werden. Die US-amerikanische Rechtswissenschaftlerin Kimberle Crenshaw hat als erste am Beispiel Schwarzer Arbeiterinnen in den USA die intersektionale Diskriminierung anhand der Kategorien „gender“ und „race“ herausgearbeitet. In Deutschland wird sich für die Bezeichnung „mehrdimensionale Diskriminierung“ ausgesprochen, weil die Kategorisierungen selbst schon in Überschneidungen, Abhängigkeiten und Verstärkungen zu anderen Diskriminierungsstrukturen stehen und keine abgeschlossenen Linien der Diskriminierung bilden, die sich wie Straßenverläufe kreuzen (intersection), *Baer/Bittner/Göttsche*, 2010, S. 24 ff. Das Grundgesetz strebt eine

Über die Begründung des Streikzwecks hinaus wäre eine gerichtliche Beschränkung des Streikrechts in frauendominierten Branchen nicht nur an Art. 9 Abs. 3 GG, sondern als staatliche Maßnahme auch an Art. 3 Abs. 2, Abs. 3 S. 1 GG zu messen.

dd) Sozialstaatsprinzip nach Art. 20 Abs. 1 und 28 Abs. 1 GG

Die Funktion von Streiks, einen Beitrag zur materiellen Umverteilung im Verhältnis zwischen Arbeitgeber*innen und Arbeitnehmer*innen zu leisten, könnte auch mittels des Sozialstaatsprinzips objektiv-teleologisch begründet werden. Dafür müsste sich aus Art. 20 Abs. 1 und 28 Abs. 1 GG ableiten lassen, dass dieses Verfassungsprinzip eine Angleichung der ökonomischen Verhältnisse zwischen Arbeitgeber*innen und Arbeitnehmer*innen bezweckt.

In der Arbeitsrechtswissenschaft wurde das Sozialstaatsprinzip bereits als Grundlage für die Auslegung von Art. 9 Abs. 3 GG genutzt. In der Tradition der Grundgesetzinterpretation von Abendroth[243] hat der Arbeitsrechtler Otto Ernst Kempen die Koalitionsfreiheit als konkrete Ausformung des sozialstaatlichen Auftrags nach Art. 20 Abs. 1 und 28 Abs. 1 GG herausgearbeitet. Den Arbeitnehmer*innen müsse nach der Auslegung von Art. 9 Abs. 3 GG als Ausformung des Sozialstaatsprinzips mit zivilgesellschaftlichem Charakter unterschiedliche Verfahren garantiert werden, damit sie bei der Regelung der Arbeits- und Wirtschaftsbedingungen mitbestimmen können.[244] Mittels des Sozialstaatsprinzip weitere Funktionen des Streikrechts normativ zu begründen, die über den Tarifbezug hinausreichen, stellt bislang eine Leerstelle in der Rechtswissenschaft dar.

Um die ungleiche ökonomische Lage für Arbeitnehmer*innen erträglich zu machen, hat der Staat Maßnahmen zur sozialen Absicherung getroffen. In dem rechtshistorischen Teil dieser Arbeit habe ich gezeigt, dass der Staat unter anderem aufgrund von Streiks dazu angehalten war, sozialstaatliche und arbeitsrechtliche Schutzmaßnahmen zu ergreifen.[245] Aus historischer Perspektive kann das grundgesetzliche Sozialstaatsprinzip als Reaktion auf nicht zuletzt die ungleiche Vermögensverteilung zwischen Arbeitgeber*innen und Arbeitnehmer*innen verstanden werden.

Nach der Rechtsprechung des Bundesverfassungsgerichts verpflichtet das Sozialstaatsprinzip den Staat dazu, alle Maßnahmen nach der sozialen Gerechtigkeit auszurichten.[246] Zur sozialen Gerechtigkeit gehört, dass der Staat bestimmte Min-

---

Beseitigung dieser verschränkten Formen der Diskriminierung nach Art. 3 Abs. 3 GG an, v. Mangoldt/Starck/Klein-*Baer/Markard*, GG Art. 3, Rn. 443.

[243] Siehe S. 203 ff.

[244] Kempen/Zachert-*O. E. Kempen*, Grundlagen, Rn. 76 ff.

[245] Zum Zusammenhang zwischen Streiks und Sozialstaat siehe S. 44 ff.

[246] BVerfG 17.8.1956 – 1 BvB 2/51, BVerfGE 5, 85, S. 197 f. (KPD-Verbot) in Abgrenzung zu den Vorstellungen des sozialen Ausgleichs der KPD; BVerfG 7.11.1979 – 2 BvR 513/

deststandards an sozialer Absicherung gewährleistet und damit seiner staatlichen Schutzpflicht nachkommt. Das Bundesverfassungsgericht hat entschieden, dass die Gesetzgebung dann tätig werden muss, wenn das vom Gericht entwickelte Grundrecht auf Gewährleistung eines menschenwürdigen Existenzminimums verletzt ist.[247]

Die Sicherung des Existenzminimums für mittellose Bevölkerungsschichten kann nur erreicht werden, indem Vermögen, das von Gesellschaftsteilen aufgebracht wird, die über Eigentum verfügen, zu den bedürftigen Bevölkerungsschichten umverteilt wird. Ausgehend von der Feststellung, dass Arbeitgeber*innen im Eigentum von Grundstücken, Betriebsmitteln, Vermögen, etc. sind und Arbeitnehmer*innen ihre Arbeitskraft anbieten, sind sie es im Zweifel, die auf Leistungen des Sozialstaats zurückgreifen müssen, unabhängig davon, ob sie einer abhängigen Beschäftigung nachgehen oder erwerbsarbeitslos sind. Wenn nach dem Sozialstaatsprinzip nun die Existenzsicherung derjenigen gewährleistet werden soll, die über keine Reserven verfügen, lässt sich aus diesem Verfassungsgrundsatz das Telos ableiten, dass ein Beitrag zur materiellen Umverteilung geleistet werden soll, und zwar auch im Verhältnis zwischen Arbeitgeber*innen und Arbeitnehmer*innen.

Zusammenfassend ist der Staat nach dem Sozialstaatsprinzip dazu verpflichtet, allen Personen diejenigen materiellen Mittel zur Verfügung zu stellen, die ihr Überleben sichern. Das verfassungsrechtliche Erkennen von sozialer Ungleichheit und das Gebot der sozialen Gerechtigkeit kann damit die Funktion des Streikrechts, einen Beitrag zur materiellen Umverteilung zu leisten, objektiv-teleologisch begründen.

ee) Zwischenergebnis

Die Verfassungsgebung stand vor der materiellen Ungleichheitslage zwischen Arbeitnehmer*innen und Arbeitgeber*innen und hat mit der Vergesellschaftungsbefugnis aus Art. 15 GG, dem Gleichbehandlungsgebot in Art. 3 Abs. 2 und Abs. 3 GG und dem Sozialstaatsprinzip in Art. 20 Abs. 1 und 28 Abs. 1 GG die rechtlichen Grundlagen für die Beseitigung dieses Zustands geschaffen. Diese grundgesetzlichen Normen adressieren die ökonomische sowie die auf der vergeschlechtlichen Arbeitsteilung beruhende Ungleichheit. Sie können daher als rechtdogmatische Begründung für die objektiv-teleologische Auslegung von Art. 9 Abs. 3 GG herangezogen werden, dass das Streikrecht der materiellen Umverteilung von den Arbeitgeber*innen hin zu den Arbeitnehmer*innen dient.

---

74 u.a., BVerfGE 52, 303, S. 348; BVerfG 27.4.1999 – 1 BvR 2203/93 u.a., BVerfGE 100, 271, S. 284.

[247] BVerfG 9.2.2010 – 1 BvL 1/09, 1 BvL 3/09, 1 BvL 4/09, BVerfGE 125, 175, S. 225; v. Mangoldt/Starck/Klein-*Sommermann*, GG Art. 20, Rn. 120 ff. m.w.N.

c) Demokratische Teilhabe

Aus rechtshistorischer Sicht haben die Arbeitnehmer*innen durch ihre Streiks die Bedingung der Möglichkeit demokratischer Teilhabe an gesellschaftlichen Entscheidungsprozessen geschaffen. Eine weitere Funktion des Streikrechts ist es, dass Arbeitnehmer*innen mit jedem Streik ihre Interessen in die Öffentlichkeit tragen.

Als objektiv-teleologische Begründung dieser Streikfunktion der demokratischen Teilhabe lassen sich die Einordnung des Streikrechts als Kommunikationsgrundrecht und das Demokratieprinzip nach Art. 20 Abs. 1, 28 Abs. 1 S. 1 GG anführen.

Eine von der Rechtsprechung und dem Großteil der Rechtswissenschaft vernachlässigte Auslegung von Art. 9 Abs. 3 GG versteht das Streikrecht als ein Kommunikationsgrundrecht neben anderen wie der Meinungs-, Presse-, Versammlungs- und Vereinigungsfreiheit.[248] Das Streikrecht lässt sich aufgrund der systematischen Stellung im Grundgesetz diesen demokratiefördernden Grundrechten zuordnen. Die Grundrechte des kollektiven Arbeitsrechts sind im dritten Absatz des Art. 9 GG zu finden. Im ersten Absatz dieses Artikels ist die Vereinigungsfreiheit geregelt. Diese Norm schützt das Recht, Vereine und Gesellschaften zu bilden. Sie schafft damit den Grundstein für kollektive Zusammenschlüsse. Diese Organisationen sind in einer Demokratie von essenzieller Bedeutung, da diese von den Auseinandersetzungen der organisierten Interessenverbänden lebt.

Das Bundesverfassungsgericht betont in ständiger Rechtsprechung, dass das Demokratieprinzip nach Art. 20 Abs. 1, 28 Abs. 1 S. 1 GG eine vielfältige Partizipation am öffentlichen Meinungskampf und der staatlichen Willensbildung gewährleistet. Die Beteiligungsmöglichkeit in der parlamentarischen Demokratie liegt vor allem in der Einflussnahme auf den öffentlichen Meinungsbildungsprozess.[249] Die funktionsfähige öffentliche Meinungsbildung ist der Grundstein der Demokratie.[250] Sie vollzieht sich in ständiger und vielfältiger Wechselwirkung mit der Meinungsbildung auf staatlicher Ebene.[251]

---

[248] Däubler ArbeitskampfR-*Wolter/J. M. Schubert/Rödl*, § 16, Rn. 45; Maunz/Dürig-*Scholz*, GG Art. 9, Rn. 8. Scholz versteht das Grundrecht aus Art. 9 Abs. 3 GG als ständigen Wechsel zwischen Einigung und Konflikt. Dieser wechselhafte Prozess stelle eine dauerhafte Kommunikation dar. Den Kommunikationsprozess beschränkt er allerdings auf Tarifverhandlungen, weil nur Tarifforderungen Ziele der „integrierenden Allgemeinheit" umfassen würden, *Scholz*, 1971, S. 316.

[249] BVerfG 19.7.1966 – 2 BvF 1/65, BVerfGE 20, 56, S. 98; BVerfG 14.5.1985 – 1 BvR 233/81, 1 BvR 341/81, BVerfGE 69, 315, S. 346; BVerfG 18.3.2003 – 2 BvB 1/01, 2 BvB 2/01, 2 BvB 3/01, BVerfGE 107, 339, S. 360 f.; BVerfG 4.7.2012 – 2 BvC 1/11, 2 BvC 2/11, BVerfGE 132, 39, S. 51.

[250] BVerfG 30.6.2009 – 2 BvE 2/08, 2 BvE 5/08, 2 BvR 1010/08, 2 BvR 1022/08, 2 BvR 1259/08, 2 BvR 182/09, BVerfGE 123, 267, S. 358.

[251] BVerfG 2.3.1977 – 2 BvE 1/76, BVerfGE 44, 125, S. 139 f.; BVerfG 9.4.1992 – 2 BvE 2/89, BVerfGE 85, 264, S. 285; BVerfG 12.3.2008 – 2 BvF 4/03, BVerfGE 121, 30, S. 55; Dreier-*Dreier*, GG Art. 20, Rn. 76

Die Verfassungsgebung hat den gesellschaftlichen Kräften explizite Rechte zur Partizipation an der staatlichen Willensbildung eingeräumt. Streiks als Ausübung des Grundrechts sind Teil der öffentlichen Auseinandersetzung und Grundbedingung für die Demokratie. Die Arbeitnehmer*innen werden durch Art. 9 Abs. 3 GG berechtigt, die eigenen Interessen und Meinungen im öffentlichen Diskurs zu kommunizieren. Während eines Streiks tragen die Beteiligten ihre Interessen nicht nur an die Arbeitgeber*innen heran, sondern lenken den Blick der Öffentlichkeit auf spezifische Missstände. Die Beteiligung an einem Streik ist daher auch Teilhabe am öffentlichen Meinungskampf. Der Parlamentarische Rat hat das Koalitionsrecht, die Tarifautonomie und das Arbeitskampfrecht in denselben Artikel wie die Vereinigungsfreiheit als Teil dieser gelebten Demokratie aufgenommen.

Arbeitgeber*innen und Gewerkschaften führen die öffentliche Auseinandersetzung mit ihren jeweils eigenen Mitteln. In der Geschichte des Streiks war die Aussperrung immer nur Reaktion auf Streiks, nie initiales Mittel für die Arbeitgeber*innen. Ihre Interessen können sie anderweitig vertreten; so können sie unter anderem über Lobbyarbeit Einfluss auf legislative Entscheidungen nehmen. Der Streik hat demgegenüber den demokratiebezogenen Vorteil, dass er im Vergleich zur Einflussnahme über personelle Maßnahmen in den Ministerien oder Zuarbeit bei Gesetzgebungsprozessen, öffentlichkeitswirksam und transparent stattfindet.[252] Unabhängig davon, dass zumindest die Möglichkeit besteht, dass auch Gewerkschaften Lobbyarbeit betreiben können, ist der Streik das Mittel, mit dem die Arbeitnehmer*innen selbst ihre Interessen über den Arbeitsplatz hinaus in die Öffentlichkeit tragen können. Der Streik ist damit untrennbar mit der öffentlichen Auseinandersetzung verbunden.[253]

Auch die Prozesse vor dem eigentlichen Streik zeigen die enge Verbundenheit zum Demokratieprinzip auf. Diese Kämpfe basieren auf kollektiven Mehrheitsbeschlüssen der Organisierten. Ein Streik ist aus sich heraus demokratisch, da er auf der kollektiven Entscheidung derjenigen beruht, die damit ihre Interessen durchsetzen wollen.[254] Die demokratische Gewerkschaftsstruktur, in der unter anderem die Wahlrechtsgrundsätze der Freiheit und Gleichheit der Wahl umgesetzt sind, ist Grundbedingung für die Umsetzung des Koalitionsrechts, weil das individuelle Recht von der Durchsetzungskraft des Kollektivs abhängig ist und der Willen der individuellen Arbeitnehmer*innen für das Kollektiv entscheidend bleiben soll. Die Gleichheit der Koalitionsmitglieder und der Schutz dieses Prinzips wurde mit Art. 9 Abs. 3 S. 2 GG auch für die innergewerkschaftliche Willensbildung verfassungsrechtlich festgelegt.[255] Aufgrund des egalitären Ansatzes werden Gewerkschaften

---

[252] BKS-*Berg*, AKR, Rn. 193; so auch Däubler ArbeitskampfR-*Däubler*, § 13, Rn. 63 f.

[253] BKS-*Kocher*, AKR Vor, Rn. 1.

[254] BKS-*Berg*, AKR, Rn. 193.

[255] Zum Verhältnis der einzelnen Arbeitnehmer*innen zum Kollektiv bereits *Sinzheimer*, 1927, S. 82; die demokratischen Grundsätze daraus ableitend Kempen/Zachert-*O. E. Kempen*, Grundlagen, Rn. 58 f., 67 f.

nicht ganz unpathetisch als „Hüter der Demokratie" bezeichnet.[256] Umso näher eine Entscheidung an dem Willen der von der Entscheidung Betroffenen ist, desto mehr verwirklicht sie die Idee der demokratischen Legitimation.[257]

Im Ergebnis lässt sich mittels der Einordnung des Streikrechts als Kommunikationsrecht und der durch das Demokratieprinzip aus Art. 20 Abs. 1 und 28 Abs. 1 S. 1 GG hervorgehobenen Bedeutung des öffentlichen Meinungsbildungsprozesses und der partizipativen Demokratie, die das Streikrecht mitumfasst, die Zwecksetzung dieses Freiheitsrechts auf die demokratische Teilhabe verfassungsrechtlich begründen.

d) Selbstbestimmte Gestaltung der Arbeits- und Wirtschaftsbedingungen

Eine weitere Funktion des Streikrechts ist, dass die Arbeitnehmer*innen mit der Ausübung des Grundrechts selbstbestimmt die Arbeits- und Wirtschaftsbedingungen gestalten können.

Das Koalitionsrecht als Selbstbestimmungsrecht der Arbeitnehmer*innen einzuordnen, geht auf den Arbeitsrechtler Hugo Sinzheimer zurück. Sein Entwurf für ein Tarifvertragsgesetz und seine Auslegung des Art. 159 WRV fußten darauf, dass die Arbeiterschaft sich emanzipieren und sich unabhängig von staatlicher Regulierung selbst steuern können müsse. Sinzheimer ging dabei von einer Bottom-up-Bewegung im basisdemokratischen Sinne aus. Die freiwilligen Verbände von Arbeitnehmern und -gebern sollten die Arbeits- und Wirtschaftsbedingungen autonom regeln.[258] Der Arbeitsrechtler Kempen übertrug diesen Gedanken unter dem Grundgesetz auf die Tarifautonomie und auch das Arbeitskampfrecht. Allerdings leitete er daraus kein eigenständiges Arbeitskampfrecht ohne Tarifbezug her.[259] Für die Koalitionsfreiheit und die Tarifautonomie haben Rechtsprechung und Rechtswissenschaft die Zwecksetzung der selbstbestimmten Arbeits- und Wirtschaftsbedingungen als Teil der kollektiv ausgeübten Privatautonomie akzeptiert.[260]

---

[256] *Abendroth*, GewerkMH 1952, 641, S. 648. Nicht nur den Gewerkschaften, sondern dem kollektiven Arbeitsrecht insgesamt wird die Funktion der „Vorschule der Demokratie" zugeschrieben, *Gamillscheg*, 1997, S. 10f.

[257] *Popp*, 1975, S. 39.

[258] *Sinzheimer*, 1977 (1916); *Sinzheimer*, 1927.

[259] Kempen/Zachert-*O. E. Kempen*, Grundlagen, Rn. 60; *O. E. Kempen*, AuR 1984, 225, S. 230f.; *O. E. Kempen*, AuR 1990, 237, S. 242.

[260] BVerfG 11.7.2017 – 1 BvR 1571/15 u.a., NZA 2017, 915, Rn. 147; BVerfG 4.7.1995 – 1 BvF 2/86 u.a., NZA 1995, 754, S. 756; BVerfG 26.6.1991 – 1 BvR 779/85, NZA 1991, 809, S. 811; BAG 23.3.2011 – 4 AZR 366/09, NZA 2011, 920, S. 924; BAG 7.6.2006 – 4 AZR 316/05, NZA 2007, 343, S. 345; Kempen/Zachert-*O. E. Kempen*, Grundlagen, Rn. 269; BKS-*Kocher*, Grundlagen, Rn. 79; ErfK-*Linsenmaier*, GG Art. 9, Rn. 56; Dreier-*H. Bauer*, GG Art. 9, Rn. 78; *Dieterich*, 1998, 117, S. 121; ErfK-*I. Schmidt*, GG Einl, Rn. 46; Däubler TVG-*Ulber*, Einl, Rn. 233.

Um zu prüfen, ob sich das Telos der Selbstbestimmung des Streikrechts auch außerhalb von Tarifverhandlungen zwischen Arbeitgeber*innen und Arbeitnehmer*innen begründen lässt, stelle ich verfassungsrechtliche Gewährleistungen des Selbstbestimmungsprinzips jenseits des Art. 9 Abs. 3 GG dar. Als objektiv-teleologische Begründungen kommen die historisch gewachsene Konzeption des Grundgesetzes, das Selbstbestimmungsprinzip aus Art. 1 Abs. 1 GG sowie Art. 2 Abs. 1 GG, das Verbot von Zwangsarbeit aus Art. 12 Abs. 2 und 3 GG und die Vergesellschaftung nach Art. 15 GG in Betracht.

Nachdem die Alliierten das nationalsozialistische Regime besiegt hatten, waren sich alle Akteur*innen bei dem Entstehungsprozess des Grundgesetzes einig, dass es als Gegenentwurf zur nationalsozialistischen Unrechtsherrschaft konzipiert werden müsse.[261] In der Zeit des Nationalsozialismus war es den Arbeitnehmer*innen verboten, eine autonome Regelung der Arbeits- und Wirtschaftsbedingungen zu treffen. Der nationalsozialistische Staat legte die Arbeits- und Wirtschaftsbedingungen fest. Die Nazis bekämpften jegliche selbstorganisierte Betätigung der Arbeitnehmer*innen. Wer sich gewerkschaftlich organisierte, wurde bestenfalls gekündigt und schlimmstenfalls ermordet.[262]

Diesem Prinzip der Fremdbestimmung sollte das in der Weimarer Republik bereits anerkannte Prinzip der Selbstbestimmung der Koalitionen, insbesondere der Arbeitnehmer*innen, entgegengesetzt werden. Das Selbstbestimmungsprinzip ist nach dieser genetischen Auslegung der freiheitlichen Ordnung des Grundgesetzes immanent und kann daher als verfassungsrechtliche Begründung für diese Zwecksetzung des Streikrechts dienen.

Das Selbstbestimmungsprinzip findet zudem in der Menschenwürde nach Art. 1 Abs. 1 GG Ausdruck. Der Rechtsgedanke, dass das Streikrecht auf die selbstbestimmte Ordnung der Arbeits- und Wirtschaftsbedingungen durch die Arbeitnehmer*innen zurückzuführen sei, ist nicht neu. Zuerst hatte der Arbeitsrechtler Wolfgang Däubler das Selbstbestimmungsrecht der Arbeitnehmer*innen aus dem Grundgesetz anlässlich der Frage hergeleitet, ob der nicht gewerkschaftlich getragene Streik rechtmäßig sein könne. Er stützte seine Ableitung auf das Selbstbestimmungsprinzip nach Art. 1 Abs. 1 GG. So sei ein Rückgriff auf das Selbstbestimmungsrecht aus Arbeitnehmersicht erforderlich, unter anderem wenn das Ta-

---

[261] *Verfassungsausschuss der Ministerpräsidenten-Konferenz der westlichen Besatzungszonen*, 1948, S. 18 ff., 56; *Mangoldt*, 1949, S. 5 ff.; *Ridder*, 1960, S. 182, 185; diesen Grundsatz später bestätigend BVerfG 4.11.2009 – 1 BvR 2150/08, BVerfGE 124, 300, S. 328 f.; BVerfG 17.1.2017 – 2 BvB 1/13, NJW 2017, 611, S. 616. Allerdings bezogen sich die Beteiligten des Herrenchiemsee-Konvents und die Abgeordneten des Parlamentarischen Rats oft nur dann auf die Taten der Nationalsozialisten, wenn sie das gesamte deutsche Volk als Opfer des Nationalsozialismus und der anschließenden Besatzung durch die Alliierten darstellten, *Liebscher*, 2021, S. 345 f., Fn. 574 m. w. N.

[262] Siehe S. 66 ff.

rifvertragssystem versage.[263] Der Bezug zur Menschenwürde kann zwar nicht erklären, warum es gerade in Bezug auf die Arbeits- und Wirtschaftsbedingungen eines Rechts bedarf, um selbstbestimmt die Interessen durchzusetzen, die verfassungsrechtliche Verankerung zeigt aber an, dass diese Zwecksetzung normativen Rückhalt im Grundgesetz findet.

Auch das Prinzip der Handlungsfreiheit und Privatautonomie aus Art. 2 Abs. 1 GG beruht auf der Idee der Selbstbestimmung. Das Bundesverfassungsgericht hat darauf aufbauend entschieden, dass zivilrechtliche Verträge, die für eine Partei bewirken, dass diese von der anderen Partei fremdbestimmt werden kann, durch die Zivilgerichte anhand der Generalklauseln des Bürgerlichen Gesetzbuchs so auszulegen sind, dass sie nicht als Mittel der Fremdbestimmung dienen.[264] Das Wesen der Fremdbestimmung im Arbeitsverhältnis widerspricht damit der grundlegenden Idee des bürgerlichen Rechts. Dass das Streikrecht eben dieser Fremdbestimmung ein Rechtsmittel entgegensetzt, kann objektiv-teleologisch mit der in Art. 1 Abs. 1 und Art. 2 Abs. 1 GG niedergelegten Privatautonomie begründet werden.

Die Selbstbestimmung der Arbeitnehmer*innen über die Arbeits- und Wirtschaftsbedingungen lässt sich zudem im Umkehrschluss aus dem Verbot der Zwangsarbeit herleiten.[265] Ein solches Verbot ist unter anderem im Grundgesetz in Art. 12 Abs. 2 und 3 GG[266] und in verschiedenen völkerrechtlichen Verträgen[267] verankert.

Rechtswissenschaftler*innen ordnen Zwangsarbeit in der Regel dem Zeitalter der Sklaverei zu, argumentieren aber, dass es durchaus Kontinuitäten zwischen Sklav*innenarbeit und Arbeit in kapitalistischen Produktionsverhältnissen gäbe. So sei ein Versagen des Streikrechts gleichzusetzen mit dem Erzwingen der Arbeitsleistung gegen den Willen der Arbeitnehmer*innen.[268] Arbeitnehmer*innen entgegen ihrer besseren Einsicht zur Arbeit unter fremdbestimmten Konditionen zu zwingen, sei die Essenz von Sklaverei und Zwangsarbeit und unwidersprochen verboten.[269]

---

[263] *Däubler*, 1973, S. 129 ff., 228; Däubler ArbeitskampfR-*Däubler*, § 12, Rn. 24; ablehnend Engels mit der Begründung, dass eine Bezugnahme auf die Menschenwürdegarantie bereits in der Abwehrfunktion staatlicher Eingriffe restriktiv auszulegen und eine Ableitung des Streikrechts daher zweifelhaft sei, *A. Engels*, 2008, S. 153 f.

[264] BVerfG 7.2.1990 – 1 BvR 26/84, NJW 1990, 1469, S. 1470; BVerfG 19.10.1993 – 1 BvR 567/89 u. a., NJW 1994, 36, S. 38 f.

[265] Zur Übersicht der rechtswissenschaftlichen Auseinandersetzung *Novitz*, 2010, S. 69 ff.

[266] Sachs-*Mann*, GG Art. 12, Rn. 179 ff., 189 ff.; v. Mangoldt/Starck/Klein-*Manssen*, GG Art. 12, Rn. 298 ff.

[267] Unter anderem in Art. 4 EMRK, dem ILO-Übereinkommen Nr. 29 und in Art. 1 lit. d ILO-Übereinkommen Nr. 105 mit dem Verbot der Zwangsarbeit als Strafe für die Teilnahme an Streiks.

[268] So auch schon bei *Abendroth*, GewerkMH 1951, 57, S. 61.

[269] *Ben-Israel*, 1988, S. 24 f.

Auch wenn diese Argumentation die Gefahr birgt, die Gräuel des rassistischen Sklavereisystems zu relativieren, kann aus dem Vergleich Erkenntnisreiches gezogen werden. Arbeitnehmer*innen sind in der kapitalistischen Produktionsweise darauf angewiesen, ein Arbeitsverhältnis aufzunehmen. Haben sie an den Bedingungen der Lohnarbeit kein Mitspracherecht, weist diese Arbeitsorganisation einen äußeren Zwangscharakter auf. Die britische Rechtswissenschaftlerin Tonia Novitz betont für die Begründung des Streikrechts mit dem Verbot der Zwangsarbeit, dass sich daraus ein weiter Schutzbereich des Rechts ergebe: Alle Streikziele, die sich Arbeitnehmer*innen setzen, müssten rechtmäßig sein, da diese Herleitung des Streikrechts auf dem Selbstbestimmungsmoment der Arbeitnehmer*innen fuße. Einschränkungen, wie das Verbot des sogenannten politischen Streiks, seien dementsprechend nicht denkbar.[270]

Auch wenn eine Gleichsetzung von Zwangsarbeit und der Einschränkung des Streikrechts aufgrund qualitativer Unterschiede nicht möglich ist, da jede Form der Lohnarbeit, die durch einen privatrechtlichen Vertrag zustande kommt vom Zwangsbegriff ausgeschlossen ist,[271] kann aus dieser Herleitung das Verständnis von Art. 9 Abs. 3 GG in der kapitalistischen Produktionsweise bereichert werden. Die Argumentation verdeutlicht, dass es zunächst die Arbeitgeber*innen als Eigentümer*innen der Produktionsmittel sind, die die Arbeits- und Wirtschaftsbedingungen bestimmen. Arbeitnehmer*innen können erst durch die Intervention in Form des Streiks mit dieser Fremdbestimmung brechen. Das autonome Moment des Streiks kann damit als Telos verfassungsrechtlich begründet werden.

Der Gedanke der Selbstbestimmung im Arbeits- und Wirtschaftsbereich lässt sich zudem mit der Eingriffsbefugnis der Vergesellschaftung aus Art. 15 GG begründen.[272] In Anlehnung an eine Auslegung des Verfassungsrechtlers Helmut Ridder macht Art. 15 GG vor allem Produkte menschlicher Arbeit der Vergesellschaftung zugänglich.[273] Die Entprivatisierung der in Art. 15 GG aufgezählten Bereiche könne für Arbeitnehmer*innen den Schutz vor Fremdbestimmung schaffen. Die Vergesellschaftung „organisiert die Freiheit der Arbeit".[274]

Auch wenn Art. 15 GG keine grundrechtliche Gewährleistung in Form eines subjektiven Rechts, sondern eine Eingriffsbefugnis der Gesetzgebung darstellt,[275] ist Ridders Weiterdenken der Konsequenzen, die eine Vergesellschaftung auf Arbeitnehmer*innen und die Formen der Mitbestimmung über ihren Arbeitskräfteeinsatz

---

[270] *Novitz*, 2010, S. 69 ff.

[271] v. Mangoldt/Starck/Klein-*Manssen*, GG Art. 12, Rn. 303; Maunz/Dürig-*Scholz*, GG Art. 12, Rn. 491 argumentiert, dass Art. 12 Abs. 2 GG keine Drittwirkung zwischen Privaten zukomme.

[272] Zu Art. 15 GG siehe S. 88 f.

[273] *Ridder*, 1975, S. 94 ff.

[274] *Ridder*, 1975, S. 104 f.

[275] Maunz/Dürig-*Durner*, GG Art. 15, Rn. 20; v. Mangoldt/Starck/Klein-*Depenheuer/Froese*, GG Art. 15, Rn. 7.

hat, zuzustimmen. Auch Abendroth erkannte in Art. 15 GG die Zwecksetzung der von Arbeitnehmer*innen getragenen Entscheidungsbefähigung über wirtschaftliche oder soziale Machtstellungen, die in der Hand Privater keiner demokratisch legitimierbaren Herrschaft unterworfen waren.[276] Unabhängig von der grundrechtsdogmatischen Einordnung von Art. 15 GG ist aus dieser Norm die Zwecksetzung abzuleiten, dass bestimmte Wirtschaftsbereiche vom Prinzip der Fremdbestimmung in die der Selbstbestimmung der Arbeitnehmer*innen in einem vergesellschafteten Unternehmen übertragen werden können.[277]

Zusammenfassend kann das Telos der selbstbestimmten Gestaltung der Arbeits- und Wirtschaftsbedingungen durch die Konzeption des Grundgesetzes als Gegenentwurf zum Nationalsozialismus, dem Selbstbestimmungsprinzip aus Art. 1 Abs. 1 und Art. 2 Abs. 1 GG, dem Verbot von Zwangsarbeit als Ausdruck der verfassungsrechtlichen Ablehnung fremdbestimmter Arbeit und aus der Vergesellschaftung nach Art. 15 GG normativ begründet werden. Eines Bezugs auf die Tarifautonomie bedarf die Herleitung des Streikrechts aus Art. 9 Abs. 3 GG dafür nicht.

e) Zwischenergebnis

Die Funktionen des Streikrechts, asymmetrische Verhältnisse beim Zustandekommen von Verträgen auszugleichen, einen Beitrag zur materiellen Umverteilung zu leisten und die demokratische Teilhabe sowie die selbstbestimmte Gestaltung der Arbeits- und Wirtschaftsbedingungen zu ermöglichen, lassen sich allesamt auf Grundrechtsgewährleistungen und Verfassungsprinzipien zurückführen. Objektiv-teleologisch lassen sich diese vier Funktionen des Streikrechts verfassungsrechtlich begründen. Das Streikrecht ist demnach objektiv-teleologisch vielfältig auszulegen, ohne dass Art. 9 Abs. 3 GG vorgibt, auf welchem Weg die verschiedenen Zwecksetzungen erreicht werden dürfen. Das Streikrecht ist nicht auf den Funktionszusammenhang innerhalb von Tarifverhandlungen zu reduzieren und lässt sich ohne den Bezug zur Tarifautonomie verfassungsrechtlich herleiten.

3. Auslegung des Wortlauts

Die subjektiv-teleologische Auslegung hat gezeigt, dass die Verfassungsgebung Art. 9 Abs. 3 GG um einen Absatz zum Arbeitskampfrecht ergänzen wollte. Die Abgeordneten des Parlamentarischen Rats hatten aufgrund von Differenzen über die Ausgestaltung einzelner juristischer Probleme, die aber nicht die Gewährleistung des Streikrechts als solches betrafen, die Einfügung eines vierten Absatzes nicht beschlossen. Die Verfassungsgebung wollte aber das Recht, Streiks zur Wahrung und Förderung der Arbeits- und Wirtschaftsbedingungen zu führen, gewährleisten.[278]

---

[276] *Abendroth*, 1967 (1954), 109, S. 116.

[277] So auch v. Mangoldt/Starck/Klein-*Depenheuer/Froese*, GG Art. 15, Rn. 1.

[278] Siehe S. 73 ff.

Aus der alleinigen Interpretation des Wortlauts von Art. 9 Abs. 3 GG zu folgern, dass der Artikel kein Arbeitskampfrecht gewährleiste, kann demnach nicht überzeugen. So wie Art. 9 Abs. 3 GG unbestritten die Tarifautonomie umfasst, obwohl sie nicht explizit genannt ist, kann für das Arbeitskampfrecht keine andere Schlussfolgerung getroffen werden.

Wird das Streikrecht unabhängig vom Tarifbezug hergeleitet, bilden die Arbeits- und Wirtschaftsbedingungen die inhaltlichen Grenzen des Schutzbereichs. In der Arbeitskampfrechtsdiskussion gibt es keine Stellungnahmen zur Auslegung dieses Begriffspaars, weil das Streikrecht vorherrschend auf die Tarifautonomie zurückgeführt wird. Deshalb muss für die Bestimmung der Arbeits- und Wirtschaftsbedingungen auf die rechtswissenschaftlichen Abhandlungen und die Rechtsprechung zur Tarifautonomie zurückgegriffen werden.

Für die semantische Auslegung der Arbeits- und Wirtschaftsbedingungen kann zunächst die historische Entwicklung der Termini herangezogen werden. Die Begriffsgeschichte nimmt ihren Anfang in der Formulierung der Lohn- und Arbeitsbedingungen in § 152 Abs. 1 RGewO. Eine Weiterentwicklung stellte § 1 der Verordnung über Tarifverträge, Arbeiter- und Angestelltenausschüsse (TVVO) vom 23. Dezember 1918 dar, der keine solche Formulierung enthielt, sondern den Tarifvertrag als die Regelung der „Bedingungen für den Abschluß von Arbeitsverträgen“ definierte.[279]

Die Abgeordneten der Weimarer Nationalversammlung erweiterten den Regelungsbereich der Koalitionsfreiheit in Art. 159 WRV,[280] der wie auch der heutige Art. 9 Abs. 3 GG von Arbeits- und Wirtschaftsbedingungen spricht. Die Formulierung im Grundgesetz und dessen Vorgängerregelung in der Weimarer Reichsverfassung haben damit explizit auf die semantische Verknüpfung von Tarifvertrag und Individualarbeitsvertrag verzichtet. Die Arbeits- und Wirtschaftsbedingungen sind als Regelungsbereich, der über das einzelvertragliche Verhältnis hinausgeht, zu verstehen.

Die Arbeits- und Wirtschaftsbedingungen sind nicht als jeweils eigenständige Begrifflichkeiten in das Grundgesetz eingegangen, sondern semantisch miteinander verbunden. Die Verfassungsgebung hat durch das Bindeglied der „-bedingungen“ die

---

[279] Däubler TVG-*Nebe*, § 1, Rn. 48; Wiedemann TVG-*Oetker*, Geschichte, Rn. 8; *Rehder*, 2011, S. 186.

[280] Die Erweiterung auf die Arbeits- und Wirtschaftsbedingungen wurde in der Nationalversammlung ohne Gegenstimmen akzeptiert, der einzige Kritiker war der Abgeordnete Cohn (USPD), der darin eine Beschränkung der Koalitionsfreiheit als Abgrenzung von „politischen“ Materien witterte, *Verfassungsgebende Deutsche Nationalversammlung*, 28.5.1919, S. 389. Bereits in der Weimarer Republik wurde eine Reform der TVVO diskutiert. Ein Referentenentwurf des Reichsarbeitsministeriums von 1931 sah in § 1 vor, dass ein „Tarifvertrag die Regelung des Arbeitsverhältnisses oder unmittelbar damit zusammenhängender Beziehungen sei“, vgl. Wiedemann TVG-*Oetker*, Geschichte, Rn. 14. Damit wurde die ausdrückliche Bezugnahme des Tarifvertrags auf den Arbeitsvertrag im Gesetzestext fallengelassen.

sprachliche Einheit der Regelungsbereiche zum Ausdruck gebracht.[281] Die wörtliche Auslegung des Begriffspaars stimmt mit der tatsächlichen Verschränkung der Lebensbereiche überein. Dass die Arbeits- und Wirtschaftsbedingungen untrennbar miteinander verknüpft sind, ist Ausfluss der Erkenntnis, dass die Lebenslage der Arbeitnehmer*innen von unternehmerischen Entscheidungen abhängt.[282] Die Begriffe bilden daher nicht nur eine semantische, sondern auch eine „funktionale Einheit".[283] Darunter ist die funktionelle Wechselseitigkeit der Elemente zu verstehen.[284] Die Arbeits- und Wirtschaftsbedingungen sind kumulativ und nicht alternativ zu verstehen.[285]

Der Abhängigkeit der Arbeitnehmer*innen von unternehmerischen Entscheidungen muss eine effektive Einwirkungsmöglichkeit auf alle Arbeits- und Wirtschaftsbedingungen entgegen gehalten werden. Diesem Umstand tragen die weiten Definitionen Rechnung, die in der rechtswissenschaftlichen Literatur und Rechtsprechung zu finden sind: Unter die Arbeits- und Wirtschaftsbedingungen werden alle Bedingungen gefasst, unter denen abhängige Arbeit geleistet wird.[286] Für die Tarifautonomie hat das Bundesarbeitsgericht mit breiter Zustimmung in der Wissenschaft darunter jede Materie, bei der sich die „wirtschaftliche und soziale Seite einer unternehmerischen Maßnahme nicht trennen lassen" gefasst.[287] Die Arbeits- und Wirtschaftsbedingungen werden als unteilbarer Sinn- und Lebenszusammenhang definiert,[288] die alle Voraussetzungen und Bedingungen von abhängiger Beschäftigung umschließen.[289] Die Arbeits- und Wirtschaftsbedingungen umfassen damit ein weites Tätigkeitsfeld. Bei allen Koalitionstätigkeiten muss lediglich ein Bezug zu den Verhältnissen der abhängig geleisteten Arbeit bestehen, damit sie in den Schutzbereich von Art. 9 Abs. 3 GG fallen.

In der Rechtsprechung und Rechtswissenschaft wird zudem die Entwicklungsoffenheit der Arbeits- und Wirtschaftsbedingungen betont.[290] Dieser Auslegung ist

---

[281] *Säcker/Oetker*, 1992, S. 51 f.

[282] Däubler TVG-*Heuschmid*, § 1, Rn. 1025.

[283] *Scholz*, 1971, S. 46.

[284] Sachs-*Höfling*, GG Art. 9, Rn. 57.

[285] Maunz/Dürig-*Scholz*, GG Art. 9, Rn. 256.

[286] BVerfG 3.4.2001 – 1 BvL 32/97, NZA 2001, 777, S. 778; ErfK-*Franzen*, TVG § 1, Rn. 3; Kempen/Zachert-*O. E. Kempen*, Grundlagen, Rn. 138; *Säcker/Oetker*, 1992, S. 72; Sachs-*Höfling*, GG Art. 9, Rn. 90.

[287] BAG 3.4.1990 – 1 AZR 123/89, NZA 1990, 886, S. 889; Däubler TVG-*Heuschmid*, § 1, Rn. 1014; *Gamillscheg*, 1997, S. 339 ff.; *Beuthien*, ZfA 1984, 1, S. 14.

[288] *Badura*, 1978, 17, S. 27.

[289] ErfK-*Linsenmaier*, GG Art. 9, Rn. 73; Wiedemann TVG-*Jacobs*, Einl., Rn. 88 ff.; ErfK-*I. Schmidt*, GG Einl Rn. 50; *Säcker/Oetker*, 1992, S. 50 ff.; *Gamillscheg*, 1997, S. 219 f.; *Patett*, 2015, S. 80 f.

[290] BAG 3.4.1990 – 1 AZR 123/80, NZA 1990, 886, S. 887 f.; BAG 21.3.1978 – 1 AZR 11/76, NJW 1978, 2114, S. 2115; Sachs-*Höfling*, GG Art. 9, Rn. 58, 91; *Gamillscheg*, 1997,

aufgrund der Tatsache, dass gesellschaftliche, ökologische, technologische und ökonomische Veränderungen das Arbeitsleben beständig erneuern, zuzustimmen. Sollen die Koalitionen nach Art. 9 Abs. 3 GG diesen Entwicklungen wirksam begegnen können, müssen sie flexibel die unterschiedlichen Problembereiche regeln dürfen. Eine Beschränkung auf die historisch gewachsenen Momente des Arbeitnehmer*innenschutzes sind zu starr. Neue, von den Koalitionen bislang noch nicht geordnete Felder müssen erkämpf- und regelbar sein.

4. Systematische Auslegung

Nach der systematischen Auslegung ist festzustellen, dass das kollektive Arbeitsrecht im dritten Absatz desjenigen Artikels geregelt ist, der die Vereinigungsfreiheit enthält. Art. 9 Abs. 1 GG schützt aber nur die Bildung von Vereinen und nicht deren Betätigung nach außen. Einer Übertragung dieser engen Wortlautauslegung der Vereinigungsfreiheit auf Art. 9 Abs. 3 GG wird zu Recht entgegengehalten, dass sich Art. 9 Abs. 3 GG von der Vereinigungsfreiheit durch die Ergänzung „zur Wahrung und Förderung der Arbeits- und Wirtschaftsbedingungen“ abgrenzt und der erste Absatz und dessen Auslegung gerade nicht als allgemeine Regel des Art. 9 GG verstanden werden können.[291]

Wie bereits bei der objektiv-teleologischen Auslegung zur Ermöglichung der demokratischen Teilhabe am öffentlichen Willensbildungsprozess erörtert,[292] ist aus der systematischen Stellung des Arbeitskampfrechts im Regelungszusammenhang der Vereinigungsfreiheit zu schließen, dass sich beide Grundrechte, die es gewährleisten, Kollektive zu gründen und darin tätig zu werden, den Kommunikationsgrundrechten zuordnen lassen, die für Meinungsbildungs- und Artikulationsprozesse und schlussendlich für die Demokratie als solche unabdingbar sind.

5. Zusammenfassung

Die rechtsdogmatische Auslegung des Streikrechts kommt zu dem Ergebnis, dass es sich ohne die Begrenzung auf Tarifverhandlungen und das Verbot des sogenannten politischen Streiks als eigenständiges Grundrecht herleiten lässt.

Nach der subjektiv-teleologischen Auslegung ist die Gewährleistung des Streikrechts von Art. 9 Abs. 3 GG umfasst. Die Abgeordneten des Parlamentarischen Rats diskutierten ausschließlich über diejenigen Streikformen, die sie für das Funktionieren des staatlichen Apparates als gefährlich ansahen (Beamtenstreik) oder die sie mit staatsumwälzenden Bestrebungen assoziierten („politischer“ Streik). Der

---

S. 539; Isensee/Kirchhof HdbStR VIII-*Scholz*, § 175, Rn. 106; *Säcker/Oetker*, 1992, S. 64 ff.; ErfK-*Linsenmaier*, GG Art. 9, Rn. 72; Däubler TVG-*Ulber*, Einl, Rn. 324.

[291] *Gooren*, 2014, S. 58 f. m. w. N.

[292] Siehe S. 95 ff.

Tarifbezug des Arbeitskampfrechts oder das Verbot desjenigen Streiks, mit dem Arbeitnehmer*innen Forderungen an den gesetzgebenden und Arbeitsbedingungen gestaltenden Staat richten, spielte keine Rolle. Die Abgeordneten brachten auch nicht den Gedanken in die Diskussion ein, dass ein Streik den Unternehmer*innen geschweige denn der Volkwirtschaft schade, und aus diesem Grund zu beschränken sei.

Objektiv-teleologisch ist Art. 9 Abs. 3 GG als ein Freiheitsrecht auszulegen, das Streiks zum Ausgleich der asymmetrischen Verhandlungspositionen und zur materiellen Umverteilung zwischen Arbeitgeber*innen und Arbeitnehmer*innen gewährleistet. Auch lassen sich die Funktionen des Streiks verfassungsrechtlich begründen, die demokratische Teilhabe an der Gestaltung der Arbeits- und Wirtschaftsbedingungen der Arbeitnehmer*innen, die auf deren selbstbestimmten Forderungen beruht, zu ermöglichen. Die rechtsdogmatische Begründung der verschiedenen Zwecksetzungen beinhaltet keine Begrenzung auf Tarifverhandlungen oder Arbeitgeber*innen als Adressat*innen der Streikforderungen.

Auch aus Wortlaut und Systematik von Art. 9 Abs. 3 GG ist kein zwingender Tarifbezug des Arbeitskampfrechts herzuleiten. Dass der Parlamentarische Rat keinen vierten Absatz mit der expliziten Erwähnung des Arbeitskampfrechts in Art. 9 GG eingefügt hat, kann wie bei der Tarifautonomie, der Gewährleistung des Arbeitskampfrechts nicht entgegen gehalten werden. Das Begriffspaar der Arbeits- und Wirtschaftsbedingungen ist weit und entwicklungsoffen auszulegen. Dies ergibt sich aus der historischen Entwicklung der Termini und der Notwendigkeit, alle aktuellen Umstände der Arbeits- und Wirtschaftsbedingungen von Art. 9 Abs. 3 GG dem Zugriffsbereich des Arbeitskampfs zuzuführen, um ein effektives Einwirken der Arbeitnehmer*innen auf die Arbeits- und Wirtschaftsbedingungen zu garantieren.

Aus der systematischen Auslegung lassen sich die Schlüsse ziehen, dass sich die kollektivarbeitsrechtlichen Gewährleistungen von der Vereinigungsfreiheit und dessen begrenzten Schutzbereich durch die eigenständige Regelung im dritten Absatz unterscheiden und dass Art. 9 Abs. 3 ebenso wie die Vereinigungsfreiheit den demokratiefördernden Kommunikationsgrundrechten zuzuordnen ist.

II. Rechtfertigung von Eingriffen in das Streikrecht

Das Streikrecht aus Art. 9 Abs. 3 GG ist ein schrankenlos gewährleistetes Grundrecht. Eingriffe in das Streikrecht können nur mit Grundrechten anderer oder Rechtsgütern auf Verfassungsrang gerechtfertigt werden. In Betracht kommen für den Streik in der Altenpflege die Grundrechte der Arbeitgeber*innen (1.) und die Grundrechte Dritter (2.). Ist der Schutzbereich der Grundrechte Dritter eröffnet, müssen die Gewährleistungen nach dem Prinzip der praktischen Konkordanz miteinander abgewogen werden.[293] Zu diskutieren ist zudem, ob die Tarifautonomie eine immanente Grenze des Streikrechts begründen kann (3.).

1. Grundrechte der Arbeitgeber*innen

Im Arbeitskampf sind stets die wirtschaftlichen Interessen der Arbeitnehmer*innen und Arbeitgeber*innen betroffen. Schließlich handelt es sich beim Streik um dasjenige Mittel, mit dem die Arbeitnehmer*innen unter Verzicht ihres Lohns einen Interessenkonflikt durch die ökonomische Schädigung der Gegenseite für sich gewinnen können. Die wirtschaftlichen Interessen der Arbeitgeber*innen einem grundrechtlichen Schutz während eines Streiks zu unterstellen, ist aber bei Weitem problematischer, als es die Einführung des Rechts am eingerichteten und ausgeübten Gewerbebetrieb in das Arbeitskampfrecht durch das erste Urteil des Bundesarbeitsgerichts vom 28. Januar 1955 und das kontinuierliche Festhalten an dieser Dogmatik suggerieren.[294]

Die hinter dem Recht am eingerichteten und ausgeübten Gewerbebetrieb stehenden Anliegen der Arbeitgeber*innen lassen sich für Streiks in der Altenpflege im Speziellen, die auf Streiks im Allgemeinen übertragbar sind, wie folgt klassifizieren: Erstens könnte dahinter das Interesse der Arbeitgeber*innen stecken, dass kein Streik stattfindet oder zumindest, dass dieser schnellstmöglich eingestellt wird (a)). Zweitens könnte es sich um ein grundrechtlich geschütztes Interesse handeln, dass Arbeitnehmer*innen ihre arbeitsvertraglichen Pflichten erfüllen, damit kein Vermögensverlust unmittelbar durch den Arbeitsausfall entsteht. Dazu gehört auch die Vermeidung von mittelbar und zukünftig entstehenden Gewinnausfällen. Diese beiden Anliegen können als Vermögensinteressen zusammengefasst werden (b)). Drittens könnte dahinter das Interesse der Arbeitgeber*innen liegen, selbst einen Tarifvertrag mit den Streikenden zu schließen und die Tarifautonomie zu schützen (c)). Und viertens könnten die Arbeitgeber*innen bezwecken, die aus dem öffentlich-rechtlichen Versorgungsvertrag nach § 72 SGB XI entstehenden Pflichten zur Gewährleistung von Pflegeleistungen zu erfüllen (d)). Diese vier Interessenfelder untersuche ich daraufhin, ob sie grundrechtlichen Schutz genießen. Sind die Anliegen der Arbeitgeber*innen grundrechtlich geschützt, sind diese mit dem Streikrecht abzuwägen.

a) Vermeidung von Streiks

Das Interesse der Arbeitgeber*innen daran, dass die Arbeitnehmer*innen ihrer arbeitsvertraglichen Pflicht nachkommen und nicht in den Streik treten, ist mögli-

[293] BAG 20.11.2018 – 1 AZR 189/17, NZA 2019, 402, S. 404; bestätigt von BVerfG 9.7. 2020 – 1 BvR 719/19, 1 BvR 720/19, NZA 2020, 1118.

[294] Zur Kritik an dieser Rechtsdogmatik siehe S. 245 ff., S. 274 ff. und S. 293 ff.

cherweise von den Gewährleistungen aus Art. 14 Abs. 1 und Art. 12 Abs. 1 GG grundrechtlich geschützt.

Unter den Eigentumsbegriff aus Art. 14 Abs. 1 GG fallen nach ständiger Rechtsprechung des Bundesverfassungsgerichts alle vermögenswerten Rechtspositionen, „die Berechtigten von der Rechtsordnung in der Weise zugeordnet sind, dass sie die damit verbundenen Befugnisse nach eigenverantwortlicher Entscheidung zum privaten Nutzen ausüben dürfen".[295] Arbeitgeber*innen verfügen nicht über die Arbeitnehmer*innen, ihre Arbeitszeit oder Arbeitskraft in einem Sinne, aus dem eine rechtliche Position erwächst, die unter den Eigentumsbegriff des Art. 14 Abs. 1 GG fällt. Arbeitnehmer*innen und ihre Arbeitskraft sind den Arbeitgeber*innen nicht in einer Weise zugeordnet, dass Letztere frei darüber verfügen können. Das Weisungsrecht, das aus dem Arbeitsvertrag erwächst, begründet keine eigentumsrechtliche Beziehung zwischen Arbeitgeber*innen und Arbeitnehmer*innen. Das Interesse der Arbeitgeber*innen daran, dass kein Streik stattfindet, ist daher nicht von Art. 14 Abs. 1 GG geschützt.

Die Unternehmer*innenfreiheit aus Art. 12 Abs. 1 GG ist eine spezielle Ausprägung der Berufsfreiheit und umfasst ganz allgemein die Freiheit des Führens eines Unternehmens.[296] Die Unternehmer*innen legen fest, welche Größenordnung das Unternehmen haben soll.[297] Darunter lässt sich auch die Personalplanung subsumieren, denn die Anzahl der Arbeitnehmer*innen ist ein relevanter Faktor für die Größenordnung des Unternehmens. Arbeitgeber*innen können ihre Arbeitnehmer*innen frei wählen und die Personalplanung bestimmen.[298] Die Unternehmer*innenfreiheit umfasst auch die Vertragsfreiheit.[299] Die Arbeitgeber*innen sind also frei in der Entscheidung, mit wem und über was sie Verträge schließen. Darunter fallen auch Arbeitsverträge. Die Freiheit, wen und wie viele Arbeitnehmer*innen die Arbeitgeber*innen einstellen, lässt sich somit dem Schutzbereich von Art. 12 Abs. 1 GG zuordnen.[300] Die Personalkompetenz der Arbeitgeber*innen, die sich im Abschluss des Arbeitsvertrags schuldrechtlich ausdrückt, ist im Falle des Streiks jedoch nicht betroffen. Die Arbeitnehmer*innen berühren die Arbeitgeber*innen durch die Durchführung eines Streiks nicht in deren Freiheit, Verträge zur Personalgestaltung ihrer Unternehmen zu schließen. Das Interesse der Arbeitgeber*innen, dass kein Streik stattfindet, fällt demnach nicht in den Schutzbereich von Art. 12 Abs. 1 GG.

---

[295] BVerfG 9.1.1991 – 1 BvR 929/89, BVerfGE 83, 201, S. 209 m.w.N.

[296] BVerfG 1.3.1979 – 1 BvR 532, 533/77, 419/78, BvL 21/78, BVerfGE 50, 290, S. 363.

[297] BAG 26.9.2002 – 2 AZR 636/01, NZA 2003, 549, S. 550; Hörnig/Wolff-*Wolff*, GG Art. 12, Rn. 6.

[298] ErfK-*Franzen*, TVG § 1, Rn. 61; ErfK-*I. Schmidt*, GG Art. 12, Rn. 41.

[299] BVerfG 10.6.2009 – 1 BvR 706/08, 1 BvR 814/08, 1 BvR 819/08, 1 BvR 832/08, 1 BvR 837/08, BVerfGE 123, 186, S. 252; Dreier-*Wieland*, GG Art. 12, Rn. 53; v. Mangoldt/Starck/Klein-*Manssen*, GG Art. 12, Rn. 69.

[300] v. Mangoldt/Starck/Klein-*Manssen*, GG Art. 12, Rn. 67; Isensee/Kirchhof HdbStR VIII-*R. Breuer*, § 170, Rn. 82.

Das einzige Recht, dass Arbeitgeber*innen diesbezüglich geltend machen können, ist die schuldrechtliche Verpflichtung aus dem Arbeitsvertrag. Ist demnach kein grundrechtlicher Schutzbereich eröffnet, ist auf das Verhältnis von Grundrechtsausübung und schuldrechtlichem Vertragsverhältnis einzugehen. Die Ausübung des Grundrechts steht aufgrund der Normenhierarchie über der Pflichtenerfüllung des Arbeitsvertrags. Das schuldrechtliche Vertragsverhältnis auf grundrechtliche Ebene zu heben, verstößt gegen die rechtsdogmatische Trennung von einfachem Recht und Verfassungsrecht. Das vertragliche Interesse der Arbeitgeber*innen grundrechtlich zu schützen, verstößt gegen die Normenhierarchie und die Grundrechtsdogmatik und käme einer Negation des Streikrechts gleich. Es ist das Wesen der Anerkennung des Streikrechts, dass Arbeitnehmer*innen auf Lohn und Arbeitgeber*innen auf den Zugriff auf deren Arbeitskraft verzichten müssen.

Das Interesse der Arbeitgeber*innen daran, dass keine Streiks stattfinden, ist weder von Art. 14 Abs. 1 noch Art. 12 Abs. 1 GG geschützt.

b) Vermeidung von Schäden an Vermögen und Eigentum

Für die unmittelbar oder mittelbar durch den Streik verursachten Vermögensschäden auf Seite der Arbeitgeber*innen kann die Schutzbereichseröffnung der Eigentumsgarantie nach Art. 14 Abs. 1 und der Unternehmer*innenfreiheit nach Art. 12 Abs. 1 GG diskutiert werden.

Die Eigentumsfreiheit des Art. 14 Abs. 1 GG schützt nach ständiger Rechtsprechung des Bundesverfassungsgerichts nicht das Vermögen an sich. Insbesondere die Erwartung eines Vermögenszuwachses ist davon nicht umfasst.[301] Demnach können Arbeitgeber*innen ihre Vermögenspositionen und Gewinnerwartungen aufgrund des störungsfreien Arbeitsablaufs nicht als grundrechtlich gewährleistete Rechtsposition für die Unverhältnismäßigkeit des Streiks anführen.[302] Ebenso können Arbeitnehmer*innen nicht den Verlust des Lohns während einer Aussperrung als Verletzung ihrer Eigentumsfreiheit geltend machen. Diese Einbußen sind Sinn und Zweck des Streiks, insbesondere ist der Lohnverzicht während eines Streiks für die Arbeitnehmer*innen nicht weniger gewichtig als die Umsatzeinbußen der Arbeitgeber*innen,[303] da erstere mit der Entlohnung ihren Lebensunterhalt bestreiten.

Ohne bereits an dieser Stelle die Kritik an der Übertragung der Rechtsfigur des Rechts am eingerichteten und ausgeübten Gewerbebetrieb vom Wettbewerbsrecht in das Arbeitskampfrecht auszuführen, ist die Rechtsprechung des Bundesverfassungsgerichts zur Bestimmung des Gewährleistungsumfangs heranzuziehen. Da-

[301] Maunz/Dürig-*Papier/Shirvani*, GG Art. 14, Rn. 277 mit Nachweisen zur ständigen Rechtsprechung des Bundesverfassungsgerichts.

[302] So auch *Rödl/Beerwerth*, AuR 2021, 244, S. 246f. auch wenn sie ihre Analyse der schützenswerten Grundrechte der Arbeitgeber*innen an dem vom Bundesarbeitsgericht entwickelten tarifakzessorischen Arbeitskampfrecht ausrichten.

[303] So aber *Povedano Peramato*, 2019, S. 215.

nach werde durch das Recht am eingerichteten und ausgeübten Gewerbebetrieb dieser als „Rechts- und Sachgesamtheit geschützt“ und nur ein „Eingriff in die Substanz dieser Rechts- und Sachgesamtheit [könne] Art. 14 GG verletzen“.[304] Das Bundesverfassungsgericht schloss aus diesem Schutzbereich explizit „die Gegebenheiten und Chancen, innerhalb derer der Unternehmer seine Tätigkeiten entfaltet“ aus, zudem sei ein „übergreifender Schutz ökonomisch sinnvoller und rentabler Eigentumsnutzung und hierfür bedeutsamer unternehmerischer Dispositionsbefugnisse“ nach Ansicht des Gerichts nicht durch Art. 14 Abs. 1 GG gewährleistet.[305] Des Weiteren führte das Gericht aus: „[B]loße Umsatz- und Gewinnchancen oder tatsächliche Gegebenheiten werden hingegen auch unter dem Gesichtspunkt des eingerichteten und ausgeübten Gewerbebetriebs nicht von der Eigentumsgarantie erfasst“.[306] Danach fallen die Nutzung der Arbeitskraft und die daraus entstehenden Vermögenspositionen und Gewinnerwartungen nicht unter die Tätigkeiten der Arbeitgeber*innen, die das Bundesverfassungsgericht vom Schutzbereich des Rechts am eingerichteten und ausgeübten Gewerbebetrieb als umfasst betrachtet. Bezüglich des Arbeitseinsatzes ihrer Arbeitnehmer*innen und dem daraus entstehenden Vermögenszuwachs können sich die Arbeitgeber*innen dementsprechend nicht auf die Eigentumsgarantie nach Art. 14 Abs. 1 GG berufen.

Alle anderen Positionen der Arbeitgeber*innen, die von der Eigentumsfreiheit nach Art. 14 Abs. 1 GG umfasst sind, beispielsweise das Eigentum an Produktionsmitteln wie Maschinen, und durch einen Streik beschädigt werden können, werden im Streik geschützt. Für den Schutz dieser Rechtsgüter haben sich Erhaltungsarbeiten etabliert.

Die Vermögensinteressen der Arbeitgeber*innen, die sie mit dem Einsatz der Arbeitskraft verfolgen, könnten in einer Streiksituation vom Schutzbereich des Art. 12 Abs. 1 GG umfasst sein. Dafür ist die vom Bundesverfassungsgericht aufgestellte Formel heranzuziehen: „Art. 14 Abs. 1 GG schützt das Erworbene, das Ergebnis der Betätigung, Art. 12 Abs. 1 GG dagegen den Erwerb, die Betätigung selbst“.[307]

Das Bundesverfassungsgericht hat in der Entscheidung aus dem Jahr 2016, ob die zurückgenommene Laufzeitverlängerung, die Atomkraftunternehmen in ihren Grundrechten aus Art. 14 Abs. 1 GG und Art. 12 Abs. 1 GG verletzt, das Verhältnis beider Grundrechte geklärt, wenn es um einen Vermögenszuwachs geht, der durch die Ausübung der Berufsfreiheit entsteht. Das Gericht urteilte, dass Vermögenspositionen, die sich aus der Ausübung der Berufsfreiheit nach Art. 12 Abs. 1 GG ergeben, keinen über den Eigentumsschutz aus Art. 14 Abs. 1 GG hinausgehenden Schutz genießen.[308] Das Betreiben einer Pflegeeinrichtung ist zwar durch die Aus-

[304] BVerfG 29. 11. 1961 – 1 BvR 148/57, BVerfGE 13, 225, S. 229.

[305] BVerfG 6. 10. 1987 – 1 BvR 1086/82 u. a., BVerfGE 77, 84, S. 118 m. w. N.

[306] BVerfG 6. 12. 2016 – 1 BvR 2821/11 u. a., NJW 2017, 217, S. 223, Rn. 240.

[307] BVerfG 25. 5. 1993 – 1 BvR 345/83, BVerfGE 88, 366, S. 377 m. w. N.

[308] BVerfG 6. 12. 2016 – 1 BvR 2821/11 u. a., NJW 2017, 217, S. 241, Rn. 391.

übung der unternehmerischen Freiheit geschützt. Jedoch reichen die Vermögenspositionen, die den Betreiber*innen daraus erwachsen, dass sie die Einrichtung zu den von ihnen bestimmten Konditionen operieren lassen,[309] nicht über den von Art. 14 Abs. 1 GG bestimmten Schutzbereich hinaus. Weil die Eigentumsfreiheit nicht den Vermögenszuwachs schützt, der im Falle eines Streiks in der Altenpflege durch den Einsatz externen Personals gemindert werden kann, scheidet nach der Rechtsprechung des Bundesverfassungsgerichts auch die Unternehmer*innenfreiheit als Grundrecht für den Schutz der Vermeidung von Vermögensschäden aus.

Selbst wenn die bisherige Rechtsprechung zu Art. 14 Abs. 1 GG und Art. 12 Abs. 1 GG in einer Weise ausgelegt wird, dass den Arbeitgeber*innen ein grundrechtlicher Schutz der Vermögensinteressen zukommt, der über den Eigentumsschutz und den Einsatz der Arbeitskräfte hinausgeht, führt ein Streik nicht automatisch zu einem ungerechtfertigten Eingriff in die Unternehmer*innenfreiheit nach Art. 12 Abs. 1 GG. Das Recht der Arbeitgeber*innen, das Unternehmen so zu führen, dass ihre Interessen auf Vermögenszuwachs befriedigt werden, trifft auf das Streikrecht. Beide grundrechtlichen Positionen sind mittels einer Interessenabwägung im Sinne praktischer Konkordanz in Ausgleich zu bringen.

Die Arbeitgeber*innen werden während eines Streiks nicht per se gehindert, ihrer unternehmerischen Freiheit nachzugehen, sondern sie werden lediglich mit Forderungen der Arbeitnehmer*innen konfrontiert. Ein Streik entzieht ihnen das Weisungsrecht über die Ausübung der Arbeitskraft nur für einen begrenzten Zeitraum, weil die Arbeitnehmer*innen auf ihre Lohnzahlung angewiesen sind, beziehungsweise die Mittel der Gewerkschaften zur Auszahlung von Streikunterstützungsleistungen endlich sind. Zudem sind Arbeitgeber*innen nicht handlungsunfähig: Sie können präventiv die Arbeitsbedingungen so ausgestalten, dass es nicht zu Streiks kommt. In der Streiksituation können sie auf die Forderungen der Gewerkschaften eingehen, sie können sich am öffentlichen Diskurs beteiligen oder die Forderungen der Arbeitnehmer*innen, die sich an staatliche Stellen richten, unterstützen. Die Handlungsmöglichkeiten der Arbeitgeber*innen, um den Streik abzuwenden, sind demnach vielfältig. Insgesamt ist es für Arbeitgeber*innen Teil des Berufsrisikos, von einem Streik betroffen zu sein, das mit der „einzigartige[n] Beherrschungssituation“[310] über die Arbeitskraft einhergeht.

Demgegenüber ist die Ausübung des Streikrechts für die Interessendurchsetzung der Arbeitnehmer*innen aufgrund ihrer strukturellen Unterlegenheit unabdingbar. Die Arbeitnehmer*innen sind auf die Ausübung ihres Grundrechts zwingend angewiesen. In der Abwägung mit den Interessen der Arbeitgeber*innen bedeutet dies für die Arbeitnehmer*innen: Streik oder kein Streik zur Verbesserung der Arbeits-

---

[309] Zu den Mechanismen der Gewinngenerierung in der Altenpflege durch die Senkung der Personalkosten siehe S. 20 ff.

[310] Die Besonderheit des Fremdbestimmungsverhältnisses des Arbeitsrechts im sonst von der Privatautonomie geprägtem bürgerlichen Recht stellt Polzin dar, *Polzin*, SR 2020, 216, S. 229, siehe dazu auch S. 97 ff.

und Wirtschaftsbedingungen. Die Arbeitgeber*innen sind hingegen in ihrer Erwerbsfreiheit aus Art. 12 Abs. 1 GG nur zeitlich begrenzt eingeschränkt und mit vielerlei Handlungs- und Reaktionsmöglichkeiten ausgestattet. Daher ist für die Frage des Gewinnausfalls die Abwägung von Art. 9 Abs. 3 GG auf Seiten der Arbeitnehmer*innen und der unternehmerischen Freiheit auf Seiten der Arbeitgeber*innen in aller Regel zugunsten des Streikrechts aufzulösen.[311]

c) *Tarifautonomie*

Rechtsprechung und die herrschende Meinung in der Literatur[312] begrenzen den Streik auf seine Wirkweise innerhalb von Tarifverhandlungen. Korrespondierend mit der funktionalen Begrenzung des Streiks ist zu diskutieren, ob die Tarifautonomie aus Art. 9 Abs. 3 GG eine verfassungsimmanente Schranke des Streikrechts darstellen kann. Die Rechtfertigung eines Eingriffs in das Streikrecht über die Tarifautonomie scheint zunächst möglich, da es sich um ein Grundrecht handelt. Allerdings müsste die Tarifautonomie durch eine Herleitung des Streikrechts abseits der funktionalen Verkürzung[313] und die Rechtmäßigkeit des tarifunabhängigen Streik überhaupt beeinträchtigt sein.

Arbeitgeber*innen könnten sich auf einen Eingriff in ihre Tarifautonomie berufen. Sie könnten anführen, dass ein nicht tarifbezogener Streik, von dem sie selbst betroffen sind, ihr Recht verletzt, in Tarifverhandlungen mit der streikenden Gewerkschaft zu treten. Dabei ist im Einzelfall zu entscheiden, ob den Arbeitgeber*innen tatsächlich das Recht genommen ist, die gewerkschaftlichen an den Staat gerichteten Forderungen zumindest zu demjenigen Anteil aufzugreifen, den sie selbst erfüllen können, und dementsprechende Tarifverhandlungen zu initiieren. Verbleibt den Arbeitgeber*innen die Möglichkeit, den zum Streik aufrufenden Gewerkschaften ein Angebot für beispielsweise einen Haustarifvertrag oder falls viele Arbeitnehmer*innen aus derselben Branche streiken für einen Flächentarifvertrag zu machen, ist die Tarifautonomie der Arbeitgeber*innen nicht verletzt.

Die Rechtsprechung hat bislang eine Gefährdung der Tarifautonomie angenommen, wenn das Kräftegleichgewicht zwischen den Tarifparteien gestört ist.[314] Innerhalb der Logik, dass das Streikrecht als Annex der Tarifautonomie abzuleiten sei, konnten die Gerichte die Gefährdung damit begründen, dass die Richtigkeit der Tarifvertragsergebnisse dann nicht mehr gewährleistet sei. Diese Zusammenhänge zwischen Streik und daraus resultierendem Verhandlungsergebnis existieren beim „politischen" Streik nicht. Vielmehr ließe sich danach fragen, ob ein politischer

---

[311] So im Ergebnis auch *Rödl/Beerwerth*, AuR 2021, 244, S. 247, s. 2. Kap., Fn. 302.

[312] Siehe S. 26 ff.

[313] Siehe S. 80 ff.

[314] BAG 19.6.2007 – 1 AZR 396/06, NZA 2007, 1055, S. 1057 f.; BVerfG 26.6.1991 – 1 BvR 779/85, NZA 1991, 809, Ls. 4; BVerfG 4.7.1995 – 1 BvF 2/86 u.a., NZA 1995, 754, S. 756.

Streik die Arbeitgeber*innen ihrem Schicksal überlässt oder ob sie Handlungsoptionen besitzen, die sie wie auch die Streikenden über Tarifverhandlungen hinaus ermächtigen. Wie bereits erwähnt, sind die Arbeitgeber*innen bei einem „politischen" Streik nicht ohnmächtig: Sie können die Forderungen der Arbeitnehmer*innen aufgreifen und im öffentlichen Diskurs und über ihre Interessenverbände gegenüber den staatlichen Handlungsträgern vertreten.[315]

Besteht bereits ein Tarifvertrag und rufen Gewerkschaften zu einem Streik auf, der die tariflich geregelten Materien nicht betrifft und darin auch gar nicht geregelt werden könnte, weil gerade der Staat in seiner Rolle adressiert wird, die Grundlagen für bestimmte Arbeitsbedingungen zu schaffen, bleiben die bereits „tarifvertraglich geregelten Gegenstände" bestehen.[316] Der Grundsatz der relativen tarifvertraglichen Friedenspflicht greift hier ein. Er schützt zum einen bestehende Regelungswerke während der Tarifvertragslaufzeit und die Vertragsparteien vor weiteren Arbeitskämpfen zu den geregelten Themen und grenzt zum anderen den Forderungskatalog der Gewerkschaften hinsichtlich des „politischen" Streiks ein. Beschränken Gewerkschaften die Forderungen der „politischen" Streiks nur auf Materien, die nicht tariflich regelbar sind und daher nicht in bestehende Tarifvertragswerke eingreifen können, ist die Tarifautonomie hinsichtlich bereits geschlossener Tarifverträge ebenfalls nicht tangiert.

Ist die Tarifautonomie in der Ausprägung als Grundrecht auf Tarifverhandlungen und den Schutz von bestehenden Tarifverträgen nicht verletzt, kommt nur noch die Tarifautonomie im Sinne eines funktionierenden Tarifvertragssystems in Betracht.[317] Dass das Tarifvertragssystem als solches durch einen „politischen" Streik gefährdet und damit verletzt sein könnte, ist nur schwer vorstellbar.

Es könnte von einem dysfunktionalen Tarifvertragssystem ausgegangen werden, wenn Gewerkschaften und Arbeitgeber*innen ihre Konflikte nicht mehr miteinander austragen, sondern ihre Bedürfnisse stets an den Staat richten, der anschließend zugunsten der einen oder anderen Partei eingreift. Dass der „politische" Streik den tarifbezogenen Streik zurückdrängt oder gar bedeutungslos werden lässt, ist nicht zu erwarten. Arbeitgeber*innen haben das Instrument der „politischen" Aussperrung noch nie benutzt. Woran das liegt, kann vorliegend nicht mit Sicherheit beantwortet werden. Es lässt sich aber mutmaßen, dass Arbeitgeber*innen und ihre Verbände andere Möglichkeiten haben, ihre Interessen gegenüber dem Staat durchzusetzen. Sie können beispielsweise Lobbypolitik betreiben oder ihren Produktionsstandort in ein anderes Staatsgebiet verlagern, um sich der gesetzgeberischen Einflussnahme zu

---

[315] Siehe S. 108 ff.

[316] BAG 10.12.2002 – 1 AZR 96/02, NZA 2003, 734, S. 739; zur Reichweite der relativen Friedenspflicht bei Tarifverträgen in der aktuellen Streikbewegung in Krankenhäusern siehe *Kocher*, NZA 2022, 815.

[317] BAG 19.6.2007 – 1 AZR 396/06, NZA 2007, 1055, S. 1056; zur Sicherung der Funktionsfähigkeit des Systems der Tarifautonomie siehe BVerfG 11.7.2017 – 1 BvR 1571/15 u.a., NZA 2017, 915, Ls. 3.

entziehen. Dass sich Arbeitgeber*innen auch zukünftig nicht der „politischen" Aussperrung bedienen werden, ist sehr wahrscheinlich, da es keine Anzeichen dafür gibt, dass sich an den Einwirkungsmöglichkeiten auf die Gesetzgebung etwas ändern wird. Aus gewerkschaftlicher Sicht war und ist der „politische" Streik bislang im Vergleich zu Tarifvertragsverhandlungen die Ausnahme gewesen. Das Tarifvertragssystem hat dadurch keinen erkennbaren Schaden genommen, vielmehr wurde es durch die erkämpften kollektiven Rechte der Arbeitnehmer*innen gestärkt.[318] Die tarifvertragliche Friedenspflicht schützt zudem bestehende Tarifverträge. Die Vertragsparteien können demnach aktiv Streiks zu bestimmten Regelungsgegenständen während der Laufzeit eines Tarifvertrags ausschließen. Alles, was tarifvertraglich regelbar ist, bleibt es auch.

Auch bleibt den Tarifvertragsparteien trotz staatlicher Regelung einer bestimmten Materie der Abschluss einer davon abweichenden Tarifnorm unbenommen. Das Bundesverfassungsgericht hat in ständiger Rechtsprechung dargelegt, dass die Regelung der Arbeits- und Wirtschaftsbedingungen nach Art. 9 Abs. 3 GG den Tarifparteien „in einem von staatlicher Rechtsetzung frei gelassenen Raum in eigener Verantwortung und im wesentlichen ohne staatliche Einflußnahme"[319] überlassen bleibt. Grundsätzlich haben die Tarifvertragsparteien eine Normsetzungsprärogative gegenüber der staatlichen Gesetzgebung inne.[320]

Das Verhältnis von einfachem Gesetzesrecht zum Tarifvertrag kann in vierfacher Weise ausgestaltet sein: Handelt es sich bei der gesetzlichen Norm um zweiseitig zwingendes Recht, kann durch einen Tarifvertrag nicht davon abgewichen werden. Liegt eine einseitig zwingende Regelung vor, können günstigere Regelungen für die Arbeitnehmer*innen tarifvertraglich vereinbart werden. Die dritte Form ist die des tarifdispositiven Rechts, von dem die Tarifvertragsparteien sowohl zu ihren Gunsten als auch zu ihren Lasten abweichen dürfen. Die vierte Form ist das allseitig dispositive Gesetzesrecht, das nur Regelungsvorschläge und Auslegungshilfen bereithält.[321] Zu beachten ist, dass jede gesetzliche Regelung, die den Schutzbereich von Art. 9 Abs. 3 GG berührt, in ein schrankenlos gewährleistetes Grundrecht eingreift, und somit eine Vermutung gegen die zweiseitig zwingende Wirkung der Norm und für einseitig zwingende Regelungen besteht.[322] Schutzgesetze für Arbeitnehmer*innen sind in der Regel als einseitig zwingende Regelungen konzipiert, damit tarifvertragliche Verbesserungen zu ihren Gunsten umgesetzt werden können.[323] Vergegenwärtigt man sich, dass das Arbeitsrecht historisch von Arbeitnehmer*innen

---

[318] Siehe die rechtshistorische Darstellung, insbesondere S. 45 ff.

[319] BVerfG 24.05.1977 – 2 BvL 11/74, BVerfGE 44, 322, S. 340 f. m. w. N.

[320] BKS-*Kocher*, Grundlagen, Rn. 126; *Gamillscheg*, 1997, S. 289 f.; *O. E. Kempen*, NZA-Beil 2000, 7, S. 11; Wiedemann TVG-*Jacobs*, Einl., Rn. 100 ff.

[321] Wiedemann TVG-*Jacobs*, Einl., Rn. 544 f.; Kempen/Zachert-*O. E. Kempen*, Grundlagen, Rn. 351.

[322] Kempen/Zachert-*O. E. Kempen*, Grundlagen, Rn. 353; BAG 25.09.1987 – 7 AZR 315/86; Wiedemann TVG-*Jacobs*, Einl., Rn. 559; BKS-*Kocher*, Grundlagen, Rn. 128 f.

[323] Wiedemann TVG-*Jacobs*, Einl., Rn. 562.

und ihren Gewerkschaften erkämpft wurde und ihren Mindestschutz bezweckt, ist das nur folgerichtig. Den Tarifvertragsparteien – konkret den Gewerkschaften – darf es nicht verwehrt werden, den Mindestschutz zu erhöhen.[324]

Eine einseitig zwingende Regelung stellt einen Eingriff in die Tarifautonomie der Arbeitgeber*innen dar, wenn sie Regelungen vereinbaren wollen, die zulasten der Arbeitnehmer*innen vom Gesetzesrecht abweichen. Den Tarifvertragsparteien kommt nach der Rechtsprechung des Bundesverfassungsgericht eine Regelungsprärogative, aber kein Regelungsmonopol zu.[325] Das Gericht betont allerdings in ständiger Rechtsprechung auch, dass der Gesetzgebung hinsichtlich Arbeitsmarkt-, Sozial- und Wirtschaftsordnung ein besonders weitgehender Einschätzungs- und Prognosevorrang zukomme.[326] So sind Eingriffe in die Tarifautonomie, die grundlegende Standards festlegen, wie das Mindestlohngesetz, in der Regel durch das Sozialstaatsprinzip gerechtfertigt.[327] Geht es wie in den Tarifauseinandersetzungen in den frauendominierten Pflegeberufen neben der Entlohnung auch um die Entlastung und den Gesundheitsschutz der Arbeitnehmer*innen kommt ihr Grundrecht auf Leben und körperliche Gesundheit nach Art. 2 Abs. 2 S. 1 GG in Betracht, um den Eingriff in die Tarifautonomie zu rechtfertigen.

Erachtet die Gesetzgebung – eventuell aufgrund eines „politischen“ Streiks – es für notwendig, eine Norm zu erlassen, die beispielsweise dem Schutz oder der Besserstellung der Arbeitnehmer*innen dient, wird diese als einseitig zwingende Norm auszulegen sein, die die Tarifautonomie hinsichtlich einer die Arbeitnehmer*innen schlechter stellenden Regelung zwar verletzt, in aller Regel aber aufgrund der widerstreitenden grundrechtlich geschützten Interessen der Arbeitnehmer*innen gerechtfertigt ist und hinsichtlich die Arbeitnehmer*innen begünstigenden Normen nach oben hin offen und damit auch einer tariflichen Regelung zugänglich ist. Ein „politischer“ Streik gefährdet damit nicht das System der Tarifverträge, es stellt vielmehr ein weiteres Instrument zur Durchsetzung eines Mindeststandards dar.

Die Herleitung des Streikrechts als eigenständiges Grundrecht aus Art. 9 Abs. 3 GG wirft die Frage auf, ob folglich jeder Tarifvertrag und die daraus abzuleitende Friedenspflicht zwischen den Kampfparteien nichtig wären, weil sie eine Einschränkung des Streikrechts darstellten.[328] Die tarifvertragliche Friedenspflicht stellt einen Eingriff in das Streikrecht dar. Jedoch ist daraus nicht zu folgern, dass eine Herleitung des Streikrechts aus Art. 9 Abs. 3 GG ausscheide, weil damit jeder friedensstiftende Tarifvertrag als Grundrechtsverstoß zu werten sei. Vielmehr ist danach zu fragen, wie die tarifliche Friedenspflicht als Eingriff in das Streikrecht gerechtfertigt werden kann. Der Grundrechtseingriff ist damit zu rechtfertigen, dass

---

[324] Wiedemann TVG-*Jacobs*, Einl., Rn. 569 f.

[325] BVerfG 24.4.1996 – 1 BvR 712/86, NZA 1996, 1157.

[326] BVerfG 3.4.2001 – 1 BvL 32/97, NZA 2001, 777, S. 779.

[327] ErfK-*Linsenmaier*, GG Art. 9, Rn. 87 m. w. N.

[328] Zum Ursprung dieses Arguments siehe die Auslegung der WRV von Nipperdey-*Nipperdey*, Art. 159, S. 415.

die Koalitionen selbst über ihre Grundrechte verfügen können. Tarifverträge müssen dabei als Ergebnis eines Streiks verstanden werden. Wenn die Koalitionen während der Tarifvertragslaufzeit auf die Ausübung ihres Streikrechts verzichten wollen, kann dies Teil ihres freiheitlichen Gebrauchs der Gewährleistungen aus Art. 9 Abs. 3 GG sein. Die Friedenspflicht kann eine rechtmäßige Selbstbeschränkung des Streikrechts darstellen. Keinesfalls aber steht sie einer eigenständigen Ableitung des Streikrechts aus Art. 9 Abs. 3 GG entgegen.

d) Erfüllung der Pflichten aus dem Versorgungsvertrag

Arbeitgeber*innen haben zudem ein Interesse daran, ihre Pflichten aus dem öffentlich-rechtlichen Versorgungsvertrag gemäß § 72 SGB XI zu erfüllen. Der Versorgungsvertrag ist die Voraussetzung dafür, als Einrichtungsbetreiber*innen tätig zu werden. Nur wer einen solchen Vertrag abgeschlossen hat, kann in den Verhandlungen mit den Pflegekassen über die Vergütung der Pflegeleistungen eine Vereinbarung treffen und dementsprechend öffentliche Gelder erhalten.[329] Hinter dem Versorgungsvertrag mit der Pflegekasse steht damit keine grundrechtlich geschützte Position der Arbeitgeber*innen, die über das Vermögensinteresse hinausgeht und damit nicht von Art. 14 Abs. 1 oder Art. 12 Abs. 1 GG geschützt ist.

Die Pflicht aus dem Versorgungsvertrag, Pflegeleistungen zu erbringen, dient zudem dem Schutz der Grundrechte der Pflegebedürftigen. Arbeitgeber*innen können sich nicht auf die Grundrechte anderer beziehen. Es ließe sich aber argumentieren, dass der Staat über den Abschluss des öffentlich-rechtlichen Versorgungsvertrags die Erfüllung der staatlichen Schutzpflicht aus Art. 2 Abs. 2 S. 1 GG, für die Gesundheit und das Leben der Menschen zu sorgen, auf die Einrichtungsbetreiber*innen überträgt. Daraus würde folgen, dass sich die Arbeitgeber*innen im Falle eines Streiks, der das Leben und die Gesundheit der pflegebedürftigen Menschen gefährdet, auf die Unternehmer*innenfreiheit nach Art. 12 Abs. 1 GG stützen könnten, die ihnen gewährt, ihre Einrichtung entsprechend dem öffentlich-rechtlichen Auftrag zur Gewährleistung der Pflege zu führen. Diese Abwägungsproblematik ist nicht über ein Verbot oder eine Beschränkung des Streikrechts zu lösen, sondern über die Vereinbarung und Durchführung von Notdiensten.[330]

2. Grundrechte Dritter

Rechtswissenschaftler*innen markieren unter anderem der Gesundheits- und Pflegesektor als sogenannte Daseinsvorsorge. Anhand dieser Bezeichnung versuchen sie eine Rechtsdogmatik für die generelle Beschränkung des Arbeitskampfrechts zu entwickeln. Einem Teil dieser Untersuchungen ist gemein, dass sie nicht nach dem grundrechtlichen Gewährleistungsumfang von Art. 9 Abs. 3 GG und nach

---

[329] Siehe S. 20 ff.

[330] *Tschenker*, NZA-RR 2022, 337.

der effektiven Umsetzung dieses Grundrechts in der Pflege fragen, sondern auf der Suche nach branchenspezifischen Einschränkungsmöglichkeiten sind.[331] Die Dissertation von Walter Hänsle sticht auf positive Weise aus den Bearbeitungen heraus, weil er nicht von einer pauschalen Einschränkungsmöglichkeit des Arbeitskampfrechts ausgeht. Er konstruiert aus den betroffenen Grundrechten Dritter eine obligatorische Staatsaufgabe zur Daseinsvorsorge, mittels derer das Arbeitskampfrecht eingeschränkt werden könne.[332] Damit hält er sich an die Schrankenregelung von Art. 9 Abs. 3 GG, nach der das Arbeitskampfrecht nur durch Grundrechte anderer und Rechtsgüter mit Verfassungsrang eingeschränkt werden darf.

Für den Streik in der Altenpflege und auch Krankenpflege kommt lediglich das Grundrecht auf Leben und körperliche Unversehrtheit aus Art. 2 Abs. 2 S. 1 GG der pflegebedürftigen Personen für die Abwägung in Betracht. Eine mögliche Beeinträchtigung dieses Grundrechts kann der Rechtmäßigkeit des Streiks in der Grundrechtsabwägung entgegengehalten werden. Unter anderem in der Pflege haben die Gewerkschaften Notdienstarbeiten etabliert, die eine Rechtsverletzung der Pflegebedürftigen vermeiden sollen.[333]

So wie das Vermögen der Arbeitgeber*innen während eines Streiks keinen grundrechtlichen Schutz erfährt, gilt dasselbe für das Vermögen von am Streik nicht beteiligten Dritten. Die Auseinandersetzung um das Recht am eingerichteten und ausgeübten Gewerbebetrieb im Arbeitskampfrecht kann auch an dieser Stelle beiseitegelassen werden, denn das Bundesverfassungsgericht fasst die bestehenden Geschäftsverbindungen eines Unternehmens zu Dritten nicht unter Art. 14 Abs. 1 GG.[334] Damit werden die Vermögensschäden Dritter, die mit den Arbeitgeber*innen in Vertragsbeziehungen stehen, nicht grundrechtlich erfasst und stellen demnach kein Abwägungsbelang bei der Herstellung der praktischen Konkordanz der kollidierenden Grundrechte dar.

C. Ergebnis

Die rechtshistorische Untersuchung des Streiks hat gezeigt, dass Arbeitnehmer*innen seit jeher ihre Forderungen sowohl gegen den Staat als auch gegen die Arbeitgeber*innen richteten. Die Streiks dienten zuvorderst der Interessendurch-

[331] Zu den Versuchen der Begriffsbestimmung der Daseinsvorsorge und Regulierungsvorschlägen der Einschränkung des Arbeitskampfrechts wurden mehrere Dissertationen vorgelegt: *Green*, 2017; *Manzanza Lumingu*, 2017; *Rudkowski*, 2010; die Zivilrechtswissenschaftlerin Inge Scherer argumentierte für eine generelle Unzulässigkeit von Streiks in der Daseinsvorsorge, *Scherer*, 2000.

[332] *Hänsle*, 2016, S. 248 ff., 291, 716. Zur selben Materie wurde ein Gesetzesentwurf von drei Professoren der Rechtswissenschaft erarbeitet: *Franzen/Thüsing/Waldhoff*, 2012.

[333] *Tschenker*, NZA-RR 2022, 337, S. 339.

[334] BVerfG 6.10.1987 – 1 BvR 1086/82 u. a., BVerfGE 77, 84, S. 118.

setzung der Arbeitnehmer*innen. Gegen wen sich der Streik richtete, war abhängig von der Gesellschafts-, Wirtschafts- und Rechtsordnung der jeweiligen Zeit. Der Streik weist damit keine antagonistische Ausrichtung ausschließlich zwischen Arbeitnehmer*innen und Arbeitgeber*innen auf. Der Rechtswissenschaft und Rechtsprechung war eine Begründung von Verboten aufgrund der Streikadressat*innen fremd.

Zudem hat die historische Auslegung gezeigt, dass der Streik das notwendige Mittel der Arbeitnehmer*innen zur Durchsetzung ihrer Ziele war. Der Streik war der Gewerkschaftsbildung und der Etablierung eines Tarifvertragssystems vorgelagert.

Aufbauend auf der rechtshistorischen Untersuchung kann das Streikrecht rechtsdogmatisch aus Art. 9 Abs. 3 GG ohne die Begrenzung auf Tarifverhandlungen hergeleitet werden.

Die Diskussionen im Parlamentarischen Rat beschränkten sich auf Streikformen, denen die Abgeordneten entweder eine Gefahr für das Funktionieren des staatlichen Apparates zuschrieben (Beamtenstreik) oder mit denen sie staatsumwälzende Bestrebungen verbanden („politischer" Streik). Über die grundlegende Zulässigkeit des Streiks gab es keine Debatten. Die Schäden, die ein Streik auf Seiten der Arbeitgeber*innen verursachte, oder die Lohnausfälle, die die Arbeitnehmer*innen hinzunehmen hatten, spielten in den Beratungen keine Rolle. Die Abgeordneten äußerten keine Bedenken hinsichtlich der grundrechtlichen Verankerung des Streiks, der seine Wirkkraft aus der Druckausübung auf die Unternehmensseite schöpft. Sie nutzten in ihren Argumentationen weder die Behauptung, ein Streik sei ein gesellschaftlich unerwünschtes Phänomen, noch den Tarifbezug als Rechtmäßigkeitserfordernis eines Streiks. Das Streikrecht war demnach als eigenständiges Grundrecht vom Willen der Verfassungsgebung umfasst. Subjektiv-teleologisch kann es aus Art. 9 Abs. 3 GG hergeleitet werden.

Objektiv-teleologisch lassen sich verschiedene Zwecksetzungen des Streikrechts verfassungsrechtlich begründen. Es lässt sich ein Freiheitsrecht herleiten, das Streiks zum Ausgleich der asymmetrischen Verhandlungspositionen und zur materiellen Umverteilung zwischen Arbeitgeber*innen und Arbeitnehmer*innen gewährleistet. Auch lässt sich die Funktion des Streiks, die demokratische und selbstbestimmte Teilhabe an der Gestaltung der Arbeits- und Wirtschaftsbedingungen der Arbeitnehmer*innen zu ermöglichen, verfassungsrechtlich begründen. Eine Begrenzung auf Tarifverträge oder Arbeitgeber*innen als Adressat*innen der Streikforderungen ist der rechtsdogmatischen Begründung der diversen Zwecksetzungen des Streikrechts nicht zu entnehmen, denn Art. 9 Abs. 3 GG macht keine Vorgaben dazu, wie diese Zwecke zu erreichen sind.

Weder Wortlaut noch Systematik von Art. 9 Abs. 3 GG geben Anlass, das Streikrecht auf Tarifverhandlungen zu beschränken. Das Schweigen des Art. 9 Abs. 3 GG zum Arbeitskampfrecht kann aufgrund der rechtshistorischen Erkenntnisse über die Entstehung des Artikels nicht als Beweis für den fehlenden Gewährleistungswillen gelten. Die historische Entwicklung des Gewährleistungsumfangs der Koalitionsfreiheit hat gezeigt, dass eine beständige Erweiterung des Schutzbereichs bis zur heutigen Formulierung der Arbeits- und Wirtschaftsbedingungen stattgefunden hat. Die Verfassungsgebung hat bewusst ein Begriffspaar gewählt, welches die Regelungsweite der Koalitionstätigkeit nicht auf individualvertragliche Regelungsinhalte oder die Lohn- und Arbeitsbedingungen im engeren Sinne begrenzt. Die Diskussion zur semantischen Auslegung der Arbeits- und Wirtschaftsbedingungen in der Judikative und Rechtswissenschaft zeigt, dass entsprechend der rechtshistorischen Erweiterung des Begriffspaars ein weiter Schutzbereich des Art. 9 Abs. 3 GG vorliegt: Ein Bezug zu den Bedingungen und Auswirkungen auf die Ausübung der abhängigen Beschäftigung ist für die Eröffnung des Schutzbereichs ausreichend. Zudem handelt es sich bei Art. 9 Abs. 3 GG um einen Gewährleistungsbereich, der entwicklungsoffen für die zukünftigen Transformationen der Arbeits- und Wirtschaftswirklichkeit ist. Aus der systematischen Stellung des Arbeitskampfrechts im dritten Absatz von Art. 9 GG ist zu schließen, dass es sich dabei, wie auch bei der Vereinigungsfreiheit, um ein demokratiestützendes Kommunikationsgrundrecht handelt.

Eingriffe in das Arbeitskampfrecht können nur mit Grundrechten anderer oder Rechtsgütern auf Verfassungsrang gerechtfertigt werden. Untersucht wurden die für den Streik in der Altenpflege relevanten grundrechtlichen Positionen der Arbeitgeber*innen und der Pflegebedürftigen. Ob auch das Demokratieprinzip oder ein vermeintlich wirtschaftsverfassungsrechtliches Prinzip Eingriffe in das Arbeitskampfrecht rechtfertigen können, wird in der rechtshistorischen Untersuchung der Genese des Tarifbezugs und des Verbots des sogenannten politischen Streiks diskutiert.[335]

Die regelmäßig vom Streik betroffenen Vermögensinteressen der Arbeitgeber*innen genießen keinen grundrechtlichen Schutz und können daher eine Beschränkung des Streikrechts nicht rechtfertigen. Dazu zählt das Interesse der Arbeitgeber*innen, dass kein Streik stattfindet. Dieses Anliegen ist weder von Art. 14 Abs. 1 GG noch von Art. 12 Abs. 1 GG geschützt. Eine verfassungsrechtliche Gewähr dieses Interesses würde eine Negation des von Art. 9 Abs. 3 GG anerkannten Bruchs der arbeitsvertraglichen Pflichten zur Folge haben. Unmittelbare und mittelbare Vermögensschädigungen, die durch Streiks entstehen können, sind nicht vom Schutzumfang der Eigentumsfreiheit nach Art. 14 Abs. 1 GG umfasst. Nach der Rechtsprechung des Bundesverfassungsgerichts fallen das Vermögen und die Gewinnerwartungen auch nicht in den Gewährleistungsbereich des Rechts am eingerichteten und ausgeübten Gewerbebetrieb. Darüber hinaus ist es überzeugend, die Übertragung dieses Rechtsguts auf das Arbeitskampfrecht gänzlich abzulehnen.[336] Auch die Unternehmer*innenfreiheit nach Art. 12 Abs. 1 GG geht hinsichtlich der Vermögensinteressen nicht über den Gewährleistungsgehalt von Art. 14 Abs. 1 GG hinaus und umfasst damit nicht die von den Arbeitgeber*innen durch einen Streik

[335] Siehe S. 178 ff.

[336] Siehe S. 245 ff.

entstandenen Vermögensschäden. Selbst wenn der Schutzbereichs von Art. 12 Abs. 1 GG eröffnet sein sollte, ist diese grundrechtliche Position der Arbeitgeber*innen mit dem Streikrecht abzuwägen. Weil ein Streik nur zeitlich begrenzt auf die Arbeitgeber*innen einwirkt und ihnen Handlungsmöglichkeiten belässt, um diesen zu beenden, wird das Streikrecht in der Regel die Unternehmer*innenfreiheit überwiegen. Als Abwägungsbelang tritt hinzu, dass die Ausübung des Streikrechts für Arbeitnehmer*innen die einzige Möglichkeit zur effektiven Einwirkung auf die Gestaltung der Arbeits- und Wirtschaftsbedingungen ist.

Ein weiteres Interesse der Arbeitgeber*innen in der Altenpflege liegt in der Erfüllung der Pflichten aus dem öffentlich-rechtlichen Versorgungsvertrag. Zielt die Pflichtenerfüllung darauf ab, das Vertragsverhältnis mit den Finanzierungsträgern aufrechtzuerhalten, um weiterhin die staatlichen Zuschüsse zu beziehen, sind wiederum nur Vermögensinteressen betroffen, die keinen grundrechtlichen Schutz genießen. Vermittelt der Abschluss des Versorgungsvertrags jedoch den Schutz der Pflegebedürftigen aus Art. 2 Abs. 2 S. 1 GG, ist zu prüfen, ob sich neben den Pflegebedürftigen als Grundrechtsträger*innen auch die Arbeitgeber*innen auf das Grundrecht auf Leben und körperliche Unversehrtheit berufen können. Diese Grundrechtskollision ist für einen Streik in der Altenpflege anhand des Umfangs der Notdienstarbeiten und der Frage, wer das notwendige Personal zur Ausführung dieser Arbeiten organisieren muss, im Wege der praktischen Konkordanz aufzulösen.[337]

Zweiter Abschnitt

Unions- und völkerrechtliche Gewährleistungen des Streikrechts

Besonders relevant und deshalb hoch umstritten, sind die rechtliche Verbindlichkeit und die inhaltlichen Gewährleistungen der unions- und völkerrechtlichen Garantien dann, wenn sie über die einzelstaatlichen Regelungen hinausreichen. Ob dies der Fall ist, wird im Folgenden für den Tarifbezug und den sogenannten politischen Streik untersucht.

Relevante völkerrechtliche und unionsrechtliche Quellen für die Auslegung des Streikrechts für die hier interessierenden Fragestellungen sind die Charta der Grundrechte der Europäischen Union (A.), die Europäische Sozialcharta, Europäische Menschenrechtskonvention, und das ILO-Übereinkommen Nr. 87, der Internationale Pakt über wirtschaftliche, soziale und kulturelle Rechte und der Internationale Pakt über bürgerliche und politische Rechte, die als völkerrechtliche Rege-

[337] *Tschenker*, NZA-RR 2022, 337, S. 339 ff.

lungen im zweiten Teil dargestellt werden (B.). Der Abschnitt schließt mit der Zusammenfassung der Gewährleistungen des Unions- und Völkerrechts und des Einflusses auf die deutsche Arbeitskampfrechtslage (C.).

A. Unionsrecht

Auf unionsrechtlicher Ebene stellt sich die Frage, ob Art. 28 GRCh weiterreichende Gewährleistungen als Art. 9 Abs. 3 GG enthält (I.) und welchen Einfluss die materielle Gewährleistung auf die Auslegung des deutschen Arbeitskampfrechts hat (II.). Die Erkenntnisse dieser Untersuchung fasse ich als Zwischenergebnis zusammen (III.).

I. Gewährleistungsgehalt von Art. 28 GRCh

Art. 28 GRCh gewährleistet das Arbeitskampfrecht und nennt explizit den Streik als kollektive Maßnahme, die bei Interessenkonflikten ergriffen werden kann, um die eigenen Interessen zu verteidigen:

> Art. 28 Recht auf Kollektivverhandlungen und Kollektivmaßnahmen
>
> Die Arbeitnehmerinnen und Arbeitnehmer sowie die Arbeitgeberinnen und Arbeitgeber oder ihre jeweiligen Organisationen haben nach dem Unionsrecht und den einzelstaatlichen Rechtsvorschriften und Gepflogenheiten das Recht, Tarifverträge auf den geeigneten Ebenen auszuhandeln und zu schließen sowie bei Interessenkonflikten kollektive Maßnahmen zur Verteidigung ihrer Interessen, einschließlich Streiks, zu ergreifen.

Art. 28 GRCh umfasst die Maßnahmen, die „zur Verteidigung ihrer Interessen“ von Arbeitnehmer*innen und Arbeitgeber*innen ergriffen werden können. Tarifverträge und Interessenkonflikte sind durch das Wort „sowie“ miteinander verknüpft, was auf eine enumerative Beziehung und keine akzessorische Verknüpfung zwischen Tarifverhandlungen und Arbeitskämpfen schließen lässt. Danach müssen kollektive Maßnahmen zur Verteidigung der Arbeitnehmer*inneninteressen, einschließlich Streiks, auf Interessenkonflikten und nicht zwingend auf Tarifkonflikten aufbauen. Dem Wortlaut folgend ist es ausreichend, dass die Interessen der Konfliktparteien berührt sind, um diese unter anderem im Wege des Streiks zu verteidigen.[338]

Eine Beschränkung auf die Beziehung zwischen den Parteien des Arbeitsverhältnisses ist der Formulierung nicht zu entnehmen, weil lediglich ihre Interessen betroffen sein müssen.[339] Demnach können neben den Arbeitgeber*innen auch andere, beispielsweise der Staat, mit Streikforderungen konfrontiert werden.

---

[338] Franzen/Gallner/Oetker EuArbR-*C. Schubert*, GRCh Art. 28, Rn. 38, 43 f.

[339] Däubler ArbeitskampfR-*Heuschmid*, § 11, Rn. 24; *Hauer*, 2020, S. 229 f.

Diese Wortlautauslegung wird durch die subjektiv-teleologische Interpretation gestützt. Die Abgeordneten des Grundrechtekonvents haben ein einengendes Verständnis des Adressat*innenkreises nicht diskutiert. Einige von ihnen forderten lediglich, dass Einschränkungen beispielsweise für den öffentlichen Dienst in den Mitgliedstaaten möglich bleiben müssten. Der deutsche Abgeordnete Friedrich (CDU) erinnerte an das Beamtenstreikverbot in seinem Land. Den Tarifbezug erwähnte er nicht. Die Abgeordneten benannten keine weiteren Einschränkungsmöglichkeiten, auch wenn sie betonten, dass die einzelstaatlichen Beschränkungsmöglichkeiten erhalten bleiben müssten.[340]

So ist zunächst festzuhalten, dass weder der Wortlaut noch die Historie des Artikels darauf hindeuten, dass Streiks, die jenseits von Tarifverhandlungen geführt werden und sich auch an staatliche Stellen richten, nicht von Art. 28 GRCh umfasst werden sollten.

Die Debatte im Grundrechtekonvent zu den Einschränkungsmöglichkeiten deutete bereits auf die brisantere Frage hin: Wie ist das Verhältnis der innerstaatlichen Regelungen des Streikrechts zu den Gewährleistungen des Art. 28 GRCh zu bestimmen? Im Kern geht es darum, wie die Regelung auszulegen ist, dass die Parteien des Arbeitslebens das Recht aus Art. 28 GRCh „nach dem Unionsrecht und den einzelstaatlichen Rechtsvorschriften und Gepflogenheiten" haben.

Die Erläuterung des ursprünglichen Präsidiumsentwurfs gibt zu verstehen, dass sich die arbeitskampfrechtliche Gewährleistung in der Charta auf Art. 6 Nr. 4 ESC bezieht. Die ergänzende Bezugnahme auf die einzelstaatlichen Rechtsvorschriften sei erforderlich, weil die Gemeinschaft nach Art. 137 Abs. 6 EGV a.F. keine Zuständigkeit in Bezug auf das Streikrecht in den Mitgliedstaaten habe. Die Charta müsse in dieser Hinsicht die geltenden einzelstaatlichen Rechtsvorschriften anerkennen. Gleichwohl besitze die Gemeinschaft eine Zuständigkeit im Falle ihrer eigenen Angestellten und Beamten.[341] Aus diesen Erläuterungen kann geschlussfolgert werden, dass aufgrund der fehlenden Kompetenz der Union, die mitgliedstaatlichen Regelungen zum Arbeitskampf vorrangig gegenüber dem Unionsgrundrecht seien.

Im Grundrechtekonvent wurde diese Frage dementsprechend hitzig diskutiert. Die Abgeordneten aus den Niederlanden und Spanien wendeten sich gegen die Aufnahme des Streikrechts, weil es in den Mitgliedstaaten noch einschränkbar bleiben sollte. In der Gesamtdiskussion des ersten Sitzungstags ging die Tendenz dahin, dass die Interpretationshoheit über den Umfang des Arbeitskampfrechts bei den Einzelstaaten verbleiben sollte. Der deutsche Abgeordnete Friedrich gab zu bedenken, dass mit der Gewährleistung des Streikrechts in der Charta eine Kompetenz der Mitgliedstaaten auf die Union übertragen werden würde. Der Abgeordnete aus Frankreich hingegen berief sich für die eigenständige Gewährleistung des

---

[340] *Bernsdorff/Borowsky*, 2002, S. 213, 324.

[341] *Praesidium*, 27.3.2000, S. 7.

Unionsgrundrechts auf das weltweit verbreitete, elementare Recht, das auf einem „jahrhundertelangen Kampf“ um das Streikrecht beruhe und bereits in Art. 11 EMRK verbürgt sei. Die Abgeordnete der Niederlande wies darauf hin, dass zudem der Internationale Pakt für wirtschaftliche, soziale und kulturelle Rechte und verschiedene Konventionen der ILO das Arbeitskampfrecht ebenso als eigenständiges Grundrecht gewährleisteten. Der deutsche Abgeordnete Meyer (SPD) setzte sich dafür ein, den damaligen Passus „nach Maßgabe des Gemeinschaftsrechts und der einzelstaatlichen Rechtsvorschriften und Gepflogenheiten“ zu streichen, denn dieser könnte als Einschränkung der sozialen Grundrechte verstanden werden. Zudem wurde in der Formulierung eine Doppelung mit Art. 51 GRCh gesehen, der den Anwendungsbereich der Unionsgrundrechte ja bereits einschränke. Entgegen der Kritik bezüglich der fehlenden Kompetenz der Europäischen Union zum Erlass eines Arbeitskampfrechts, aber auch entgegen der Kritik, die sich auf den Rückbezug der Charta auf einzelstaatliche Regelungen richtete, wurde Art. 28 GRCh in der heutigen Form mit deutlicher Stimmenmehrheit in die Charta aufgenommen.[342]

Aus der Entstehungsgeschichte lässt sich keine eindeutige Erkenntnis darüber ziehen, welche Auswirkung die Formulierung „nach dem Unionsrecht und den einzelstaatlichen Rechtsvorschriften und Gepflogenheiten“ auf die eigenständige Gewährleistung des Art. 28 GRCh haben sollte. Die Diskussion gibt allerdings zu verstehen, dass es sich bei der Aufnahme des Arbeitskampfrechts um einen Kompromiss handelte, zwischen denjenigen Staaten, die das Arbeitskampfrecht bereits weitgehender gewährleisteten oder es unabhängig von der innerstaatlichen Regelung als Unionsgrundrecht abgesichert wissen wollten und solchen Mitgliedstaaten, die die Entscheidungsgewalt über die Ausübung des Arbeitskampfrechts als innerstaatliche Kompetenz behalten wollten.

Das Argument der Kompetenzübertragung auf die Union entgegen der Regelung in Art. 137 Abs. 6 EGV a.F. (heute Art. 153 Abs. 5 AEUV) zeigt, dass das Arbeitskampfrecht von denjenigen, die diesen Standpunkt vertraten, eben nicht als ein Grund- und Menschenrecht verstanden wurde, das über dem einfachen Recht steht. Der Verweis auf den Kompetenzkatalog zur Sozialpolitik der Europäischen Union kann insofern nicht überzeugen, weil Sekundärrechtsakte der Union und innerstaatliche Regelungen zum Streikrecht auf einfachgesetzlicher Ebene stets an Menschen- und Grundrechtsgarantien messbar bleiben müssen.

Der Schutzbereich von Art. 28 Abs. 1 GRCh kann zudem nicht über eine Kompetenzregelung eingeschränkt werden, weil durch Art. 51 Abs. 1 GRCh die Anwendung der Unionsgrundrechte bereits auf die Durchführung von Unionsrecht beschränkt ist und damit der Kompetenzverteilung zwischen den Mitgliedstaaten und der Europäischen Union Rechnung getragen wird. Inwiefern der Anwen-

[342] *Bernsdorff/Borowsky*, 2002, S. 213 f., 323 f., 370 ff.; zum Streitstand in der deutschen Rechtswissenschaft *Hauer*, 2020, S. 232 ff., die den Argumenten des Präsidiums und des Grundrechtekonvents aber nichts Wesentliches hinzufügt und deswegen hier nicht dargestellt werden soll.

dungsbereich der Unionsgrundrechte für die hier interessierenden Streiks in frauendominierten Branchen wie der Altenpflege überhaupt eröffnet ist, wird im nächsten Unterabschnitt diskutiert.[343]

Das Schutzniveau der Europäischen Grundrechtecharta kann auch deshalb nicht mit dem Hinweis auf die restriktive Rechtsprechung einiger weniger Mitgliedstaaten eingeschränkt werden, weil diese dezentrale Interpretation der einheitlichen Auslegung des Unionsrechts widerspräche.[344] Dafür lässt sich auch die Auslegungsregel des Effektivitätsgrundsatzes des Unionsrechts anführen.[345] Danach dürfen Mitgliedstaaten durch ihre Rechtsinterpretation die Gewährleistungen der GRCh nicht in ihrer Wirksamkeit beschränken. Insbesondere darf das Schutzniveau der Grundrechtecharta, wie es nach der Rechtsprechung des EuGH festgelegt wurde, nicht von den Mitgliedstaaten unterschritten werden.[346]

Die Rechtsprechung des EuGH zu Art. 28 GRCh ist noch rar. Die beiden ersten Urteile zum Arbeitskampfrecht in den Fällen Viking und Laval sind noch vor der Anerkenntniserklärung der Grundrechte-Charta in Art. 6 Abs. 1 EUV durch den Vertrag von Lissabon vom 1. Dezember 2009 ergangen. In den Urteilen hatte der EuGH dem Arbeitskampfrecht eine eigenständige Gewährleistung zugesprochen und ihn als festen Bestandteil der allgemeinen Grundsätze des Gemeinschaftsrechts charakterisiert.[347]

Der EuGH hatte seitdem in nur einem Fall und darin nur implizit über die Rechtmäßigkeit eines Streiks nach Art. 28 GRCh zu entscheiden. Dem Urteil lag ein Pilot*innenstreik zugrunde, der nach gescheiterten Tarifverhandlungen bei einer Fluggesellschaft geführt wurde.[348] Der Kläger konnte aufgrund des Streiks seinen gebuchten Flug nicht wahrnehmen und forderte nun Ersatz von der Fluggesellschaft nach Art. 5 Abs. 3 der Fluggastrechteverordnung VO 261/2004/EG. Der EuGH hatte darüber zu entscheiden, ob es sich bei dem tarifbezogenen Streik um einen außer-

---

[343] Siehe S. 125 ff.

[344] Däubler ArbeitskampfR-*Heuschmid*, § 11, Rn. 15; *Brameshuber*, EuZA 2016, 46, S. 49.

[345] Jarass-*Jarass*, Einl, Rn. 27; *Potacs*, EuR 2009, 465, S. 478.

[346] EuGH 29.7.2019 – C-476/17, Rn. 80; EuGH 26.2.2013 – C-617/10, NJW 2013, 1415, Rn. 29; EuGH 26.2.2013 – C-399/11, NJW 2013, 1215, Rn. 60; diesen Grundsatz bestätigend BVerfG 6.11.2019 – 1 BvR 16/13, NJW 2020, 300, S. 302.

[347] EuGH 11.12.2007 – C-438/05, Rn. 44; EuGH 18.12.2007 – C-341/05, Rn. 91; der eigenständige Gewährleistungsgehalt von Art. 28 GRCh ergibt sich aus den Grundrechtserläuterungen, Däubler ArbeitskampfR-*Heuschmid*, § 11, Rn. 16, und wird auch von der deutschen Rechtswissenschaft ganz überwiegend anerkannt Franzen/Gallner/Oetker EuArbR-*C. Schubert*, GRCh Art. 28, Rn. 2 m. w. N. Eine andere Ansicht vertreten Meyer/Hölscheidt-*Hüpers/Reese*, GRCh Art. 28, Rn 42 f., die in Art. 28 GRCh lediglich ein Verweisungsgrundrecht ohne eigenständige Gewährleistungen erblicken. Den Grundrechtscharakter von Art. 28 GRCh mit Verweis auf die begrenzte Rechtsetzungskompetenz der Union aus Art. 153 Abs. 5 AEUV ablehnend, Vedder/Heintschel von Heinegg-*Folz*, GR-Charta Art. 52, Rn. 3, wobei er verkennt, dass eine Sekundärrechtskompetenz von dem Grundrechtscharakter dogmatisch zu trennen ist.

[348] EuGH 23.3.2021 – C-28/20, DAR 2021, 255.

gewöhnlichen Umstand handele, der den Ersatzanspruch ausschließe. Der EuGH verneinte das Tatbestandsmerkmal und stellte knapp fest, dass Art. 28 GRCh das Streikrecht gewährleiste. In Bezug auf die Frage, ob der Streik außergewöhnlich sei, betonte der Gerichtshof, dass die Ausübungsmöglichkeit des Grundrechts gewährleistet sei und setzte dem Gewährleistungsgehalt selbst keine Grenzen. Der Gerichtshof nahm insbesondere nicht gesondert auf die innerstaatliche Ausgestaltung des Arbeitskampfrechts Rücksicht:

> „Zwar ist ein Streik eine Konfliktphase in den Beziehungen zwischen den Arbeitnehmern und dem Arbeitgeber, dessen Tätigkeit gelähmt werden soll, aber er bleibt gleichwohl eine der möglichen Erscheinungsformern von Kollektivverhandlungen und ist damit als ein Vorkommnis anzusehen, das Teil der normalen Ausübung der Tätigkeit des betreffenden Arbeitnehmers ist, unabhängig von den Besonderheiten des entsprechenden Arbeitsmarktes oder des anwendbaren nationalen Rechts zur Umsetzung dieses Grundrechts“.[349]

Ein weiteres Urteil zum Arbeitskampfrecht stammt vom Gericht der Europäischen Union (EuG). Das EuG hatte in einer Entscheidung vom 29. Januar 2020 das Streikrecht von europäischen Beamt*innen auf Grundlage von Art. 28 GRCh bejaht. Mehrere verbeamteten Dolmetscher*innen des Europäischen Parlaments hatten im Sommer 2018 einen Streik angekündigt. Ihre Arbeitsbedingungen sollten durch einseitige Entscheidung geändert werden, gegen die sich die Dolmetscher*innen zur Wehr setzen wollten. Der Generaldirektor für Personal des Europäischen Parlaments gab eine Dienstverpflichtung für die angekündigten Streiktage heraus. Einige Beamt*innen gingen im einstweiligen Rechtsschutz gegen die Dienstverpflichtung vor und bekamen vor dem EuG Recht. Das Gericht urteilte, dass Art. 28 GRCh auch für Beamt*innen das Streikrecht gewährleiste, wobei es sich in dem entschiedenen Fall um Beamt*innen der Europäischen Union handelte. Im Ergebnis stellte das Gericht fest, dass die Dienstverpflichtung ohne Gesetzesgrundlage ergangen und damit grundrechtswidrig sei.[350]

Das EuG problematisierte in seinem Urteil über die rechtmäßige Ausübung des Art. 28 GRCh von Beamt*innen nicht, dass diese sich mit ihrer Streikankündigung gegen eine einseitige, staatliche Maßnahme gerichtet und gerade keine Tarifforderung aufgestellt hatten. Dem Urteil kann demnach entnommen werden, dass das Arbeitskampfrecht auf europäischer Ebene unabhängig von einem Tarifbezugserfordernis gewährleistet wird. Bei der Bezugnahme auf dieses Urteil zur Bestimmung des Gewährleistungsbereichs von Art. 28 GRCh ist allerdings zu beachten, dass es sich bei einem Streik von Beamt*innen des Europaparlaments um einen Sachverhalt handelte, der keine Rechtsverhältnisse auf Ebene der Mitgliedstaaten tangierte und sich damit die Frage der Einbeziehung der einzelstaatlichen Rechtsvorschriften nicht stellte.

Es bleibt zu konstatieren, dass weder der Tarifbezug des Arbeitskampfrechts noch die Beschränkung des Freiheitsrechts auf Streiks, die sich lediglich an die Arbeit-

---

[349] EuGH 23. 3. 2021 – C-28/20, DAR 2021, 255, S. 257.

[350] EuG 29. 1. 2020 – T-402/18.

geber*innen richten, dem Wortlaut oder der Genese des Art. 28 GRCh zu entnehmen sind.[351] Auch wenn EuGH und EuG bislang kaum Anlass hatte, Art. 28 GRCh auszulegen, haben die Gerichte den Schutzbereich des Arbeitskampfrechts bisher nicht beschränkt. Die Rechtsprechung zu Art. 28 GRCh hinterlässt daher einen weiten Auslegungsspielraum, der über die semantische und subjektiv-teleologische Auslegung eine breitgefächerte Schutzdimension des Arbeitskampfrechts ergibt, die einer hier vertretenen weiten Auslegung von Art. 9 Abs. 3 GG nicht entgegensteht.

II. Einfluss der Unionsgrundrechte auf das deutsche Arbeitskampfrecht

Die Gewährleistung von Art. 28 GRCh kennt keinen Tarifbezug und keine Beschränkung des Streiks auf Arbeitgeber*innen als Adressat*innen der Kampfforderungen. Es schließen sich die Fragen an, inwiefern das Unionsgrundrecht überhaupt auf die Auslegung von Art. 9 Abs. 3 GG bei den hier interessierenden Streiks in der Altenpflege Einfluss nimmt und wie das Verhältnis zwischen den beiden Grundrechtsgarantien zu bestimmen ist, insbesondere wenn der Schutzumfang des Unionsgrundrechts das deutsche Arbeitskampfrecht übersteigt.

Für die Anwendung von Art. 28 Abs. 1 GRCh muss der Schutzbereich der europäischen Grundrechte nach Art. 51 Abs. 1 S. 1 GRCh eröffnet sein. Nach dieser Norm wird zunächst die Europäische Union zur Einhaltung von Art. 28 GRCh verpflichtet.[352] Die Mitgliedstaaten sind nur dann an die Charta gebunden, wenn sie Unionsrecht durchführen.[353] Nach der Rechtsprechung des EuGH ist dies nur dann der Fall, wenn überhaupt ein Bezug zum Unionsrecht[354] und eine unionsrechtlich geregelte Fallgestaltung[355] vorliegt. Nach der Rechtsprechung des Bundesverfassungsgerichts reichen ein bloß sachlicher Bezug zum abstrakten Anwendungsbereich des Unionsrechts oder tatsächliche Auswirkungen auf das Unionsrecht nicht aus.[356]

Entscheidet ein deutsches Gericht über einen inländischen Streik in der Altenpflege, indem es Art. 9 Abs. 3 GG auslegt, fehlt jeglicher Bezug zum Unionsrecht nach Art. 51 Abs. 1 S. 1 GRCh. Nach Art. 153 Abs. 5 AEUV sind unionsrechtliche

---

[351] So auch Däubler ArbeitskampfR-*Heuschmid*, § 11, Rn. 23 f.; *Jeschke*, 2006, S. 39; von der Groeben/Schwarze/Hatje-*Lembke*, GRC Art. 28, Rn. 11; *Zimmer*, AuR 2012, 114, S. 116; andere Ansicht ohne nähere Begründung Jarass-*Jarass*, Art. 28, Rn. 7; Schwarze/Becker/Hatje/Schoo-*Holoubek*, GRC Art. 28, Rn. 18.

[352] Meyer/Hölscheidt-*Schwerdtfeger*, GRCh Art. 51, Rn. 1.

[353] BVerfG 6.11.2019 – 1 BvR 16/13, NJW 2020, 300, S. 302, Rn. 54 f.; *Kämmerer/Kotzur*, NVwZ 2020, 177, S. 179; Jarass-*Jarass*, Art. 28, Rn. 3.

[354] EuGH 26.2.2013 – C-617/10, NJW 2013, 1415, S. 1416, Rn. 22.

[355] EuGH 15.1.2014 – C-176/12, NZA 2014, 193, S. 195.

[356] BVerfG 24.4.2013 – 1 BvR 1215/07, NJW 2013, 1499, S. 1501, Rn. 91; bestätigt durch BVerfG 6.11.2019 – 1 BvR 16/13, NJW 2020, 300, S. 302, Rn. 42.

Vorgaben zum Streik- und Aussperrungsrecht explizit ausgeschlossen, sodass auch zukünftig kein unionsrechtlicher Rechtsakt zum Arbeitskampfrecht zu erwarten ist.

Als ein Anwendungsfall nach Art. 51 Abs. 1 S. 1 GRCh ist ein grenzüberschreitender Sachverhalt denkbar, bei dem es zu einer Einschränkung der Grundfreiheiten der Arbeitgeber*innen kommt. Nach der Rechtsprechung des EuGH wäre dann eine Abwägung zwischen dem in Art. 28 GRCh garantierten Streikrecht und den Grundfreiheiten der Arbeitgeber*innen vorzunehmen.[357] Zwar ist der Altenpflegemarkt durchaus von Arbeitsmigration geprägt,[358] für die hier zu untersuchenden Streiks in Einrichtungen der Altenpflege sind grenzüberschreitende Sachverhalte aufgrund der sich schwierig gestaltenden Organisierung der Arbeitnehmer*innen in privaten Haushalten und über Ländergrenzen hinweg jedoch nicht zu erwarten. Die Pflegearbeit, die von Arbeitspendler*innen übernommen wird, ist zudem nicht als Sachleistung im Elften Sozialgesetzbuch geregelt und deshalb explizit aus der Analyse ausgeschlossen.[359] Somit ist keine Konstellation von Streiks in der Altenpflege vorstellbar, bei der eine Durchführung von Unionsrecht nach Art. 51 Abs. 1 S. 1 GRCh vorläge.

Die Gewährleistungen der GRCh und die Wertungen des EuGH können demnach nur mittelbar Einfluss auf die deutsche Arbeitskampfrechtsprechung bei innerstaatlichen Streiks haben. Aufgrund der Völkerrechtsfreundlichkeit des Grundgesetzes sind die deutschen Gerichte gehalten, das innerstaatliche Recht unter Berücksichtigung der EMRK und der Rechtsprechung des EGMR auszulegen.[360] Der EGMR wiederum zieht in seinen Entscheidungen zur Auslegung von Art. 11 EMRK die GRCh heran.[361] Damit kann über die Rechtsprechung des EGMR die Grundrechtecharta Einfluss auf die deutsche Grundrechtsauslegung erlangen. Für die Auslegung der Charta macht der EuGH wiederum die EMRK und die Rechtspre-

---

[357] EuGH 11.12.2007 – C-438/05; EuGH 18.12.2007 – C-341/05.

[358] Arbeitspendler*innen aus Ost- und Mitteleuropa, zum Großteil Frauen, übernehmen unter prekären Bedingungen einen erheblichen Teil der Pflegearbeit in Deutschland. Die Schätzungen bezüglich der Anzahl von Arbeiter*innen, die in der häuslichen Betreuung und Pflege tätig sind, der sogenannten Live-In-Pflege, bewegen sich zwischen 100.000 (*Neuhaus/Isfort/Weidner*, 2009, S. 18) und 600.000 Live-Ins (*Lutz*, 2018, S. 29). Auch wenn die Angaben über die Anzahl der Arbeit*innen in der häuslichen Betreuung stark auseinanderfallen, leisten sie in der Live-In-Pflege selbst bei vorsichtiger Schätzung ein Viertel der bezahlten Pflegearbeit in Deutschland, *Emunds*, 2019, 147, S. 155. Nach Angaben von *Hielscher/Kirchen-Peters/Nock*, 2017, S. 60, S. 95, lässt sich die Zahl der Live-Ins in 290.000 Vollzeitäquivalente umrechnen. In ambulanten und stationären Pflegeeinrichtungen sind laut Statistischem Bundesamt 1.154.900 Personen beschäftigt. Das entspricht 818.000 Vollzeitäquivalenten, *Statistisches Bundesamt*, 2017, S. 10, 14. Auch in stationären und ambulanten Pflegeeinrichtungen fokussiert die Bundesregierung das Anwerben von Pflegefachkräften aus dem Ausland, *Konzertierte Aktion Pflege*, 2019, S. 129 ff., dabei handelt es sich allerdings nicht um Mitgliedstaaten der Europäischen Union.

[359] Siehe Einführung, Fn. 16.

[360] Das Verhältnis wird auf den S. 159 ff. eingehend erläutert.

[361] EGMR 12.11.2008 – 34503/97, *Demir und Baykara ./. Türkei*, Rn. 80 m. w. N., 150 mit Bezug auf die Tarifautonomie; Schlachter/Heuschmid/Ulber-*Ulber*, § 6 EMRK, Rn. 52.

chung des EGMR nach Art. 52 Abs. 3 GRCh fruchtbar.[362] Nach der Rechtsprechung des EuGH soll zwischen EMRK und GRCh insgesamt Kohärenz hergestellt werden.[363] Aufgrund der wechselseitigen Bezugnahme zwischen EuGH und EGMR und der durch das Bundesverfassungsgericht in ständiger Rechtsprechung praktizierten Auslegung des Grundgesetzes im Lichte der EMRK ist es nicht auszuschließen, dass die Gewährleistungen der GRCh und die dazugehörige Rechtsprechung die Auslegung von Art. 9 Abs. 3 GG zukünftig beeinflussen werden.

III. Zwischenergebnis

Zusammenfassend gewährleistet Art. 28 GRCh explizit das Streikrecht. Nach der semantischen und subjektiv-teleologischen Auslegung der Norm ist der Schutzbereich nicht eindeutig auf tarifbezogene Streiks begrenzt, die sich ausschließlich an die Arbeitgeber*innen zu richten haben. Das hat auch das EuG bestätigt, indem es einen Beamt*innenstreik, der sich gegen staatliche Maßnahmen außerhalb von Tarifverhandlungen richtete, als von Art. 28 GRCh umfasst wertete. Allerdings handelte es sich dabei um einen Rechtsstreit auf Unionsebene, sodass sich das Gericht nicht zur Ausstrahlungskraft auf die Rechtsordnungen der Mitgliedstaaten äußern musste. Zur Problematik des sogenannten politischen Streiks ist der Genese des Artikels nichts zu entnehmen.

Der Schutzbereich des Unionsgrundrechts ist nicht durch einzelstaatliche Regelungen auf einfachgesetzlicher Ebene zu beschränken. Das verbieten die Normenhierarchie und der Effektivitätsgrundsatz des Unionsrechts. Nach der Rechtsprechung des Bundesverfassungsgerichts darf der Grundrechtsschutz, wie ihn der EuGH festlegt, nicht unterschritten werden. Der EuGH hat Art. 28 GRCh eine eigenständige Gewährleistung unabhängig von den mitgliedstaatlichen Regelungen beigemessen. Die Kompetenzverteilung zwischen Europäischer Union und den Mitgliedstaaten wurde durch den eingeschränkten Anwendungsbereich der Charta-Grundrechte in Art. 51 Abs. 1 GG hinreichend berücksichtigt. Für die hier interessierende Frage der Zulässigkeit des sogenannten politischen Streiks lässt sich der Gewährleistungsumfang von Art. 28 GRCh nicht eindeutig positiv bestimmen, hält aber Auslegungsspielräume für den EuGH bereit.

---

[362] Däubler ArbeitskampfR-*Heuschmid*, Rn. 11 ff.; § 11, Rn. 11 ff.; Franzen/Gallner/Oetker EuArbR-*C. Schubert*, GRCh Art. 52, Rn. 10 f.; Franzen/Gallner/Oetker EuArbR-*C. Schubert*, GRCh Art. 28, Rn. 9; Meyer/Hölscheidt-*Schwerdtfeger*, GRCh Art. 52, Rn. 16; Vedder/Heintschel von Heinegg-*Folz*, GR-Charta Art. 52, Rn. 6; von der Groeben/Schwarze/Hatje-*Terhechte*, GRC Art. 52, Rn. 15; Schwarze/Becker/Hatje/Schoo-*U. Becker*, GRC Art. 52, Rn. 14 ff.

[363] EuGH 20.3.2018 – C-524/15, Rn. 23; EuGH 14.9.2017 – C-18/16, Rn. 50; EuGH 15.2.2016 – C-601/15, Rn. 47; Franzen/Gallner/Oetker EuArbR-*C. Schubert*, GRCh Art. 52, Rn. 10.

Die weiten Spielräume, die die Auslegung von Art. 28 und 51 GRCh auch nach der europäischen Rechtsprechung lassen, haben aber keine verbindlichen Auswirkungen auf die Auslegung von Art. 9 Abs. 3 GG, weil der Anwendungsbereich nach Art. 51 Abs. 1 GRCh für inländische Streiks in der Altenpflege regelmäßig nicht eröffnet sein wird. Der deutschen Rechtsprechung fällt demnach die Auslegungsprärogative von Art. 9 Abs. 3 GG gegenüber dem EuGH und den Charta-Grundrechten zu. Der weite Schutzbereich nach Art. 28 GRCh und die Rechtsprechung des EuGH könnten lediglich mittelbar über die Rechtsprechung des EGMR, der sich auf die Unionsgrundrechte bezieht, auf die Auslegung der deutschen Gerichtsbarkeit von Art. 9 Abs. 3 GG Einfluss nehmen.

B. Völkerrecht

Das Streikrecht ist in zahlreichen völkerrechtlichen Verträgen niedergelegt. Inwiefern die völkerrechtlichen Gewährleistungen über die deutsche Arbeitskampfrechtskonzeption hinausweisen und welche Auswirkungen sie auf die Auslegung des Art. 9 Abs. 3 GG haben, ist Gegenstand dieses Unterabschnitts. Dazu muss zunächst der materielle Gewährleistungsgehalt des Streikrechts in den einzelnen völkerrechtlichen Verträgen untersucht werden (I.). In einem zweiten Schritt wird das Verhältnis zum deutschen Recht geklärt (II.). Die Ergebnisse zum Einfluss der völkerrechtlichen Garantien auf die Interpretation von Art. 9 Abs. 3 GG fasse ich zum Schluss zusammen (III.).

I. Regelungen zum Streikrecht

Die völkerrechtlichen Regelungen zum Streikrecht werden mit Fokus auf den Tarifbezug des Arbeitskampfrechts und der Rechtmäßigkeit des sogenannten politischen Streiks dargestellt. Ich untersuche für die einzelnen Verträge, wie weit der Schutzbereich der Gewährleistungen zu ziehen und unter welchen Voraussetzungen eine Beschränkung dieser Menschenrechte zu rechtfertigen ist.

1. Art. 11 EMRK

Die erste hier zu betrachtende völkerrechtliche Regelung, die das Streikrecht gewährleistet, ist Art. 11 EMRK.[364] Nach dem ersten Absatz dieses Artikels hat jede Person das Recht, sich frei und friedlich mit anderen zu versammeln und sich frei mit

[364] Die parlamentarische Versammlung des Europarats hat die Konvention am 5. Mai 1949 beschlossen. Die BRD unterzeichnete sie am 4. November 1950 und die Konvention trat am 3. September 1953 in Kraft, Franzen/Gallner/Oetker EuArbR-*C. Schubert*, EMRK Art. 1, Rn. 2.

anderen zusammenzuschließen; dazu gehört auch das Recht, zum Schutz seiner Interessen Gewerkschaften zu gründen und Gewerkschaften beizutreten.

a) Gewährleistungsgehalt von Art. 11 Abs. 1 EMRK

Das in Art. 11 Abs. 1 EMRK niedergelegte Streikrecht ist zwar nicht ausdrücklich benannt wie in Art. 6 Nr. 4 ESC,[365] die EMRK hat aber durch die Rechtsprechung des EGMR für die Auslegung des Streikrechts an Bedeutung gewonnen (aa)). Zudem spielt die die Methode des Rechtsvergleichs des EGMR und eine summarische Darstellung der unterschiedlichen Regelungen der Konventionsstaaten für die hier interessierenden Fragen des Streikrechts eine wichtige Rolle (bb)).

aa) Rechtsprechung des EGMR

Der EGMR hat das Koalitions- und Streikrecht in zwei wegweisenden Urteilen zu Fällen in der Türkei als Menschenrecht nach Art. 11 Abs. 1 EMRK anerkannt.[366]

In der ersten Entscheidung Demir und Baykara legte der EGMR die Grundsätze zur Auslegung von Art. 11 EMRK anhand weiterer völkerrechtlicher Gewährleistungen, unter anderem Art. 6 ESC und dem ILO-Übereinkommen Nr. 87, fest.[367] Dieser Auslegung von Art. 11 Abs. 1 EMRK folgend erkannte der EGMR in der Entscheidung Enerji Yapi-Yol Sen das Streikrecht an. Die Begründung stützte sich im Wesentlichen auf die Gewährleistungen der ESC und des ILO-Übereinkommens Nr. 87. Nach der Rechtsprechung des Gerichtshofs komme dem Streikrecht ein besonderer Stellenwert innerhalb der Koalitionsfreiheit zu. Dabei betonte der EGMR die Relevanz des Streiks für die Interessendurchsetzung der Arbeitnehmer*innen.[368]

Aus dieser Rechtsprechung ist zu folgern, dass der EGMR den Streik nicht als ein Mittel unter vielen versteht,[369] auf das die Gewerkschaften zurückgreifen können, sondern als das Einzige, um effektiv Druck auf die Gegenseite auszuüben.[370]

---

[365] Siehe dazu S. 147 ff.

[366] Für die Koalitionsfreiheit und Tarifautonomie EGMR 12. 11. 2008 – 34503/97, *Demir und Baykara ./. Türkei*; für das Arbeitskampfrecht EGMR 21. 4. 2009 – 68959/01, *Enerji Yapi-Yol Sen ./. Türkei*; bestätigend EGMR 8. 4. 2014 – 31045/10, *RMT ./. Vereinigtes Königreich*, Rn. 84; EGMR 27. 11. 2014 – 36701/09, *Hrvatski Liječnički Sindikat ./. Kroatien*, Rn. 49; EGMR 21. 4. 2015 – 45892/09, *ER. N. E. ./. Spanien*, Rn. 32.

[367] EGMR 12. 11. 2008 – 34503/97, *Demir und Baykara ./. Türkei*, Rn. 37 ff., 147 ff.

[368] EGMR 21. 4. 2009 – 68959/01, *Enerji Yapi-Yol Sen ./. Türkei*, Rn. 24; bestätigend EGMR 27. 11. 2014 – 36701/09, *Hrvatski Liječnički Sindikat ./. Kroatien*, Rn. 59.

[369] Als ein Kampfmittel unter vielen hat der EGMR das Streikrecht noch in früheren Entscheidungen aufgefasst, siehe EGMR 10. 1. 2002 – 53574/99, *UNISON ./. Vereinigtes Königreich*, m. w. N.

[370] So auch *T. Klein*, AuR 2018, 479, S. 482.

In weiteren Urteilen legte der EGMR die Koalitionsfreiheit als Spezialisierung der Vereinigungsfreiheit aus.[371] Die Versammlungs- und Vereinigungsfreiheit seien wiederum den Kommunikationsgrundrechten zuzuordnen und daher im Lichte der Bedeutung der Meinungsfreiheit auszulegen.[372] Aus der Ableitung der Koalitionsfreiheit aus den demokratiefördernden Grundrechten lässt sich der Schluss ziehen, dass der Gerichtshof die Freiheitsrechte der Arbeitnehmer*innen als Funktionsvoraussetzung einer pluralistischen Demokratie[373] anerkennt.[374]

Interessant für das Verständnis der Streikrechtsprechung des EGMR ist der Fall *Association of Academics* aus dem Jahr 2018. Die isländische Gewerkschaft, die viele Arbeitnehmer*innen des Gesundheitswesens vereinte, legte beim EGMR Beschwerde gegen ein Streikverbot und ein staatliches Schiedsverfahren ein. Vorangegangen waren Verhandlungen und Streiks, die bis zu 67 Tagen gedauert hatten. Die isländischen Gerichte bis hin zum Supreme Court erklärten die streikbeschränkenden Maßnahmen für rechtmäßig, da ein weiterer Streik in der festgefahrenen Verhandlungssituation keine Aussicht auf Erfolg gehabt und weitere Streiks die Gesundheitsversorgung der Bevölkerung gefährdet hätten. Dieser Einschätzung schloss sich der EGMR im Ergebnis an. Vorab stellte er den Prüfungsmaßstab für Art. 11 EMRK auf. In einem ersten Schritt seien die staatlichen Maßnahmen, die die gewerkschaftlichen Freiheiten schützten in ihrer Gänze zu betrachten. Im zweiten Schritt stellte der Gerichtshof fest, dass er keine Beschränkungen dulde, die die Koalitionsrechte in ihren „essential elements" betreffen.[375] Der EGMR legte einerseits dar, dass er Streiks in seiner bisherigen Rechtsprechung noch nicht zu den essenziellen Elementen der Gewährleistungen aus Art. 11 EMRK gezählt hatte und betonte andererseits, dass das Streikrecht als Teil der gewerkschaftlichen Aktivitäten davon umfasst sei.[376] Des Weiteren stellte der EGMR fest, dass das Streikrecht grundsätzlich auch im Gesundheitssektor gewährleistet werde, solange keine Gefährdung der Versorgung besteht.[377]

---

[371] Art. 11 EMRK als „one form or a special aspect of freedom of association", vgl. EGMR 6.2.1976 – 5641/72, *Swedish Engine Drivers' Union ./. Schweden*, Rn. 39.

[372] EGMR 27.4.2010 – 20161/06, *Vörđur Ólafsson ./. Island*, Rn. 46 m.w.N.

[373] Speziell für die Meinungsfreiheit urteilte der EGMR, dass dieses Recht den Grundstein für „pluralism, tolerance and broadmindedness" lege und „without which there is no ‚democratic society'", EGMR 7.12.1976 – 5493/72, *Handyside ./. Vereintes Königreich*, Rn. 49.

[374] So auch Franzen/Gallner/Oetker EuArbR-*C. Schubert*, EMRK Art. 11, Rn. 1.

[375] Zu den „essential elements" zählt der Gerichtshof in Anlehnung an die Entscheidung *Demir und Baykara* und mit dem Hinweis, diese Aufzählung sei nicht abschließend: „the right to form and join a trade union; the prohibition of closed-shop agreements; the right for a trade union to seek to persuade the employer to hear what it has to say on behalf of its members, and (ibid., § 154) the right to bargain collectively with an employer." EGMR 15.5.2018 – 2451/16, *Association of Academics ./. Island*, Rn. 23

[376] EGMR 15.5.2018 – 2451/16, *Association of Academics ./. Island*, Rn. 24.

[377] EGMR 15.5.2018 – 2451/16, *Association of Academics ./. Island*, Rn. 28; auch in einem früheren Urteil über die Rechtmäßigkeit eines Streiks von kroatischen Ärzt*innen sah

Der Ausklammerung des Streikrechts aus den essenziellen Elementen des Freiheitsrechts widersprach der Gerichtshof implizit selbst. In der Entscheidung zum Krankenhausstreik in Island thematisierte er die Anforderungen an ein Streikverbot und setzt sie mit der bisherigen Rechtsprechung ins Verhältnis.[378] Der Gerichtshof stellte fest, dass er eine ungerechtfertigte Verletzung von Art. 11 EMRK vormals dann angenommen hatte, wenn den Arbeitnehmer*innen durch die staatliche Maßnahme die einzige effektive Möglichkeit zur Interessenwahrnehmung verboten worden war.[379] Daraus lässt sich der Zweck der in Art. 11 Abs. 1 EMRK niedergelegten Rechte entnehmen: Der Streik wird gewährleistet, damit Arbeitnehmer*innen effektiv ihre Interessen wahrnehmen können. Wird der Aufteilung der in Art. 11 EMRK gewährleisteten Rechte in essenzielle und andere Rechte gefolgt, hätte der EGMR konsequenterweise auch das Streikrecht zu den essenziellen Gewährleistungen zählen müssen. Für die Wertung des Streikrechts als „essential element" kann zudem auf das Verständnis des Streikrechts aus Art. 6 Nr. 4 ESC und aus dem ILO-Übereinkommen Nr. 87 verwiesen werden, deren Spruchkörper die Bedeutung des Streikrechts explizit betonen und deren Wertungen der EGMR zur Auslegung von Art. 11 EMRK heranzieht. So lässt sich resümieren, dass die bisherige Aufzählung der essenziellen Elemente nicht als abschließend betrachtet werden kann,[380] was der EGMR in einer späteren Entscheidung auch bestätigte, auch wenn er wiederholte, dass das „Recht auf Ergreifung von Arbeitskampfmaßnahmen nicht als Kernelement der Gewerkschaftsfreiheit gesehen" wird.[381]

Der EGMR hat sich zu den Fragen, ob die Einschränkung des Streikrechts durch die Tarifakzessorietät und das Verbot des sogenannten politischen Streiks gerechtfertigt werden kann, noch nicht geäußert. Der EGMR hat in keiner seiner Entscheidungen das Streikrecht als Annex der Tarifautonomie hergeleitet.[382]

Für die Unzulässigkeit des sogenannten politischen Streiks nehmen Teile der rechtswissenschaftlichen Literatur Bezug auf die Spezifizierung des EGMR, welche Interessen von Art. 11 Abs. 1 EMRK umfasst sind. Der Gerichtshof verweist auf die „occupational interests" beziehungsweise „intérêts professionnels" der Koalitio-

---

der EGMR keinen Anlass, das Arbeitskampfrecht im Gesundheitssektor zu beschränken, EGMR 27. 11. 2014 – 36701/09, *Hrvatski Liječnički Sindikat ./. Kroatien.*

[378] EGMR 15. 5. 2018 – 2451/16, *Association of Academics ./. Island*, Rn. 26 f.

[379] So in EGMR 12. 11. 2008 – 34503/97, *Demir und Baykara ./. Türkei*; EGMR 21. 4. 2009 – 68959/01, *Enerji Yapi-Yol Sen ./. Türkei*; EGMR 27. 11. 2014 – 36701/09, *Hrvatski Liječnički Sindikat ./. Kroatien.* In den Fällen EGMR 8. 4. 2014 – 31045/10, *RMT ./. Vereinigtes Königreich* und EGMR 8. 9. 2015 – 15557/10, *Trade Union in the Factory ‚4th November' ./. Mazedonien* hatten die Arbeitnehmer*innen jedoch hinlängliche Möglichkeiten ihre Interessen durchzusetzen.

[380] So auch Franzen/Gallner/Oetker EuArbR-*C. Schubert*, EMRK Art. 11, Rn. 59.

[381] EGMR 5. 7. 2022 – 815/18, Rn. 57, 59.

[382] So auch Franzen/Gallner/Oetker EuArbR-*C. Schubert*, EMRK Art. 11, Rn. 27; *Gooren*, 2014, S. 199 f.; *Fütterer*, EuZA 2011, 505, S. 511; *Povedano Peramato*, 2019, S. 291 ff.

nen.[383] Darunter versteht er alle Belange, die sich auf den Beruf oder die Arbeit beziehen.[384] Einige Autor*innen möchten die Trennlinie zwischen „occupational interests“ und allgemeinen politischen Interessen ziehen. Danach ließen sich die rechtmäßigen mit einem Streik zu verfolgenden Ziele, die die Arbeit oder den Beruf betreffen, von den restlichen unterscheiden.[385] Dabei verzichten sie allerdings auf eine genaue Abgrenzung der Interessenfelder und weisen zudem nicht darauf hin, dass es zu vielen Überschneidungen kommt und eine trennscharfe Grenzziehung daher nicht möglich ist.[386]

Die Rechtsprechung des EGMR zu den „occupational interests“ deutet vielmehr daraufhin, dass dieses Begriffspaar weit auszulegen ist. Erstens hebt der Gerichtshof durch das Betonen der Interessenverfolgung der Arbeitnehmer*innen die Selbstbestimmung derselben hervor. Zweitens unterlässt es der EGMR, die Kampfzieladressat*innen zu benennen. Und drittens stellte der EGMR in Fällen, in denen Arbeitnehmer*innen für die Teilnahme an Streiks sanktioniert wurden, mit denen sie unter anderem die Anerkennung des Koalitionsrechts als solches forderten, eine Verletzung ihres Streikrechts fest, obwohl es sich dabei um Streiks ohne Tarifbezug gehandelt hatte.[387] Daraus lässt sich schlussfolgern, dass nach der Rechtsprechung des EGMR der Tarifbezug keine Voraussetzung für den rechtmäßigen Streik ist. Arbeitnehmer*innen können zur Wahrnehmung ihrer „occupational interests“ demnach auch den Staat adressieren.

In der Entscheidung *RMT* hatte sich der EGMR zum bislang ersten Mal mit der Zulässigkeit von Sympathiestreiks auseinanderzusetzen. Zwar hielt der Gerichtshof das britische Verbot des Unterstützungsstreiks im konkreten Fall der beschwerdeführenden Gewerkschaft für vereinbar mit Art. 11 Abs. 1 EMRK. Der Gerichtshof brachte den Streik allerdings mit keiner Silbe in einen Funktionszusammenhang mit

---

[383] EGMR 20.11.2018 – 44873/09, *Ognevenko ./. Russland*, Rn. 55; EGMR 24.3.2015 – 36807/07 *Ismail Sezer ./. Türkei*, Rn. 49; EGMR 2.7.2002 – 30668/96, *Wilson ./. Vereinigtes Königreich*, Rn. 42;

[384] Nach dem *Oxford Dictionary*, 2020 bezieht sich „occupational“ auf „job“ oder „profession“; in EGMR 24.3.2015 – 36807/07 *Ismail Sezer ./. Türkei*, NVwZ 2016, 1230, S. 1231, Rn. 49 übersetzt als Berufsinteressen.

[385] Franzen/Gallner/Oetker EuArbR-*C. Schubert*, EMRK Art. 11, Rn. 20 m.w.N.

[386] Zur Begriffskritik des „politischen“ Streiks siehe ausführlich S. 260ff.

[387] EGMR 21.4.2009 – 68959/01, *Enerji Yapi-Yol Sen ./. Türkei*; EGMR 15.9.2009 – 30946/04 und 22943/04, *Kaya, Seyhan und Saime Özcan ./. Türkei*; EGMR 13.7.2010 – 33322/07, *Çerikçi ./. Türkei*; EGMR 22.9.2015 – 22685/09 und 39472/09, *Dedecan und Ok ./. Türkei.* Im letzten Fall ging es um die Teilnahme von Gewerkschaftsmitgliedern an einer Demonstration mit dem Motto „Weltweiter Frieden gegen weltweiten Krieg“. Der EGMR prüfte die Rechtfertigung des Eingriffs anschließend aber nicht mehr an den Garantien der Koalitionsfreiheit, sondern der Versammlungsfreiheit. Zur Frage der Rechtmäßigkeit eines Streiks ohne direkten Bezug zu den Arbeitsbedingungen äußerte er sich gar nicht, siehe dazu auch *Povedano Peramato*, 2019, S. 292ff.

Kollektivverträgen.[388] Er stellte fest, dass ein Streik, der sich gegen einen Arbeitgeber richte, um die Auseinandersetzung mit einem anderen Arbeitgeber zu beeinflussen, von Art. 11 EMRK umfasst sei.[389] Da es sich bei jedem Streik um einen „dispute with the employer" handelt, kann daraus nicht geschlussfolgert werden, dass der EGMR damit ein Rechtmäßigkeitserfordernis von Streiks in dem Sinne aufgestellt habe, dass diese sich ausschließlich an die Arbeitgeber*innen richten dürften.[390]

bb) Rechtsvergleich

Ob Art. 11 EMRK die Tarifakzessorietät des Arbeitskampfs verlangt und ob ein Verbot des sogenannten politischen Streiks besteht, lässt sich zudem mittels der Methode des Rechtsvergleichs beantworten. Der EGMR wendet als besondere systematische Auslegung[391] den Abgleich der Gemeinsamkeiten und Unterschiede der nationalen Rechtsordnungen an. Wenn eine Regelung in der Mehrheit der Mitgliedstaaten des Europarats aufzufinden ist, zieht der Gerichtshof dies als Beleg dafür heran, dass „bei einer bestimmten Frage eine übereinstimmende Auffassung der modernen Gesellschaften besteht".[392]

Der Gerichtshof wendet diese Methode an, um die Grundrechtsentwicklung in der überwiegenden Zahl der Konventionsstaaten zu erfassen.[393] Mit der sogenannten evolutiven Auslegung verfolgt der EGMR das Ziel, den Effektivitätsgrundsatz zu wahren, denn ohne eine Anpassung der Rechtsprechung an die Rechtsentwicklungen in den Konventionsstaaten bestünde „die Gefahr, dass jede Reform und Verbesserung ausgeschlossen wäre". Daher sei es „von entscheidender Bedeutung, die Konvention so auszulegen und anzuwenden, dass ihre Rechte praktisch und effektiv sind und nicht theoretisch und illusorisch".[394]

Welche Auswirkungen der Rechtsvergleich auf die Ergebnisse der Entscheidungen des EGMR haben kann, lässt sich exemplarisch am Fall eines armenischen

[388] EGMR 8.4.2014 – 31045/10, *RMT ./. Vereinigtes Königreich*, Rn. 75 ff.; so auch Franzen/Gallner/Oetker EuArbR-*C. Schubert*, EMRK Art. 11, Rn. 27.

[389] „Nonetheless, the taking of secondary industrial action by a trade union, including strike action, against one employer in order to further a dispute in which the union's members are engaged with another employer must be regarded as part of trade-union activity covered by Article 11". EGMR 8.4.2014 – 31045/10, *RMT ./. Vereinigtes Königreich*, Rn. 77.

[390] So aber *Katerndahl*, 2017, S. 182 f., der in der *RMT*-Entscheidung abweichende Tendenzen von der sonstigen Streikrechtsprechung erblickt, weil damit das Erfordernis von einem zumindest mittelbaren Bezug des Streiks zum Arbeitgeber aufgestellt worden sei. Wie es möglich sein soll, dass ein Streik keinen Bezug zu den betroffenen Arbeitgeber*innen hat, bleibt bei seiner Argumentation allerdings unklar.

[391] Schlachter/Heuschmid/Ulber-*Ulber*, § 6 EMRK, Rn. 54.

[392] EGMR 12.11.2008 – 34503/97, *Demir und Baykara ./. Türkei*, Rn. 86.

[393] Der EGMR bezeichnet die EMRK als „living instrument", Urteil v. 12.11.2008 – 34503/97, *Demir und Baykara ./. Türkei*, Rn. 68, 146; Schlachter/Heuschmid/Ulber-*Buchholtz*, § 10, Rn. 5 ff.

[394] EGMR 7.7.2011 – 23459/03, *Bayatyan ./. Armenien*, Rn. 98 m. w. N.

Kriegsdienstverweigerers illustrieren. Der vor dem EGMR beschwerdeführende Mann zählt sich selbst zu Jehovas Zeugen und hatte aus Glaubensgründen den Wehrdienst verweigert und angeboten, stattdessen Zivildienst abzuleisten. Aufgrund der Verweigerung wurde er zu einer mehrjährigen Haftstrafe verurteilt. Er legte Beschwerde beim EGMR ein und machte geltend, seine Verurteilung wegen Wehrdienstverweigerung habe sein Recht auf Gedanken-, Gewissens- und Religionsfreiheit aus Art. 9 EMRK verletzt. Dem EGMR diente in diesem Fall ein rechtsvergleichender Blick auf die Zulässigkeit der Kriegsdienstverweigerung aus Gewissensgründen in anderen Konventionsstaaten als Hauptargument. Nach einer knappen Zusammenfassung der Rechtsentwicklung hin zu einer Anerkennung des Rechts auf Kriegsdienstverweigerung aus Gewissensgründen, kam der Gerichtshof zu dem Ergebnis, dass zum Zeitpunkt des Eingriffs in die Rechte des Beschwerdeführers in nur fünf Konventionsstaaten die Kriegsdienstverweigerung rechtlich noch nicht möglich gewesen sei.[395] Daraus schlussfolgerte der EGMR, dass es „so gut wie einen allgemeinen Konsens in dieser Frage in Europa und darüber hinaus gab"[396]. Der Gerichtshof stellte abschließend eine Rechtsverletzung des Beschwerdeführers fest, obwohl die nationale Rechtsordnung in Armenien ein Recht auf Kriegsdienstverweigerung aus Glaubens- oder Gewissensgründen noch nicht vorsah. Der EGMR nutzt damit die Methode des Rechtsvergleichs, um den Gewährleistungsgehalt eines Menschenrechts anhand des internationalen Konsenses zu konturieren.

Der EGMR zieht aus dem Ergebnis eines Rechtsvergleichs aber nicht immer einen Schluss auf Schutzbereichsebene, sondern beruft sich auch bei der Rechtfertigung von Eingriffen auf den Rechtsvergleich. In der *RMT*-Entscheidung verwies er auf eine rechtsvergleichende Untersuchung zur Zulässigkeit von Solidaritätsstreiks und stellte fest, dass die Rechtslage in den untersuchten Konventionsstaaten divers sei. Das Vereinigte Königreich habe mit dem absoluten Verbot eine „extreme Regelung" hinsichtlich der Beschränkung des Streikrechts entgegen des sich in eine andere Richtung bewegenden europäischen Konsenses getroffen. Nach Ansicht des EGMR führe dies allein jedoch noch nicht dazu, dass das Streikrecht verletzt sei. Der Gerichtshof prüfe jeden Einzelfall und habe damit noch die Frage zu beantworten, ob die konkrete nationalstaatliche Regelung den Antragssteller in seinen menschenrechtlichen Gewährleistungen verletze.[397]

Aus dem Rechtsvergleich zieht der EGMR demnach Konsequenzen für die Frage, ob dem Konventionsstaat ein breiter oder enger Ermessensspielraum bei der Ausgestaltung des Menschenrechts zukommt.[398] Dafür stellt er nicht auf einen strengen Konsens zwischen den Konventionsstaaten ab, sondern für seine Wertung reicht bereits eine Mehrheit der nationalen Regelungen aus. Demnach ist für den Ge-

---

[395] EGMR 7.7.2011 – 23459/03, *Bayatyan ./. Armenien*, Rn. 103 f.

[396] EGMR 7.7.2011 – 23459/03, *Bayatyan ./.Armenien*, Rn. 108.

[397] EGMR 8.4.2014 – 31045/10, *RMT ./. Vereinigtes Königreich*, Rn. 76, 91.

[398] *Povedano Peramato*, 2019, S. 257.

richtshof ein Trend in der europäischen Rechtsentwicklung genügend, um dem Konventionsstaat einen nur engen Ermessensspielraum zuzusprechen.

Für die vorliegende Untersuchung sind rechtsvergleichende Aspekte zur Regelung des Tarifbezugs des Arbeitskampfs und zum Verbot des sogenannten politischen Streiks interessant. Einen umfassenden Rechtsvergleich zwischen den 47 Konventionsstaaten der EMRK zur Tarifakzessorietät des Arbeitskampfs hat Gooren durchgeführt. Er kommt zu dem Ergebnis, dass es in nur zwei Konventionsstaaten, der Schweiz und der Türkei, einen verfassungsrechtlichen Tarifbezug des Streikrechts gibt.[399] Nach der Analyse von Katerndahl, der 36 der 47 Konventionsstaaten untersucht hat, unter Ergänzung der Untersuchung von Warneck kommen neben dem verfassungsrechtlichen Tarifbezug noch neun weitere Länder hinzu, die über die Judikative oder die Legislative den Tarifbezug des Arbeitskampfs geregelt haben: Neben Deutschland sind das Lettland[400], Litauen[401], Luxemburg[402], Polen[403], Rumänien[404], Russland[405], die Slowakische Republik[406] und die Tschechische Republik[407]. Rebhahn resümiert, dass „die deutsche Lösung, wonach der Streik nur um einen Kollektivvertrag zulässig ist, die Ausnahme ist".[408] Es lässt sich konstatieren, dass die weit überwiegende Mehrheit der Konventionsstaaten weder das Arbeitskampfrecht aus der Tarifautonomie ableitet noch es einer solchen Akzessorietät unterstellt.

---

[399] *Gooren*, 2014, S. 218 ff.

[400] Entgegen der Subsumtion Katerndahls, lässt sich der Tarifbezug allerdings nicht aus der Verfassung ablesen, vgl. *Katerndahl*, 2017, S. 308. Vielmehr ergibt er sich aus dem einfachen Recht. In § 1 Abs. 2 des lettischen Streikgesetzes sind als Arbeitskampfparteien ausschließlich Organisation der Arbeitnehmer*innen und Arbeitgeber*innen aufgezählt.

[401] Nach dem Litauischen Arbeitsgesetzbuch ist ein Arbeitskampf nur zur Beilegung eines kollektivrechtlichen Streits rechtmäßig. Das Gesetz enthält viele Detailregelungen, *Warneck*, 2007, S. 46 f.

[402] Das Arbeitskampfrecht ist durch die luxemburgische Rechtsprechung gewährt worden mit der Einschränkung, dass es sich dabei um eine Auseinandersetzung ausschließlich zwischen Arbeitgeber*innen und Arbeitnehmer*innen handeln muss, *Warneck*, 2007, S. 48.

[403] Nach Art. 17 Abs. 1 des Gesetzes über die Beilegung von kollektiven Streitigkeiten vom 23. Mai 1991 darf ein Streik nur mit dem Ziel ausgerufen werden, eine Streitigkeit um eine kollektive Vereinbarung zwischen Arbeitgeber und Gewerkschaft beizulegen.

[404] Das Gesetz Nr. 168/1999 über die Lösung von Arbeitskonflikten regelt, dass Arbeitskämpfe nur im Rahmen von Kollektivverhandlungen zwischen Arbeitgebern und Arbeitnehmern zulässig sind, *Katerndahl*, 2017, S. 313.

[405] Nach Art. 409 Abs. 1 ArbGB kann ein Arbeitskampf nur zur Schlichtung kollektiver Arbeitsstreitigkeiten geführt werden, die sich gemäß Art. 398 Abs. 1 ArbGB zwischen Arbeitnehmern und Arbeitgebern und in Bezug auf Kollektivverträge abspielen müssen, *Katerndahl*, 2017, S. 313.

[406] Nach dem Collective Bargaining Act, No. 2 of 1991 ist der Arbeitskampf nur zur Beilegung einer Auseinandersetzung um einen Kollektivvertrag zulässig, *Warneck*, 2007, S. 64.

[407] Nach dem Collective Bargaining Act No. 2 of 1991 ist ein Arbeitskampf nur mit Tarifbezug zulässig, *Warneck*, 2007, S. 22.

[408] *Rebhahn*, DRdA 2004, S. 404.

Des Weiteren interessiert die internationale Rechtslage bezüglich des sogenannten politischen Streiks. In Deutschland, Luxemburg, Österreich, Island[409], Lettland[410], Litauen, Polen, Rumänien, Russland, in der Schweiz, in der Slowakischen Republik, Tschechischen Republik und in der Türkei sind gegen den Staat gerichtete Streiks unabhängig von ihrem Ziel rechtswidrig.[411] Es fällt auf, dass keines der Verbote auf den Verfassungstext zurückgeht, sondern auf der nationalen Rechtsprechung oder auf der Gesetzgebung fußt. In den meisten Staaten ist das Verbot des sogenannten politischen Streiks auf den Tarifbezug zurückzuführen.

In Großbritannien ist der sogenannte politische Streik nicht rechtmäßig, weil sich der Arbeitskampf auf „trade disputes" zwischen Arbeitgeber*innen und Arbeitnehmer*innen beziehen muss, hier wird das Verbot des sogenannten politischen Streiks also nicht mit dem strengen Tarifbezug, sondern mit der Beschränkung auf Arbeitgeber*innen und Arbeitnehmer*innen begründet.[412] Dänemark nimmt eine Zwischenstellung ein: „Rein politische" Streiks sind unzulässig, Streiks um gesetzliche Regelungen von Arbeitsbedingungen aber rechtmäßig. In Irland sind Streiks zu „trade disputes", die sehr weit ausgelegt werden, zulässig. Darunter könnten auch Streiks fallen, die sich gegen staatliche Stellen richten.[413] In Ungarn und in der Ukraine ist das Arbeitskampfrecht verfassungsrechtlich gewährleistet und in den einfachgesetzlichen Regelungen deutet nichts auf eine Beschränkung auf Streiks hin, die sich ausschließlich an die Arbeitgeber*innen richten dürfen.[414] In Frankreich, Belgien, den Niederlanden, Italien, Spanien, Griechenland, Slowenien und Schweden ist der sogenannte politische Streik um soziale und wirtschaftliche Ziele rechtmäßig.[415] Besonders streikfreundlich ist die Verfassungsbestimmung in Portugal. Nach Art. 57 Abs. 2 der Verfassung obliegt die Abgrenzung der durch den Streik zu verteidigenden Interessen den Arbeitern und kann durch Gesetz nicht eingeschränkt werden. Damit besteht keine Beschränkung des Streikrechts auf bestimmte Kollektivmaßnahmen oder Adressat*innen.[416]

---

[409] Nach Art. 17 Nr. 2 des Act on Trade Unions and Industrial Disputes dürfen Arbeitskampfmaßnahmen staatliche Stellen nicht adressieren: „It is not permissible to commence stoppage of work: […] in case the purpose of the stoppage of work is that of forcing the authorities to perform acts which they are not in duty bound to undertake […]".

[410] Nach § 23 Abs. 4 des Streikgesetzes, siehe 2. Kap., Fn. 400.

[411] *Jeschke*, 2006, S. 184; *Katerndahl*, 2017, S. 299 ff.; *Warneck*, 2007, S. 66.

[412] *Novitz*, 2010, S. 11; *Rebhahn*, DRdA 2004, S. 402 ff.

[413] Section 8 des Industrial Relations Act definiert „trade disputes" folgendermaßen: „trade dispute means any dispute between employers and workers which is connected with the employment or non-employment, or the terms or conditions of or affecting the employment, of any person". Warneck deutet dies sogar als Erlaubnis des sogenannten politischen Streiks, *Warneck*, 2007, S. 40.

[414] *Katerndahl*, 2017, S. 317; *Warneck*, 2007, S. 36 f.

[415] *Jeschke*, 2006, S. 184; *Rebhahn*, DRdA 2004, S. 402 ff.; *Katerndahl*, 2017, S. 299 ff.

[416] *Jeschke*, 2006, S. 144.

Von den 36 Konventionsstaaten, die dem Rechtsvergleich unterzogen wurden,[417] verbieten nur 13 Länder den sogenannten politischen Streik. In den restlichen Staaten ist der Streik gegen staatliche Institutionen rechtmäßig, solange die Arbeitnehmer*innen damit zumindest wirtschaftliche oder soziale Belange umsetzen wollen.

b) Rechtfertigung von Einschränkungen nach Art. 11 Abs. 2 S. 1 EMRK

Nach der Rechtsprechung des EGMR bedarf grundsätzlich jede Beschränkung des Streikrechts einer Rechtfertigung – insbesondere konventionsstaatliche Urteile, die einen Streik als unrechtmäßig bewerten und daraus Unterlassens- und Schadensersatzansprüche entstehen lassen, wertet der EGMR als Eingriff in das Streikrecht aus Art. 11 Abs. 1 EMRK.[418] Die Rechtfertigungsgründe für solche Eingriffe müssen nach Art. 11 Abs. 2 S. 1 EMRK gesetzlich vorgesehen und in einer demokratischen Gesellschaft notwendig für die nationale oder öffentliche Sicherheit, zur Aufrechterhaltung der Ordnung oder zur Verhütung von Straftaten, zum Schutz der Gesundheit oder der Moral oder zum Schutz der Rechte und Freiheiten anderer sein.

aa) Gesetzliche Regelung

Die Rechtfertigung eines Eingriffs in das Menschenrecht setzt zuallererst eine gesetzliche Regelung voraus. Der EGMR legt den Gesetzesvorbehalt weit aus und versteht unter „law" auch Recht, das durch die Rechtsprechung gesetzt wurde.[419] Für das deutsche Arbeitskampfrecht muss zunächst festgestellt werden, dass es als gesetzesvertretendes Richter*innenrecht unter den vom EGMR weit ausgelegten Gesetzesvorbehalt fällt.[420]

Der Gerichtshof verlangt zudem, dass die betroffenen Personen Zugang zum Gesetzestext haben und dieser hinreichend genau formuliert ist. Die Betroffenen müssen mit Zuhilfenahme einer notwendigen, aber angemessenen Beratungsleistung, vorhersehen können, welche Folgen eine bestimmte Handlung nach sich ziehen kann.[421] In der rechtswissenschaftlichen Literatur wird angezweifelt, ob die Rechtsprechung zu den Arbeitskampfgrenzen für die Beteiligten vorhersehbar genug ist.[422] Eine mangelnde Vorhersehbarkeit in diesem Sinne ist allerdings nicht nur der

---

[417] *Katerndahl*, 2017, S. 299 ff.

[418] EGMR 10. 1. 2002 – 53574/99, *UNISON ./. Vereinigtes Königreich*; EGMR 8. 4. 2014 – 31045/10, *RMT ./. Vereinigtes Königreich*, Rn. 84.

[419] EGMR 6. 11. 2008 – 58911/00, *Leela Förderkreis e. V. u. a. ./. Deutschland*, Rn. 86 f. m. w. N.

[420] Franzen/Gallner/Oetker EuArbR-*C. Schubert*, EMRK Art. 11, Rn. 59.

[421] EGMR 26. 6. 2006 – 54934/00, *Weber und Saravia ./. Deutschland*, Rn. 84; EGMR 2. 10. 2014 – 48408/12, *Veniamin Tymoshenko u. a. ./. Ukraine*, Rn. 80; EGMR 30. 1. 2018 – 69317/14, *Sekmadienis Ltd. ./. Litauen*, Rn. 64.

[422] *Lörcher*, AuR 2015, 126, S. 128 f.

Rechtsprechung, sondern auch dem Gesetz inhärent. So wie das Gesetz nicht jeden Einzelfall regeln kann, sind auch die richterlichen Voraussetzungen für die Rechtmäßigkeit eines Arbeitskampfs allgemeiner Natur. Höchstrichterliche und gefestigte Rechtsprechung bewirkt regelmäßig eine genügende Vorhersehbarkeit der Entscheidung.[423] Für den Tarifbezug und den sogenannten politischen Streik ist trotz der höchstrichterlichen Öffnungstendenzen[424] von einer ausreichenden Prognostizierbarkeit auszugehen.

bb) Legitimer Zweck

Als zweite Voraussetzung für die Rechtfertigung eines Eingriffs in Art. 11 EMRK muss mit der einschränkenden Maßnahme ein legitimer Zweck verfolgt werden. Die legitimen Zwecke sind in Art. 11 Abs. 2 S. 1 EMRK abschließend aufgezählt und umfassen die nationale oder öffentliche Sicherheit, die Aufrechterhaltung der Ordnung oder die Verhütung von Straftaten, den Schutz der Gesundheit oder der Moral oder den Schutz der Rechte und Freiheiten anderer. Sie müssen nach der Rechtsprechung des EGMR eng ausgelegt werden.[425] Der Gerichtshof hat es bislang unterlassen, eine vertiefte Dogmatik zu den legitimen Zwecken zu erarbeiten oder sich ausführlich zu diesen Anforderungen zu äußern.[426] Rechtswissenschaftliche Analysen zu den einzelnen Zwecken sind noch rar und beschränken sich darauf, die Rechtsprechung des EGMR zu den Voraussetzungen des Art. 11 Abs. 2 S. 1 EMRK zu systematisieren.[427] Eine Untersuchung inwiefern, die vom EGMR als legitim bewerteten Zwecke von den Rechten der EMRK abgedeckt sind, liegt noch nicht vor.

Für die Einschränkung des Streikrechts sind die Rechte und Freiheiten anderer, insbesondere der vom Streik betroffenen Arbeitgeber*innen in den Blick zu nehmen. Im Fall *UNISON*, den der EGMR noch vor den grundlegenden Urteilen zur Anerkennung des Streikrechts in der Türkei[428] entschied, urteilte er, dass die effektive Fortführung der Geschäftstätigkeit eines Betriebsveräußerers und die Gefahr für potentielle Vertragsabschlüsse des Betriebserwerbers als schützenswerte Rechte und Freiheiten anderer nach Art. 11 Abs. 2 EMRK einzustufen seien.[429] In den darauffolgenden Urteilen, in denen Arbeitgeber*innen ihre unternehmerischen Rechte ins

---

[423] *Jacobs/L. Schmidt*, EuZA 2016, 82, S. 93; *Hauer*, 2020, S. 144 f.

[424] Siehe S. 301 ff.

[425] Für Art. 11 EMRK und speziell die Glaubens- und Versammlungsfreiheit behandelnd EGMR 5.4.2007 – 18147/02, *Kirche der Scientologen Moskau ./. Russland*, Rn. 86; die Anforderungen von Art. 8–10 EMRK seien aber auch auf die Koalitionsfreiheit zu übertragen, Franzen/Gallner/Oetker EuArbR-*C. Schubert*, EMRK Art. 11, Rn. 59.

[426] Meyer-Ladewig/Nettesheim/von Raumer-*Daiber*, EMRK Art. 11, Rn. 30.

[427] Meyer-Ladewig/Nettesheim/von Raumer-*Daiber*, EMRK Art. 11, Rn. 30; Franzen/Gallner/Oetker EuArbR-*C. Schubert*, EMRK Art. 11, Rn. 59 ff.; *Povedano Peramato*, 2019, S. 333 ff.

[428] Siehe S. 129 ff.

[429] EGMR 10.1.2002 – 53574/93, *UNISON ./. Vereinigtes Königreich.*

Feld führten, bezog sich der EGMR nicht auf die Rechtsprechung aus dem Fall *UNISON*.[430] Der EGMR führte den Unternehmensschutz aus der damaligen Rechtsprechung nicht fort und billigte diesen daher nicht als legitimen Zweck zur Einschränkung des Streikrechts.[431]

Der EGMR berücksichtigt bei der Rechtfertigung von Eingriffen auch die Rechte, die den Beteiligten im jeweiligen Konventionsstaat nach innerstaatlichem Recht zukommen. Zu den schützenswerten Rechten zählte der EGMR seit der Anerkennung des Streikrechts die Rechte der Arbeitgeber*innen, wenn sie durch ein besonderes Verfahren geschützt sind, das unter anderem Ankündigungspflichten der Streikenden vorsah.[432] Der EGMR wertete eine Streikuntersagung auch dann als rechtmäßig, als die Streikenden ein gesetzlich vorgesehenes Schlichtungsverfahren nicht eingehalten hatten, weil das gesetzlich geregelte Verfahren die ökonomischen Interessen der Arbeitgeber*innen geschützt habe.[433]

Der EGMR hält die ökonomischen Interessen der Arbeitgeber*innen für einen legitimen Rechtfertigungsgrund eines Eingriffs in das Streikrecht. Grundlegend subsumiert der EGMR unter die Rechte und Freiheiten anderer die Gewährleistungen der EMRK.[434] Das Eigentum ist durch Art. 1 des Zusatzprotokolls der EMRK (ZP EMRK) geschützt und der Gerichtshof legt Art. 1 ZP EMRK weit aus, sodass darunter vermögenswerte Rechte und Interessen fallen.[435] Der EGMR hat jedoch noch nie in einer arbeitskampfrechtlichen Auseinandersetzung die Eigentumsfreiheit der Arbeitgeber*innen, weder das Sacheigentum noch den darüber hinausgehenden Schutz von Rechten und vermögenswerten Interessen als Rechte anderer für eine Rechtfertigung der Beschränkung des Streikrechts herangezogen. Ob die wirtschaftlichen Interessen der Arbeitgeber*innen unter den Eigentumsschutz der EMRK fallen, hat der EGMR noch offen gelassen. Dass der EGMR nicht die zu erwartenden Gewinne, die bei Arbeitsleistung statt Streik erzielt worden wären, unter den Eigentumsschutz fallen lässt, ist nach seiner bisherigen Rechtsprechung wahrscheinlich. Der Gerichtshof urteilte, dass zukünftige Gewinne aus den Geschäften mit einem Kundenstamm nicht von der Eigentumsfreiheit umfasst sind.[436] Dies entspricht auch dem deutschen Verständnis des Eigentumsschutzes. Nach der

---

[430] EGMR 28.10.2010 – 4142/03, *Trofimchuk ./. Ukraine*, Rn. 45; EGMR 8.4.2014 – 31045/10, *RMT ./. Vereinigtes Königreich*, Rn. 76, 82.

[431] So auch *Povedano Peramato*, 2019, S. 335.

[432] Der EGMR zählt zu den schutzwürdigen Belangen nach Art. 11 Abs. 2 EMRK „the protection of the rights of the applicant's former employer under domestic labour law.", vgl. EGMR 28.10.2010 – 4142/03, *Trofimchuk ./. Ukraine*, Rn. 45.

[433] EGMR 8.9.2015 – 15557/10, *Trade Union in the Factory „4th November" ./. Former Yugoslav Republic of Macedonia*, Rn. 45, 47.

[434] *Rainey/Wicks/Ovey*, 2017, S. 356 f.

[435] Schlachter/Heuschmid/Ulber-*Ulber*, § 6 EMRK, Rn. 484; Dörr/Grote/Marauhn, EMRK/GG-*Cremer*, Kap. 22, Rn. 57 f.

[436] EGMR 13.3.2012 – 23780/08, *Malik ./. Vereinigtes Königreich*, Rn. 93.

Rechtsprechung schützt die Eigentumsfreiheit nicht das bloße Vermögen und zu erwartende Geldeinnahmen.[437]

Der EGMR erkannte auch das Prinzip der gewerkschaftlichen Parität im Rahmen von Kollektivverhandlungen als schützenswertes Recht anderer an.[438] Dieses Recht wurde nochmals in der zuletzt getroffenen Entscheidungen zur deutschen Tarifeinheit relevant.[439] Der EGMR nutzt den Tarifbezug allerdings nicht als Begründung des Streikrechts.[440] So hat der EGMR in dieser Entscheidung auch nicht den Tarifbezug des Streikrechts betont, sondern den Eingriff in das Streikrecht mit dem Schutz der Tarifautonomie gerechtfertigt. Anlässlich der Überprüfung der Regelung zum Mehrheitstarifvertrag in § 4a Abs. 1 TVG im Falle von Tarifkollisionen hat der EGMR entschieden, dass die deutsche Regelung dazu diene, die gerechte Funktionsfähigkeit des Systems der Tarifautonomie zu sichern. Der Gerichtshof hat den Schutz der Tarifautonomie als Rechte anderer – der Mehrheitsgewerkschaften und Arbeitgeber – subsumiert:

> „Die Bestimmungen dienen daher dem Schutz der Rechte anderer, und zwar insbesondere der Rechte der Beschäftigten, welche keine Schlüsselpositionen innehaben, sowie der ihre Interessen vertretenden Gewerkschaften, aber auch dem Schutz der Rechte der Arbeitgeberseite; folglich verfolgen sie ein legitimes Ziel im Sinne des Artikels 11 Abs. 2."[441]

Aus dieser Entscheidung kann allerdings nicht zwangsläufig geschlussfolgert werden, dass der EGMR auch das deutsche Verbot des sogenannten politischen Streiks mit dem Schutz der Tarifautonomie rechtfertigen würde. Dafür müsste ein „politischer" Streik zunächst einen Eingriff in die Tarifautonomie darstellen. Dass dies nicht der Fall ist, wurde bereits anhand der deutschen Grundrechtsdogmatik aufgezeigt: Weder sind die Arbeitskampfparteien daran gehindert, Tarifverträge abzuschließen noch sind bereits bestehende Tarifverträge von einem „politischen" Streik bedroht. Ein solcher muss sich aufgrund der tarifvertraglichen Friedenspflicht auf nicht tariflich geregelte Materien beziehen. Bei einem Streik, der ja gerade „politisch" ist, weil die Forderungen nicht in einem Tarifvertrag geregelt werden können, wird dies in aller Regel der Fall sein. Das Tarifvertragssystem als solches ist nicht von „politischen" Streiks gefährdet, da sie die Ausnahme sind, bereits geschlossene Tarifverträge bestehen bleiben und gesetzliche Regelungen nicht die tarifautonome Gestaltung derselben Materie ausschließen. Zudem ist das Gleichgewicht zwischen den Arbeitskampfparteien in keiner Schieflage, weil Arbeitgeber*innen auch bei einem „politischen" Streik nicht machtlos gestellt sind.[442]

---

[437] Siehe S. 108 ff.

[438] EGMR 27.11.2014 – 36701/09, *Hrvatski Liječnički Sindikat ./. Kroatien*, Rn. 57.

[439] EGMR 5.7.2022 – 815/18.

[440] Siehe dazu S. 129 ff.

[441] EGMR 5.7.2022 – 815/18, Rn. 53, 69.

[442] Siehe dazu S. 111 ff.

Ein Recht am eingerichteten und ausgeübten Gewerbebetrieb, wie es die deutsche Rechtsordnung im Wettbewerbsrecht entwickelt und auf das Arbeitskampfrecht übertragen hat,[443] ist in der Rechtsprechung des EGMR nicht zu finden. Der EGMR hat eine vergleichbare Rechtsposition bislang lediglich in Fällen der Ausstellung beziehungsweise der Rücknahme einer Geschäftsführungserlaubnis geschützt. Allerdings hat der Gerichtshof „the applicant company's right to the peaceful enjoyment of their possessions" ausschließlich im Verhältnis der Unternehmer*innen zum Staat anerkannt.[444] Eine Anwendung dieses Eigentumsschutzes in Streiksituationen ist den Urteilen des Gerichtshofes nicht zu entnehmen. Demnach lässt sich anhand der bisher entschiedenen Fälle keine vom EGMR entwickelte Dogmatik erkennen, die das Recht auf einen streikfreien, reibungslosen Geschäftsablauf schützt.

Auch kann das Streikrecht nicht zum Wohle des volkswirtschaftlichen Wachstums eingeschränkt werden. Dieses Interesse ist nicht unter eines der in Art. 11 Abs. 2 EMRK aufgezählten schutzwürdigen Rechte zu subsumieren. Der legitime Zweck des „economic wellbeing of the country" ist ausschließlich in Art. 8 Abs. 2 EMRK geregelt. Rechtssystematisch ist daraus zu schließen, dass in das Streikrecht gerade nicht für das wirtschaftliche Wohl des Landes eingegriffen werden darf, weil Art. 11 Abs. 2 EMRK einen solchen Rechtfertigungsgrund nicht enthält.

Für die hier interessierenden frauendominierten Pflegeberufe kommt als schützenswerter Belang nach Art. 11 Abs. 2 EMRK das Recht auf Leben der zu Pflegenden aus Art. 2 Abs. 1 EMRK und der Schutz der Gesundheit in Betracht. In den bisher entschiedenen Fällen hat der EGMR unter Gesundheit die öffentliche Gesundheit verstanden.[445]

In der Rechtsprechungspraxis überspringt der EGMR des Öfteren die Prüfung des legitimen Zwecks und wendet sich nur der demokratischen Notwendigkeit der Einschränkung des Menschenrechts zu. Ein Grund dafür wird in der Rechtswissenschaft darin gesehen, dass der Gerichtshof zum einen nur schwer feststellen könne, dass der Konventionsstaat zur Verfolgung eines bestimmten Zwecks von der Menschenrechtsgarantie abgewichen ist und zum anderen sei es für den Gerichtshof kaum möglich, die Rechtsverletzung festzustellen, wenn sich der Konventionsstaat dabei an das geltende nationale Recht gehalten habe.[446] Diese Erklärung kann nicht überzeugen, denn nur weil eine Zweckbestimmung oder Subsumtion schwer fällt, kann sie nicht einfach unterbleiben. Die Anforderung an die Rechtfertigung eines Menschenrechtseingriffs bleiben bestehen. Das Streikrecht darf ausschließlich zum Schutz der in Art. 11 Abs. 2 EMRK aufgelisteten Rechtsgüter eingeschränkt werden. Auch ist nicht nachvollziehbar, warum es nicht feststellbar sein soll, dass eine nach innerstaatlichem Recht rechtmäßige staatliche Handlung nicht dennoch gegen

---

[443] Zur Problematik der Übertragung des Rechts am eingerichteten und ausgeübten Gewerbebetrieb auf die Arbeitskampfsituation siehe S. 245 ff.

[444] Zuletzt EGMR 2.6.2020 – 71130/13, BeckRS 2020, 10510, Rn. 27 m.w.N.

[445] *Rainey/Wicks/Ovey*, 2017, S. 354.

[446] *Rainey/Wicks/Ovey*, 2017, S. 342.

Menschenrechte verstoßen haben könnte. Schließlich ist es gerade Sinn und Zweck der EMRK, einen Menschenrechtsstandard aufzustellen und durchzusetzen, der über die nationalen Rechtsordnungen hinweg Gültigkeit besitzt.

cc) Demokratische Notwendigkeit

Als dritte Voraussetzungen von Art. 11 Abs. 2 EMRK prüft der Gerichtshof, ob die Verfolgung des legitimen Zwecks in einer demokratischen Gesellschaft notwendig ist. Als notwendig erachtet der EGMR solche Ziele, die zwar nicht unverzichtbar,[447] aber doch mehr als nur nützlich oder wünschenswert sein müssen.[448] Die demokratische Notwendigkeit umschrieb der EGMR näher als ein erdrückendes soziales Bedürfnis.[449] Das Vorliegen dieser Voraussetzungen stellt der EGMR in einer Art Verhältnismäßigkeitsprüfung fest, in der er eine Abwägung zwischen den Interessen der Grundrechtsausübenden und den Belangen in Art. 11 Abs. 2 EMRK vornimmt.[450]

In diese Verhältnismäßigkeitsprüfung spielt das Ermessen der Konventionsstaaten hinein. Der EGMR prüft anhand der Gründe, die die Konventionsstaaten als Rechtfertigung für die Menschenrechtsverletzung anführen, ob ein dringendes gesellschaftliches Bedürfnis vorliegt.[451] Dafür nutzt der EGMR regelmäßig die Figur des „margin of appreciation“ um die nationalen Besonderheiten zu berücksichtigen.[452]

Diesen Einschätzungsspielraum bestimmt der EGMR anhand verschiedener Kriterien. Als erstes Kriterium ist der Vergleich der Rechtslage in den einzelnen Konventionsstaaten zu nennen. Der „margin of appreciation“ sei umso weiter, je weniger Übereinstimmung es unter den Mitgliedstaaten des Europarats zu einer bestimmten Rechtsmaterie gebe.[453] Hat die Mehrheit der Konventionsstaaten eine

---

[447] EGMR 30.5.2013 – 36673/04, *Malofeyeva ./. Russland*, Rn. 132.

[448] EGMR 5.4.2007 – 18147/02, *Kirche der Scientologen Moskau ./. Russland*, Rn. 75.

[449] Speziell für das Arbeitskampfrecht EGMR 15.5.2018 – 2451/16, *Association of Academics ./. Island*, Rn. 25; für Art. 10 Abs. 2 und Art. 11 Abs. 2 EMRK vgl. EGMR 30.5.2013 – 36673/04, *Malofeyeva ./. Russland*, Rn. 132.

[450] Zum angemessenen Verhältnis EGMR 30.5.2013 – 36673/04, *Malofeyeva ./. Russland*, Rn. 132; zur Interessenabwägung EGMR 5.3.2009 – 31684/05, *Barraco ./. Frankreich*, Rn. 42.

[451] EGMR 9.7.2013 – 35943/10, *Vona ./. Ungarn*, Rn. 70; EGMR 27.4.2010 – 20161/06, *Vördur Olafsson ./. Island*, Rn. 74; Meyer-Ladewig/Nettesheim/von Raumer-*Daiber*, EMRK Art. 11, Rn. 36.

[452] EGMR 1.7.2014 – 43835/11, *SAS ./. Frankreich*, Rn. 83; EGMR 8.4.2014 – 31045/10, *RMT ./. Vereinigtes Königreich*, Rn. 99; EGMR 18.03.2011 – 30814/06, *Lautsi u. a. ./. Italien*, Rn. 61; *A.-B. Kaiser*, AöR 2017, 417, S. 440.

[453] Siehe wegweisend zur Rechtsfigur „margin of appreciation“ die abweichende Meinung von Judge Sir Gerald Fitzmaurice, EGMR 13.6.1979 – 6833/74, *Marckx ./. Belgien*, Rn. 29 ff.; EGMR 22.4.2013 – 48.876/08, *Animal Defenders International ./. Vereinigtes Königreich*, Rn. 123; EGMR 19.2.2013 – 19010/07, *X u. a. ./. Österreich*, Rn. 102. Die Ent-

Regelung getroffen, begrenzt dieser rechtsvergleichende Trend den Einschätzungsspielraum der einzelnen Staaten.[454]

Das zweite Kriterium ist die demokratische Legitimation der einzelstaatlichen Rechtfertigung des Eingriffs in das Menschenrecht. Der EGMR hat entschieden, dass der Ermessensspielraum bei der Beschränkung des Freiheitsrechts durch eine legislative Entscheidung größer sei als durch Judikative oder Exekutive. Nach Ansicht des Gerichtshofs seien Akte der Gesetzgebung stärker demokratisch legitimiert als Entscheidungen der Rechtsprechung oder der Verwaltung und daher mit mehr Handlungsspielraum hinsichtlich der Rechtfertigung eines Eingriffs in die Menschenrechte ausgestattet.[455]

Als drittes Kriterium zur Bestimmung des Einschätzungsspielraums betrachtet der EGMR die inhaltliche Ausrichtung des Streitgegenstands. Bei sozialen und politischen Themen geht der Gerichtshof von einem Ermessen zugunsten der Einzelstaaten aus. Daraus schlussfolgerte er, dass auch gewerkschaftliche Rechte einem weiten Ermessenspielraum der Konventionsstaaten unterlägen:

> „In view of the sensitive character of the social and political issues involved in achieving a proper balance between the respective interests of labour and management, and given the high degree of divergence between the domestic systems in this field, the Contracting States enjoy a wide margin of appreciation as to how trade-union freedom and protection of the occupational interests of union members may be secured".[456]

Der Gerichtshof begründete die Möglichkeit der Konventionsstaaten, die Gewährleistungen von Art. 11 Abs. 1 EMRK einzuschränken, damit, dass sich in den Einzelstaaten spezifische Regelungssysteme herausgebildet hätten. Im nächsten Absatz des Urteils betonte der EGMR allerdings, dass die Konventionsstaaten in jedem Fall die Interessendurchsetzung der Arbeitnehmer*innen nach Art. 11 EMRK gewährleisten müssten.[457]

In der Entscheidung *RMT* stellte der EGMR unter Bezug auf seine vorherige Rechtsprechung spezifische Kriterien für den Ermessensspielraum der Nationalstaaten bei der Rechtfertigung von Eingriffen in Rechte aus Art. 11 Abs. 1 EMRK auf. Mit Bezug auf den Fall der Gewerkschaftsauflösung in *Demir und Baykara* konstatierte der Gerichtshof, dass der Ermessenspielraum umso enger sei, desto näher die staatliche Einschränkung in den Kernbereich („inner core") des Frei-

scheidungen werden von Hering fälschlicherweise so gedeutet, dass sich ein weiter Entscheidungsspielraum der Nationalstaaten ergebe, wenn sich die nationalen Gericht intensiv mit den Vorgaben der EGMR-Rechtsprechung auseinandersetzen, vgl. *Hering*, ZaöRV 2019, 241, S. 248. Der EGMR äußert sich in den Urteilen nicht zur vermeintlich aufgeworfenen Frage.

454 Siehe S. 133 ff.

455 EGMR 8.4.2014 – 31045/10, *RMT ./. Vereinigtes Königreich*, Rn. 99; Schlachter/Heuschmid/Ulber-*Ulber*, § 6 EMRK, Rn. 77 f.

456 EGMR 9.7.2013 – 2330/09, *Sindicatul Pastorul Cel Bun ./. Rumänien*, Rn. 133.

457 EGMR 9.7.2013 – 2330/09, *Sindicatul Pastorul Cel Bun ./. Rumänien*, Rn. 134.

heitsrechts hineinreiche.[458] Die Reichweite des Einschätzungsspielraums hänge von der Art, dem Ausmaß und der Zielstellung der Beschränkung und den widerstreitenden Rechten und Interessen anderer Individuen ab.[459]

Problematisch ist, dass der EGMR bei der Interessenabwägung Belange einbezieht, die nicht in Art. 11 Abs. 2 EMRK aufgezählt sind. So hatte er in der Entscheidung *RMT* die „heimische Wirtschaft“ („domestic economy“) und die „wirtschaftliche Erholung des Landes“ („country's economic recovery“) als „dringende soziale Bedürfnisse“ („pressing social need“) gewertet. Dabei hatte er nicht benannt, welches legitime Ziel nach Art. 11 Abs. 2 S. 1 EMRK genau damit verfolgt wurde und die angeführten Belange dementsprechend auch nicht subsumiert.[460]

In der deutschen rechtswissenschaftlichen Kommentierung wird die Rechtsprechung des EGMR zum Ermessensspielraum der Konventionsstaaten aufgrund der historisch gewachsenen Diversität der Kollektivverhandlungssysteme befürwortet.[461] Dieser Ansicht sind zahlreiche Argumente entgegenzuhalten.

Das erste Gegenargument ist rechtshistorischer Natur. In allen europäischen Ländern waren es die Lohnabhängigen selbst, die durch Streiks die Verbesserung ihrer tatsächlichen und rechtlichen Position errungen haben.[462] Das Augenmerk der rechtlichen Entwicklung sollte damit nicht auf den Unterschieden der nationalstaatlichen Regelungen, sondern auf der Gemeinsamkeit in der Entstehung des Streikrechts liegen. Es ist richtig, dass sowohl die Arbeitsbeziehungen als auch das kollektive Arbeitsrecht in jedem Land unterschiedlich ausgestaltet sind.[463] Allen Entwicklungen ist aber eins gemein: Das heute in allen Konventionsstaaten gewährleistete Streikrecht wurde von Arbeitnehmer*innen erstritten. Im Völkerrecht wurden diese erkämpften Rechte universell abgesichert. Wie das Streikrecht im Speziellen ist auch die Ausgestaltung des kollektiven Arbeitsrechts im Allgemeinen das Produkt der Auseinandersetzungen zwischen den Parteien des Arbeitslebens und der staatlichen Rahmung dieser Konflikte. Das menschenrechtlich gewährleistete Streikrecht aufgrund der jeweils erkämpften Ordnungen einzuschränken, unterwandert damit die rechtshistorischen Entstehungszusammenhänge und die Bedeutung des Streikrechts, auf das die Arbeitnehmer*innen angewiesen sind, um ihre Interessen durchzusetzen.

Mit der Wertung des EGMR in der Entscheidung *Sindicatul „Pastorul Cel Bun“*, dass der Entscheidungsspielraum der nationalen Gesetzgebung bezüglich der

---

[458] EGMR 8.4.2014 – 31045/10, *RMT ./. Vereinigtes Königreich*, Rn. 86.

[459] EGMR 8.4.2014 – 31045/10, *RMT ./. Vereinigtes Königreich*, Rn. 86; bestätigt durch EGMR 15.5.2018 – 2451/16, *Association of Academics ./. Island*, Rn. 25.

[460] EGMR 8.4.2014 – 31045/10, *RMT ./. Vereinigtes Königreich*, Rn. 99.

[461] Franzen/Gallner/Oetker EuArbR-*C. Schubert*, EMRK Art. 11, Rn. 75; NK-ArbR-*Sagan*, EMRK Art. 11, Rn. 13.

[462] Siehe S. 45 ff.

[463] *Rebhahn*, EuZA 2010, 62; *Kahn-Freund*, The Modern Law Review 37 (1974), 1, S. 11 f., 20 ff.

Wirtschaftspolitik groß sei, weil diese besser über die nationalen ökonomischen Situationen entscheiden könnte als ein internationales Gericht, hat der Gerichtshof die dogmatische Ebene der Prüfung der Rechtfertigung eines Eingriffs in die Menschenrechte verlassen. Art. 11 Abs. 2 EMRK sieht einen abschließenden Katalog von Rechtfertigungsgründen für Eingriffe in das Streikrecht vor. Die Bezugnahme auf einen allgemein weiten Einschätzungsspielraum der nationalen Gesetzgebung kann aufgrund der normativen Auflistung von legitimen Zielen nicht überzeugen. Zudem ist dieser Rechtsprechung zu entgegnen, dass sie den Fokus von der Bedeutung des Streikrechts hin zu einer Beschränkbarkeit der Rechte aus Art. 11 Abs. 1 EMRK verschiebt und im Widerspruch zur selbst aufgestellten Prämisse steht, dass die Konventionsstaaten die Interessendurchsetzung der Arbeitnehmer*innen effektiv gewährleisten müssen.[464]

Die Wertungen des EGMR in der Entscheidung *RMT* erfolgen ebenso ohne Prüfung der legitimen Zwecke des Art. 11 Abs. 2 EMRK anhand der Gewährleistungen der EMRK. Der EGMR umging damit den menschenrechtlichen Vorbehalt zur Rechtfertigung eines Eingriffs in das Streikrecht, indem er die Unternehmerinteressen unter menschrechtlichen Schutz stellte, ohne zu begründen welches Menschenrecht der Arbeitgeber*innen im Streik verletzt sei. Diese Auslassung in der rechtsdogmatischen Prüfung hat zur Folge, dass ein vermeintlich allgemeines Interesse an einer florierenden Volkswirtschaft zur Rechtfertigung der Einschränkung von menschenrechtlichen Gewährleistungen genutzt wird.

c) Zusammenfassung

Der EGMR setzt den Zweck des Streikrechts weit: Arbeitnehmer*innen können streiken, um ihre Interessen durchzusetzen. Der Gerichtshof leitet das Streikrecht nicht aus der Tarifautonomie ab, sondern betont dessen eigenständige Gewährleistung. Das Streikrecht ist eine spezielle Ausprägung der Vereinigungsfreiheit und hat nach Ansicht des EGMR an der öffentlichen Meinungsbildung als demokratisches Kommunikationsrecht teil. Weder eine Tendenz zum Tarifbezug noch zu einem Verbot des sogenannten politischen Streiks ist der Rechtsprechung des Gerichtshofs zu entnehmen.[465]

Der EGMR zieht für die Auslegung der Konventionsgewährleistungen den Rechtsvergleich heran. Für die vorliegend relevanten Fragen ergibt diese Methode, dass eine deutliche Mehrheit der Rechtsordnungen der Konventionsstaaten die Rechtmäßigkeit nicht tarifbezogener und gegen den Staat gerichteter Streiks vorsieht. Daraus ist nach der Rechtsprechung des EGMR nicht automatisch eine An-

---

[464] Die Richter am EGMR Serghides und Zünd betonen das Wirksamkeitsprinzip der Menschenrechte, insbesondere des Streikrechts in: EGMR 5.7.2022 – 815/18, Gemeinsame abweichende Meinung der Richter Serghides und Zünd, Rn. 7.

[465] So auch für einen gegen den Staat gerichteten Streik mit sozialpolitischen Forderungen *A. Seifert*, EuZA 2013, 205, S. 215 f.

gleichung der strittigen Arbeitskampfrechtslage an die der Mehrheit der Konventionsstaaten zu folgern, jedoch führt die rechtsvergleichende Betrachtung zu einem engen Beurteilungsspielraum desjenigen Konventionsstaats, der das Streikrecht im Vergleich zum Großteil der anderen Länder einschränkend auslegt, da darin eine Verletzung der EMRK liegen kann. Es ist im Einzelfall zu prüfen, ob die staatliche Maßnahme das Streikrecht aus Art. 11 Abs. 1 EMRK verletzt.

Der EGMR hat bislang in keiner seiner Entscheidungen, den Tarifbezug des Streikrechts zur Rechtfertigung eines Eingriffs herangezogen. Er subsumiert unter die Freiheiten und Rechte anderer die Rechte der Arbeitskampfbeteiligten, wenn diese im jeweiligen Konventionsstaat durch bestimmte Verfahren geschützt sind. Unter diese Verfahrensanforderungen, die die Arbeitgeber*innen schützen, könnte der deutsche Tarifbezug fallen. Dass der politische und damit nicht tarifbezogene Streik nicht in die Grundrechte oder Rechtsgüter mit Verfassungsrang eingreift, wurde bereits in der rechtsdogmatischen Diskussion zum Grundgesetz dargelegt.[466] Der deutsche Tarifbezug kann zudem nicht mit den gesetzlich vorgesehenen Fällen, die der EGMR bereits entschieden hat, verglichen werden, da die Tarifautonomie nur in ihrer grundlegenden Funktionsfähigkeit während des Streiks geschützt wird und außer der tarifvertraglichen Friedenspflicht kein Verfahren vorgesehen ist, bestehende Tarifverträge vor Streiks zu schützen.[467]

Der EGMR hat bei den schützenswerten Interessen der Arbeitgeber*innen noch keine dogmatische Einordnung in die EMRK vorgelegt. Obwohl die Rechte anderer nach Art. 11 Abs. 2 EMRK als die Menschenrechte dieser Konvention zu verstehen sind, hat er sich noch nicht zur Frage geäußert, ob Art. 1 ZP EMRK als Eigentumsrecht auch die im Streik betroffenen Vermögensinteressen der Arbeitgeber*innen schützt. Die Rechtsprechung des EGMR zu Art. 1 ZP EMRK deutet jedoch darauf hin, dass mit den wirtschaftlichen Interessen der Arbeitgeber*innen nicht der bloße Vermögensschutz gemeint sein kann, da dieser nicht unter die Eigentumsfreiheit fällt.

Zudem kennt der EGMR kein dem Recht am eingerichteten und ausgeübten Gewerbebetrieb gleiches oder ähnliches Recht im Arbeitskampfrecht. Bisher hat er nur das Recht, ein Gewerbe unter dem Vorbehalt einer staatlichen Erlaubnis zu betreiben, unter menschenrechtlichen Schutz gestellt. Aus dem Verhältnis einer Gewerbegenehmigung zwischen Staat und Unternehmen kann nichts für das besondere Verhältnis zwischen Arbeitgeber*innen und Arbeitnehmer*innen geschlussfolgert werden.[468] Auch kann das Streikrecht entgegen der Rechtsprechung des EGMR nicht zum Wohle der Volkswirtschaft eines Konventionsstaats eingeschränkt werden, da dies weder ein legitimer Zweck nach Art. 11 Abs. 2 EMRK noch nach deutschem Recht ein Rechtsgut mit Verfassungsrang ist.[469] Für den vorlie-

---

[466] Siehe S. 105 ff.

[467] So auch *Povedano Peramato*, 2019, S. 220, 224 ff.

[468] Siehe dazu näher S. 245 ff.

[469] Siehe S. 249 ff.

genden Untersuchungsgegenstand der Pflegeberufe kommen als Abwägungsbelange das Leben der Pflegebedürftigen nach Art. 2 Abs. 1 EMRK und das Recht auf Gesundheit in Betracht.

Die deutsche Rechtsprechung hat bei der Rechtfertigung von Eingriffen in das Streikrecht einen nur geringen Einschätzungsspielraum, denn die drei Kriterien, die der EGMR für einen hohen „margin of appreciation" des Konventionsstaats heranzieht, liegen in der hier zu untersuchenden Fragestellung nicht vor. Erstens ist der gemeinsame europäische Kern des Menschenrechts die historische Entwicklung des Streikrechts als erkämpftes Recht der Arbeitnehmer*innen und nationale Besonderheiten des kollektiven Arbeitsrechts treten dahinter zurück. Zweitens bewertet die überwiegende Anzahl der Konventionsstaaten den nicht tarifbezogenen Streik als rechtmäßig. Und drittens führt der Fakt, dass die deutschen Arbeitskampfregelungen auf die Rechtsprechung zurückgehen und damit in geringerem Maße demokratisch legitimiert sind als legislative Entscheidungen zu einem verkleinerten Entscheidungsspielraum bei der Einschränkung von Art. 11 Abs. 1 EMRK. Die demokratische Notwendigkeit der Einschränkung des Streikrechts durch den Tarifbezug und das Verbot des „politischen" Streiks ist nach den vom EGMR aufgestellten Kriterien mehr als zweifelhaft.

2. Art. 6 Nr. 4 ESC

Als zweite völkerrechtliche Gewährleistung des Streikrechts ist die Europäische Sozialcharta (ESC) auf ihre Vorgaben hinsichtlich des Tarifbezugs des Arbeitskampfrechts und des Rechts auf den „politischen" Streik zu untersuchen.[470] In einem ersten Schritt stelle ich den Gewährleistungsgehalt von Art. 6 Nr. 4 ESC dar (a)) und in einem zweiten dessen Einschränkungsmöglichkeiten nach Art. G Abs. 1 ESC (b)).

a) Gewährleistungsgehalt von Art. 6 Nr. 4 ESC

Art. 6 Nr. 4 ESC gewährleistet explizit das Streikrecht:

> „Um die wirksame Ausübung des Rechtes auf Kollektivverhandlungen zu gewährleisten, verpflichten sich die Vertragsparteien: […] und anerkennen:
>
> 4. das Recht der Arbeitnehmer und der Arbeitgeber auf kollektive Maßnahmen einschließlich des Streikrechts im Falle von Interessenkonflikten, vorbehaltlich etwaiger Verpflichtungen aus geltenden Gesamtarbeitsverträgen".

Damit stellt die Norm eine Besonderheit dar, weil durch sie zum ersten Mal auf internationaler Ebene das Streikrecht ausdrücklich anerkannt worden ist. Der

[470] Der Europarat hat die ESC im Jahr 1961 initiiert. Deutschland hat sie am 19. September 1964 ratifiziert, vgl. BGBl. 1964 II, S. 1261, und sie ist am 26. Februar 1965 in Kraft getreten, vgl. BGBl. 1965 II, S. 1122. Das Gesetz zur Revision der Europäischen Sozialcharta vom 3. Mai 1996 wurde am 12. November 2020 ausgefertigt und trat am 1. Mai 2021 in Kraft, BGBl. 2020 II Nr. 19, S. 900.

Wortlaut von Art. 6 ESC betont die wirksame Ausübung des Rechts auf Kollektivverhandlungen und unterstreicht damit den Effektivitätsgedanken des Streikrechts.[471]

Der Begriff der Kollektivverhandlungen ist weit zu verstehen. So ist aus dem Begriff der Kollektivverhandlungen nicht die „Verhandlung über Kollektivverträge“ abzuleiten. Dies ergibt sich aus der nach Art. 38 ESC maßgeblichen französischen („droit négociation collective“) und englischen Formulierung („to bargain collectively“). Der Wortlaut stellt damit auf den kollektiven Kommunikationsakt ab.[472] Der Begriff der Kollektivverhandlung dient vor allem der Abgrenzung zu individuellen Vereinbarungen.[473] Unter Kollektivverhandlungen sind kollektive Verhandlungsführungen zu verstehen, die bei jedem Arbeitskampf früher oder später eintreten. Mit wem die Verhandlungen geführt werden, regelt die Norm allerdings nicht. Zudem ist zu beachten, dass Verhandlungen mit den Arbeitgeber*innen zwangsläufig notwendig werden, denn die Arbeitnehmer*innen werden das Ergebnis des Streiks in irgendeiner Weise rechtlich absichern und die Arbeitgeber*innen werden aufgrund der Betroffenheit von den Streikmaßnahmen versuchen wollen, diese im Wege von Verhandlungen zu beenden. Aus dieser tatsächlichen Folge ist aber keine rechtliche Beschränkung von Art. 6 Nr. 4 ESC auf die Verhandlungen zwischen Arbeitnehmer*innen und Arbeitgeber*innen abzuleiten.

Eine solche Beschränkung ergibt sich auch nicht aus dem Wortlaut der Norm, der auf das „Recht der Arbeitnehmer und der Arbeitgeber auf kollektive Maßnahmen einschließlich des Streikrechts im Falle von Interessenkonflikten“ verweist. Der Terminus „Interessenkonflikte“ setzt voraus, dass die Interessen der Arbeitskampfbeteiligten betroffen sein müssen, verweist jedoch nicht darauf, dass die Konflikte lediglich zwischen Arbeitgeber*innen und Arbeitnehmer*innen ausgetragen werden müssen. Der Staat wird somit nicht als Adressat des Streiks ausgeschlossen. Nach einer Stellungnahme des Komitees zur Interpretation von Art. 6 Nr. 4 ESC hatte der Europarat die Interessenkonflikte ausschließlich von rechtlichen Konflikten abgegrenzt.[474]

Art. 6 Nr. 4 ESC ist demnach weder auf Tarifverhandlungen[475] noch auf die Auseinandersetzungen zwischen Arbeitnehmer*innen und Arbeitgeber*innen be-

---

[471] Däubler ArbeitskampfR-*Lörcher*, § 10, Rn. 20.

[472] Explizit gegen die Gleichsetzung der unterschiedlichen Formulierungen *Ramm*, AuR, 1971, 65, S. 72; *Gooren*, 2014, S. 183.

[473] So auch *Gooren*, 2014, S. 183.

[474] Conclusions I (1967), Statement of interpretation, Article 6-4.

[475] So auch *Dumke*, 2013, S. 288; *Schlachter*, SR 2013, 77–91, S. 88; Schlachter/Heuschmid/Ulber-*Schlachter*, § 6 ESC, Rn. 594; Franzen/Gallner/Oetker EuArbR-*C. Schubert*, EUSozCh Art. 6, Rn. 35, die auf eine völkerrechtsfreundliche Auslegung von Art. 9 Abs. 3 GG abzielt mit dem Hinweis, dass das deutsche Arbeitskampfkonzept dadurch grundlegend geändert werden würde; *Däubler*, AuR 1998, 144, S. 148 mit dem Appell an die Gerichte, die Rechtsprechung zum Arbeitskampf diesbezüglich zu ändern; ArbG Gelsenkirchen 13.3.1998 – 3 Ca 3173/97, juris, Rn. 40f.

schränkt.[476] Auch das Bundesarbeitsgericht, das zunächst die Ansicht vertrat, dass Art. 6 Nr. 4 ESC auf tarifliche Interessenkonflikte beschränkt sei,[477] hat mit den Urteilen aus den Jahren 2002 und 2007 angedeutet, dass der deutsche Tarifbezug des Arbeitskampfrechts in Hinblick auf die Gewährleistungen von Art. 6 Nr. 4 ESC zu überprüfen sei.[478]

Relevant für die Bestimmung des Gewährleistungsgehalts von Art. 6 Nr. 4 ESC ist zudem die Spruchpraxis der Kontrollorgane der Sozialcharta. Das Europäische Komitee für soziale Rechte hat seit 1971 fortlaufend die deutsche Auslegung des Arbeitskampfrechts hinsichtlich der Tarif- und Gewerkschaftsbezogenheit als nicht übereinstimmend mit der Charta bewertet.[479] Zuletzt hat das Komitee unter Betonung des Effektivitätsgrundsatzes die Tarifakzessorietät des deutschen Arbeitskampfrechts abermals als einen Verstoß gegen Art. 6 Nr. 4 ESC gerügt.[480]

In Bezug auf das Verbot des sogenannten politischen Streiks führte das Komitee in einer seiner frühen Stellungnahmen zur Auslegung von Art. 6 Nr. 4 ESC aus: „Political strikes are not covered by Article 6, which is designed to protect ‚the right to bargain collectively', such strikes being obviously quite outside the purview of collective bargaining". In derselben Stellungnahme relativierte das Komitee jedoch die eingrenzende Schutzbereichsauslegung: „On the other hand, provisions are not consonant with the Charter when they are designed to restrict the right to strike solely to strikes to secure the conclusion of collective agreements and to make its exercise dependent on trade union action".[481] Ab den 1990er Jahren formulierte das Komitee seine Rechtsansicht zum sogenannten politischen Streik um: „It [the comitee] nevertheless wished to point out that Article 6 para. 4 could not be relied upon to justify strike action taken for political ends".[482] In der deutschen rechtswissenschaftlichen Debatte wird daraus geschlussfolgert, dass jeglicher Streik, der den Staat adressiert, nicht in den Gewährleistungsbereich von Art. 6 Nr. 4 ESC falle,[483] ohne dies im Weiteren jedoch überzeugend zu begründen.[484]

---

[476] So auch Däubler ArbeitskampfR-*Lörcher*, § 10, Rn. 33.

[477] BAG 7.6.1988 – 1 AZR 372/86, NZA 1988, 883, S. 883 f.; BAG 5.3.1985 – 1 AZR 468/83, NZA 1985, 504, S. 507.

[478] BAG 10.12.2002 – 1 AZR 96/02, NZA 2003, 734, S. 740; BAG 24.4.2007 – 1 AZR 252/06, NZA 2007, 987, S. 994. Zu den Öffnungstendenzen der Rechtsprechung siehe S. 301 ff.

[479] Conclusions XIX-3 (2010), Germany, Article 6-4; deutsche Übersetzung in *Buschmann/Lörcher*, AuR 2011, 107, S. 111; Conclusions XIII-4 (1998), deutsche Übersetzung bei *Deter*, AuR 1998, 152, S. 154 ff. Die Bundesregierung sah bezüglich der Empfehlung aus dem Jahr 1998 jedoch keinen Handlungsbedarf, vgl. BT-Drs. 13/11415, S. 18 f.

[480] Conclusions XX-3 (2014), Germany, Article 6-4; Conclusions XXI-3 (2014), Germany, Article 6-4.

[481] Conclusions II (1969), Statement of interpretation, Article 6-4.

[482] Conclusions XIII-4 (1997), S. 361; ebenso Conclusions XIII-4 (1996), Germany; Conclusions XX-3 (2014), Germany.

[483] *Dumke*, 2013, S. 114 ff. und bezieht sich auf Conclusions XIII-4 (1997), S. 361.

Auffällig ist, dass es das Komitee bislang unterlassen hat, zu definieren, was es unter „politisch“ versteht.[485] Meines Erachtens verbleibt dem Wortlaut der Norm und der Spruchpraxis der Kontrollorgane ein Interpretationsspielraum. Der Wortlaut gewährt das Streiken, um Interessenkonflikte zu lösen. In diesen weiten Schutzbereich fallen demnach alle Streiks, die der Interessendurchsetzung der Arbeitnehmer*innen dienen. Die Spruchkörper betonen einerseits die Gewährleistung, dass die Arbeitnehmer*innen ihre Interessen effektiv umsetzen können müssen und dass Art. 6 Nr. 4 ESC nicht auf Tarifverhandlungen beschränkt sein dürfe. Andererseits schließen sie Streiks „for political ends“ aus. Dieser vermeintliche Widerspruch lässt sich dadurch auflösen, indem man das „Politische“ eng und ex negativo definiert. So können unter „politische“ Materien diejenigen Regelungsgegenstände gefasst werden, die nicht unmittelbar die Interessen der Konfliktparteien berühren. Aus dem Wortlaut von Art. 6 Nr. 4 ESC kann demnach geschlossen werden, dass ein Streik, der sich beispielsweise auf Gesetze mit arbeits- und sozialversicherungsrechtlichen Inhalten richtet, als rechtmäßig zu bewerten ist.[486]

Zwei Beschlüsse des Europäischen Komitees für soziale Rechte zeigen, dass es auch Streiks, die den Staat adressieren, als von Art. 6 Nr. 4 ESC umfasst begreift. Der erste Fall spielt in den Niederlanden. Das dortige Streikrecht stützt sich direkt auf Art. 6 Nr. 4 ESC. Der Oberste Gerichtshof hatte 1994 einen Streik, der sich gegen die Sozialpolitik der niederländischen Regierung richtete, für rechtmäßig erklärt. Im Anschluss daran bestand das Komitee auf detaillierten Informationen zu den erlaubten Streikzielen, rügte aber die niederländische Rechtsprechung nicht für ihr bisheriges Vorgehen.[487] Im zweiten Fall hat das Komitee wiederholt Finnland gerügt, einen Beamtenstreik mit Zielen außerhalb eines Kollektivvertrages, der sich an den Staat richtete, verboten zu haben.[488]

b) Beschränkung durch Art. G Abs. 1 ESC

Die Gewährleistungen des Art. 6 Nr. 4 ESC sind ausschließlich unter Einhaltung der Voraussetzungen von Art. G Abs. 1 ESC einschränkbar.[489] Danach müssen die

---

[484] *Paukner*, ZTR 2008, 130, S. 137; *Dumke*, 2013, S. 114 ff., 215 ff. baut seine Argumentation auf einer Trennung von sozialen und wirtschaftlichen Interessen einerseits und politischen Interessen andererseits auf, ohne die Problematik dieser vermeintlich klaren Grenzziehung anzusprechen, siehe S. 260 ff.

[485] So auch *Novitz*, 2010, S. 294; *Dorssemont*, 2017, 249, S. 273.

[486] So auch *Gooren*, 2014, S. 299; Franzen/Gallner/Oetker EuArbR-*C. Schubert*, EUSozCh Art. 6, Rn. 34 mit dem Zusatz, dass die Belange unmittelbar die Arbeitnehmerinteressen betreffen müssen.

[487] Conclusions XV-1 (2000), Netherlands, Article 6-4; siehe auch Däubler ArbeitskampfR-*Lörcher*, § 10, Rn. 92.

[488] Conclusions 2006, Finland, Article 6-4; siehe auch Däubler ArbeitskampfR-*Lörcher*, § 10, Rn. 92.

[489] Entspricht Art. 31 Nr. 1 ESC a. F.

einschränkenden Maßnahmen gesetzlich vorgeschrieben und in einer demokratischen Gesellschaft zum Schutz der Rechte und Freiheiten anderer oder zum Schutz der öffentlichen Sicherheit und Ordnung, der Sicherheit des Staates, der öffentlichen Gesundheit oder der Sittlichkeit notwendig sein. Die Rechtsgüter, die eine Beschränkung des Streikrechts rechtfertigen können, sind damit abschließend aufgezählt.

Ähnlich wie in der Rechtsprechung zu Art. 11 EMRK ist es nach Ansicht des Komitees nicht erforderlich, dass die Maßnahme auf einem formellen Gesetz beruht. Das Komitee sieht Richter*innenrecht als ausreichend an, solange es bestimmt und vorhersehbar ist.[490] Das Komitee hat sich bereits kritisch dazu geäußert, dass eine divergierende Rechtsprechung zu ähnlich gelagerten Fällen zu Rechtsunsicherheit führen könne.[491] Die über Jahrzehnte verfestigte deutsche Rechtsprechung zum Tarifbezug und zum Verbot des sogenannten politischen Streiks[492] dürfte das Kriterium der Vorhersehbarkeit erfüllen.

Art. G Abs. 1 ESC ermöglicht die Einschränkung zum Schutz der Rechte und Freiheiten anderer. Bislang ist ungeklärt, wie diese Rechte und Freiheiten anderer zu bestimmen sind,[493] insbesondere ob es sich dabei um Rechte der Europäischen Sozialcharta handeln muss.[494] Das Komitee hat zu den schützenswerten Rechten und Freiheiten auch die ökonomischen Interessen der Arbeitgeber*innen gezählt. Diese Rechtsposition wägt das Komitee in einer Verhältnismäßigkeitsprüfung im engeren Sinne mit dem Streikrecht ab. In den bislang entschiedenen Fällen hat es der Rechtsposition der Arbeitgeber*innen keinen Vorrang vor dem Streikrecht eingeräumt. Es hat festgestellt, dass allein wirtschaftliche Interessen einzelner Unternehmen nicht ausreichen, das Streikrecht zu beschränken, sondern nur langfristige Konsequenzen oder Verluste für die gesamte Branche oder Volkswirtschaft als Grundlage für eine Beschränkung des Streikrechts dienen können.[495]

---

[490] *European Committee of Social Rights*, 2018, S. 103; siehe zur Argumentation des gesetzesgleichen Richter*innenrechts S. 107 ff.

[491] Conclusions XX-3 (2014), Germany, Article 6-4; siehe auch *Schlachter*, SR 2013, 77–91, S. 90.

[492] Siehe S. 280 ff.

[493] *Koukiadaki*, 2017, 87, S. 91 f.

[494] *Dorssemont*, 2017, 249, S. 278.

[495] Complaint No. 85/2012, *LO/TCO v. Sweden*, Decision on admissibility and the merits, 5 February 2014, Rn. 119 ff.; Conclusions XIV-1 (1998), Netherlands, Article 6-4; Conclusions XVII-1 (2015), Netherlands, Article 6-4. Dass die Rechte des Arbeitgebers unter die Rechte „anderer" nach Art. 31 Abs. 1 ESC a. F. fallen, ist eine Deutung von Franzen/Gallner/Oetker EuArbR-*C. Schubert*, EUSozCh Art. 6, Rn. 52 ohne weitere Nachweise. Auf die Einschränkbarkeit wegen einer streikindizierten und ernsthaften Gefahr für die Volkswirtschaft eines Landes ist das Komitee in der ersten Stellungnahme zur Auslegung von Art. 6 Nr. 4 ESC eingegangen, hatte seitdem aber noch nie einen derartigen Fall zu entscheiden: „The same applies to legislation for the compulsory settlement of conflicts of interest which are likely to expose the national economy to serious danger." Vgl. Conclusions I (1969), Statement of

Der pauschalen Annahme, dass wirtschaftliche Interessen der Arbeitgeber*innen unter die Rechte anderer nach Art. G Abs. 1 ESC zu subsumieren sind, ist entgegenzuhalten, dass die wirtschaftlichen Interessen der Arbeitgeber*innen und die Freiheiten und Rechte anderer auf zwei verschiedenen Konzepten beruhen. So geht der wirtschaftliche Schaden nicht zwangsläufig mit einer Rechtsverletzung der Arbeitgeber*innen einher. Wirtschaftliche Interessen sind von menschenrechtlich geschützten Rechtsgütern zu unterscheiden. Zudem muss eine Rechtsverletzung nicht automatisch zu einem wirtschaftlichen Schaden der Arbeitgeber*innen führen.[496]

Darüber hinaus ist zu kritisieren, dass das Komitee den wirtschaftlichen Schaden der Arbeitgeber*innen, der Branche oder der Volkswirtschaft nicht auf ein Menschenrecht der ESC zurückführt. Stattdessen subsumiert das Komitee diese Interessen ohne nähere Begründung als Abwägungsbelange unter Art. G Abs. 1 ESC. Diese Subsumtion kann rechtsdogmatisch nicht überzeugen. Art. G Abs. 1 ESC zählt abschließend Rechtsgüter auf, die mit den Rechten und Freiheiten anderer gleichrangig und schützenswert sein sollen. Systematisch liegt es nahe, unter den Rechten und Freiheiten anderer nur Rechtsgüter der ESC und solche anderer Menschenrechtsverträge zu subsumieren. Die Menschenrechte liefen sonst Gefahr, durch beliebige, weniger bedeutsame und nicht mit demselben Schutzniveau ausgestatteten Interessen relativiert zu werden. In Betracht für die Abwägung kommen die Menschenrechte der EMRK. Jedoch ist in dieser Konvention keine menschenrechtliche Gewährleistung ersichtlich, die das wirtschaftliche Wohlbefinden der Arbeitgeber*innen, der Branche oder der Volkswirtschaft schützen.[497]

Zudem besteht die Gefahr, dass die Verhältnismäßigkeitsprüfung in ihr Gegenteil verkehrt wird, indem damit die Rechtmäßigkeit der Streikmaßnahme selbst, statt der Rechtmäßigkeit der Einschränkung des Streikrechts geprüft wird.[498] In diesem Sinne wurde vom griechischen Mitglied des Komitees *Nikitas Aliprantis* die Legitimität der Verhältnismäßigkeitsprüfung im deutschen Recht bezweifelt:

> „Since 1971, the German courts have consistently applied the proportionality principle to strikes, which enables them to balance the likely benefits accruing from such strikes against the ‚damage‘ caused, when ruling on their lawfulness. The Committee considers that this principle allows the courts to take over unions' role of deciding whether strikes are appropriate and as such is incompatible with Article 6 § 4 (see Conclusions XVI-1 Belgium pp. 69–71 and Conclusions XVI-1 Netherlands pp. 472–473). I therefore consider that for this additional reason German law is not in conformity with Article 6 § 4 of the Charter“.[499]

---

interpretation, Article 6-4. Den Abwägungsbelang der Arbeitgeber*innen hat es in *European Committee of Social Rights*, 2018, S. 104 wiederholt.

[496] So auch *Dorssemont*, 2017, 249, S. 278.

[497] Siehe zur Einschränkungsmöglichkeit von Art. 11 EMRK S. 138 ff.

[498] *Dorssemont*, 2017, 249, S. 278.

[499] Abweichendes Votum *Aliprantis* Conclusions XVII-1 (2005), Germany, Article 6-4.

Die ökonomischen Interessen der Arbeitgeber*innen unter die Rechte anderer zu subsumieren, begegnet einem weiteren grundlegenden Einwand. Die Interessen der Arbeitgeber*innen sind bei jedem Streik betroffen. In der Schadenszufügung auf der Gegenseite liegt der Sinn und Zweck des Streiks. Der Streik gewinnt dadurch seine Wirkkraft. Eine Beschränkung des Freiheitsrechts, um die ökonomischen Interessen der Arbeitgeber*innen zu schützen, käme einer einseitigen Bevorzugung der Arbeitgeber*innen und damit einer Negierung des Streikrechts gleich. Art. G Abs. 1 ESC muss daher restriktiv ausgelegt werden. Die Interessen der Arbeitgeber*innen können nicht pauschal als schutzwürdige Rechtsgüter im Streik darunter fallen. Insbesondere sind bloße Gewinnerwartungen der Arbeitgeber*innen und das Wohlergehen der Volkswirtschaft keine nach der EMRK geschützte Belange. Ist die Eigentums- oder Unternehmerfreiheit der Arbeitgeber*innen nach der EMRK betroffen, sind diese Belange selbstverständlich bei der Abwägung mit dem Streikrecht zu berücksichtigen,[500] jedoch haben weder die Spruchkörper der ESD noch der EGMR bislang die Interessen der Arbeitgeber*innen unter den Menschenrechtskatalog subsumiert, sondern sie schlicht behauptet.[501]

Die Spruchkörper der ESC haben sich bislang noch nicht zur Rechtfertigung der Einschränkung von Art. 6 Nr. 4 ESC durch die Tarifautonomie als Menschenrecht der Arbeitgeber*innen oder als funktionierendes System geäußert. Die Diskussion anhand der Garantien der EMRK findet sich im vorangegangenen Unterabschnitt[502] und zur deutschen grundrechtlichen Abwägung im ersten Abschnitt dieses Kapitels.[503]

Die Arbeitsbedingungen und Streiks in den frauendominierten Pflegeberufen haben für die vorliegende Untersuchung Anlass gegeben. Zu den nicht am Arbeitskampf Beteiligten zählen die Pflegebedürftigen und ihr Recht auf Leben, für das wiederum auf die EMRK zu verweisen ist – in Art. 2 Abs. 1 EMRK ist das Recht auf Leben verbürgt, das durch ersatzlosen Ausfall der Pflegeleistungen droht, verletzt zu werden. Zudem kommt das Rechtsgut der öffentlichen Gesundheit in Betracht.

Eine pauschale Beschränkung des Streikrechts in Bereichen der „essential services" lehnt das Komitee allerdings ab. Vielmehr misst das Komitee den „essential services" keinen eigenständigen Rechtsgüterschutz bei, sondern subsumiert darunter die in Art. G Abs. 1 ESC genannten Rechtsgüter.[504]

Allein die Feststellung, dass es sich um ein schützenswertes Rechtsgut nach Art. G Abs. 1 ESC handelt, ist aber für die Einschränkung des Streikrechts noch nicht ausreichend, weil dieses vom Komitee im Rahmen einer Verhältnismäßigkeitsprüfung mit dem Rechtsgut abgewogen wird. Als verhältnismäßig hat das Komitee

---

[500] So auch *Povedano Peramato*, 2019, S. 214.

[501] Zu den nach der EMRK schützenswerten Belangen siehe S. 138 ff.

[502] Siehe S. 138 ff.

[503] Siehe S. 111 ff.

[504] Conclusions (2018), Serbia, Article 6-4.

bislang die Einrichtung von Notdiensten zur Aufrechterhaltung eines Mindestumfangs von Dienstleistungen erklärt.[505]

Nach der Rechtsdogmatik der ESC wird die Rechtfertigung des Eingriffs in das Streikrecht anhand der Verhältnismäßigkeitsprüfung festgestellt und nicht wie in der deutschen Rechtsprechung der Streik auf seine Verhältnismäßigkeit geprüft. Die Spruchkörper der ESC erkennen dabei die Einrichtung von Notdiensten als verhältnismäßig an, weil Notdienste sowohl den Schutz der Rechtsgüter Dritter als auch des Streikrechts gewährleisten können.[506]

c) Zusammenfassung

Für die Auslegung von Art. 9 Abs. 3 GG ist Art. 6 Nr. 4 ESC besonders bedeutsam, weil der menschenrechtliche Gewährleistungsgehalt des Streikrechts über die Konzeption der deutschen Rechtsprechung hinausreicht. Dabei handelt es sich um die erste völkerrechtliche Regelung, die explizit das Streikrecht verbürgt. Der Schutzbereich der Norm ist über die Begrifflichkeiten der Kollektivverhandlungen und Interessenkonflikte weit zu verstehen und schließt den Staat als Adressat von Streiks nicht aus. Das Streikrecht wird als eigenes, d. h. tarifunabhängiges Menschenrecht gewährleistet. Die Kontrollorgane haben wiederholt die Tarifbezogenheit der deutschen Arbeitskampfrechtsprechung als unvereinbar mit den Gewährleistungen von Art. 6 Nr. 4 ESC erklärt.

Das vom Europäischen Komitee für soziale Rechte – ein Auslegungs- und Kontrollorgan der ESC – geäußerte Verbot des sogenannten politischen Streiks kann vor dem Hintergrund der über Tarifverhandlungen hinausreichenden Streikgewährleistung zur Interessendurchsetzung der Arbeitnehmer*innen nur so verstanden werden, dass es ausschließlich Materien umfasst, die sich nicht auf die Interessen der Arbeitskonfliktparteien beziehen. Die deutsche Rechtsprechung zum Tarifbezug und zum sogenannten politischen Streik gerät damit auf Schutzbereichsebene in Konflikt mit der völkerrechtlichen Gewährleistung.

Das Streikrecht aus Art. 6 Nr. 4 ESC kann gemäß Art. G Abs. 1 ESC zum Schutz der Rechte anderer eingeschränkt werden. Das Komitee hat bislang die wirtschaftlichen Interessen der Arbeitgeber*innen als Abwägungsbelang akzeptiert, diesen aber restriktiv ausgelegt, sodass diese eine Einschränkung des Streikrechts noch nicht rechtfertigen konnten. Wie auch schon bei der EMRK ist festzuhalten, dass bloße Gewinnerwartungen und das Wohl der Volkswirtschaft keine schützenswerten Belange sind. Eine Subsumtion der Interessen der Arbeitgeber*innen unter den Menschenrechtskatalog haben die Spruchkörper der ESC bislang unterlassen. Die pauschale Annahme, dass die ökonomischen Interessen der Arbeitgeber*innen bei

---

[505] Conclusions (2018), Russian Federation, Article 6-4; Complaint No. 32/2005, *CITUV/CES v. Bulgaria*, Decision on the merits, 16 October 2006, Rn. 26 ff.; Conclusions XVII-1 (2005), Czech Republic, Article 6-4.

[506] Siehe dazu *Tschenker*, NZA-RR 2022, 337.

jedem Streik zu schützen sind, widerspricht dem Sinn und Zweck eines Streiks und der Abwägungsdogmatik.

Als Abwägungsbelange für Streiks in den Pflegeberufen kommen das Recht der Pflegebedürftigen auf Leben und die öffentliche Gesundheit in Betracht. Daraus kann geschlussfolgert werden, dass Art. 6 Nr. 4 ESC durch die Verpflichtung zur Einrichtung von Notdiensten eingeschränkt werden darf. Insgesamt fügt sich die Rechtsdogmatik zur Einschränkung des Streikrechts in die übrige Grund- und Menschenrechtsdogmatik, indem der Eingriff in das Menschenrecht auf Verhältnismäßigkeit überprüft wird und nicht die Ausübung des Streikrechts wie in der deutschen Arbeitskampfrechtsdogmatik.

3. ILO-Übereinkommen Nr. 87

Die International Labour Organization (ILO) wurde im Jahr 1919 gegründet. Eine der Ursachen waren die sich in einer Abwärtsspirale befindenden Arbeitsstandards im aufkommenden globalisierten Wettbewerb.[507] Seitdem hat die ILO zahlreiche Übereinkommen geschlossen. Für das Streikrecht ist das Übereinkommen Nr. 87 relevant.[508]

Obwohl der Wortlaut des ILO-Übereinkommens Nr. 87 das Streikrecht nicht explizit nennt, sondern in den Art. 3 und 10 dem Wortlaut nach nur die Koalitionsfreiheit gewährleistet, ist der Vertrag zur Grundlage des Streikrechts geworden. Von maßgeblicher Bedeutung dafür ist vor allem die Spruchpraxis der ILO-Kontrollorgane.[509] Auf internationaler Ebene haben sowohl der EuGH als auch der EGMR das Streikrecht unter anderem auf das Übereinkommen zurückgeführt.[510]

Die für das Streikrecht relevanten Kontrollorgane sind der Sachverständigenausschuss und der Ausschuss für Vereinigungsfreiheit.[511] Beide haben seit dem Jahr 1959 das Streikrecht als essenziellen Bestandteil des Abkommens Nr. 87 eingeordnet. Für die Herleitung des Streikrechts bezieht sich der Ausschuss auf die in Art. 3 Abs. 1 genannten Tätigkeiten und Programme der Koalitionen und „die Förderung und den Schutz der Interessen der Arbeitnehmer oder der Arbeitgeber" aus Art. 10 und schlussfolgert daraus, dass Druckmittel zu dieser Zielerreichung gewährleistet werden müssen.[512] Der Ausschuss für Vereinigungsfreiheit erkennt das Streikrecht als eins der wesentlichen Mittel der Arbeitnehmer*innen und ihrer Organisationen an, damit sie ihre ökonomischen und sozialen Interessen durchsetzen

---

[507] *Novitz*, 2010, S. 25.

[508] Deutschland hat das Abkommen ratifiziert und es ist am 20. Dezember 1956 in Kraft getreten, BGBl. 1956 II, S. 2072 ff.

[509] Däubler ArbeitskampfR-*Lörcher*, § 10, Rn. 46.

[510] EuGH 11.12.2007 – C-438/05, Rn. 44; EuGH 18.12.2007 – C-341/05, Rn. 91; EGMR 21.4.2009 – 68959/01, *Enerji Yapi-Yol Sen ./. Türkei.*

[511] Däubler ArbeitskampfR-*Lörcher*, § 10, Rn. 46.

[512] *ILO*, 2012, Rn. 117 ff.

können. Das Freiheitsrecht sei die logische Folge aus dem Vereinigungsrecht nach dem Übereinkommen Nr. 87.[513] Der Ausschuss leitet das Streikrecht folglich nicht aus der Tarifautonomie ab und setzt auch keinen Tarifbezug als Rechtmäßigkeitserfordernis.

Die Spruchpraxis der ILO-Organe ist insbesondere für die Bestimmung der rechtmäßigen Streikziele und -adressat*innen von Relevanz, da sie den Schutzbereich weiterziehen als die deutsche Rechtsprechung. Der Ausschuss für Vereinigungsfreiheit hat entschieden, dass Streiks, soweit sie auf die Verfolgung beruflicher, sozialer und wirtschaftlicher Interessen gerichtet sind, als Proteststreiks grundsätzlich zulässig sind.[514] Der ILO-Sachverständigenausschuss schließt sich dieser Auslegung an und benennt zusätzlich Generalstreiks als rechtmäßige Streikform.[515] Lediglich der „rein politische“[516] Streik ohne einen sozialen, wirtschaftlichen oder beruflichen Bezug zu den Interessen der Arbeitnehmer*innen sei nicht zulässig.[517] Zur Abgrenzung stellen die Ausschüsse auf die Forderungen der Gewerkschaften ab. Der Sachverständigenausschuss hat dazu einen Fall entschieden, der sich in Deutschland abspielte. Der Streik gegen die Reform des damaligen § 116 AFG und heutigen § 160 Abs. 3 SGB III wurde vom Sachverständigenausschuss entgegen der deutschen Rechtsprechung[518] als rechtmäßig bewertet, weil in dem Streik eine zulässige Kritik an der Wirtschafts- und Sozialpolitik der Regierung formuliert wurde.[519]

Zusammenfassend ergibt sich aus der Spruchpraxis der zuständigen Organe zum ILO-Übereinkommen Nr. 87, dass der deutsche Tarifbezug und das Verbot des sogenannten politischen Streiks nicht mit den völkerrechtlichen Gewährleistungen des Streikrechts zu vereinbaren ist.

---

[513] *ILO*, 2006, Rn. 522 f.; Schlachter/Heuschmid/Ulber-*Zimmer*, § 5, Rn. 85 m. w. N.

[514] *ILO*, 2006, Rn. 526 ff.

[515] *ILO*, 2012, Rn. 124.

[516] Novitz bemerkt, dass keines der beiden ILO-Kontrollorgane eine gelungene Definition des sogenannten politischen Streiks liefert, sondern beide lediglich feststellen, dass die Abgrenzung zum rechtmäßigen Arbeitskampf im Rahmen der ökonomischen und sozialen Interessen der Arbeitnehmer*innen nicht leicht falle, vgl. *Novitz*, 2010, S. 294.

[517] Schlachter/Heuschmid/Ulber-*Zimmer*, § 5, Rn. 93.

[518] Siehe dazu S. 283 f.

[519] *ILO*, 1987, S. 181 f.; bestätigt in *ILO*, 1991.

4. Art. 8 Internationaler Pakt über wirtschaftliche, soziale und kulturelle Rechte

Ein weiterer relevanter völkerrechtlicher Vertrag ist der Internationale Pakt über wirtschaftliche, soziale und kulturelle Rechte (IPWSKR).[520] Art. 8 Abs. 1 lid IPWSKR gewährleistet das Streikrecht.

Der Wortlaut der Norm ist besonders, weil er erstens das Streikrecht explizit nennt. Zweitens findet sich im Vergleich zu Art. 8 Abs. 1 lit. a IPWSKR, in dem das Koalitionsrecht auf „promotion and protection of his economic and social interests" beschränkt ist, eine solche Einschränkung der Streikziele in lit. d nicht.[521]

Ein Tarifbezug oder die Beschränkung, dass sich die Streikforderungen nur gegen die Arbeitgeber*innen richten dürfen, ist weder dem Wortlaut des Artikels noch dessen Entstehungsgeschichte zu entnehmen. Der einzige Vorschlag zur Begrenzung des Streikrechts, der bei der Diskussion zu Art. 8 Abs. 1 lit. d IPWSKR gemacht wurde, bezog sich auf „vital interests of the State" und die Vereinten Nationen haben diese Formulierung nicht in den Vertragstext aufgenommen.[522]

Die Vereinten Nationen haben sich auf die Beschränkung geeinigt, dass das Arbeitskampfrecht „in conformity with the laws of the particular country" gewährleistet sei. Darunter versteht das Committee on Freedom of Association Verfahrensanforderungen, beispielsweise ein Quorum bei Urabstimmungen zur Durchführung von Streiks, eine Benachrichtigung des Arbeitgebers und die Friedenspflicht während der Verhandlungen sowie während der Vertragslaufzeit. Essenzielle Beschränkungen wie für das Militär und die Polizei in Art. 8 Abs. 2 IPWSKR sind für das Streikrecht im Allgemeinen gerade nicht vorgesehen.[523]

Insgesamt bezieht sich das UN-Komitee auf die Gewährleistungen der ILO-Übereinkommen und der dazugehörigen Spruchpraxis.[524] In der Kommentarliteratur findet sich der Hinweis, dass Art. 8 IPWSKR als Ganzes zu lesen sei und entsprechend der Spruchpraxis der ILO-Organe, Streiks sich auf die „social and economic interests" beziehen müssten.[525]

Zur Frage, welche Streikziele zulässig sind, insbesondere zur Problematik des sogenannten politischen Streiks, hat sich das UN-Komitee bislang noch nicht geäußert.[526] Deutsche Gerichte haben die Streikgarantie des IPWSKR noch nie erwähnt und sie ist bisher von der rechtswissenschaftlichen Literatur fast gänzlich ignoriert

---

[520] Die Vereinten Nationen haben den Pakt erlassen und Deutschland hat ihn im Jahr 1973 ratifiziert, vgl. BGBl. 1973 II, S. 1569. Er ist 1976 in Kraft getreten, vgl. United Nations 1966, Treaty Series Vol. 993, 1–14531.

[521] *Craven*, 1995, S. 278.

[522] *Craven*, 1995, S. 257 ff.

[523] *Craven*, 1995, S. 281.

[524] *Novitz*, 2010, S. 267 f.

[525] *Saul/Kinley/Mowbray*, 2014, S. 578.

[526] *Novitz*, 2010, S. 285, 295.

worden.[527] Diesen Zustand hat der Ausschuss des UN-Sozialpakts gerügt. Er beanstandete, dass der Vertrag in der deutschen Rechtsordnung, insbesondere von der Justiz, nicht berücksichtigt wird.[528]

Zusammenfassend gewährleistet Art. 8 Abs. 1 lit. d IPWSKR das Streikrecht. Das UN-Komitee orientiert sich bei der Auslegung von Art. 8 Abs. 1 lit. d IPWSKR grundlegend an der Spruchpraxis der ILO-Organe zu den ILO-Übereinkommen. Aufgrund dieser Parallelisierung ist davon auszugehen, dass das Streikrecht ohne Tarifbezug und ohne Beschränkung auf die Arbeitgeber*innen gewährleistet wird. Die deutsche Tarifakzessorietät und das Verbot des sogenannten politischen Streiks sind somit mit diesem völkerrechtlichen Pakt nicht in Einklang zu bringen.

5. Art. 22 Internationaler Pakt über bürgerliche und politische Rechte

Auch der Internationale Pakt über bürgerliche und politische Rechte (IPBPR)[529] ist relevant für das Streikrecht. Art. 22 Abs. 1 IPBPR verbürgt nach der Wortlautinterpretation nur die Koalitionsfreiheit, dementsprechend umstritten war es nach Unterzeichnung des Pakts, ob in den Schutzbereich auch das Streikrecht fällt. Mittlerweile hat sich die Diskussion im UN-Menschenrechtsausschuss gelegt und er hat in mehreren Fällen die Einschränkung des Streikrechts unter anderem im Falle des Beamtenstreikverbots in der Bundesrepublik gerügt.[530] Entscheidungen zum Tarifbezug oder zum sogenannten politischen Streik sind auf Grundlage von Art. 22 Abs. 1 IPBPR noch nicht ergangen.

6. Zusammenfassung

Verschiedene völkerrechtliche Verträge gewährleisten das Streikrecht. Dazu gehören Art. 11 EMRK, Art. 6 Nr. 4 ESC, das ILO-Übereinkommen Nr. 87, Art. 8 IPWSKR und Art. 22 IPBPR. In keinem der völkerrechtlichen Verträge ist der Tarifbezug des Streikrechts oder das Verbot des sogenannten politischen Streiks angelegt. Vielmehr gewährleisten alle Vertragstexte das Streikrecht als eigenständige menschenrechtliche Garantie mit weitem Schutzbereich.

Die völkerrechtlichen Gewährleistungen lassen Einschränkungen des Streikrechts zu. Die Beschränkung des Menschenrechts darf allerdings nur zugunsten von Rechten und Freiheiten anderer und in den Pflegeberufen zugunsten der öffentlichen Gesundheit nach Art. 11 Abs. 2 EMRK und Art. G Abs. 1 ESC erfolgen. Sowohl die wirtschaftlichen Rechte der Arbeitgeber*innen als auch die Tarifautonomie werden

[527] Däubler ArbeitskampfR-*Lörcher*, § 10, Rn. 55 ff.

[528] *Committee on Economic, Social and Cultural Rights*, 2018, S. 7, Rn. 44.

[529] Der Pakt ist durch einfaches Bundesgesetz umgesetzt worden, das am 15. November 1973 in Kraft getreten ist, BGBl. 1973 II, S. 1533.

[530] Däubler ArbeitskampfR-*Lörcher*, § 10, Rn. 63 f.

vom EGMR als Rechtfertigungsgründe von Streikrechtseinschränkungen anerkannt. Im Ergebnis können diese Belange keinen legitimen Zweck[531] begründen oder es fehlt ihnen an einer demokratischen Notwendigkeit.[532]

Auch das Streikrecht der ESC kann durch die Interessen der Arbeitgeber*innen eingeschränkt werden, wobei nach der Auslegung des Komitees für soziale Rechte die Interessen von vornherein nur dann ins Gewicht fallen sollen, wenn langfristige Konsequenzen oder Verluste für die gesamte Branche oder Volkswirtschaft zu befürchten sind. Wie auch bei der Rechtsprechung des EGMR ist eine Subsumption unter den Menschenrechtskatalog der EMRK bislang unterblieben, sodass die Abwägungsbelange der wirtschaftlichen Interessen der Arbeitgeber*innen und der Volkswirtschaft auf tönernen Füßen stehen.

Besonders erwähnenswert ist, dass die Spruchkörper der ESC die Verhältnismäßigkeitsprüfung auf die Einschränkung des Streikrechts anwenden und nicht auf dessen Ausübung. Damit behandeln sie das Streikrecht rechtsdogmatisch konsequent wie die anderen Menschenrechte und schreiben ihm keine Sonderrolle zu, wie es die deutsche Rechtsprechung trotz Beschränkung der Verhältnismäßigkeitsprüfung nach wie vor handhabt.[533]

II. Verhältnis zum deutschen Recht

Kollidieren nationale mit völkerrechtlichen Gewährleistungen, ist nach wie vor hoch umstritten, wie die völkerrechtlichen Verträge in die deutsche Rechtsordnung inkorporiert werden. Eine Untersuchung des Verhältnisses der völkerrechtlichen Streikgarantien zum nationalen Recht ist von hohem Interesse, weil die deutsche Rechtsprechung zum Tarifbezug und zum sogenannten politischen Streik im Widerspruch mit dem weiten Schutzbereich des Streikrechts im Völkerrecht steht.

Ratifizierte völkerrechtliche Normen, die durch ein von der Bundesgesetzgebung beschlossenes Gesetz umgesetzt worden sind, stehen nach Art. 59 Abs. 2 S. 1 GG auf gleicher Stufe wie Bundesrecht.[534] Das Bundesverfassungsgericht schreibt dem Völkerrecht eine darüberhinausgehende Bedeutung zu, indem es in ständiger Rechtsprechung betont, dass das Grundgesetz völkerrechtsfreundlich ausgelegt werden muss.[535] Widersprüche zwischen nationalem und internationalem Recht sollen dadurch vermieden werden.[536] Das Bundesverfassungsgericht hat die ge-

---

[531] Siehe S. 138 ff.

[532] Siehe S. 142 ff.

[533] Siehe insbesondere S. 301 ff.

[534] v. Mangoldt/Starck/Klein-*B. Kempen*, GG Art. 59, Rn. 92 m. w. N.

[535] BVerfG 6. 11. 2019 – 1 BvR 16/13, NJW 2020, 300, S. 303, Rn. 62; BVerfG 4. 5. 2011 – 2 BvR 2365/09, 740/10, 2333/08, 1152/10, 571/10, NJW 2011, 1931, S. 1934, Rn. 86 m. w. N.; BVerfG 14. 10. 2004 – 2 BvR 1481/04, NJW 2004, 3407, S. 3408.

[536] Däubler ArbeitskampfR-*Lörcher*, § 10, Rn. 17.

meinsame europäische Grundrechtstradition von Europäischer Grundrechte-Charta, Europäischer Menschenrechtskonvention und Grundgesetz betont.[537]

Für die vorliegende Untersuchung sind die innerstaatliche Berücksichtigung der EMRK sowie der Entscheidungen des EGMR von Interesse (1.). Im Anschluss daran positioniere ich mich zu den rechtswissenschaftlichen Auseinandersetzungen zur Verbindlichkeit der Europäischen Sozialcharta und den dazugehörigen Empfehlungen und Beschlüsse (2.) und zur Rechtsbindungswirkung der Entscheidungen der ILO-Organe (3.) sowie der Verträge und der Spruchpraxis der Vereinten Nationen (4.).

1. Berücksichtigung von EMRK und Rechtsprechung des EGMR

Das Verhältnis zwischen völkerrechtsfreundlicher Auslegung des Grundgesetzes und deutscher Verfassungsdogmatik sowie deren eigenständiger Wertungen bietet immer wieder Anlass zu tiefgreifenden Auseinandersetzungen. Auf der einen Seite sollen die Gewährleistungen der EMRK und die Rechtsprechung des EGMR in die deutsche Rechtsordnung übertragen werden, auf der anderen soll die deutsche Souveränität bewahrt werden, die nach dem Zweiten Senat des Bundesverfassungsgerichts in dem letzten Wort der deutschen Verfassung liege.[538]

Um diesen Ausgleich herzustellen, hat das Bundesverfassungsgericht der Berücksichtigung der menschenrechtlichen Gewährleistungen gewisse Grenzen gezogen. Zwei für die vorliegende Untersuchung relevante Kriterien sind die Art und Weise des Einbezugs der Entscheidungen des EGMR (a)) und die tragenden Verfassungsgrundsätze beziehungsweise die Verfassungsidentität (b)).[539] Zu beiden Kriterien nehme ich zum Schluss dieses Unterkapitels Stellung (c)).

a) Rezeption der Entscheidungen des EGMR

In der Entscheidung *Vergessen I* aus dem Jahr 2019 urteilte der Erste Senat des Bundesverfassungsgerichts zum europäischen Grundrechtsschutz, dass die „Grundrechte des Grundgesetzes ebenso wie die der Charta auf der Basis der EMRK verstanden und angewendet werden und deren Gewährleistungen grundsätzlich in sich aufnehmen“.[540]

Das Bundesverfassungsgericht betont zudem in ständiger Rechtsprechung, dass den Entscheidungen des EGMR eine „faktische Orientierungs- und Leitfunktion [...] für die Auslegung der EMRK auch über den konkret entschiedenen Einzelfall hin-

---

[537] BVerfG 6. 11. 2019 – 1 BvR 16/13, NJW 2020, 300, S. 303.

[538] BVerfG 14. 10. 2004 – 2 BvR 1481/04, BVerfGE 111, 307, S. 319.

[539] BVerfG 6. 11. 2019 – 1 BvR 16/13, NJW 2020, 300, S. 303; BVerfG 12. 6. 2018 – 2 BvR 1738/12 u. a., NVwZ 2018, 1121, S. 1125 f.

[540] BVerfG 6. 11. 2019 – 1 BvR 16/13, NJW 2020, 300, S. 303.

aus" zukomme.[541] Aufgrund der Völkerrechtsfreundlichkeit des Grundgesetzes sind demnach die nationalen Grundrechte im Lichte der EMRK und der Urteile des EGMR auszulegen.

Wird eine Wertung aus einem Urteil übertragen, stellt sich stets die Frage, inwieweit die unterschiedliche Ausgestaltung der Sachverhalte zu berücksichtigen ist. Handelt es sich um die Rechtsprechung eines internationalen Gerichts kommt noch die Berücksichtigung der unterschiedlichen Rechtsordnungen hinzu.

Zu diesen methodischen Problemen hat sich der Zweite Senat des Bundesverfassungsgerichts geäußert. Wird die Rechtsprechung eines Falls aus einem Land mit einem möglicherweise völlig anderen Regelungssystem in die deutsche Rechtsordnung übertragen, verlangt der Zweite Senat, dass keine schematische Parallelisierung der Aussagen des Grundgesetzes mit denen der EMRK erfolgt. Die Wertungen der EMRK müssten im Sinne eines möglichst schonenden Einpassens in das vorhandene, dogmatisch ausdifferenzierte nationale Rechtssystem aufgenommen werden.[542]

In der Entscheidung zum Verbot des Beamtenstreiks wendete der Zweite Senat des Bundesverfassungsgerichts einen neue Methode für den Einbezug der Rechtsprechung des EGMR an: die Kontextualisierung.[543] Entscheidungen des EGMR, bei denen Deutschland nicht Partei ist, seien nur eingeschränkt im nationalen Kontext zu berücksichtigen.[544] Der Senat betonte zunächst noch die Heranziehung der Entscheidungen des EGMR als Auslegungshilfe, auch wenn sie nicht denselben Streitgegenstand betreffen, um völkerrechtliche Vertragsverletzungen zu vermeiden. Anschließend verwies das Gericht aber darauf, dass lediglich die Verfahrensparteien an die Entscheidung des EGMR gebunden seien. War Deutschland in dem Verfahren nicht beteiligt, seien die konkreten Umstände des Falls im Sinne einer Kontextualisierung in besonderem Maße in den Blick zu nehmen. Die Vertragsstaaten müssten nur die Grundwertungen der Konvention identifizieren und sich mit diesen auseinandersetzen. Die Leit- und Orientierungswirkung sei dann besonders hoch, wenn sich die Entscheidung des EGMR auf Parallelfälle im Geltungsbereich derselben Rechtsordnung beziehe und weitere Verfahren im Vertragsstaat der Ausgangsentscheidung betroffen seien. Das Hauptargument für diese Feststellungen zog der Zweite Senat aus Art. 46 Abs. 1 EMRK, nach dem sich die Vertragsparteien dazu

[541] BVerfG 29.1.2019 – 2 BvC 62/14, NJW 2019, 1201, S. 1207; BVerfG 12.6.2018 – 2 BvR 1738/12 u.a., NVwZ 2018, 1121, S. 1125; BVerfG 4.5.2011 – 2 BvR 2365/09 u.a., NJW 2011, 1931, S. 1935.

[542] BVerfG 22.10.2014 – 2 BvR 661/12, BVerfGE 137, 273, S. 320f.; BVerfG 14.10.2004 – 2 BvR 1481/04, BVerfGE 111, 307, S. 327.

[543] BVerfG 12.6.2018 – 2 BvR 1738/12 u.a., NVwZ 2018, 1121, S. 1126; *Jacobs/Payandeh*, JZ 2019, 19, 22 bezeichnen dieses Vorgehen als Setzung neuer Akzente.

[544] BVerfG 12.6.2018 – 2 BvR 1738/12 u.a., NVwZ 2018, 1121, S. 1125f., Rn. 129ff.

verpflichteten, in allen Rechtssachen, in denen sie Partei sind, das endgültige Urteil des Gerichtshofs zu befolgen.[545]

Die Richter*innen des Zweiten Senats des Bundesverfassungsgerichts lehnten ihr Vorgehen an die Ausführungen der Rechtswissenschaftlerin Anna-Bettina Kaiser an.[546] Der Senat bezog sich bei der Methodik der Kontextualisierung auf eine Veröffentlichung von ihr. Darin fordert Kaiser, dass die deutsche Rechtsprechung die EGMR-Entscheidungen im Wege der case-law-Methodik berücksichtigen müsse.[547] Diese Methodik zeichne sich durch das „enge Wechselspiel zwischen der Entscheidung konkreter Lebenssachverhalte und der dabei erfolgenden Herausbildung allgemeiner Rechtsregeln“ aus.[548] Diese Rechtsregeln hätten Bindungswirkung für die zukünftige Rechtsprechung. Die case-law-Methodik könne allerdings nicht vollständig auf die Rezeption der Rechtsprechung des EGMR übertragen werden, schon weil der EGMR selbst abstrahierende Äußerungen trifft. Dennoch müsse die spezifische Sachverhalts- und Rechtskonstellation in dem entschiedenen Fall im Rahmen einer Kontextualisierung Berücksichtigung finden. Dazu zählen nach Kaiser die Beachtung unterschiedlicher Rechtsordnungen, die Unterscheidung zwischen der konkreten Fallentscheidung und den obiter dicta[549] des Gerichts und dass der EGMR für die Besonderheiten der nationalen Rechtsordnung, den „specific circumstances“[550], Ausnahmeklauseln vorsieht.[551]

Diese Formulierung übernahm der Zweite Senat und führte aus:

> „Bei der Berücksichtigung der Rechtsprechung des *EGMR* [Hervorhebung im Original] sind der konkrete Sachverhalt des entschiedenen Falls und sein (rechtskultureller) Hintergrund ebenso mit einzustellen wie mögliche spezifische Besonderheiten der deutschen Rechtsordnung“.[552]

---

[545] BVerfG 12.6.2018 – 2 BvR 1738/12 u.a., NVwZ 2018, 1121, S. 1126.

[546] BVerfG 12.6.2018 – 2 BvR 1738/12 u.a., NVwZ 2018, 1121, S. 1126, Rn. 132.

[547] *A.-B. Kaiser*, AöR 2017, 417, S. 432 f. Die Unterschiede zwischen kontinentalem Rechtssystem und dem case-law-System haben sich im Laufe der vergangenen Jahrzehnte relativiert, da in beiden Rechtssystemen eine Angleichung von kodifiziertem Gesetzesrecht und Rechtsfortbildung durch die Rechtsprechung stattgefunden hat, wobei die methodischen Unterschiede weiterhin fortbestehen. Das case-law-System stellt in dem zu entscheidenden Fall allgemeine Rechtsgrundsätze auf und löst im selben Schritt den Einzelfall. Im deutschen Rechtssystem wird im ersten Schritt ein allgemeiner Rechtssatz aus dem positiven Recht abgeleitet und dieser wird in einem zweiten Schritt auf den Sachverhalt angewendet, *Maultzsch*, 2017, 510, S. 510 ff.

[548] *Maultzsch*, 2017, 510, S. 526.

[549] Obiter dicta sind Rechtssätze, die das Gericht aufstellt, die für die Einzelfallentscheidung aber nicht notwendig gewesen wären. Im case-law-System kommt solchen Rechtssätzen keine bindende Wirkung für zukünftige Gerichtsurteile zu, *Maultzsch*, 2017, 510, S. 518.

[550] EGMR 12.11.2008 – 34503/97, *Demir und Baykara ./. Türkei*, Rn. 168.

[551] *A.-B. Kaiser*, AöR 2017, 417, S. 433 f.

[552] BVerfG 12.6.2018 – 2 BvR 1738/12 u.a., NVwZ 2018, 1121, S. 1126, Rn. 132.

Das Erfordernis der Kontextualisierung begründete der Senat mit dem fehlenden Anwendungsvorrang der EMRK im Vergleich zum Unionsrecht.[553]

Der Zweite Senat stellte im Ergebnis fest, dass zwischen der deutschen Rechtslage zum Beamtenstreikverbot und der Rechtsprechung des EGMR keine Kollisionslage vorliege. Die Entscheidungen, die der EGMR zur Rechtslage in der Türkei gefällt hatte, begründe gegenüber Deutschland keine „unmittelbare Rechtskraftwirkung“.[554] Der Zweite Senat erkannte nur eine Aussage des EGMR zum Streikrecht als verallgemeinerbaren Rechtssatz an: Das Streikrecht sei eine Möglichkeit der Gewerkschaften, „sich Gehör zu verschaffen und dadurch ihre Interessen zu schützen“.[555] Der Senat suggeriert damit, dass der Streik eine Möglichkeit unter vielen für die Arbeitnehmer*innen sei.

Die Einführung und Anwendung des Instruments der Kontextualisierung hat vehemente Kritik erfahren. Rechtswissenschaftler*innen sehen darin eine grundlegende Einengung des Einbezugs der EGMR-Entscheidungen in die deutsche Rechtsordnung.[556]

Zudem könne Art. 46 EMRK nicht isoliert interpretiert, sondern müsse in Zusammenschau mit Art. 1 EMRK und der Präambel gelesen werden. Art. 1 EMRK verpflichtet die Konventionsstaaten, die in der Konvention verbrieften Rechte und Freiheiten abzusichern. Die Konvention bezweckt nach der Präambel, die universelle und wirksame Anerkennung und Einhaltung der in ihr aufgeführten Rechte zu gewährleisten. Dies könne am besten durch ein gemeinsames Verständnis der Freiheitsrechte der EMRK und die Achtung der Entscheidungen des EGMR gewährleistet werden. Die vom Bundesverfassungsgericht aufgestellte Kontextualisierung der Rechtsprechung des EGMR widerspreche einer notwendigen Harmonisierung der menschenrechtlichen Gewährleistungen und könne zum Leerlaufen der Garantien der EMRK führen.[557]

Ein weiteres zentrales Argument gegen die Beschränkung durch den Zweiten Senat des Bundesverfassungsgerichts ist, dass nur durch eine weitreichende Umsetzung der Wertungen des EGMR ein effektiver Menschenrechtsschutz gewährleistet werden kann. Im Vergleich zu den Spruchpraxen der ESC- und ILO-Organe ist die Rechtsprechung des EGMR unumstritten als verbindlich anerkannt. Auf völkerrechtlicher Bühne verfügt allein die EMRK mit der Rechtsprechungsgewalt des EGMR über einen anerkannten Durchsetzungsmechanismus der menschenrechtlichen Gewährleistungen.[558] Dem EGMR komme die Rolle des „authentischen In-

---

[553] BVerfG 12.6.2018 – 2 BvR 1738/12 u.a., NVwZ 2018, 1121, S. 1126, Rn. 132.

[554] BVerfG 12.6.2018 – 2 BvR 1738/12 u.a., NVwZ 2018, 1121, S. 1133, Rn. 172f.

[555] BVerfG 12.6.2018 – 2 BvR 1738/12 u.a., NVwZ 2018, 1121, S. 1134, Rn. 175.

[556] *Absenger/J. M. Schubert*, SR 2019, 211, S. 212 sprechen von Einhegung; *Jacobs/Payandeh*, JZ 2019, 19, S. 23 von Relativierung und *Hering*, ZaöRV 2019, 241, S. 257 von Konturierung sowie Relativierung.

[557] *Absenger/J. M. Schubert*, SR 2019, 211, S. 224.

[558] So auch *Gooren*, 2014, S. 213f.

terpreten“ der Menschenrechtskonvention zu.[559] Die Auslegung und Konkretisierung der EMRK obliege dem Gerichtshof.[560] Die Konventionsstaaten selbst haben sich in der Erklärung von Brighton vom 19. April 2012 für einen effektiven Menschenrechtsschutz ausgesprochen. Insbesondere die nationalen Gerichte sollen die Gewährleistungen der EMRK und die EGMR-Rechtsprechung berücksichtigen, um nicht das Risiko einer späteren Verurteilung durch den Gerichtshof einzugehen.[561]

Auch könne die Orientierungs- und Leitfunktion der EGMR-Rechtsprechung nicht mit dem Argument abgewiesen werden, der Sachverhalt habe sich in einem anderen Konventionsstaat zugetragen. Das Bundesverfassungsgericht hätte die Differenzierung des Beamtenstreikverbots lediglich auf die unterschiedliche Ausgestaltung des Beamtenverhältnisses stützen können.[562]

Auch das Argument, dass der EMRK im Vergleich zum Unionsrecht kein Anwendungsvorrang zukomme, könne im Hinblick auf den Gewährleistungsgehalt des Streikrechts nicht überzeugen. Der Zweite Senat ziehe aus einer formalen Regelung des Vorrangs Rückschlüsse für die inhaltliche Bedeutung der Entscheidungen des Gerichtshofs. Aus dem bloßen Fehlen einer formalen Regelung könne aber kein Rückschluss auf die Beantwortung der Frage gezogen werden, ob die Rechtsprechung des EGMR zu berücksichtigen sei. Schließlich gehe es darum, welche Gewährleistungen die EMRK beinhalte. Erst auf der Ebene der Interessenabwägung könne der Stellenwert der EMRK Berücksichtigung finden.[563]

Der Zweite Senat nehme bereits über die Herausarbeitung der obiter dicta, die er als „Grundwertungen“ der EMRK bezeichnet, eine Beschränkung vor, weil es die Wertungen des EGMR nicht hinreichend berücksichtige.[564] Bereits die Unterscheidung zwischen Grundwertungen und nebensächlichen Entscheidungen beschneide den Gewährleistungsgehalt der EMRK, wenn dadurch Wertungen des EGMR unter den Tisch fallen. Es gebe keine Kriterien, wonach die Grundwertungen von den restlichen zu unterscheiden seien. Im Ergebnis führe das Instrument der Kontextualisierung zu einer erheblichen Erweiterung des Entscheidungsspielraums nationaler Gerichte, welche Erwägungen des EGMR zu berücksichtigen seien und welche nicht. Sowohl die nationale als auch die internationale Rechtssicherheit litten darunter.[565]

Zudem müsse das Bundesverfassungsgericht in besonderem Maße die Gewährleistungen des EGMR berücksichtigen. Die Auslegung der EMRK und der EGMR-

---

[559] BVerwG 27.2.2014 – 2 C 1/13, NVwZ 2014, 736, S. 740, Rn. 45.

[560] *Jacobs/Payandeh*, JZ 2019, 19, S. 23; *Hering*, ZaöRV 2019, 241, S. 265.

[561] *Committee of Ministers of the Council of Europe*, 2012, S. 2, Nr. 7; so auch *Hering*, ZaöRV 2019, 241, S. 263.

[562] Franzen/Gallner/Oetker EuArbR-*C. Schubert*, EMRK Art. 11, Rn. 34.

[563] *Jacobs/Payandeh*, JZ 2019, 19, S. 23; *Hering*, ZaöRV 2019, 241, S. 258.

[564] *Jacobs/Payandeh*, JZ 2019, 19, S. 23; siehe auch S. 129 ff.

[565] *Hering*, ZaöRV 2019, 241, S. 263 f.

Rechtsprechung liege im Vergleich zur Rechtsprechung des EuGH stärker in der Verantwortung der nationalen Gerichte der Konventionsstaaten. Denn ein Vorabentscheidungsverfahren wie beim EuGH besteht beim EGMR nicht.[566] Der EGMR nimmt nur eine nachträgliche Kontrolle der nationalstaatlichen Maßnahmen vor.[567] Das 16. Zusatzprotokoll zur EMRK mit dem vorgesehenen Vorlageverfahren ist für Deutschland mangels Ratifikation bis auf Weiteres nicht relevant.[568]

Das Bundesverfassungsgericht hätte danach die Wertungen des EGMR zum Gewährleistungsgehalt des Streikrechts nicht durch die Kontextualisierung abschneiden, sondern zumindest in die Abwägung der widerstreitenden Verfassungsgüter aus Art. 9 Abs. 3 und Art. 33 Abs. 5 GG einbeziehen müssen.

b) Tragende Verfassungsgrundsätze und Verfassungsidentität

Um den Kern der deutschen Verfassung zu schützen, stellte der Zweite Senat des Bundesverfassungsgerichts eine weitere Grenze der völkerrechtsfreundlichen Auslegung auf. In den Entscheidungen *Görgülü*[569], *Treaty Override*[570] und *Wahlrechtsausschlüsse*[571] lag diese Grenze dort, wo ein Verstoß gegen „tragende Verfassungsgrundsätze" vermieden werden sollte. In Entscheidungen, die den Einfluss des Unionsrechts auf das deutsche Recht betrafen, verwendete das Gericht den Terminus der „Verfassungsidentität" und führte dies auf die änderungsfesten Bestandteile des Grundgesetzes aus Art. 79 Abs. 3 GG zurück.[572] Das Bundesverfassungsgericht nutzte demnach in den meisten Fällen zur Abgrenzung des nationalen Rechts vom Völkerrecht die Figur der tragenden Verfassungsgrundsätze und zur Abgrenzung vom unionsrechtlichen Einfluss die Verfassungsidentität. Als Ausnahme dieser bislang klaren Trennung der deutschen Rechtsprechung zur EMRK und dem Unionsrecht sticht das Urteil zur Sicherungsverwahrung heraus, in dem der Zweite Senat zu den Grenzen der völkerrechtsfreundlichen Auslegung auf die Verfassungsidentität des Grundgesetzes verwies.[573]

In der Entscheidung zum Beamtenstreikverbot führte der Zweite Senat des Bundesverfassungsgerichts erstmals beide Kriterien zusammen und berief sich als

---

[566] *Hering*, ZaöRV 2019, 241, S. 248 f.

[567] EGMR 14.1.2014 – 47732/06, *Vereinigung der Opfer rumänischer Richter u. a. ./. Rumänien*, Rn. 26; EGMR 30.5.2013 – 36673/04, *Malofeyeva ./. Russland*, Rn. 132.

[568] *Europarat*, 2020, SEV Nr. 214.

[569] BVerfG 14.10.2004 – 2 BvR 1481/04, BVerfGE 111, 307, S. 327.

[570] BVerfG 15.12.2015 – 2 BvL 1/12, NJW 2016, 1295, S. 1299.

[571] BVerfG 29.1.2019 – 2 BvC 62/14, NJW 2019, 1201, S. 1206.

[572] BVerfG 6.11.2019 – 1 BvR 276/17, NJW 2020, 314, S. 317; BVerfG 30.7.2019 – 2 BvR 1685/14, 2 BvR 2631/14, NJW 2019, 3204, S. 3206; BVerfG 18.7.2017 – 2 BvR 859/15 u. a., NJW 2017, 2894, S. 2904, Rn. 128 ff.; BVerfG 21.6.2016 – 2 BvR 2728/13 u. a., NJW 2016, 2473, S. 2475; BVerfG 15.12.2015 – 2 BvR 2735/14, NJW 2016, 1149, S. 1151; BVerfG 30.6.2009 – 2 BvE 2/08 u. a., NJW 2009, 2267, S. 2269.

[573] BVerfG 4.5.2011 – 2 BvR 2333/08 u. a., BVerfGE 128, 326, S. 371.

Grenze der völkerrechtsfreundlichen Auslegung sowohl auf die Verfassungsidentität nach Art. 79 Abs. 3 GG als auch auf die tragenden Grundsätze der Verfassung.[574] Bemerkenswert ist, dass es beide Kriterien im Maßstabsteil der Entscheidung nutzte, aber nur die tragenden Verfassungsgrundsätze im Subsumtionsteil prüfte. Der Senat klärte nicht, ob es sich beim Beamtenstreikverbot um einen tragenden Grundsatz der Verfassung handele, weil es bereits die Kollision von EMRK mit dem Streikverbot verneinte. Im Schlusssatz gab das Gericht den Hinweis, dass viel dafürspräche, dass ein solcher Grundsatz vorläge. Es stellte zudem fest, dass die tragenden Verfassungsgrundsätze „auslegungsfest“ seien.[575] Diese Randbemerkung könnte für künftige Entscheidungen von hoher Relevanz sein, denn der Zweite Senat des Bundesverfassungsgerichts deutete damit an, dass er die Grundsätze der Verfassung tendenziell weit auslegt. Diese Vorgehensweise ermöglicht ein Überlagern der menschenrechtlichen Gewährleistungen durch die nationale Rechtsordnung.

Das Bundesverfassungsgericht erläuterte in keinem seiner Urteile, was es unter tragenden Verfassungsgrundsätzen versteht. Aus den unterschiedlichen Formulierungen und dem vermehrten Einsatz der Terminologie der tragenden Verfassungsgrundsätze bei Entscheidungen mit Bezug zur EMRK kann geschlussfolgert werden, dass das Bundesverfassungsgericht sich vorbehält, in diesen Fällen die Gewährleistungen der EMRK auch dann nicht oder nur nachrangig zu beachten, wenn es sich nicht um Verfassungsbestandteile nach Art. 79 Abs. 3 GG handelt.[576] Das Gericht kreierte damit einen weiten Spielraum, um zu entscheiden, was zu den tragenden Verfassungsgrundsätzen gehört, ergo welche Gewährleistungen der EMRK im Ergebnis in die Abwägung einbezogen werden und welche nicht.[577]

In der rechtswissenschaftlichen Debatte wird eine vorsichtige Anwendung dieser Abgrenzungskriterien angemahnt, denn die Besonderheiten einer nationalen Rechtsordnung dürften nicht als Vorwand dafür genutzt werden, Konventionsverstöße zu rechtfertigen. Stattdessen müsse dem Effektivitätsgrundsatz der völkerrechtlichen Menschenrechte stets zur Geltung verholfen werden.[578]

c) Stellungnahme

Die vom Zweiten Senat des Bundesverfassungsgerichts angewandte Methodik der Kontextualisierung der Rechtsprechung des EGMR hat Auswirkungen darauf, wie die Entscheidungen des Gerichtshofs auf die deutsche Rechtsordnung einwirken (formelle Ebene). Zugleich beeinflusst die Anwendung dieser Methode die Reich-

[574] BVerfG 12.6.2018 – 2 BvR 1738/12 u. a., NVwZ 2018, 1121, S. 1126, Rn. 133; so auch in BVerfG 18.9.2018 – 2 BvR 745/18, NJW 2019, 41, S. 43.

[575] BVerfG 12.6.2018 – 2 BvR 1738/12 u. a., NVwZ 2018, 1121, S. 1133, Rn. 172.

[576] *Jacobs/Payandeh*, JZ 2019, 19, S. 25.

[577] *Jacobs/Payandeh*, JZ 2019, 19, S. 25 sprechen in diesem Zuge von einer „alarmierenden“ Entwicklung und der „Auslegungsfestigkeit“ des Grundgesetzes.

[578] *Lörcher*, AuR 2019, 522, S. 524 f.

weite des Schutzbereichs der menschenrechtlichen Gewährleistungen (materielle Ebene).

Auf formeller Ebene bricht die Methode der Kontextualisierung mit der Universalität der Menschenrechte. Die internationale Rechtsprechung zeigt den grundlegenden Gewährleistungsgehalt eines Menschenrechts auf. Dieser Minimalkonsens zwischen den Konventionsstaaten kann nicht in Wertungen, die nur in dem beklagten Staat zählen, und in allgemein gültige Wertungen aufgespalten werden. Die Wertungen des Gerichtshofs fallen in keinem nationalen Kontext geringer ins Gewicht als in anderen. Schließlich soll die Orientierungswirkung der EGMR-Entscheidungen der vorbeugenden Verhinderung von Konventionsverletzungen dienen.[579]

Der Schauplatz des Sachverhalts, der einer EGMR-Entscheidung zugrunde lag, darf nicht beeinflussen, inwieweit diese in die deutsche Rechtsprechung einbezogen wird. Schließlich entwickelt der Gerichtshof die Grundlinien des Streikrechts nicht entlang der Besonderheiten des jeweiligen Konventionsstaats, sondern aufbauend auf seinem selbstreferentiellen System der Auslegung von Art. 11 EMRK. Die konventionsstaatlichen Besonderheiten berücksichtigt der EGMR bereits beim Einschätzungsspielraum (margin of appreciation) des Vertragsstaats. Eine weitere Bezugnahme auf die bestehende Ausgestaltung des nationalen Rechtssystems würde die Effektivität des Menschenrechts unterlaufen und die bereits durch den Gerichtshof vollzogene Abwägung mit den innerstaatlichen Besonderheiten ignorieren.

Auch wenn der EGMR selbst keine eigene Rechtsdogmatik entwickelt, sondern die Menschenrechte in den zu entscheidenden Einzelfällen effektiv umsetzen will,[580] schafft er durch die Weiterführung der eigenständigen Bestimmung des Gewährleistungsgehalts des Streikrechts und der Vermeidung beziehungsweise sorgfältigen Begründung einer Rechtsprechungsänderung eine faktische Rechtsdogmatik.[581] Zudem kann Einzelfallgerechtigkeit nur dann hergestellt werden, wenn die Beschwerdeführer*innen der Individualbeschwerden nach Art. 34 EMRK einen einheitlichen menschenrechtlichen Schutz erfahren, den der EGMR durch die kontinuierliche Definition der menschenrechtlichen Gewährleistungen herstellt. Werden die bisherigen vom EGMR entwickelten Schutzbereiche und die Rechtfertigungsmöglichkeiten von Eingriffen ernst genommen, trägt dies zudem zur Vorhersehbarkeit und Rechtssicherheit im menschen- und grundrechtlichen Gefüge bei.

Nur weil das Streikrecht bislang ausschließlich in Fällen anderer Nationen, mit anderen Ausprägungen der industriellen Beziehungen und Regelungssysteme anerkannt wurde, mindert das nicht die Bedeutung des Freiheitsrechts. Zwar variiert die Ausgestaltung des kollektiven Arbeitsrechts von Land zu Land, aber die historische

---

[579] *Povedano Peramato*, 2019, S. 247.

[580] EGMR 28.6.2001 – 24699/94, *Verein gegen Tierfabriken ./. Schweiz*, Rn. 46 f.; für das Streikrecht und die Bedeutung der Einzelfallumstände EGMR 8.4.2014 – 31045/10, *RMT ./. Vereinigtes Königreich*, Rn. 104 f.

[581] So auch *Povedano Peramato*, 2019, S. 256.

Genese des Streikrechts und die Bedeutung dieses Rechtsinstituts für Arbeitnehmer*innen sind über die Landesgrenzen hinweg gleich: Das Streikrecht wurde erst aufgrund von Massenstreiks anerkannt.[582] Es war und bleibt das wirksamste Mittel der Arbeitnehmer*innen zu ihrer Interessendurchsetzung.

Die Kontextualisierung der EGMR-Entscheidungen, in der Form, dass Wertungen zur EMRK nicht in die Auslegung des Grundgesetzes einbezogen werden, kann nicht mit der Vorrangregelung des Unionsrechts begründet werden. Aus dem Umkehrschluss, dass für die EMRK kein Anwendungsvorrang geregelt sei, lässt sich nicht erklären, warum die Völkerrechtsfreundlichkeit des Grundgesetzes dadurch weniger gewichtig sei. Trotz der fehlenden Regelung des Anwendungsvorrangs der EMRK muss die deutsche Rechtsprechung auch diese menschenrechtlichen Gewährleistungen aufgrund der Völkerrechtsfreundlichkeit des Grundgesetzes beachten.

Zudem kann der Differenzierung zwischen Unionsrecht und EMRK die enge Verzahnung im europäischen Grund- und Menschenrechtschutz entgegengehalten werden.[583] Die Gerichtshöfe beziehen sich untereinander auf die gegenseitige Rechtsprechung[584] und in Art. 6 Abs. 2 EUV ist der Beitritt der Europäischen Union zur Europäischen Menschenrechtskonvention vorgesehen.[585] Spaltet die deutsche Rechtsprechung die europäischen grund- und menschenrechtlichen Wertungen auf, widerspricht sie dem System des einheitlichen Schutzes von Grund- und Menschenrechten.

Eine konturlose Kontextualisierung eröffnet einen willkürlichen Entscheidungsspielraum, in dem deutsche Gericht beliebig bestimmte Teile der EGMR-Entscheidungen für ihre Rechtsprechung heranziehen können und andere nicht. Die Auslegung der EMRK obliegt dem EGMR. Nur ein internationaler Gerichtshof kann durch die Auslegung der menschenrechtlichen Gewährleistungen einen sinnvollen Maßstab kreieren, an dem die Rechtslage in den Konventionsstaaten geprüft werden kann. Dieser Maßstab gilt unabhängig von den einzelnen Ausgestaltungen der Rechtsordnungen in die Konventionsstaaten.

Die Methodik der Kontextualisierung des Zweiten Senats hat zudem Auswirkungen auf die materiell-rechtliche Beeinflussung des deutschen Rechts. Indem der Senat nur den Teil der Entscheidungen des EGMR heranzog, der den Streik als eine Möglichkeit unter vielen zur Interessendurchsetzung darstellte, verkürzte er den Schutzbereich von Art. 11 Abs. 1 EMRK. Der Senat bezog die menschenrechtlichen Wertungen des EGMR, dass dem Streikrecht ein besonderer Stellenwert für die

---

[582] Zur historischen Entwicklung siehe S. 45 ff.

[583] So auch der Erste Senat des Bundesverfassungsgerichts, der die gemeinsame europäische Tradition der Grund- und Menschenrechte betont hat, vgl. BVerfG 6.11.2019 – 1 BvR 16/13, NJW 2020, 300, S. 303.

[584] Zum Einbezug der Wertungen der EMRK in den Gewährleistungsgehalt der Artikel der Europäischen Grundrechtecharta siehe S. 125 ff.

[585] Die Beitrittsverhandlungen wurden am 29. September 2020 wiederaufgenommen, *Strüder*, NJOZ 2021, 769.

Interessendurchsetzung der Arbeitnehmer*innen zukomme, nicht in die Auslegung von Art. 11 Abs. 1 EMRK mit ein. Der EGMR betonte in seiner Entscheidung *Enerji Yapi-Yol Sen* die Wichtigkeit des Streikmittels, weil es die wirksame Ausübung des Rechts auf Kollektivverhandlungen gewährleiste.[586] Der Zweite Senat scheint auch die eigene Bedeutungszumessung des Streikrechts zu ignorieren, indem er ausführt, dass die Ausübung der Beteiligungsrechte durch die Beamt*innen „nicht die einem Arbeitskampf immanente Drucksituation aufbaut und angesichts der fehlenden Tarifbindung auch nicht aufbauen kann".[587]

Diese Methodik stellt damit eine Beschränkung des Streikrechts aus Art. 11 Abs. 1 EMRK dar. Eine Beschränkung des Menschenrechts darf jedoch nur nach Maßgabe des Art. 11 Abs. 2 EMRK erfolgen.[588] Das Argument des Anwendungsvorrangs des Unionsrechts fällt nicht unter die schutzwürdigen Belange nach Art. 11 Abs. 2 EMRK und stellt durch die materiell-rechtliche Auswirkung auf den Schutzbereich des Streikrechts ein systemfremdes Argument in der Menschenrechtsdogmatik dar.

Sinn und Zweck der EMRK sind die effektive Umsetzung der Freiheitsrechte. Dieses Ziel kann nur erreicht werden, wenn die innerstaatlichen Gerichte den menschenrechtlichen Gewährleistungen Vorrang vor nationalen Besonderheiten einräumen. Nur weil ein Nationalstaat mit seiner Rechtsprechung jahrzehntelang von internationalen Gewährleistungen abgewichen ist, kann dies nicht zur Folge haben, dass sich diese Menschenrechtsverletzungen als tragende Verfassungsgrundsätze zementiert und damit gegen völkerrechtlichen Einfluss immunisiert hätten.[589] Eine Überprüfung durch internationale Gerichte und eine selbstreflektierende Rechtsprechungsänderung durch deutsche Gerichte ist und muss möglich bleiben. Eine Abschottung vor menschenrechtlichen Einflüssen über die ausufernde Rechtsfigur der tragenden Verfassungsgrundsätze ist abzulehnen, solange diese keine Konturierung erfahren hat.

Die Verfassungsidentität nach Art. 79 Abs. 3 GG ist wegen der expliziten Normierung, der ausdifferenzierten Rechtsprechung und zahlreichen rechtswissenschaftlichen Abhandlungen darüber, was alles unter die Ewigkeitsklausel fällt, für eine Grenzziehung besser geeignet. Für Streiks, die sich auch an staatliche Stellen richten, stellt sich die Frage, ob die Rechtsprechung zur Tarifakzessorietät des Arbeitskampfrechts und zum Verbot des sogenannten politischen Streiks zur Verfassungsidentität gezählt werden kann. Das Demokratieprinzip ist nach Art. 20 Abs. 1, 79 Abs. 3 GG ein Verfassungsbestandteil der unter die Ewigkeitsklausel fällt. Das Verbot des sogenannten politischen Streiks wird sowohl von Befürworter*innen als auch den Gegner*innen unter Berufung auf das Demokratieprinzip diskutiert. Wie im kommenden Kapitel dargelegt wird, verstößt ein sogenannter politischer Streik

---

[586] EGMR 21.4.2009 – 68959/01, *Enerji Yapi-Yol Sen ./. Türkei*, Rn. 24.

[587] BVerfG 12.6.2018 – 2 BvR 1738/12 u.a., NVwZ 2018, 1121, S. 1134, Rn. 175.

[588] Siehe S. 137 ff.

[589] *Jacobs/Payandeh*, JZ 2019, 19 sprechen von Petrifizierung des Verfassungsrechts.

nicht gegen die Grundsätze eines demokratisch verfassten Staats, sondern ist vielmehr elementarer Bestandteil der Demokratie und von Art. 9 Abs. 3 GG geschützt.[590]

Das Verbot des Streiks von Beamt*innen und das Verbot des sogenannten politischen Streiks unterscheidet sich zudem dadurch, dass sich der Zweite Senat des Bundesverfassungsgerichts für die Rechtfertigung des Verbots des Beamt*innenstreiks auf die in Art. 33 Abs. 5 GG niedergelegten Grundsätze des Berufsbeamtentums stützen konnte. Für die Beurteilung nach völkerrechtlichem Maßstab gilt es allerdings zu beachten, dass die Grundsätze des Berufsbeamtentums nicht von der Ewigkeitsklausel des Art. 79 Abs. 3 GG umfasst sind. Für das Verbot des sogenannten politischen Streiks sind keine Rechtsgüter mit Verfassungsrang ersichtlich, die unter die Ewigkeitsklausel fallen.[591]

Zusammenfassend lässt sich festhalten, dass deutsche Gerichte die EMRK und die Rechtsprechung des EGMR vollumfänglich bei der Auslegung von Art. 9 Abs. 3 GG berücksichtigen müssen. Die Grenze bildet die Verfassungsidentität nach Art. 79 Abs. 3 GG. Weder die Tarifakzessorietät noch das Verbot des sogenannten politischen Streiks sind Ausdruck einer unter die Ewigkeitsklausel fallenden Norm.

2. Verbindlichkeit der Europäischen Sozialcharta und der dazugehörigen Spruchpraxis

Besonders umstritten sind die Auswirkungen der Europäischen Sozialcharta auf das deutsche Recht. Der Streit entzündet sich an der Frage, ob die materiellen Bestimmungen des Teils II der ESC, die auch die Streikfreiheit in Art. 6 Nr. 4 ESC enthalten, unmittelbar geltendes Bundesrecht sind und damit subjektive Rechte der Einzelnen begründen oder lediglich eine völkerrechtliche Verpflichtung der Bundesrepublik darstellen.[592]

Für die Auslegung des Arbeitskampfrechts nach Art. 9 Abs. 3 GG sind selbst nach der restriktiven Ansicht, die ESC binde nur den Staat, die Gerichte dazu verpflichtet, das Grundgesetz völkerrechtsfreundlich auszulegen.[593] Deutschland hat die Europäische Sozialcharta ratifiziert und sie ist im Jahr 1965 durch Verabschiedung des Umsetzungsgesetzes in Kraft getreten.[594] Damit ist die Charta nach Art. 59 Abs. 2 S. 1 GG auf Rang eines Bundesgesetzes in die deutsche Rechtsordnung aufgenommen worden. Aufgrund der Völkerrechtsfreundlichkeit des Grundgesetzes sind

---

[590] Siehe S. 192 ff.

[591] Im Ergebnis so auch *Bünnemann*, 2015, S. 118.

[592] Zum Streitstand Franzen/Gallner/Oetker EuArbR-*C. Schubert*, EUSozCh Teil I, Rn. 21 ff.

[593] BAG 19.6.2007 – 1 AZR 396/06, NZA 2007, 1055, S. 1058, Rn. 24; BAG 10.12.2002 – 1 AZR 96/02 – NZA 2003, 734, S. 739; TVG-*Löwisch/Rieble*, Grundlagen, Rn. 341; Franzen/Gallner/Oetker EuArbR-*C. Schubert*, EUSozCh Teil I, Rn. 58; Däubler ArbeitskampfR-*Lörcher*, § 10, Rn. 29; *Seiter*, 1975, S. 137 ff.

[594] BGBl. 1964 II Nr. 43 vom 23.9.1964, S. 1261.

die deutschen Gerichte bei der Auslegung des Arbeitskampfrechts verpflichtet, die ESC heranzuziehen. Kommen die Gerichte dieser Pflicht nicht nach, kann dagegen Verfassungsbeschwerde aufgrund einer Verletzung von Art. 9 Abs. 3 GG i. V. m. Art. 20 Abs. 3 GG eingelegt werden.[595]

Die obersten deutschen Gerichte berücksichtigten die Gewährleistungen der ESC zunächst nur unzureichend.[596] Mittlerweile bezieht das Bundesarbeitsgericht die ESC bei der Arbeitskampfrechtsprechung mit ein. Mit seinem Urteil zum Unterstützungsstreik vom 19. Juni 2007 hat das Bundesarbeitsgericht die Gewährleistungen aus Art. 6 Abs. 4 ESC für einen „Wandel der Rechtsprechung"[597] zur Auslegung von Art. 9 Abs. 3 GG herangezogen.[598]

Für die vorliegende Untersuchung ist zudem die Kontroverse um die Verbindlichkeit der Spruchpraxis der Kontrollorgane der Charta von Interesse. Da die Kontrollorgane die deutsche Rechtsinterpretation in vielerlei Hinsicht als Verstoß gegen die Gewährleistungen aus Art. 6 Nr. 4 ESC werten,[599] kommt der Entscheidung, ob und wie die Spruchpraxis bei der Auslegung von Art. 9 Abs. 3 GG Berücksichtigung findet, besondere Bedeutung zu.

Die für die Praxis relevanten Spruchkörper der ESC sind das Europäische Komitee für soziale Rechte und das Ministerkomitee. Das Komitee erlässt nach der Überprüfung des deutschen Staatenberichts „Conclusions" und das Ministerkomitee kann „Recommendations" aussprechen.[600] Es wird argumentiert, dass bereits die Bezeichnung als „Empfehlungen" auf die fehlende Verbindlichkeit hinweise, denn ein Empfehlen beinhalte immer verschiedene Handlungsoptionen auf der Gegenseite und verpflichte gerade nicht zu einem bestimmten Handeln. Zudem wird der Vergleich mit der Spruchpraxis zu anderen internationalen Normen bemüht: So sei es für die EMRK und für Normen des Unionsrechts unumstritten, dass deren verbindliche Auslegung den jeweils zuständigen Gerichten und keinen anderen Spruchkörpern zukomme. Im Vergleich dazu hätten die Vertragsstaaten bei der Ausarbeitung der ESC auf die Ausstattung der Kontrollorgane mit rechtsprechenden Kompetenzen verzichtet. Den Beschlüssen und Empfehlungen fehle es zudem an Sanktionsmöglichkeiten. Hinzukomme, dass das Turiner Änderungsprotokoll, das dem Sachverständigenrat die alleinige Zuständigkeit zur rechtlichen Bewertung der Einhaltung

---

[595] *Dumke*, 2013, S. 365 ff.; allgemeiner auf Art. 2 Abs. 1 GG sich berufend aber im Ergebnis ebenso Franzen/Gallner/Oetker EuArbR-*C. Schubert*, EUSozCh Teil I, Rn. 57.

[596] Däubler ArbeitskampfR-*Lörcher*, § 10, Rn. 31.

[597] *Kocher*, AuR 2008, 13, S. 18.

[598] BAG 19. 6. 2007 – 1 AZR 396/06, NZA 2007, 1055, S. 1057; zur Zusammenfassung der früheren Rechtsprechung siehe Franzen/Gallner/Oetker EuArbR-*C. Schubert*, EUSozCh Teil I, Rn. 58.

[599] Siehe S. 147 ff.

[600] Schlachter/Heuschmid/Ulber-*Schlachter*, § 6 ESC, Rn. 503, 507 ff.; Franzen/Gallner/Oetker EuArbR-*C. Schubert*, EUSozCh Teil I, Rn. 45, 52 ff.

der ESC eingeräumt hat, von Deutschland noch nicht ratifiziert wurde.[601] Daher könne aus dem geltenden Recht weder für das Europäische Komitee für soziale Rechte noch für das Ministerkomitee die Befugnis zur verbindlichen Interpretation der Sozialcharta abgeleitet werden.[602]

Dieser Sichtweise werden zahlreiche Argumente entgegengehalten. Die Beschlüsse und Empfehlungen der ESC-Spruchkörper dienten trotz fehlender Sanktionsmöglichkeit der Durchsetzung des Völkerrechts, weil dadurch Aufmerksamkeit auf die Vertragsverletzung gelenkt werde.[603] Für die Verbindlichkeit der Spruchpraxis der ESC-Organe sprächen zudem Effektivitätsgesichtspunkte. Internationale Normen bedürften einer supranationalen Instanz, um über Ländergrenzen hinweg einheitlich ausgelegt zu werden.[604] Eine uneinheitliche Auslegung könnte zum Unterlaufen der sozialen menschenrechtlichen Schutzstandards führen.[605] Für diese teleologische Auslegung des effektiven Menschenrechtsschutz spreche auch die Präambel der ESC, in der sich die Unterzeichnerstaaten die Erhaltung und Weiterentwicklung der Menschenrechte zum Ziel gesetzt haben.[606] Das Überwachungsverfahren der Art. 21 ff. ESC sei geschaffen worden, um die gewährleisteten Rechte auch tatsächlich umzusetzen.[607] Nach Teil III des Anhangs zur Sozialcharta unterliege die Einhaltung der ESC ausschließlich der Überwachung durch das normierte Berichtsverfahren. Eine effektive Umsetzung der Gewährleistungen könne nur durch eine verbindliche Spruchpraxis der Kontrollorgane erfolgen. Um ihre Überwachungsfunktion wirksam erfüllen zu können, müsse den Einschätzungen der Spruchkörper Verbindlichkeit zukommen.[608] Der Ausschuss für die Auslegung der ESC sei eigens dafür mit hoch angesehen Expert*innen ausgestattet worden.[609]

Zudem hat die oberste deutsche Rechtsprechung die Spruchpraxis der ESC-Organe bei der Auslegung des Streikrechts berücksichtigt. So hat das Bundesarbeitsgericht eine mögliche Änderung der Tarifbindung mit Bezug auf die Meinung des Europäischen Komitees für soziale Rechte und der Empfehlung des Ministerkomitees an die Bundesregierung zumindest suggeriert.[610]

Im Ergebnis muss aufgrund der Völkerrechtsfreundlichkeit des Grundgesetzes und der wirksamen Umsetzung der internationalen Gewährleistungen festgehalten

---

[601] Franzen/Gallner/Oetker EuArbR-*C. Schubert*, EUSozCh Teil I, Rn. 14.

[602] Zur Zusammenfassung der Debatte *Gooren*, 2014, S. 180 f.; *Däubler*, AuR 1998, 144, S. 147.

[603] *Dumke*, 2013, S. 44 f.

[604] *Gooren*, 2014, S. 180.

[605] Däubler ArbeitskampfR-*Lörcher*, § 10, Rn. 27; *Däubler*, AuR 1998, 144, S. 148.

[606] *Hauer*, 2020, S. 136.

[607] *Dumke*, 2013, S. 45.

[608] *Fischer-Lescano/Preis/Ulber*, 2015, S. 43.

[609] Franzen/Gallner/Oetker EuArbR-*C. Schubert*, EUSozCh Teil I, Rn. 14; *Dumke*, 2013, S. 46 f.

[610] BAG 10.12.2002 – 1 AZR 96/02, NZA 2003, 734, S. 740.

werden, dass die Beschlüsse und Empfehlungen der Spruchkörper für die nationalstaatliche Umsetzung der ESC relevant sind. Nur Spruchkörper der ESC sind als supranationale Organe in der Lage, die Gewährleistungen einheitlich auszulegen und nationale Abweichungen zu rügen. Das in Art. 21 ff. ESC geschaffene Überwachungsverfahren ist im Hinblick auf die in der Präambel formulierte Zielsetzung der Charta eines effektiven Menschenrechtsschutzes nur dann sinnstiftend, wenn es auf die Umsetzung in den Konventionsstaaten rechtsverbindliche Auswirkungen hat. Die Spruchpraxis muss bei der innerstaatlichen Auslegung, vorliegend von Art. 9 Abs. 3 GG, berücksichtigt werden.[611] Jede andere Handhabung ließe die Gewährleistungen der Europäische Sozialrechtscharta zu einer Farce verblassen.

3. Verbindlichkeit der Spruchpraxis der ILO-Kontrollorgane

Das Bundesverfassungsgericht hat entschieden, dass das ILO-Übereinkommen Nr. 87 „zum einfachen innerstaatlichen Recht" gehört, dessen Gewährleistungen aber nicht über die in Art. 9 Abs. 3 GG niedergelegten Rechte hinausgingen.[612] Das Bundesarbeitsgericht hat in zwei Entscheidungen festgestellt, dass das Übereinkommen Teil des Bundesrechts geworden sei und sich bezüglich des Einflusses auf die deutsche Arbeitskampfrechtsprechung dem Bundesverfassungsgericht angeschlossen.[613]

In der rechtswissenschaftlichen Literatur ist der Einbezug der Spruchpraxis der ILO-Organe in die deutsche Rechtsordnung stark umstritten. Die Argumente auf beiden Seiten ähneln dem Streitstand hinsichtlich der Verbindlichkeit der Beschlüsse der ESC-Kontrollorgane.[614] Gegen die Verbindlichkeit wird ins Feld geführt, dass nach Art. 37 Abs. 1 ILO-Verfassung alle Fragen oder Schwierigkeiten in der Auslegung dieser Verfassung oder der später von den Mitgliedern nach dieser Verfassung abgeschlossenen Übereinkommen dem Internationalen Gerichtshof (IGH) zur Entscheidung vorgelegt werden. Dem IGH komme demnach die Kompetenz der verbindlichen Auslegung zu. Dazu wird auch auf Art. 26 und 31 der ILO-Verfassung verwiesen, die das Klageverfahren und die Entscheidung des IGH regeln.[615]

Die Gegenseite argumentiert, dass daraus nicht geschlussfolgert werden könne, dass der IGH die alleinige Kompetenz zur Auslegung der Norm besitze, zumal prozessuale Regelungen des IGH keine Auswirkungen auf die Auslegungspraxis der

---

[611] So auch *Dumke*, 2013, S. 52, 58 f.; nach Däubler ArbeitskampfR-*Lörcher*, § 10, Rn. 27 und *Däubler*, AuR 1998, 144, S. 148 dürfe nur bei Vorliegen eines triftigen Grundes von der Auffassung des Sachverständigenausschusses abgewichen werden.

[612] BVerfG 20. 10. 1981 – 1 BvR 404/78, NJW 1982, 815, S. 817.

[613] BAG 20. 11. 2012 – 1 AZR 179/11, NZA 2013, 448, S. 466, Rn. 133; BAG 20. 11. 2012 – 1 AZR 611/11, NZA 2013, 437, S. 446, Rn. 76.

[614] Siehe S. 170 ff.

[615] ErfK-*Linsenmaier*, GG Art. 9, Rn. 107.

ILO-Verfassung und der Übereinkommen hätten.[616] Die Spruchpraxis habe zudem Relevanz, weil die Überwachungsorgane durch ihre unabhängigen Expert*innen über spezielle Sachkenntnis verfügten und ihrer Einordnung damit eine besonders hohe Expertise zukomme. Die langjährige Spruchpraxis sei von den beteiligten Staaten und den Arbeitskampfparteien gebilligt worden.[617] Praktisch existierten keine anderen Institutionen zur Auslegung der Übereinkommen, weil die ILO von dem Verfahren vor dem IGH noch keinen Gebrauch gemacht habe. Vielmehr sei für die Kontrolle der Einhaltung der Übereinkommen der spezielle Sachverständigenausschuss eingerichtet worden.[618] Die historische Entwicklung des Sachverständigenausschusses, bei der sich eine Kompetenzerweiterung feststellen lasse, spricht ebenso für die Verbindlichkeit der Spruchpraxis, denn der Ausschuss könne seine Aufgabe nur sinnvoll erfüllen, wenn er die Befugnis zur authentischen Auslegung habe.[619] Der gesamte Beschwerdemechanismus der ILO-Organe basiere nicht auf der Rechtsfindung und den Sanktionen des IGH, sondern der Schwerpunkt liege auf dem Überwachungssystem der Ausschüsse.[620] Solange der IGH zu dieser Frage nichts entschieden habe, müsse von der Verbindlichkeit der Spruchpraxis der Ausschüsse ausgegangen werden.[621]

Der überzeugenderen Argumentation für die Verbindlichkeit der Spruchpraxis lässt sich noch hinzufügen, dass sie für die effektive Umsetzung des Völkerrechts unentbehrlich ist. Die Übereinkommen können nur dann wirksam werden, wenn ihr Vertragstext entsprechend der Rechtsentwicklungen von einer unabhängigen, internationalen Stelle ausgelegt wird und diese Interpretationen von den Vertragsstaaten beachtet werden müssen.

Die deutsche Rechtsprechung ist aufgrund der Völkerrechtsfreundlichkeit des Grundgesetzes zur Berücksichtigung der ILO-Übereinkommen bei der Auslegung von Art. 9 Abs. 3 GG verpflichtet. Die wirksame Einbeziehung der völkerrechtlichen Gewährleistungen aus den ILO-Übereinkommen kann nur erfolgen, wenn die Einschätzungen der einzigen praktizierenden Spruchkörper mit ihrer Expertise verbindliche Wirkung haben.

4. Verbindlichkeit der UN-Verträge und Spruchpraxis

Die Gewährleistungen und die Spruchpraxis der UN-Organe sind für die deutsche Rechtsordnung verbindlich. Das ergibt sich, wie bereits für die Europäische Sozialcharta und das ILO-Übereinkommen Nr. 87 argumentiert, aus der Völkerrechtsfreundlichkeit des Grundgesetzes und des Grundsatzes des effektiven Menschen-

---

[616] Däubler ArbeitskampfR-*Lörcher*, § 10, Rn. 51.

[617] Schlachter/Heuschmid/Ulber-*Zimmer*, § 5, Rn. 45, 48 m. w. N.

[618] *Schlachter*, RdA 2011, 341, S. 345; *Gooren*, 2014, S. 213.

[619] Schlachter/Heuschmid/Ulber-*Zimmer*, § 5, Rn. 46.

[620] Schlachter/Heuschmid/Ulber-*Zimmer*, § 5, Rn. 47.

[621] Schlachter/Heuschmid/Ulber-*Zimmer*, § 5, Rn. 51.

rechtsschutzes.[622] Auch erfordern die UN-Verträge eine supranationale Instanz, die für alle Unterzeichnerstaaten der internationalen Pakte die völkerrechtlichen Normen auslegt, damit ein universaler Menschenrechtsschutz gewährleistet werden kann.

5. Zusammenfassung

Alle völkerrechtlichen Gewährleistungen inklusive der Entscheidungen und Empfehlungen der jeweiligen Gerichte und Spruchkörper sind für die deutsche Rechtsprechung zum Arbeitskampfrecht verbindlich. Die Grenze für die Einbeziehung liegt bei den Garantien, die von der Ewigkeitsklausel nach Art. 79 Abs. 3 GG umfasst sind.

C. Ergebnis

Die völkerrechtlichen Gewährleistungen des Streikrechts fordern den deutschen Tarifbezug und das Verbot des sogenannten politischen Streiks vielfach heraus.

Nach der Rechtsprechung des EGMR gewährleistet Art. 11 Abs. 1 EMRK das Streikrecht ohne Tarifbezug und ohne Begrenzung auf die Arbeitgeber*innen als legitime Adressat*innen einer Streikforderung. Dabei betont der EGMR die Bedeutung des Streikrechts für die Arbeitnehmer*innen und für die Verfasstheit der demokratischen Gesellschaft. Auch in der Gesundheitsbranche ist der Streik nicht grundsätzlich zu beschränken, geschweige denn zu verbieten. Damit verwehrt sich der EGMR der Tabuisierung von Streiks in der Pflege.

Der EGMR nutzt den Vergleich der rechtlichen Situationen in den Konventionsstaaten als Teil seiner dynamischen Auslegung dazu, die Weiterentwicklung des Menschenrechtsstandards in den einzelnen Konventionsstaaten effektiv umzusetzen. Der Gerichtshof berücksichtigt die Ergebnisse des Rechtsvergleichs bei der Schutzbereichsbestimmung und beim Umfang des Ermessensspielraums der Konventionsstaaten. Der Rechtsvergleich zum Tarifbezug des Arbeitskampfrechts und der Rechtmäßigkeit des sogenannten politischen Streiks hat ergeben, dass die überwiegende Mehrheit der Konventionsstaaten das Streikrecht, solange es sich um wirtschaftliche und soziale Belange handelt, ohne Tarifbezug und auch als gegen den Staat gerichtete Maßnahme garantiert. Der EGMR könnte dementsprechend Art. 11 Abs. 1 EMRK so auslegen, dass auch der nicht tarifbezogene und auf staatliche Maßnahmen abzielende Streik vom Schutzbereich des Menschenrechts umfasst wäre.

Als weitere völkerrechtliche Norm, die explizit das Streikrecht schützt und deren Gewährleistungsumfang über denjenigen hinausgeht, den die deutsche Rechtspre-

[622] So auch *Committee on Economic, Social and Cultural Rights*, 1998, S. 3, Rn. 7.

chung konstruiert hat, ist Art. 6 Nr. 4 ESC von Bedeutung. Der Wortlaut des Menschenrechts schließt staatliche Stellen als Adressat*innen von Streiks mit ein. Die Kontrollorgane der ESC haben den Tarifbezug im deutschen Arbeitskampfrecht mehrfach als unvereinbar mit dem Streikrecht aus Art. 6 Nr. 4 ESC erklärt. Ein Spruchkörper der ESC hat den „politischen“ Streik aus dem Schutzbereich von Art. 6 Nr. 4 ESC ausgeschlossen, wobei viel dafür spricht, dass unter „politischen“ Materien nur solche zu verstehen sind, die keine wirtschaftlichen oder sozialen Interessen der Arbeitskampfparteien berühren.

Auch aus der Interpretation des ILO-Übereinkommens Nr. 87, des Art. 8 Abs. 1 lit. d IPWSKR und Art. 22 IPBPR sowie der dazugehörigen Entscheidungen der Spruchkörper ist zu schlussfolgern, dass sie das Streikrecht ohne Tarifbezug gewährleisten. Die Spruchkörper des ILO-Übereinkommens Nr. 87 gewährleisten zudem den Streik mit sozialem, wirtschaftlichem oder beruflichem Bezug auch gegen staatliche Stellen.

Der EGMR zieht regelmäßig die Garantien der Europäischen Grundrechtecharta zur Auslegung der EMRK heran. Art. 28 GRCh gewährleistet ein eigenständiges Streikrecht. Aus der semantischen und historischen Auslegung ergibt sich, dass der Schutzbereich nicht auf Tarifverhandlungen zwischen Arbeitnehmer*innen und Arbeitgeber*innen begrenzt ist. Zu diesem Ergebnis kam auch das EuG, als es einen Beamt*innenstreik, der sich gegen staatliche Maßnahmen außerhalb von Tarifverhandlungen richtete, als rechtmäßig nach Art. 28 GRCh wertete. Wird diese Rechtsprechung in der Auslegung des deutschen Rechts berücksichtigt, ist allerdings zu beachten, dass es sich dabei um einen Rechtsstreit auf Unionsebene handelte, sodass der EGMR bei Berufung auf dieses Urteil die Beschränkungsmöglichkeit der Konventionsstaaten nach Art. 11 Abs. 2 EMRK prüfen müsste.

Zur Problematik des sogenannten politischen Streiks ist der Genese von Art. 28 GRCh nichts zu entnehmen. Allerdings entfällt durch den fehlenden Tarifbezug und der fehlenden Beschränkung der Adressat*innen des Streiks ein Teil der Argumentationsgrundlage der deutschen Rechtsprechung zum Verbot des „politischen“ Streiks. Der EuGH erkennt das Streikrecht nach Art. 28 GRCh unabhängig von mitgliedstaatlichen Regelungen an. Die Kompetenzverteilung zwischen Europäischer Union und den Mitgliedstaaten wurde durch den eingeschränkten Anwendungsbereich der Charta-Grundrechte in Art. 51 Abs. 1 GRCh hinreichend berücksichtigt und sollte sich nicht begrenzend auf den Schutzbereich des Grundrechts auswirken. Zwar lässt sich der Gewährleistungsumfang von Art. 28 GRCh nicht eindeutig positiv bestimmen. Durch die bisher weite Auslegung des EuGH verbleiben dem EGMR jedoch Auslegungsspielräume hinsichtlich der Fragen des Tarifbezugs und des „politischen“ Streiks, wenn er Art. 28 GRCh für die Auslegung des Schutzbereichs von Art. 11 EMRK heranzieht.

Beschränkungen des Menschenrechts müssen einem legitimen Zweck nach Art. 11 Abs. 2 EMRK dienen. In den Pflegeberufen ist eine Rechtfertigung von Einschränkungen des Streikrechts über den Schutz der Gesundheitsversorgung sowie der Freiheiten und Rechte Dritter, konkret der Pflegebedürftigen, denkbar. Unter die Rechte Dritter sind nicht pauschal die wirtschaftlichen Interessen der Arbeitgeber*innen zu subsumieren. Auch die Tarifautonomie als konventionsstaatliche Ausformung des kollektiven Arbeitsrechts kann die Beschränkung des Streikrechts durch den Tarifbezug und das Verbot des „politischen“ Streiks nicht rechtfertigen. Der EGMR kennt zudem kein dem deutschen Recht auf den eingerichteten und ausgeübten Gewerbebetrieb entsprechendes Menschenrecht im Arbeitskampfrecht. Der EGMR hat bisher Fälle entschieden, in denen die Konventionsstaaten bestimmte Verfahrensanforderungen an einen Streik gestellt hatten. Eine solche Verfahrensanforderung wäre die tarifvertragliche Friedenspflicht im deutschen Recht, die aber durch den tarifbezugslosen und „politischen“ Streik nicht angegriffen wird.

Zu demselben Ergebnis kommt eine Betrachtung der Einschränkungsmöglichkeiten aus Art. G Abs. 1 ESC. Fällt die dogmatische Begründung des deutschen Tarifbezugs und des Verbots des sogenannten politischen Streiks nicht unter die Einschränkungsmöglichkeiten von Art. 11 Abs. 2 EMRK oder Art. G Abs. 1 ESC, muss sie als völkerrechtswidrig betrachtet werden.

Der EGMR unterscheidet die Möglichkeiten der Einschränkbarkeit der Menschenrechte danach, inwiefern die Beschränkungen demokratisch legitimiert sind. Entscheidungen der Judikative weisen im Vergleich zu denen der Gesetzgebung eine nur geringe demokratische Legitimation auf. Der deutschen Rechtsprechung kommt daher bei der Einschränkung des Streikrechts aus Art. 11 EMRK ein nur geringer Entscheidungsspielraum zu. Der Rechtsvergleich hinsichtlich des Tarifbezugs und des rechtmäßigen „politischen“ Streiks führt ebenso dazu, dass deutsche Gerichte einen nur geringen Beurteilungsspielraum bei der Rechtfertigung des Eingriffs in das Streikrecht haben. Zudem ist es die gemeinsame europäische Grundlage des Streiks, dass sich dieser immer schon gegen den Staat gerichtet hat und richten musste, um auch rechtliche Verbesserungen der Situation der Arbeiter*innen zu erreichen. Diese rechtshistorische Entwicklung kann nicht per se hinter einzelstaatliche Regelungen zurücktreten, die das Streikrecht einschränken.

Das Verhältnis zwischen Grundgesetz und den internationalen Verträgen ist durch die völkerrechtsfreundliche Auslegung determiniert. Im Zentrum steht die effektive Umsetzung völkerrechtlicher Gewährleistungen. Die Garantien der EMRK und die Rechtsprechung des EGMR sind bei der Auslegung des Grundgesetzes vollumfänglich zu berücksichtigen. Die Verfassungsidentität nach Art. 79 Abs. 3 GG wird durch die Frage der Rechtmäßigkeit des deutschen Tarifbezugs und des Verbots des politischen Streiks nicht berührt. Auch die Spruchpraxis der internationalen Überwachungsorgane ist bei der Auslegung des deutschen Rechts heranzuziehen, da diese die einzigen supranationalen Stellen zur Feststellung von Menschenrechtsverletzungen der jeweiligen Charta, Übereinkommen und Pakte bilden.

Zusammenfassend findet das Ergebnis der vorliegenden Auslegung von Art. 9 Abs. 3 GG[623] gleich mehrere Stützen in unterschiedlichen völkerrechtlichen Verträgen. So lässt sich das Streikrecht auch nach der völkerrechtsfreundlichen Auslegung ohne Tarifbezug herleiten und der Streik gegen staatliche Stellen als rechtmäßige Grundrechtsausübung begreifen.

Dritter Abschnitt

Ursprung und Kontinuitäten von Tarifbezug des Arbeitskampfrechts und Verbot des „politischen" Streiks

Die Entwicklung des Arbeitskampfrechts in der Bundesrepublik nach Inkrafttreten des Grundgesetzes war nicht wie vom Parlamentarischen Rat vorgesehen durch einen Rechtsetzungsprozess im Bundestag bestimmt. Das Arbeitskampfrecht, wie wir es heute kennen, ist zu großen Teilen Produkt der rechtswissenschaftlichen Diskussion und der Rechtsprechung der ersten Jahre der Bundesrepublik. Dieser Phase widmet sich der erste Teil dieses Abschnitts (A.). Das Hauptaugenmerk liegt dabei auf dem Zeitungsstreik von 1952 und dem Urteil des Bundesarbeitsgerichts aus dem Jahr 1955.

Im zweiten Teil frage ich nach Kontinuitäten in der Rechtsdogmatik der obersten Rechtsprechung: Wurden die Leitlinien zum Tarifbezug und dem Verbot des sogenannten politischen Streiks der frühen juristischen Ausarbeitungen beibehalten (B.)? In beiden Unterabschnitten stelle ich die juristische Argumentation rechtshistorisch dar und bewerte sie rechtsdogmatisch. Das Ergebnis fasse ich im letzten Unterabschnitt zusammen (C.).

A. Ursprung von Tarifbezug des Arbeitskampfrechts und Verbot des „politischen" Streiks in Rechtswissenschaft und Rechtsprechung der jungen Bundesrepublik

In der folgenden Darstellung untersuche ich, wie Rechtswissenschaft und Rechtsprechung das neu geschaffene Grundgesetz, speziell Art. 9 Abs. 3 GG, interpretierten und damit den Grundstein für zwei zentrale Aspekte des deutschen Arbeitskampfrechts legten: die Tarifakzessorietät des Arbeitskampfrechts und das Verbot des sogenannten politischen Streiks.

Nach wie vor ist es notwendig, sich mit den Ursprüngen des Arbeitskampfrechts der Bundesrepublik zu beschäftigen. Der Rechtswissenschaftler Thilo Ramm attestierte im Jahr 1994 den Forschenden der Arbeitsrechtsgeschichte eine enge

[623] Siehe S. 72 ff.

Eingrenzung ihres Forschungsfeldes: „Das Forschungsinteresse galt zunächst und gilt noch dem Kaiserreich, dem Nationalsozialismus und neuerdings der Weimarer Republik".[624] Sieben Jahre später stellte der Jurist und Rechtshistoriker Thomas Henne fest, dass die Forschung zur Kontinuität von juristischen Begrifflichkeiten in der Rechtswissenschaft und Rechtsprechung der frühen Bundesrepublik im Arbeitsrecht nach wie vor ein Desiderat sei.[625] An diesem Befund hat sich bis heute wenig geändert. Mit der folgenden Untersuchung möchte ich einen Beitrag leisten, diese Forschungslücke zu schließen.

Zu diesem Zweck betrachte ich zunächst die wissenschaftliche Debatte und die Rechtsprechung in der Periode zwischen Inkrafttreten des Grundgesetzes und dem ersten Urteil des Bundesarbeitsgerichts daraufhin, inwiefern das Grundgesetz zur Bewertung des Arbeitskampfs herangezogen wurde (I.).

Im zweiten Schritt wende ich mich den wegweisenden wissenschaftlichen und gerichtlichen Auseinandersetzungen um den Zeitungsstreik aus dem Jahr 1952 zu. Dazu arbeite ich die Kernargumente vor allem der Zeitungsstreikgutachten heraus und unterziehe diese einer rechtsdogmatischen Überprüfung (II.).

Im dritten Schritt untersuche ich das erste Urteil des Bundesarbeitsgerichts zum Arbeitskampfrecht vom 28. Januar 1955 unter Federführung von Hans Carl Nipperdey (III.). Die Untersuchung schließe ich mit der Zusammenfassung der Ergebnisse ab (IV.).

I. Arbeitskampfrechtsprechung und -lehre zwischen Inkrafttreten des Grundgesetzes und erstem Urteil des Bundesarbeitsgerichts

Die Arbeitskampfrechtsprechung und die rechtswissenschaftlichen Auseinandersetzungen unmittelbar nach Inkrafttreten des Grundgesetzes sind bislang kaum untersucht worden. Um die Frage zu beantworten, ob und wie Art. 9 Abs. 3 GG bei der Bewertung der Rechtmäßigkeit von Streiks von den Gerichten und Rechtswissenschaftlern herangezogen wurde, kann auf die einzige umfassende Darstellung und Analyse der Debatte von 1948 bis 1955 von dem Politik- und Rechtswissenschaftler Christian Seegert zurückgegriffen werden.[626] Diese wurde in den rechtswissenschaftlichen Ausführungen zum Arbeitskampfrecht bislang nicht nachweisbar rezipiert. Die Urteile und die rechtswissenschaftliche Debatte zum Zeitungsstreik aus dem Jahr 1952 fällt zwar in diesen Zeitraum, sie werden aber in einem gesonderten Teilabschnitt untersucht.

---

[624] *Ramm*, 1994, 449, S. 515 m. w. N.

[625] *Henne*, 2006, 13, S. 21.

[626] *Seegert*, 1985.

1. Rechtsprechung zwischen 1949 und 1955

Die Rechtsprechung zur Frage der Rechtmäßigkeit des Arbeitskampfs war unmittelbar nach Inkrafttreten des Grundgesetzes davon geprägt, dass die überwiegende Zahl der Gerichte an die Judikatur der Weimarer Zeit anknüpfte. Die Gerichte stellten das Rechtmäßigkeitserfordernis auf, dass Arbeitnehmer*innen vor dem Streik ihren Arbeitsvertrag kündigen müssten. Die meisten Gerichte urteilten, dass der Arbeitgeber aufgrund eines Streiks das Recht habe, die Arbeitnehmer*innen zu entlassen.[627] Unter den Gekündigten fanden sich auch Betriebsratsvorsitzende und -mitglieder bei gewerkschaftlich und nicht gewerkschaftlich getragenen Streiks[628] sowie Schwerbeschädigte.[629]

Die Maßregelungsklauseln, die die Gewerkschaften in den Tarifvertragsverhandlungen erkämpft hatten, um die Wiedereinstellung der Streikenden zu gewährleisten, konnten vor Gericht nicht ihre intendierte Wirkung entfalten. Die Gerichte interpretierten die Klauseln in der Regel so, dass sie im Nachhinein die Entscheidung der Arbeitgeber*innen, die Arbeitnehmer*innen nicht wiedereinzustellen, als rechtmäßig bewerteten[630] oder den Lohnzahlungsklagen der Arbeitneh-

---

[627] LVG Hamburg 7. 2. 1950 – Va VG Nr. 695/49, FHArbSozR 1 Nr. 1011, das eine fristlose Entlassung eines Arbeitnehmers wegen Streikteilnahme bestätigte; ArbG Hildesheim 11. 1. 1950 – II Ca 1482/49, ARSt 4, Nr. 11; ArbG Paderborn 2. 8. 1951 – 1 Ca 171/51, FHArbSozR 1 Nr. 115; ArbG Lüneburg 9. 10. 1951 – Ca 761/51, FHArbSozR 1 Nr. 122; ArbG Verden 20. 9. 1951 – Ca 460/51, ARSt 7, Nr. 389; ArbG Mosbach 1. 10. 1951 – Sa 320/51, FHArbSozR 1 Nr. 117; ArbG Emden 12. 10. 1951 – Ca 305/51, ARSt 7 Nr. 798, 799; LAG Hamm 16. 10. 1951 – I Sa 322/51, FHArbSozR 1 Nr. 118; LAG Hannover 16. 1. 1952 – Sa 700/51, FHArbSozR 1 Nr. 120; LAG Hannover 11. 2. 1952 – Sa 60/52, FHArbSozR 1 Nr. 110; LAG Stuttgart 28. 3. 1952 – II Sa 228/51, FHArbSozR 1 Nr. 171; LAG Hamburg 3. 5. 1952 – 20 Sa 45/52, FHArbSozR 1 Nr. 127; LAG Hamburg 14. 6. 1952 – 20 Sa 37/52, FHArbSozR 1 Nr. 112; LAG Hamburg 2. 7. 1952 – 20 Sa 231/52, FHArbSozR 1 Nr. 131; LAG München 6. 6. 1952 – I 179/51, FHArbSozR 2 Nr. 2333; LAG Hamm 5. 11. 1952 3 Sa 428/52, FHArbSozR 1 Nr. 133; LAG Mannheim 31. 5. 1952 – Sa 36/52, FHArbSozR 1 Nr. 128, vgl. auch Hedemann, Anmerkung in SAE 1952, 121 f.; LAG Kiel 14. 9. 1954 – 2 Sa 129/54, FHArbSozR 2 Nr. 4149.

[628] Für nicht gewerkschaftlich getragene Streiks: LAG Hamm 9. 3. 1951 – 2 Sa 480/50, FHArbSozR 1 Nr. 201; ArbG Stuttgart 19. 7. 1951 – II Ca 208/51, FHArbSozR 1 Nr. 114; ArbG Mannheim 22. 6. 1951 – 1 Ca 736–737/51, ARSt 7 Nr. 458; LAG Düsseldorf 16. 5. 1951 – 1 Sa 15/51, FHArbSozR 1 Nr. 207; auch für den gewerkschaftlich getragenen Streik ArbG Hameln 25. 3. 1952 – 1 Ca 136/52, FHArbSozR 1 Nr. 125; LAG Bremen 19. 3. 1952 – Sa 9/52, FHArbSozR 1 Nr. 124.

[629] LAG Düsseldorf 11. 1. 1952 – 1 Sa 130/51, FHArbSozR 1 Nr. 157.

[630] LAG Hamm 13. 7. 1951 – 1 Sa 222/51, FHArbSozR 1 Nr. 108; ArbG Göttingen 14. 1. 1953 – Ca 1138/52, FHArbSozR 1 Nr. 114; weitere Entscheidungen der Arbeitsgerichte Bayerns bei *Seegert*, 1985, S. 132, fast allen Wiedereinstellungsansprüchen wurde allerdings in der zweiten Instanz vom LAG München nicht mehr stattgegeben, unter anderem weil den Streikbrechern ein Recht auf Arbeit zugestanden wurde, es für die Bejahung des Tatbestands einer Beleidigung als unerheblich betrachtet wurde, ob ein Strafantrag gestellt, ein strafrechtliches Untersuchungsverfahren eingeleitet wurde oder ein Freispruch vorlag. Dabei wurde der Beleidigungstatbestand als erfüllt angesehen, wenn Äußerungen wie beispielsweise „Du wurmstichiger Hund hättest auch streiken können“. LAG Bayern 21. 1. 1955 – N 346/54 V, ARSt. 1956 XV Nr. 573 getätigt wurden und die Wiedereinstellung wurde abgelehnt,

mer*innen, die erst später wiedereingestellt wurden, nicht stattgaben.[631] Die Gerichte legten die Klauseln derart aus, als dass sie weitere Entlassungsgründe neben den gesetzlichen als rechtmäßig bewerteten.[632]

In einigen Fällen konnten nur die Betriebsratsvorsitzenden die Wiedereinstellung nach einem Streik vor den Berufungsgerichten erstreiten. Die Gerichte begründeten die Wiedereinstellung mit dem Gleichheitsgrundsatz.[633] Andere Gerichte lehnten die Anwendung des Gleichbehandlungsgrundsatzes bei der Wiedereinstellung von Betriebsratsmitgliedern ab.[634]

Nur wenige Gerichte erkannten das Arbeitskampfrecht an. Das Arbeitsgericht Göttingen forderte für die Rechtmäßigkeit eines Streiks keine vorherige Kündigung der Arbeitnehmer*innen und benannte als Grenze des Arbeitskampfrechts die tarifvertragliche Friedenspflicht.[635] Dabei berief es sich jedoch nicht auf grundrechtliche Garantien. Das Arbeitsgericht bezog sich auf das Tarifvertragsgesetz:

---

wenn andere Arbeitnehmer als „Streikbrecher" oder „Arbeiterverräter" bezeichnet wurden, vgl. LAG München 16.3.1955 – 56/55/V, AblBayerArbMin. 1956 C S. 143; LAG München 8.7.1955 – 676/55, FHArbSozR 3 Nr. 3301. Das LAG München ging zudem von einer Nötigung aus, „wenn die Arbeitswilligen die massierte Haltung der Streikposten als einen unmittelbaren körperlichen Zwang gegen sich empfinden mußten". LAG München 11.2.1955 – N 310/54 V, FHArbSozR 3 Nr. 3294. Zum Ganzen vgl. *Seegert*, 1985, S. 132 ff.

[631] LAG Düsseldorf 19.1.1954 – 2b Sa 282/53, FHArbSozR 2 Nr. 4148.

[632] So das LAG Bremen, dass in der „Streikpropaganda innerhalb des Betriebes" Handlungen sah, „die über eine bloße Streikbeteiligung hinausgehen" und die nicht erfolgte Wiedereinstellung des Arbeitnehmers deshalb rechtmäßig gewesen sei, LAG Bremen 6.5.1953 – Sa 75/53, FHArbSozR 1 Nr. 115; zur Nichtwiedereinstellung eines Arbeitnehmers wegen der Tätigkeit als Streikposten LAG Hamm 9.9.1953 – 3 Sa 407/53, FHArbSozR 2 Nr. 4051; wegen der Bedrohung der Arbeitswilligen mit Tätlichkeiten und der Bekanntgabe der Namen Arbeitswilliger an die Streikleitung zwecks Anprangerung als Streikbrecher LAG Hamm 27.11.1953 – 4 Sa 455/53, FHArbSozR 2 Nr. 4063; wegen der Verhinderung der Abfuhr von Waren aus dem Betrieb durch Streikende LAG Hamm 4.12.1953 – 4 Sa 511/53, FHArbSozR 2 Nr. 4066; wegen der Anstiftung anderer Streikteilnehmer, fremde arbeitswillige Arbeitnehmer am Betreten ihres Betriebes zu hindern LAG Hamm 5.11.1953 – 1 Sa 390/53, FHArbSozR 2 Nr. 4056; zur Rechtmäßigkeit des Ausschlusses des Betriebsratsvorsitzenden aus dem Betriebsrat, weil er unter anderem gewerkschaftliche Flugblätter in einer Betriebsversammlung verteilt hatte, in denen eine scharfe Kritik in der Haltung der Unternehmer im laufenden Lohnkonflikt gerügt und zum Streik aufgerufen wurde, LAG München 14.1.1955 – 54/54 III, FHArbSozR 2 Nr. 5106; zur restriktiven Rechtsprechung der ArbG Nürnberg und Augsburg siehe *Seegert*, 1985, S. 130 f.

[633] LAG Hannover 18.12.1951 – Sa 546/51, FHArbSozR 1 Nr. 169, das seine Entscheidung darüber hinaus noch auf und Art. IX KRG 22 stützte, der die Benachteiligung von Betriebsratsmitgliedern verbot; LAG Frankfurt a.M. 29.1.1952 – IV LA 342/51, FHArbSozR 1 Nr. 121.

[634] LAG Hannover 16.1.1952 – Sa 700/51, FHArbSozR 1 Nr. 120; LAG Hamm 27.10.1952 – 1 Sa 30/52, FHArbSozR 1 Nr. 113.

[635] ArbG Göttingen 23.8.1951 – Ca 680/51, FHArbSozR 1 Nr. 109; ArbG Göttingen 10.4.1952 – Ca 752/51, FHArbSozR 1 Nr. 126.

> „Streik ist eine gesetzlich grundsätzlich zulässige Kollektivmaßnahme zum Zwecke tariflicher Änderung oder Neugestaltung der Arbeitsbedingungen entsprechend der den Gewerkschaften vom Gesetzgeber zugestandenen Tarifautonomie“.[636]

Das Landesarbeitsgericht Frankfurt am Main unter der Leitung des späteren Präsidenten des Bundesarbeitsgerichts Gerhard Müller[637] wertete den Streik in einem Urteil aus dem Jahr 1950 als ein von der Rechtsordnung anerkanntes Arbeitskampfmittel der Arbeitnehmerschaft und berief sich dafür auf Art. 29 Abs. 4 der Hessischen Verfassung. Das Gericht bezog auch den nicht gewerkschaftlich getragenen Streik in den Schutzbereich dieses Rechts mit ein und sah eine Begrenzung dann als notwendig an,

> „wenn der dem Gegner zugefügte Nachteil zu dessen wirtschaftlicher Vernichtung führt und das auch gewollt war, ferner auch dann, wenn der zugefügte Nachteil zum angestrebten Vorteil in keinem erträglichen Verhältnis steht“.[638]

Das Gericht leitete somit als eines der wenigen ein Arbeitskampfrecht aus der Landesverfassung Hessens ab, relativierte den Gewährleistungsgehalt des Grundrechts allerdings mit der Wertung, der Streik könne ein „erträgliches Verhältnis“ zwischen Schaden und erstrebten Vorteil überschreiten und sei dann sittenwidrig.[639] Diese Einschränkung erinnert an die Rechtsprechung des Reichsarbeitsgerichts der Weimarer Zeit, die zu willkürlichen Bewertungen der Rechtmäßigkeit eines Streiks geführt hatte.[640]

Nur ein Gericht bezog sich bei der Herleitung des Arbeitskampfrechts auf Art. 9 Abs. 3 GG. Das Landesarbeitsgericht München, unter der Vizepräsidentschaft von Hermann Meissinger, auf dessen Ausführungen das Urteil maßgeblich aufbaute,[641] stellte im Jahr 1953 anlässlich der Klage eines Arbeitnehmers, der wegen der Teilnahme an einem Streik keine Weihnachtsgratifikation erhalten hatte, fest:

> „Beim Arbeitskampfrecht im Sinn des Streikrechts aus Art. 9 Abs. 3 GG handelt es sich um ein Verfassungsrecht, das dem durch diesen Artikel verfassungsrechtlich gewährten Grundrecht der Koalitionsfreiheit immanent ist. Damit ist das Arbeitskampfrecht ein natürliches integrierendes und dem Art. 9 Abs. 3 GG immanentes Recht, für dessen Gültigkeit es keiner besonderen Gewährleistung bedarf, das vielmehr durch das Koalitionsrecht selbst schon begründet ist. In diesem Sinn ist der Arbeitskampf ein ordnendes Grundprinzip in der derzeitigen Rechts- und Wirtschaftsverfassung“.[642]

Die Sozialpartner seien Teil der „Sozialen Selbstverwaltung“, die die Pflicht treffe, die Ordnung der Arbeits- und Wirtschaftsbedingungen herzustellen. Das

---

[636] ArbG Göttingen 23. 8. 1951 – Ca 680/51, FHArbSozR 1 Nr. 109.

[637] Zu seinen Rechtsansichten in dieser Schaffensphase siehe S. 184 ff.

[638] LAG Frankfurt a. M. 18. 9. 1950 – I LA 344/49, FHArbSozR 1 Nr. 224.

[639] LAG Frankfurt a. M. 18. 9. 1950 – I LA 344/49, FHArbSozR 1 Nr. 224.

[640] Siehe S. 58 ff.

[641] Siehe dazu S. 184 ff.

[642] LAG München 26. 10. 1953 – II 158/53, zit. nach *AuR Redaktion*, AuR 1954, 380.

Gericht betonte die Schutzbedürftigkeit der Arbeitnehmer. Das Arbeitskampfrecht sei für die Sicherung der Rechtsordnung ein unentbehrliches Postulat, „weil es den sozialpolitischen Arbeitskampf, der eine Erscheinung der soziologischen Dynamik ist, von der Systematik des von seinem Wesen nach statischen Rechts her in Grenzen zu halten geeignet ist“. Das Gericht bezog sich zwar auf Art. 9 Abs. 3 GG, verwehrte sich aber der Auslegung, dass darin eine grundrechtliche Gewährleistung zu erblicken ist, weil der Wortlaut kein Streikrecht enthalte. Vielmehr handele es sich beim „Arbeitskampfrecht um ein *Naturrecht* [Hervorhebung im Original]“. Für die Herleitung dieses Rechts benötige es keinen Rückbezug zum positiven Recht, „denn die der Vernunft unmittelbar einleuchtenden Rechtssätze und die daraus sich notwendig ergebenden Schlußfolgerungen sind hinreichend, um die natürliche Ordnung der Gesellschaft zu begründen [...]“.[643]

Diese Ausführungen baute das Landesarbeitsgericht München noch aus:

> „Es gibt Naturrechtsgesetze, die unmittelbar als Forderung der Vernunftsnatur des Menschen zu erkennen sind, wie das, jedem das Seinige zu geben, im Koalitionsrecht unter anderem aber die Durchsetzung des Lohnäquivalenzprinzips *mit allen Mitteln* [Hervorhebung im Original], d.h. die Gleichheit von Leistung und Gegenleistung, zu erwirken. Der Lohn ist aber nur dann gerecht, wenn in ihm dem Arbeiter jener Teil des Sozialprodukts zukommt, der seiner Leistung entspricht, mit der er zu seinem Zustandekommen beigetragen hat. Gerade das aber verlangt das Gemeinwohlprinzip: die natürliche soziale Gerechtigkeit“.[644]

Daraus schlussfolgerte das Gericht, „daß *der Arbeitskampf als ultimo ratio* der Tarifautonomie ein dem Art. 9 Abs. 3 GG *immanentes Recht zur Fortsetzung des Koalitionsrechtes mit anderen Mitteln ist* [Hervorhebung im Original]“ und

> „daß ein Arbeitsvertragsbruch mit der rechtl. Folge einer fristlosen Entlassung bei einem auf ordnungsgemäßen Mehrheitsbeschluß der Gewerkschaft beruhenden, mit erlaubten Mitteln zu erlaubten Zwecken geführten Streik regelmäßig zu verneinen sei“.[645]

Das Landesarbeitsgericht München begründete damit das Streikrecht als vorkonstitutionelles Recht, das sich aus der Tarifpraxis und der gerechten Verteilung von Arbeitsprodukten ableite. Gleichzeitig erwachse es vermittelt über die Tarifautonomie aus Art. 9 Abs. 3 GG. Gewerkschaften und Arbeitgeber seien in der sozialen Selbstverwaltung dem Gemeinwohl verpflichtet und könnten in diesem Zusammenhang beiderseits von Arbeitskampfmaßnahmen Gebrauch machen, solange diese auf Tarifverhandlungen gerichtet seien. Mit dieser zweideutigen Herleitung des Arbeitskampfrechts sowohl als Naturrecht als auch Annexrecht der Tarifautonomie sprach das Landesarbeitsgericht München als erstes Gericht den Tarifbezug des

[643] LAG München 26.10.1953 – II 158/53, zit. nach *AuR Redaktion*, AuR 1954, 380, S. 381.

[644] LAG München 26.10.1953 – II 158/53, zit. nach *AuR Redaktion*, AuR 1954, 380, S. 382.

[645] LAG München 26.10.1953 — II 158/53, zit. nach *AuR Redaktion*, AuR 1954, 380, S. 382.

Arbeitskampfrechts unter dem Grundgesetz aus. Die Rechtsprechung des Landesarbeitsgerichts München sticht aus der übrigen aus zweierlei Gründen heraus. Erstens leitete es aus Gerechtigkeitsüberlegungen zur Verteilung des durch Arbeit geschaffenen Mehrwerts das Arbeitskampfrecht her und zweitens war es das einzige Gericht, das Art. 9 Abs. 3 GG zur Beurteilung der Rechtmäßigkeit eines Streiks heranzog.

2. Rechtswissenschaftliche Literatur zwischen 1949 und 1955

Die rechtswissenschaftliche Debatte drehte sich um die Frage, wie das Verhältnis zwischen Arbeitskampf und Arbeitsvertrag zu bestimmen sei. Die Diskutanten lassen sich in zwei Lager einteilen, die aber zum Teil auch die Seiten wechselten: Auf der einen Seite standen Juristen, die im Streik eine arbeitsvertragliche Pflichtverletzung sahen, wenn nicht vorher eine fristgemäße Kündigung des Arbeitsvertrags erfolgte.[646]

Auf der anderen Seite argumentierten Juristen, dass ein Arbeitskampf keinen Vertragsbruch darstelle, auch wenn sie mit Ausnahme Meissingers keine grundrechtliche Gewährleistung des Arbeitskampfrechts aus Art. 9 Abs. 3 GG ableiteten.[647] Sie konstruierten andere Herleitungen des Arbeitskampfrechts.

Gerhard Müller leitete das Streikrecht aus einem liberalen Gesellschaftsverständnis ab, das alleinig die Handlungsfreiheit der einzelnen Personen gewährleisten müsse:

> „Die rechtliche Begründung des Streiks als Institution kann m.E. nur auf Grund einer bestimmten sozialphilosophischen Auffassung erfolgen. Es ist der Gedanke vom ‚freien Spiel der gesellschaftlichen Kräfte‘, der hier von Bedeutung ist. Das Wohl aller wird dadurch erreicht, daß der einzelne sich völlig frei bewegt. [...] Die natürliche Handlungsfreiheit als Grundlage der Streikinstitution muß demnach noch dahin näher umschrieben werden, daß sie *als Mittel zur Herbeiführung einer gesellschaftlichen Ordnung vom Recht anerkannt wird* [Hervorhebung im Original]“.[648]

Auch Rolf Dietz[649] leitete in einem Gutachten für die Vereinigung Nordrhein-Westfälischer Arbeitgeberverbände zum geplanten Streik für die Montanmitbe-

---

[646] *Vielhaber*, RdA 1951, 372; *Nikisch*, 1951, S. 275 ff.; *Nikisch*, BB 1952, 721; *Dietz*, BB 1952, 294, der vorher noch das Arbeitskampfrecht aus der allgemeinen Handlungsfreiheit abgeleitet hatte, siehe die weiteren Ausführungen.

[647] *Schnorr*, AuR 1953, 193; *Frey*, AuR 1953, 289; *G. Müller*, RdA 1951, 247; *Hessel*, BB 1951, 85; *Hessel*, RdA 1952, 48; *Meissinger*, 1952, S. 196 ff.; *Hoeniger*, RdA 1953, 204.

[648] *G. Müller*, RdA 1951, S. 247 f.

[649] Dietz begann seine akademische Karriere 1929 als wissenschaftlicher Assistent in Köln. Ohne Unterbrechung war er im Nationalsozialismus als Professor unter anderem in Würzburg, Gießen und Wrocław (damals Breslau) tätig. Nach einem kurzen Entnazifizierungsverfahren konnte er seine Karriere an der Universität Kiel und später in Münster und München fortsetzen, vgl. *Kieler Gelehrtenverzeichnis*. Dietz hatte mit Nipperdey und Hueck das AOG der Nationalsozialisten kommentiert. Als Spitze des Eisbergs nationalsozialistischer Ideologie

stimmung aus dem Jahr 1951 die Anerkennung des Streiks aus der allgemeinen Handlungsfreiheit ab. Den konkreten Streik bewertet Dietz allerdings als einen „politischen" Streik. Der Streik übe Druck auf die Abgeordneten des Bundestags aus, weil die Mitbestimmungsforderung der Streikenden auf die Änderung des Aktiengesetzes gerichtet sei. Ein Eingriff in die Gewissensfreiheit der Abgeordneten verstoße gegen Art. 20 GG und sei damit sittenwidrig nach § 826 BGB. Auch sei der Streik sittenwidrig, weil er eine „Schädigung der Gesamtwirtschaft zur Erzwingung des Zieles einer Gruppe von Volksgenossen in einem Zeitpunkt, wo die Auswirkungen des Krieges noch nicht überwunden sind" anstrebe. Dietz führte darüber hinaus als erster aus, dass der geplante Streik einen Eingriff in den eingerichteten und ausgeübten Gewerbebetrieb nach § 823 Abs. 1 BGB darstelle.[650] Der Streik zur Montanmitbestimmung fand letztendlich nicht statt, kann aber als Ausgangspunkt für die juristische Diskussion um die Rechtmäßigkeit des sogenannten politischen Streiks in der Bundesrepublik betrachtet werden.[651]

---

kann die rassistische, antisemitische und antiziganistische Passage, dass „Polen, Ostarbeiter, Juden und Zigeuner" aus dem Kreis der „Gefolgschaftsmitglieder" ausgegrenzt und auf „Sonderrecht" zu verweisen seien, angesehen werden: „Die Grundsätze, die Rechtsprechung und Lehre für das Wesen des Arbeitsverhältnisses entwickelt haben, daß es ein personenrechtliches Gemeinschaftsverhältnis zwischen Unternehmer und Gefolgsmann ist, sind auch hier maßgeblich. Daß die Umgestaltung des Wesens des Arbeitsverhältnisses Ausfluß unserer neuen Arbeitsverfassung ist, die durch den Nationalsozialismus geformt wird, an dem die Ausländer keinen Anteil haben, ist dabei ohne Bedeutung. Wir kennen nur mehr dieses Arbeitsverhältnis, so daß richtigerweise das Beschäftigungsverhältnis der Polen, der Ostarbeiter, sowie der Juden und Zigeuner gar nicht mehr als Arbeitsverhältnis bezeichnet werden kann. Durch den Abschluss dieses Arbeitsverhältnisses, werden sie als Gefolgschaftsangehörige in die Betriebsgemeinschaft eingegliedert. Zwar sind Träger der deutschen Rechtsordnung nur die deutschen Volksgenossen und die artverwandten Reichsangehörigen, aber den Ausländern gewähren wir aufgrund des Gastrechtes Anteilnahme an unserer Rechtsordnung, soweit es sich nicht um Angelegenheiten handelt, die die Grundtatsachen unserer Rechts- und Volksordnung unmittelbar betreffen. Wenn die Betriebsgemeinschaft auch der Teil der Volksordnung selbst ist, so steht ihr Wesen der Gewährung einer Anteilnahme von Ausländern an ihr nichts im Wege. Es ist auch niemals in Frage gestellt worden, daß ein Ausländer, der in Deutschland einen Betrieb hat, Betriebsführer sein kann. Dafür, daß ein ausländischer Beschäftigter zur Betriebsgemeinschaft gehört, spricht auch daß die AOpolnBesch., die DVO zur VOjüdBesch. Polen, Juden und Zigeuner von der Geltung des AOG ausnehmen und die VOOstArb. unsere arbeitsrechtlichen Bestimmunen für die Ostarbeiter grundsätzlich für nicht anwendbar erklärt, wodurch offensichtlich ein Sonderrecht für diese Gruppen von Beschäftigten geschaffen werden sollte, das für die anderen ausländischen Beschäftigten nicht maßgeblich ist. Dagegen stehen in keinem Arbeitsverhältnis polnische Beschäftigte, Ostarbeiter, Juden und Zigeuner". Hueck/Nipperdey/Dietz AOG-*Dietz*, § 1, Rn. 20d.

[650] *Dietz*, 10.1.1951; *Kittner*, 2005, S. 600.

[651] Die IG Metall und die IG Bergbau drohten im Winter 1950/51 im Bergbau sowie in der Eisen- und Stahlindustrie mit Streik. Es ging um den Erhalt beziehungsweise die Durchsetzung der paritätischen Mitbestimmung in der Montanindustrie. Der damalige Bundeskanzler Konrad Adenauer (CDU) schrieb in einem offenen Brief an den ersten DGB-Vorsitzenden Hans Böckler: „Das Rechtsbewußtsein und die Rechtsordnung haben den Arbeitern das Streikrecht in allen Fragen des Tarifvertrags zugestanden. Der angekündigte Streik könnte nur das Ziel haben, die Entscheidung der frei gewählten Volksvertretung durch die Androhung oder Herbeiführung wirtschaftlicher Schäden, die alle treffen, in die Richtung der gewerk-

Die Juristen, die in der Ausübung des Arbeitskampfrechts keinen Arbeitsvertragsbruch sahen, begrenzten es auf Tarifverhandlungen.[652] Müller folgerte aus dem Tarifbezug und der Trennung von staatlichen und zivilgesellschaftlichen Willensbildungsprozessen die Rechtswidrigkeit des Streiks, der sich gegen staatliche Institutionen richtete.[653] Dietz berief sich auf die Annahme, dass die Gesamtwirtschaft vor der Ausübung des Streikrechts zu schützen sei.[654]

Von den Juristen, die den Streik rechtlich anerkannten, nahm nur Hermann Meissinger[655] eine historische Auslegung von Art. 9 Abs. 3 GG vor. Er bezog die Beratungen des Parlamentarischen Rats ein, sah darin aber weder in positiver noch in negativer Hinsicht Anhaltspunkte für die Gewährleistung eines Arbeitskampfrechts.[656] Das Arbeitskampfrecht entwickelte er aus dem Prinzip der „Sozialen Selbstverwaltung". Dieses beinhalte die Delegation der genuin staatlichen Aufgaben der Wahrung und Förderung der Arbeits- und Wirtschaftsbedingungen an die Sozialpartner. Ihre Pflicht sei nicht mehr die Auseinandersetzung im Klassenkampf, sondern die sozialpartnerschaftliche Lösung der Probleme. Der Arbeitskampf sei unter bestimmten Voraussetzungen legitimer Teil dieser Auseinandersetzungen. Den rechtmäßigen Arbeitskampf beschränkte er unter anderem auf die Sozialpartner und

schaftlichen Wünsche zu drängen. Ich befürchte, daß damit ein Weg beschritten wird, der letztlich zu einem Konflikt mit der staatsrechtlichen Grundordnung führen kann", zit. nach *Rajewsky*, 1970, S. 31. Daraufhin erwiderte Böckler, dass ein Streik auch über den Tarifvertrag hinaus möglich sei. An dem Briefwechsel wird deutlich, dass der Konflikt über den konkreten Fall der Montanmitbestimmung hinauswies und es „um das Recht der Gewerkschaften zum politischen Streik, die Frage der Stellung der Gewerkschaften im Rahmen der Verfassungsordnung in der Bundesrepublik" ging, vgl. *Pirker*, 1960, S. 195. Die Urabstimmungen der IG Metall und der IG Bergbau mit jeweils deutlich mehr als 90 Prozent Zustimmung zum Streik stellten eine wirkungsvolle Machtdemonstration der Gewerkschaften dar. Zum gewerkschaftlichen Druck gesellten sich innenpolitische Interessen der Bundesregierung. Adenauer machte den Gewerkschaften Zugeständnisse, damit sie die Umsetzung des Schuman-Plans und die Vorhaben zur Wiederbewaffnung Deutschlands erduldeten. Am 18. April 1951 wurde das Montanmitbestimmungsgesetz verabschiedet, ohne dass es zu einer tatsächlichen Arbeitsniederlegung gekommen war, vgl. *Redler*, 2007, S. 55 ff.; *Kittner*, 2005, S. 598 ff.; Müller-List wertet die Entwicklung als Erfolg der Politik Adenauers, die Gewerkschaften und Arbeitgeber an einen Verhandlungstisch zu holen und der parlamentarischen Entscheidung den Weg zu bereiten und letzten Endes den Streik zu vermeiden, vgl. *Müller-List*, Vierteljahreshefte für Zeitgeschichte 1985, 288. Auch Nipperdey verfasste ein Gutachten zur Streitfrage, siehe S. 237 ff.

[652] *Hessel*, BB 1951, 85, der das Arbeitskampfrecht aus dem Wesen des Kollektivarbeitsrechts ableitete; *G. Müller*, RdA 1951, 247.

[653] *G. Müller*, RdA 1951, 247, S. 249.

[654] *Dietz*, 10. 1. 1951.

[655] Er prägte die bereits dargestellte Rechtsprechung des LAG München aus dem Jahr 1953 als dessen Vizepräsident. In dem Urteil bezog er sich vor allem auf seine eigene Abhandlung, *Meissinger*, 1952, S. 49, 198 ff.; auf das Gutachten Nipperdeys zum Zeitungsstreik, das zum Zeitpunkt des Urteils bereits vorlag, bezog sich Meissinger in der Urteilsbegründung nicht.

[656] *Meissinger*, 1952, S. 186.

Tarifverhandlungen. Aus dieser Beschränkung schlussfolgerte er, dass das Parlament kein Adressat eines rechtmäßigen Streiks sein dürfe.[657]

Damit begründete Meissinger zwar das Streikrecht, führte es aber nicht auf verfassungsrechtliche Gewährleistungen zurück. Die fehlende Rückbindung an das Grundgesetz formulierte er für das Rechtsprinzip der „Sozialen Selbstverwaltung" aus. Dieses sei „dem Art. 9 Abs. 3 GG – im Grundgesetz unausgesprochen [...] vorgelagert".[658] In einer Korrektur seiner Rechtsauffassung distanzierte sich Meissinger im Jahr 1954 von der Rechtsprechung aus dem Jahr 1953 und der Herleitung des Streikrechts aus dem Naturrecht. Er verortete es ab diesem Zeitpunkt eindeutig als Grundrecht.[659]

Meissinger stellte zudem dar, wie das Risiko beim Arbeitskampf verteilt sein müsste und welche Entwicklung für den Einsatz dieser Kampfmittel er sich erhoffte: So räumt er der suspendierenden Wirkung des Streiks kein vom Willen des Arbeitgebers unabhängiges Recht auf Rückkehr an den Arbeitsplatz ein. Dieser Wertung, die das Streikrecht relativierte, entsprach das Urteil des Landesarbeitsgerichts München aus dem Jahr 1954 laut dem „das Ende einer Suspendierung anläßlich eines Streiks [...] nicht nur der Arbeitnehmer, sondern auch der Arbeitgeber" bestimmt.[660] Nach Meissinger sei das Risiko, den Arbeitsplatz zu verlieren, jedem Arbeitskampf immanent. Diese Rechtsauslegung könne die Arbeitnehmer zudem motivieren, den Einsatz dieses Kampfmittels nach und nach zu überwinden.[661] Meissinger verfolgte dementsprechend einen Ansatz, der darauf abzielte, Arbeitskämpfe zu vermeiden.

3. Zusammenfassung

Der überwiegende Teil der Gerichte war sich darin einig, dass der Streik nur rechtmäßig sei, wenn die Arbeitnehmer*innen zuvor fristgemäß kündigten. Somit knüpfte die Rechtsprechung nach Inkrafttreten des Grundgesetzes an die Rechtslehre der Weimarer Republik an, ohne die neu geschaffene Verfassung bei der Auslegung heranzuziehen.

Lediglich ein Arbeitsgericht und zwei Landesarbeitsgerichte argumentierten dafür, dass die Ausübung des Streikrechts keinen Bruch der arbeitsvertraglichen

---

[657] *Meissinger*, 1952, S. 171 ff.; *Meissinger*, AuR 1954, 65, S. 67 ff.

[658] *Meissinger*, AuR 1953, 359, S. 361 f.; so auch der Direktor des LAG München *Schwaabe*, AuR 1954, 357, S. 360 ff., der seiner rechtlichen Einschätzung die Behauptung voranstellt, „daß der Streik in der Meinung der breiten Öffentlichkeit nicht das geeignete Mittel zur Lösung sozialer Fragen ist, sondern daß nur der Weg des Ausgleichs und die Erhaltung des sozialen Friedens Arbeitnehmern und Arbeitgebern gleichermaßen dienlich sind.", *Schwaabe*, AuR 1954, 357, S. 357.

[659] *Meissinger*, AuR 1954, 65, S. 65.

[660] LAG München 28.6.1954 – 391/53 I, FHArbSozR 2 Nr. 4075; Meissinger gab an, dass er diese Grundsätze, die er in dem Aufsatz *Meissinger*, AuR 1954, 353 entwickelt hatte, in diesem Urteil umgesetzt hätte.

[661] *Meissinger*, AuR 1954, 353, S. 355.

Pflichten darstelle. Das Arbeitsgericht Göttingen führte den fehlenden Vertragsbruch auf die Tarifakzessorietät des Arbeitskampfs und das Tarifvertragsgesetz, aber nicht auf das Grundgesetz zurück. Das Landesarbeitsgericht Frankfurt am Main leitete das Arbeitskampfrecht aus der Hessischen Verfassung her und das Landesarbeitsgericht München konstruierte das Arbeitskampfrecht zweideutig als vorkonstitutionelles Recht, das sich sogleich als Fortführung der Tarifautonomie aus Art. 9 Abs. 3 GG ergebe. Beide Präsidenten dieser Landesarbeitsgerichte breiteten ihre Rechtsansichten zum Arbeitskampf in weiterführenden Aufsätzen aus. Die Begründungen reichten von nicht positivrechtlich abgeleiteten Ansätzen des Wesens des Kollektivarbeitsrechts und dem Naturrecht bis hin zur Handlungsfreiheit im Grundgesetz. Meissinger führte das Arbeitskampfrecht zunächst auf naturrechtliche Erwägungen zurück und leitete es ab dem Jahr 1954 ausschließlich als Annex der Tarifautonomie aus Art. 9 Abs. 3 GG ab.

Dietz berief sich anlässlich des Streiks zur Montanmitbestimmung als Erster auf das Recht am eingerichteten und ausgeübten Gewerbebetrieb als Schutzgut im Sinne des § 823 Abs. 1 BGB im Arbeitskampfrecht. Zudem wertete er diesen seiner Ansicht nach „politischen“ Streik als sittenwidrig, weil er unter anderem die Gesamtwirtschaft unverhältnismäßig schädige. Beide Argumentationsstränge sollten von Nipperdey in dem Gutachten zum Zeitungsstreik und in der Rechtsprechung des Bundesarbeitsgerichts aufgegriffen werden.

Zusammenfassend ist festzuhalten, dass der überwiegende Teil der Juristen, gleich ob Befürworter eines Arbeitskampfrechts oder nicht, Art. 9 Abs. 3 GG nicht rechtsdogmatisch auslegte. Insbesondere die historische und teleologische Interpretation der Norm unterblieb. Eine grundrechtsdogmatische Auseinandersetzung fand ausschließlich auf der Ebene der allgemeinen Handlungsfreiheit statt. Die allermeisten zeitgenössischen Juristen erwecken mit ihrer Argumentation den Eindruck, dass sie an den Wertungen aus der Weimarer Zeit festhalten und sich nicht mittels des ihnen zur Verfügung stehenden Auslegungskanons mit dem neuen Grundrechtskatalog auseinandersetzen wollten.

Stattdessen legten die Juristen in diesen ersten Jahren der möglichen Grundrechtsinterpretation den Grundstein für den Tarifbezug und das Verbot des sogenannten politischen Streiks entlang der Frage, wie der Streik zivilrechtlich zu behandeln sei. Zudem schimmerte auch bei denjenigen Juristen, die den Arbeitskampf als rechtmäßig bewerteten, die Ansicht durch, dass das Streikrecht zwar ein notwendiges Recht der Arbeitnehmer*innen sei, dessen Ausübung aber der Gesamtwirtschaft schade und es daher perspektivisch zu überwinden sei.

II. Der Zeitungsstreik 1952

In den wissenschaftlichen Gutachten zum Zeitungsstreik lassen sich alle auch für die heutige Debatte maßgeblichen Argumente für den Tarifbezug und das Verbot des sogenannten politischen Streiks finden. Diese juristische Auseinandersetzung ist daher von besonderer Relevanz.

Zunächst stelle ich den Sachverhalt des Zeitungsstreiks dar (1.). Im anschließenden Hauptteil dieses Abschnitts ordne ich die Gutachten der Juristen Forsthoff, Abendroth und Nipperdey in deren Gesamtwerk ein, stelle ihre Argumentation dar und bewerte diese rechtsdogmatisch (2.). Im dritten Schritt untersuche ich die Rechtsprechung zum Zeitungsstreik in Hinblick auf die Frage, inwiefern sich die Gerichte den Rechtsansichten der Gutachter angeschlossen haben (3.).

1. Sachverhalt

Dem Zeitungsstreik gingen Verhandlungen über die betriebliche Mitbestimmung voraus. Die Gewerkschaften hatten die Gespräche über eine kollektivrechtliche Lösung mit den Arbeitgeberverbänden im Jahr 1949 aufgenommen, mussten sie aber im Jahr 1950 ergebnislos einstellen, denn die Arbeitgeberverbände wollten den Gewerkschaften bei der paritätischen Beteiligung in den Aufsichtsräten keineswegs entgegenkommen. Im gleichen Jahr begann der Bundestag mit den Beratungen über ein Betriebsverfassungsgesetz. In dem Gesetzesentwurf sahen die Gewerkschaften vor allem die Interessen der Arbeitgeberverbände verwirklicht. Der Entwurf blieb nach Ansicht der Gewerkschaften hinter den bestehenden Betriebsregelungen und dem Betriebsrätegesetz von 1920 zurück. Auch bestand die Hoffnung, die in der Montanindustrie erkämpfte Unternehmensmitbestimmung auf alle Branchen auszuweiten.[662] Zudem wollten die Gewerkschaften die vorgesehene Trennung von Arbeitnehmenden im öffentlichen Dienst und der Privatwirtschaft nicht hinnehmen.

Schließlich rief der DGB zu Protestaktionen gegen den aus seiner Sicht reaktionären Entwurf des Betriebsverfassungsgesetzes auf. Die Arbeitnehmenden der Druckereien und Zeitungsunternehmen nahmen daraufhin am 28. und 29. Mai 1952 an Kundgebungen teil und legten die Arbeit nieder. An beiden Tagen konnte so gut wie keine deutsche Tageszeitung erscheinen.

Dennoch erzielten die Gewerkschaften keine Erfolge hinsichtlich des Erlasses des Betriebsverfassungsgesetzes. Der Zeitungsstreik hatte andere, unerwartete Folgen. Die Zeitungsunternehmen und Druckereien verklagten mit Hilfe der Bundesvereinigung der Deutschen Arbeitgeberverbände die IG Druck und Papier, den Deutschen Gewerkschaftsbund und deren Vorstandsmitglieder auf Schadensersatz.[663] Die Arbeitgeberverbände begründeten ihre Ansicht der Rechtswidrigkeit des Streiks mit einer Parlamentsnötigung, die durch den „politischen Streik“ erfolgt sei.[664]

---

[662] *Milert/Tschirbs*, 2016, S. 30 f.

[663] *Nipperdey*, 1953, S. 5 ff.; *Abendroth/Schnorr von Carolsfeld*, 2013 (1953), 231 ff.; *Kittner*, 2005, S. 603 ff.

[664] So begründete auch der damalige Bundeskanzler Adenauer die Rechtswidrigkeit des Streiks in dem Briefwechsel mit dem damaligen Vorsitzenden des DGB Christian Fette, vgl. *Abendroth*, 1967 (1953), 203, S. 203.

2. Die rechtswissenschaftlichen Gutachten

Die Arbeitgeberverbände gaben zur juristischen Untermauerung ihrer Schadensersatzforderungen drei Gutachten in Auftrag. Als Autoren konnten sie die Rechtswissenschaftler Hans Carl Nipperdey[665], Ernst Forsthoff[666] und Alfred Hueck[667] gewinnen. Für die Gewerkschaften verfassten Wolfang Abendroth[668] und Ludwig Schnorr von Carolsfeld[669] gemeinsam ein Gutachten.

In der Untersuchung des Wirkens dieser Juristen stelle ich nicht nur deren Rechtsansichten zum Arbeitskampf, sondern auch den rechtshistorischen Kontext ihres Schaffens dar. Der Kontext ist für die Einordnung und das Verständnis ihrer Rechtsauslegung und deren Rezeptionsgeschichte unabdinglich (a)).

In den Gutachten ist neben dem Großteil der Argumente für und gegen die Rechtmäßigkeit des sogenannten politischen Streiks auch das rechtsdogmatische Fundament für die frühe Rechtsprechung des Bundesarbeitsgerichts zum Arbeitskampf zu finden. Wegweisend für die weitere Entwicklung des Arbeitskampfrechts waren die Argumentationen Nipperdeys und Forsthoffs. Der Verfassungsauslegung von Forsthoff stand die Ansicht von Abendroth diametral entgegen. Der Schwerpunkt der Analyse soll daher auf dem Wirken dieser drei Juristen liegen.

Dazu stelle ich zunächst die Ansichten zum Verbot des sogenannten politischen Streiks anhand der Gutachten von Forsthoff und Abendroth dar (b)). Im nächsten Schritt widme ich mich der Argumentation Nipperdeys zum Verbot des sogenannten politischen Streiks (c)). In beiden Unterabschnitten nehme ich zur rechtsdogmatischen Argumentation Stellung.

a) Rechtshistorischer Kontext der Gutachten zum Zeitungsstreik

Der rechtshistorische Kontext des Übergangs vom Nationalsozialismus zur Bundesrepublik war vor allem von personellen Kontinuitäten geprägt. Der politische Bruch, der sich mit der Befreiung vom Nationalsozialismus durch die Alliierten ereignet und sich in der Rechtsordnung unter anderem durch das Inkrafttreten des Grundgesetzes manifestiert hatte, wirkte sich nicht auf die personelle Zusammen-

---

[665] Zu seiner Biografie, Rechtslehre und dem Zeitungsstreikgutachten siehe S. 219 ff.

[666] Zu seiner Biografie, Rechtslehre und dem Zeitungsstreikgutachten siehe S. 193 ff.

[667] Zu seiner Biografie, Rechtslehre und dem Zeitungsstreikgutachten siehe S. 263 ff.

[668] Zu seiner Biografie, Rechtslehre und dem Zeitungsstreikgutachten siehe S. 203 ff.

[669] Ludwig Schnorr von Carolsfeld (1903–1989) war als Zivilrechtler während der gesamten Zeit des Nationalsozialismus in Kaliningrad (damals Königsberg) zunächst als Lehrstuhlvertretung, dann als außerordentlicher Professor und ab 1940 als ordentlicher Professor für Römisches und Deutsches Bürgerliches Recht tätig. Von Januar bis August 1945 war er im Kriegsdienst und zum Ende in sowjetischer Kriegsgefangenschaft. Ab dem Sommersemester 1946 kehrte er an die Universität zurück: Zunächst als Lehrstuhlvertretung in Münster und ab 1947 bis zum Ende seiner akademischen Laufbahn als Lehrstuhlinhaber und Professor in Erlangen, *Wedel-Schaper/Hafner/Ley*, 1993, S. 163 f.

setzung der Justiz aus. In der Mitte der 1960er Jahre waren rund 80 Prozent der Stellen wieder mit Jurist*innen besetzt, die bereits im Nationalsozialismus tätig gewesen waren.[670]

Während die Gutachter für die Arbeitgeberverbände Forsthoff, Nipperdey und Hueck nicht zur Gruppe der Verfolgten gehörten, waren jüdische und linke Jurist*innen im Nationalsozialismus ermordet, eingesperrt oder ins Exil getrieben worden. Dazu gehörten neben Abendroth auch Fritz Bauer[671] und Richard Schmid[672], die für die vorliegende Untersuchung interessant sind, weil sie in dem relevanten Zeitraum der Gerichtsentscheidungen Aufsätze veröffentlicht hatten, in denen sie einen „politischen" Streik als verfassungsgemäß bewerteten.[673] Alle drei waren vom nationalsozialistischen Regime verfolgt und im Konzentrationslager oder Zuchthaus interniert worden.[674]

Aus den Brüchen in den Biografien dieser Jurist*innen und den Kontinuitäten bei nationalkonservativen und rechten Juristen schlussfolgert der Rechtshistoriker Thomas Henne, dass die Auslegung in der jungen Bundesrepublik grundlegend konservativ geprägt gewesen sei.[675] Die Politikwissenschaftlerin Britta Rehder stellt fest, dass die Arbeitsrechtswissenschaft zum Teil sogar noch konservativer als zum Ende der Weimarer Republik gewesen sei, weil im Nationalsozialismus tätige Ju-

---

[670] *Miquel*, 2002, 181, S. 188; zum Überblick über die Rolle von Juristinnen im Nationalsozialismus siehe *Röwekamp*, djbz 2008, 125.

[671] Fritz Bauer (1903–1968) setzte sich politisch für die Verteidigung der Weimarer Republik ein und trat als jüngster Amtsrichter seiner Zeit in den Staatsdienst ein. Im Jahr 1933 verhafteten ihn die Nationalsozialisten und sperrten ihn als Juden und Sozialisten von den im Konzentrationslager ein. Nach seiner Freilassung 1936 ging er bis zum Kriegsende und der Befreiung vom nationalsozialistischen System ins Exil nach Dänemark und Schweden. Im Jahr 1949 kehrte *Bauer* nach Deutschland zurück und wurde ab 1950 Generalstaatsanwalt in Braunschweig und 1956 Generalstaatsanwalt in Hessen. Während dieser Tätigkeit leistete er viel für die Aufdeckung und Verfolgung nationalsozialistischer Verbrechen und für die zivilgesellschaftliche Aufklärung über diese. Zudem engagierte er sich für eine Sozialreform des Strafrechts und Strafvollzugs, vgl. *Staff*, 1988, 440; *Steinke*, 2015.

[672] Richard Schmid (1899–1986) war ein demokratischer Jurist. Während seiner Tätigkeit als Anwalt kam er nach 1933 mit Mitgliedern der Sozialistischen Arbeiterpartei (SAP) in Kontakt, die strafrechtlich verfolgt wurden. Er entschloss sich, mit den Mitgliedern der SAP aus Stuttgart eine Untergrundgruppe zu gründen. Die Nationalsozialisten nahmen ihn im Jahr 1938 für zwei Jahre in Untersuchungshaft. Der Volksgerichtshof verurteilte ihn unter Anrechnung der Untersuchungshaft zu drei Jahren Zuchthaus wegen Vorbereitung zum Hochverrat. Im Jahr1941 wurde er wieder entlassen. Nur knapp entging er später der Einlieferung in ein Konzentrationslager und der Zwangsarbeit. Von 1945 bis 1953 war er als Generalstaatsanwalt und bis 1964 als Präsident des OLG in Stuttgart tätig. Er investierte viel Arbeit in die Entnazifizierungsprozesse in seinem Zuständigkeitsbereich und in die Prozesse gegen Kriegsverbrecher. Seine rechtswissenschaftliche Schaffensphase nach 1945 war davon geprägt, dass er den Vorrang des Grundgesetzes vor dem einfachen Gesetzesrecht betonte, vgl. *Böttcher*, 1988, 487.

[673] *F. Bauer*, JZ 1953, 649; *Schmid*, GewerkMH 1954, 1.

[674] *Perels*, 1985, 141, S. 146.

[675] *Henne*, 2006, 13, S. 14.

risten nach dem Zweiten Weltkrieg aus anderen Rechtsgebieten in das Arbeitsrecht gewechselt, dagegen gewerkschaftsnahe Jurist*innen, die überlebt hatten, aus ihrem Exil erst gar nicht zurückgekommen seien oder sich gegen die Weiterführung ihrer in der Weimarer Republik im Arbeitsrecht angesiedelten Tätigkeit entschieden hätten.[676] Der Rechtswissenschaftler Thilo Ramm kam für die Arbeitsrechtswissenschaft zu demselben Schluss und konstatierte prägnant: „Das Arbeitsrecht nach 1945 war das Arbeitsrecht ohne die politische Linke und ohne die jüdischen Gelehrten, ein Arbeitsrecht, dem die frühere Antriebskraft der Arbeiterfrage als der sozialen Frage fehlte“.[677]

Aufgrund der personellen Kontinuität zwischen Nationalsozialismus und Bundesrepublik konnte sich insbesondere Nipperdey ein Netzwerk in der Arbeitsrechtswissenschaft und -politik aufbauen, mit dem er Einfluss auf die Besetzung und Rechtsprechung des Bundesarbeitsgerichts nahm. Zudem war er Direktor des Instituts für Arbeits- und Wirtschaftsrecht an der Universität Köln und gestaltete in unterschiedlichen Funktionen die rechtswissenschaftliche Publikationslandschaft maßgebend mit.[678]

Im Folgenden gehe ich der Frage nach, wie die bisherige Rechtslehre der Gutachter ihre Auslegung des Art. 9 Abs. 3 GG und damit die Beurteilung der Rechtmäßigkeit des Streiks beeinflusste.[679] Schließlich hatten die Gutachter der Arbeitgeberseite bis zum Jahr 1945 in einem System tragend mitgewirkt, in dem es weder Gewerkschaften noch ein kollektives Arbeitsrecht gab und Gewerkschafter*innen verfolgt sowie ermordet wurden. Neben der rechtshistorischen Kontextualisierung liegt der Fokus auf den inhaltlichen Kontinuitäten und Brüchen ihrer Rechtslehre.

b) Die Abendroth-Forsthoff-Kontroverse zum „politischen“ Streik

In ihren Gutachten argumentierten Forsthoff sowie Abendroth und Schnorr v. Carolsfeld für und gegen die Verfassungsmäßigkeit des sogenannten politischen Streiks. Die Rolle der Gewerkschaften bei der demokratischen Willensbildung ist dabei entscheidend von der Staatsrechtslehre Forsthoffs (aa)) und Abendroths (bb)) geprägt. Ihre diametral entgegengesetzten Ansichten zur Auslegung des Sozialstaatsprinzips hat später als Forsthoff-Abendroth-Kontroverse wissenschaftliche

---

676 *Rehder*, 2011, S. 162 ff., 176, 181.

677 *Ramm*, 1994, 449, S. 456.

678 *Hollstein*, 2007, S. 98; *Rehder*, 2011, S. 179, 203 f., 229 ff., 235 ff.; zu Nipperdeys Einfluss auf die Rechtsprechung des BAG und den rechtswissenschaftlichen Diskurs siehe S. 272 ff.

679 Die Kontextualisierung der Rechtsauslegung ist angelehnt an die politikwissenschaftliche Untersuchung von Sarah Schulz. Sie fragt sich, wie die Auslegung des Begriffs der freiheitlichen demokratischen Grundordnung in der frühen Bundesrepublik durch Juristen geprägt wurde, die in der Tradition einer antidemokratischen Rechtslehre standen und die im Nationalsozialismus gerade keine Verfolgungserfahrung gemacht hatten *S. Schulz*, 2018, S. 61 ff.

Beachtung gefunden. In einem dritten Schritt bewerte ich die jeweiligen Argumentationen zur Rechtmäßigkeit des sogenannten politischen Streiks rechtsdogmatisch (cc)).

aa) Ernst Forsthoff

Ernst Forsthoff (1902–1974) war Staatsrechtler[680] und ist vor allem wegen seiner Schrift „Der totale Staat" von 1933, einer systematischen Darstellung der Verwaltungsrechtswissenschaft und der Konzeption der staatlichen Daseinsvorsorge, im Gedächtnis geblieben. Um die Argumentation Forsthoffs in der Zeitungsstreikdebatte einzuordnen, ist ein näherer Blick auf sein Staatsrechtsverständnis notwendig, um nachzuvollziehen auf welchen Füßen seine rechtliche Bewertung des Arbeitskampfs steht. Der Fokus liegt auf seinen Ansichten zur parlamentarischen Demokratie und darauf, wie Gewerkschaften in politische Prozesse eingebunden werden sollten.

Für diese Darstellung und Analyse von Forsthoffs Rechtslehre greife ich auf seine einschlägigen Schriften des Staatsrechts und auf die umfassende Untersuchung des Rechtswissenschaftlers Florian Meinel zurück. Neben dem Gesamtwerk Forsthoffs hat Meinel als erster den Nachlass Forsthoffs untersucht, der sich in Familienbesitz befand, und somit auch Schriften ausgewertet, die Forsthoff anonym veröffentlicht hatte.[681] Meinel kommt aufgrund des exklusiven Quellenzugangs in der Erforschung des Werks von Forsthoff eine gewisse Autorität zu.

(1) Staatsrechtslehre und Gewerkschaften

Forsthoffs Werk war maßgeblich von drei Personen beeinflusst. Als erste Quelle ist sein Vater zu nennen, der als Pfarrer mit seiner evangelischen, konservativen und

---

[680] Forsthoff profitierte von den nationalsozialistischen Säuberungen an den Universitäten und besetzte im Jahr 1933 den Lehrstuhl von Hermann Heller in Frankfurt am Main, der unmittelbar als er von der Machtübergabe an die Nazis erfahren hatte nach Spanien geflohen war, vgl. *C. Müller*, 1988, 268, S. 275; *Kielmansegg*, 1969, 477–479, S. 478. Forsthoff nahm im Jahr 1935 den Ruf nach Hamburg an. Die frei gewordene Professur für Öffentliches Recht gehörte vormals Kurt Perels. Der national-konservative Staatsrechtler Perels beging im September 1933 Suizid, nachdem er sein Amt verloren hatte, weil sein Vater Jude war, vgl. *Smiatacz*, 2014; *Sielemann/Flamme*, 1995; *Ipsen*, AöR 1958, 374, S. 377, wobei Ipsen nicht erwähnt, dass Perels Jude war, und dementsprechend den Antisemitismus der Entlassung als Ursache für den Suizid nicht benennt. Beide Professuren konnte Forsthoff mithilfe Carl Schmitts einnehmen, *Meinel*, 2012, S. 51 ff. Im Jahr 1946 wurde er auf Anordnung der amerikanischen Militärregierung von der Universität entlassen. Das Entnazifizierungsverfahren endete im Jahr 1952 und Forsthoff erhielt den Lehrstuhl für Öffentliches Recht in Heidelberg zurück, den er schon in den letzten Jahren des Nationalsozialismus innegehalten hatte, *Meinel*, 2012, S. 237, 304 ff.

[681] *Meinel*, 2012, S. 10 f.

nationalen Lehre Einfluss auf ihn ausübte.[682] Forsthoff umgab sich schon früh mit Intellektuellen des rechten Randes der Weimarer Republik und bezeichnete sich selbst als Konservativen.[683]

Als zweiter wichtiger Einfluss sind die kriegsverherrlichenden Essays Ernst Jüngers zu nennen, der sich für die Vernichtung der „bürgerlichen" Kultur, Ökonomie und Verfassung stark machte.[684]

Der dritte und vermutlich für seine Rechtswissenschaft prägendste Einfluss waren die Schriften Carl Schmitts.[685] Dessen Verständnis vom „totalen Staat" basierte auf der These, dass seit 1918 keine strikte Trennung von Staat und Gesellschaft vorhanden gewesen wäre. Es bestünde keine staatsfreie Gesellschaft mehr, weil zentrale politische Materien auf das Engste mit gesellschaftlichen Kräften verbunden wären.

---

[682] Sein Vater war promovierter Theologe und spielte eine wichtige Rolle für die Kooperation der protestantischen Kirche mit dem Nationalsozialismus. Zudem verfügte er über ein großes Netzwerk der lutherischen, rechts außen stehenden Theologen, mit denen sein Sohn Bekanntschaft machte, *Meinel*, 2012, S. 16 ff.

[683] *Meinel*, 2012, S. 19, 50 f.; Meinel bezeichnet den Zirkel, in dem sich Forsthoff bewegte, als „Konservative Revolution". Meinel bezieht sich dabei wertschätzend auf den von Armin Mohler im Jahr 1961 geprägten Begriff und vernachlässigt die Kritik an diesem, *Meinel*, 2012, S. 88. Die Bezeichnung der antidemokratischen Kräfte mit dem Begriff „Konservative Revolution" ist paradox. Er drückt aus, dass durch einen radikalen Bruch das Bewahrenswerte erst noch geschaffen werden müsse. Geschichtswissenschaftler lehnen den Begriff ab, weil die damit umschriebenen Kreise keine einheitlichen und hinreichend konkreten Positionen zu den politischen, sozialen und wirtschaftlichen Fragen der Zeit vertreten hätten, *S. Breuer*, PVS 1990, 585. Die begriffliche Strömungsbildung habe keinen eigenständigen Gehalt. Die Unterschiede zwischen den rechten Gruppen untereinander seien nicht kleiner als zu den Nationalsozialisten gewesen. Vielmehr liefe die Abgrenzung einer solchen Strömung Gefahr, die Nähe und Überschneidung zur nationalsozialistischen Ideologie zu verwässern und die intellektuelle Rechte nach 1945 zu rehabilitieren. Die ‚Neue Rechte', eine seit den 1980er Jahren bestehende extrem rechte Bewegung, stellt sich in die Tradition dieser national radikalen Elite. Auch Teile der Neonazi-Szene beziehen sich positiv auf die Werke der Autoren, die der sogenannten konservative Revolution zugerechnet werden, vgl. zum Ganzen *Weiß*, 2015, 101. Ähnlich problematisch ist, dass Meinel die Machtübergabe an die Nationalsozialisten als „nationalsozialistische Revolution" bezeichnet, vgl. *Meinel*, 2012, S. 70. Auch dabei handelt es sich um einen strittigen und kritikwürdigen Begriff. Nicht nur fußt diese Bezeichnung auf einem unklar weiten und wie schon bei der „Konservativen Revolution" auf einem paradoxalen Revolutionsbegriff, sondern Meinel bedient sich damit auch der propagandistischen Selbstdarstellung der Nationalsozialisten, *Wippermann*, 1998, S. 61 ff., 67.

[684] *Meinel*, 2012, S. 29 ff.

[685] Die Beziehung zwischen Forsthoff und Schmitt ist vielfach als die von Schüler und Lehrer umschrieben worden, doch noch vor der Machtübergabe an die Nationalsozialisten hatten sich die beiden persönlich und inhaltlich distanziert, *Meinel*, 2012, S. 36 ff. Die Meinungsverschiedenheiten zeigten sich unter anderem am unterschiedlichen Staatsverständnis im Nationalsozialismus. Nach Schmitt sollte die Bedeutung des Staats auf einen technischen Apparat verkürzt werden, Forsthoff hingegen setzte sich für eine eigenständige Rolle des Staats gegenüber der nationalsozialistischen Führung in Form einer autoritären Selbstverwaltung ein, *Meinel*, 2012 S. 80 ff. Schmitt soll mit Forsthoff gebrochen haben, weil dieser sich für einen jüdischen Kollegen, den Frankfurter Romanisten Arnold Erhardt, eingesetzt habe, *Meinel*, 2012, S. 228 f.

Beispielhaft nannte Schmitt die Arbeitsverfassung, die Wirtschafsordnung und die staatliche Fürsorge. Durch diese Verschmelzung wäre die Grundlage für die parlamentarische Demokratie entfallen, da diese auf der Abgrenzung von Staat und Gesellschaft beruht hätte.[686]

Forsthoff knüpfte bei Schmitts Staats- und Gesellschaftsanalyse an und sprach sich dafür aus, dass die kommunale Selbstverwaltung unter ständiger Kontrolle der Reichsregierung stehen müsse. So könnte die Integration der gesellschaftlichen Kräfte in den Staat gelingen und nur dann sei die Selbstverwaltung davor geschützt, von den unterschiedlichen politischen Ideologien der parlamentarischen Demokratie indoktriniert zu werden. Zudem sollte die Selbstverwaltung nur reine Verwaltungsaufgaben und keine Regierungsaufgaben übernehmen können und deren Rechtsgrundlage sollte nicht mehr von den einzelnen Gemeinden bestimmt, sondern auf Reichsebene vereinheitlicht werden.[687]

In seiner im Jahr 1933 veröffentlichten und in der zweiten Auflage aus dem Jahr 1934 dem Programm der NSDAP angepassten Schrift „Der totale Staat" ließ Forsthoff dieses Staatsverständnis in der Zerstörung aller Strukturelemente der Weimarer Republik gipfeln.[688] Dazu zählte er nicht nur institutionelle Träger*innen oder die Abkehr vom Geiste der republikanischen Demokratie, gemeint war mit der Zerstörung auch die Liquidierung von Personen, die Forsthoff als „Schädlinge" bezeichnete.[689] Zum „totalen Staat" gehöre die Homogenität in der Bevölkerung.[690] Explizit Juden klassifizierte er als Feinde des deutschen Volkes, die es auszumerzen gelte.[691] Auch Pazifisten und Kommunisten ordnete Forsthoff als feindliche Gruppen ein.[692] Entsprechend dieser Vorstellungen erblickte Forsthoff im Jahr 1934 in den Konzentrationslagern rechtsstaatliche Einrichtungen.[693] In der ersten Auflage seines Werks „Der totale Staat" sprach er sich für eine „große Säuberungsaktion" aus.[694]

Den totalen Staat grenzte er zum demokratischen Staat ab. Letzterer zeichne sich durch die Vorstellung von der kontinuierlichen Willensbildung von der Gesellschaft

---

686 *Schmitt* (1931), 166.

687 *Forsthoff*, Zeitschrift für Politik 1932, 248.

688 Forsthoff schuf damit das rechtswissenschaftliche Fundament und Legitimierung des Nationalsozialismus, auch wenn es immer wieder politische Auseinandersetzungen mit dem NS-Regime gab. Die Auseinandersetzungen beruhten vor allem auf unterschiedlichen Systemansichten, wer den autoritären Staat zu führen habe. So distanzierte sich Forsthoff nach den Morden an SA-Chef Ernst Röhm und anderen Rechten und verschiedener Auseinandersetzungen während seiner Lehrtätigkeit vom NS-Regime, *Meinel*, 2012, S. 90; *Rüthers*, Myops 2008, 67, S. 68 ff.

689 *Forsthoff*, Münchener Neueste Nachrichten vom 19.11.1933, zit. nach *Meinel*, 2012, S. 75.

690 *Forsthoff*, 1933, S. 38; *Forsthoff*, 1934, S. 42.

691 *Forsthoff*, 1933, S. 39 f.; *Forsthoff*, 1934, S. 43.

692 *Forsthoff*, 1933, S. 39.

693 *Forsthoff*, JW 1934, 538; zur Einordnung *Stolleis*, 2002, S. 335.

694 *Forsthoff*, 1933, S. 40.

zu staatlichen Machtträger*innen und der Repräsentanz der Wähler in den Gewählten aus. Der totale Staat hingegen unterscheide trennscharf zwischen Führern und Geführten.[695] In seinen frühen Werken machte Forsthoff deutlich, dass er die Parteiendemokratie der Weimarer Republik verabscheute und dass er ein autoritäres, von Männern und misogynen Vorstellungen[696] getragenes Staatsgebilde befürwortete – konkret den nationalsozialistischen Staat.[697]

Forsthoffs Annahme der umfassenden Durchdringung der Gesellschaft durch den Staat hatte Auswirkung auf seine Vorstellungen von der Regelung der Arbeitsbeziehungen im Nationalsozialismus. Er bezog sich positiv auf die Deutsche Arbeitsfront als Vorzeigeinstitution für die Form der öffentlichen Kooperation, die dem Staat angegliedert war, ohne in ihm aufzugehen und gleichzeitig eine „totale Arbeitsfront“ bildete. Diese sollte einem gemeinsamen Interesse des „Volkes“ dienen, das den Partikularinteressen übergeordnet sei.[698] Gewerkschaften seien als kollektive Interessenvertretung von der im Nationalsozialismus durchgesetzten „politischen Daseinssicherung und Verantwortung“ und damit der staatlichen Verwaltung in ihrer Funktion der sozialen Fürsorge zu Recht abgelöst worden.[699]

Zusammenfassend sprach sich Forsthoff während der Weimarer Republik und dem Nationalsozialismus explizit gegen die erste parlamentarische Demokratie in Deutschland aus. Insbesondere missbilligte er, dass die Legislative und mittelbar Teile der Exekutive durch freie Wahlen unabhängig vom Vermögen oder Geschlecht der Wähler*innen zustande gekommen waren. Ein weiteres von ihm verabscheutes Element dieser Demokratie war, dass die Wähler*innen ihre Interessen in einem Parteiensystem organisierten.

An der Ablehnung dieser Form der Demokratie hielt Forsthoff nach der Befreiung vom nationalsozialistischen System fest. Seine Schriften knüpften nahtlos an sein wissenschaftliches Wirken vor 1945 an.[700] So zeichnete er in seinen Nachkriegsschriften ein düsteres Bild der Demokratie, die den menschlichen Verfall zur Folge

---

[695] *Forsthoff*, 1933, S. 30; *Forsthoff*, 1934, S. 34.

[696] *Forsthoff*, Rheinisch-Westfälische Zeitung vom 06. 10. 1933, zit. nach *Meinel*, 2012, S. 75 f.

[697] Die Kritik an der Weimarer Republik äußerte Forsthoff bereits in vielen Aufsätzen, allerdings unter diversen Pseudonymen, *Meinel*, 2012, S. 32. Auch, wenn er mit Einzelfragen des nationalsozialistischen Staatssystems nicht einverstanden war und sich auch personell eine andere Führungselite gewünscht hatte, befürwortete er die Machtübernahme der Nationalsozialisten und änderte sein Werk „Der totale Staat“ 1934 nur geringfügig ab. In der ersten Auflage hatte er sich noch für einen aristokratischen Führerstand statt einer einzelnen Führerpersönlichkeit und eine eigenständige Bedeutung des Staats in Form seiner Verwaltung ausgesprochen. Diese Feststellung fehlte in der zweiten Auflage, *Forsthoff*, 1933, S. 31, 33; *Forsthoff*, 1934; Meinel deutet die Änderungen der zweiten Auflage als Reaktion auf die Morde des sogenannten Röhm-Putsches vom 30. Juni und 1. Juli 1934, *Meinel*, 2012, S. 90.

[698] *Forsthoff*, 1933, S. 46; seine Vorstellungen wurden durch die Eingliederung der DAF in die NSDAP durch das AOG aus dem Jahr 1934 allerdings enttäuscht.

[699] *Forsthoff*, 1938, S. 6.

[700] *Meinel*, 2012, S. 314 f.

habe. Forsthoff rechtfertigte die Notwendigkeit einer absolutistischen Staatsmacht mit einer anthropologischen Idee von der boshaften Natur des Menschen, die nur durch Herrschaft und Ordnung gebändigt werden könne. Diese Ordnung habe in der Demokratie gefehlt. Der Nationalsozialismus sei die logische Folge des demokratischen Zerfallsprozesses gewesen.[701]

Forsthoffs Vorstellung von einer guten Verfassung war, dass sie sich auf die vorgefundene Wirklichkeit und die bestmögliche Ordnung dieser stützen müsse. In der Kontroverse mit Abendroth zur Bedeutung des Sozialstaatsprinzips nahm er die Position ein, dass dieses auf verfassungsrechtlicher Ebene keine mit dem Rechtsstaatsprinzip gleichrangige Funktion einnehme. Der Sozialstaat sei durch die bestehenden Institutionen bereits verwirklicht, eines Verfassungsprinzips mit selbständiger materieller Rechtswirkung bedürfe es daher nicht. Historisch leitete er die Verwirklichung des Sozialstaats daraus ab, dass der Staat im Angesicht von wirtschaftlichen Krisen nicht untätig bleiben könne und demzufolge zu sozialstaatlichen Maßnahmen gegriffen habe.[702] Die Errungenschaften des Sozialstaats schrieb er ausschließlich der staatlichen Gesetzgebung und Verwaltung zu.[703]

Bei der dogmatischen Einordnung des Sozialstaatsprinzips wandte sich Forsthoff explizit gegen das positiv gesetzte Recht im Grundgesetz.[704] Die Beratungen im Parlamentarischen Rat verurteilte er, ohne auf diverse Polemiken zu verzichten, unter anderem als „politischen Wunschzettel".[705] Daraus lässt sich schließen, dass er eine teleologische und historische Auslegung des Verfassungstexts ablehnte.

Forsthoff setzte das Soziale mit einer Regelung der Güterverteilung gleich und grenzte es von Materien des Rechtsstaatsprinzips ab. Die Regelung der Güterverteilung sei nach dem Grundgesetz ausschließlich den Parteien vorbehalten. Das Sozialstaatsprinzip befähige die gesellschaftlichen Kräfte nicht, die tatsächlichen Verhältnisse zu verändern. Er differenzierte zwischen vernünftiger Problemlösung und der Klärung von Verteilungsfragen zwischen den nichtstaatlichen Verbänden. Vernünftig entscheiden könne ausschließlich der Staat. Nur wer über den sozialen Verhältnissen stehe, könne rationale Entscheidungen treffen. Verteilungsfragen würden von den Verbänden über organisatorische Stärke und nicht das bessere, rationale Argument beantwortet werden. Dass die Verbände einen „harmonischen und sozial vertretbaren Ausgleich" ihrer Interessen herbeiführen könnten, sei zu ungewiss und es stelle sich die Frage, ob „gesellschaftliche Kräfte überhaupt befähigt [sind], echt soziale Entscheidungen zu treffen". Dabei bezog sich seine Skepsis nicht nur auf zivilgesellschaftliche Verbände wie Gewerkschaften, sondern auch auf Parteien.[706] Zwar sprach Forsthoff den Parteien damit eine Funktion in der Demo-

---

[701] *Meinel*, 2012, S. 292 f.

[702] *Forsthoff*, 1968 (1954), 145, S. 148.

[703] *Forsthoff*, 1968 (1954), 145, S. 171.

[704] *Forsthoff*, 1968 (1954), 165.

[705] *Anonym*, Union-Pressedienst 2 (1947), 4, zit. nach *Meinel*, 2012, S. 326.

[706] *Forsthoff*, 1968 (1954), 145, S. 155 ff.

kratie zu, zweifelte aber an deren Geeignetheit diese zu erfüllen. In dieser Argumentation kommt seine Ablehnung der Parteiendemokratie zum Ausdruck, die er schon gegenüber der Weimarer Republik formuliert hatte.

Forsthoff konstruierte die Trennung zwischen den politischen Entscheidungsträger*innen, die staatliche Herrschaft ausübten, und der Verwaltung, die die „sozialen“ Angelegenheiten regeln sollten. Darunter verstand er die Organisation der staatlichen existenzsichernden Maßnahmen. Die strikte Trennung von Herrschaft und Sozialem sei notwendig, weil die staatliche Sozialfunktion nicht zum Zwecke der Ausübung von Herrschaft instrumentalisiert werden dürfe. Die Gestaltung des Sozialen sei den staatlichen Institutionen in Form der Verwaltung vorbehalten. Die Sozialfunktion des Staats und die Ausübung von staatlicher Macht schließen einander aus. Den Streik ordnete er der Sphäre des Machtkampfes und damit der Herrschaftsausübung zu. Er sei kein geeignetes Instrument, um Verteilungsfragen zu beantworten. Aufgrund dieser Trennung zwischen Herrschaft und Sozialem könne der gegen den Staat gerichtete Streik nicht Ausprägung des Sozialstaatsprinzips sein.[707]

Forsthoff verwies auf den monarchischen Sozialstaat als zu bevorzugendes Herrschaftssystem, dessen Aufgabe es sei, „staatsbürgerliche Gleichheit“ zu sichern, um soziale Ungleichheit zu mildern, aber nicht zwangsläufig zu beseitigen.[708] Die staatlichen Institutionen, die diese Staatsform umsetzen könnten, weil sie „mehr war[en] als die bloße Mehrheit des Parlaments“, waren in der Weimarer Republik seines Erachtens der Reichspräsident und das Berufsbeamtentum.[709] Auch in der Bundesrepublik hielt er an einem starken Berufsbeamtentum fest. Für einen kurzen Zeitraum zwischen Kriegsende und Inkrafttreten des Grundgesetzes vertrat er die Ansicht, dass die Verwaltung von den Verwalteten selbst zu leisten sei. Forsthoff argumentierte für eine demokratische Verwaltung, die unter anderem durch Laien im Verwaltungsapparat und direkte Wahlen umgesetzt werden sollte.[710] In derselben Schaffensphase sah er in direkten und allgemeinen Wahlen auf Bundesebene keinen Sinn, da er die Parteiendemokratie ablehnte.[711] Zudem sei auf den „Gemeinwillen eines Volkes“ nicht mehr zu setzen, da die Menschen aufgrund der Undurchdringlichkeit der politischen Lage nicht fähig seien, sich eine unabhängige Meinung zu bilden.[712] Zudem seien sie durch die neuen technischen Kommunikationsmittel zu leicht einer Manipulation ausgesetzt.[713]

[707] *Forsthoff*, 1968 (1954), 145, S. 149 ff.

[708] *Forsthoff*, 1968 (1954), 145, S. 158 f.

[709] *Forsthoff*, 1968 (1954), 145, S. 159 f.

[710] *Anonym*, Union-Pressedienst 2 (1947), 2; *Forsthoff*, Union-Pressedienst 1948, 1 nach *Meinel*, 2012, S. 335 f.

[711] *Meinel*, 2012, S. 331 f. mit Nachweisen zu von Forsthoff anonym veröffentlichten Artikeln und Briefwechseln.

[712] Nach *Meinel*, 2012, S. 330 f.

[713] *Anonym*, Union-Pressedienst 2 (1947), 4 nach *Meinel*, 2012, S. 330 f.

Eine ähnliche Vorstellung von der Unmündigkeit und Irrationalität der Menschen ist bei Forsthoffs Überlegungen zur Gestaltung der Arbeitsbedingungen zu finden. Nach 1945 sprach er sich für einen Bundeswirtschaftsrat aus. Dieses Modell der korporatistischen Regulierung war in den Anfangsjahren der Bundesrepublik breit und dementsprechend divers diskutiert worden. Die Gewerkschaften sahen darin die Möglichkeit, die wirtschaftliche Mitbestimmung nicht nur auf Unternehmensebene, sondern auch überbetrieblich zu steigern.[714] Nach Forsthoffs Vorstellungen sollten die Gewerkschaften im Bundeswirtschaftsrat mit den Arbeitgeberverbänden unter anderem Tarifverträge schließen. Der Staat solle dabei als neutrale Gewalt auftreten. Insgesamt bezweckte Forsthoff das gewerkschaftliche Ziel der Mitbestimmung im Betrieb zu unterlaufen.[715] Nach seiner Vorstellung sah die Einrichtung eines Bundeswirtschaftsrats keine Möglichkeit eines Arbeitskampfs vor.

Die gewerkschaftsfeindliche Einstellung sollte sich Forsthoff bis zum Ende seines Wirkens bewahren. In seinem Werk „Rechtsstaat im Wandel" aus dem Jahr 1964, in dem er sich mit dem Verhältnis des Staats zur industriellen Gesellschaft auseinandersetzte, vertrat er die These, dass die gesellschaftliche Ausdifferenzierung von Gruppen nicht mehr auf hierarchische, sondern auf funktionelle Teilsysteme in der Gesellschaft zurückgehe. Aufgrund der Arbeitsteilung würden die Menschen in funktionelle Systeme dividiert, erschienen dem Staat gegenüber nicht mehr als Ganzes und die staatliche Herrschaft verliere infolgedessen an Autorität.[716] Die wachsende Autorität der Teilsysteme stelle insbesondere mit Blick auf die Gewerkschaften ein Problem dar. So brachte Forsthoff in einem Artikel für „Die Welt" im Jahr 1972 seine Befürchtung, die Gewerkschaften könnten an Einfluss gewinnen, zum Ausdruck.[717]

Abschließend lässt sich zusammenfassen, dass Forsthoffs Staatslehre von dezidiert antidemokratischen Einstellungen geprägt war, die sich als roter Faden durch sein gesamtes Werk ziehen. Dazu gehört die Ablehnung der Interessenorganisation in Parteien und eines auf freien Wahlen basierenden parlamentarischen Systems, aus dem sich auch die Exekutivgewalt ableitet. Herrschaft sollte von einer nach seinen Vorstellungen zusammengesetzten Gruppe ausgeübt werden und nicht auf Wahlen zurückgehen müssen. In den Jahren zwischen 1945 und 1949 blitzte als demokratisches Element seiner Staatslehre die Beteiligung der Verwalteten an der kommunalen Selbstverwaltung auf. Nach Inkrafttreten des Grundgesetzes waren seinen Schriften jedoch keine Abhandlungen mehr zu entnehmen, in denen er eine Möglichkeit der Einflussnahme auf Verteilungsfragen befürwortete. Ganz im Gegenteil betrachtete Forsthoff die Regelungen der Güterverteilung durch Parlament und so-

---

[714] *Nützenadel*, Vierteljahreshefte für Zeitgeschichte 2003, 229, S. 235 ff., 241 ff.

[715] *Forsthoff*, DÖV 1952, 714, S. 716; *Meinel*, 2012, S. 342 ff., S. 361.

[716] *Forsthoff* (1956), 99, S. 100 ff.; *Meinel*, 2012, S. 452, der Parallelen zu den Theorien von Arnold Gehlen und Niklas Luhmann feststellt.

[717] *Forsthoff*, Die Welt, Beilage „Die geistige Welt" vom 30. 12. 1972 nach *Meinel*, 2012, S. 453.

ziale Verbände mit großer Skepsis. Zudem lässt seine Rechtslehre keinerlei Vorstellung oder gar Legitimierung der Gewerkschaften als Organisation zur Interessenvertretung der Arbeitnehmer*innen erkennen. Selbstbestimmte Interessendurchsetzung ohne die Intervention des Staats und ein dazu gewährleistetes Arbeitskampfrecht lehnte er ab. Es ging ihm dabei nicht um eine nach beiden Seiten des Arbeitskonflikts wirkende Beschränkung der Freiheitsrechte des kollektiven Arbeitsrechts, sondern explizit um eine Schwächung der gewerkschaftlichen Macht.

(2) Gutachten zum Zeitungsstreik

Das Ergebnis von Forsthoffs Prüfung der Verfassungsmäßigkeit des sogenannten politischen Streiks kann aufgrund seiner Rechtslehre und Positionen kaum überraschen: Forsthoff wertete den Zeitungsstreik als Erzwingungsstreik, der gegen den Verfassungsgrundsatz der repräsentativen Demokratie nach Art. 20 GG verstoße, weil er eine rechtswidrige Nötigung des Parlaments darstelle.[718]

In der parlamentarischen Demokratie sei die Beteiligung des Volks an der staatlichen Willensbildung durch die Wahlen des Parlaments und der Mitwirkung in den politischen Parteien nach Art. 21 GG abgeschlossen.[719] Das freie Mandat der Abgeordneten nach Art. 38 Abs. 1 S. 2 GG und der demokratische Willensbildungsprozess seien durch einen politischen Streik gefährdet.[720] Der Staat müsse sich gegenüber den Streitigkeiten der Koalitionen neutral verhalten und in umgekehrter Perspektive dürften die Gewerkschaften das Parlament durch einen Streik nicht unter Druck setzen. Dieser Grundsatz sei auch in die Weimarer Verfassung eingeflossen.[721] Der Streik werde durch das Grundgesetz nur „als Mittel im Arbeitskampf zur Wahrung und Förderung derjenigen Arbeitnehmerinteressen, die im Tarifvertrag bezeichnet sind"[722], geschützt.

Forsthoff unterschied verschiedene Arten der staatlichen Willensbildung und grenzte die Form der parlamentarischen Demokratie in der Bundesrepublik zu derjenigen der Sowjetunion ab, in der die demokratische Willensbildung bei den Arbeitern ihren Ausgangspunkt fände.[723] Die staatliche Willensbildung nach dem Grundgesetz sei in sich geschlossen und vor gesellschaftlichen Einflüssen zu schützen:

> „Der moderne auf eine Legitimität (im Grundgesetz das demokratische Prinzip der Volkssouveränität, Art. 20) gegründete, legalitär-normativ gestaltete Verfassungsstaat beruht auf der Überwindung aller Arten von indirekten Gewalten, mögen sie von den Kirchen, Ständen, Berufsgruppen, Interessenvereinigungen oder von wem sonst immer ausgehen. Es

---

[718] *Forsthoff*, 1952, S. 19.
[719] *Forsthoff*, 1952, S. 23 f.
[720] *Forsthoff*, 1952, S. 25 f.
[721] *Forsthoff*, 1952, S. 12 ff.
[722] *Forsthoff*, 1952, S. 18.
[723] *Forsthoff*, 1952, S. 20.

ist das Merkmal des modernen Verfassungsstaates, daß sich seine Willensbildung direkt und autonom in einem verfassungsmäßig geordneten Verfahren und im Zusammenspiel der verfassungsmäßig eingesetzten Organe vollzieht".[724]

Das Grundgesetz habe sich durch den Verzicht auf einen Räteartikel, wie er in Art. 165 WRV zu finden war, „zur Autonomie im Verhältnis zu allen denkbaren Sozialfaktoren" bekannt.[725] In den Gewerkschaften erblickte Forsthoff in Anlehnung an eine Schrift des Staatsrechtlers Werner Weber aus dem Jahr 1951 „oligarchische [...] Herrschaftsgruppen".[726] Forsthoff sah die Gefahr, dass der Staat vor den Gewerkschaften kapitulieren müsse.[727]

(3) Einordnung des Zeitungsstreikgutachtens in Forsthoffs Gesamtwerk

Forsthoff lieferte mit seiner Argumentation die Grundlage für die Sichtweise, der sogenannte politische Streik könne eine Parlamentsnötigung darstellen.

Er vertrat die These, die Trennung von Staat und Gesellschaft sei im industriellen Zeitalter unter anderem durch die Ausgestaltung der staatlichen Daseinsvorsorge aufgehoben. Der ideelle Staat könne aber nur handeln, wenn diese Trennung bestehe. Es sei eine Begrenzung der gesellschaftlichen Partizipation an der Entscheidungsfindung in der repräsentativen Demokratie nötig. Um diese Notwendigkeit zu begründen, konstruierte Forsthoff unterschiedliche Qualitäten der gesellschaftlichen und staatlichen Willensbildung. Eine demokratische Mitbestimmung der gesellschaftlichen Kräfte an der Güterverteilung lehnte er grundsätzlich ab. Trotz oder gerade wegen der festgestellten immer weiter zunehmenden Einflussnahme und Abhängigkeit von staatlicher und gesellschaftlicher Sphäre richtete er seine Rechtsinterpretation – auch gegen Wortlaut, Telos und Historie der Verfassung – gegen die außerparlamentarische und auch die parlamentarische Beantwortung der

[724] *Forsthoff*, 1952, S. 27.

[725] *Forsthoff*, 1952, S. 28.

[726] *W. Weber*, 1970 (1951), S. 44 ff., der neben den Gewerkschaften die „Wirtschafts- und Arbeitgeberverbände und die Kirchen, um aus einer ständig wachsenden Zahl von Verbänden, Gruppen und Organisationen nur die ‚Großen' herauszugreifen", nennt und diesen Gruppen einen immensen Einfluss auf die staatliche Willensbildung über die Beeinflussung des öffentlichen Rundfunks und der Presse und für die Gewerkschaften durch Streik und Streikdrohung zuschreibt. Oligarchisch seien diese Gruppen, weil ihre Interessen durch eine jeweilige Führungselite repräsentiert werde, im Falle der Gewerkschaften durch ihre Funktionäre. Weber vertritt wie auch *Forsthoff* die Auffassung, die gesellschaftliche Teilhabe am staatlichen Willensbildungsprozess sei nach dem Grundgesetz ausschließlich auf Wahlen beschränkt: „Nirgendwo gedenkt es [das Grundgesetz, Anm. T. T.] ferner der Ordnungen, der berufsständischen, wirtschaftlichen, gewerkschaftlichen, kirchlichen Gruppierungen oder der Klassen, in denen das Volk gegliedert lebt, um ihm etwa von dort aus den Zugang zur politischen Willensbildung zu erschließen. Auch das Phänomen der öffentlichen Meinung klingt im Grundgesetz nicht an. Das Volk tritt nur an einer Stelle handelnd auf, nämlich, von den Landtags- und Kommunalwahlen abgesehen, in der von 4 zu 4 Jahren erneuerten Bundestagswahl", vgl. *W. Weber*, 1970 (1951), S. 43.

[727] *Forsthoff*, 1952, S. 30.

sozialen Frage aus. Die Verwaltung sei diejenige staatliche Institution, die primär die Verteilungsfragen zu beantworten habe. Unter der Geltung des Grundgesetzes argumentierte Forsthoff, dass die staatlichen Lösungen der sozialen Frage abgeschirmt von zivilgesellschaftlichen Interventionen zu erfolgen hätten.

Sein Gutachten reiht sich demnach in die per se demokratieverweigernde Rechtsauslegung ein, mit der er ab der ersten freien Wahl des Parlaments in der Weimarer Republik verhindern wollte, dass alle Wahlberechtigten vermittelt über ihre Parteien und weitere Interessenverbände wie Gewerkschaften Einfluss auf wirtschaftliche und soziale Regelungsmaterien nehmen durften. Wie schon in seiner Rechtslehre nehmen auch in seinem Gutachten zum Zeitungsstreik die Gewerkschaften eine besondere Rolle ein. Forsthoff benannte im Zeitungsstreikgutachten ausschließlich Gewerkschaften und keine weiteren Interessenvertretungen als „oligarchische Herrschaftsgruppen" und markierte sie somit als Gefahr für den parlamentarischen Willensbildungsprozess. Im Gegensatz zum Rechtswissenschaftler Werner Weber, von dem er die Begrifflichkeit übernahm, nannte Forsthoff Unternehmen und Arbeitgeberverbände nicht als einflussreiche Akteure. Die einseitige Betrachtungsweise von politischer Einflussnahme und Machtausübung ermöglichte es ihm, demokratische Teilhabe zu Lasten der Gewerkschaften zu beschränken.[728] Vor dem Hintergrund, dass er die legislative Gewalt in der Weimarer Republik und im Nationalsozialismus noch durch eine Führungsgruppe ersetzt wissen wollte, und auch in der Debatte um die Auslegung des Sozialstaatsprinzips die Fähigkeit des Parlaments anzweifelte, Verteilungsfragen klären zu können, erscheint es umso widersprüchlicher, dass er nun den Schutz der parlamentarischen Gesetzgebung vor außerparlamentarischen Einflüssen proklamierte.

Wo er an dieser Stelle die Gefahr der Gewerkschaften beschwor, vernachlässigte er ihre Bedeutung an anderer Stelle. Forsthoff erblickte die Ursprünge des Sozialstaats ausschließlich in staatlicher Regulierung. Dass die sozialstaatlichen Mindestsicherungen Reaktionen des Staats auf soziale Auseinandersetzungen und vor allem Streiks waren,[729] erwähnte er in seinen staatsrechtlichen Betrachtungen nicht.

Forsthoff vertrat während seines gesamten Schaffensprozesses Staatsverständnis, dass sich gegen allgemeine und freie Wahlen und Parteiendemokratie richtete. Bis zum Jahr 1949 setzte er sich gegen die parlamentarische Demokratie als solche ein und seit Inkrafttreten des Grundgesetzes vor allem gegen die gesellschaftliche Partizipation an Entscheidungsprozessen zu wirtschaftlichen und sozialen Fragen. Die Demokratiefeindlichkeit spiegelt sich auch in seinem Zeitungsstreikgutachten wider. Das Parlament sollte seiner Ansicht nach unabhängig von äußerer Beeinflussung agieren können und Elemente der Selbstverwaltung waren nur auf staatlicher Ebene wichtig. Die Beteiligung der Gewerkschaften an der öffentlichen Meinungsbildung über den Streik wollte er mit seinem Begriff der Selbstverwaltung

---

[728] So ausdrücklich *Forsthoff* (1956), 99, S. 101 f., auch wenn er die tatsächliche Möglichkeit der Gewerkschaften, Macht auszuüben, als gering einschätzte.

[729] Siehe S. 44 ff.

nicht vereinen. Die kommunale Selbstverwaltung hielt Forsthoff hoch, von einer Selbstverwaltung im Bereich der Arbeits- und Wirtschaftsbedingungen nach Art. 9 Abs. 3 GG hielt er nichts.

bb) Wolfgang Abendroth

Der Auslegung des Demokratieprinzips und der gewerkschaftsfeindlichen Haltung von Forsthoff steht die Interpretation des Grundgesetzes von Abendroth diametral entgegen. Das Werk des Juristen und Politikwissenschaftlers untersuche ich in einem ersten Schritt auf die Frage hin, wie sich seine Staatsrechtslehre zur Bedeutung des Arbeitskampfs verhielt. Ausgehend von seinem Demokratieverständnis und davon, welche Rolle die Arbeiterbewegung darin einnimmt, werde ich im zweiten Schritt sein Gutachten zum Zeitungsstreik präsentieren.

(1) Staatsrechtslehre und Gewerkschaften

Wolfgang Abendroth (1906–1985) war einer der wenigen Juristen, die nicht kontinuierlich im Nationalsozialismus und der Bundesrepublik als solche gewirkt hatten.[730] Sein Leben und rechtswissenschaftliches Wirken erlitten vielmehr Einschnitte durch den Nationalsozialismus, als dass sie durch ihn gefördert wurden. Die Nazis verfolgten, inhaftierten und folterten ihn. Zum Ende des Zweiten Weltkriegs kämpfte Abendroth im antifaschistischen Widerstand. Er konnte die juristischen Qualifikationen nur über Umwege erlangen und wurde in der Bundesrepublik schlussendlich als politikwissenschaftlicher Professor tätig.[731]

Abendroths Verfassungslehre und politikwissenschaftliche Theorie sind nicht voneinander zu trennen. Seine Theorie und auch seine politische Praxis sind zudem eng mit dem Wissen um die Auseinandersetzungen der Arbeiterbewegung ver-

---

[730] Siehe dazu S. 190 f.

[731] Seine Biografie soll hier nur kurz umrissen werden. Abendroth befand sich mitten im Referendardienst, als er kurz nach der Machtübergabe an die Nationalsozialisten von diesen aus dem Rechtsreferendariat entlassen und für einen Tag inhaftiert wurde. Das Berufsverbot zwang ihn dazu, seine Doktorarbeit nicht wie geplant bei dem Arbeitsrechtler Hugo Sinzheimer zu schreiben, sondern zu einem völkerrechtlichen Thema an einer Universität in der Schweiz zu promovieren. Im Jahr 1937 nahm die Gestapo Abendroth aufgrund seiner sozialistischen Untergrundarbeit gefangen und folterte ihn. Kurz darauf folgte die Verurteilung wegen Hochverrats zu vier Jahren Zuchthaus. Im Jahr 1943 wurde er in der Strafdivision 999 nach Griechenland kommandiert, konnte auf dem Weg dorthin desertieren und schloss sich dem Widerstand griechischer Partisan*innen an. Als Kriegsgefangener Englands gelangte er nach Ägypten und beteiligte sich dort an der politischen Bildungsarbeit von NS-Gegnern in Kriegsgefangenschaft. Im Jahr 1946 kehrte er nach Deutschland zurück und konnte in der Sowjetischen Besatzungszone sein Zweites Staatsexamen abschließen und habilitierte an der Juristischen Fakultät der Universität Halle. Aufgrund der zunehmenden Verengung der politischen Linie in der DDR sah er sich gezwungen in die BRD zu gehen. An der neu gegründeten Reformhochschule für Sozialwissenschaften in Wilhelmshaven trat er im Jahr 1949 eine Professur an und folgte im Jahr 1951 einem Ruf auf die Professur für Wissenschaftliche Politik in Marburg. Zum Ganzen siehe *Abendroth*, 1977; *Sterzel*, 1988, 476.

knüpft.[732] Seine Kenntnis von der Geschichte der Gewerkschaftsbewegung bereicherte sein wissenschaftliches Werk und ist für die rechtshistorische Auslegung des Grundgesetzes noch heute von Belang.

Abendroths Auslegung des Grundgesetzes war geprägt von der Staatslehre Hermann Hellers. Maßgebend war Hellers Schrift „Rechtsstaat oder Diktatur?" von 1930. Darin hatte Heller den Begriff des sozialen Rechtsstaats herausgearbeitet, den er zum liberalen Rechtsstaat und zur faschistischen Diktatur abgegrenzte. Der soziale Rechtsstaat zeichne sich durch den Vorbehalt und den Vorrang des parlamentarischen Gesetzes, das Bestehen von Freiheitsrechten und durch die tatsächliche Herstellung von Egalität in der Arbeits- und Wirtschaftsordnung aus.[733]

Daran anknüpfend interpretierte Abendroth das Grundgesetz. Er leitete das Demokratie-, Rechtsstaats- und Sozialstaatsprinzip aus Art. 20 Abs. 1 und Art. 28 Abs. 1 GG ab. Die Verankerung dieser Prinzipien im Grundgesetz sei eine Reaktion auf die Erkenntnis, dass das Fehlen der tatsächlichen Umsetzung der Sozialordnung in der Weimarer Republik zu deren Scheitern und schlussendlich zum Nationalsozialismus geführt habe.[734] Die „formale Demokratie" des liberalen Rechtsstaats der Weimarer Republik sei nicht mit sozialen Inhalten gefüllt worden.[735] Diesem Ursache-Wirkungs-Verhältnis hätte die Verfassungsgebung nun das Demokratie-, Rechtsstaats- und Sozialstaatsprinzip entgegengestellt. Die Auslegung des Grundgesetzes und des einfachen Gesetzesrechts sollte anhand der Sinneinheit dieser drei Prinzipien erfolgen.[736]

Zudem habe die Verfassungsgebung durch das Sozialstaatsprinzip anerkannt, dass die Wirtschafts- und Gesellschaftsordnung, wie sie sie vorgefunden hat, nicht aus sich heraus zu einer gerechten Güterverteilung geführt hat und auch zukünftig nicht führen werde. Eine gerechte Lösung der sozialen Frage müsse durch die demokratisch legitimierte Gesetzgebung als Repräsentanz der gesellschaftlichen Interessen hergestellt werden.[737]

Das Grundgesetz gewährleiste eine Interessenvertretung allerdings nicht nur im Wege der parlamentarischen Gesetzgebung, sondern auch über die Ausübung der Grundrechte. Diese seien im Lichte des Demokratie-, Rechtsstaats- und Sozialstaatsprinzips als demokratische und soziale Teilhaberechte zu verstehen. Die im Grundgesetz niedergelegten subjektiven Rechte befähigten die Menschen zur selbstbestimmten Aus- und auch Umgestaltung der bestehenden Sozialordnung.[738]

---

[732] *J. Seifert*, KJ 1985, 458, S. 461.

[733] *H. Heller*, 1930, S. 9 ff., 19 ff.

[734] *Abendroth*, 1967 (1954), 109f., S. 121.

[735] *Abendroth*, GewerkMH 1952, 641, S. 642 mit Bezug auf die Untersuchungen Hellers.

[736] *Abendroth*, 1967 (1954), 109, S. 110 f.

[737] *Abendroth*, 1967 (1954), 109, S. 117.

[738] *Abendroth*, 1967 (1954), 109, S. 118 f.

Der Staat sei nicht mehr als neutraler Dritter gegenüber den gesellschaftlichen Kräften zu verstehen. Für die Erkenntnis, dass sich die Grenzziehung zwischen Staat und Gesellschaft in der bürgerlichen Demokratie erledigt habe, rekurrierte er auf Forsthoffs Ausarbeitungen.[739] Abendroth zog allerdings vollkommen gegensätzliche Schlussfolgerungen daraus. Auf der fehlenden Trennung von Staat und Gesellschaft baute er die Argumentation auf, warum staatliche und gesellschaftliche Willensbildungsprozesse als miteinander verschränkt verstanden werden müssen:

> „Das Bekenntnis des Grundgesetzes zum demokratischen und sozialen Rechtsstaat öffnet deshalb nicht nur den Weg zu gelegentlichen Staatsinterventionen, um eine in ihrem Gleichgewicht bedrohte, aber als grundsätzlich feststehend und gerecht anerkannte Gesellschaftsordnung zu balancieren, sondern stellt grundsätzlich diese Gesellschafts- und Wirtschaftsordnung selbst zur Disposition der demokratischen Willensbildung des Volkes. Es ermöglicht deshalb nicht nur gelegentliche ad hoc-Eingriffe der Staatsgewalt, sondern weist der im demokratischen Staat repräsentierten Gesellschaft die Möglichkeit zu, ihre eigenen Grundlagen umzuplanen. Mit dieser Identifikation von Gesellschaft und Staat ist aber auch die Möglichkeit entfallen, den Staat als gegenüber den Kräften der Gesellschaft neutralen Dritten zu verstehen“.[740]

Abendroth ging davon aus, dass das Grundgesetz die tatsächliche Ungleichheit in der Gesellschaft über die Positivierung des Sozialstaatsprinzips nicht als gegeben manifestiere, sondern die gesellschaftlichen Kräfte dazu befähige, diese Verhältnisse zu ändern. Ausgehend davon, dass in einer nur formellen und nicht materiell verstandenen Rechtsordnung wirtschaftliche Macht zu politischer Herrschaft genutzt werden könne, interpretiert er den Gleichheitssatz aus Art. 3 Abs. 1 GG nicht nur als individuelles Grundrecht, „sondern auch im Verhältnis der sozialen Gruppen zueinander, die diese Tatbestände in Richtung auf die Demokratisierung der Gesellschaft ausgleicht“.[741] Gleichheit müsse nach denjenigen Staatsprinzipien des Grundgesetzes ausgelegt werden, denen die Erkenntnis zu Grunde läge, dass das freie Spiel der Kräfte die soziale Ungleichheit nicht überwinden werde.[742]

Abendroth räumte ein, dass seine Interpretation der Sozialstaatsklausel keinesfalls eindeutig diejenige sei, die den Abgeordneten des Parlamentarischen Rats vorschwebte. Vielmehr sei jede Verfassungsnorm ein Kompromiss der damaligen politischen Kräfte. Jedoch sei den Parlamentarier*innen der verfassungsgebenden Versammlung bewusst gewesen, dass der Interessenkonflikt um die Wirtschafts- und Sozialordnung immerwährend sein werde und ihr Verfassungskompromiss gewährleistete eben diese Möglichkeit, die gesellschaftlichen Verhältnisse zu verän-

---

[739] *Abendroth*, 1967 (1954), 109, S. 121 mit Verweis auf das Lehrbuch zum Verwaltungsrecht von *Forsthoff*, 1953, S. 3, 59 ff.

[740] *Abendroth*, 1967 (1954), 109, S. 121 f.

[741] *Abendroth*, 1967 (1954), 109, S. 124.

[742] Ebd.

dern. Zu diesem Aushandlungsprozess seien neben den Parteien nach Art. 21 GG auch die sozialen Verbände nach Art. 9 Abs. 3 GG berufen.[743]

Abendroths Grundgesetzinterpretation zeichnete sich dadurch aus, dass die Gestaltung der Gesellschaft durch die Gesellschaft selbst erfolgen solle. Jede gesellschaftliche Veränderung solle danach auf politischen Kämpfen beruhen. Die Grundrechte, die auf demokratische Teilhabe ausgerichtet sind, seien deshalb besonders zu würdigen. Das Element der wirksamen Einflussnahme sei aus Sicht der Arbeitnehmer*innen der Streik. Für Abendroth war demnach das Streikrecht der Gewerkschaften eine Grundbedingung der Demokratie.[744]

Zusammenfassend war Abendroths Staatsrechtslehre von dem Dreiklang aus Demokratie-, Rechtsstaats- und Sozialstaatsprinzip geprägt. Insbesondere die grundgesetzlich niedergelegte Sozialstaatsklausel sei Ausdruck davon, dass die Verfassungsgebung die Gestaltung der Sozial- und Wirtschaftsordnung durch die gesellschaftlichen Kräfte ermöglichen wollte. Aus dieser dem Grundgesetz inhärenten Trias leitete er für bestimmte Grundrechte die Funktion der Teilhabe an der demokratischen Willensbildung ab. Dazu zählte er auch das Arbeitskampfrecht aus Art. 9 Abs. 3 GG.

(2) Gutachten zum Zeitungsstreik

Aufbauend auf seinen demokratietheoretischen Arbeiten bewertete Abendroth gemeinsam mit Schnorr von Carolsfeld den Zeitungsstreik von 1952 als rechtmäßig. Sie veröffentlichten ihr Gutachten für den Bundesvorstand des DGB im Jahr 1953.

Grundlegend ordneten sie den sogenannten politischen Streik als Teil der demokratischen Willensbildung ein. Die formelle Entscheidung über die Bundesgesetzgebung sei durch die in Art. 77 GG genannten Staatsorgane bestimmt. Art. 21 GG mache durch die Formulierung „wirken mit“ deutlich, dass alle im öffentlichen Gemeinschaftsleben auftretenden Organisationen, zu denen auch Gewerkschaften zählen, neben den ausdrücklich genannten Parteien an der politischen Willensbildung beteiligt und verfassungsrechtlich geschützt seien.[745]

Abendroth und Schnorr von Carolsfeld ordneten zunächst die Argumentation Forsthoffs ein, die auf ein restriktives und beteiligungsarmes Demokratieverständnis zurückging. Forsthoffs Argument, der sogenannte politische Streik gefährde das freie Mandat der Abgeordneten nach Art. 38 Abs. 1 S. 2 GG und den demokratischen Willensbildungsprozess,[746] sei auf die Repräsentationstheorien des 19. Jahrhunderts zurückzuführen. Dem Parlament würde abstrakt das Volk gegenübergestellt. Das Volk könne durch Wahlen an dem Willensbildungsprozess teilnehmen. Es sei damit hinreichend auf staatlicher Ebene repräsentiert und der Prozess sei damit abge-

---

[743] *Abendroth*, 1967 (1954), 109, S. 125 ff.

[744] *Abendroth*, 2013 (1954), 377.

[745] *Abendroth/Schnorr von Carolsfeld*, 2013 (1953), 231, S. 234, 237.

[746] *Forsthoff*, 1952, S. 25 f.

schlossen. Nach Abendroth und Schnorr von Carlosfeld liege dieser Argumentation die Vorstellung zugrunde, dass das Parlament die Gesellschaft über die Abgeordneten als deren Eliten repräsentiere. Die Repräsentanten sollten dann, einmal in das Parlament gewählt, ohne Beeinflussung von außerparlamentarischen sozialen und politischen Kräften, Entscheidungen treffen können. Dieses Modell lasse sich aus den realen Gegebenheiten des 19. Jahrhunderts ableiten. Die Theorie sei zu einer Zeit entstanden, in der das aktive und passive Wahlrecht nur den oberen Gesellschaftsschichten vorbehalten war. Diese sogenannte Aktivbürgerschaft hätte sich sowohl nach oben als auch nach unten abgrenzen müssen: nach oben zur monarchischen Spitze über das freie Mandat und nach unten zur Mehrheit der Gesellschaft, die nicht wahlberechtigt war und damit von dieser Form des Einflusses auf den Willensbildungsprozess ausgeschlossen blieb. Erst durch die Demokratisierung und die Einführung des allgemeinen Wahlrechts seien die Parteien wichtiger geworden, da sie die neuen Wahlberechtigten organisierten und politisch handlungsfähig machten. Seit dieser Entwicklung könne allerdings nicht mehr von einer radikalen Trennung der Willensbildung im Volk und im Parlament die Rede sein. Die heutige parteienstaatliche Demokratie enthalte plebiszitäre Elemente und das Parlament sei zum Spiegel der gesellschaftlichen Willensbildung geworden. Den in der Gesellschaft gebildeten Willen dem Parlament kundzutun, sei damit verfassungsgemäß. Dass die Bürger neben den Wahlen auch zur anderweitigen Einflussnahme auf den Gesetzgebungsprozess befugt seien, verdeutlichten die Grundrechte aus Art. 5, Art. 8 und Art. 17 GG.[747]

Anschließend ordneten Abendroth und Schnorr von Carlosfeld die Bedeutung von Art. 9 Abs. 3 GG und der Gewerkschaften in ihr Modell der demokratischen Beteiligung am staatlichen Willensbildungsprozess ein. Den Gewerkschaften sei durch ihren inhaltlichen Aktionsrahmen der Arbeits- und Wirtschaftsbedingungen „eine Legitimation zuteil geworden, wie sie den politischen Parteien für den gesamtpolitischen Bereich durch Art. 21 GG ausgesprochen worden ist".[748] Die Maßnahmen der Koalitionen seien nicht auf Kollektivvereinbarungen beschränkt, sondern auch auf die Gesetzgebung ausgerichtet, denn in den verfassungsgebenden Beratungen sei die Einwirkungsmöglichkeit der Koalitionen auf die Bundesgesetzgebung nicht ausdrücklich ausgeschlossen worden.[749]

Zudem spräche die Zufälligkeit von Gesetzgebungsmaterie und tariflicher Materie für die Rechtmäßigkeit des sogenannten politischen Streiks. Vor dem eigentlichen Zeitungsstreik wären die Tarifverhandlungen zu Fragen der betrieblichen Mitbestimmung gescheitert. Die Gewerkschaften hätten sich erst nach den Tarifverhandlungen dazu entschieden, einen Streik mit Forderungen an die Gesetzgebung zu organisieren. In diesen tatsächlichen Entwicklungen zeige sich eine gewisse

---

[747] *Abendroth/Schnorr von Carolsfeld*, 2013 (1953), 231, S. 234 ff.

[748] *Abendroth/Schnorr von Carolsfeld*, 2013 (1953), 231, S. 237.

[749] *Abendroth/Schnorr von Carolsfeld*, 2013 (1953), 231, S. 237 f.

Beliebigkeit, ob nun die Koalitionen die betriebliche Mitbestimmung untereinander in Kollektivvereinbarungen oder der Bundestag mittels eines Gesetzes regele.[750]

Abendroth und Schnorr von Carlosfeld argumentierten weiter, dass es im demokratischen System Defizite in der öffentlichen Meinungsdarstellung gebe. Eine gleichberechtigte Einflussnahme auf die Presse existiere nicht und die Möglichkeiten der Lobbyarbeit unterschieden sich stark zwischen Arbeitgeberverbänden und Gewerkschaften. Gleichzeitig sei die Kenntnis des Parlaments über die realen Kräfteverhältnisse der Unterstützergruppen einer politischen Forderung für die eigene Willensbildung unerlässlich. Deshalb müssten die Gewerkschaften über Streiks Einfluss darauf nehmen können.[751]

Abendroth und Schnorr von Carlosfeld stellten mit Bezug auf die historischen Streiks gegen den Kapp-Lüttwitz-Putsch 1920, den Streik mit Forderungen an die Gesetzgebung nach der Ermordung Walter Rathenaus 1922 und den Generalstreik 1948 fest, dass keiner dieser Streiks durch ein Gericht oder in der wissenschaftlichen Diskussion für rechtswidrig erklärt wurde. Sie nahmen darauf aufbauend eine Ausdifferenzierung von drei unterschiedlichen Streikformen und deren rechtlicher Bewertung vor: Die erste Form sei der Kampfstreik, der auf einen unmittelbaren Erfolg gerichtet sei und ausschließlich den Staat adressiere und rechtmäßig sei, wenn er der Verteidigung der durch die Verfassung garantierten Grundordnung diene. Die zweite Form sei der befristete Demonstrationsstreik, der nicht auf einen konkreten Erfolg abziele, sondern der Kundgabe der Arbeitnehmerinteressen gegenüber dem sozialen Gegenspieler und gegenüber dem Staat diene, damit die Meinungskundgabe bei der politischen Entscheidungsfindung berücksichtigt werden könne. Der Demonstrationsstreik sei unter diesen Bedingungen rechtmäßig, solange er sich innerhalb der Beschränkungen des Art. 9 Abs. 2 und Art. 18 GG bewege.[752] Als dritte Form identifizierten sie den Streik, der sich gegen den sozialen Gegenspieler richte und im Rahmen der Arbeits- und Wirtschaftsbedingungen den Staat adressiere. Ein solcher sei rechtmäßig, weil er während des Willensbildungsprozesses im Parlament ablaufe und auch Einfluss auf die Willensbildung des Gegenspielers nehme. Bei dem Zeitungsstreik habe es sich um einen solchen gehandelt.[753] Bei rechtmäßigen Streiks bestünden keine Schadensersatzansprüche nach §§ 823, 826 BGB, denn „[w]as verfassungsrechtlich zulässig ist, kann nicht widerrechtlich und auch nicht sittenwidrig sein“.[754]

Nach Veröffentlichung des Gutachtens äußerte sich Abendroth zu den Thesen Nipperdeys, die zwischenzeitlich ebenfalls veröffentlicht worden waren. Insbesondere kritisierte Abendroth die Übertragung der Konstruktion des Rechts am eingerichteten und ausgeübten Gewerbebetrieb auf das Verhältnis zwischen Ar-

[750] *Abendroth/Schnorr von Carolsfeld*, 2013 (1953), 231, S. 238.

[751] *Abendroth/Schnorr von Carolsfeld*, 2013 (1953), 231, S. 238 f.

[752] *Abendroth/Schnorr von Carolsfeld*, 2013 (1953), 231, S. 241 ff.

[753] *Abendroth/Schnorr von Carolsfeld*, 2013 (1953), 231, S. 243.

[754] *Abendroth/Schnorr von Carolsfeld*, 2013 (1953), 231, S. 247.

beitgeber*innen und Arbeitnehmer*innen. Er interpretierte den Gewerbebetrieb vor dem Hintergrund des Sozialstaatsgebots aus Art. 20 Abs. 1 GG als eine gemeinschaftliche Aufgabe der Unternehmer und Arbeitnehmer*innen. Innerhalb dieser gemeinschaftlichen Aufgabenerfüllung sei es nicht sinnhaft, der einen Partei ein absolutes Recht gegen die andere Partei einzuräumen.[755]

cc) Stellungnahme: Streik in der pluralistischen und partizipativen Demokratie

Die Gutachten von Forsthoff und Abendroth und Schnorr von Carlosfeld beruhen auf unterschiedlichen Ansichten zum Verhältnis von staatlicher und gesellschaftlicher Willensbildung. Forsthoff vertrat die von seiner sonstigen Staatslehre abweichende Vorstellung, dass in einer parlamentarischen Demokratie der staatliche Willensbildungsprozess von gesellschaftlichen Einflüssen abgespalten und im Ergebnis vor diesen geschützt werden müsse. Abendroth hielt diesem Konzept ein Demokratieverständnis entgegen, das auf einer breiten gesellschaftlichen Partizipation am staatlichen Willensbildungsprozess basierte.

Mit Bezug auf die Argumentationen der beiden Gutachten nehme ich dazu Stellung, welche Vorgaben das Grundgesetz zum demokratischen Willensbildungsprozess macht (1) und ob ein sogenannter politischer Streik verfassungsrechtliche Prinzipien, insbesondere das freie Mandat der Abgeordneten, verletzt (2).

(1) Vielfältige Beteiligung an der staatlichen Willensbildung

Als Reaktion auf das Scheitern der Weimarer Republik und die Schrecken im nationalsozialistischen Deutschland wurde im Entstehungsprozess des Grundgesetzes die Fundamentalentscheidung für einen antitotalitären Staat in Form einer parlamentarischen Demokratie getroffen.[756] Das Grundgesetz verbürgt das unabänderbare Demokratieprinzip nach Art. 20 Abs. 1 und 2, Art. 79 Abs. 3 GG, nach dem die Staatsgewalt vom Volk ausgeht.[757] Im parlamentarischen System wählen die Stimmberechtigten die Repräsentativorgane. Der parlamentarische Rechtsetzungsprozess ist in Art. 77 ff. GG geregelt und sieht auf Bundesebene keine direktdemokratischen Beteiligungsformen vor.

Ein Demokratieverständnis, das den Bürger*innen die Wahl der Repräsentativorgane gestattet, aber darüber hinaus keine Beteiligungsmöglichkeiten vorsieht, greift allerdings zu kurz. Auch wenn die Abgrenzung von staatlichen und gesellschaftlichen Sphären in einigen Bereichen des öffentlichen Rechts von immenser

[755] *Abendroth*, 2013 (1953), 250, S. 251.

[756] Siehe S. 97 ff.

[757] Dreier-*Dreier*, GG Art. 20, Rn. 60 ff., 82 ff.

Bedeutung ist,[758] suggeriert die Trennung von staatlicher und gesellschaftlicher Willensbildung hingegen „falsche Dichotomien und faktische Trennbarkeit“.[759]

Die Legende vom „neutralen Staat“ [760], nach der das Parlament von sozialen Gruppen separiert sei, hat der Jurist und Politikwissenschaftler Franz L. Neumann anhand eines Vergleichs der politischen Entwicklung und staatstheoretischen Überlegungen zwischen dem Deutschen Reich und Großbritannien im 19. Jahrhundert als ein spezifisch deutsches Demokratieverständnis herausgearbeitet. Im Deutschen Reich hätten sich die bürgerlichen Kräfte mit der Absicherung der eigenen Rechtspositionen vor Eingriffen der monarchischen Obrigkeit begnügt und auf weitere Teilhabe an der politischen Mitbestimmung im Staat verzichtet. Die deutsche Konzeption des Rechtsstaats sei auf die rechtsförmige Absicherung beschränkt und nicht auf demokratische Entscheidungen ausgerichtet gewesen. In Großbritannien dagegen sei aus der Beteiligung der Bourgeoisie im Parlament nicht nur die „rule of law“, also die Bindung der Exekutive an das Recht, sondern auch die Suprematie des Parlaments entstanden. Dies habe sich auf die Staats- und Rechtstheorie niedergeschlagen. Auf deutschem Gebiet sei die Staats- und Rechtstheorie im 19. Jahrhundert nicht an der Entstehung der Gesetze, sondern nur an der bereits erfolgten Setzung, dem positiven Recht, interessiert gewesen:

> „Das deutsche [Bürgertum] fand Gesetze des konstitutionellen Monarchen vor, die systematisiert und interpretiert wurden, um ein Maximum an wirtschaftlicher Freiheit gegenüber einem mehr oder minder absoluten Staate zu garantieren“.[761]

Dem Narrativ vom „neutralen Staat“ liegen demnach Ansichten zu Grunde, die eine Einflussnahme durch allgemeine, freie Wahlen oder die Bildung von Interessenverbänden wie Parteien oder Gewerkschaften vermeiden wollten: Die deutsche

---

[758] Die Trennung von staatlicher und gesellschaftlicher Sphäre ist unter anderem für das Verständnis der staatsrechtlichen Zwischenstellung von Parteien wichtig. In der Rechtsprechung und Literatur werden unterschiedliche Termini verwendet. Die Rede ist von Parteien als „Kreations-“, „Vorformungs-“ und „Integrationsorganen“, „Bindegliedern“, „Zwischenkörpern“, „Transmissionsriemen“, „notwendigen Handlungseinheiten“, „Flaschenhälsen“, „Sprachrohren“ und „Zahnrädern“, vgl. *Stolleis*, 1986, 7, S. 8. Auch für die grundgesetzliche Absicherung von Freiheitsrechten vor staatlichen Eingriffen muss eine Grenzziehung zwischen staatlichen und gesellschaftlichen Bereichen verfassungsrechtlich vorausgesetzt werden, BVerfG 19.7.1966 – 2 BvF 1/65, BVerfGE 20, 56, S. 98; v. Mangoldt/Starck/Klein-*Streinz*, GG Art. 21, Rn. 8 f.; Isensee/Kirchhof HdbStR II-*H. F. Zacher*, § 28, Rn. 26. Zum wechselseitigen Abhängigkeitsverhältnis von Staat und Gesellschaft bei gleichzeitiger Trennung von öffentlichem und privatem Recht siehe *Ridder*, 1960, S. 187.

[759] *Stolleis*, 1986, 7, S. 14 f.

[760] *Perels*, 1985, 141, S. 149.

[761] *F. Neumann* (1937), 31, S. 52. Zustimmend zur Analyse des Rechtsstaatsbegriffs in Deutschland, welcher in der Staatstheorie des 19. Jahrhunderts noch keine pluralistisch-demokratischen Elemente im Sinne der Selbstregierung der Gesellschaft enthielt, sondern bei dem Schutz der bürgerlichen Schicht vor der monarchischen Exekutive endete, siehe *I. Maus*, 1978, 13, S. 18 ff. Den Zusammenhang vom Verbot des sogenannten politischen Streiks und dem deutschen Rechtsstaats- und Demokratieverständnisses haben *Haupt et al.*, 1981, 13, S. 42 dargestellt.

Rechtswissenschaft und -praxis waren im 19. Jahrhundert, mit Kontinuitäten bis heute,[762] nicht an einer Erforschung der demokratischen Prozesse und Beteiligungsmöglichkeiten und auch nicht an einer Auslegung der Gesetze in diesem Sinne interessiert.[763]

Der Strafrechtler Fritz Bauer argumentierte mit Bezug auf das Verbot des sogenannten politischen Streiks, dass es den „neutralen Staat" nie gegeben habe. Gegen eine vermeintliche Neutralität spreche, dass sich der Staat seit jeher gegen Streiks gewandt habe und er im Laufe der Zeit zur Toleranz gegenüber diesen gezwungen worden sei.[764]

Forsthoffs Ansichten zur strikten Trennung von Staat und Gesellschaft, sowie der beschränkten gesellschaftlichen Partizipation an der parlamentarischen Willensbildung stehen demnach in der von Neumann beschriebenen Tradition eines spezifisch deutschen Demokratieverständnisses. Nach Forsthoffs Meinung sei eine umfassende gesellschaftliche Beteiligung an staatlicher Entscheidungsfindung ausgeschlossen und nur dem Bereich der Wahlen vorbehalten.

Dieses Konzept von Demokratie hat unter dem Grundgesetz keinen Bestand. Auf der maßgeblich von den Sozialwissenschaften erarbeiteten Erkenntnis aufbauend, dass Gesetzesnormen nicht nur durch staatliche Institutionen geschaffen werden, sondern auch von Wirtschaftsverbänden, Gewerkschaften, den Kirchen und unzähligen anderen Institutionen der Zivilgesellschaft gesetzt und angewendet werden,

---

[762] Zur Feststellung, dass sich dieses typisch deutsche Erklärungsmodell auch noch in heutigen Untersuchungen findet, siehe *Collin*, 2014, 3, S. 17 f.

[763] Das Interesse der deutschen Rechtswissenschaft am bereits gesetzten, positiven Recht im Vergleich zu einem Interesse an den Prozessen und Akteur*innen der Rechtsetzung ist nicht mit der Behauptung zu verwechseln, dass in der deutschen Rechtswissenschaft und Rechtsprechung die Methodik des Rechtspositivismus vorherrschend angewandt worden sei. Die Politikwissenschaftlerin Sarah Schulz hat den rechtlichen Diskurs der Weimarer Republik zur freiheitlich demokratischen Grundordnung analysiert und ist zu dem Ergebnis gekommen, dass dieser sich gegen das positiv gesetzte Recht, insbesondere gegen die Weimarer Reichsverfassung und die darin verbürgte rechtsstaatliche Demokratie wandte. Der sogenannte Methodenstreit der Weimarer Republik sei zugunsten einer Wertungsjurisprudenz entschieden worden, die sich vehement gegen die demokratischen Elemente der Verfassung gestellt habe. Zudem hätten Juristen diese Rechtsansichten über personelle Kontinuitäten von der Weimarer Republik über den Nationalsozialismus in die junge Bundesrepublik getragen. Während des Kaiserreichs verteidigte die Judikative ihre eigenen und damit die bürgerlichen Interessen an der Vertrags- und der Eigentumsfreiheit zur Aufrechterhaltung des wirtschaftlichen Status quo mittels der Auslegung des bestehenden Rechts gegen die Vormachtstellung des Monarchen. In der Weimarer Republik verteidigten die Juristen ihre Interessen gegen den parlamentarischen Zugriff. Die vorherrschende Rechtswissenschaft und Rechtsanwendung bezogen sich zu keinem Zeitpunkt in der deutschen Geschichte auf das positive Recht, um eine freie und gleiche Beteiligung am demokratischen Willensbildungsprozess als Prämisse der Rechtsauslegung zu etablieren, vgl. *S. Schulz*, 2018, S. 88 ff., 116 ff. Zur grundlegenden Kritik am Rechtspositivismus, der verschleiere, dass Recht immer „Richter-Recht" sei, siehe *Lahusen*, 2011, S. 123 ff., 137.

[764] *F. Bauer*, JZ 1953, 649, S. 651; zu seiner Biografie siehe 2. Kap., Fn. 671.

hat sich ein anderes als das von Forsthoff behauptete normative Demokratieverständnis entwickelt.

Modelle der rein repräsentativen Demokratie können als überholt gelten, denn sie vernachlässigen die gesellschaftlichen Kräfte, die auf den staatlichen Willensbildungsprozess Einfluss nehmen. Die Entscheidungen des Bundesverfassungsgerichts und die Untersuchungen in der Rechtswissenschaft bestätigen dies durch ihre Auslegung der vom Grundgesetz vorgesehenen parlamentarischen Demokratie. Der Wahlakt stellt lediglich die Spitze des Eisbergs der unterschiedlichen Beteiligungsformen im demokratischen Meinungsbildungsprozess dar, der in dialogischer Form zwischen gesellschaftlichen und staatlichen Kräften stattfindet.[765] Nach dem Demokratieverständnis des Grundgesetzes muss es möglich sein, die heterogene Meinungs- und Interessenlandschaft über diskursive Prozesse abzubilden und in den Gesetzgebungsprozess einzubringen.[766]

Möchten Personen effektiv auf den öffentlichen Meinungsbildungsprozess und damit die Staatsgewalt einwirken, ist eine Organisierung von mehreren Personen hilfreich.[767] Eine ausdrücklich im Grundgesetz geregelte Organisationsform ist die Partei in Art. 21 GG, die die Beteiligung am politischen Geschehen ermöglicht. Bereits aus dem Herrenchiemsee-Entwurf des Grundgesetzes lässt sich entnehmen, dass die politische Willensbildung den Parteien überantwortet wird, aber nicht ausschließlich auf sie beschränkt ist.[768] Aus dem Wortlaut des Art. 21 GG lässt sich ein weiteres Argument für die plurale über die Organisationsform der Parteien hinausweisende Beteiligungsmöglichkeit ziehen. Laut des ersten Satzes des Artikels wirken die Parteien bei der politischen Willensbildung des Volkes mit. Ein Mitwirken schließt ein, dass eine Partei nur eine Organisation unter vielen möglichen Formen von Interessengruppen ist. Neben den Parteien dürfen demnach auch andere Gruppierungen an der Willensbildung teilnehmen.

Das Bundesverfassungsgericht betont in ständiger Rechtsprechung, dass es nicht allein die Parteien sind, die auf die staatliche Willensbildung Einfluss nehmen. Die Auslegung der Demokratie unter dem Grundgesetz als partizipative stützt sich auf dessen Freiheitsrechte, die unter anderem Meinungsäußerungen, künstlerische Aktivitäten, Versammlungen, Vereinsbildungen und die hier besonders relevante Koalitionsbetätigung umfassen. Der Kommunikationsprozess der öffentlichen Meinungsbildung ist nicht nur für Parteien geöffnet, sondern lässt eine variantenreiche

---

[765] BVerfG 19.7.1966 – 2 BvF 1/65, BVerfGE 20, 56, S. 114; BVerfG 4.7.2012 – 2 BvC 1/11, 2 BvC 2/11, BVerfGE 132, 39, S. 50f.; v. Mangoldt/Starck/Klein-*Streinz*, GG Art. 21, Rn. 20; Dreier-*Dreier*, GG Art. 20, Rn. 77.

[766] v. Mangoldt/Starck/Klein-*Streinz*, GG Art. 21, Rn. 20; HbVerfR-*Grimm*, § 14, Rn. 10.

[767] Dreier-*Morlok*, GG Art. 21, Rn. 19.

[768] *Verfassungsausschuss der Ministerpräsidenten-Konferenz der westlichen Besatzungszonen*, 1948, S. 35.

Teilhabe zu.[769] Dass die Parteien die einzig legitimen Akteurinnen bei der staatlichen Entscheidungsfindung seien, ist demnach weder der Wortlautauslegung noch der historischen Interpretation des Art. 21 GG zu entnehmen.

Dass nicht der Staat der alleinige Akteur ist, der verbindliche Normen setzt, zeigt sich besonders deutlich an dem Gewährleistungsgehalt der Tarifautonomie. Die Gesetzgebungskompetenz wird nicht nur dem Parlament zugebilligt, sondern kommt über die Normwirkung von Tarifverträgen nach Art. 9 Abs. 3 GG auch den Koalitionen zu.[770] Sie entlasten damit die Gesetzgebung auf dem Gebiet der Arbeits- und Wirtschaftsbedingungen.[771]

Die vom Grundgesetz vorgesehene demokratische Willensbildung fußt auf der öffentlichen Auseinandersetzung. Das Grundgesetz eröffnet über den Wahlakt hinaus ein weites Feld von Partizipationsformen. Neben Meinungsäußerungen und Versammlungen ist unter anderen auch der Streik Teil dieser Auseinandersetzungen und Grundbedingung der demokratischen Verfasstheit unter dem Grundgesetz nach Art. 20 Abs. 1 und 2 sowie Art. 28 Abs. 1 S. 1 GG. In der objektiv-teleologischen Auslegung von Art. 9 Abs. 3 GG wurde gezeigt, dass eine Zwecksetzung des Streiks die Beteiligungsmöglichkeit am öffentlichen Meinungskampf und am staatlichen Willensbildungsprozess ist.[772]

Wenn Arbeitnehmer*innen ihre Streikforderungen gegen staatliche Institutionen richten, verletzen sie keine staatsorganisationsrechtlichen Verfassungsnormen. Sie üben legitimerweise ihr in Art. 9 Abs. 3 GG niedergelegtes Grundrecht aus. Der Jurist Richard Schmid fasste die Bedeutung des Streiks für die Demokratie wie folgt zusammen: „Die Demokratie lebt von der Öffentlichkeit und stirbt an der Heimlichkeit. Der Streik hat den Vorzug größter Öffentlichkeit".[773] Streiks behindern demnach nicht die demokratischen Prozesse, sondern sind essenzieller Bestandteil der Demokratie: angefangen bei der kollektiven Organisierung über die öffentliche Kundgabe von Interessen bis hin zu einer gesamtgesellschaftlich demokratischeren Weiterentwicklung der Entscheidungsfindung.

(2) Keine Verletzung des freien Mandats der Abgeordneten

Als weiteres verfassungsrechtliches Argument führte Forsthoff die Verletzung des freien Mandats der Abgeordneten durch einen sogenannten politischen Streik an. Die Abgeordneten des deutschen Bundestages sind nach Art. 38 Abs. 1 S. 2 GG an Aufträge und Weisungen nicht gebunden und nur ihrem Gewissen unterworfen.

[769] BVerfG 30.7.1958 – 2 BvF 3/58, 2 BvF 6/58, BVerfGE 8, 104, S. 113; BVerfG 19.7. 1966 – 2 BvF 1/65, BVerfGE 20, 56, S. 114; v. Mangoldt/Starck/Klein-*Streinz*, GG Art. 21, Rn. 8 f., 20; Dreier-*Morlok*, GG Art. 21, Rn. 26; *Stolleis*, 1986, 7, S. 13 f.; siehe auch bereits in dieser Arbeit S. 95 ff.

[770] Siehe 2. Kap., Fn. 207.

[771] ErfK-*Linsenmaier*, GG Art. 9, Rn. 54.

[772] Siehe S. 95 ff.

[773] *Schmid*, GewerkMH 1954, 1, S. 8; zu seiner Biografie siehe 2. Kap., Fn. 672.

Durch diese Normierung des freien Mandats sind die Abgeordneten nicht vor jeglicher Beeinflussung geschützt.[774] Der intensive Austausch der Abgeordneten mit gesellschaftlichen Interessengruppen ist zulässig und nach dem grundgesetzlichen Demokratieverständnis der öffentlichen Auseinandersetzung auch gewünscht. Die Auslegung von Art. 38 Abs. 1 S. 2 GG, die Abgeordneten müssten in einem von gesellschaftlichen Einwirkungen geschützten Raum agieren können, widerspricht dem partizipativen und pluralistischen Demokratieverständnis des Grundgesetzes.

Die Grenze der Beeinflussbarkeit liegt bei solchen Abreden, mit denen die Entscheidung der Abgeordneten von vornherein festgelegt werden soll. So sind Vereinbarungen, die die Abgeordneten auf ein bestimmtes Verhalten verpflichten, nichtig.[775] Nach § 108e StGB sind solche Handlungen als Bestechlichkeit und Bestechung von Mandatsträger*innen strafbar.[776] Übt ein Streik dermaßen Druck auf die Abgeordneten aus, dass ihre Entscheidung durch die Forderungen der Arbeitnehmer*innen determiniert wird, wäre das freie Mandat nach Art. 38 Abs. 1 S. 2 GG verletzt.

Die Rechtswissenschaft unterscheidet zur Bestimmung einer solchen Rechtsverletzung zwischen Demonstrations- und Erzwingungsstreik.[777] Beide Streikformen werden verschiedentlich versucht zu definieren und voneinander abzugrenzen. Es wird vorgeschlagen neben der Bezeichnung der Maßnahme durch den demokratisch gefassten Entschluss der Streikenden[778] auch auf den Zweck und das tatsächliche Erscheinungsbild des Streiks abzustellen.[779] Ein Erzwingungsstreik solle dann vorliegen, wenn er der „Erkämpfung einer hoheitlichen Regelung dient" oder „eine hoheitliche Maßnahme" bezweckt.[780] Ein Demonstrationsstreik sei eine Arbeitsniederlegung, „die ausschließlich darauf abzielt[,] einer staatlichen Instanz eine bestimmte Auffassung (Meinung, Forderung) zu demonstrieren".[781] Als weitere Charakteristika eines Demonstrationsstreiks nennen Juristen, dass er zeitlich befristet und von kurzer Dauer sei.[782]

Die Grenzziehung zwischen Erzwingungs- und Demonstrationsstreik ist in der Realität keinesfalls so trennscharf möglich, wie es die Definitionsvorschläge suggerieren. So ist nicht auszuschließen, dass sich ein Demonstrationsstreik ohne weiteres in einen Erzwingungsstreik verwandelt.[783]

---

[774] v. Mangoldt/Starck/Klein-*P. Müller*, GG Art. 38, Rn. 68.

[775] Maunz/Dürig-*H. H. Klein*, GG Art. 38, Rn. 194.

[776] v. Mangoldt/Starck/Klein-*P. Müller*, GG Art. 38, Rn. 68.

[777] Däubler ArbeitskampfR-*Däubler*, § 13, Rn. 53 m. w. N.

[778] *Wahsner/Bayh*, 1983, S. 71

[779] Däubler ArbeitskampfR-*Däubler*, § 13, Rn. 53; *Löwisch*, RdA 1982, 73, S. 75.

[780] *Reuss*, AuR 1966, 264, S. 265; *Nipperdey/Säcker*, 1970, S. 886.

[781] *Nipperdey/Säcker*, 1970, S. 887.

[782] Däubler ArbeitskampfR-*Däubler*, § 13, Rn. 53.

[783] *Wahsner/Bayh*, 1983, S. 45.

Die Abgrenzung zwischen Erzwingungs- und Demonstrationsstreik hat Auswirkungen auf die Bewertung der Rechtmäßigkeit des sogenannten politischen Streiks. Einigkeit besteht in der Rechtswissenschaft darüber, dass ein Erzwingungsstreik nicht von Art. 9 Abs. 3 GG umfasst und daher verfassungswidrig sei.[784] Nach einer vereinzelt vertretenen Ansicht solle der Demonstrationsstreik bei befristeter und kurzer Dauer zulässig sein.[785] Diese Argumentation erinnert an die Vorstellung von Forsthoff, dass Gewerkschaften eine überbordende soziale Macht herstellen könnten, die zur Herrschaft einzelner Interessengruppen über die restliche Gesellschaft führen würde.

Die Argumentation, dass ein Streik demokratiegefährdend sei, verkennt die per se demokratische Ausrichtung des Streikrechts, die sich sowohl historisch als auch teleologisch begründen lässt.

Die historische Genese des Streikrechts hat gezeigt, dass sich die Lohnabhängigen in Gesellenverbänden, Streikvereinen und später in Gewerkschaften kollektiv für eine tatsächliche und rechtliche Besserstellung eingesetzt haben.[786] In Streiks haben Arbeitnehmer*innen in der deutschen Geschichte des Öfteren Forderungen gegen antidemokratische Regelungen und Entwicklungstendenzen zum Ausdruck gebracht. Als Höhepunkt kann der Generalstreik gegen den Kapp-Lüttwitz-Putsch 1920 gelten, der die junge Weimarer Demokratie vor einem reaktionären Staatsstreich bewahrte.[787] Streiks sind nicht als Hindernisse der Demokratie zu verstehen, sondern als deren Vorbedingung. Den Streik, der historische Bedingung für eine gesellschaftliche Entwicklung hin zu einer parlamentarischen Demokratie war, als sein Gegenteil zu markieren, ist Geschichtsklitterung.

Teleologisch betrachtet, dient das Streikrecht den Arbeitnehmer*innen zur wirksamen Durchsetzung ihrer Interessen. Art. 9 Abs. 3 S. 1 GG gibt vor, dass ein Streik auf die Arbeits- und Wirtschaftsbedingungen ausgerichtet sein muss. Ist die Regelung einer Materie der Arbeits- und Wirtschaftsbedingungen staatlicherseits erfolgt, muss es den Arbeitnehmer*innen gewährt sein, darauf Einfluss zu nehmen. Denn, ob die Arbeits- und Wirtschaftsbedingungen nach Art. 9 Abs. 3 GG durch Gesetz oder Kollektivvereinbarung geregelt sind, unterliegt einer gewissen Beliebigkeit. Sobald sich der Staat dazu entschließt, die klassischen Forderungen von Streikenden nach mehr Lohn und verringerter Arbeitszeit, selbst zu regeln, offenbart

---

[784] ErfK-*Linsenmaier*, GG Art. 9, Rn. 119, der davon ausgeht, dass ein „politischer" Streik „den Rahmen des Zivilrechts" sprenge und damit die verfassungsrechtliche Interpretation des Grundrechts zugunsten einer zivilrechtlichen aufgibt; *Rüthers*, 1960, S. 117 f.; *Nipperdey/Säcker*, 1970, S. 886; *Wahsner/Bayh*, 1983, S. 91 auch wenn sie die tatsächliche Zwangswirkung eines solchen Streiks bezweifeln; für die grundlegende Verfassungswidrigkeit des sogenannten politischen Streiks ohne Differenzierung zwischen Erzwingungs- und Demonstrationsstreik Maunz/Dürig-*Scholz*, GG Art. 9, Rn. 323, 375; Sachs-*Höfling*, GG Art. 9, Rn. 113.

[785] v. Mangoldt/Starck/Klein-*M. Kemper*, GG Art. 9, Rn. 168; Däubler ArbeitskampfR-*Däubler*, § 13, Rn. 59 ff., Rn. 69 m. w. N.; *Reuss*, AuR 1966, 264, S. 266.

[786] Siehe S. 37 ff.

[787] Siehe zu den historischen Ausführungen auch S. 47 ff.

sich, dass Streikforderungen neben der ökonomischen immer auch eine politische Dimension haben.[788]

Dass sowohl die Tarifvertragsparteien als auch die Gesetzgebung bestimmte Materien regeln können, wurde bereits mehrfach vom Bundesverfassungsgericht entschieden, als es um die Frage ging, ob die gesetzliche Regelung die Tarifvertragsparteien in ihrem Grundrecht aus Art. 9 Abs. 3 GG verletze. Das Gericht entschied, dass die „Tarifvertragsparteien in dem für tarifvertragliche Regelungen offenstehenden Bereich zwar ein Normsetzungsrecht, aber kein Normsetzungsmonopol [hätten]. Der Gesetzgeber bleibt befugt[,] das Arbeitsrecht zu regeln".[789] Der ständigen Rechtsprechung des Bundesverfassungsgerichts ist zu entnehmen, dass es bei Gegenständen der Arbeits- und Wirtschaftsbedingungen davon ausgeht, dass die Regelungskompetenz bei den Tarifvertragsparteien und dem Staat liege und im Einzelfall die Verhältnismäßigkeit des Eingriffs in Art. 9 Abs. 3 GG geprüft werden müsse.

Als erster Streik, der in Deutschland nachweislich kausal staatliche Schutzgesetze zur Folge hatte, kann der Ruhrbergarbeiterstreik von 1889 gelten. Der Staat konnte diesem Streik nicht tatenlos zusehen, da der Kohleabbau der Energieversorgung der gesamten Industrie und Bevölkerung im Kaiserreich diente. Dieses Mal antwortete der Staat jedoch nicht nur mit dem Einsatz von Militär und Polizei, sondern erließ im Anschluss an das Streikgeschehen das Arbeiterschutzgesetz.[790] Als anderes prominentes Beispiel können die erkämpften Erfolge in der Gleichstellung von Arbeiter*innen mit Angestellten bei der Entgeltfortzahlung im Krankheitsfall in dem Streik der IG Metall in Schleswig-Holstein in den Jahren 1956 und 1957 gelten. Der Tarifvertrag bildete die Blaupause für die Gesetzgebung, die im Jahr 1957 das Arbeiterkrankheitsgesetz erließ, das sie im Jahr 1959 zum heutigen Lohnfortzahlungsgesetz reformierte.[791]

Ein andersgelagertes Beispiel dafür, dass die Materien der Arbeits- und Wirtschaftsbedingungen des Art. 9 Abs. 3 GG, sowohl der tariflichen als auch der staatlichen Regelung zugänglich sind, ist der flächendeckende gesetzliche Mindestlohn. Eine klassische Materie der Kollektivverhandlungen – die Höhe der Löhne – regelte die Gesetzgebung aufgrund des nicht mehr ausreichend funktionierenden Tarifvertragssystems[792] durch das Mindestlohngesetz aus dem Jahr 2015.[793]

---

[788] *Wahsner*, 1987, 48–57, S. 49.

[789] BVerfG 19.6.2020 – 1 BvR 842/17, NZA 2020, 1186, S. 1188 m.w.N.

[790] *Kittner*, 2005, S. 353 ff.

[791] *Kittner*, 2005, S. 633.

[792] HK-MiLoG-*Düwell*, MiLoG § 1, Rn. 2; HK-ArbR-*Fechner*, Vor §§ 1 ff. MiLoG, Rn. 1.

[793] Zu den Auswirkungen des gesetzlichen Mindestlohns auf das Arbeitskampfrecht, insbesondere dass es bei staatlicher Regelung von klassischen Tarifmaterien keine verfassungsrechtlichen Argumente mehr gebe, am Verbot des „politischen" Streiks festzuhalten, *Hopfner/Heider*, DB 2012, 1684.

Diese Beispiele veranschaulichen, dass die Ergebnisse von Konflikte zu den Wirtschafts- und Arbeitsbedingungen sowohl in Tarifverträgen als auch in Parlamentsgesetzen festgehalten werden können. Streiks mündeten historisch in beiden Regelungsformaten. Nimmt der Staat sich der Konfliktmaterie an, muss die Einflussnahme der Arbeitnehmer*innen gewährleistet bleiben. Den Arbeitnehmer*innen darf es nicht verwehrt bleiben, auf staatliche Maßnahmen Einfluss zu nehmen, die die Arbeits- und Wirtschaftsbedingungen regeln, wie es Art. 9 Abs. 3 GG vorgibt.

Entgegen dem jetzigen Meinungsstand in der Rechtswissenschaft ist zu bezweifeln, dass die freie Entscheidung der Abgeordneten durch die Schadensdimension eines Streiks derart eingeschränkt wird, dass von deren freien Willensbildung keine Rede mehr sein kann. Betrachtet man den Streik als Teil der öffentlichen Auseinandersetzung um politische Entscheidungen,[794] dann können die Abgeordneten die Forderungen der Arbeitnehmer*innen aufgreifen oder nicht. Die Arbeitskampfbeteiligten können ihre Zufriedenheit mit den parlamentarischen Entscheidungen bei der nächsten Wahl ausdrücken. Das Prinzip, dass die Abgeordneten die Verantwortung für ihre Entscheidungen zu tragen haben, und sich diese auf die Ergebnisse bei der nächsten Wahl niederschlagen, ist Teil des partizipativen Parlamentarismus und wird durch die Ausübung des Streikrechts nicht beeinträchtigt. Der Streik ist Teil des dialogischen Prozesses zwischen Wähler*innen und Gewählten. Dabei bereichern Arbeitnehmer*innen den parlamentarischen Willensbildungsprozess vielmehr, als dass sie ihn stören.

Das in Art. 38 Abs. 1 S. 2 GG geschützte freie Mandat wird durch einen sogenannten politischen Streik nicht verletzt, weil ein solcher die selbstbestimmte Willensbildung der Abgeordneten nicht in einem Maße beeinflusst, dass diese sich nicht mehr frei für oder gegen etwas entscheiden können. Streiks sind vielmehr Teil der öffentlichen Auseinandersetzung, auf deren Grundlage die Abgeordneten ihre Entscheidungen treffen.

dd) Zwischenergebnis

Die verfassungsrechtliche Herleitung des Verbots des sogenannten politischen Streiks beruht auf einem dem Grundgesetz widersprechenden Demokratieverständnis. Dieses Demokratiemodell klammert sozial- und politikwissenschaftliche Erkenntnisse über die staatliche Willensbildung aus und beruft sich auf ein traditionell deutsches, elitäres Herrschaftsverhältnis zwischen Staat und Gesellschaft. Forsthoff vertrat eben jenes verengte Demokratieverständnis, das die staatliche Willensbildung von gesellschaftlichen Einflüssen abgeschottet wissen wollte.

Ein solches Demokratiekonzept ist dem Grundgesetz nicht zu entnehmen. Die Neuausrichtung des Grundgesetzes als Gegenentwurf zu totalitären Gesellschafts-

---

[794] Siehe S. 95 ff.

modellen, wie jenem des Nationalsozialismus, hat die demokratischen Teilhaberechte in Form der Grundrechte gestärkt und den Rechtsrahmen für eine zivilgesellschaftliche Partizipation gesetzt.

Auf der Grundgesetzauslegung von Abendroth können die zentralen Argumente für die Verfassungsmäßigkeit des sogenannten politischen Streiks aufbauen. Aus dem Demokratieprinzip nach Art. 20 Abs. 1 und 2 sowie Art. 28 Abs. 1 S. 1 GG ergibt sich, dass die Demokratie vom öffentlichen Meinungskampf lebt. Eine gesellschaftliche Beteiligung an der parlamentarischen Willensbildung über die Teilnahme am öffentlichen Diskurs ist nicht nur möglich, sie bildet die Grundlage der demokratischen Verfasstheit. Das Demokratieprinzip gewährleistet die Diversität der Einflussnahme auf die öffentliche Willensbildung. Die Teilhabe ist den gesellschaftlichen Kräften über den Wahlakt hinaus durch die Inanspruchnahme ihrer grundrechtlich gewährleisteten, kommunikativen Freiheitsrechte möglich. An der staatlichen Willensbildung sind neben den Parteien eine vielfältige Anzahl an Akteur*innen beteiligt. Dazu gehören auch die Gewerkschaften. Zu den kommunikativen Freiheitsrechten der demokratischen Beteiligung zählt das Streikrecht aus Art. 9 Abs. 3 GG als essenzieller Bestandteil gesamtgesellschaftlicher Aushandlungsprozesse.

Die Hypothese, dass „politische" Streiks eine Übermachtstellung der Gewerkschaften erzeugen würden, ist, wie die Herausarbeitung der Forsthoffschen Rechtslehre gezeigt hat, auf seine gewerkschaftsfeindliche Einstellung und weder auf historische Gegebenheiten noch auf grundgesetzliche Wertungen zurückzuführen.

Die historische Entwicklung des Streikrechts hat gezeigt, dass Streiks unter anderem auf demokratische Teilhabe der Arbeitnehmer*innen ausgerichtet waren. Als Mittel der Verteidigung der Weimarer Republik hat sich der Streik als Stütze der Demokratie bewährt und nicht zu deren Gefährdung geführt.

Der Wortlaut von Art. 9 Abs. 3 GG setzt die Arbeits- und Wirtschaftsbedingungen als inhaltliche Grenze. Ob sich die Gesetzgebung die Regelungsmaterie aneignet oder sie den Tarifparteien überlässt, hat sich in der Geschichte der Streiks und Sozial- sowie Arbeitsrechtsgesetzgebung als beliebig herausgestellt. Beschließt der Staat, die Arbeits- und Wirtschaftsbedingungen zu regulieren, müssen diese Regelungen für die betroffenen Arbeitnehmer*innen mittels des Streiks adressierbar bleiben.

Die Abgeordneten des Bundestags genießen nach Art. 38 Abs. 1 S. 2 GG den Schutz des freien Mandats. Der sogenannte politische Streik verletzt das freie Mandat nicht, weil ein solcher Streik die Abgeordneten nicht in dem Maße beeinflusst, dass diese nicht mehr selbstbestimmt ihren Willen bilden können. Streiks sind kein Druckmittel auf die einzelnen Abgeordneten, sondern Teil des öffentlichen Meinungskampfs. Die Abgeordneten treffen ihre Entscheidungen auf Grundlage der öffentlichen Auseinandersetzung. Der „politische" Streik führt somit zu einem Informationsgewinn der Abgeordneten. Er bereichert die demokratischen Prozesse vielmehr, als dass er sie stört.

Die staatsrechtliche Argumentation zum Verbot des sogenannten politischen Streiks ist nach der grundgesetzlichen Konzeption des Streikrechts und der öffentlichen Willensbildung in einer Demokratie nicht haltbar.

c) Das Verbot des „politischen" Streiks nach Nipperdey

Das andere bedeutsame Gutachten zum Zeitungsstreik, in dem der sogenannte politische Streik als rechtswidrig bewertet wurde, stammt aus der Feder des Juristen Hans Carl Nipperdey. Seiner Herleitung der Rechtswidrigkeit von Arbeitskämpfen, die nicht auf Tarifverträge ausgerichtet sind, widme ich mich im folgenden Abschnitt (aa)). Seine grund- und zivilrechtlichen Ausarbeitungen haben den Grundstein für die deutsche Konzeption des kollektiven Arbeitsrechts gelegt und bedürfen daher einer näheren Betrachtung.

Alfred Hueck verfasste das andere Gutachten für die Arbeitgeberseite, in dem er das Verbot des sogenannten politischen Streiks zivilrechtlich herleitete. Dieses soll der Vollständigkeit der juristischen Auseinandersetzung halber nur knapp wiedergegeben werden, da Hueck der Argumentation Forsthoffs und Nipperdeys nichts wesentlich Neues hinzufügt (bb)).

In einem Zwischenergebnis fasse ich meine rechtsdogmatische Einschätzung des von Nipperdey begründeten Verbots des sogenannten politischen Streiks zusammen (cc)).

aa) Hans Carl Nipperdey

Hans Carl Nipperdey gilt nicht nur in der rechtlichen Auseinandersetzung zum Zeitungsstreik des Jahres 1952, sondern im gesamten Arbeitsrecht der frühen Bundesrepublik als Gallionsfigur. Sein Privatrechts- und Verfassungsverständnis prägen die Interpretation des Art. 9 Abs. 3 GG bis heute.

In Nipperdeys Gesamtwerk ist dem folgenden Satz eine Schlüsselfunktion in seiner Arbeitskampfrechtslehre zuzuschreiben: „Arbeitskämpfe (Streik und Aussperrung) sind im [A]llgemeinen unerwünscht, da sie volkswirtschaftliche Schäden mit sich bringen und den im Interesse der Gesamtheit liegenden sozialen Frieden beeinträchtigen".[795] Diese Aussage stammt aus dem von ihm maßgeblich beeinflussten ersten Urteil des Bundesarbeitsgerichts zum Arbeitskampfrecht vom 28. Januar 1955. Nipperdey beschrieb mit dieser Feststellung nicht nur eine vermeintliche Wirklichkeit. Auf der Unerwünschtheit des Streiks fußten seine grundlegenden Ansichten zur rechtlichen Behandlung des Arbeitskampfs. So ist auch das von ihm entwickelte und zivilrechtlich begründete Verbot des sogenannten politischen Streiks darauf zurückzuführen.

---

[795] BAG 28.1.1955 – GS 1/54, juris, Rn. 35. Zum Urteil des Bundesarbeitsgerichts unter dem Vorsitz Nipperdeys siehe S. 274 ff.

Vor dem Hintergrund des heutigen verfassungs-, europa- und völkerrechtlichen Verständnisses des Arbeitskampfrechts als Grund- und Menschenrecht irritiert der normative Gehalt von Nipperdeys Aussage, ein Streik sei unerwünscht. Schließlich darf der Staat nicht vorgeben, welche Rechte ausgeübt werden sollen und welche besser nur auf dem Papier stehen. Der Rechtmäßigkeit des Normcharakters von Nipperdeys Feststellung soll deshalb rechtshistorisch und rechtsdogmatisch auf den Grund gegangen werden. Die Spurensuche führt zurück bis in die akademischen Anfänge Nipperdeys und erstreckt sich auf sein gesamtes Werk. Der Untersuchung seines Zeitungsstreikgutachtens aus dem Jahr 1953 und seines Wirkens als erster Präsident des Bundesarbeitsgerichts wird dabei ein besonderer Stellenwert eingeräumt.

Nipperdeys rechtswissenschaftliches Werk umfasst nahezu 300 Schriften und zirka 800 Urteilsanmerkungen.[796] Für die hier interessierende Fragestellung zum Verbot des sogenannten politischen Streiks musste das zu untersuchende Material eingegrenzt werden. Die Darstellung seiner Ansichten zum Arbeitskampfrecht bis zum Zeitungsstreikgutachten in Unterabschnitt (1) basiert vordergründig auf seinem Lehrbuch und einzelnen Aufsätze und Monografien, die sich mit der rechtlichen Bewertung des Arbeitskampfs beschäftigen. Weil in seiner frühen Rechtslehre zum Arbeitskampfrecht das staatliche Interesse an der Vermeidung von Arbeitskämpfen bereits eine zentrale Rolle spielte, er dieses aber nicht rechtspositiv herleitete, habe ich die Suche nach Erklärungsmustern auf weitere Rechtsgebiete ausgeweitet. Fündig bin ich in Nipperdeys Privatrechtslehre geworden, die maßgeblich von seinen wirtschaftspolitischen Ansichten beeinflusst wurde. Dazu habe ich seine Lehrbücher zum Zivilrecht und seine Schriften zur Privatrechtslehre herangezogen, in denen er sich mit der Rechtfertigung der Einschränkung der Privatautonomie beschäftigte.

Das wegweisende Gutachten zum Zeitungsstreik aus dem Jahr 1953 wird im darauffolgenden Unterabschnitt (2) präsentiert. Nach der deskriptiven Darstellung und rechtshistorischen Einordnung seiner Rechtsansichten nehme ich in einem letzten Teil (3) auf rechtsdogmatischer Ebene Stellung zu Nipperdeys Arbeitskampfrechtslehre, insbesondere zu dem von ihm konstruierten Verbot des sogenannten politischen Streiks.

(1) Arbeitskampfrecht bis zum Zeitungsstreikgutachten

Die Arbeitskampfrechtslehre Nipperdeys in der Weimarer Republik ist auf ihre Leitlinien hin zu untersuchen und inwiefern diese auf wirtschaftspolitische, außerrechtliche Vorannahmen zurückzuführen sind (a). Unter außerrechtlichen Wertungen sind die Interpretationen mit normativem Charakter zu verstehen, die sich selbst nicht im Wege rechtsdogmatischer Auslegung auf positiv gesetztes Recht – seien es Normen der Verfassungsgebung, der einfachen Gesetzgebung oder der Rechtsprechung – zurückführen lassen. Die vorliegende Arbeit zeigt auf, dass sich bestimmte

---

[796] *Hollstein*, 2007, S. 2.

normative Aussagen nicht auf bereits gesetztes Recht zurückbeziehen lassen und sich nicht in die von der Rechtsprechung praktizierten Dogmatik einfügen. Die Untersuchung verfolgt damit einen rechtspositiven Ansatz[797] und leistet einen Beitrag zur Kritik an der bestehenden Dogmatik des Streikrechts und den materiell-rechtlichen Wertungen.

Der Tenor Nipperdeys Arbeitskampfrechtslehre in der Weimarer Republik kann bereits vorweggenommen werden: Eine verfassungsrechtliche Gewährleistung des Arbeitskamprechts lehnte er ab. Da seine rechtsdogmatischen Begründungen dazu sehr knapp ausfielen, sind Exkurse in Nipperdeys Privatrechtslehre vonnöten, weil sich aus der Betrachtung Rückschlüsse ziehen lassen, ob und von welchen außerrechtlichen Prämissen seine Rechtslehre geprägt war.

Für das Tarifrecht, speziell das Günstigkeitsprinzip, hat die Politikwissenschaftlerin Britta Rehder herausgearbeitet, dass Nipperdeys Rechtsauslegung von dem Gedanken des Wirtschaftsfriedens und einer florierenden Volkswirtschaft geprägt war.[798] Für das Arbeitskampfrecht existiert eine solche Untersuchung noch nicht. Der Zusammenhang von Nipperdeys wirtschaftspolitischen Prämissen und seiner Arbeitskampfrechtslehre stellt eine Forschungslücke dar.

Auch im nächsten Teil (b) stellt der Einfluss von wirtschaftspolitischen Prämissen auf Nipperdeys Rechtslehre im Nationalsozialismus den Schwerpunkt der Betrachtung dar.

Die kurze Schaffensphase nach Ende des Zweiten Weltkriegs und der Festigung seiner Arbeitskampfrechtslehre durch das Zeitungsstreikgutachten im Jahr 1952 untersuche ich in Abschnitt (c).

Abschließend führe ich in einer vergleichenden Darstellung Nipperdeys Rechtsansichten zum Arbeitskampf in der Weimarer Republik, im Nationalsozialismus und in den Anfangsjahren der Bundesrepublik in Abschnitt (d) zusammen.

(a) Weimarer Republik

Die Untersuchung von Nipperdeys Leitlinien zum Arbeitskampfrecht in der Weimarer Republik beginnt mit der Darstellung, wie er den Arbeitskampf in das kollektive Arbeitsrecht einpasste und ob seine Rechtsdogmatik sich an positiv gesetztes Recht rückbinden lässt (aa). Im Unterabschnitt (bb) stelle ich seine Rechtsauffassung speziell zum sogenannten politischen Streik, und in Teil (cc) zum Schadensersatzrecht dar, insbesondere dem Rechtsgut des eingerichteten und ausgeübten Gewerbebetriebs.

---

[797] Zu einer historischen Einordnung der Methodik in Deutschland und einer grundlegenden Kritik daran siehe 2. Kap., Fn. 763.

[798] *Rehder*, 2011; für die Weimarer Republik siehe S. 55 ff.

(aa) Rechtmäßigkeit des Arbeitskampfs

Noch vor der Gründung der Weimarer Republik prüfte Nipperdey in seiner Dissertation aus dem Jahr 1917, ob es sich bei einem Streik, wie von der damaligen Rechtsprechung regelmäßig angenommen, um eine Erpressung durch Drohung nach § 253 StGB handelte. Mit seiner Rechtsansicht, dass ein Streik bei Einhaltung der Kündigungsfrist nicht strafbar sei, nahm er die herrschende Meinung in der Weimarer Republik vorweg. Über die Nichtstrafbarkeit des Streiks hinaus maß Nipperdey dem Streik keine rechtliche Garantie bei.

Bei dieser Rechtsauslegung blieb Nipperdey in der Weimarer Republik und legte Art. 159 WRV so aus, dass diese Norm zwar die Koalition, aber nicht die Koalitionsmittel schützte. Entsprechend der herrschenden Lehre und der obersten Rechtsprechung[799] leitete Nipperdey kein Arbeitskampfrecht aus der Weimarer Reichsverfassung ab.

Mit Bezug auf die Ausführungen Potthoffs räumte Nipperdey ein, dass sich ein Schutz des Arbeitskampfrechts aus der historischen Genese der Gewerkschaften ableiten lassen könne, weil diese als Kampforganisationen entstanden seien und sie vom Streik als Durchsetzungsmittel häufig Gebrauch machen würden. Trotz dieser rechtshistorischen Bemerkung lehnte er die Gewährleistung des Arbeitskampfrechts ab und begründete seine Ansicht mit der genetischen Auslegung, dass Art. 159 WRV von Vereinigungsfreiheit und nicht Koalitionsfreiheit spreche. Aus den Beratungen der Nationalversammlung ergebe sich, dass nur unter dem Begriff der Koalitionsfreiheit das Arbeitskampfrecht gefasst werden sollte und sich die Abgeordneten explizit gegen diese Formulierung entschieden hätten. Sein weiteres Argument war ebenso ein sprachliches: „Das Koalitionsrecht enthält kein Kampfrecht. Rein begrifflich ist Koalition nicht identisch mit Koalitionskampfmittel".[800] Dieses Argument bezog sich allerdings nicht auf den Wortlaut von Art. 159 WRV, der das Wort Koalition gar nicht enthielt, sondern auf seine eigene Ableitung der Koalitionsfreiheit. Er blieb im Ergebnis bei der Auslegung, dass ein Streik nur bei fristgemäßer Kündigung der Arbeitnehmer*innen rechtmäßig sei.[801]

Nipperdey konzipierte das kollektive Arbeitsrecht in der Weimarer Republik entlang des Schutzgedankens des Arbeitsrechts und der staatsfreien Aushandlungsmöglichkeit. In seinem Lehrbuch des Arbeitsrechts aus dem Jahr 1930 führte Nipperdey aus, dass das kollektive Arbeitsrecht dem Schutz der Arbeitnehmer diente. Er zog für die Begründung dieses Telos den Wortlaut des Art. 157 WRV heran, wonach die Arbeitskraft unter besonderem Schutz des Reiches stehe. Nipperdey ging davon aus, dass sich die rechtliche und tatsächliche Gleichheit der Parteien des Arbeitslebens unterschieden:

---

[799] Siehe S. 55 ff. und S. 58 ff.

[800] *Hueck/Nipperdey*, 1930, S. 435 f.; Nipperdey-*Nipperdey*, Art. 159, S. 414 f.

[801] *Hueck/Nipperdey*, 1930, S. 575.

> „Der Arbeitnehmer ist als einzelner, der nur seine Arbeitskraft hat, dem im Besitze aller andern Produktionsmittel befindlichen Arbeitgeber bei der Festsetzung und Handhabung der Arbeitsbedingungen nur formell, aber nicht tatsächlich gleichberechtigt. Das Prinzip des freien Arbeitsvertrags [...] kann zum Diktat der Arbeitsbedingungen durch den Arbeitgeber führen".[802]

Die Kollektivierung der am Arbeitsleben Beteiligten müsse erfolgen, damit „annähernd gleichstarke Verbände" die Arbeitsbedingungen vereinbaren könnten. Die Verbände bezeichnete er als „soziale Macht". Die Interessenvertretungen der Arbeitnehmer*innen und der Arbeitgeber stünden sich durch ihren Zusammenschluss als gleichstarke Kontrahenten gegenüber. Als Mittel zur Umsetzung dieses Schutzzwecks benannte Nipperdey ausschließlich den Tarifvertrag.[803]

Neben dem Schutzaspekt des kollektiven Arbeitsrechts fand sich in seinem Lehrbuch der Gedanke der kollektiven Autonomie. Kollektive Autonomie sei die „in den vom Staat gesetzten Grenzen [...] Selbstregelung der Arbeitsverhältnisse durch die Beteiligten".[804] Bei den Ausführungen zu den rechtlichen Gewährleistungen, die aus dem Zweck der Selbstbestimmung des kollektiven Arbeitsrechts folgen, erwähnte Nipperdey den Arbeitskampf allerdings nicht.

Den Zusammenhang von Tarifverträgen und Arbeitskämpfen beschrieb er anhand von zwei Beobachtungen. Zum einen seien Tarifverträge als Ergebnisse von Arbeitskämpfen zu begreifen. Zum anderen dienten Tarifverträge dem Schutz vor weiteren Arbeitskämpfen. Er bezeichnete eine Kollektivvereinbarung deshalb auch als „Friedensvertrag".[805] Das kollektive Arbeitsrecht sei als Verschmelzung der Rechtsidee der „freien und unbeeinflußten Interessenwahrnehmung und der Kampffreiheit der Arbeitsverbände mit dem Gedanken des Arbeitsfriedens"[806] zu begreifen. Dabei seien die Freiheit der wirksamen Interessenwahrnehmung und die Friedenspflicht keine Gegensätze. Denn wirklicher Arbeitsfrieden sei laut Nipperdey nur dann möglich,

> „wenn ohne sachfremde Verfälschung der Interessenlage der eigene Standpunkt vertreten werden kann, wenn der Frieden auf der denkbar gerechtesten Vermittlung der Gegensätze beruht. Anderseits sind die berechtigten Forderungen der Träger*innen des kollektiven Arbeitsrechts für die Arbeitnehmer und Arbeitgeber nur auf einer vertraglichen oder gesetzlichen Friedensbasis zu verwirklichen, die beide Teile rechtlich zwingt, auf kampfweise Änderung des augenblicklichen Zustandes zu verzichten".[807]

Nipperdey legte den Zweck der Tarifordnung darauf fest, dass diese der Befriedung von sozialen Kämpfen diene.[808] Er setzte damit den Schwerpunkt der tarif-

---

[802] *Hueck/Nipperdey*, 1930, S. 13.
[803] *Hueck/Nipperdey*, 1930, S. 13 f.
[804] *Hueck/Nipperdey*, 1930, S. 14.
[805] *Hueck/Nipperdey*, 1930, S. 10.
[806] *Hueck/Nipperdey*, 1930, S. 21.
[807] *Hueck/Nipperdey*, 1930, S. 23.
[808] *Hueck/Nipperdey*, 1930, S. 50.

vertraglichen Abmachung auf die daraus entstehende Friedenspflicht. Er erwähnte die wirksame Vertretung des eigenen Standpunktes zwar, ließ den Arbeitskampf in diesem Zusammenhang allerdings außen vor.

Das Streben nach Wirtschaftsfrieden war nach Nipperdey ein Ziel, das der Kampffreiheit übergeordnet war:

> „Sicherung der unbeeinflußten Interessenwahrnehmung und der Kampffreiheit bei den Berufsverbänden durch das Kollektivarbeitsrecht schließt nicht aus, daß dieses Recht auf eine friedliche Austragung der Arbeitskonflikte, auf die Wahrung des Arbeitsfriedens hinwirkt".[809]

Nipperdey maß zwar der „denkbar gerechtesten Vermittlung der Gegensätze"[810] zwischen Arbeitgeber*innen und Arbeitnehmer*innen Bedeutung bei, beschrieb aber nicht, welchen Stellenwert dem Arbeitskampfrecht zur Herstellung dieser gerechten Vermittlung zukommen müsse. Er bestimmte das Verhältnis von Arbeitskampf und Tarifvertrag ausschließlich zum Zweck, die arbeitskampfverhindernde Funktion des Tarifabschlusses zu begründen.

Die Friedenspflicht des Tarifvertrags entwickelte Nipperdey als eine dem Vertrag immanente Regelung, machte von dieser allerdings für den Sympathiestreik und den sogenannten politischen Streik Ausnahmen, weil deren tarifliche Regelung gar nicht infrage komme und auch nicht gewollt sei.[811]

In seiner Bestimmung des Verhältnisses von Arbeitskampf und Tarifvertrag erwähnte er überdies mit keinem Wort, dass der Streik für die Durchsetzungsfähigkeit der Arbeitnehmer*inneninteressen in Tarifverhandlungen von zwingender Notwendigkeit ist.[812]

Nipperdeys Einstellung, dass zwar Arbeitskampffreiheit bestehe, ein Interessenausgleich aber auch ohne Arbeitskämpfe stattfinden könne, lässt sich auch in seiner Rechtslehre zur Tariffähigkeit erkenne. Werkvereinen sprach Nipperdey generell die Tariffähigkeit ab, wenn sich ihre Willensbildung nicht frei und unbeeinflusst von der Gegenseite vollzog.[813]

> „Nicht erforderlich ist es, daß es sich um sogenannte Kampfverbände handelt. Die Tariffähigkeit ist nicht dadurch ausgeschlossen, daß ein Verband mit wirtschaftsfriedlichen Mitteln seine Ziele zu erreichen sucht. Allerdings darf, worauf bereits hingewiesen wurde, ihre wirtschaftsfriedliche Einstellung nicht durch finanzielle oder sonstige Unterstützung der Arbeitgeber bedingt sein; dann würden sie aus einem anderen Grund aufhören Koalition im technischen Sinne zu sein: es würde an der erforderlichen Unabhängigkeit fehlen. Es

---

[809] *Nipperdey*, 1929, 108, S. 125.

[810] *Hueck/Nipperdey*, 1930, S. 23.

[811] *Hueck/Nipperdey*, 1930, S. 96 ff., 101; zu seiner rechtlichen Bewertung des sogenannten politischen Streiks in der Weimarer Republik siehe S. 232 ff.

[812] So bereits *Winters*, 1919, S. 13 f.; siehe zur rechtshistorischen Auslegung S. 37 ff.

[813] *Hueck/Nipperdey*, 1930, S. 145 ff.

muß immerhin eine bis zur Kampffähigkeit gesteigerte Selbstständigkeit als notwendige Voraussetzungen für den Koalitionsbegriff anerkannt werden".[814]

Dementsprechend sah Nipperdey grundlegend die Tariffähigkeit bei den damaligen Werkvereinen als nicht gegeben an.[815] Anlässlich einer Entscheidung des Oberlandesgerichts Dresden zur Tariffähigkeit eines Werkvereins, stellte Nipperdey klar, dass zumindest die Möglichkeit zur Durchführung eines Arbeitskampfs bestehen müsse: „Der Verein muss die nötige Stoßkraft gegenüber der Arbeitgeberseite haben, um eventuell auch einen Arbeitskampf wirksam durchzuführen".[816] Der Arbeitskampf müsse aber nicht tatsächlich durchgeführt werden. Nipperdey ließ die abstrakte Möglichkeit des Arbeitskampfs für die Tariffähigkeit ausreichen und betonte, dass auch Verbände, die keine Arbeitskämpfe beabsichtigten, tariffähig sein könnten.

Insgesamt kann festgehalten werden, dass Nipperdeys Darstellung des kollektiven Arbeitsrechts von Aussparungen hinsichtlich der Funktion und Bedeutung des Arbeitskampfs für die kollektiven Arbeitsbeziehungen, insbesondere für die Interessendurchsetzung der Arbeitnehmer*innen, geprägt war. Er erwähnte zwar die von Potthoff ausgearbeitete rechtshistorische Herleitung des Arbeitskampfrechts, berücksichtigte diese aber nicht in seiner eigenen Argumentation. Das verkürzte Telos des Tarifvertragssystems – die Befriedung von Arbeitskampfsituationen – leitete er aus der Beobachtung der Wirklichkeit her. Auf positiv gesetztes Recht bezog er sich dafür nicht. Seine komplette Rechtslehre zum Arbeitskampfrecht in dieser Zeit war davon geprägt, dass der Streik in seiner historischen Bedeutung und seinem Wirkungszusammenhang mit der Tarifautonomie verkannt wurde.

Des Weiteren bestimmte er das Verhältnis von Staat und Arbeitskampf wie folgt: „Der Staat hat ein dringendes Interesse daran, diese Kämpfe wegen ihrer schädlichen volkswirtschaftlichen Folgen einzuschränken und das Wirtschaftsleben zu befrieden".[817] Arbeitskämpfe wurden damit von Nipperdey auf die von ihm angenommene Wirkung, die Volkswirtschaft zu schädigen, reduziert. Die Funktion des Streiks, die wirksame Interessendurchsetzung der Arbeitnehmer*innen zu ermöglichen, blieb bei dieser verkürzten Betrachtung des Verhältnisses von Staat und Arbeitskampf außen vor.

Die juristischen Wertungen Nipperdeys, dass ein Arbeitskampf unerwünscht sei und keine Grundrechtsausübung darstelle, mögen vor dem Hintergrund der herrschenden Auslegung des Arbeitskampfrechts in der Weimarer Republik nicht überraschen. Die überwiegende Mehrheit der Rechtswissenschaftler maß dem Arbeitskampfrecht keinen grundrechtlichen Gehalt nach Art. 159 WRV bei. Die ar-

[814] *Hueck/Nipperdey*, 1930, S. 154 f.

[815] RAG 22.10.1930 RAG 210/30, Bens. Samml. Bd. 10 Nr. 59, S. 223, Anm. *Nipperdey*, S. 226; RAG 4.10.1930 RAG 183/30, Bens. Samml. Bd. 10 Nr. 83, S. 363, Anm. *Nipperdey*, S. 368.

[816] *Nipperdey*, NJW 1932, 3461, S. 3462.

[817] *Hueck/Nipperdey*, 1930, S. 8.

beitsvertraglichen Pflichten mussten während des Streiks eingehalten werden. Selbst die Befürworter eines verfassungsrechtlichen Streikrechts verglichen den Arbeitskampf mit einem Kriegszustand, den es zu vermeiden gelte. Auch die Rechtsprechung des Reichsarbeitsgerichts zur Schadensersatzpflicht der Gewerkschaften gemäß § 826 BGB, nach der das Gericht Arbeitskämpfe dann als sittenwidrig wertete, wenn sie das allgemeine Interesse am Wirtschaftsfrieden störten, entsprach Nipperdeys Auffassung der Einschränkbarkeit der Arbeitskampffreiheit durch wirtschaftliche Gesamtinteressen. Zudem hatte das Reichsgericht im Jahr 1923 die Arbeitskampfrisikolehre entwickelt, nach der Arbeitgeber und Arbeitnehmer eine Arbeitsgemeinschaft bildeten und das Risiko des Produktionsausfalls von allen gemeinschaftlich, auch von den nicht am Streik beteiligten Arbeitnehmern, zu tragen sei.[818]

Vor dem Hintergrund des Weimarer Zwangsschlichtungssystems werden Nipperdeys Ausführungen verständlicher. Sowohl Staat und Arbeitgeberverbände als auch der Großteil der Gewerkschaften wollten vermeiden, dass Auseinandersetzungen mit Arbeitskampfmitteln ausgetragen wurden.[819] Nipperdey sprach sich in der Debatte um die staatliche Zwangsschlichtung grundlegend für die staatsfreie Kollektivautonomie aus. Seiner Ansicht nach sollten nur Arbeitskämpfe „die die Gesamtheit und das gesamte Wirtschaftsleben zu schädigen geeignet sind“ durch staatliche Eingriffe unterbunden werden.[820] Nipperdey maß die Rechtmäßigkeit der Einschränkung der Arbeitskampffreiheit an den Folgen, die ein Streik für die Gesamtwirtschaft habe.

Weil diese Einschätzung des Arbeitskampfs später auch seine Auslegung von Art. 9 Abs. 3 GG beeinflussen sollte, ist die Frage zu beantworten, ob sich in der Weimarer Zeit noch weitere Rechtsauslegungen finden, in denen Nipperdey von außerrechtlichen, wirtschaftspolitischen Prämissen auf Rechtssätze schloss. Ein Blick auf die Privatrechtslehre Nipperdeys ist dafür erhellend.

Die erste für die vorliegende Frage relevante Veröffentlichung Nipperdeys findet sich in seinem frühen Werk der Weimarer Republik. Es handelt sich um seine Habilitationsschrift aus dem Jahr 1920, in der er sich mit dem Kontrahierungszwang beschäftigte.[821] Dass der Staat Privatpersonen zum Kontrahieren, d. h. zum Abschluss von Verträgen zu bestimmten Konditionen, zwang, war bereits am Ende des 19. Jahrhunderts üblich und blieb in der Weimarer Republik bestehen.[822] Nipperdey

---

[818] Siehe S. 47 ff. Bereits im Jahr 1931 hatte der Arbeitsrechtler Otto Kahn-Freund den vom Reichsarbeitsgericht vertretenen Grundsatz der Wirtschaftsfriedlichkeit herausgearbeitet, vgl. *Kahn-Freund* 1966 (1931), 149, S. 161 ff.

[819] Siehe S. 64 ff.

[820] *Nipperdey*, 1930, 100, S. 102.

[821] *Nipperdey*, 1920.

[822] *Hollstein*, 2007, S. 230 f., 239 f. Kontrahierungszwang war in Verträgen mit Monopolunternehmen beispielsweise des öffentlichen Personennahverkehrs zu finden sowie in der Verpflichtung zum Verkauf von Lebensmitteln zu einem bestimmten Preis kurz nach dem

fasste diese Entwicklung als „Sozialisierung des Privatrechts" zusammen, die es aufrechtzuerhalten gelte. Er versprach sich vom „Abbau an privatrechtlicher Freiheit" Erleichterungen für die deutsche Wirtschaft, um die wirtschaftlichen Krisen nach dem Ersten Weltkrieg zu überstehen.[823]

Es mag verwundern, dass Nipperdey den Begriff der Sozialisierung verwendete, ohne sich in der Debatte zu positionieren, wie die Beschränkungen des Privatrechts der Weimarer Republik einzuordnen waren, obwohl diese Diskussion auch in der Rechtswissenschaft lebendig geführt wurde.[824] Für die unreflektierte Verwendung des Begriffs der Sozialisierung lassen sich zwei Erklärungsansätze identifizieren. So kann die Begriffsnutzung Nipperdeys auf das Werk seines akademischen Lehrers Justus Wilhelm Hedemann zurückgeführt werden, auf den er sich ausdrücklich in der Einleitung seiner Habilitationsschrift bezieht.[825] Hedemann hatte die Sozialgesetze in der Weimarer Republik mit dem Terminus „Sozialisierung" verbunden.[826] Ein anderer Erklärungsansatz lässt sich in der allgemein diffusen Nutzung des Begriffs des Sozialen in der Weimarer Republik verorten. Unabhängig von der politischen Strömung haben sich viele Theorierichtungen auf das Soziale, die Gemeinschaft und Kollektivität bezogen.[827] So gab es eine Tradition unter konservativen Kräften, die

---

Ersten Weltkrieg und der arbeitsrechtlichen Pflicht zur Wiedereinstellung von Soldaten, *Nipperdey*, 1920, S. 36, 69 f., 79.

[823] *Nipperdey*, 1920, S. 1.

[824] *J. Schröder*, 1994, 335, S. 356.

[825] *Nipperdey*, 1920, S. 1.

[826] *Hedemann*, 1919, S. 15.

[827] Der Jurist und Rechtshistoriker Jan Schröder stellt in seiner Untersuchung dar, dass verschiedene Theorien des Privatrechts, sowohl von linker, sozialistischer sowie rechter, konservativer als auch liberaler Seite, „anti-individualistische Eingriffe in das Privatrecht" begründet hätten, vgl. *J. Schröder*, 1994, 335, S. 339. Schröder kommt zu dem Ergebnis, dass die Privatrechtslehre der Weimarer Zeit „kollektivistisch geprägt" gewesen sei. Dabei nimmt *Schröder* ungenaue Gleichsetzungen von gänzlich verschiedenen Strömungen vor, indem er die Ansätze, die materielle Gleichheit und Freiheit von vergesellschafteten Individuen zur normativen Prämisse erhoben haben, mit solchen Ansätzen in Verbindung bringt, die statt des Individuums nur die Gemeinschaft als relevante Größe bewerteten, weil die Einzelnen nur im Staat existieren würden, ebd. S. 346, 349. Zudem bezeichnet er Autoren, die personelle und inhaltliche Überschneidungen mit dem Nationalsozialismus aufweisen, als „konservative Revolutionäre" ebd., S. 345, zum problematischen Begriff der „konservativen Revolution", siehe 2. Kap., Fn. 683. Unter Sozialisierung und sozialem Recht sind jedoch gänzlich andere Konzepte von einflussreichen Rechtswissenschaftlern wie Gustav Radbruch, Hermann Heller und Hugo Sinzheimer vertreten worden. Ihren Rechtsauslegungen liegt die Erkenntnis zugrunde, dass das Privatrecht von formeller Gleichheit aller Rechtspersonen ausgehe, deren materielle Ungleichheit aber ignoriere. Das Recht müsse die tatsächliche Ungleichheit überwinden helfen, um Freiheit und Gleichheit herzustellen. Ein Mittel zur Erreichung von materieller Gleichheit und Freiheit seien Kollektive, die auf den Interessen der Individuen aufbauten und gerade durch die Bündelung mehr als die Summe ihrer Einzelteile bewirkten, vgl. *Radbruch*, 1957 (1930), 35, S. 39; *H. Heller*, 1983 (1934), S. 127 ff., 139; *Sinzheimer*, 1977 (1916), S. 27; *Sinzheimer* (1928), 42 ff.; *Sinzheimer* (1932), 313 ff., der allerdings für seine anti-individualistischen Tendenzen bereits vielfach kritisiert wurde von *Knorre*, 1991, S. 143; *S. Blanke*, 2005, S. 213. Als Illustration der Rechtsauslegung, nach der das Individuum nicht

unter „Sozialisierung der Wirtschaft“ den starken Interventionsstaat verstanden, die auf die Begriffsprägung des „Staatssozialismus“ von Otto von Bismarck zurückgeführt werden kann.[828]

Nipperdeys Verständnis lässt sich nicht einem Sozialisierungsbegriff zuordnen, der materielle Gleichheit und Freiheit der vergesellschafteten Individuen fokussierte.[829] Unter Sozialisierung verstand Nipperdey Folgendes:

> „Die wissenschaftliche Durcharbeitung und Klärung von Rechtsfiguren, derer sich die Gesetzgebung zum Zwecke einer Anbahnung der Sozialisierung der Privatrechtsordnung bedient, muß anknüpfen an die ausgesprochenen individualistischen Grundsätze, von denen diese Ordnung beherrscht wird. Denn denen gilt der Kampf, hier soll der Abbau einsetzen. In diesem Sinne müssen wir unter Sozialisierung des Privatrechts verstehen: die Zurückdrängung der durch die Privatrechtsordnung gewährleisteten und geschützten individualistisch-egoistischen Interessen des einzelnen Rechtsgenossen zugunsten der Gesamtheit“.[830]

Des Weiteren wies Nipperdey ausdrücklich darauf hin, dass er unter Sozialisierung keine rein öffentlich-rechtlichen Maßnahmen verstand, denn eine solche Vorgehensweise sei mit der Privatrechtsordnung nicht zu vereinen.[831] Nipperdey ging es demnach nicht um die Vergesellschaftung von Unternehmen, wie es Art. 156 WRV vorsah. Sozialisierung hatte in der Verwendung Nipperdeys keinen Bezug zu materieller Gleichheit. Er verstand unter Sozialisierung des Privatrechts die Einschränkung der Privatautonomie, konkret der Vertragsfreiheit zum Nutzen der Gemeinschaft. Laut Nipperdey lag der innere Rechtsgrund für einen Kontrahierungszwang in dem „soziale[n] Interesse an einer bestimmten Wertbewegung“, worunter er das Interesse der Gemeinschaft an einem reibungslos funktionierenden Güterumsatz fasste.[832]

Nipperdeys rechtliche Bewertung erfolgte damit entlang der Prämisse, dass der störungsfreie Warenverkehr das anzustrebende wirtschaftspolitische Ziel sei. Die Einschränkung der Privatrechtsordnung bezweckte nach seiner Ansicht den reibungslosen Ablauf der Marktmechanismen. Diese Zwecksetzung führte er jedoch

---

untergehen sollte, lässt sich die Schrift Gustav Radbruchs „Vom individualistischen zum sozialen Recht“ aus dem Jahr 1930 anführen. Die Sozialisierung des Privatrechts war für ihn die Herstellung materieller anstatt nur formaler Gleichheit. Radbruch betonte, dass das noch zu erschaffende, soziale Recht ein Recht sei, „das nicht auf das individualitätslose, seiner Eigenart entkleidete, auf das als vereinzelt gedachte, seiner Vergesellschaftung enthobene Individuum zugeschnitten ist, sondern auf den konkreten vergesellschafteten Menschen.“, *Radbruch*, 1957 (1930), 35, S. 37.

[828] *C. Zacher*, 2002, S. 42 ff.

[829] Siehe die rechtswissenschaftlichen Ansätze dazu von Radbruch, Heller und Sinzheimer unter 2. Kap., Fn. 827.

[830] *Nipperdey*, 1920, S. 2.

[831] *Nipperdey*, 1920, S. 2, Fn. 2.

[832] *Nipperdey*, 1920, S. 33 f.

nicht auf positiv gesetztes Recht der Weimarer Republik zurück. Er nahm diese Wertung an, ohne sie rechtsdogmatisch zu begründen.

Dieselbe außerrechtliche, aber normative Annahme lässt sich in Nipperdeys Ausarbeitungen zum Kartellrecht finden.[833] In Anlehnung an die Historische Schule der Nationalökonomie[834] wertete Nipperdey diejenigen Rechtsentwicklungen als

---

[833] Die kartellrechtlichen Ausführungen Nipperdeys sind nicht nur für das Verständnis der wirtschaftspolitischen Implikationen seiner Rechtslehre aufschlussreich. Die Zulassung von Kartellen im Deutschen Reich, die im internationalen Vergleich eher unüblich war, begünstigte nach der rechtshistorischen Ausarbeitung von Michael Kittner die Bildung von Arbeitgeberverbänden und ermöglichte deren schnelles und repressives Reagieren auf Arbeitskampf- und Organisierungsbemühungen der Arbeitnehmer*innen. Im Deutschen Kaiserreich waren Kartelle nicht verboten und die Zivilrechtsprechung zu §§ 152, 153 RGewO fiel kartellfreundlich aus. In der Weimarer Republik ging die Gesetzgebung mit der „Verordnung gegen Mißbrauch wirtschaftlicher Machtstellung" von 1923 gegen Kartelle vor, die Zahl stieg aber dennoch kontinuierlich, vgl. *Kittner*, 2005, S. 314 f., 319 f., 342 ff., 466 f.

[834] Die Historische Schule der Nationalökonomie war die einflussreichste sozial- und wirtschaftswissenschaftliche Strömung im deutschsprachigen Raum, die zwischen 1850 und 1950 existierte. Sie grenzte sich über einen induktiven Ansatz von den bisherigen deduktiven, theoriebasierten Strömungen ab. Aus der Historischen Schule ging die sogenannte Stufentheorie hervor, nach der die Wirtschaft sich evolutiv von einer Stufe zur nächst höheren entwickle, vgl. *Schachtschabel*, 1971, S. 136 ff. Die ältere Historische Schule argumentierte gegen die von der Klassischen Ökonomie herausgestellten Widersprüche im Kapitalismus an und berief sich dafür auf das Menschenbild des homo oeconomicus. Dem Gegensatz von Kapital und Arbeit wurde ein harmoniezentriertes Gemeinschaftsbild entgegengesetzt, vgl. *Haug*, 2004, S. 367 ff.

Die jüngere historische Schule der Nationalökonomie erkannte die Gegensätze zwischen den Kapitaleignern und besitzlosen Arbeitnehmer*innen an und machte die Beantwortung der sozialen Frage zu einem der zentralen Anliegen der Strömung. Damit verbunden waren Vorschläge zur Wirtschaftspolitik.

Gustav von Schmoller war einer der wichtigsten Vertreter der jüngeren Historischen Schule und sah die Antwort auf die soziale Frage in der Intervention des monarchistischen Staats und nicht in kollektiver Selbstbestimmung, vgl. *M. Becker*, 1995, S. 213. von Schmoller mahnte in einer Rede aus dem Jahr 1872, dass es Ziel sein müsse, die Klassenfrage zu klären, um die drohende Gefahr einer sozialen Revolution abzuwenden, *Schmoller*, 1873, 1, S. 3. von Schmoller stellte sich gegen einseitige Streikverbote, betonte aber, dass Arbeitskämpfe „ein großes Unglück sind, daß sie tausend von unschuldigen in Mitleidenschaft ziehen, daß sie ein Kriegszustand von so umfassender Art innerhalb der Gesellschaft sind, wie es mit dem höhern Begriffe der bürgerlichen Gesellschaft und des Staates eigentlich unerträglich ist". Eine Wiedereinführung des Verbots der Koalitionen werde das Problem allerdings nicht lösen, sondern weiterhin verschärfen, weil dadurch viele Arbeiter in die Arme der Sozialdemokratie getrieben würden. Langfristig anzustreben sei die Versöhnung der Klassen. Er setzte sich für die Aufrechterhaltung der Koalitionsfreiheit und dafür ein, kein Sonderstrafrecht für Arbeitseinstellungen einzuführen, *Schmoller*, 1873, 78, S. 82 f. Vor dem Hintergrund des damaligen Erfordernisses, den Arbeitsvertrag vor einem Streik fristgemäß kündigen zu müssen, sind die Forderungen *von Schmollers* allerdings nicht mit dem Streikrecht unter heutigem Verständnis zu verwechseln. Letztendlich unterstützte von Schmoller, solche Gewerkvereine, die sich zum Ziel gesetzt hatten, Arbeitseinstellungen zu vermeiden, *Schmoller*, 1873, 78, S. 8 f.

Analog strebte Lujo Brentano, ein anderer wichtiger Vertreter der jüngeren Historischen Schule, als Lösung der sozialen Frage an, diejenigen Gewerkschaften zu unterstützen, die positiv, die der Gemeinschaft nützten. Darunter verstand er die jetzige Wirtschaftsform als „wirtschaftliche Notwendigkeit" und „höhere Wirtschaftsform".[835] Kartelle seien zu fördern, weil die Unternehmen, die sich als die Stärksten auf dem Markt haben durchsetzen können, der Gemeinschaft dienlich sein müssten. Die Zielstellung seiner rechtlichen Wertungen führte er wie folgt aus:

> „Wir sollen hier nicht stehen als Kartellfreunde oder Kartellfeinde, wir wollen auch nicht von einer bestimmten wirtschaftstheoretischen Basis an die Dinge herangehen und sie danach wohlwollend oder kritisch beurteilen. Es gilt vielmehr hier, den vernünftigsten, praktisch gangbarsten, und den Tatsachen des Wirtschaftslebens am meisten Rechnung tragenden Weg zur Lösung der Probleme zu zeigen; einen Weg, der nur zu einem Ziel führen darf: Dem *Wohl der Gesamtwirtschaft und der Gesamtheit* [Hervorhebung im Original]".[836]

Nipperdey gab vor, sich nicht politisch zu positionieren und versuchte, seine wirtschaftspolitischen Ansichten unter dem Deckmantel der Vernunft und Praktikabilität als alternativlos darzustellen. Er befürwortete die Bildung von Kartellen, weil sie seiner Ansicht nach der Gesamtwirtschaft dienten. Gemeinschaftsnutzen war laut Nipperdey ein Synonym für Wirtschaftsnutzen. Dabei ist seine objektiv-teleologische Rechtsauffassung, die das Ziel der Steigerung der gesamtwirtschaftlichen Leistung als Maxime ausgibt, durchaus eine politische Vorannahme, die einer rechtlichen Begründung in Form der Rückbindung an die Weimarer Verfassung schuldig blieb.

Dass Nipperdey die Gemeinschaft und die Gesamtwirtschaft ins Zentrum seiner teleologischen Rechtsauslegung rückte, passt sich in die wirtschaftspolitischen Forderungen und die juristische Begriffsnutzung dieser Zeit ein. So war der Bezug auf die Gemeinwirtschaft eine Praxis, die während und nach dem Ersten Weltkrieg

---

nicht in Widerspruch zur bestehenden liberalen Wirtschaftsordnung arbeiteten. Es seien gesellschaftliche Konflikte zu vermeiden, ohne das vermeintliche Gemeinwohl in Gestalt des Wirtschaftswachstums über Gebühr zu strapazieren, vgl. zu den Positionen innerhalb der Historischen Schule der Nationalökonomie zur sozialen Frage auch *Haug*, 2004, S. 367 ff. Brentano setzte sich für Arbeiterkammern ein, die ohne Streik und Aussperrung Konflikte lösen sollten, *Brentano*, 1872, S. 306 f.

Mit der Rechtsprechung zum Arbeitskampf im Kaiserreich setzten sich die Vertreter der jüngeren Schule der Nationalökonomie kaum auseinander, vgl. *M. Becker*, 1995, S. 215 f. Die Koalitions- und Streikfreiheit, die sie zum Teil proklamierten, bestand zu keiner Zeit im Deutschen Kaiserreich, siehe S. 42 ff. Die Forderungen der Vertreter dieser Strömung lassen sich mit dem Aufrechterhalten des rechtlichen Status quo zusammenfassen. Lediglich die strafrechtliche Sanktionierung sollte ausgeschlossen werden, damit sich der Klassenkonflikt nicht weiter zuspitze. Arbeitseinstellungen sollten langfristig vermieden werden, in der Hoffnung über Verhandlungsmechanismen, die Konflikte auf friedlichem Wege zu lösen. Gewerkschaften sollten sich nach der Vorstellung dieser Strömung zu Streikvermeidungsorganisationen entwickeln, vgl. *vom Bruch*, 1981, 253, S. 258, 266.

[835] Mit Hollstein lässt sich Nipperdeys Einschätzung der Kartelle als „wirtschaftliche Notwendigkeit" und „höhere Wirtschaftsform" gegenüber der völlig freien Konkurrenz, *Nipperdey*, 1929, S. 43, als Anlehnung an die Stufentheorien der Historischen Schule der Nationalökonomie (s. 2. Kap., Fn. 834) begreifen, *Hollstein*, 2007, S. 248.

[836] *Nipperdey*, 1929, S. 42, Hervorhebung im Original.

von allen politischen Richtungen genutzt wurde. Den verschiedenen Strömungen war gemein, dass sie eine staatliche Wirtschaftslenkung mit Elementen der privatautonomen Selbstverwaltung anstrebten. Auch waren Teile der Gewerkschaftsbewegung an einer Gemeinwirtschaft interessiert, weil sie sich von einem Wirtschaftswachstum nach Kriegsende die Verbesserung der Lebensbedingungen der Gewerkschaftsmitglieder erhofften.[837]

Positivrechtlich tauchte der Begriff der Gemeinwirtschaft das erste Mal im Sozialisierungsgesetz vom 23. März 1919 auf, dessen Rechtsgedanken durch Art. 156 Abs. 2 WRV auf Verfassungsebene gehoben wurden. Das Reich konnte nach dieser Norm im Falle dringenden Bedürfnisses zum Zwecke der Gemeinwirtschaft durch Gesetz wirtschaftliche Unternehmungen und Verbände auf der Grundlage der Selbstverwaltung zusammenschließen mit dem Ziele, die Mitwirkung aller schaffenden Volksteile zu sichern, Arbeitgeber und Arbeitnehmer an der Verwaltung zu beteiligen und Erzeugung, Herstellung, Verteilung, Verwendung, Preisgestaltung sowie Ein- und Ausfuhr der Wirtschaftsgüter nach gemeinwirtschaftlichen Grundsätzen zu regeln.

Der Staat wurde durch Art. 156 Abs. 2 WRV befähigt, in das Wirtschaftsleben zu intervenieren, um vor allem die Arbeitnehmer*innen an den Entscheidungsprozessen innerhalb der Unternehmen zu beteiligen.[838] Der einzige Artikel in der Weimarer Verfassung, der die Gemeinwirtschaft ausdrücklich erwähnte, liefert allerdings keinen Anhaltspunkt, dass dieser das Telos der Steigerung der Wirtschaftsleistung verbürgte. Die Norm ließ darüber hinaus für das Verständnis von Gemeinwirtschaft, außer der Benennung der am Produktionsprozess Betroffenen, alle weiteren Fragen offen.[839] So sagte der Begriff weder etwas über wirtschaftspolitische Prämissen aus, wie die von Nipperdey vertretene Steigerung der wirtschaftlichen Gesamtleistung, noch lässt sich aus der Verwendung des Gemeinwirtschaftsbegriffs etwas über die Verteilungsproportionen und -mechanismen der gesellschaftlichen Reichtümer ableiten. Art. 156 WRV berechtigte den Staat zur Einschränkung ausschließlich des Eigentumsrechts der Unternehmer*innen. Eine Eingriffsbefugnis in andere Grundrechte – beispielsweise der Koalitionsfreiheit – zum Zwecke der Gemeinwirtschaft ist dem Artikel nicht zu entnehmen. Somit kann aus der einzigen Verfassungsnorm, in der von der Gemeinwirtschaft die Rede ist, keine Einschränkung der Rechtsposition der Arbeitnehmer*innen hergeleitet werden. Die Weimarer Verfassung bezog sich zum Wohle der Arbeitnehmer*innen auf die Gemeinwirtschaft, nicht um deren wirksame Interessenvertretung zu schwächen.

---

[837] *Nörr*, 1988, S. 18; *C. Zacher*, 2002, S. 102 ff.; zu den internen Debatten und Spaltungsbewegungen in den Gewerkschaften siehe S. 45 ff. und S. 52 ff.

[838] Umgesetzt wurden die Bestimmungen des Sozialisierungsartikels jedoch kaum. So wurde Art. 156 Abs. 2 WRV nur in der Kohle- und Kaliwirtschaft relevant, *Friedlaender*, 1930, 322, S. 323.

[839] *C. Zacher*, 2002, S. 106 f.

Zusammenfassend ist festzustellen, dass sich Nipperdeys Rechtsauslegung, die Weimarer Reichsverfassung garantiere kein Arbeitskampfrecht, in die herrschende Lehre, die Rechtsprechung und in das einmalige System der Zwangsschlichtung der Weimarer Zeit einfügte. Bei seiner Rechtsansicht zum Streik sticht heraus, dass sie insgesamt vom Gedanken geprägt war, der Arbeitskampf sei zum Wohle der Gemeinschaft beziehungsweise der Gemeinwirtschaft zu vermeiden. Wichtig ist an dieser Stelle festzuhalten, dass Gemeinwirtschaft zwar ein rechtlicher Begriff war, dem aber nicht das Telos der Wirtschaftsfriedlichkeit zu entnehmen war. Somit existierte kein Verfassungsprinzip, aus dem die Norm, dass Arbeitskämpfe zu unterbinden seien, hätte abgeleitet werden können. Diese Verknüpfung nahm Nipperdey vor, ohne sie mittels einer rechtsdogmatischen Begründung auf positiv gesetztes Recht zurückzuführen. Bereits hier zeigt sich ein Argumentationsschema, dass in der frühen Bundesrepublik für Nipperdey zentral zur Begründung des tarifbezogenen Arbeitskampfrechts werden sollte.

(bb) Rechtliche Bewertung des „politischen" Streiks

Nipperdeys Rechtsansichten zum sogenannten politischen Streik offenbaren, dass er die Rechtmäßigkeit eines Streiks bis zur Veröffentlichung des Zeitungsstreikgutachtens nicht anhand der Adressat*innen und der Zielstellung des Arbeitskampfs bestimmte.

In seinem Lehrbuch von 1930 hatte Nipperdey den „politischen Streik" unter den Begriff des Arbeitskampfs gefasst:

> „Schließlich kann aber auch mit der Bedrängung des sozialen Gegenspielers ein Druck auf Dritte, vor allem auf die Staatsgewalt (Gesetzgebung, Regierung) beabsichtigt sein, um ein politisches Ziel oder Fernziel zu erreichen (politische Streiks, Proteststreik, Maifeier)".[840]

Er grenzte sich damit über einen Verweis in der Fußnote explizit gegen den zeitgenössischen Rechtswissenschaftler Kaskel ab, der den „politischen" Streik begrifflich vom Gegenstand des Arbeitskampfrechts ausschließen wollte.[841]

Nipperdey legte in seinem Kommentar zur Weimarer Reichsverfassung die Arbeits- und Wirtschaftsbedingungen so aus, dass auch Materien, die über den Tarifvertrag hinausgehen, darunter zu fassen seien:

> „So fällt unter ‚Arbeitsbedingungen' vor allem alles das, was tarifvertraglich geregelt werden kann. ‚Wirtschaftsbedingungen' ist darüber hinaus die Sammelbezeichnung für alle arbeitsrechtlich-sozialpolitischen Interessen der Koalierten".[842]

Die Koalitionen seien

> „nicht darauf beschränkt, gegenüber dem sozialen Gegenspieler die Förderung der Arbeits- und Wirtschaftsbedingungen zu vertreten. Sie können und müssen die Interessen ihrer

---

[840] *Hueck/Nipperdey*, 1930, S. 571.

[841] *Hueck/Nipperdey*, 1930, S. 571 Fn. 9.

[842] Nipperdey-*Nipperdey*, Art. 159, S. 398.

Mitglieder auch gegenüber dem Staat, vor allem hinsichtlich der zukünftigen Gesetzgebung, wahrnehmen. Die Besonderheit des Art. 159 liegt auch darin, daß er durch seine weite Wortfassung die Aufgaben der wirtschaftlichen Vereinigungen auf das politische Gebiet ausdehnt, soweit es sich um sozial- und wirtschaftspolitische Förderung handelt [...] Diese Wahrnehmung der Mitgliederinteressen gegenüber dem Staat ist ebenso geschützt wie gegenüber dem sozialen Gegenspieler".[843]

In seinem Lehrbuch des Arbeitsrechts stellte er ebenso fest, dass mit einem Arbeitskampf „Druck auf Dritte, vor allem auf die Staatsgewalt (Gesetzgebung, Regierung) beabsichtigt sein [könne], um ein politisches Ziel zu erreichen (politische Streiks, Proteststreik)".[844]

Er arbeitete damit eine besondere Form des Arbeitskampfs heraus, ohne sie unter weitergehende Rechtmäßigkeitsanforderungen zu stellen. Vielmehr machen die Ausführungen deutlich, dass er die Arbeits- und Wirtschaftsbedingungen aus Art. 159 WRV in einer Weise auslegte, dass alle diesbezüglichen Interessen von den Arbeitnehmer*innen unabhängig von den Adressaten, ja sogar explizit, gegen den Staat gerichtet sein könnten. Eine für die rechtliche Bewertung maßgebliche Unterscheidung zwischen „politischen" und auf Tarifverhandlungen bezogenen Streik traf er in dieser Schaffensphase nicht.[845]

(cc) Schadensersatzrecht

Im Einklang mit der Rechtsprechung und dem Großteil der juristischen Literatur ordnete Nipperdey den Arbeitskampf zivilrechtlich als schadensersatzpflichtbegründend ein, wenn er ohne Einhaltung der Kündigungsfrist durchgeführt wurde.[846] Für die Prüfung von Schadensersatzansprüchen und die damit verbundene Rechtmäßigkeit eines Arbeitskampfs kam für Nipperdey nur § 826 BGB, nicht § 823 BGB in Betracht. Ein absolutes Recht am eingerichteten und ausgeübten Gewerbebetrieb im Sinne des § 823 Abs. 1 BGB lehnte er explizit ab.[847]

Im Hinblick auf die Sittenwidrigkeit nach § 826 BGB stellt er fest, dass

„auch ideelle Ziele, namentlich die Bekundung eines Solidaritätsbewusstseins (Sympathiestreik, Sympathieaussperrungen, diese beiden mit stark wirtschaftlichem Einschlag, politischer Streik, Maifeier, Verweigerung von Streikbrecherarbeit, um die Wiedereinstellung eines wegen nicht erheblicher Differenzen entlassenen Arbeiters zu erzwingen) [...] nicht zu beanstanden"[848] seien.

---

[843] Nipperdey-*Nipperdey*, Art. 159, S. 399.

[844] *Hueck/Nipperdey*, 1930, S. 571.

[845] *Nipperdey*, 1926, 395, S. 406; *Hueck/Nipperdey*, 1930, S. 578 ff.

[846] Nipperdey-*Nipperdey*, Art. 159, S. 416., siehe S. 58 ff.

[847] *Nipperdey*, 1926, 395, S. 401 ff.; *Hueck/Nipperdey*, 1930, S. 582 f.

[848] *Hueck/Nipperdey*, 1930, S. 585 f.

Bei der Diskussion auf dem 34. Deutschen Juristentag im Jahr 1926 über die Haftbarmachung von Gewerkschaften unter anderem für unerlaubte Handlungen stellte er fest:

> „Die Maifeier, die z. B. das Oberlandesgericht Breslau (Urteil v. 10. 2. 1926) als unsittlich ansah, politische Demonstrationsstreiks sind normalerweise nach meinem Dafürhalten nicht unsittlich, weil hier die ideellen Motive der Täter den Ausschlag im Sinne einer Verneinung des § 826 geben müssen. Nicht nur auf die wirtschaftlichen, sondern auf die ideellen Motive der Handelnden soll es eben ankommen".[849]

Nipperdey führte demnach „politische" Forderungen als „ideelle Motive" sogar als haftungsbeschränkende Indizien an, die in der juristischen Subsumtion gegen einen Verstoß gegen die guten Sitten i. S. d. § 826 BGB angebracht werden konnten.

(b) Nationalsozialismus

Im Nationalsozialismus wirkte Nipperdey an der Abschaffung des kollektiven Arbeitsrechts mit.[850] In seinem Kommentar des AOG tauchten die Rechtsideen der Weimarer Reichsverfassung nicht mehr auf. Nipperdey erwähnte die tatsächliche Ungleichheitslage zwischen Arbeitgebern und Arbeitnehmer*innen und der daraus entspringende Schutz der Arbeitnehmer*innen, den er zuvor noch aus Art. 159 WRV abgeleitet hatte, nicht mehr.[851] Bezüglich der Zerschlagung der Gewerkschaften durch die Nationalsozialisten bezeichnete er die Arbeitnehmerverbände euphemistisch als solche, „die es nicht mehr gibt" oder die seit dem 2. Mai 1933 „unterge-

---

[849] *Nipperdey*, 1926, 395, S. 444.

[850] Nipperdey (1895–1968) blieb während des Nationalsozialismus an dem selbst gegründeten Institut für Arbeits- und Wirtschaftsrecht an der Universität zu Köln. Mit den Kollegen Hueck und Dietz kommentierte er das AOG, das neben der Abschaffung der Koalitionsfreiheit auch offenen Rassismus und Antisemitismus beinhaltete (2. Kap., Fn. 649), wobei die Autoren des Kommentars betonten, dass jeder nur für den Inhalt seiner eigenen Kommentierung verantwortlich sei, Hueck/Nipperdey/Dietz AOG-*Hueck/Nipperdey/Dietz*, Einl.

Nipperdey wurde von der britischen Militärregierung wegen seiner Aktivität als Vorsitzender zweier Ausschüsse zum geplanten Volksgesetzbuch in der Akademie für Deutsches Recht und wegen deutlich NS-konformer Passagen in Schriften zum bürgerlichen Recht entlassen. Im Jahr 1947 wurde er aber wieder als Direktor des Instituts für Arbeits- und Wirtschaftsrecht an der Universität zu Köln eingesetzt, *Rückert*, 1999, 280, S. 28. Nipperdey tarnte sich laut eigener Aussage im Nationalsozialismus, um nicht als Systemfeind aufzufallen und das Recht zu schützen. Nach dem Ende des Zweiten Weltkriegs konnte er im Entnazifizierungsverfahren ausreichend viele Entlastungsbeweise vorbringen. Nachdem er unmittelbar nach Kriegsende in die SPD eingetreten war, aus der er im Verlauf der 1950er Jahre wieder austrat, und anfangs noch als Arbeitsrechtsexperte für die Gewerkschaften fungiert hatte, konnte er namhafte Unterstützer für sich gewinnen, die sich für seine Rehabilitierung einsetzten; unter anderem den damaligen Vorsitzenden der Gewerkschaften in der britischen Zone Hans Böckler, vgl. *Kittner*, 2005, S. 508; *Adomeit*, 2007, 149, S. 152; *Hollstein*, 2007, S. 87 ff.; *Rehder*, 2011, S. 183 ff.

[851] So auch Hollstein, der konstatiert, dass Nipperdey bei seiner Rechtsauslegung die Weimarer Reichsverfassung, die vorher noch die Spitze in seiner Normenpyramide eingenommen hatte, im Nationalsozialismus nicht mehr erwähnte, *Hollstein*, 2007, S. 174.

gangen" waren.[852] In dem Kommentar zum AOG fielen die Begriffe Streik und Arbeitskampf nur noch in dem von Dietz verfassten Abschnitt zur Strafbarkeit des Arbeitskampfs vor den sogenannten Ehrengerichten.[853]

Kurz nach der Machtübergabe an die Nationalsozialisten machte Nipperdey deutlich, welchen Fokus die neue Rechtsordnung setzen solle:

> „Die Beseitigung des Klassenkampfs in Beruf und Betrieb, die Durchführung der Gedanken der Arbeitsgemeinschaft und Betriebsverbundenheit, eine neuartige Verbindung von Freiheit und Zwang in der Gestaltung des sozialen Lebens, die Verbürgung des Wertes und der Würde jedes Arbeitsmenschen werden der Neugestaltung ihr Gepräge geben."[854]

Nipperdey verwendete den Begriff der Arbeitsgemeinschaft zur Nivellierung des Gegensatzes von Kapital und Arbeit. Statt der rechtlichen Anerkennung der Konfliktparteien und dem Schutz der Arbeitnehmer argumentierte Nipperdey für die Gemeinschaft von Arbeitgebern und Arbeitnehmer*innen:

> „Zur Arbeitsgemeinschaft schließen sich Arbeitsherr (Unternehmer) und Arbeitsgehilfe (Beschäftigter) zusammen. Sie bildet den konkreten Lebensbereich, mit dessen rechtlicher Regelung es das Arbeitsrecht zu tun hat. Nicht nur die Betriebsgemeinschaft, auch jedes Einzelarbeitsverhältnis ist eine solche konkrete Gemeinschaft des Miteinanderarbeitens. Schließlich bildet die Arbeitsfront eine Gemeinschaft aller schaffenden deutschen Arbeitsmenschen".[855]

Nach der Zerschlagung der Gewerkschaften gab es kaum noch Arbeitskämpfe. Diese sollten durch die Einrichtung der Deutschen Arbeitsfront auch tunlichst vermieden werden. Ihr Ziel war nach Nipperdey

> „die Bildung einer wirklichen Volks- und Leistungsgemeinschaft aller Deutschen. Sie hat dafür zu sorgen, daß jeder einzelne seinen Platz im wirtschaftlichen Leben der Nation in der geistigen und körperlichen Verfassung einnehmen kann, die ihn zur höchsten Leistung befähigt und damit den höchsten Nutzen für die Volksgemeinschaft gewährleisten. Die Arbeitsfront hat den Arbeitsfrieden dadurch zu sichern, daß bei den Betriebsführern das Verständnis für die berechtigten Ansprüche ihrer Gefolgschaft, bei den Gefolgschaften das Verständnis für die Lage und die Möglichkeiten ihres Betriebes geschaffen wird. Sie hat die Aufgabe, zwischen den berechtigten Interessen aller Beteiligten den Ausgleich zu finden, der den nationalsozialistischen Grundsätzen entspricht und die Anzahl der staatlich zu entscheidenden Fälle einschränkt".[856]

Anzustreben sei demnach die Leistungssteigerung jedes Einzelnen. Der Förderung der Produktivität und Steigerung der Volkswirtschaft seien Konflikte zwischen

---

[852] Hueck/Nipperdey/Dietz AOG-*Nipperdey*, § 32, Rn. 50, 55. Für weitere Beispiele zu Nipperdeys Akzeptanz der Zerschlagung der Gewerkschaften durch die Nazis siehe *A. Kaiser*, 1981, 130, S. 143.

[853] Hueck/Nipperdey/Dietz AOG-*Dietz*, § 36, Rn. 21; zur allgemeinen Darstellung des Arbeitskampfrechts im Nationalsozialismus siehe S. 66.

[854] *Nipperdey*, Deutsches Arbeitsrecht 1933, 16, S. 16.

[855] *Nipperdey*, Zeitschrift der Akademie für Deutsches Recht 1935, 911.

[856] *Nipperdey*, Zeitschrift der Akademie für Deutsches Recht 1935, 911, S. 912.

Arbeitgebern und Arbeitnehmer*innen abträglich. Zählt man zu den Konflikten auch Arbeitskämpfe, kann aus Nipperdeys Ausführungen Folgendes geschlossen werden: Weil Arbeitskämpfe hinderlich für die Produktivität seien und dem Florieren der Volkswirtschaft widersprächen, müssten sie vermieden werden.

Dass es Nipperdey bei seiner Arbeitsrechtsauslegung um die Förderung der Wirtschaftlichkeit der Betriebe ging, zeigt sich in der Kommentierung des § 611 BGB:

> „Das Kollektivrecht, das aufbaute auf Koalitionen, deren Existenz durch den Gedanken des Klassenkampfes bedingt war, die in dem Partner den grundsätzlichen Gegenspieler sahen, dessen Interessen notwendig im Widerspruch zu den eigenen stehen müssen, trat immer stärker in Gegensatz zu den Bedürfnissen der Volksgemeinschaft. Die Vereinbarung der Arbeitsbedingungen [...] nahm nicht hinreichend Rücksicht auf die Bedürfnisse und die Wirtschaftlichkeit des einzelnen Betriebes. Es besteht eine echte deutsche sozialistische Gemeinschaft, zu der alle arbeitenden Volksgenossen, Unternehmer wie Arbeiter, [...] beide schicksalsmäßig an den Betrieb gebunden sind, dessen Förderung ihrer beider Lebensaufgabe ist [...] und das Führeramt (im Frontsoldatentum des Weltkrieges und in der Zeit des nationalsozialistischen Kampfes um die Macht herausgearbeitet) steht grundsätzlich dem Unternehmer zu“.[857]

Nipperdey rechtfertigte den Umbruch des Rechtssystems, das vor 1933 die Verteilungskämpfe zwischen Kapital und Arbeit anerkannt hatte, mit den Interessen der Volksgemeinschaft, die er wiederum mit den wirtschaftlichen Interessen der Betriebe gleichsetzte. Seine Rechtsauslegung folgte damit den Unternehmensinteressen, über die allein der Betriebsinhaber zu entscheiden habe.

Weitere Nachweise, dass Nipperdey auch im Nationalsozialismus wirtschaftspolitische Zielstellungen zur Rechtsauslegung nutzte, die er nicht auf positiv gesetztes Recht zurückführte, finden sich in einschlägigen Passagen seiner Privatrechtslehre. Nipperdey fasste in einem Vortrag aus dem Jahr 1937 die Grund- und Ordnungsprinzipien des nationalsozialistischen Privatrechts zusammen, auf denen das im Entstehungsprozess befindliche Volksgesetzbuch basieren sollte:

> „In dem verbleibenden immer noch außerordentlich weiten Gebiet des Privatrechts gelten die großen Grundsätze der Anerkennung des Privateigentums, der Vertragsfreiheit, des Leistungswettbewerbs, und des privaten Vereinigungsrechts. Aber diese Prinzipien haben entscheidenden Bedeutungswandel erfahren, indem sie von vornherein substantiell inhaltlich durch die Pflichtgebundenheit und Verantwortlichkeit gegenüber der Gemeinschaft gestaltet werden und allein aus dieser Gemeinschaftsbezogenheit ihre innere Rechtfertigung und ihren staatlichen Schutz erfahren“.[858]

Rechtliche Wertungen sollten demnach am Gemeinschaftsnutzen ausgerichtet sein. Auffällig ist, dass Nipperdey das erste Mal den Leistungswettbewerb als Prä-

---

[857] Staudinger-*Nipperdey*, BGB § 611 Vorbem., Rn. 283, 284, 286, zit. nach *Radke*, AuR 1965, 302, S. 305.

[858] *Nipperdey*, 1988 (1938), 425–444, (95–114), S. 99 f.

misse benannte. Diese Prinzipien stellte er normenhierarchisch über das einfache Privatrecht:

> „In diesem Sinne sind die genannten Privatrechtsprinzipien ‚Verfassungsrecht' innerhalb des Privatrechts, Grundformen der öffentlichen Ordnung der Volksgemeinschaft, soweit sie die Rechtsstellung des Einzelnen in der Volksgemeinschaft betrifft".[859]

In seinen Abhandlungen darüber, wie die Vertragsordnung ausgestaltet sein müsse, führte Nipperdey aus, dass die Regelung der vertraglichen Austauschbeziehungen alleinig zum Zwecke der Leistungssteigerung erfolgen solle.[860] Nipperdey richtete das gesamte Schuldrecht an der Verwirklichung des Güterumsatzes aus:

> „Der Gemeinschaftsgedanke fordert die Verwirklichung des Leistungserfolges, damit der notwendige Güterumsatz stattfindet. Durch den Gemeinschaftszweck erhält das Schuldverhältnis seine Begrenzung. Ein Interesse des Gläubigers kann nur dann rechtlich anerkannt werden, wenn es unter dem Gesichtspunkt des Gemeinschaftszwecks als schutzwürdiges erscheint".[861]

Zusammenfassend ist festzuhalten, dass Nipperdey im Nationalsozialismus die Gemeinschaft nun nicht mehr nur auf gesamtgesellschaftlicher Ebene, sondern auch explizit im Arbeitsleben beschwor, mit der Folge, dass die tatsächlichen Interessengegensätze zwischen Arbeitgeber*innen und Arbeitnehmer*innen unsichtbar gemacht wurden. Arbeitskonflikte sollten vermieden werden, um die volkswirtschaftliche Leistung zu steigern. Aus der Untersuchung seiner Privatrechtslehre wurde deutlich, dass er überrechtliche, d.h. über dem einfachen Recht[862] stehende Prämissen ideologisch begründete. Dazu zählten der Leistungswettbewerb und die Leistungssteigerung. Nipperdeys Rechtsauslegung folgte somit der Kampfbefriedung und war auf die Vermeidung von Arbeitskämpfen ausgerichtet. Aufgrund der Zerschlagung der Gewerkschaften und der Abschaffung des kollektiven Arbeitsrechts war seine Rechtslehre für die Durchsetzung der Vorstellungen der Nationalsozialisten nicht mehr notwendig.

(c) Schaffensphase in der Bundesrepublik vor dem Zeitungsstreik

Nach dem Ende des Nationalsozialismus kehrte Nipperdey zu seiner Arbeitskampfrechtslehre der Weimarer Republik zurück und vertrat zunächst die Ansicht, dass der sogenannte politische Streik nicht anders zu behandeln sei als der tarifbezogene. Auch daran, dass das Recht am eingerichteten und ausgeübten Gewerbebetrieb kein Rechtsgut nach § 823 Abs. 1 BGB im Arbeitskampfrecht begründe, hielt er in den ersten Jahren der Bundesrepublik fest. Das sollte sich erst mit dem Zeitungsstreik im Jahr 1952 grundlegend ändern.

---

[859] *Nipperdey*, 1988 (1938), 425–444, (95–114), S. 100.

[860] *Nipperdey*, 1988 (1938), 425–444, (95–114), S. 104 f.

[861] *Nipperdey*, 1988 (1938), 425–444, (95–114), S. 105.

[862] Die Weimarer Verfassung hatte trotz formellen Bestehens im Nationalsozialismus faktisch keine Geltung mehr, vgl. *Frotscher/Pieroth*, 2009, S. 351 f.

Kurz nach Inkrafttreten des Grundgesetzes im Jahr 1949 schrieb er zur Definition des Arbeitskampfs:

> „Als Kampfziele kommen für den Streik in erster Linie wirtschaftliche, soziale Ziele in Betracht, aber auch politische Ziele können mit einem Streik verfolgt werden. Der sog. Demonstrationsstreik kann nicht als Arbeitskampf, als ‚Streik‘, angesehen werden, eine Demonstration ist kein Kampf, der die Erreichung eines Zieles zum Zwecke hat“.[863]

Zwar schloss er den Demonstrationsstreik aus dem Arbeitskampfbegriff aus, erkannte aber nach wie vor „politische Ziele“ als rechtmäßige Streikziele an, ohne jedoch zu definieren, was darunter zu verstehen sei.

Zur deliktischen Haftung des Arbeitskampfs schrieb er:

> „Der Streik als solcher ist keine unerlaubte Handlung (Delikt) im Sinne der §§ 823 ff. BGB. [...] Ebenso liegt keine widerrechtliche Verletzung des sog. ‚Rechts am eingerichteten und ausgeübten Gewerbebetrieb‘ vor, wenn man ein solches Recht überhaupt anerkennen will“.[864]

Die prinzipielle Widerrechtlichkeit eines Streiks nach § 823 Abs. 1 BGB war ihm bis zum Jahr 1949 fremd.[865] Die Bewertung der Rechtmäßigkeit des Streiks sollte allein anhand von § 826 BGB erfolgen. Die Tatbestandsvoraussetzung der Sittenwidrigkeit legte er dabei eng aus:

> „Dabei sind die Ziele nicht schon deshalb sittenwidrig, weil sie übertrieben erscheinen. Auch ideelle Ziele sind in der Regel nicht zu beanstanden. Dagegen können Streiks, die die Rache oder Maßregelung eines politischen oder gewerkschaftlichen Gegners bezwecken, unsittlich sein“.[866]

Somit wertete Nipperdey lediglich Motive wie Rach- oder Straflust als sittenwidrig nach § 826 BGB.

Im Streit um die Zulässigkeit eines Streiks für die Mitbestimmung in der Montanindustrie[867] hatte Nipperdey bereits Zweifel an der Rechtmäßigkeit eines Streiks gehegt, der sich auch an den Staat richtete. In einem Schreiben an den DGB-Bundesvorstand vom 14. Januar 1951 hatte er die Ansicht vertreten, dass zur Regelung der Arbeits- und Wirtschaftsbedingungen nach Art. 9 Abs. 3 GG auch die Betriebsverfassung nach Art. 74 Nr. 12 GG und § 1 TVG gehöre. Den geplanten Streik zur Mitbestimmung in der Montanindustrie bewertete er zumindest unter der Maßgabe, dass die Arbeitnehmer die Arbeitsverhältnisse bereits gekündigt hätten oder mit Wirkung zum 31. Januar 1951 noch kündigen würden, als rechtmäßig. Als schwerwiegender schätzte er die Argumente der Arbeitgeber ein, die sich auf eine Parlamentsnötigung beriefen. Darin könne ein Verstoß gegen § 826 BGB zu sehen

---

[863] *Nipperdey*, SJZ 1949, 811.

[864] *Nipperdey*, SJZ 1949, 811, S. 814.

[865] So auch *Perels*, 1985, 141, S. 151.

[866] *Nipperdey*, SJZ 1949, 811, S. 815.

[867] Siehe S. 180 ff.

sein, weil ein Streik dann als sittenwidrig gelten müsse, wenn er das Parlament zu einer Handlung nötige. Nipperdey wies aus diesem Grund den DGB-Bundesvorstand und den Vorstand der IG Metall daraufhin, dass sie öffentlich klarstellen müssten, dass sie das Parlament nicht unter Druck setzen wollten. Nipperdey gab zu bedenken, dass ein Gericht die Bewertung der Sittenwidrigkeit nach § 826 BGB nach Einschätzung der Tatsachenlage vornehme. Aus diesem Grund müssten die Gewerkschaften klarstellen, warum dieser Streik in ihrem Fall notwendig und gerechtfertigt gewesen sei. Zudem müssten die Gewerkschaften kundtun, dass dem Parlament zum Zeitpunkt des angekündigten Streiks die Kompetenz gefehlt habe, weil die Zuständigkeit noch bei den Alliierten gelegen habe. Der Streik richtete sich darüber hinaus gegen die Unternehmer, die an den Verhandlungstisch zurückkehren sollten. Nipperdey machte all dies in seinem Schreiben nicht nur zur Bedingung der Rechtmäßigkeit des angedachten Streiks, sondern kündigte an, nur gutachterlich tätig zu werden, wenn sich die Gewerkschaften von einer Druckausübung auf den Bundestag distanzierten. Zu diesem Zwecke hatte er für die Gewerkschaften ein vorformuliertes Schreiben angehängt, mit dem sie sich in der Öffentlichkeit zur Rechtmäßigkeit ihrer Streikstrategie positionieren konnten.[868]

Diesem letzten Schreiben vor der Anfertigung des Gutachtens des Zeitungsstreiks im Jahr 1952 ist bereits zu entnehmen, dass Nipperdey in einem an den Gesetzgeber gerichteten Streik keine rechtmäßige Handlung erblickte.

(d) Zusammenfassung

Nipperdey leitete aus der Weimarer Reichsverfassung keine verfassungsrechtliche Gewährleistung des Arbeitskampfrechts ab. Seine Auslegung des Art. 159 WRV war zentral auf den Willen der Verfassungsgebung ausgerichtet, der ein Streikrecht nicht umfasste. Nipperdeys Ansicht, dass der Arbeitskampf zu vermeiden sei und der Staat dieses Interesse teilte, fügte sich in die vorherrschende Auslegung des Arbeitskampfrechts in der Rechtswissenschaft, die Rechtsprechung des Reichsarbeitsgerichts und die Verordnungen zur staatlichen Zwangsschlichtung und damit der Gesetzgebungsentwicklung zum Arbeitskampf der Weimarer Republik ein. So war seine Arbeitskampfrechtslehre vom Gedanken der Wirtschaftsfriedlichkeit geprägt, der sich auch im System der Zwangsschlichtung wiederfand. Insgesamt bestand damit kein Widerspruch zwischen seiner Rechtsauslegung des Arbeitskampfrechts und dem positiv gesetzten Recht.

Dennoch arbeitete Nipperdey bereits in dieser Schaffensphase Rechtssätze heraus, die er nicht an Verfassungsrecht, einfache Gesetze oder Richterrecht rückbinden konnte. Dass Nipperdey die Leistungssteigerung der Wirtschaft als ein rechtliches Gebot setzte, hat die Darstellung seiner Privatrechtslehre spätestens im Nationalsozialismus gezeigt. Seine Auslegung des Privatrechts verfolgte das Ziel der Befriedigung eines vermeintlichen Gemeinschaftsinteresses, hinter dem sich die Prämisse von wirtschaftlichem Wachstum verbarg. So diente die Zielstellung von stö-

[868] *Nipperdey*, 14. 1. 1951, Hinweis bei *Lauschke*, 2005, S. 378.

rungsfreiem Warenverkehr und Wirtschaftswachstum der Begründung des Kontrahierungszwanges. Mit der Prämisse des Wohles der Gesamtwirtschaft rechtfertigte Nipperdey die Zulässigkeit von Kartellen. Im Nationalsozialismus arbeitete er die Rechtsprinzipien des Leistungswettbewerbs und der Leistungssteigerung als über dem Recht stehende Ordnungsgrundsätze heraus. Die Vorannahme, dass die Leistungssteigerung der Wirtschaft von der friedlichen Zusammenarbeit von Arbeitnehmer*innen und Arbeitgeber*innen abhängig sei, nutzte Nipperdey zur Begründung eines dogmatischen Prinzips, ohne sie an positives Recht rückzubinden. Indem er die Vermeidung von Arbeitskämpfen zur Bewertung der Rechtmäßigkeit eines Arbeitskampfs nutzte, verwandelte er seine Annahme in eine rechtliche Doktrin.

Zwar war mit Art. 156 Abs. 2 WRV ein normativer Bezugspunkt der Gemeinwirtschaft, unter die alle Interessen der am Produktionsprozess Beteiligten zu fassen waren, in der Weimarer Verfassung geschaffen worden. Jedoch regelte die Norm die gesetzgeberische Befugnis zur Sozialisierung von bestimmten Unternehmen. Sozialisierung sollte den Zusammenschluss von und die Mitbestimmung in den jeweiligen Betrieben ermöglichen. Der Verfassungsartikel befähigte somit den Staat auf die Unternehmensgestaltung einzuwirken. Die Begründung der Wirtschaftsfriedlichkeit zur Verhinderung von Arbeitskämpfen war darin nicht angelegt. Die Norm bezweckte in umgekehrter Stoßrichtung die Beteiligung der Arbeitnehmer*innen an den sonst von den Arbeitgeber*innen selbständig geführten Unternehmen.

Um das Telos der Vermeidung von Arbeitskämpfen positivrechtlich zu begründen, hätte sich Nipperdey durchaus auf das staatliche Zwangsschlichtungssystem in der Weimarer Republik, dass in verschiedenen Verordnungen immer wieder reformiert und damit bestätigt wurde, berufen können. Stattdessen leitete er die Prämisse der Kampfvermeidung aus der tariflichen Friedenspflicht ab. Laut Nipperdey diente der Tarifvertrag ausschließlich dem Abschluss der Verhandlungen und der Vorbeugung von Arbeitskämpfen. Dieses Telos führte er allerdings nicht auf positiv gesetztes Recht zurück. Zudem fielen bei seiner rechtlichen Betrachtung des Arbeitskampfrechts der Schutz-, Gleichheits- und Autonomiegedanke, die Nipperdey dem kollektiven Arbeitsrecht beimaß, nicht ins Gewicht.

Dass eine Rechtsauslegung mit der Prämisse der Konfliktvermeidung sich zulasten der Arbeitnehmer*innen auswirkte, weil diesen keine rechtlich abgesicherten, effektiven Instrumente zur Interessendurchsetzung zugestanden wurden, thematisierte Nipperdey nicht.

Den sogenannten politischen Streik subsumierte Nipperdey als Arbeitskampfform unter vielen, für die keine andere rechtliche Wertung zulässig sei, als es die Maßgabe der Sittenwidrigkeit nach § 826 BGB zugelassen habe. Erst vor dem Hintergrund der rechtlichen Auseinandersetzungen zum Montanmitbestimmungsstreik im Jahr 1951 ließ Nipperdey Zweifel an der Rechtmäßigkeit eines Streiks, der sich an die Gesetzgebung richtete, erkennen. Die Unterscheidung zwischen Streiks, die auf den Abschluss von Tarifverträgen gerichtet waren und solchen, die staatliche

Stellen adressierten, führte er bis dahin bei der Bewertung der Rechtmäßigkeit nicht an. Die Anwendung des Rechts am eingerichteten und ausgeübten Gewerbebetrieb auf das Arbeitskampfrecht lehnte er explizit ab. Beide Wertungen sind aus heutiger Sicht vor dem Hintergrund nachvollziehbar, dass ein Arbeitskampfrecht weder in der Mehrheit der Rechtswissenschaft noch in der Rechtsprechung anerkannt worden war.[869] Wo es kein Arbeitskampfrecht gab, musste keine Dogmatik entwickelt werden, um es einzuschränken.

(2) Gutachten zum Zeitungsstreik

Das von den Arbeitgeberverbänden in Auftrag gegebene Gutachten zum Zeitungsstreik wurde im Januar 1953 veröffentlicht. Der Veröffentlichungszeitpunkt fiel zwischen die erstinstanzlichen und zweitinstanzlichen Urteile zu den Schadensersatzprozessen.[870]

Nipperdey bearbeitete gutachterlich die Frage, ob gegen die Gewerkschaften ein Schadensersatzanspruch besteht, wenn sie zum „politischen" Streik aufrufen und diesen durchführen. Er kam zu dem Ergebnis, dass der Zeitungsstreik die Voraussetzungen des § 823 Abs. 1 BGB erfülle und den Zeitungsunternehmen und Druckereien dieser Anspruch zustehe.[871]

Nipperdey setzte sich im ersten Teil seines Gutachtens mit der These Forsthoffs auseinander, dass es sich bei dem Zeitungsstreik um eine Parlamentsnötigung handele. Er widersprach Forsthoff mit der Feststellung, dass unabhängig von den verfassungsrechtlichen Fragen der parlamentarischen Demokratie und der freien Willensbildung zunächst der Tatbestand der Nötigungshandlung des Straftatbestands zu prüfen sei, bevor die Frage der Rechtswidrigkeit der Nötigung aufgeworfen werden könne.[872] Im Ergebnis ließ Nipperdey die Frage offen, ob eine Parlamentsnötigung tatbestandsmäßig vorliege, da daraus allein noch keine Schlüsse für das Bestehen von zivilrechtlichen Schadensersatzansprüchen gezogen werden könnten, weil der Rechtswidrigkeitszusammenhang zwischen schädigender Handlung und dem spezifisch geschützten Rechtsgut unabhängig von der Verletzung einer strafrechtlichen Norm zu prüfen sei.[873] Der Tatbestand der Parlamentsnötigung schütze die freie Willensbildung der Abgeordneten im Bundestag, daraus könne aber kein

---

[869] Siehe S. 179 ff.

[870] Siehe S. 266 ff.

[871] *Nipperdey*, 1953, S. 50 ff.; Kittner sieht darin einen Bruch Nipperdeys mit den gewerkschaftlichen Positionen, da er nun Ansichten vertrat, „die den von ihm selbst jahrzehntelang vertretenen diametral entgegenstanden", *Kittner*, 2005, S. 603. Ramm wertete Nipperdeys Gutachten als „echten Meinungsumschwung in der Anwendung des geltenden Rechts", *Ramm*, AuR 1966, 161, S. 163. Wie auf den S. 220 ff. gezeigt, gab es bei Nipperdey zwar Brüche in der Rechtsansicht zur zivilrechtlichen Behandlung des Streiks, aber die Kontinuitäten in der Rechtsauffassung – die Privatrechtsordnung und auch das kollektive Arbeitsrecht müsse vor allem dem wirtschaftlichen Wachstum dienen – überwiegen.

[872] *Nipperdey*, 1953, S. 17 ff., S. 21.

[873] *Nipperdey*, 1953, S. 27 ff.

Rechtswidrigkeitszusammenhang des Zeitungsstreiks für den Schaden der Unternehmen abgeleitet werden.[874]

In dem zweiten und für die künftige Arbeitsrechtsdogmatik sehr viel folgenschwereren Teil des Gutachtens arbeitete Nipperdey als Anspruchsgrundlage § 823 Abs. 1 BGB für den Schadensersatz aufgrund eines Streiks heraus. Er betonte, dass diese Norm im Vergleich zu § 826 BGB auch für Fahrlässigkeit haften ließe und die Rechtswidrigkeit durch die Rechtsgutverletzung indiziert sei. Er entwickelte seine Rechtslehre weiter und führte ein Rechtsgut und eine Rechtsfigur in das Arbeitskampfrecht ein: Das Recht am eingerichteten und ausgeübten Gewerbebetrieb (a) und das Prinzip der Sozialadäquanz (b).

(a) Das Recht am eingerichteten und ausgeübten Gewerbebetrieb als sonstiges Recht i. S. v. § 823 Abs. 1 BGB

Nipperdey stellte zunächst fest, dass es Anspruchsvoraussetzung des § 823 BGB sei, dass die Verletzung eines absolut geschützten Rechtsguts vorliege. Für die Konstruktion dieses Rechtsguts bediente sich Nipperdey der Rechtsprechung des Reichsgerichts des Kaiserreichs und der Weimarer Zeit, welches seit Jahrzehnten das Recht am eingerichteten und ausgeübten Gewerbebetrieb anerkannt hätte. Diese Rechtsprechung habe der Bundesgerichtshof übernommen und das Bestehen dieses Rechtsgut mit seinem Urteil vom 26. Oktober 1951 bestätigt.[875]

Nipperdey sah nach dem Urteil des Bundesgerichtshofs das subjektive Recht am eingerichteten und ausgeübten Gewerbebetrieb als allgemeingültig an, denn das Gericht führte aus:

> „In späteren Entscheidungen ist das RG jedoch auf dem Gebiet des Warenzeichen- und Wettbewerbsrechtes weiter gegangen [sic!] und hat für den Unterlassungsanspruch jede widerrechtliche Beeinträchtigung der gewerblichen Betätigung für ausreichend erachtet, wenn sie einen unmittelbaren Eingriff in den Bereich des Gewerbebetriebs darstellt [Nachweise der RGE, Anmerk. T.T.]. Es besteht jedoch kein sachlicher Grund, diesen Gedanken des Schutzes der gewerblichen Betätigung auf das Gebiet des Wettbewerbs und der gewerblichen Schutzrechte zu beschränken. Wie das Eigentum nicht nur in seinem Bestand [sic!] sondern auch in seinen einzelnen Ausstrahlungen – beispielsweise in der Beeinträchtigung der unbeschränkten Verfügungsmacht (RGZ 156 S. 400) – durch § 823 Abs. 1 BGB vor unmittelbaren Eingriffen geschützt ist, muß nach dieser Schutzvorschrift auch das Recht am eingerichteten und ausgeübten Gewerbebetrieb nicht nur in seinem eigentlichen Bestand [sic!] sondern auch in seinen einzelnen Erscheinungsformen, wozu der gesamte gewerbliche Tätigkeitskreis zu rechnen ist, vor unmittelbaren Störungen bewahrt bleiben“.[876]

Aus dieser Urteilspassage ließe sich nach Nipperdey ableiten, dass das Rechtsgut über das Warenzeichen- und Wettbewerbsrecht hinaus anzuwenden sei, unter an-

---

[874] *Nipperdey*, 1953, S. 30.

[875] *Nipperdey*, 1953, S. 31 ff.

[876] BGH 26. 10. 1951 – I ZR 8/51, GRUR 1952, 410, S. 414.

derem auch im Arbeitskampfrecht. Des Weiteren schlussfolgerte Nipperdey aus der Gerichtsentscheidung, dass das Recht am eingerichteten und ausgeübten Gewerbebetrieb nicht mehr nur den Bestand des Betriebes, sondern die gewerbliche Betätigung selbst schütze.[877] Er gab an, seine Rechtsansicht diesbezüglich geändert zu haben und begründete dies mit dem Grundrecht auf freie Entfaltung der Persönlichkeit aus Art. 2 Abs. 1 GG, das neben dem Strafrecht auch im Privatrecht Beachtung finden müsse. Das Grundrecht stelle eine „Grundnorm des menschlichen Zusammenlebens" dar.[878] Danach sei es verboten, dass sozialinadäquate Maßnahmen in die Rechte Dritter eingriffen.[879] In diese Überlegung fügte sich nun seine Feststellung ein, dass Arbeitgeber wie Dritte zu behandeln seien, wenn sie die Streikforderungen nicht „bewilligen oder ablehnen konnten".[880] Ob Unternehmen generell als Dritte in einem Streik zu behandeln seien, oder nur im Falle, wenn die Arbeitnehmer*innen ihre Forderungen auch an staatliche Institutionen richteten – wie im vorliegenden Fall – ließ er offen.

Mit der Übertragung des Rechts am eingerichteten und ausgeübten Gewerbebetrieb aus dem Wettbewerbsrecht in das Arbeitskampfrecht und der Anwendung des § 823 Abs. 1 BGB entfiel das Tatbestandsmerkmal der Sittenwidrigkeit des § 826 BGB. Nipperdey selbst hatte betont, dass § 826 BGB aufgrund der Anspruchsvoraussetzungen des Rechtswidrigkeitszusammenhangs und den strengeren Anforderungen an den Vorsatz, der sich auf die gesamten Schadensfolgen erstrecken muss, nur beschränkt auf den Arbeitskampf anwendbar sei.[881] Diese deliktsrechtlichen Hürden hatte er durch eine Hundertachtziggradwende in seiner Auslegung von § 823 BGB umgangen.

(b) Das Prinzip der Sozialadäquanz

Für die Begründung und Übertragung des Rechts am eingerichteten und ausgeübten Gewerbebetrieb auf den Arbeitskampf nutzte Nipperdey das Prinzip der Sozialadäquanz. Er übernahm das Prinzip aus der Strafrechtswissenschaft und erklärte es für die gesamte Rechtsordnung als gültig. Es seien solche Handlungen sozialadäquat, die sich „im Rahmen der allgemeinen Ordnung des menschlichen Zusammenlebens halten".[882]

Das Prinzip der Sozialadäquanz setzte er darüber hinaus auf der Rechtfertigungsebene ein. Ein Eingriff in die subjektiven Rechte des § 823 Abs. 1 BGB könne im Einzelfall gerechtfertigt sein.[883] Eine umfassende Rechtfertigung jedes Streiks könne nicht nach Art. 9 Abs. 3 GG erfolgen, da aus dem Grundrecht kein Streikrecht

---

[877] *Nipperdey*, 1953, S. 36.
[878] *Nipperdey*, 1953, S. 38.
[879] *Nipperdey*, 1953, S. 45.
[880] *Nipperdey*, 1953, S. 51 f.
[881] *Nipperdey*, 1953, S. 33.
[882] *Nipperdey*, 1953, S. 39.
[883] *Nipperdey*, 1953, S. 34, 41 ff.

abzuleiten sei.[884] Streiks seien dann gerechtfertigt, wenn sie sozialadäquat wären. Sozialadäquat sei ein Streik, der gegen die Arbeitgeber zur Verbesserung oder Erhaltung der bestehenden Arbeitsbedingungen gerichtet ist und die Verwirklichung des Streikziels müsse durch „privatrechtlich-arbeitsrechtliche Vereinbarungen zwischen Arbeitgebern und Arbeitnehmern erstrebt werden“.[885] Diese Form des Streiks bezeichnete er im Folgenden als „arbeitsrechtlichen Streik“, worunter auch der Sympathiestreik falle.[886]

Im Weiteren begründete er die soziale Adäquanz des arbeitsrechtlichen Streiks mit „der gesamten historischen Entwicklung seit 1869 (namentlich aus der wichtigen Regel des § 152 Abs. 1 RGewO) und der allgemeinen rechtlichen Überzeugung“.[887]

Von dem arbeitsrechtlichen Streik grenzte Nipperdey den politischen Streik ab, der „insbesondere politische Ziele und Forderungen verfolgt, die die bestreikten Arbeitgeber gar nicht erfüllen können und sollen“.[888] Ein „politischer“ Streik könne unter keinen Umständen sozialadäquat sein, denn es

> „handelt sich nicht um sozial-übliches, normales, im Rahmen der geschichtlich gewordenen und auch heute anerkannten sozialen Ordnung des Gemeinschaftslebens sich bewegendes Handeln, mit dem jeder in unserer Wirtschafts- und Sozialordnung rechnen muß“.[889]

Abschließend bewertete er den „politischen“ Streik als sozialinadäquat, lieferte dafür allerdings keine weitergehende Begründung, sondern behauptete diese Rechtsauffassung sei „vernünftig, sinnvoll und gerecht“.[890]

(3) Stellungnahme

Die dogmatischen Widersprüche in Nipperdeys Auslegung des Arbeitskampfrechts, insbesondere bei der Konstruktion des zivil- und grundrechtlichen Vorbehalts des Streiks aus § 823 Abs. 1 BGB und der Sozialadäquanzlehre, wurden bereits untersucht und kritisiert und werden im Folgenden unter (a) und (c) dargestellt sowie mit eigenen Argumenten ergänzt.

Bislang fehlt in der Rechtswissenschaft eine Auseinandersetzung mit Nipperdeys Begründung sowie Beschränkung des Arbeitskampfrechts mittels dem von ihm aus dem Grundgesetz abgeleiteten Prinzip der sozialen Marktwirtschaft (b) sowie seinen rechtshistorischen Argumenten (d). Auch die normativen Schlüsse, die Nipperdey aufgrund der begrifflichen Unterscheidung von „politischem“ und „arbeitsrechtlichem“ Streik zog, wurden bislang nicht hinreichend dargestellt und kritisiert (e).

---

[884] *Nipperdey*, 1953, S. 42.
[885] *Nipperdey*, 1953, S. 41, 43.
[886] *Nipperdey*, 1953, S. 43.
[887] *Nipperdey*, 1953, S. 43.
[888] *Nipperdey*, 1953, S. 44.
[889] *Nipperdey*, 1953, S. 44.
[890] *Nipperdey*, 1953, S. 45.

Diese Forschungslücke möchte ich schließen, indem ich die Ergebnisse der Untersuchung von Nipperdeys Rechtsauslegungen in der Weimarer Republik und im Nationalsozialismus, die zum Teil nicht auf positives Recht zurückzuführen sind, einbeziehe.[891] Zudem gleiche ich Nipperdeys Arbeitskampfrechtslehre mit der hier vorgenommenen Auslegung von Art. 9 Abs. 3 GG[892] und der historischen Entwicklung des Arbeitskampfrechts ab.[893]

(a) Kritik an der Übertragung des Rechts am eingerichteten und ausgeübten Gewerbebetrieb auf das Arbeitskampfrecht

Nipperdey begründete die Übertragung des Rechts am eingerichteten und ausgeübten Gewerbebetrieb auf den Arbeitskampf mit der Rechtsprechung des Reichsgerichts und des Bundesgerichtshofs. Bereits die Bezugnahme auf die Urteile des Reichsgerichts kann nicht überzeugen. Das Reichsgericht hatte das Recht am eingerichteten und ausgeübten Gewerbebetrieb für wirtschaftliche Schäden entwickelt, die bei Auseinandersetzungen zwischen Unternehmer*innen entstanden waren. Dazu zählten beispielsweise Boykottaufrufe oder herabsetzende Werbung gegen Marktkonkurrent*innen.[894]

Ein näherer Blick auf die Entscheidungen des Reichsgerichts zeigt, dass es deutlich zwischen Wettbewerbskonstellationen und Auseinandersetzungen der Arbeitsvertragsparteien unterschied. In einem Fall aus dem Jahr 1904 hatte das Gericht über die Schadensersatzpflicht eines Unternehmers zu entscheiden. Dieser hatte einen anderen Unternehmer davon abgehalten, eine Ware zu produzieren, für die er ein Gebrauchsmuster eingetragen hatte, das aber nicht schutzfähig war. Streitentscheidende Frage war, ob der Unternehmer auch dann schadensersatzpflichtig sei, wenn er nur fahrlässige Unkenntnis der Schutzfähigkeit des Gebrauchsmusters hatte. Das Gericht führte aus, wann das Recht am eingerichteten und ausgeübten Gewerbebetrieb anzuwenden sei: Es käme darauf an, dass eine „gegenständliche Verkörperung" eingetreten sei. Der bloße Betrieb des Gewerbes oder die Verwertung der Arbeitskraft begründe gerade kein subjektives Recht.[895] Damit schloss das Reichsgericht explizit die Verwendung der Arbeitskraft, d. h. die Beziehung zwischen

---

[891] Siehe S. 222 ff.

[892] Siehe S. 72 ff.

[893] Siehe S. 70 ff.

[894] *Sack*, 2012, S. 41; Wesel begründet die Einführung des Rechtsguts damit, dass es zum Zeitpunkt der ersten Urteile des Reichsgerichts noch kein Wettbewerbsgesetz gab, *Wesel*, 1988, S. 22. Die erste Rechtsprechung zum eingerichteten und ausgeübten Gewerbebetrieb als Rechtsgut i. S. d. § 823 BGB ist im Jahr 1902 in der Privatklinik-Entscheidung ergangen, RG 6. 3. 1902, vgl. *Sack*, 2012, S. 7 ff., jedoch gab es bereits 1896 ein Gesetz gegen den unlauteren Wettbewerb (UWG), das allerdings Monopolmissbräuche und andere schädigende Wettbewerbshandlungen nur unzureichend unterbinden konnte, da es einen sehr engen Handlungskatalog aufwies, vgl. *R. Schröder*, 1988, S. 255. Im Jahr 1909 wurde das UWG reformiert, *R. Schröder*, 1988, S. 533.

[895] RG 27. 2. 1904 – I 418/03, RGZ 58, 24, S. 29 f.

Arbeitgeber*innen und Arbeitnehmer*innen, aus dem Anwendungsbereich des subjektiven Rechts aus.

Das Reichsgericht stellte zudem fest, dass der Eingriff in das Schutzrecht nur widerrechtlich sei, „wenn das behauptete Schutzrecht in Wahrheit nicht besteht, weil es sich dann nicht mehr um einen erlaubten Wettbewerb handelt“.[896] Hierin ist ein wichtiger Unterschied zum Streik zu sehen. Das Streikrecht ist nicht ein „behauptetes Schutzrecht“, das „in Wahrheit nicht besteht“, sondern war ab 1949 ein grundrechtlich gewährleistetes Recht.[897]

In nur wenigen Urteilen hatten das Reichsgericht und das Reichsarbeitsgericht Streiks und Streikaufrufe überhaupt als tatbestandsmäßige Eingriffe in das Recht am eingerichteten und ausgeübten Gewerbebetrieb angesprochen. Die Gerichte erwähnten das Rechtsgut lediglich, um es mit derselben Begründung, mit der sie schon einen Anspruch aus § 826 BGB abgelehnt hatten, nicht auf den Streik anzuwenden und es auch nicht eingehender zu prüfen.[898]

Das von Nipperdey herangezogene Urteil des Bundesgerichtshofs vom 26. Januar 1951 ist genauso wenig geeignet, die Übertragung des Rechts am eingerichteten und ausgeübten Gewerbebetrieb auf das Arbeitskampfrecht zu begründen. In dem Fall ging es um einen Streit zwischen dem Verlag, der die Frauenzeitschrift „Constanze“ herausbrachte, und der Verlegerin der Wochenzeitschrift „Kirche und Leben, Kirchenblatt für das Bistum M“. Die Beteiligten des Rechtsstreits waren demnach beide Unternehmen. In der Beilage der Kirchenzeitschrift war ein Artikel erschienen, in dem den christlichen Lesern davon abgeraten wurde, illustrierte Zeitschriften zu erwerben, weil sie nicht den christlichen Wert- und Moralvorstellungen entsprächen. Zu diesen verbotenen Zeitschriften gehörte unter anderen die Frauenzeitschrift „Constanze“. Der Bundesgerichtshof urteilte, dass auch Handlungen wie im konkreten Fall geschäftsschädigende Werturteile, die nicht zu Wettbewerbszwecken erfolgten, schadensersatzpflichtig nach § 823 Abs. 1 BGB sein könnten. Das Gericht weitete damit den Schutz des Rechts am eingerichteten und ausgeübten Gewerbebetrieb auf Handlungen von nicht im Wettbewerb stehenden Dritten aus.

Betrachtet man dieses Urteil hinsichtlich der Übertragbarkeit auf Arbeitskampfsituationen, muss zunächst festgestellt werden, dass es sich bei den Beteiligten in dem Rechtsstreit vor dem Bundesgerichtshof, wie schon in den Urteilen des Reichsgerichts, um Unternehmen handelte. Konflikte mit Gewerkschaften waren gerade nicht Gegenstand dieser Rechtsprechung.

Auch aus der Passage der Entscheidung des Bundesgerichtshofs, die besagt, dass sich aus schädigenden Handlungen, die nicht zu Wettbewerbszwecken erfolgen, Schadensersatzansprüche aus § 823 Abs. 1 BGB ergeben können, kann nicht ab-

---

[896] RG 27.2.1904 – I 418/03, RGZ 58, 24, S. 30.

[897] Siehe S. 72ff.

[898] RG 20.12.1927 – III 104/27, RGZ 119, 291, S. 296; RAG 21.5.1928, RAG 1, 273, *Köst*, 1954, S. 80; so auch *Sack*, 2012, S. 244f.

geleitet werden, dass dies auch für Arbeitskampfmaßnahmen gelten muss. Arbeitnehmer*innen stehen nicht mit dem Unternehmen im Wettbewerb. Ihre Stellung zum Unternehmen ist durch die besondere Beziehung zwischen Arbeitgeber*innen und Arbeitnehmer*innen gekennzeichnet. Dieses Verhältnis ist von ungleichen Verhandlungspositionen und einseitiger Abhängigkeit geprägt. Verteilungskämpfe zwischen den Parteien des Arbeitslebens spielen sich nicht wie auf der Wettbewerbsebene zwischen Unternehmen auf Augenhöhe ab.[899] Daher können streikende Arbeitnehmer*innen nicht als außenstehende Dritte subsumiert werden. Arbeitnehmer*innen sind stets mit den Auswirkungen unternehmerischer Entscheidungen konfrontiert. Beide Parteien sind weder im Produktionsprozess noch im Arbeitskampf Dritte. Ebenso ist die Gewerkschaft keine außenstehende Dritte, sondern die Vertretung der Interessen der Arbeitnehmer*innen. Die gemeinsame Beteiligung der Arbeitgeber*innen und der Arbeitnehmer*innen am Arbeitsprozess wird durch den Schutz der Rechte Dritter, der vermeintlich auch den Unternehmer*innen zukomme, verkannt. Das Verhältnis zwischen Arbeitgeber*innen und Arbeitnehmer*innen kann nicht mit der Stellung von Unternehmen zu anderen Unternehmen oder sonstigen außenstehenden Akteur*innen verglichen werden.

Das Recht am eingerichteten und ausgeübten Gewerbebetrieb in der Lesart Nipperdeys stellt vielmehr eine Umschreibung des Arbeitsvertrags und der daraus entstehenden Pflichten der Arbeitnehmer*innen dar.[900] Dass die Pflichten aus dem Arbeitsvertrag während des Streiks nicht erfüllt werden, ist der Wesenskern der Grundrechtsausübung aus Art. 9 Abs. 3 GG. Dem grundrechtlich gewährleisteten Vertragsbruch die vertraglichen Pflichten entgegenzuhalten, ist normenhierarchisch nicht vertretbar.[901]

Die Einführung des Rechts am eingerichteten und ausgeübten Gewerbebetrieb schuf ein Ungleichgewicht zwischen den Rechtspositionen der Arbeitnehmer*innen und Arbeitgeber*innen. Denn den Arbeitnehmer*innen wurde kein Rechtsgut zuerkannt, das dem Recht am eingerichteten und ausgeübten Gewerbebetrieb äquivalent ist. Nipperdey hatte als Reaktion auf diese Kritik an seiner Rechtslehre herausgearbeitet, dass als Gegenstück zur Rechtsposition der Arbeitgeber*innen auch die Arbeitnehmer*innen einen Anspruch nach § 823 Abs. 1 BGB geltend machen können müssen, wenn ihr „Recht am Arbeitsplatz“ verletzt ist. Dieses Rechtsgut leitete er aus dem Rechtsgedanken des Kündigungsschutzrechts ab.[902]

Ein solches Rechtsgut der Arbeitnehmer*innen wird allerdings vom Bundesarbeitsgericht und in den aktuellen Kommentierungen zum Deliktsrecht abgelehnt. Ein „Recht am Arbeitsplatz“ der Arbeitnehmer*innen sei kein absolut geschütztes Rechtsgut, weil es sich bei dem „Vertragsbündel“, das den Arbeitnehmer*innen in

---

[899] So auch *Hoeniger*, RdA 1953, 204, S. 211.

[900] *Hoeniger*, RdA 1953, 204, S. 211.

[901] Siehe dazu näher S. 106 ff.

[902] *Nipperdey*, 1956, 79, S. 92 ff.; *Hueck/Nipperdey*, 1957, S. 637 ff.; *Hueck/Nipperdey*, 1960, S. 258 f.

Form von Rechten aus dem Arbeitsvertrag, Tarifvertrag sowie Gesetzen beispielsweise dem Kündigungsschutzgesetz zukomme, lediglich um schuldrechtlich begründete und damit relative Rechte handele, denen keine Ausschlussfunktion gegenüber Dritten zukomme. In diesen Fällen würden die Erwerbsaussichten der Arbeitnehmer*innen enttäuscht und damit läge ein reiner Vermögensschaden vor, der deliktsrechtlich nach § 823 Abs. 1 BGB nicht erfasst sei.[903]

Diese Argumentation verkennt nicht nur die normative Wirkung von Tarifverträgen und die allgemeine Wirkung von Arbeitnehmerschutzrechten, sie verdeutlicht zudem die Andersbehandlung im Vergleich zum anerkannten Recht am eingerichteten und ausgeübten Gewerbebetrieb. Das Recht der Arbeitgeber*innen, über die Arbeitskraft der Arbeitnehmer*innen zu bestimmen, entspringt ebenso ausschließlich dem Arbeitsvertrag und ist damit ebenso relativ und nicht absolut im Sinne des § 823 Abs. 1 BGB geschützt.

Zudem konnte in der grundrechtsdogmatischen Prüfung der ökonomischen Interessen der Arbeitgeber*innen an einer Streikvermeidung gezeigt werden, dass es sich dabei um das Interesse an einer Vermeidung von Vermögensschäden handelt, die nicht grundrechtlich geschützt sind.[904] Die Einführung des Rechts am eingerichteten und ausgeübten Gewerbebetrieb in das Arbeitskampfrecht und der undifferenzierte Schutz aller Interessen der Arbeitgeber*innen widerspricht der grundrechtsdogmatischen Trennung von Eigentum und Vermögen.

Dennoch wird das Rechtsgut der Arbeitgeber*innen im Arbeitskampfrecht einhellig geschützt. An dieser Stelle soll nicht für ein „Gegenrecht" der Arbeitnehmer*innen – das „Recht am Arbeitsplatz" als Äquivalent zum Recht am eingerichteten und ausgeübten Gewerbebetrieb – gestritten werden. Anhand der Argumentation für ein Rechtsgut der Arbeitgeber*innen und gegen ein solches für die Arbeitnehmer*innen lässt sich allerdings die Schieflage der rechtsdogmatischen Herleitung illustrieren.

Zusammenfassend ist festzustellen, dass sich das Recht am eingerichteten und ausgeübten Gewerbebetrieb bis zur Konstruktion Nipperdeys gerade nicht auf die Auseinandersetzung zwischen Arbeitgeber*innen und Arbeitnehmer*innen bezog. Bei den vom Reichsgericht und Bundesgerichtshof entschiedenen Fällen handelte es sich um Boykotte sowie presserechtliche Entscheidungen und damit um Schädigungen im marktwirtschaftlichen Wettbewerb, bei denen die schädigende Handlung nicht von den Arbeitnehmer*innen des Unternehmens ausging. Die besondere Konstellation von systemischer Ungleichheit und Abhängigkeit zwischen den Koalitionen des Arbeitslebens wurde von Nipperdey bei der Übertragung der Rechtsprechung des Reichsgerichts und Bundesgerichtshofs auf Arbeitskampfsituationen nicht beachtet. Weder liefert die Urteilsbegründung des Bundesgerichtshofs An-

---

[903] BAG 4.6.1998 – 8 AZR 786/96, NZA 1998, 1113, S. 1115 f.; zum Streitstand MüKo BGB-*Wagner*, § 823, Rn. 357 m. w. N.; BeckOK BGB-*C. Förster*, § 823, Rn. 173.

[904] Siehe S. 106 ff.

haltspunkte dafür, dass die Rechtsprechung auf die besondere Beziehung zwischen Arbeitnehmer*innen und Arbeitgeber*innen übertragen werden kann, noch sind der Ausführung Nipperdeys stichhaltige Argumente zu entnehmen.

(b) Kritik an der Einschränkung des Arbeitskampfrechts durch das vermeintliche Verfassungsprinzip der sozialen Marktwirtschaft

Nipperdey leitete aus Art. 2 Abs. 1 GG ab, dass ein Arbeitskampf nicht in die Rechte Dritter eingreifen dürfe. Er gab zwar nicht ausdrücklich an, dass auch die Unternehmer zu diesen Dritten gehören. Mittels der Übertragung des Rechts am eingerichteten und ausgeübten Gewerbebetrieb in das Arbeitskampfrecht wurden die Arbeitgeber*innen aber wie außenstehende Dritte behandelt, deren Interessen im Arbeitskampf rechtlich zu schützen seien. Warum aus der allgemeinen Handlungsfreiheit des Art. 2 Abs. 1 GG den Arbeitgeber*innen im Arbeitskampf ein absolut geschütztes Rechtsgut erwachsen soll, lässt sich nur anhand Nipperdeys Schriften zur Frage der grundgesetzlich verankerten Wirtschaftsverfassung beantworten.

Dass die Rechtsordnung eine Wirtschaftspolitik vorschreibe, die auf Steigerung der wirtschaftlichen Gesamtleistung ausgerichtet sei, hatte Nipperdey bereits in der Weimarer Republik und im Nationalsozialismus herausgearbeitet und nicht auf positiv gesetztes Recht zurückgeführt.[905] Diese Wertung bestimmte auch seine Rechtslehre in der Bundesrepublik.[906] Nipperdey versuchte nach 1945, seine wirtschaftspolitischen Auffassungen als grundgesetzliches Prinzip zu etablieren. In der Debatte, ob und wenn ja, welche Wirtschaftsordnung durch das Grundgesetz vorgeschrieben sei, nahm Nipperdey die Position ein, dass das Grundgesetz die soziale Marktwirtschaft festsetze und keine andere Wirtschaftspolitik zulasse.[907]

---

[905] Siehe dazu S. 220 ff.

[906] In der Rechtswissenschaft wird die inhaltliche Flexibilität von Nipperdey bezüglich seiner Privatrechtslehre vor dem Hintergrund der unterschiedlichen rechtlichen Rahmenbedingung der Weimarer Republik, des Nationalsozialismus und der BRD betont, vgl. *Hollstein*, 2007, S. 223 f.; im Ergebnis so auch *Rückert*, 1998, 113, S. 127, 143, der von „methodischer und struktureller Kontinuität bei inhaltlicher Diskontinuität" spricht. Diesen Einschätzungen kann mit Blick auf die durchgängig von Nipperdey vertretene Rechtsauslegung mit der Prämisse der Arbeitskampffriedlichkeit zur Steigerung der wirtschaftlichen Leistungsfähigkeit nicht zugestimmt werden.

[907] *Nipperdey*, Deutsche Rechtszeitschrift 1950, 193; *Nipperdey*, 1954; *Nipperdey*, 1959, S. 85 ff.; *Nipperdey*, 1965; seine Grundgesetzauslegung lief damit parallel zu den Prinzipien des Ordoliberalismus. Der Wirtschaftsströmung des Ordoliberalismus liegt die Annahme zugrunde, dass die freie Wettbewerbswirtschaft selbst gesellschaftlichen Wohlstand erzeuge und damit die soziale Frage löse. Der Staat müsse allerdings einen Rahmen schaffen, damit der freie Markt funktioniere, *Ötsch/Pühringer/Hirte*, 2018, S. 92 f. Nipperdey grenzte seine Auffassung der grundgesetzlich vorgeschriebenen Sozialen Marktwirtschaft explizit zur wirtschaftspolitischen Neutralität des Grundgesetzes ab, weil er darin die Gefahr der Planwirtschaft witterte. Die Gesetzgebung könne, indem sie über Eingriffe in die Eigentums- und Vertragsfreiheit entscheide, zu „Inkonsequenzen, Fehleingriffen und zu einer gewissen Willkür durch ‚Maßnahmegesetze' führen", *Nipperdey*, 1965, S. 18. Diese Abgrenzung offenbart

Der Staat müsse Privateigentum, Gewerbefreiheit, Wettbewerbsfreiheit, Leistungswettbewerb, Monopolkontrolle, Vertragsfreiheit, Vereinigungsfreiheit und die „Gewährleistung eines menschenwürdigen Daseins für alle in Freiheit von Furcht und Not“[908] sicherstellen. Der von ihm als Verfassungsprinzip beschworene Leistungswettbewerb gestattete nur solche „Wettbewerbshandlungen, die in der Förderung des Absatzes [...] bestehen“.[909] Nipperdey ging es beim Schutz der Wettbewerbsfreiheit unter anderem um die Förderung der volkswirtschaftlichen Gesamtleistung.[910] Auch das Sozialstaatsprinzip zog Nipperdey für die Herleitung der wirtschaftsverfassungsrechtlichen Grundsätze heran. Daraus leitete er für die Beziehung zwischen den Parteien des Arbeitslebens ab, dass „eine *Partnerschaft zwischen Kapital und Arbeit* besteht, die aber im wirtschaftlichen Bereich die auf Freiheit und Verantwortlichkeit beruhende Stellung des Unternehmers nicht beeinträchtigen darf [Hervorhebung im Original]“.[911] Nipperdey maß der unternehmerischen Freiheit mehr Gewicht bei der Interessenabwägung zwischen Arbeitgeber*innen und Arbeitnehmer*innen bei.

In seinen späteren Schriften zum kollektiven Arbeitsrecht kehrte Nipperdey explizit hervor, welchen rechtlichen Stellenwert er dem Arbeitskampf anhand seiner Konzeption der Wirtschaftsverfassung, die auf die soziale Marktwirtschaft festgelegt sei, einräumte. In einem Festvortrag für die nordrhein-westfälischen Arbeitgeberverbände im Jahr 1954 führte er aus, dass sich das Recht der Koalitionen zum Arbeitskampf zwar nicht aus Art. 9 Abs. 3 GG, aber „aus den Grundsätzen des freiheitlichen Rechtsstaates, insbesondere der Entfaltungsfreiheit, also aus dem Gesamtzusammenhang unserer wirtschaftsverfassungsrechtlichen Grundprinzipien“ ergebe.[912] Zu diesen Grundprinzipien zählte er das freie Spiel der wirtschaftlichen Kräfte, zu dem auch der Arbeitskampf gehöre. Nach seiner Vorstellung entsprach der Kampf um bessere Arbeitsbedingungen dem wettbewerblichen Überlebenskampf in der Wirtschaft.

> „Der Streik verletzt zwar nicht deshalb die Rechte anderer, weil er dem Arbeitgeber die Arbeitskraft entzieht. Das ergibt sich aus dem soeben über das freie Spiel der Kräfte in der sozialen Marktwirtschaft Gesagten. Dagegen sind die sich jeweils aus dem Arbeitsvertrag und aus dem Tarifvertrag ergebenden konkreten Rechte des anderen Teils zu beachten. Und das bedeutet, daß Streik und Aussperrung ohne vorherige ordnungsgemäße Kündigung des

---

eine grundsätzliche Skepsis gegenüber der demokratisch legitimierten Gesetzgebung. Denn die Gesetzgebung ist auch ohne die von Nipperdey konstruierte verfassungsrechtliche Entscheidung für die soziale Marktwirtschaft nach Art. 1 Abs. 3 GG an die Grundrechte gebunden. Die Grundrechtsträger*innen sind demnach keinesfalls der Willkür der Legislative ausgesetzt, wie Nipperdey glauben machen wollte.

908 *Nipperdey*, DRZ 1950, 193, S. 194 ff.

909 *Nipperdey*, 1965, S. 38.

910 *Nipperdey*, DRZ 1950, 193, S. 196.

911 *Nipperdey*, 1965, S. 58.

912 *Nipperdey*, Sozialer Fortschritt 3 (1954), 199, S. 201.

oder der Arbeitsverhältnisse für denjenigen, der das Kündigungserfordernis nicht beachtet, rechtswidrig ist".[913]

Zunächst mag es verwundern, dass Nipperdey in dieser Publikation aus dem Jahr 1954 die Kündigungspflicht als eine Rechtmäßigkeitsvoraussetzung für den Arbeitskampf aufstellte, die er in seinem Gutachten von 1953 bereits aufgegeben hatte. Vor allem wird an diesen Ausführungen jedoch deutlich, wie er mittels der Inkorporation des Arbeitskampfs in seine Auslegung der grundgesetzlichen Wirtschaftsverfassung, das Arbeitskampfrecht als Teil der Handlungsfreiheit aus Art. 2 Abs. 1 GG einerseits einer gewissen Legitimation unterzog und andererseits als Teil der Instrumente des leistungsgerechten Wettbewerbs in seiner rechtlichen Gewährleistungsdimension beschränkte.

In seinem Lehrbuch des Arbeitsrechts und in der Publikation „Grundriß des Arbeitsrechts" führte er aus, dass das Arbeitsrecht neben dem Schutzgedanken der Arbeitnehmer*innen vom Telos der sozialen Befriedung geprägt sein solle. Der Zweck des Arbeitsrechts bestehe neben „der Überwindung der sozialen Gegensätze, der Lösung der sozialen Frage" in der „Herstellung und Aufrechterhaltung des sozialen Friedens und damit in der Herbeiführung einer echten Volksgemeinschaft".[914] Das Arbeitsrecht könne nach 1945 nicht bloß an Prinzipien der Weimarer Zeit anknüpfen, sondern müsse auch die aktuellen Forderungen, insbesondere die Grundsätze der sozialen Marktwirtschaft, berücksichtigen.[915] Weil das kollektive Arbeitsrecht in das Grundgesetz eingebettet sei, habe es dem darin niedergelegten Prinzip der sozialen Marktwirtschaft Rechnung zu tragen.[916] Der Arbeitnehmerschutz habe dort seine Grenzen, wo die Konkurrenzfähigkeit der deutschen Wirtschaft drohe, zu leiden:

> „Jedoch darf das Streben, die Arbeitnehmer zu schützen und ihre Lage zu bessern, nicht schrankenlos ausgedehnt werden. Denn wenn auch das Arbeitsrecht in weitem Umfang den Schutz der Arbeitnehmer bezweckt, so dient es doch letzten Endes wie alles Recht dem Interesse der Allgemeinheit, und das Interesse der Gesamtheit ist dem Sonderinteresse des einzelnen noch so wichtigen Berufsstandes übergeordnet. So wünschenswert vom sozialen Standpunkt aus ein möglichst intensiver Schutz der Arbeitnehmer, eine möglichst weitgehende Besserung ihrer materiellen Lage ist, die Bestrebungen in dieser Richtung finden ihre Grenze in der Belastungsfähigkeit der Wirtschaft. Die Beachtung dieser Grenze liegt letzten Endes auch im Interesse der Arbeitnehmer selbst; eine Wirtschaft, die unter den sozialen Lasten zusammenbricht, würde die Arbeitnehmer nicht mehr ernähren können. Die höchsten Tariflöhne, die günstigsten Arbeitsbedingungen werden nutzlos, ja sie schädigen die Arbeitnehmer, wenn sie die Konkurrenzfähigkeit der deutschen Wirtschaft ernsthaft beeinträchtigen und dadurch zur Arbeitslosigkeit führen. So gibt nicht nur die Schutzbedürftigkeit der Arbeitnehmer dem Arbeitsrecht sein Gepräge, sondern auch die Notwendigkeit, zwischen diesem Schutzbedürfnis und der Belastungsfähigkeit der Wirtschaft den

[913] *Nipperdey*, Sozialer Fortschritt 3 (1954), 199, S. 201 f.

[914] *Hueck/Nipperdey*, 1960, S. 4.

[915] *Hueck/Nipperdey*, 1960, S. 17.

[916] *Hueck/Nipperdey*, 1960, S. 220; *Hueck/Nipperdey*, 1957, S. 406.

Ausgleich zu finden. Hier die Grenze zu ziehen, ist die schwierige Aufgabe der Arbeitsrechtspolitik".[917]

Nipperdey überließ diese Grenzziehung indes nicht der Arbeitsrechtspolitik, sondern stellte selbst die Rechtmäßigkeitsvoraussetzungen des Arbeitskampfs auf. Danach müsse der Wirtschaftsfrieden, so gut es ginge, erhalten bleiben. Den Arbeitskampf auf den Tarifvertrag zu reduzieren, sei ein Mittel dafür. Auf Basis dieser Argumentation wurde das Arbeitskampfrecht auf die Funktion reduziert, eine bestimmte Wirtschaftsordnung zu stützen, die auf eine konkurrenzfähige Wirtschaft ausgerichtet ist. Aus dieser Herleitung speist sich der Tarifbezug des Arbeitskampfrechts und darauf aufbauend das Verbot des sogenannten politischen Streiks.

Nipperdeys Konzeption des Arbeitskampfrechts liegt die These zugrunde, dass wirtschaftliche Leistungssteigerung nötig sei für den Wohlstand aller und der Arbeitskampf ein Hindernis für diese Zielerreichung darstelle. Diese These kann nicht nur aus wirtschaftshistorischer Sicht bezweifelt werden,[918] ihr ist zudem ein

[917] *Hueck/Nipperdey*, 1960, S. 20.

[918] Es muss historisch stark angezweifelt werden, dass sich gleichlaufend mit der Steigerung der wirtschaftlichen Leistung eines Staates die Lebens- und Arbeitsbedingungen der Arbeitnehmer*innen verbessern. Ein Blick auf die Entwicklung der Einkommens- und Vermögensverteilung in den Anfangsjahren der Bundesrepublik verdeutlicht dies. Für den Betrachtungszeitraum von 1950 bis 1960 sank der Anteil der Einkommen aller Arbeitnehmer*innen am Volkseinkommen (Lohnquote) und stagnierte die nächsten zehn Jahre weitestgehend. Für die kurzen Zeiträume von 1973 bis 1975 und 1979 bis 1983 stieg die Lohnquote geringfügig über das Ausgangsniveau von 1950 an. Das preisbereinigte Bruttoinlandsprodukt (BIP) hatte sich innerhalb der zehn Jahre von 1950 bis 1960 weit mehr als verdoppelt, was im Vergleich zu den darauffolgenden Dekaden einen sehr rasanten Anstieg darstellt, vgl. *Metz*, 2015, 186, S. 189 ff.; *Statistisches Bundesamt*, 24.08.2021, S. 2. Obwohl das Wirtschaftswachstum in den Jahren 1950 bis 1960 besonders hoch war, lässt sich gerade in diesen Jahren ein Rückgang der Lohnquote verzeichnen. Die kurzzeitigen Spitzen der Lohnquote sind auf steigende Forderungen der Gewerkschaften in Tarifverhandlungen und deren Durchsetzung – oft verbunden mit Streiks – zurückzuführen, vgl. *Abelshauser*, 2011, S. 341 ff. Nicht das Wirtschaftswachstum führte zum Anstieg der Löhne der Arbeitnehmer*innen, sondern erst die zum Ende der 1960er Jahre einsetzende aggressivere Tarifpolitik der Gewerkschaften.

Dass wirtschaftliches Wachstum nicht zu einem gleichmäßigen Einkommenswachstum führt, veranschaulicht zudem die Entwicklung der Einkommensverteilung nach der Höhe des Einkommens für die Zeit des besonders hohen Wirtschaftswachstums in der BRD zwischen 1950 und 1960. In dieser Zeit stieg das Einkommen der reichsten zehn Prozent der Bevölkerung von 34 auf 38 Prozent des Gesamteinkommens, das Einkommen der mittleren 40 Prozent sank von 46 auf 40 Prozent des Gesamteinkommens. Der Einkommensanteil am Gesamteinkommen stieg bei den ärmsten 50 Prozent von 20 auf nur 22 Prozent.

Noch deutlicher zeigt sich die soziale Ungleichheit an der Vermögensverteilung. Dabei ist insbesondere die Verteilung des Produktivvermögens von Interesse, weil die Eigentümer*innen dieses Vermögens über die Produktionsbedingungen und damit die Arbeitsbedingungen entscheiden können. Nach der Phase des stärksten deutschen Wirtschaftswachstums zu Beginn der 1960er Jahre verfügten unterschiedlichen Berechnungen zufolge 1,7 Prozent der privaten Haushalte über mindestens 55 beziehungsweise 70 Prozent des Produktivvermögens, vgl. *Abelshauser*, 2011, S. 341 ff. Verteilungsgerechtigkeit hinsichtlich des Vermögens wurde durch wirtschaftliches Wachstum demnach keineswegs erreicht.

rechtsdogmatisches Argument entgegenzuhalten. Ein freiheitliches Grundrecht mittels wirtschaftspolitischer Vorstellungen einzuschränken, stellt einen Eingriff in das aus Art. 9 Abs. 3 GG gewährleistete Streikrecht dar,[919] der einer Rechtfertigung bedarf. Das schrankenlos gewährleistete Grundrecht kann nur zugunsten von Grundrechten Dritter und Rechtsgütern mit Verfassungsrang eingeschränkt werden. Das vermeintliche Gemeinschaftsinteresse an einer wachsenden Volkswirtschaft durch reibungslose, nach Nipperdey arbeitskampflose Produktionsabläufe, gehört nicht zu den verfassungsrechtlich geschützten Rechtsgütern.

Auch Nipperdeys Konstruktion des verfassungsrechtlichen Grundsatzes der sozialen Marktwirtschaft stellt kein Rechtsgut mit Verfassungsrang dar, das eine Einschränkung des Arbeitskampfrechts rechtfertigen kann. Seit Inkrafttreten des Grundgesetzes war es hoch umstritten, ob sich eine bestimmte Wirtschaftspolitik verfassungsrechtlich herleiten und schützen lässt.[920] Nipperdeys Konstruktion ist entgegenzuhalten, dass er keine seiner Rechtauslegungen mit Grundgesetzmaterialien belegen konnte.[921]

Der Streit ist mittlerweile abgeebbt, denn das Bundesverfassungsgericht betont in steter Rechtsprechung, dass sich die Verfassungsgebung nicht ausdrücklich für ein bestimmtes Wirtschaftssystem entschieden habe und die Gesetzgebung dementsprechend die Möglichkeit habe, die ihr jeweils sachgemäß erscheinende Wirt-

---

Auch anhand der aktuellen Entwicklung lässt sich Nipperdeys These, nach der durch Wirtschaftswachstum ein Wohlstand aller erzeugt werde, mindestens stark anzweifeln. Nach wie vor lässt sich beobachten, dass die Wirtschaftsleistung in Deutschland jedes Jahr wächst. In der Regel wird dies mittels des BIP gemessen. Dieser Messwert soll hier nicht zu Rate gezogen werden, da er aufgrund seiner Zentrierung auf gegen Geld erfolgte Wertschöpfung, die über den Markt vermittelt wird, den gesellschaftlichen Wohlstand nur unzureichend abbilden kann. Der Nationale Wohlfahrtsindex (NWI) versucht diese defizitäre Erfassung des gesellschaftlichen Wohlstands durch die Betrachtung ökonomischer, ökologischer und sozialer Faktoren zu überwinden. Die Basisgröße des NWI bildet der mit der Einkommensverteilung gewichtete private Konsum. Zu diesem Ausgangswert werden wohlfahrtssteigernde Komponenten wie unbezahlte gesellschaftliche Arbeit addiert und wohlfahrtsmindernde wie Umweltschäden und Ressourceninanspruchnahme abgezogen. Der NWI lag im Betrachtungszeitraum von 1991 bis 2018 stets unter dem BIP. Der NWI unterlag verschiedenen Phasen des Anstiegs, der Abnahme und Stagnation und konnte im Vergleich zum BIP nur in geringem Maße zunehmen und liegt aktuell immer noch leicht unterhalb des Wohlfahrtsniveaus des Jahres 2000. Der Hauptgrund dafür wird in der gestiegenen Einkommensungleichheit gesehen, vgl. zum Ganzen *Held/Rodenhäuser/Diefenbacher*, 2020, S. 1 ff., 11 f. Der Vergleich von BPI und NWI, der unter anderem die Einkommenssituation der Arbeitnehmer*innen berücksichtigt, zeigt, dass eine Steigerung der marktvermittelten Wertschöpfung nicht zwangsläufig zu mehr Wohlstand aller führt.

[919] Siehe S. 72 ff.

[920] Siehe exemplarisch dazu die sogenannte Forsthoff-Abendroth-Kontroverse, die sich anhand der Auslegung des Sozialstaatsprinzips darum drehte, welchen Spielraum die Verfassung für wirtschaftspolitische Umverteilungen lasse, *Forsthoff*, 1968 (1954), 165; *Forsthoff*, 1968 (1954), 145; *Abendroth*, 1968 (1954), 114.

[921] So auch *Abendroth*, 1967 (1954), 109, S. 115.

schaftspolitik zu verfolgen, sofern sie dabei das Grundgesetz beachte.[922] Ein Rechtsgut mit Verfassungsrang ist nach dieser Rechtsprechung dem Grundgesetz nicht zu entnehmen.

Die wenigen Grundgesetzkommentatoren, die sich auf die These Nipperdeys stützen und seine Rechtsinterpretation mit den Argumenten fortsetzen, dass das Grundgesetz mittels des Schutzes des Privateigentums aus Art. 14 Abs. 1 GG und der Berufs-, Gewerbe- und Unternehmer*innenfreiheit nach Art. 12 Abs. 1 GG und aufgrund der unionsrechtlichen Gewährleistungen eines freien Wettbewerbs Vorgaben für eine freiheitliche Marktwirtschaft mache, leiten daraus allerdings keine Beschränkung des Gewährleistungsbereichs des Art. 9 Abs. 3 GG ab. Sie schließen lediglich eine rein staatlich gelenkte Wirtschaftspolitik und die Vergesellschaftung jeglichen Eigentums aus.[923]

Aus der Konstruktion einer Wirtschaftsverfassung Rechtsgüter abzuleiten, mit denen sich Grundrechtsbeschränkungen rechtfertigen lassen, wird demnach in der Rechtswissenschaft nicht mehr vertreten. Die Kommentator*innen beschreiben lediglich die Schutzbereiche der Grundrechte der Arbeitgeber*innen, die vor nicht zu rechtfertigenden staatlichen Eingriffen bewahrt werden sollen, worunter sie die Extremszenarien der vollständigen Abschaffung der Eigentums- und Unternehmer*innenfreiheit zählen. Im Vergleich dazu besteht beim Streik nicht dieselbe Schutzbedürftigkeit der Grundrechtspositionen der Arbeitgeber*innen wie bei staatlichen Eingriffen. Arbeitgeber*innen sind nicht per se vor Streiks zu schützen. Eine solche Rechtsauslegung widerspräche Art. 9 Abs. 3 GG. Denn die Grundrechtsausübung gewährleistet gerade die Möglichkeit der Schadenszufügung auf Seiten der Arbeitgeber*innen. Die Grundrechtseingriffe, die durch den Streik entstehen, sind durch die Gewährleistung von Art. 9 Abs. 3 GG gerechtfertigt. Das Streikrecht darf damit nicht über wirtschaftspolitische Implikationen, die sich aus der Gesamtschau von bestimmten Grundrechten ableiten lassen, eingeschränkt werden, weil daraus kein neues Rechtsgut mit Verfassungsrang begründet werden kann.

Wird die Einschränkung der Gewährleistungen aus Art. 9 Abs. 3 GG auf andere kommunikative Freiheitsrechte in einer Demokratie übertragen, offenbart sich die Unzulässigkeit der Auslegung: Eine Interpretation von Art. 8 Abs. 1 GG oder Art. 5 Abs. 1 GG dahingehend, dass nur Versammlungen oder Meinungen rechtmäßig seien, die im Einklang mit wirtschaftspolitischen Vorstellungen der sozialen Marktwirtschaft stünden, ist nicht haltbar. Grundrechtsausübungen dürfen nicht auf eine bestimmte Ausrichtung der Wirtschaftsordnung reduziert werden.

---

[922] BVerfG 20.7.1954 – 1 BvR 459/52 u.a., BVerfGE 4, 7, S. 17f.; BVerfG 17.5.1961 – 1 BvR 561/6012 u.a., BVerfGE 12, 354, S. 363; BVerfG 7.8.1962 – 1 BvL 16/60, BVerfGE 14, 263, S. 275; BVerfG 16.3.1971 – 1 BvR 52/66 u.a., BVerfGE 30, 292, S. 315; BVerfG 1.3.1979 – 1 BvR 532/77 u.a., BVerfGE 50, 290, S. 336.

[923] v. Mangoldt/Starck/Klein-*Depenheuer/Froese*, GG Art. 14, Rn. 9f.

(c) Kritik am Prinzip der Sozialadäquanz

Nipperdey verwendete das Prinzip der Sozialadäquanz auf zwei Argumentationsebenen. Auf der ersten Ebene stützte er sich auf die Sozialadäquanz, um zu begründen, warum das Recht am eingerichteten und ausgeübten Gewerbebetrieb im Arbeitskampf zu schützen sei. Auf der zweiten Ebene nutzte er das Prinzip, um jene Arbeitskämpfe zu rechtfertigen, die prinzipiell keinen rechtswidrigen Eingriff in das Recht am eingerichteten und ausgeübten Gewerbebetrieb darstellten. Die Rechtswidrigkeit des Arbeitskampfs mit demselben Prinzip zu begründen, mit dem das Arbeitskampfrecht gerechtfertigt werden soll, stellt einen Zirkelschluss dar.[924] So wie Definitionen, die mit Wortbestandteilen des Begriffs, den sie zu erklären versuchen, keinen Erkenntnisgewinn liefern, sind Argumentationen, die sich aus sich selbst speisen, nicht überzeugend. Rechtsdogmatisch ist eine Grundrechtseinschränkung, die mit derselben Rechtsfigur gerechtfertigt wird, mit der das vermeintlich widerstreitende Rechtsgut begründet wird, schlussendlich nur auf sich selbst zurückzuführen und nicht auf das Grundgesetz.

Aber selbst, wenn die Sozialadäquanz auf nur einer der beiden juristischen Argumentationsebenen akzeptiert wird, ist diese Rechtsfigur in verschiedener Hinsicht problematisch. Das Prinzip der Sozialadäquanz muss als Begrenzung des schrankenlos gewährleisteten Grundrechts aus Art. 9 Abs. 3 GG verstanden werden. Um als Grundrechtseinschränkung gerechtfertigt zu sein, müsste sich das Sozialadäquanzprinzip auf die Grundrechte Dritter oder Rechtsgüter mit Verfassungsrang zurückführen lassen.

Wie bereits bei der Übertragung des Rechts am eingerichteten und ausgeübten Gewerbebetrieb auf das Arbeitskampfrecht gezeigt, ist dieses Rechtsgut bei einem Arbeitskampf zwischen Arbeitgeber*innen und Arbeitnehmer*innen nicht anwendbar. Der bei den Arbeitgeber*innen eintretende Schaden ist gerade das Druckmittel der strukturell unterlegenen Arbeitnehmer*innen und vom Gewährleistungsumfang des Art. 9 Abs. 3 GG umfasst. Auch das vermeintliche Interesse an einer arbeitskampffreien und nach Nipperdeys Vorstellungen damit einhergehenden florierenden Volkswirtschaft, das er in dem abzulehnenden Verfassungsprinzip der sozialen Marktwirtschaft verankert sah, ist kein Rechtsgut mit Verfassungsrang.[925]

Zudem ist das Sozialadäquanzprinzip aufgrund seiner Unbestimmtheit und fehlenden Rückbindung an das positive Recht als eine Fortführung von Nipperdeys Rechtslehre von vor 1945 beschrieben worden. Der Rechtswissenschaftler Thilo Ramm hatte Kontinuitäten zwischen Nipperdeys Reformbestrebungen des Deliktsrechts im Nationalsozialismus und der Figur der Sozialadäquanz des Arbeitskampfs festgestellt.[926] So hatte Nipperdey im Jahr 1940 als Mitglied der Akademie für

---

[924] So auch *G. Müller*, AuR 1972, 1, S. 6.

[925] Siehe S. 245 ff.

[926] *Ramm*, AuR 1966, 161, S. 163; *Ramm*, KJ 1968, 108, S. 118.

Deutsches Recht gefordert, die bisherige Regelung des § 823 BGB durch eine Norm zu ersetzen, die weitaus mehr Generalklauseln enthielt:

> „Die vorsätzlich oder fahrlässige rechtswidrige Schädigung eines anderen verpflichtet zum Schadensersatz. Rechtswidrig ist eine Handlung oder Unterlassung dann, wenn sie gegen eine von der Rechtsordnung aufgestellte Verpflichtung verstößt, die den Schutz der Persönlichkeit oder des Vermögens des Geschädigten bezweckt. Rechtswidrig handelt immer, wer gröblich gegen anerkannte Grundsätze des völkischen Zusammenlebens verstößt“.[927]

Ramm sah zwischen dieser Formulierung und weiteren Begrifflichkeiten aus dem Reformvorschlag, wie „Ordnungsgrundsätze unseres völkischen Zusammenlebens“ oder „allgemein anerkannte Hauptprinzipien unseres völkischen Zusammenlebens“,[928] Parallelen zu den Rechtsbegriffen, die Nipperdey im Zeitungsstreikgutachten und als Vorsitzender Richter im Ersten Senat des Bundesarbeitsgerichts im Urteil zum Arbeitskampfrecht vom 28. Januar 1955 einführte. Dazu zählte Ramm Formulierungen wie „im Rahmen der allgemeinen Ordnung menschlichen Zusammenlebens“[929], die sich in der Rechtsprechung des Bundesarbeitsgerichts wiederfanden.[930] Zu ergänzen ist noch die Passage aus Nipperdeys Gutachten, die ähnliche Generalklauseln enthält:

> „Es handelt sich nicht um sozial-übliches, normales, im Rahmen der geschichtlich gewordenen und auch heute anerkannten sozialen Ordnung des Gemeinschaftslebens sich bewegendes Handeln, mit dem jeder in unserer Wirtschafts- und Sozialordnung rechnen muß. [...] Vielmehr steht in solchen Fällen eine Ausnahmesituation in Frage, die von vornherein aus der Grundordnung des normalen Soziallebens herausfällt“.[931]

Nipperdey begründete seine Rechtsauffassung in der Bundesrepublik mit Begriffen wie Üblichkeit oder Normalität, die keinen bestimmbaren Inhalt und daher keine rechtliche Aussagekraft besitzen.

Zuzustimmen ist Ramm dahingehend, dass Nipperdeys Rechtslehre durchgängig und insbesondere in Bezug auf das Arbeitskampfrecht von Wertungen geprägt ist, die sich nicht auf positiv gesetztes Recht zurückführen lassen. Nipperdeys Argumen-

---

[927] *Nipperdey*, in: Grundfragen der Reform des Schadensersatzrechts, Arbeitsberichte der ADR Nr. 14, 1940, S. 90, abgedruckt im Anhang von *W. Schubert* (Hrsg.), 2018, S. 688.

[928] *Nipperdey*, 2018 (1940), 42, S. 42, 46 f., abgedruckt bei *W. Schubert* (Hrsg.), 2018, S. 640 ff.

[929] *Nipperdey*, 1953, S. 39.

[930] Ramm zitierte das Urteil nicht korrekt, verstellte aber dessen Sinngehalt nicht. Im Urteil heißt es: „Infolgedessen lässt sich auch der Unrechtsgehalt einer Handlung nur aus der Beziehung dieser Handlung zu der Ordnung des menschlichen Zusammenlebens bestimmen. Handlungen, die sich im Rahmen dieser allgemeinen sozialen Ordnung halten (z. B. der Leistungswettbewerb, die üblichen Freiheitsbeschränkungen im Rahmen des modernen Verkehrs, die lege artis durchgeführte ärztliche Heilmaßnahme, Drohungen mit einem verkehrsmäßigen Übel usw.) sind sozial adäquat und damit nicht widerrechtlich. Hierhin gehören alle Handlungen, die sich innerhalb des Rahmens der geschichtlich gewordenen sozialethischen Ordnungen des Gemeinschaftslebens bewegen“. BAG 28. 1. 1955 – GS 1/54, juris, Rn. 56.

[931] *Nipperdey*, 1953, S. 44 f.

tation war sowohl im Nationalsozialismus als auch in der Bundesrepublik davon geprägt, dass er sich vieler wertungsoffener Begriffe bediente. Die inhaltsleeren Generalklauseln stellten ein Einfallstor für seine politischen Auffassungen in die juristische Argumentation dar, ohne dass er sie rechtsdogmatisch aus dem Grundgesetz herleitete.

Zusammenfassend ist das Prinzip der Sozialadäquanz im hier untersuchten Zusammenhang grundsätzlich abzulehnen, weil es als Grundrechtseinschränkung nicht durch ein dahinterstehendes Rechtsgut mit Verfassungsrang gerechtfertigt werden kann. Zudem füllte Nipperdey das Prinzip ausschließlich mit weiteren Generalklauseln aus und schuf damit einen Raum für Wertungen, die dem Bestimmtheitsgebot zuwiderlaufen und sich nicht auf das Grundgesetz zurückführen lassen.

(d) Kritik an der historischen Auslegung

Nipperdeys historische Auslegung des Art. 9 Abs. 3 GG ist in der Rechtswissenschaft bislang kaum beleuchtet worden. Sowohl die Ausführungen Nipperdeys zu den Beratungen des Parlamentarischen Rats als auch seine Bewertung der bisherigen Arbeitskampfrechtsgeschichte werden im Folgenden untersucht und bewertet.

Für die subjektiv-teleologische Untersuchung des Sprachgebrauchs und Willens der historischen Gesetzgebung bezieht sich Nipperdey nicht auf die Protokolle der Beratungen des Parlamentarischen Rats, sondern auf eine Sekundärquelle. Diese Zusammenfassung der Redebeiträge ist zwar stark gekürzt, gibt aber die wesentlichen Inhalte korrekt wieder.[932] Nipperdey schlussfolgert mit Bezugnahme auf die Sekundärquelle, dass das Grundgesetz kein Arbeitskampfrecht gewährleisten solle, ohne diese Wertung auszuführen.

Dieser Wertung ist nach eingehender Untersuchung der Protokolle der Beratungen des Parlamentarischen Rats nicht zuzustimmen. Die Abgeordneten waren sich einig, dass das Grundgesetz das Arbeitskampfrecht umfassen sollte. Sie stritten lediglich über Einzelheiten. Als Einschränkungen des Grundrechts bezogen sich einige Abgeordnete vor allem auf den Beamtenstreik und den systemverändernden Streik.[933] Beschränkungen, wie Nipperdey sie vornahm, waren nicht vorgesehen. Damit hat er die Kernaussage des Grundgesetzes zum Streikrecht und den von den Abgeordneten beabsichtigten Umbruch in der deutschen Arbeitskampfrechtsgeschichte ignoriert.

Nipperdey nahm zwar auf die neue Rechtsordnung in Gestalt der Landesverfassungen[934] und das Grundgesetz Bezug, gestand dem Arbeitskampf aber keinen

---

[932] *Nipperdey*, 1953, S. 42 mit Verweis auf *v. Doemming/Füsslein/Matz*, 1951, S. 117 ff.

[933] Zur detaillierten Auseinandersetzung mit den Beratungen im Parlamentarischen Rat siehe S. 73 ff.

[934] *Nipperdey*, 1953, S. 42. In seinem Lehrbuch des kollektiven Arbeitsrechts von 1957 bemerkte Nipperdey, dass einige Landesverfassungen, so beispielhaft Art. 18 Abs. 3 der Berliner (heute Art. 27 Abs. 2 VvB), Art. 29 Abs. 4 der Hessischen, Art. 51 Abs. 3 der Bremer und Art. 66 Abs. 2 der Rheinland-Pfälzischen Verfassung das Streikrecht ausdrücklich aner-

eigenständigen, von der Tarifautonomie unabhängigen Stellenwert in der grundgesetzlichen Rechtsordnung zu. Nipperdey war mit seiner Rechtsansicht, Art. 9 Abs. 3 GG gewährleiste kein Arbeitskampfrecht, nicht allein. Neben ihm befürworteten noch andere Juristen die Subsumtion des Arbeitskampfs unter Art. 2 Abs. 1 GG als Teil der allgemeinen Handlungsfreiheit.[935]

Das Arbeitskampfrecht aus dem Schutzgedanken und Gewährleistungsgehalt der kollektiven Arbeitsrechte nach Art. 9 Abs. 3 GG auszuklammern, blieb nicht unwidersprochen. So entgegnete unter anderem Abendroth, der Streik müsse ebenso wie die Koalitionen als grundrechtliche Gewährleistung anerkannt sein, denn es sei das einzig wirksame Kampfmittel der Arbeitnehmer*innen.[936] Was zu Beginn der Diskussion in der Bundesrepublik noch als umstritten galt, versank in den Folgejahren unter der von Nipperdey dominierten Rechtsprechung des Bundesarbeitsgerichts. Der Tarifbezug des Arbeitskampfrechts hat sich bis heute in der vorherrschenden Lesart als Begründung und nicht als Beschränkung des Arbeitskampfrechts eingebrannt.[937]

Auch Nipperdeys Interpretation der Arbeitskampfrechtsgeschichte ist problematisch. Bezüglich der Entwicklung des Arbeitskampfrechts stellte Nipperdey fest, dass lediglich der „arbeitsrechtliche“ Streik rechtmäßig sei und dass sich dies aus „der gesamten historischen Entwicklung seit 1869“ ableite.[938]

Eine solche Behauptung ist hinsichtlich der historischen Fakten verfehlt. Streiks, in denen sich die Lohnabhängigen nicht nur gegen die unmittelbaren Vorgesetzten, sondern auch gegen staatliche Repressionen richteten oder bestimmte Forderungen an die Gesetzgebung stellten, waren seit jeher die Regel und auch in der Zeit der Massenstreiks vom Übergang zum 20. Jahrhundert bis zum Jahr 1952 vorzufinden. Zum einen richtete sich der Streik immer mittelbar gegen den Staat, weil er bis 1949 keine staatliche Legitimation genoss und den Beschränkungen der Exekutive und der Rechtsprechung unterlag. Zum anderen fanden vor allem zum Ende des Ersten Weltkriegs, in den Anfangsjahren der Weimarer Republik und nach der Befreiung vom Nationalsozialismus Streiks statt, die sich unmittelbar auf staatliches Handeln richteten. Besonders eindrücklich wird die Präsenz des sogenannten politischen Streiks in der Geschichte der frühen Bundesrepublik am Generalstreik des Jahres 1948. Die Abgeordneten des Parlamentarischen Rats hatten den Streik in den Beratungen zum Grundgesetz zwar angesprochen, aber nicht als Arbeitskampfform gewertet, die es unter dem Grundgesetz zukünftig zu verbieten gelte.[939]

---

kannten; er zog daraus aber keine Schlüsse für die Gewährleistung eines Arbeitskampfrechts, *Hueck/Nipperdey*, 1957, S. 29.

[935] *Dietz*, 1958, 417, S. 463; *Huber*, 1954, S. 393; *Mangoldt/F. Klein*, 1957, S. 333.

[936] *Abendroth*, GewerkMH 1951, 57, S. 59; *Abendroth*, AuR 1959, 261–268, S. 264 ff.; *Schmid*, GewerkMH 1954, 1, S. 4 ff.; *Bührig*, WWI 1954, 187, S. 195 f.

[937] Siehe S. 26 ff. und S. 280 ff.

[938] *Nipperdey*, 1953, S. 43.

[939] Siehe S. 77 ff.

Nipperdey widersprach sich selbst mit der Aussage, nur der „arbeitsrechtliche“ Streik sei rechtshistorisch als sozialadäquat bewertet worden, denn er unterschied bis zum Zeitungsstreikgutachten weder anhand der Streikziele noch der Streikadressaten zwischen rechtmäßigem und verbotenem Streik.

Es ist richtig, dass die Masse der Streiks in Kollektivabreden zwischen Arbeitnehmer*innen und Arbeitgeber*innen mündete. Ein solch quantitatives Argument, wie der Großteil der Freiheitsrechtsausübungen praktiziert wurde, ist aber kein Argument für das rechtliche Verbot der selteneren Form. Der sogenannte politische Streik darf nicht schon deshalb als unrechtmäßig bewertet werden, weil er weniger oft vorkam als der tarifbezogene Streik.

Den rechtmäßigen Arbeitskampf auf den tarifbezogenen Arbeitskampf zu beschränken, widerspricht zudem den historischen Kausalzusammenhängen. Die rechtliche Absicherung der Tarifautonomie war Folge von Streiks und nicht andersherum.[940] Streiks gingen Kollektivvereinbarungen stets voraus. So ist es auch noch heute, weil Streiks die Wirkkraft der Koalitionen anzeigen und ausschlaggebend für die Verhandlungen sind. Die geschichtliche Entwicklung und der Ursache-Wirkungs-Zusammenhang von Streik und Tarifrecht wurde von Nipperdey in sein Gegenteil verkehrt, indem er das Arbeitskampfrecht nur als Annex des Rechts auf Tarifverhandlungen interpretierte.

Nipperdeys Argumentation und die darauffolgende Rechtsprechung zum Tarifbezug des Arbeitskampfs und des Verbots des sogenannten politischen Streiks kann in der historischen Gesamtbetrachtung nicht als ein Bruch mit dem liberalen Verständnis des kollektiven Arbeitsrechts in der Weimarer Republik gewertet werden, weil es in der Rechtswissenschaft, aber vor allem in der Rechtsanwendung durch die Reichsgerichte wenig Liberales gab, mit dem hätte gebrochen werden können.[941] So mussten die Arbeitnehmer*innen in der Weimarer Republik ihren Arbeitsvertrag noch kündigen, um einen sanktionsfreien Streik zu führen. Dennoch ist Xenia Rajewsky nach ihrer in den Rechtswissenschaften kaum beachteten soziologischen Einordnung und Erforschung der Folgen der Debatte um den Zeitungsstreik für den Streik zuzustimmen, dass trotz der willkürlichen Rechtsprechung in der Weimarer Republik, vor der Zeitungsstreikdebatte und den ersten Urteilen des Bundesarbeitsgerichts ein größerer Spielraum der Arbeitnehmer*innen und Gewerkschaften bestand, wie sie die Arbeitskampffreiheit ausüben konnten.[942] Zu der freiheitlichen Art und Weise der Ausführung des Streiks gehörte auch, gegen wen die Arbeitnehmer*innen ihre Streikforderungen richten. In der Weimarer Republik wertete die Rechtsprechung einen Streik, der (auch) den Staat adressierte, nicht per se als rechtswidrig.[943]

---

[940] Siehe S. 52 ff.

[941] So auch *Kittner*, 2020, S. 35.

[942] *Rajewsky*, 1970, S. 77 f.

[943] Siehe S. 58 ff.

Nipperdeys Konzeption des Arbeitskampfrechts stellt insgesamt einen Rückschritt gegenüber den Vorstellungen des Streikrechts, wie sie die Abgeordneten im Parlamentarischen Rat geäußert hatten, dar. Zudem verklärte er die Arbeitskampfrechtsgeschichte, indem er die vielfältigen Streiks, die sich gegen den Staat gerichtet hatten, und von Juristen rechtsdogmatisch nicht anders behandelt worden wären als tarifbezogene Streiks, bei seiner Wertung außen vor ließ.

(e) Kritik an der Differenzierung von „politischem" und „arbeitsrechtlichem" Streik mit normativer Geltung

Nipperdey unterschied in den arbeitsrechtlichen Untersuchungen, die er vor dem Zeitungsstreikgutachten erstellt hatte, nicht zwischen „arbeitsrechtlichem" und „politischem" Streik, wenn es um die Beurteilung der Rechtmäßigkeit eines Streiks ging. Die Rechtswidrigkeit eines Arbeitskampfs beurteilte er allein nach § 826 BGB, weil ein Rechtsgut nach § 823 Abs. 1 BGB aus seiner Sicht nicht infrage kam. Mit dem Zeitungsstreikgutachten begründete Nipperdey die rechtliche Andersbehandlung des „politischen" im Vergleich zum „arbeitsrechtlichen" Streik. Ersterer sei rechtswidrig, weil er sich unzulässigerweise an staatliche Institutionen richte. Nur der tarifbezogene Arbeitskampf sei rechtmäßig. Der Unterscheidung kam somit normative Geltungskraft zu.

Nipperdey unterschied beide Streikformen danach, wen die Streikenden mit ihren Forderungen adressierten. Er machte damit eine Trennung zwischen „politischer" und „gesellschaftlicher" Sphäre auf. Eine solche Unterscheidung entspricht der ideologischen Trennung von Politik und Wirtschaft in der kapitalistischen Produktionsweise, die sich über die tatsächlichen Verknüpfungen dieser Sphären hinwegsetzt.

Die Abgrenzung nach der Adressatenformel, ob ein Streik als „politisch" oder „arbeitsrechtlich" zu verorten sei, geht allerdings schon deshalb fehl, weil der Staat sich beliebige, vermeintlich rein tarifliche Materien aneignen und diese regulieren kann. Am Beispiel der Entgeltfortzahlung im Krankheitsfall und des Mindestlohns wurde dies bereits gezeigt.[944] Gewerkschaftliche Forderungen können den Arbeits- und Wirtschaftsbedingungen des Art. 9 Abs. 3 GG zuzuordnen sein und ihrer Form nach dadurch „politischen" Charakter bekommen, indem sich die Gesetzgebung dieser Materien annimmt.[945] Weil die legislativen und tariflichen Regelungen sich zum Teil ergänzen und es insgesamt nicht im Machtbereich der Arbeitskampfparteien liegt, welche Bereiche die Gesetzgebung regelt und welche ihnen für tarifvertragliche Absprachen überlassen bleiben, ist allein das Abstellen auf die Adressat*innen eines Streiks nicht geeignet, um damit über dessen Rechtmäßigkeit zu entscheiden.

---

[944] Siehe S. 213 ff.

[945] *Abendroth*, 1967 (1953), 203, S. 213.

Auch suggeriert die Trennung von „tariflicher“ und „politischer“ Materie, dass die Arbeitgeber*innen keine Handlungsoptionen besäßen, um auf die „politischen“ Forderungen der Streikenden einzugehen. Doch Arbeitgeber*innen können sich den Forderungen der Arbeitnehmer*innen anschließen und damit den öffentlichen Diskurs zugunsten der Arbeitnehmer*inneninteressen prägen. Durch die Teilnahme am öffentlichen Diskurs können auch die Arbeitgeber*innen den politischen Druck auf die Entscheidungsträger*innen erhöhen. Auch können sie über Arbeitgeberverbände und Lobbystrukturen auf staatliche Entscheidungsträger*innen Einfluss üben.

Der Vermögensschaden ist von der Ausübung des Streikrechts umfasst. Wie die Arbeitnehmer*innen auf ihren Lohn während des Streiks verzichten, müssen auch die Arbeitgeber*innen wirtschaftliche Einbußen hinnehmen. Weder die Eigentumsfreiheit aus Art. 14 Abs. 1 GG noch das Recht am eingerichteten Gewerbebetrieb noch die Unternehmer*innenfreiheit aus Art. 12 Abs. 1 GG schützen die Vermögensinteressen der Arbeitgeber*innen.[946]

Zudem sind Arbeitgeber*innen in der Streiksituation nicht handlungsunfähig: Sie können präventiv die Arbeitsbedingungen so ausgestalten,[947] dass es nicht zu Streiks kommt und im Konfliktfall auf die Forderungen der Arbeitnehmer*innen eingehen. Daran wird deutlich, dass für das Zustandekommen einer Streiksituation keinesfalls nur die Arbeitnehmer*innen als Streikinitiator*innen zur Verantwortung zu ziehen sind.

Die Handlungsmöglichkeiten der Arbeitgeber*innen, um den Streik abzuwenden, sind demnach vielfältig. Daher ist für die Frage des Gewinnausfalls die Abwägung von Art. 9 Abs. 3 GG auf Seiten der Arbeitnehmer*innen und der unternehmerischen Freiheit auf Seiten der Arbeitgeber*innen in aller Regel zugunsten des Streikrechts aufzulösen.[948]

Zudem stellt es einen Zirkelschluss dar, den Tarifbezug damit zu begründen, dass der Arbeitskampf nur dann rechtmäßig sei, wenn er von den Arbeitgeber*innen abgewendet werden könne. Damit verbleibt die Begründung des Tarifbezugs bei dem in der Wirklichkeit vorzufindenden System der Tarifverhandlungen. Es ist reine Tautologie die Rechtmäßigkeitsvoraussetzung des Tarifbezugs auf die Tarifverhandlungspraxis zurückzuführen. Wie bestimmte Normen gelebt werden, lässt keine Rückschlüsse darauf zu, wie sie auszulegen sind.

Die Unterscheidung zwischen „arbeitsrechtlichem“ und „politischem“ Streik ist zudem deshalb problematisch, weil der Streik als solcher droht, entpolitisiert zu

---

946 Siehe S. 106 ff.

947 Anhand der Untersuchung des Finanzierungssystems in der Altenpflege und den Handlungsspielräumen der Arbeitgeber*innen bei den Vergütungsverhandlungen habe ich gezeigt, dass sich die Einrichtungsbetreiber*innen bereits jetzt auf Regelungen des SGB XI berufen können, wenn sie tarifliche Löhne oder die Aufstockung des Personals von den Kostenträger*innen refinanziert bekommen möchten, siehe S. 20 ff.

948 So im Ergebnis auch *Rödl/Beerwerth*, AuR 2021, 244.

werden. Jeder Streik, auch derjenige im Rahmen von Tarifverhandlungen, hat eine politische Dimension. Schließlich sind Fragen beispielsweise zur Arbeitszeit, zum Lohn, zum Urlaub oder zur Personaldecke in der Krankenpflege[949] durchaus politischer Natur, weil sie die Arbeits- und Lebensverhältnisse von meist sehr vielen Menschen regeln.[950] Durch die begriffliche Abgrenzung können Streiks um bessere Arbeitsbedingungen entpolitisiert werden. So hat der sozialdemokratische Theoretiker und Politiker Eduard Bernstein während der Zeit der Massenstreiks im deutschsprachigen Raum festgestellt, dass jeder Streik, auch wenn er anfangs nur Forderungen um das Arbeitsverhältnis aufstellt, eine politische Bedeutung habe, indem er ökonomische Unterschiede aufzeige und zu Veränderungen auf staatlicher Seite führen könne.[951] Die ökonomische Ungleichheit zwischen Lohnarbeit und Kapital ist wiederum ein Teilbereich des Politischen und wird durch jeden Streik adressiert.[952]

Aus rechtshistorischer Perspektive haben die Lohnabhängigen selbst ihre kollektiven Arbeitsrechte durch unzählige Streiks dem Staat abgerungen. Dem Streik an sich kommt über diese historische Entwicklung eine politische Dimension zu. Die Arbeitnehmer*innen haben ihre rechtlichen Positionen politisch erkämpft. Auch heutzutage noch müssen Arbeitnehmer*innen um eine unbeschränkte Anerkennung ihres Grundrechts aus Art. 9 Abs. 3 GG kämpfen, da nach wie vor Beschränkungen durch die aktuelle Rechtsprechung aufrecht gehalten werden.[953] Mit der Erkenntnis, dass Arbeitnehmer*innen die staatliche Anerkennung des Streikrechts unter anderem mit Forderungen nach Lohnerhöhung und Arbeitszeitverkürzung erkämpft haben, wird die herrschende Dichotomie von „tariflichen" und „politischen" Forderungen aufgebrochen. Klassisch tarifliche Forderungen führten zur Änderung des staatlichen Umgangs mit den Streikenden.

Die Begrifflichkeit des „politischen" Streiks suggeriert, dass es Streiks gibt, die rein auf die Arbeits- und Wirtschaftsbedingungen ausgerichtet sind und solche, die sich mit „politischen" Materien befassen. Eine solche Unterscheidung ist, wie gezeigt, nicht sinnvoll. Die rechtliche Kategorisierung des „politischen" Streiks sollte dennoch nicht abgeschafft werden, denn sie hilft, den Streik, mit dem Arbeitnehmer*innen auch auf staatliche Handlungen abzielen, begrifflich zu fassen. Auswirkungen auf die Rechtmäßigkeit des Streiks sollte die begriffliche Differenzierung aber nicht haben. Insbesondere darf die Begriffsbildung nicht zu einer Verkürzung des Schutzbereichs von Art. 9 Abs. 3 GG führen.[954] Solange Arbeitnehmer*innen Forderungen aufstellen, welche die Arbeits- und Wirtschaftsbedingungen betreffen

---

[949] *Tschenker*, IndBez 2019, 366.

[950] So bereits *Schmid*, GewerkMH 1954, 1.

[951] *Bernstein*, 1906, S. 109.

[952] *Haupt et al.*, 1981, 13, S. 18.

[953] Siehe S. 280 ff.

[954] Siehe S. 31f ff.

und sie den Staat in seiner Rolle des maßgeblichen Gestalters der Arbeitsbedingungen adressieren, ist ihr Handeln grundrechtlich geschützt.[955]

bb) Alfred Huecks Gutachten zum Zeitungsstreik

Das Gutachten von Alfred Hueck[956] zum Zeitungsstreik wurde zeitgleich mit dem Gutachten Forsthoffs veröffentlicht. Da Hueck keine zusätzlichen Argumente in die Auseinandersetzung einbrachte und weder von der späteren Rechtsprechung noch der Rechtswissenschaft rezipiert wurde, soll der Inhalt hier nur knapp wiedergegeben werden.

Hueck schloss als Anspruchsgrundlage für den Schadensersatz § 823 Abs. 2 BGB aus, weil es keine einschlägigen Schutzgesetze für die Unternehmer gebe.[957] Er bejahte das Vorliegen der Voraussetzungen des § 823 Abs. 1 BGB mit der Argumentation Forsthoffs, dass ein Streik, der geführt werde, um ein Parlament unter Druckausübung zu einer bestimmten Maßnahme zu zwingen, gegen die Grundsätze des Willensbildungsprozesses in der parlamentarischen Demokratie nach Art. 20 GG verstoße und damit sowohl rechtswidrig nach § 823 Abs. 1 BGB als auch sittenwidrig nach § 826 BGB sei und somit zum Schadensersatz verpflichte.[958]

cc) Zwischenergebnis

Die Nipperdeysche Konstruktion, dass ein Arbeitskampf nur rechtmäßig sei, wenn er sich auf den Abschluss eines Tarifvertrags richte und dem daraus abgeleiteten Verbot des „politischen" Streiks, ist nur zum Teil rechtsdogmatisch hergeleitet. Insgesamt können seine Begründungen nicht überzeugen.

Die Übertragung des Rechts am eingerichteten und ausgeübten Gewerbebetrieb auf das Arbeitskampfrecht stellte einen Bruch mit der bisherigen obersten Rechtsprechung dar, die das Rechtsgut auf die Anwendung zwischen Unternehmer*innen begrenzt hatte. Nipperdey führte dieses Rechtsgut in eine Konstellation ein, die

---

[955] Das Ergebnis der vorliegend vorgenommenen Auslegung von Art. 9 Abs. 3 GG findet sich auf den S. 116ff.

[956] Alfred Hueck (1889–1975) folgte während des Nationalsozialismus im Jahr 1936 als ordentlicher Professor dem Ruf nach München. Im Jahr 1942 trat er der NSDAP bei. Nach 1945 wurde er von der Militärregierung nur kurz vom Dienst suspendiert und nahm die Lehrtätigkeit wieder auf, *Zöllner*, 2007, 131, S. 131. Zöllner stellt über Hueck die Behauptung auf, er habe nichts geschrieben, dessen er sich heute zu schämen bräuchte, *Zöllner*, 2007, 131, S. 131, obwohl Hueck mit Nipperdey und Dietz das AOG der Nationalsozialisten kommentierte (siehe 2. Kap., Fn. 649). Nach Hueck sei es dem nationalsozialistischen Recht um die Überwindung des Klassenkampfes und der Versöhnung des Interessengegensatzes zwischen Arbeitgebern und Arbeitnehmern gegangen. Diesem Prinzip ist er auch nach 1945 verbunden geblieben, vgl. *Zöllner*, 2007, 131, S. 141 f.

[957] *Hueck*, 1952, S. 37.

[958] *Hueck*, 1952, S. 38ff.

aufgrund der systemischen Ungleichheit und Abhängigkeit zwischen Arbeitgeber*innen und Arbeitnehmer*innen nicht mit dem Verhältnis von Unternehmen untereinander oder zu anderen außenstehenden Dritten vergleichbar ist. Hinter dem Recht am eingerichteten und ausgeübten Gewerbebetrieb im Arbeitskampfrecht steht das Interesse der Arbeitgeber*innen an der Erfüllung der arbeitsvertraglichen Pflichten. Kern der Ausübung des Streikrechts ist es jedoch ebenjene arbeitsvertraglichen Pflichten zur eigenen Interessendurchsetzung zu verletzen. Nipperdeys Rechtskonstruktion widerspricht der grundgesetzlichen Akzeptanz des wirtschaftlichen Schadens durch die Ausübung des Arbeitskampfrechts in Art. 9 Abs. 3 GG und ist deshalb abzulehnen.

Dass die Arbeitskampfrechtskonzeption Nipperdeys und damit der Tarifbezug des Arbeitskampfrechts und darauf aufbauend das Verbot des sogenannten politischen Streiks untrennbar mit seinem Verständnis einer Wirtschaftsverfassung verbunden sind, wurde in der Rechtswissenschaft noch nicht untersucht. Meine Darstellung von Nipperdeys Rechtslehre in der Weimarer Republik, im Nationalsozialismus und die Herausarbeitung der Kontinuität zu seiner Grundrechtsauslegung schließen diese Forschungslücke. In der Weimarer Republik hätten sich Nipperdeys argumentative Grundlagen zur Einschränkung des Arbeitskampfrechts rechtsdogmatisch ausschließlich auf die Verordnungen zur Zwangsschlichtung zurückführen lassen. Ein solches staatliches Streitbeilegungssystem wurde in der Bundesrepublik nie positivrechtlich wiedereingeführt. Selbst wenn das Grundgesetz nicht als absoluter Nullpunkt im Sinne eines rechtshistorisch unbeschriebenen Blatts verstanden, sondern in die Traditionslinie der Weimarer Verfassung gesetzt wird, unterscheidet sich die rechtliche Situation der Bundesrepublik insofern, als dass weder den Verfassungsdokumenten noch anderer Legislativakte Tendenzen zur Vermeidung von Arbeitskämpfen zu entnehmen sind. Der hier maßgebliche Unterschied zwischen Weimarer Republik und Bundesrepublik besteht somit darin, dass die bundesrepublikanische Rechtsordnung keine einfachgesetzliche Grundlage mehr beinhaltet, die die Arbeitskampfvermeidung zum Telos hat und dass das Grundgesetz das Arbeitskampfrecht gewährleistet. Für Nipperdeys Argumentation gab es keine positivrechtliche Grundlage, mit der er den Tarifbezug und das Verbot des sogenannten politischen Streiks in Art. 9 Abs. 3 GG rechtsdogmatisch hätte begründen können.

Die verfassungsrechtliche Herleitung des Rechts am eingerichteten und ausgeübten Gewerbebetrieb aus Art. 2 Abs. 1 GG, dessen Gewährleistungsgehalt er mit dem von ihm konstruierten Verfassungsprinzip der sozialen Marktwirtschaft bestimmte, kann ebenso nicht überzeugen. Nipperdeys Konstruktion der verfassungsrechtlichen Gewährleistung der sozialen Marktwirtschaft bildete die Basis seiner arbeitskampfvermeidenden Rechtslehre unter dem Grundgesetz. Jedoch ist nach der ständigen Rechtsprechung des Bundesverfassungsgerichts das Grundgesetz auf keine bestimmte Wirtschaftsordnung festgelegt. Auch geben die Protokolle der Beratungen des Parlamentarischen Rats eine solche Auslegung nicht her. Wird in der aktuellen rechtswissenschaftlichen Diskussion versucht, eine marktliberale Wirtschaftspolitik verfassungsrechtlich herzuleiten, dann erfolgt dies nur dort, wo der Grundrechtsschutz gegenüber staatlichen Eingriffen, die zur Abschaffung von Eigentums- und Gewerbefreiheit führen könnten, untermauert werden soll. Freiheitsrechte können nicht über eine imaginierte wirtschaftsverfassungsrechtliche Entscheidung eingeschränkt werden. Entsprechend den Entscheidungen des Bundesverfassungsgerichts stellt die soziale Marktwirtschaft kein Rechtsgut mit Verfassungsrang dar. Der von Nipperdey darüber legitimierte Eingriff in das Arbeitskampfrecht ist nach dem Grundgesetz nicht zu rechtfertigen.

Das Prinzip der Sozialadäquanz kann in seiner Zirkelschlüssigkeit den Tarifbezug des Arbeitskampfrechts ebenso nicht erklären. Zirkelschlüssig ist es, weil es zum einen die Übertragung des Rechts am eingerichteten und ausgeübten Gewerbebetrieb auf das Arbeitskampfrecht begründen und zum anderen die Einschränkung des Arbeitskampfrechts rechtfertigen soll. Beide Rechtskonstruktionen sind rechtsdogmatisch nicht haltbar. Das Prinzip ist nicht nur als Generalklausel zu unbestimmt, sondern wurde zudem von Nipperdey mit weiteren unbestimmten Begriffen ausgefüllt, die keinen Rückbezug zum Grundgesetz erfahren. Insgesamt ist hinter der Sozialadäquanz kein Rechtsgut mit Verfassungsrang zu erkennen, das die Einschränkung des Arbeitskampfrechts rechtfertigt.

Nipperdeys subjektiv-teleologische Auslegung der Absicht der Abgeordneten des Parlamentarischen Rats kann aufgrund der fehlenden Begründung und zu kurz gesprungenen Feststellung, das Grundgesetz beinhalte keine Gewährleistung des Arbeitskampfrechts, nicht überzeugen. Die Abgeordneten wollten das Arbeitskampfrecht unzweifelhaft im Grundgesetz gewährleistet wissen. Einschränkungen wurden lediglich in Bezug auf den Streik von Beamt*innen und den Streik mit staatsumwälzendem Charakter diskutiert. Der Tarifbezug des Arbeitskampfs und das Verbot des Streiks, der auch den Staat adressiert, fanden in den Beratungen des Parlamentarischen Rats keine Erwähnung.

Die von Nipperdey aufgestellte Behauptung, der Tarifbezug des Arbeitskampfs und auch das Verbot des sogenannten politischen Streiks ließen sich aus der Entwicklung des Arbeitskampfrechts ableiten, widerspricht den historischen Fakten. Zwar waren Streiks gegen staatliche Institutionen nicht das gewerkschaftliche Alltagsgeschäft, sie traten aber im Laufe der Streikgeschichte immer wieder auf. So war jeder Streik infolge von staatlichen Repressionen und rechtlichen Verboten implizit immer auch gegen den Staat gerichtet und in bestimmten Phasen der deutschen Geschichte häuften sich Streiks, in denen der Staat explizit adressiert wurde. Die Gerichte werteten dabei den tarifbezogenen Streik nicht anders als denjenigen, bei dem die Streikenden ihre Forderungen auch an den Staat richteten, wobei die Rechtsprechung den Streik insgesamt nur bei vorheriger Kündigung als nicht rechtswidrig bewertete. Nipperdeys rechtshistorische Auslegung lässt sich auf das Argument herunterbrechen, dass nur der tarifbezogene Streik rechtmäßig sei, weil er die häufigere Form der Auseinandersetzung darstellte. Ein solches Argument der quantitativen Grundrechtsausübung kann keine Auswirkungen auf die Bestimmung des Schutzbereichs haben.

Zudem verkennt Nipperdey durch den Tarifbezug den Wirkungszusammenhang zwischen Streik und Tarifvertrag. Historisch waren Streiks oder zumindest deren Androhung jedem einzelnen Tarifvertrag und der Etablierung des Tarifvertragssystems als solchem vorgelagert. Aus der rechtshistorischen Betrachtung lassen sich vielmehr Argumente für die Rechtmäßigkeit des nicht tarifbezogenen Streiks ableiten als umgekehrt.

Die begriffliche und gleichsam normative Trennung von „politischem“ und „arbeitsrechtlichem“ Streik geht ebenso fehl, da ein Streik für die Arbeits- und Wirtschaftsbedingungen immer auch politische Elemente enthält. Aus der begrifflichen Trennung Nipperdeys, die lediglich auf unterschiedlichen Adressat*innen der Streikforderungen beruht, kann keine normative Wertung für die Rechtmäßigkeit des Streiks gezogen werden.

Dass die Arbeitgeber*innen einen Streik außerhalb von Tarifverhandlungen nicht unmittelbar durch Abschluss eines Tarifvertrags beenden könnten, ist ein tautologisches aber kein rechtliches Argument. Der Tarifbezug ist nur durch grundrechtlich oder anderweitig verfassungsrechtlich geschützte Positionen zu begründen. Der Streik ist gerade wegen der Störung der Arbeitsbeziehungen in der Lage, Druck auf die stärkere Verhandlungsseite der Arbeitgeber*innen auszuüben. Den streikbedingten Schaden mit der Konstruktion von absolut geschützten Rechtsgütern und Schadensersatzansprüchen zugunsten der Arbeitgeber*innen auszugleichen, negiert die Anerkennung des Streikrechts in Art. 9 Abs. 3 GG. Ein Rechtsgut mit Verfassungsrang, das den Schutz der Arbeitgeber*innen während eines Streiks gewährleistet, obwohl Art. 9 Abs. 3 GG gerade die Schadenszufügung den Arbeitnehmer*innen als Grundrechtsausübung gestattet, kann nicht aus dem Grundgesetz hergeleitet werden. Den Arbeitgeber*innen kommt für die wirtschaftlichen Schäden kein grundrechtlicher Schutz aus Art. 14 Abs. 1 und Art. 12 Abs. 1 GG zu, solange es sich um reine Vermögensschäden handelt.[959] Nipperdeys Rechtsfiguren finden allesamt keinen Rückhalt im Verfassungsrecht.

Die Arbeitskampflehre Nipperdeys, die sowohl den Tarifbezug als auch das Verbot des sogenannten politischen Streiks festschreibt, kann – wie die mangelnde rechtsdogmatische Begründung und die vorliegende Dekonstruktion seiner Argumente gezeigt hat – nicht aufrechterhalten bleiben.

3. Die Urteile zum Zeitungsstreik

Die Arbeits- und Zivilgerichte urteilten bis in die dritte Instanz mehrheitlich zugunsten der Schadensersatzforderungen der Unternehmer*innen und bestätigten die Kündigungen von Arbeitnehmer*innen. Ein Urteil des Bundesarbeitsgerichts

---

[959] Siehe S. 106.

zum Zeitungsstreik existiert nicht, weil das Gericht erst 1954 gegründet wurde. Die Begründungen der Arbeits- und Zivilgerichte werden im Folgenden nachgezeichnet, um aufzuzeigen, wie die Rechtsprechung in der jungen Bundesrepublik die Argumentationen der Zeitungsstreikgutachten rezipiert und Art. 9 Abs. 3 GG ausgelegt hat.

a) Erste Instanz

In erster Instanz bejahten neun Arbeitsgerichte und ein Zivilgericht die Schadensersatzpflicht der Gewerkschaften und stellten gleichsam die Rechtswidrigkeit des Zeitungsstreiks fest.[960] In den Kündigungsschutzprozessen hielten zwei Gerichte den Streik ebenfalls für rechtswidrig.[961] Die Begründung fiel unterschiedlich, in der Regel allerdings sehr knapp aus.

Das Arbeitsgericht Köln sah die Streikaktion als „rechts- und sittenwidrig"[962] an. Das Arbeitsgericht Marburg erblickte in dem Zeitungsstreik eine straftatbestandliche Parlamentsnötigung nach § 105 StGB.[963] Inwiefern ein Streik überhaupt unter das Tatbestandsmerkmal der Gewalt subsumiert werden kann, soll hier nicht diskutiert werden. Die spätere Rechtsprechung hat gezeigt, dass es sich bei den Urteilen zum Zeitungsstreik um die letzten handeln sollte, die in dem Streik selbst strafrechtlich relevantes Verhalten sahen.[964]

Vier Arbeitsgerichte wiesen die Schadensersatzklagen ab.[965] Das Arbeitsgericht Offenbach entschied, dass die Rechtswidrigkeit nur zu bejahen sei, wenn durch den Streik das Parlament unter Druck gesetzt werden könne, oder wenn es sich um

---

[960] ArbG Köln 23. 8. 1952 – Ca 1230/52, BB 1952, 774; ArbG Marburg 28. 8. 1952 – A 368/52, BB 1952, 774; ArbG Offenbach 25. 9. 1952 – A 283 u. 302/52, AuR 1953, S. 16 f.; ArbG Wiesbaden 8. 10. 1952 – 2 A 1292/52; ArbG Gießen 21. 10. 1952 – A 509/52; ArbG Ulm 24. 10. 1952 – Ca 516/52; ArbG Freiburg 31. 10. 1952 – Ca 511/52; ArbG Karlsruhe 27. 11. 1952; ArbG Frankfurt a. M. 1. 12. 1952; LG Duisburg 11. 12. 1952 – 8 O 63/52, NJW 1953, 268.

[961] Das Arbeitsgericht Frankfurt am Main hatte die fristlose Entlassung eines Arbeitnehmers, der sich an der Streikaktion beteiligte, für unwirksam erklärt, weil man dem Arbeitnehmer keine beharrliche Arbeitsverweigerung vorwerfen könne, denn er habe sich in einem Irrtum über die Rechtmäßigkeit des Streiks befunden. Das Gericht stellte damit implizit die Rechtswidrigkeit des Zeitungsstreiks fest, ArbG Frankfurt a. M. 18. 8. 1952 – 4 A 449/52, BB 1952, 774. Das Arbeitsgericht Düsseldorf hatte die Kündigung eines Arbeitnehmers für wirksam erklärt, der am Zeitungsstreik teilgenommen hatte. Nach Ansicht des Gerichts entbinde ein Streikbefehl den Arbeitnehmer nicht von seiner Vertragspflicht, wozu im vorliegenden Falle noch komme, dass die Streikaktion rechtswidrig gewesen sei, da sie sich gegen die Bundesregierung gerichtet habe, ArbG Düsseldorf 23. 7. 1952 – 1 Ca 577/52, BB 1952, 774.

[962] ArbG Köln 23. 8. 1952 – Ca 1230/52, BB 1952 S. 774.

[963] ArbG Marburg 28. 8. 1952 – A 368/52, BB 1952 S. 774.

[964] *Kittner*, 2005, S. 605.

[965] ArbG Offenbach 25. 9. 1952 – A 283 u. 302/52, BB 1952, 858; ArbG Wuppertal 2. 10. 1952; ArbG Augsburg 13. 10. 1952 – I 562/52 K; ArbG Berlin 22. 10. 1952 – 22 Arb 17/52.

Demonstrationsstreiks handele, in denen der Schaden in keinem angemessenen Verhältnis zu dem erstrebten Erfolg stehe. Es wertete den Zeitungsstreik nicht als Parlamentsnötigung, sondern lediglich als Demonstrationsstreik, der auf die gewerkschaftlichen Forderungen aufmerksam machen sollte. Als Zwangsmittel sei der Streik nicht geeignet gewesen, da er von vornherein auf die Dauer von 48 Stunden begrenzt gewesen sei. Auch ein Missverhältnis zwischen erstrebtem Erfolg und eingetretenem Schaden habe nicht vorgelegen.[966] Das Arbeitsgericht Berlin wertete den Zeitungsstreik als „Abwehrversuch einer verfassungswidrigen und sittenwidrigen gesetzlichen Reduzierung der in den Länderverfassungen versprochenen Mitbestimmungsrecht der Arbeitnehmer“.[967] Die Arbeitsgerichte Wuppertal und Augsburg/Kempten werteten den Zeitungsstreik als Demonstration und beriefen sich für die Klageabweisung auf § 14 des Manteltarifvertrages im graphischen Gewerbe, in dem ausdrücklich vereinbart war, dass Generalstreiks und Demonstrationen unter Leitung des Gewerkschaftsbundes keine rechtswidrigen Kampfmaßnahmen seien.[968]

Das Landgericht Duisburg hatte sich im Umkehrschluss aus § 2 Abs. 1 ArbGG für zuständig erklärt, weil eine unerlaubte Handlung vorlag, die nicht zu Zwecken des Streiks stattgefunden habe. Das Gericht führte aus, dass die Definition des Arbeitskampfbegriffs bisher sehr weit gewesen wäre und jede Störung des Arbeitsfriedens durch die Parteien des Arbeitslebens, um ein bestimmtes Ziel zu erreichen, umfasst hätte. Es bezog sich dazu auf den Arbeitsrechtskommentar von Hueck/ Nipperdey aus dem Jahr 1930. Anschließend subsumierte das Gericht allerdings nur die Auseinandersetzung zwischen zwei am Arbeitsleben beteiligten Parteien unter den Arbeitskampfbegriff. Dahinter würden weitere Merkmale wie Ziel und Mittel des Arbeitskampfs zurücktreten.[969] Das Gericht stellte für die Bejahung des Schadensersatzanspruches die Rechtswidrigkeit der Maßnahme fest und bezog sich auf die Argumente Forsthoffs, wonach eine unzulässige Druckausübung auf die Abgeordneten des Parlaments und damit eine Verletzung ihrer Rechte aus Art. 38 Abs. 1 S. 2 GG und des Demokratieprinzips aus Art. 20 GG gegeben sei.[970]

b) Zweite Instanz

In der zweiten Instanz fiel die Bilanz noch deutlicher zugunsten der Unternehmer*innen aus. In acht Urteilen bejahten die Gerichte den Schadensersatzanspruch.[971] Interessant ist die Urteilsbegründung des Landesarbeitsgerichts Freiburg.

---

[966] ArbG Offenbach 25.9.1952 – A 283 u. 302/52, BB 1952, S. 858.

[967] ArbG Berlin 22.10.1952 – 22 Arb 17/52, kritisch dazu *Nipperdey*, 1953, S. 46.

[968] ArbG Wuppertal 2.10.1952; ArbG Augsburg 13.10.1952 – I 562/52 K, beide zitiert nach *Wittholz*, AuR 1953, 14, S. 17.

[969] LG Duisburg 11.12.1952 – 8 O 63/52, NJW 1953, 268.

[970] LG Duisburg 11.12.1952 – 8 O 63/52, NJW 1953, 268, S. 270.

[971] LAG Freiburg i. Br. 13.4.1953 – Sal 31/5, NJW 1953, 1278; LAG München 17.4.1953 – I 2/53, FHArbSozR 2 Nr. 4042; LAG Frankfurt a. M. 29.4.1953 – IV/I LA 444/52; LAG Frankfurt a. M. 20.2.1953 – IV LA 360/52, BB 1953, S. 290f.; LG Duisburg 11.12.1952 – 8

Der politische Streik sei nach dem Grundgesetz nicht grundsätzlich verboten. Es könne nur aus den Umständen des Einzelfalls entnommen werden, ob ein politischer Streik verfassungswidrig sei. Der Zeitungsstreik sei nicht verfassungswidrig, aber privatrechtlich rechtswidrig gewesen.[972] Das Gericht prüfte, in Anlehnung an die Gutachten von Forsthoff und Hueck, die Tatbestandsvoraussetzungen einer Parlamentsnötigung und verneinte diese aufgrund der zeitlichen Begrenzung des Streiks und des nur teilweise erfolgten Nachrichtenausfalls, da der Rundfunk von dem Streik nicht berührt worden sei. Der Schaden der Zeitungsunternehmen sei relativ gering und volkswirtschaftlich nicht von Bedeutung gewesen. Die Abgeordneten hätten zudem nicht an den Tagen des Streiks über das Betriebsverfassungsgesetz abgestimmt, sodass sie ihre Entscheidung nicht unter dem unmittelbaren Eindruck des Streiks hätten treffen müssen. Das Gericht kam deshalb zu dem Ergebnis, dass eine Parlamentsnötigung nicht vorgelegen habe und die Gewerkschaften lediglich ihre gesetzlichen Änderungswünsche mit Nachdruck zur Kenntnis bringen wollten. Im nächsten Argumentationsschritt führte das Gericht mit Verweis auf das Gutachten von Nipperdey das Recht am eingerichteten und ausgeübten Gewerbebetrieb aus dem Wettbewerbsrecht in das Arbeitskampfrecht ein und übernahm zudem Nipperdeys Konstruktion der zivilrechtlichen Vertragsverletzung durch die Überschreitung der Grenze der Sozialadäquanz. Es entschied, dass selbst die Ausübung verfassungsmäßig garantierter Grundrechte nicht die Verletzung fremder Rechte rechtfertige. Im Arbeitsrecht gingen arbeitsvertragliche Pflichten den Grundrechten vor. Dies gelte „auch für den Streik außerhalb des Arbeitskampfrechts, der nach dem GG noch nicht einmal den Schutz als Grundrecht genießt".[973]

Das Landesarbeitsgericht München stellte zwar fest, dass die Interessenvertretung auf wirtschaftlicher und sozialpolitischer Ebene nach Art. 9 Abs. 1 und 3 GG nicht allein deshalb schon verfassungs- und rechtswidrig sei, weil sie mittelbar oder unmittelbar auch den Staat, die Staatsregierung und die gesetzgebenden Körperschaften adressiere. Davon grenzte es aber Streikaktionen im Sinne des Art. 9 Abs. 3 GG ab. Das Gericht übernahm im Wesentlichen die Argumentation Nipperdeys und begrenzte den rechtmäßigen Streik auf den Arbeitskampf zwischen den Tarifpartnern, der zudem sozialadäquat sein müsse und bejahte im Ergebnis den Schadensersatzanspruch.[974]

Das Landesarbeitsgericht Frankfurt am Main bewertete den Streik bei der Prüfung der Rechtswidrigkeit im Rahmen von § 823 BGB grundsätzlich als sozialadäquaten und damit rechtmäßigen Eingriff in das Rechtsgut des bestehenden Gewerbebetriebes. Diese rechtliche Wertung gelte allerdings nur für „den normalen, dem Ar-

O 63/52, NJW 1953, 268; LAG Hessen 20.2.1953 – IV LA 360/52; LAG Düsseldorf 13.5.1953 – 2 Sa 414/42; LAG Düsseldorf 15.6.1953 – 1 Sa 144/52.

[972] LAG Freiburg i. Br. 13.4.1953 – Sal 31/5, NJW 1953, 1278.

[973] LAG Freiburg i. Br. 13.4.1953 – Sal 31/5, NJW 1953, 1278, S. 1279.

[974] LAG München 17.4.1953 – I 2/53, FHArbSozR 2 Nr. 4042; zur späteren Distanzierung von diesem Urteil durch den damaligen Präsidenten des LAG Meissinger siehe S. 184 ff.

beitsrecht ‚arteigenen‘ Streik, der gegen den Arbeitgeber um die Arbeitsbedingungen geführt wird“ und zwar höchstens auf Tarifebene. Ein solcher Streik habe beim Zeitungsstreik nicht vorgelegen, weil durch ihn eine „politische Instanz“ und nicht der bestreikte Arbeitgeber angesprochen worden sei und letzterer die Forderung nicht erfüllen könne. Für die Abgrenzung des politischen Streiks vom „sozialen“ Streik bezog sich das Gericht auf das Gutachten Forsthoffs (S. 18). Die Verfassungsbestimmungen würden sich „immer nur auf den Streik gegen den Arbeitgeber um die tariflichen Arbeitsbedingungen, also nur auf den sozialen Streik beziehen“. Für diese Begründung verwies das Gericht neben dem Gutachten Forsthoffs (S. 15) auch auf das von Nipperdey (S. 42). Im Weiteren könne eine etwaige verfassungsrechtliche Rechtmäßigkeit auch der zivilrechtlichen Rechtswidrigkeit gegenüber kein Unrechtsausschließungsgrund sein. Das Gericht nahm an, dass eine Überordnung des Verfassungsrechts nicht gegeben sei.[975]

Das Landesarbeitsgericht Düsseldorf stellte mit zwei Urteilen fest, dass es sich beim Zeitungsstreik um eine rechtswidrige politische Aktion und nicht um einen Streik, der auf günstigere Arbeitsbedingungen abzielte, gehandelt habe.[976] Damit folgte es ebenso der Argumentation Nipperdeys.

Das Landesarbeitsgericht Berlin verneinte als einziges zweitinstanzliches Gericht den Schadensersatzanspruch der Arbeitgeber. Das Gericht ordnete den Zeitungsstreik als Demonstrationsstreik ein:

> „Ein dem autonomen Gestaltungsrecht der Sozialpartner unterliegende Materie wird ihres Charakters nicht dadurch entkleidet, daß der Gesetzgeber die den Tarifparteien überlassene Gestaltung an sich zieht. Sie bleibt vielmehr solange dem autonomen Gestaltungsrecht unterstellt, bis der Gesetzgeber dieses durch zwingende gesetzliche Vorschriften ausgeschlossen hat. Das war zum Termin des Streiks noch nicht geschehen“.[977]

Das Gericht kritisierte es, den Demonstrationsstreik „aus dem Kreis der sog. arbeitsrechtlichen Streiks auszuschließen, nur, weil der Bundestag Adressat des Kampfes war, weil er die an sich tariflich zu regelnde Materie unter besonderer Billigung der Arbeitgeber an sich gezogen hatte“. Eine solche Argumentation würde dazu führen, „die Grenze zwischen arbeitsrechtlichen und politischen Streiks willkürlich zu ziehen“.[978] Das Gericht bezog sich allerdings bei der Herleitung des Streikrechts auf die Berliner Verfassung und nicht auf das Grundgesetz. In einem letzten Schritt wog es die Interessen der Arbeitnehmer*innen an der Gesetzesänderung mit dem Schaden auf Arbeitgeberseite ab. Es kam zu dem Schluss, dass das Interesse der Arbeitnehmer*innen erheblich im Vergleich zum geringfügigen

---

[975] LAG Frankfurt a. M. 20. 2. 1953 – IV LA 360/52, BB 1953, S. 290 f.

[976] LAG Düsseldorf 13. 5. 1953 – 2 Sa 414/42; LAG Düsseldorf 15. 6. 1953 – 1 Sa 144/52.

[977] LAG Berlin 17. 8. 1953 – 4 LAG 835/52, NJW 1954, 124, S. 126.

[978] LAG Berlin 17. 8. 1953 – 4 LAG 835/52, NJW 1954, 124, S. 126.

Schaden der Arbeitgeber*innen sei und letzteren im Rahmen des unternehmerischen Risikos zugemutet werden müsse.[979]

Das Oberlandesgericht Düsseldorf bejahte wie das Landgericht Duisburg in der Vorinstanz die Zuständigkeit der ordentlichen Gerichte, weil es sich bei dem Zeitungsstreik nicht um Maßnahmen des Arbeitskampfs, sondern um politische Aktionen gehandelt hätte.[980] Die Maßnahme hätte sich nicht gegen einen potenziellen Tarifvertragspartner gerichtet und auch kein kollektivrechtliches Ziel in Form einer arbeitsrechtlichen Gesamtvereinbarung erstrebt.[981]

Auch die Kündigungen der am Zeitungsstreik Beteiligten[982] oder von einem Arbeitnehmer und einem Betriebsrat eines Textilunternehmens, die den Arbeitsplatz verlassen hatten, um ihre Kollegen zur Teilnahme am Zeitungsstreik zu bewegen,[983] bewerteten die Gerichte der zweiten Instanz als rechtmäßig.

c) Dritte Instanz

Der Bundesgerichtshof schloss sich dem Oberlandesgericht Düsseldorf an und bejahte die Zuständigkeit der ordentlichen Gerichtsbarkeit. Das oberste Zivilgericht wies zunächst auf die weite Begriffsdefinition des Arbeitskampfs hin, um anschließend mit der Feststellung, der Arbeitskampf habe sich seit jeher auf den Sozialpartner gerichtet, den sogenannten politischen Streik begrifflich aus dem Schutzbereich auszuschließen.[984]

Zur Rechtmäßigkeit des Zeitungsstreiks positionierte sich der Bundesgerichtshof allerdings nicht, sondern stellte lediglich fest,

> „daß bei Streikaktionen, die eine Einwirkung auf Staatsorgane bezwecken, nicht in erster Linie ein arbeitsrechtliches Problem, sondern eine Grundfrage des Verfassungsrechts zur Erörterung steht, in dem nach der Stellung der sozialen Gruppen und Koalitionen im demokratischen Staat gefragt wird und die Grenze zulässiger Einwirkung auf die staatliche Willensbildung zu erörtern ist. Daß die Entscheidung solcher Fragen, die weitgehend Rückwirkung auf andere Rechtsgebiete haben kann, weit über das Sondergebiet des Arbeitsrechts hinausgeht, liegt offen zutage. Es kann nicht angenommen werden, daß nach dem Willen des Gesetzes auch insoweit die ArbGer. zur Entscheidung berufen sein sollten".[985]

---

979 LAG Berlin 17.8.1953 – 4 LAG 835/52, NJW 1954, 124, S. 127.

980 OLG Düsseldorf 18.8.1953 – 4 U 6/53, BB 1953 S. 735.

981 OLG Düsseldorf 18.8.1953 – 4 U 6/53, FHArbSozR 2 Nr. 4049.

982 LAG Düsseldorf 18.3.1953 – 4 Sa 187/52, FHArbSozR 2 Nr. 2348 L.

983 LAG München 2.6.1953 – I 510/52, FHArbSozR 2 Nr. 5022.

984 BGH 29.9.1954 – VI ZR 232/53, NJW 1954, 1804.

985 BGH 29.9.1954 – VI ZR 232/53, NJW 1954, 1804, S. 1805.

d) Zusammenfassung

Zusammenfassend begründeten die Arbeitsgerichte in der ersten Instanz die Rechtswidrigkeit des Zeitungsstreiks nur knapp. Sie stellten eher diffus eine verwirklichte Parlamentsnötigung fest. Die Gerichte der zweiten Instanz schlossen sich mit der einen Ausnahme des Landesarbeitsgerichts Berlin der Argumentation Nipperdeys an. Sein Gutachten wurde 1953 veröffentlicht und konnte damit nur von den später entscheidenden Landesarbeitsgerichten berücksichtigt werden. Das Gutachten von Abendroth und Schnorr von Carolsfeld wurde im selben Jahr wie das von Nipperdey veröffentlicht. Keines der Gerichte der zweiten Instanz außer das Landesarbeitsgericht Berlin setzte sich jedoch mit deren Argumenten auseinander.

Der Bundesgerichtshof bezog eine rechtshistorische Deutung mit ein und stellte fest, der Arbeitskampf hätte sich seit jeher ausschließlich gegen den Sozialpartner gerichtet. Dass eine solche Aussage den historischen Fakten widerspricht, konnte anhand der vielen Streiks gezeigt werden, die sich nicht ausschließlich gegen die Arbeitgeber*innen richteten.[986] Die Abgrenzung des Bundesgerichtshofs von verfassungsrechtlichem und arbeitsrechtlichem Problem und der Verweigerung sich mit dem Arbeitskampfrecht aus verfassungsrechtlicher Perspektive zu beschäftigen, zeigt, dass er das Arbeitskampfrecht nicht als Grundrechtsausübung verstanden hatte.

Bemerkenswert an allen Urteilen ist, dass keines der Gerichte auf die Gewährleistungen von Art. 9 Abs. 3 GG einging. Das Grundgesetz wurde als Rechtfindungsquelle schlichtweg übergangen. Eine eigenständige Auslegung anhand des Wortlauts, der Geschichte, der Systematik und des Telos von Art. 9 Abs. 3 GG fand nicht statt. Fast alle Landesarbeitsgerichte übernahmen entsprechend der Ausführung Nipperdeys das Rechtsgut des eingerichteten und ausgeübten Gewerbebetriebs in ihre Bewertung des Streiks und stellten auf den Adressaten der Streikforderung ab.[987] Nach dieser Gesamtschau der Rechtsprechung zum Zeitungsstreik bleibt festzuhalten, dass fast alle Gerichte die Argumentationen von Nipperdey und Forsthoff rezipierten und zum Teil direkt übernahmen.

III. Nipperdey und die Rechtsprechung des Bundesarbeitsgerichts zum Arbeitskampf

Nipperdey hatte in seinem Gutachten zum Zeitungsstreik den Grundstein gelegt, auf dem der Großteil der Gerichte das Verbot des sogenannten politischen Streiks aufbaute. Als erster Präsident des Bundesarbeitsgerichts steckte er die Leitlinien des Arbeitskampfrechts auf lange Sicht ab.

---

[986] Siehe S. 37 ff.

[987] Im Ergebnis so auch schon *Rajewsky*, 1970, S. 37, 49 f.

Die Einflussnahme Nipperdeys auf die Arbeitskampfrechtsprechung des Bundesarbeitsgerichts wird anhand seiner Position (1.) und anhand der Parallelen zwischen dem Urteil vom 28. Januar 1955 und Nipperdeys gutachterlichem Schaffen beleuchtet (2.). Sofern Nipperdey in der Rechtsprechung des Bundesarbeitsgerichts die Argumentation zum Tarifbezug des Arbeitskampfrechts und zum Verbot des sogenannten politischen Streiks erweiterte, sollen die gerichtlichen Wertungen grundrechtsdogmatisch überprüft werden (3.).

1. Der Einfluss Nipperdeys als Präsident des Bundesarbeitsgerichts

Die Präsident*innen des Bundesarbeitsgerichts prägen das Arbeitskampfrecht, weil sie gleichzeitig Vorsitzende des Großen Senats und des Ersten Senats sind, der zuständig für das Arbeitskampfrecht ist.[988] Nipperdey hatte immensen Einfluss auf die Urteile während seiner Zeit als erster Präsident des Bundesarbeitsgerichts. Er war der einzige Richter, der bereits vor der Machtübergabe an die Nationalsozialisten langjährige Expertise im Arbeitsrecht hatte sammeln können. In der ersten Einstellungsrunde am Bundesarbeitsgericht wurde das Gericht mit Richtern und einer Richterin besetzt, die zum Großteil erst nach 1933, als es kein praktiziertes Kollektivarbeitsrecht mehr gab, als Arbeitsrechtler*innen tätig waren oder gar keine Vorkenntnisse oder Berufserfahrung in diesem Rechtsgebiet hatten.[989]

Keine*r der Jurist*innen, die in der Weimarer Republik den Gewerkschaften nahe gestanden hatten, ist Richter*in des Bundesarbeitsgerichts geworden. Unter anderem wurden sie von Nazis ermordet,[990] waren wie Hugo Sinzheimer an den Strapazen der Verfolgung verstorben, waren aus dem Exil nicht nach Deutschland zurückgekehrt oder hatten die Profession gewechselt.[991]

Nipperdey hatte zudem erheblichen Einfluss auf die Personalia des Gerichts. Er war Teil des Netzwerks, das im engen Kontakt mit dem Arbeitsministerium stand, welches die Hoheit über die Zusammensetzung des Bundesarbeitsgerichts hatte. Auch die Verteilung der internen Positionen konnten Nipperdey als Präsident des

---

[988] *Kittner*, 2020, S. 12 ff.

[989] *Rehder*, 2011, S. 203 f.; *A. Seifert*, 2015, 247, S. 252 f. Der einzige Jurist neben Nipperdey mit Erfahrungen im Arbeitsrecht in der Weimarer Republik war Johannes Denecke, der ab 1927 Vorsitzender Richter am Landesarbeitsgericht Dortmund war, bevor er 1934 zum Mitglied des Arbeitsrechtsausschusses der Akademie für Deutsches Recht ernannt und im Jahr 1938 beim Reichsgericht beschäftigt wurde, *D. Neumann*, 1988, 243.

[990] Für den Jurist Katzenstein siehe 2. Kap., Fn. 106.

[991] *Rehder*, 2011, S. 162 ff. Eine Untersuchung zur Frage, welche Schuld die ersten Richter des BAG im Nationalsozialismus auf sich geladen haben und inwiefern sie damit als belastet gelten können, wird derzeit von Martin Borowsky durchgeführt. Die Richter Hugo Berger, der als Kriegsgerichtsrat tätig war, und Walter Schilgen, der Oberlandesgerichtsrat in politischen Strafsachen in Kattowitz war, wurden in der „Blutrichter"- und „Braunbuch"-Kampagne der DDR als NS-belastet eingestuft, vgl. *Nationalrat der Nationalen Front*, 1968, S. 149, 177. Aufgrund fehlender Einsichtsgenehmigung in die Personalakten konnte diese Einordnung bislang nicht überprüft werden, vgl. *Miquel*, 2004, S. 385, 394 f.

Gerichts und Ersten Senats und Müller als Präsident des Zweiten Senats vor allem in den Anfangsjahren gegenüber dem restlichen Kollegium verteidigen.[992] Zudem beschäftigte Nipperdey viele ehemalige Doktoranden und Habilitanden seines Lehrstuhls an der Universität Köln als wissenschaftliche Mitarbeiter am Bundesarbeitsgericht.[993]

Auch die Veröffentlichungspraxis der Rechtsprechung des Bundesarbeitsgerichts hatte Nipperdey im Griff. Als Präsident bestimmte er zum einen, welche Entscheidungen veröffentlicht wurden und legte zum anderen fest, wer die Urteile kommentierte, indem er als Herausgeber der „Arbeitsrechtlichen Praxis" (AP) fungierte.[994] Daneben war er Herausgeber der wichtigsten Fachzeitschrift „Recht der Arbeit" (RdA). Auch hier hatte er Einfluss darauf, welches Urteil von wem kommentiert wurde.[995] Zudem war er Mitherausgeber der Zeitschrift „Sozialer Fortschritt" und Mitarbeiter der „Deutschen Rechtszeitung" (1946 bis 1950), die nach der Zusammenlegung mit der „Süddeutschen Juristenzeitung" ab dem Jahr 1951 als „Juristenzeitung" fortgeführt wurde.[996]

Die Rechtsprechung des Bundesarbeitsgerichts entsprach in der Regel den Rechtsansichten Nipperdeys. Nicht nur bei dem hier interessierenden Urteil vom 28. Januar 1955, sondern in der gesamten Rechtsprechung bezog sich das Bundesarbeitsgericht, wenn es sich nicht selbst zitierte, zum Großteil auf die Schriften von Nipperdey und seinen Kollegen, die ähnliche Rechtsauslegungen vertraten.[997] Die Rede ist deshalb vom „System Nipperdey",[998] der „Ära Nipperdey"[999] oder dem „Kartell Nipperdey".[1000]

2. Das Urteil des Bundesarbeitsgerichts vom 28. Januar 1955

Einen besonderen Stellenwert in der Arbeitskampfrechtsprechung nimmt das Urteil des Großen Senats des Bundesarbeitsgerichts vom 28. Januar 1955 ein.[1001] In

[992] *Rehder*, 2011, S. 229 ff.

[993] *A. Seifert*, 2015, 247, S. 255.

[994] *Ramm*, JZ 1964, 494, S. 495 ff.

[995] *Rehder*, 2011, S. 237.

[996] *Seegert*, 1985, S. 151 f.

[997] *Rehder*, 2011, S. 236 f. Indem das Bundesarbeitsgericht ausgewählte rechtswissenschaftliche Literatur in die Urteilsbegründung aufnahm, brach es darüber hinaus mit der Rechtsprechungstradition des Reichsarbeitsgerichts, das in seinem Begründungsteil weitgehend auf Zitate aus dem arbeitsrechtlichen Schrifttum verzichtet und lediglich die eigenen Urteile als zitierte Referenzpunkte genutzt hatte, *A. Seifert*, 2015, 247, S. 255.

[998] *Kittner*, 2005, S. 603.

[999] *Ramm*, JZ 1964, 494, S. 501; *Gamillscheg*, JZ 1965, 47, S. 48; *Rehder*, 2011, S. 255; *A. Seifert*, 2015, 247.

[1000] Zu den personellen und inhaltlichen Kontinuitäten der Arbeitsrechtswissenschaft und -praxis vom Nationalsozialismus in die BRD, *Wahsner*, KJ 1974, 369.

[1001] BAG 28. 1. 1955 – GS 1/54, juris.

dem Fall ging es um die Wiedereinstellung eines aufgrund eines Streiks gekündigten Arbeitnehmers. Wegen der Teilnahme an einem Streik entließ die Arbeitgeberin alle streikenden Arbeitnehmer*innen fristlos. Nach Beendigung des Streiks wurden elf Arbeitnehmer*innen wiedereingestellt. Sieben Arbeitnehmer*innen, darunter auch der Kläger, der zudem Betriebsratsmitglied war, verwehrte die Arbeitgeberin die Wiedereinstellung ohne Angabe von nachvollziehbaren Gründen.

Das Bundesarbeitsgericht nahm eine wegweisende Neuerung in der Bewertung des Arbeitskampfs vor. War es in der Weimarer Republik noch einer gewissen Willkür unterworfen, wie die Gerichte zivilrechtliche Normen auf Streiks anwendeten, um beispielsweise die Gewerkschaften zu Zahlungen auf Schadensersatz nach § 826 BGB zu verurteilen, wurde der Arbeitskampf nun unter ganz bestimmten Voraussetzungen als rechtmäßig beurteilt. Das Bundesarbeitsgericht bewertete die nicht erfolgte Wiedereinstellung der gekündigten Arbeitnehmer*innen im vorliegenden Fall als rechtswidrig, da die Arbeitgeberin sich nicht auf völlig willkürliche Gründe berufen dürfe.

Das Bundesarbeitsgericht stellte zunächst fest, dass sich aus Art. 9 Abs. 3 GG, wie auch schon aus Art. 159 WRV, weder nach dem Wortlaut noch der Entstehungsgeschichte ein Streikrecht als verfassungsrechtliche Garantie ableiten lasse. Dazu berief es sich an erster Stelle auf Nipperdeys Schriften aus der Weimarer Republik und sein Zeitungsstreikgutachten.[1002] Die Diskussionen des Parlamentarischen Rats wurden vom Gericht so interpretiert, dass das Grundgesetz kein Arbeitskampfrecht gewährleiste.[1003]

Das Gericht ließ offen, ob sich das Streikrecht aus Art. 9, Art. 2 Abs. 1 GG oder sonstigen Vorschriften ableiten lasse und stellte fest, dass es vertraglichen Bindungen unterliegen könne und nicht die Rechte anderer gemäß Art. 2 Abs. 1 GG verletzen dürfe. Stattdessen prüfte es, ob ein Recht der Arbeitgeber bestehe, das durch den Streik rechtswidrig verletzt sei.[1004] Das Gericht verknüpfte das Recht am eingerichteten und ausgeübten Gewerbebetrieb als sonstiges Recht nach § 823 Abs. 1 BGB mit dem Prinzip der Sozialadäquanz des Streiks, mit der Folge, dass

> „nur der gegen die Arbeitgeber gerichtete Streik um die tarifliche Regelung der Arbeitsbedingungen […], der weder tarifwidrig (Bruch der tariflichen Friedenspflicht) noch nach seinen Mitteln oder seinen Zielen oder der Unverhältnismäßigkeit von Mittel und Ziel sozialinadäquat (Eingriff in die Gewerbebetriebe der Arbeitgeber nach § 823 Abs. 1 BGB), noch sittenwidrig (§ 826) ist“,[1005]

als rechtmäßig anerkannt wurde. An dieser Stelle konnten die Richter demnach auf die Argumentation Nipperdeys aus dessen Zeitungsstreikgutachten zurückgreifen,

---

[1002] BAG 28.1.1955 – GS 1/54, juris, Rn. 25.

[1003] BAG 28.1.1955 – GS 1/54, juris, Rn. 25 mit Bezug auf *v. Doemming/Füsslein/Matz*, 1951, S. 116ff.

[1004] BAG 28.1.1955 – GS 1/54, juris, Rn. 31.

[1005] BAG 28.1.1955 – GS 1/54, juris, Rn. 34.

zitierten allerdings seine Kommentierung des allgemeinen Teils des BGB aus dem Jahr 1955.

Das Bundesarbeitsgericht fügte dem Arbeitskampf noch eine weitere Wertung hinzu: „Arbeitskämpfe (Streik und Aussperrung) sind im [A]llgemeinen unerwünscht, da sie volkswirtschaftliche Schäden mit sich bringen und den im Interesse der Gesamtheit liegenden sozialen Frieden beeinträchtigen".[1006]

Das Gericht entschied zur Aussperrung und Wiedereinstellungspflicht der Arbeitgeber, dass die kollektivrechtlich legitime Aussperrung keiner Kündigung der Arbeitsverträge bedürfe. Bei sofortiger Aussperrung zur Erreichung eines legitimen kollektiven Kampfziels bestünden keine Vergütungsansprüche der Arbeitnehmer aus dem Gesichtspunkt des Annahmeverzugs. Der von einer Gewerkschaft durchgeführte Streik um die Arbeitsbedingungen berechtige die bestreikten Arbeitgeber, im Wege der kollektiven Abwehraussperrung die Arbeitsverhältnisse der streikenden Arbeitnehmer fristlos zu lösen. Deren Wiedereinstellung stehe nach Beendigung des Streiks beim Fehlen einer Wiedereinstellungsklausel im unternehmerischen Ermessen der Arbeitgeber. Dieses Ermessen dürfe jedoch nicht offensichtlich missbräuchlich ausgeübt werden.[1007]

3. Stellungnahme

Vor dem Hintergrund der uneinheitlichen und mit erheblichen Rechtsunsicherheiten verbundenen Rechtsprechung der Anfangsjahre der Bundesrepublik[1008] erschienen die Beurteilungsmaßstäbe, die das Bundesarbeitsgericht mit seinem Urteil vom 28. Januar 1955 gesetzt hatte, einigen zeitgenössischen Rechtswissenschaftlern, die zum Teil selbst an dem Urteilsspruch beteiligt waren, als Klärung der Rechtslage und sie verteidigten die Entscheidung aufgrund des in ihr verbürgten Regulierungspotentials.[1009]

Vor dem Urteil des Bundesarbeitsgerichts vom 28. Januar 1955 hatten Arbeitnehmer*innen nur eine Möglichkeit rechtmäßig zu streiken: Sie mussten vor dem Streik ihren Arbeitsvertrag kündigen. Das Bundesarbeitsgericht ließ diese Konzeption der Arbeitskampffreiheit zwar hinter sich, sprach aber im selben Atemzug den Arbeitgeber*innen mit der Aussperrung und der ermessensfreien Wiedereinstellungsbefugnis, das Recht zur fristlosen Entlassung zu. Ohne die danach und bis

[1006] BAG 28.1.1955 – GS 1/54, juris, Rn. 35.

[1007] BAG 28.1.1955 – GS 1/54, juris, Ls. 5–7.

[1008] Siehe S. 180ff.

[1009] Nipperdey mit der Begründung, dass sich seine Lehre in das „System der *Sozialpartnerschaft mit ihrer sozialen Selbstverwaltung* [Hervorhebung im Original]" einpasse, vgl. *Nipperdey*, 1956, 79, S. 96f.; Hueck mit der Bemerkung, dass im Vergleich zu den 1920er Jahren erfreulicherweise die verlorenen Arbeitstage durch Streiks abgenommen haben und demzufolge ein Erstarken des Friedenswillens zu verzeichnen sei, vgl. *Hueck*, 1955, 27; *Dietz*, 1955, 47; *G. Müller*, BB 1955, 577; *Meissinger*, NJW 1955, 972.

heute andauernde Debatte zur Anerkennung des Aussperrungsrechts hier wiederzugeben, ist zumindest festzuhalten, dass durch diese Rechtskonstruktion die Arbeitsplatzsicherheit der Arbeitnehmer*innen beim Streik wie auch bisher nicht gewährleistet war. Das frisch gebackene Arbeitskampfrecht verblasste damit zur Farce.[1010]

Mit der Entscheidung wurde das erste Mal das Arbeitskampfrecht durch ein deutsches, oberstes Gericht anerkannt. Das Urteil wirft allerdings mehr Schatten als Licht auf die Auslegung von Art. 9 Abs. 3 GG. Denn in demselben Atemzug mit der Anerkennung des Freiheitsrechts hat das Bundesarbeitsgericht zahlreiche Einschränkungen aufgestellt. Wolfgang Däubler bezeichnet die Rechtsprechung daher als „weiterentwickelten Sozialkonservatismus".[1011] Der Rechts- und Politikwissenschaftler Ulrich Mückenberger hat herausgearbeitet, wie die Tarifakzessorietät schon in der Geburtsstunde in ihrer dogmatischen Begründung krankte. Der Zivilrechtsvorbehalt werde schlussendlich in die Verfassung selbst hineingelesen und damit zur grundrechtlichen Doktrin erhoben. Das Arbeitskampfrecht als solches werde einem „zivilrechtlichen Funktionsvorbehalt"[1012] unterstellt. Der Arbeitsrechtler Otto Ernst Kempen bewertete die durch das Urteil des Bundesarbeitsgerichts aufgestellten Rechtmäßigkeitsvoraussetzungen des Arbeitskampfs als „unter rein ökonomischen Aspekten konstruierte[s] Korsett" und dass es „eher deskriptiv dekretiert als normativ subsumiert".[1013]

Das Bundesarbeitsgericht bezog sich bei der Begründung der fehlenden Verankerung des Arbeitskampfrechts im Grundgesetz auf die sogenannte herrschende Meinung und nannte neben dem Lehrbuch des Arbeitsrechts von Hueck und Nipperdey aus dem Jahr 1932 noch viele andere Quellen der Weimarer Republik.[1014] Damit legte das Gericht seiner Rechtsprechung Rechtsauffassungen aus einer Zeit zu Grunde, in der das Grundgesetz noch nicht existierte.

Zudem berief sich das Bundesarbeitsgericht auf die Argumentation Nipperdeys aus seinem Zeitungsstreikgutachten. Das Bundesarbeitsgericht baute die Rechtmäßigkeitsvoraussetzungen eines Arbeitskampfs auf der Vorstellung auf, der Streik schade der Volkswirtschaft und sei deswegen zu vermeiden. Die Arbeitskampf-

---

[1010] Das Bundesarbeitsgericht beurteilte die Praxis der Arbeitgeber*innen, missliebige Arbeitnehmer*innen, in den entschiedenen Fällen Schwangere und wegen Krankheit oder Urlaub am Konflikt Unbeteiligte, nach der Aussperrung nicht wiedereinzustellen, als rechtmäßig, BAG 27.9.1957 – 1 AZR 81/56; BAG 19.10.1960 – 1 AZR 373/58; BAG 24.2.1961 – 1 AZR 17/59, für Frauen, die zum Aussperrungszeitpunkt unter das MuSchG fielen, wieder zurückgenommen durch BAG 25.1.1963 – 1 AZR 288/62, BeckRS 9998, 113950. In diesen Entscheidungen wurde deutlich, dass der rechtliche Beurteilungsmaßstab des Willkürverbots bei nicht erfolgter Wiedereinstellung nach einem Streik keine Rechtssicherheit für die Arbeitnehmer*innen herstellte.

[1011] *Däubler*, 1974, 411, S. 512.

[1012] *Mückenberger*, KJ 1980, 258, S. 264.

[1013] *O. E. Kempen*, AuR 1990, 237, S. 238.

[1014] BAG 28.1.1955 – GS 1/54, juris, Rn. 18.

rechtsprechung gründete damit auf der Annahme, dass die Grundrechtsausübung an sich gesamtgesellschaftlich unerwünscht sei und transformierte diese Ansicht gleichsam zu einem normativen Satz, indem daraus das Arbeitskampfrecht geformt wurde. Diese Wertung des Arbeitskampfs als unerwünschtes Ereignis wurde nach den Anfangsjahren der Rechtsprechung des Bundesarbeitsgerichts fortgeführt[1015] und reicht bis in die heutige rechtswissenschaftliche Kommentierung des Schadensersatzrechts.[1016] Auch wird heute noch vor den volkswirtschaftlichen Schäden, die ein Arbeitskampf mit sich bringen kann, gewarnt.[1017]

Dass keiner der nur zum Teil rechtsdogmatisch hergeleiteten Begründungsversuche Nipperdeys überzeugend ist, weil sie das Grundrecht in ein zivilrechtliches Korsett zwängen, das die Gewährleistung des Arbeitskampfrechts aus Art. 9 Abs. 3 GG auf verschiedenen Ebenen missachtet, wurde in der Stellungnahme zu seinem Zeitungsstreikgutachten gezeigt. So ist die Einführung des Rechts am ein-

---

[1015] „Der Senat sieht es als selbstverständlich an, daß überall da; wo sittliche Verpflichtungen der Durchführung eines Arbeitskampfs entgegenstehen, diesen der Vorrang gebührt“. BAG 19.1.1962 – 1 ABR 14/60, BAGE 12, 184, Rn. 31. Damit hat der Erste Senat des Bundesarbeitsgerichts die „Neuwertung des Arbeitskampfs durch die neu geschaffene Formel der Sozialadäquanz veranschaulicht“, *Ramm*, JZ 1964, 546, S. 547. Ramms Einschätzung der ersten zehn Jahre der Rechtsprechung des Bundesarbeitsgerichts als arbeitnehmer*innenfeindlich wurde in der Rechtswissenschaft harsch kritisiert. Die Kritik an Ramms Ausführungen setzt sich vor allem auf förmlicher Ebene mit seiner Rechtsprechungsübersicht auseinander und bemängelt die „herabsetzenden Formulierungen“, so *Galperin*, JZ 1964, 711, und „rücksichtslose(n) und diffamierende(n) Kennzeichnung“ der Rechtsprechung des Bundesarbeitsgerichts, so *G. Müller*, JZ 1964, 711. Ein inhaltlicher Meinungsaustausch sei auf dieser Ebene nicht mehr möglich. In einer weiteren Kritik wird neben dem Tonfall vor allem die einseitige Auswahl der Urteile angemerkt, ohne jedoch Gegenbeispiele in der Rechtsprechung für die Thesen von Ramm zu liefern, vgl. *Gamillscheg*, JZ 1965, 47, S. 53; für den hier interessierenden Untersuchungsgegenstand finden sich in der gesamten Kritik keine berechtigten Einwände. Gamillscheg verkennt ganz grundlegend den restriktiven Charakter der frühen Rechtsprechung des Bundesarbeitsgerichts zum Arbeitskampfrecht, wenn er sie folgendermaßen bewertet: „Daß sie jedoch in diesem Jahrzehnt wie in den vergangenen Jahrzehnten das sozial ‚richtige‘ Recht gefunden hat, ist eine Großtat von höchster politischer Bedeutung; sie hat ihren wesentlichen Anteil daran, daß der Arbeiter die Befreiung aus einem unwürdigen Dasein nicht mehr von der Zerschlagung der bürgerlichen Ordnung, sondern aus ihrem Wandel zum sozialen Rechtsstaat erreicht hat und noch zu erreichen trachtet“. *Gamillscheg*, JZ 1965, 47, S. 48. Diese Bewertung muss im Hinblick auf die willkürlichen Verbote von Streiks durch das Reichsarbeitsgericht in der Weimarer Republik als Geschichtsklitterung gelten, siehe dazu S. 47 ff.

In der Entscheidung des Bundesarbeitsgerichts vom 19. Januar 1962 ging es um die Tariffähigkeit des „Berufsverband katholischer Hausgehilfinnen“, die das Bundesarbeitsgericht verneinte, das BVerfG jedoch auf problematische Art und Weise für den spezifischen Bereich der Hauswirtschaft bejahte, BVerfG 06.05.1964 – 1 BvR 79/62, BVerfGE 18, 18. Eine kritische Besprechung des Urteils insbesondere zur vermeintlich fehlenden Notwendigkeit und Effektivität eines Arbeitskampfs im Privathaushalt und der fälschlichen Gegenüberstellung von Hausarbeit und außerhäuslicher Erwerbsarbeit findet sich bei *Kocher*, 2013, 166, S. 169 ff.

[1016] BeckOK BGB-*Förster*, BGB § 823, Rn. 249.

[1017] *Rudkowski*, 2010, S. 1 ff., 310.

gerichteten und ausgeübten Gewerbebetrieb in das Arbeitskampfrecht nicht haltbar, die Begründung der Einschränkung des Arbeitskampfrechts entlang des vermeintlichen Verfassungsprinzips der sozialen Marktwirtschaft überzeugt nicht, das Prinzips der Sozialadäquanz ist unbestimmt und zirkelschlüssig und die historische Auslegung ist zum Teil fehlerhaft.[1018]

IV. Zwischenergebnis

Der Tarifbezug des Arbeitskampfrechts und das Verbot des politischen Streiks haben ihren Ursprung in der Zeitungsstreikdebatte. Das Bundesarbeitsgericht hat mit seinem Urteil vom 28. Januar 1955 den Grundstein der ständigen Rechtsprechung gelegt und damit die Beschränkungen des Arbeitskampfrechts aus den Zeitungsstreikgutachten verstetigt.

Die von Forsthoff herausgearbeitete normative Trennung zwischen staatlicher und gesellschaftlicher Willensbildung basiert auf einem elitären, antidemokratischen Herrschaftsverständnis. Konträr zu diesem Forsthoffschen Staatsmodell bildet das Grundgesetz einen Gegenentwurf zum Nationalsozialismus und hat mit dem Demokratieprinzip nach Art. 20 Abs. 1, 28 Abs. 1 S. 1 GG und den demokratischen Teilhabe- und Kommunikationsgrundrechten die Basis für eine diverse, partizipative Demokratie geschaffen. In Weiterführung der Grundgesetzauslegung nach Abendroth muss das Arbeitskampfrecht als Kommunikationsrecht gewährleistet werden, damit Arbeitnehmer*innen am öffentlichen Meinungskampf wirksam teilnehmen können. Die Beschränkung des Arbeitskampfrechts aus Art. 9 Abs. 3 GG auf tarifvertragliche Regelungen ist mit dem vom Grundgesetz aufgestellten partizipativen Demokratiemodell unvereinbar. Das Verbot des sogenannten politischen Streiks ist auf Basis des grundgesetzlichen Demokratieverständnisses nicht zu rechtfertigen.[1019]

Auch die Argumente Nipperdeys für den Tarifbezug des Arbeitskampfrechts und für das Verbot des sogenannten politischen Streiks können nicht überzeugen. Die Einführung des Rechts am eingerichteten und ausgeübten Gewerbebetrieb und das Prinzip der Sozialadäquanz beruhen auf der Vorstellung Nipperdeys, das Grundgesetz schreibe die soziale Marktwirtschaft vor und der Arbeitskampf sei für die Umsetzung dieses vermeintlichen Verfassungsprinzips schädlich. Jedoch trifft das Grundgesetz keine Aussage zur Wirtschaftsverfassung. Vielmehr begründet es das Arbeitskampfrecht, ohne dass sich aus der historischen und genetischen Auslegung Hinweise auf den Tarifbezug finden lassen. Somit entfällt die argumentative Grundlage für den Tarifbezug und damit auch für das Verbot des sogenannten politischen Streiks.[1020]

[1018] Siehe S. 244 ff.

[1019] Zur detaillierten Auseinandersetzung siehe S. 209 ff.

[1020] Zur gesamten Rechtskonstruktion Nipperdeys Rechtsansichten siehe S. 244 ff.

Die Rechtsprechung zum Zeitungsstreik bezieht sich im Wesentlichen auf die Argumentation Forsthoffs und Nipperdeys. Die Arbeitskampfrechtsprechung des Bundesarbeitsgerichts ist maßgeblich von Nipperdey geprägt. Der richterrechtliche Grundstein des Arbeitskampfrechts verkennt in kontinuierlicher Weiterführung von ahistorischen und antidemokratischen Rechtsauslegungen den Gewährleistungsgehalt des Art. 9 Abs. 3 GG.

Die Kernargumente der Zeitungsstreikgutachten, der dazugehörigen Rechtsprechung und des ersten Urteils des Bundesarbeitsgerichts bilden die Grundlage für den Tarifbezug und das Verbot des sogenannten politischen Streiks. Diese Einschränkung von Art. 9 Abs. 3 GG kann aufgrund der rechtsdogmatischen Mängel in der Verfassungsauslegung nicht aufrecht erhalten bleiben.

B. Kontinuitäten in der weiteren Rechtsprechung

Die Rechtsprechung ist zwar nicht bei der Arbeitskampfrechtsdogmatik von 1955 stehengeblieben, sie interpretiert Art. 9 Abs. 3 GG allerdings nach wie vor einhellig so, dass der Arbeitskampf tarifakzessorisch sein müsse und das Verbot des sogenannten politischen Streiks bestehe.

Anhand der Entwicklung der gerichtlichen Begründung beider Arbeitskampfrechtsbeschränkungen zeige ich auf, welche Rechtskonstruktionen sich in welcher Form bis heute gehalten haben. Im ersten Teil dieser Begutachtung stelle ich die Urteile zum Verbot des sogenannten politischen Streiks dar (I.) und im zweiten die Rechtsprechungsentwicklung zum Tarifbezug des Arbeitskampfs, weil dieser als Begründung für die Rechtswidrigkeit des sogenannten politischen Streiks dient (II.). Die Untersuchung der relevanten Rechtsprechung ab dem Jahr 1955 schließe ich mit einem Zwischenergebnis (III.).

I. Verbot des „politischen“ Streiks

Seit dem Zeitungsstreik im Jahr 1952 ist die Anzahl der Streiks, die sich nicht nur an die Arbeitgeber*innen, sondern auch an staatliche Entscheidungsträger*innen richteten, überschaubar geblieben. Dennoch sind sie aus der Streikgeschichte der Bundesrepublik nicht wegzudenken. Entsprechend der geringen Anzahl von sogenannten politischen Streiks ist die Anzahl der Urteile übersichtlich.

Da in der vorliegenden Arbeit in erster Linie die Streikgeschichte und Rechtsprechung der Bundesrepublik von Interesse sind, werden bis zum Jahr 1990 nur die bundesdeutschen und von da an die gesamtdeutschen Streiks berücksichtigt.[1021] Nach

[1021] Die Darstellung der „politischen“ Streiks basiert im Wesentlichen auf der Untersuchung der Sozialökonomin Lucy Redler. Sie hat herausgearbeitet, dass die DGB-Spitze in der

der chronologischen Darstellung der Streiks und der dazugehörigen gerichtlichen Auseinandersetzungen werden die Urteile zum Verbot des sogenannten politischen Streiks daraufhin untersucht und bewertet, ob sie den Argumentationen zur Zeitungsstreikdebatte neue rechtliche Wertungen hinzufügen und wenn dies der Fall sein sollte, ob diese rechtsdogmatisch haltbar sind.

1. Erste Streiks ohne gerichtliche Auseinandersetzung

Im Jahr 1968 fanden Streiks gegen die Einführung der Notstandsgesetze statt. Der DGB hatte dazu aufgerufen, die Streiks zu unterlassen, weil sie verboten seien. Die Betriebsbasis führte sie dennoch durch. Im Jahr 1972 legten 100.000 Arbeitnehmer*innen die Arbeit nieder, um sich gegen da von der CDU/CSU initiierte Misstrauensvotum gegen den sozialdemokratischen Bundeskanzler Willy Brandt zu wehren. Diese Streiks hatten keine gerichtlichen Auseinandersetzungen zur Folge.

Im Jahr 1983 rief der DGB die Arbeitnehmer*innen dazu auf, für fünf Minuten die Arbeit gegen den NATO-Doppelbeschluss niederzulegen. Die Arbeitsniederlegung blieb sowohl politisch als auch gerichtlich unbeantwortet.

2. Streik gegen „die Zerschlagung des NDR“ im Jahr 1979

Das erste Urteil nach dem Zeitungsstreik zur Frage der Zulässigkeit des sogenannten politischen Streiks erging erst über 25 Jahre später. Dem Rechtsstreit lag ein Streik beim öffentlich-rechtlichen Rundfunk zugrunde. Im Jahr 1978 kündigte das Land Schleswig-Holstein den Staatsvertrag über den NDR als gemeinsame Rundfunkanstalt des öffentlichen Rechts. Die Rundfunk-Fernseh-Film-Union als Teil der Gewerkschaft Kunst im DGB rief zu einer Arbeitsniederlegung gegen „die Zerschlagung des NDR als Dreiländeranstalt“ sowie gegen „die Aufweichung des öffentlichrechtlichen Rundfunksystems“ auf, die zwischen 20 Uhr und 24 Uhr stattfinden sollte, um das gesamte Hörfunk- und Fernsehprogramm ausfallen zu lassen. In der Urabstimmung sprachen sich 82,5 Prozent der Arbeitnehmer*innen des NDR für diesen Streik aus.[1022]

Daraufhin beantragten die ARD-Anstalten und das ZDF, den geplanten Streik durch eine einstweilige Verfügung verbieten zu lassen. In der ersten Instanz wurde die einstweilige Verfügung noch abgelehnt. Das Landesarbeitsgericht München untersagte jedoch den geplanten Streik.[1023] Das Gericht bejahte das Vorliegen eines

Regel nicht zur Teilnahme an den „politischen“ Streiks aufgerufen habe und dabei auf das richterrechtliche Verbot verwiesen habe. Die Organisierung der Streiks erfolgte stattdessen durch Einzelgewerkschaften oder gewerkschaftsunabhängig, *Redler*, 2007; *D. Hensche*, 2012, 219; *Kittner*, 2005, S. 682; Däubler ArbeitskampfR-*Däubler*, § 13, Rn. 57; eine Aufarbeitung der Streiks in der DDR findet sich bei *Hürtgen*, 2005.

[1022] *Mückenberger*, KJ 1980, 258, S. 259.

[1023] LAG München 19.12.1979 – 9 Sa 1015/79, NJW 1980, 957.

Unterlassungsanspruchs aus § 1004 Abs. 1 S. 2 BGB, das auf den Schutz der Rundfunkfreiheit aus Art. 5 Abs. 1 S. 2 GG als sonstiges Recht im Sinne des § 823 Abs. 1 BGB gerichtet sei. Der geplante Streik müsse nach § 1004 Abs. 2 BGB nicht geduldet werden, weil es sich um einen rechtswidrigen Streik handele. Rechtswidrig sei der Streik, weil er politisch sei. Der politische Streik richte sich gegen den Staat und gehöre nicht „zu dem durch das Koalitionsgrundrecht geschützten Kernbereich der Koalitionszweckverfolgung“.[1024]

Zur historischen Genese des Art. 9 Abs. 3 GG berief sich das Gericht auf die unter anderem von Nipperdey vertretene Lesart der Protokolle der Sitzungen des Parlamentarischen Rats, nach der Art. 9 Abs. 3 GG kein Arbeitskampfrecht gewährleiste. Zudem zog das Landesarbeitsgericht die Materialien zur Einführung der sogenannten Notstandsklausel im dritten Satz des Art. 9 Abs. 3 GG heran. Aus den Regierungsentwürfen lasse sich entnehmen, dass der „politische“ Streik gerade nicht vom Grundgesetz geschützt sein solle.[1025] In der weiteren Argumentation stützte sich das Gericht auf das im Grundgesetz verankerte System der Staatswillensbildung, das von der politischen Willensbildung in der Gesellschaft strikt zu trennen sei.

Aufgrund der Entscheidung des Berufungsgerichts sagte die Gewerkschaft den Streik schließlich ab. Dass die Durchführung eines Streiks an der rechtlichen Bewertung scheiterte, wurde als „Novum der Geschichte der Verrechtlichung von Arbeitskonflikten in Deutschland“[1026] gewertet.

3. Das Bundesarbeitsgericht zum „politischen“ Streik

Bislang ist nur eine gerichtliche Auseinandersetzung um einen sogenannten politischen Streik bis zum Bundesarbeitsgericht gelangt. In einer weiteren Entscheidung äußerte sich das Bundesarbeitsgericht indirekt, das heißt in Abgrenzung zum „politischen“ Streik zu dessen Rechtmäßigkeit.

Die erste Entscheidung erging zu einem Streik, der sich an staatliche Stellen richtete. In dem Fall hatte eine in Bremen angestellte Lehrerin gegen eine Abmahnung geklagt, die ihr aufgrund der Teilnahme an einer Demonstration während der Schulzeit im Jahr 1979 ausgesprochen worden war. Die Gewerkschaft Erziehung und Wissenschaft hatte die Demonstration organisiert. Sie war nicht auf den Abschluss eines Tarifvertrags ausgerichtet, sondern sollte die Kultusministerkonferenz auf die gewerkschaftlich geforderte Reduzierung der Arbeitszeit hinweisen.

Das Bundesarbeitsgericht führte in der knappen Entscheidungsbegründung aus, „nicht über die Rechtmäßigkeit eines Demonstrationsstreiks und andere in diesem Zusammenhang auftauchende Rechtsfragen zu entscheiden“. Es begründete die Rechtmäßigkeit der Abmahnung damit, dass „das Streikrecht nur der Durchsetzung

---

[1024] LAG München 19.12.1979 – 9 Sa 1015/79, NJW 1980, 957, S. 958.

[1025] LAG München 19.12.1979 – 9 Sa 1015/79, NJW 1980, 957, S. 959.

[1026] *Mückenberger*, KJ 1980, 258, S. 260.

solcher Ziele und Forderungen, die Gegenstand eines TV sein können und sollen“, diene. „Denn nur in diesen Fällen sind die Arbeitnehmer auf ihr Streikrecht angewiesen. Nur insoweit besteht ein unmittelbarer Zusammenhang zwischen Tarifautonomie, TV und Arbeitskampf“.[1027]

In einer anderen Entscheidung äußerte sich das Bundesarbeitsgericht implizit zum sogenannten politischen Streik. In dem Fall aus dem Jahr 1989 ging es um einen Streik zum Abschluss eines Tarifvertrags im Einzelhandel, der Regelungen zu den Ladenschließzeiten enthielt. Ein Berliner Kaufhausunternehmen ging gegen den Streik mit einer Unterlassungsverfügung vor, unter anderem deshalb, weil es den angekündigten Streik als unverhältnismäßig bewertete. Nach Sicht der Arbeitgeberin sei der Streik nicht erforderlich gewesen, weil das Begehren der Gewerkschaft bereits gesetzlich geregelt gewesen sei.

Dieser Annahme widersprach das Bundesarbeitsgericht, indem es feststellte, dass das Ladenschlussgesetz keine Aussagen über die Arbeitsdauer treffe und die Gewerkschaft ein berechtigtes Interesse daran hätte, das Arbeitszeitende tariflich zu regeln. Auch könne die Gewerkschaft einer bevorstehenden Änderung des Ladenschlussgesetzes zuvorkommen. Eine Gesetzesreform sei zu dem Zeitpunkt der Tarifverhandlungen erwartbar gewesen und die Gewerkschaft dürfe darauf mit tariflichen Forderungen reagieren. Im dritten Leitsatz des Urteils hielt das Gericht fest: „Arbeitskämpfe um eine solche tarifvertragliche Regelung sind keine unzulässigen politischen Arbeitskämpfe gegen eine geplante Änderung des Ladenschlußgesetzes“. In der weiteren Begründung führte es aus: Es sei keine rechtsmissbräuchliche Nutzung des Tarifvertrags, „wenn sie die für die Arbeitnehmer nachteiligen Folgen der geplanten Neuregelungen der Ladenschlußzeiten durch den Abschluß eines Tarifvertrags mit einem zulässigen Inhalt beseitigen oder mildern will“. Der Gesetzgebung stehe es darüber hinaus frei, der geplanten Neuregelung dadurch Wirksamkeit zu verschaffen, dass sie entsprechende tarifliche Regelungen verbiete.[1028] Das Bundesarbeitsgericht wertete den geplanten Streik damit nicht als „politisch“ und verwies auf seine stete Rechtsprechung: „Rechtswidrig ist ein Arbeitskampf, der zur Durchsetzung eines tariflich nicht regelbaren Ziels geführt wird“.[1029]

4. Streik gegen die Reform des § 116 Arbeitsförderungsgesetzes im Jahr 1986

Der größte „politische“ Streik nach dem Generalstreik von 1948 fand im Jahr 1986 gegen die Reform des § 116 Arbeitsförderungsgesetzes (AFG) statt. Die Gesetzesreform sah eine Streichung des Kurzarbeitergelds derjenigen Arbeitneh-

[1027] BAG 23.10.1984 – 1 AZR 126/81, AP GG Art. 9 Arbeitskampf Nr. 82.

[1028] BAG 27.6.1989 – 1 AZR 404/88, NZA 1989, 969, S. 973 f.; so später auch BAG 3.4.1990 – 1 AZR 123/89, NZA 1990, 886, S. 888.

[1029] BAG 27.6.1989 – 1 AZR 404/88, NZA 1989, 969, S. 973.

mer*innen vor, die nicht am Streik beteiligt und in derselben Branche tätig waren. Die Reformbestrebungen sind nur vor dem Hintergrund der Streiks um die 35-Stunden-Woche im Jahr 1984 zu verstehen, in denen es zu 300.000 kalten Aussperrungen kam. Die Arbeitgeber*innen wollten verhindern, dass künftige Aussperrungen durch die Auszahlung von Kurzarbeitergeld an Wirkmacht verlören und stellten Forderungen auf, die durch einen Gesetzesvorschlag der CDU/CSU aufgenommen wurden. Gegen die geplante Streichung des Kurzarbeitergelds legten eine Million Arbeitnehmer*innen am 6. März 1986 deutschlandweit die Arbeit nieder, konnten die Gesetzesreform aber nicht verhindern.[1030]

Die Arbeitgeber gingen zum Teil gegen die Streikankündigungen mit einstweiligen Unterlassungsverfügungen vor. Einen Tag vor dem Streik erging der Beschluss des Landesarbeitsgerichts Rheinland-Pfalz. Das Gericht stufte den Streik gegen die Änderung des § 116 AFG als politischen Demonstrationsstreik ein und gestand dem Arbeitgeber einen Anspruch auf Unterlassung der Maßnahmen zu. Der Antragssteller könne sich auf § 823 Abs. 1 BGB und den rechtswidrigen Bruch des Arbeitsvertrags und damit auf eine Verletzung des Rechts am eingerichteten und ausgeübten Gewerbebetrieb berufen. Ihm stehe ein Unterlassungsanspruch nach § 1004 Abs. 1 S. 2 BGB analog zu. Das Gericht verwies auf die Kernbereichslehre des Bundesverfassungsgerichts und die Rechtsprechung des Bundesarbeitsgerichts aus dem Jahr 1955 sowie des Landesarbeitsgerichts München von 1979 und bewertete Art. 9 Abs. 3 GG als nicht einschlägig. Eine eigene rechtsdogmatische Begründung des Arbeitskampfverbots legte das Gericht nicht vor. Es betonte lediglich, dass die Arbeitnehmer*innen auf anderem Weg ihre politische Einstellung zum Ausdruck bringen könnten und Gewerkschaften angesichts ihrer Bedeutung bereits genügend Einfluss auf die parlamentarische Willensbildung hätten.[1031]

Gegen diese Rechtsprechung und gegen die in weiteren Betrieben erfolgten Kündigungen und Disziplinarmaßnahmen legte der DGB Beschwerde beim Ausschuss zur Überwachung und Einhaltung der ILO-Übereinkommen ein. Der Ausschuss rügte die Regierung wegen Verstoßes gegen das Arbeitskampfrecht des ILO-Übereinkommens Nr. 87 und forderte sie dazu auf, Maßnahmen zu ergreifen, das Arbeitskampfrecht mit dem Zweck „to express criticism of the economic and social policy of the government“ zu gewährleisten.[1032]

Nachträglich behauptete ein Arbeitgeber der metallverarbeitenden Industrie, dass ihm durch den Streik ein Gewinnausfall entstanden sei und machte diesen vor Gericht gegen die IG Metall geltend. Das Arbeitsgericht Hagen verwies ohne eigene Begründung auf die ständige Rechtsprechung des Bundesarbeitsgerichts seit 1980 und

---

[1030] Zur Verfassungsmäßigkeit vom heutigen § 160 Abs. 3 SGB III unter den aktuellen, tatsächlichen Verhältnissen in der Metall- und Elektroindustrie siehe *Kocher et al.*, 2017.

[1031] LAG Rheinland-Pfalz 5. 3. 1986 – 1 Ta 50/86, NZA 1986, 264, S. 265 ff.

[1032] *ILO*, 1987, S. 181 ff.; *Däubler*, in: Däubler ArbeitskampfR; Däubler ArbeitskampfR-*Lörcher*, § 10, Rn. 94; *Kittner*, 2005, S. 682; zur Spruchpraxis des Sachverständigenausschusses zum ILO-Übereinkommen Nr. 87 siehe S. 155.

stellte fest, dass ein rechtmäßiger Streik nur zur Erreichung von Zielen geführt werden dürfe, die tarifvertraglich regelbar seien, und bezog sich auf die Kernbereichstheorie des Bundesverfassungsgerichts. Die Verfassungswidrigkeit des „politischen" Streiks beruhe nach Ansicht des Arbeitsgerichts, je nachdem welche der drei staatlichen Gewalten angegriffen werde, auf „den Grundsätzen der Volkssouveränität, den Regeln parlamentarischer Demokratie und Gesetzgebung, der Bindung staatlichen Handelns an Recht und Gesetz oder der richterlichen Unabhängigkeit". Gewerkschaftlich organisierte Personen dürften ausschließlich über Wahlen an der staatlichen Willensbildung teilnehmen, so das Gericht.[1033] Das Landesarbeitsgericht Hamm hob dieses Urteil auf. Die Berufungsinstanz nahm allerdings keine Stellung zu den arbeitskampfrechtlichen Fragen, sondern führte lediglich aus, dass durch die Arbeitsniederlegung die Einnahmen des Arbeitgebers nicht endgültig entgangen waren und ihm deswegen kein Schaden nach § 252 S. 1 BGB entstanden sei.[1034]

5. Streiks in Ostdeutschland von 1990 bis 1994 und der Poststreik im Jahr 1994

Von 1990 bis 1994 fanden zahlreiche Arbeitsniederlegungen in Ostdeutschland statt, die auch staatliche Institutionen adressierten. Diese Streiks sind bislang kaum wissenschaftlich aufgearbeitet, geschweige denn vergangenheitspolitisch rezipiert worden.

Im Jahr 1990 richteten sich die Streiks zunächst gegen die Fortführung der Politik der SED, insbesondere gegen das Ministerium für Staatssicherheit.[1035] Die Tage vor der Währungs-, Wirtschafts- und Sozialunion am 1. Juli waren bestimmt von Streiks von unter anderem Bäuer*innen, Landarbeiter*innen und Arbeitnehmer*innen der Leder- und Textilbranche, die sich gegen die befürchteten wirtschaftlichen und sozialen Folgen der Auflösung der DDR wehren wollten.[1036]

Im Laufe der Zeit wendeten sich die Arbeitnehmer*innen vermehrt gegen die Maßnahmen der Treuhandanstalt, die der Bundesregierung unterstand. Sie wollten vor allem die Privatisierungen und Betriebsschließungen, die mit Massenentlassungen einhergingen, nicht hinnehmen. Ihre Streiks gegen die Treuhandpolitik adressierten damit neben den Arbeitgeber*innen auch die staatliche Treuhandanstalt, die bei der Umsetzung der Privatisierung und Stilllegung der Volkseigenen Betriebe der DDR unmittelbar Einfluss auf die Arbeitsbedingungen der Streikenden nahm. In den Jahren 1991 bis 1993 wählten die Arbeitnehmer*innen vor allem Betriebsbesetzungen als Streikmittel. Letztendlich konnten sie nicht verhindern, dass zwei

---

[1033] ArbG Hagen 23.1.1991 – 1 Ca 66/87, AP GG Art. 9 Arbeitskampf Nr. 118.

[1034] LAG Hamm 24.9.1993 – 18 Sa 359/91, FHArbSozR 41 Nr. 4355.

[1035] *Dathe*, 2018, S. 8 f.

[1036] *Dathe*, 2018, S. 10.

Drittel der Industriearbeitsplätze in Ostdeutschland vernichtet wurden.[1037] Entscheidungen von Arbeitsgerichten zu diesen „politischen“ Streiks gab es nicht.

Im Jahr 1994 waren vor allem die Streiks im öffentlichen Dienst von beträchtlicher Länge. Besonders interessant für diese Untersuchung ist der Poststreik, der zeitlich mit den Reformen der Deutschen Bundespost zusammenfiel. Nachdem die Deutsche Bundespost 1989 in drei Unternehmensbereiche aufgeteilt worden war (Postreform I) sollte nun die Privatisierung von Postdienst, Telekom und Postbank (Postreform II) folgen. Der Sprecher der Postgewerkschaft erklärte zu deren Zielen, es gehe nicht darum, die Postreform II auszuhebeln. Es müsse aber für einen Sozialtarifvertrag gekämpft werden.[1038] Das sah die Arbeitgeberseite anders: „Die Chefs der drei Postunternehmen warfen der Gewerkschaft vor, sie versuche mit einem politischen Streik, die geplante Postreform zu kippen“.[1039] Bei den Anhörungen zum zweiten Reformpaket hatte sich die Postgewerkschaft am Gesetzgebungsverfahren beteiligt und parallel dazu Entwürfe für Tarifverträge an die Deutsches Bundespost übermittelt. Dabei handelte es sich um mehrere Tarifverträge unter anderem zur Sicherung der Eingruppierung der Arbeitnehmer*innen, zur stufenweisen Angleichung der Arbeitsbedingungen in den fünf ostdeutschen Bundesländern sowie zur Mitbestimmung und um einen Sozialtarifvertrag.

Nachdem es in den Tarifverhandlungen nicht zu Fortschritten gekommen war, erklärte die Gewerkschaft, dass sie ihre Mitglieder deutschlandweit zum Streik aufrufen werde. Dagegen ging die Deutsche Bundespost mit mehreren Unterlassungsverfügungen vor. Die überwiegende Mehrzahl der Gerichte erklärte die einstweiligen Verfügung für unzulässig und unbegründet.[1040] Die einzige veröffentliche Begründung des Arbeitsgerichts Frankfurt am Main offenbart, dass die Arbeitgeber den Streik unterbinden wollten, indem sie sich auf das Verbot des sogenannten politischen Streiks bezogen: „Bei dem Streik handelt es sich entgegen der Ansicht der Klägerin nicht um einen politischen Streik“. Mit Verweis auf die Rechtsprechung des Bundesarbeitsgerichts zu den Ladenschließzeiten[1041] führte das Arbeitsgericht aus, dass

> „es keine rechtsmißbräuchliche Nutzung des Tarifvertrags ist, wenn durch den Abschluß eines Tarifvertrags mit einem zulässigen Inhalt die geplante gesetzliche Neuregelung mit nachteiligen Folgen für die Arbeitnehmer durch einen Tarifvertrag mit einem zulässigen Inhalt beseitigt oder gemildert werden soll. Damit werde kein unzulässiger Druck auf den Arbeitgeber ausgeübt“.[1042]

[1037] *Dathe*, 2018, S. 13 ff.

[1038] *Dathe*, 2018, S. 49.

[1039] *Dpa/AP/reuter*, Neue Zeit vom 10.06.1994.

[1040] ArbG Nürnberg 22.6.1994 – 4 Ga 41/94, AuR 1994, 273; ebenso ArbG Münster 22.6.1994; ArbG Rosenheim 22.6.1994; ArbG Frankfurt/Main 23.6.1994 – 13 Ga 150/94; ArbG Düsseldorf 23.6.1994; ArbG Hamburg 24.6.1994; a. A. ArbG Stuttgart 24.6.1994.

[1041] Siehe S. 282 f.

[1042] ArbG Frankfurt/Main 23.6.1994 – 13 Ga 150/94, AuR 1994, 387.

Diese Entscheidungen stellen die einzigen gerichtlichen Auseinandersetzungen über die zahl- und abwechslungsreichen Streiks in Ostdeutschland von 1990 bis 1994 dar, in denen die Arbeitnehmer*innen ihre Forderungen auch an staatliche Stellen richteten.

6. Frauenstreik im Jahr 1994

Auch der Frauenstreik am 8. März 1994 kann als „politischer" Streik eingeordnet werden. Vor dem Hintergrund, dass die DDR in der Bundesrepublik aufgelöst worden war, wandte sich der Frauenstreik-Aufruf gegen den

> „Abbau von Grundrechten und Sozialleistungen und die wachsende Armut von Frauen, gegen die Zurückdrängung bereits erreichter Frauenrechte, gegen die Zerstörung der Umwelt und gegen die Vorbereitung deutscher Kriegsbeteiligung".[1043]

Mehr als eine Million Frauen beteiligten sich bundesweit an betrieblichen und öffentlichen Aktionen, in denen auch die unbezahlte Arbeit verweigert werden sollte.[1044] Der DGB und die Deutsche Angestellten-Gewerkschaft nahmen auf die Aktionen Bezug, vermieden aber das Wort Streik. Unter anderem fanden Dauerbetriebsversammlungen als Frauenversammlungen statt, die Frauen hielten nur die Kernarbeitszeiten ein, leisteten Dienst nach Vorschrift und nach der Mittagspause hielten Frauen Kundgebungen in den Kantinen ab.[1045] Gerichtliche Auseinandersetzungen gab es weder im Vorfeld noch im Nachgang der Aktionen.

7. Streik gegen Sparpakete im Jahr 1996

Im Jahr 1996 fand eine Arbeitsniederlegung gegen das Sparpaket unter der Regierung von Helmut Kohl (CDU) statt. Das Paket umfasste unter anderem die Einschränkung des Kündigungsschutzes, die Abschaffung der Unterstützungsleistungen für einen Zahnersatz und die Kürzung der Lohnfortzahlung im Krankheitsfall von 100 auf 80 Prozent. Der Streik hatte auf die Reform keine Auswirkung, erst der Wechsel im Jahr 1998 zu einer von SPD und Grünen geführten Regierung bewirkte die Rücknahme der Gesetzesänderungen.

Im Vorfeld der Arbeitsniederlegung wollte eine Arbeitgeberin die von der IG Metall getragene Maßnahme durch eine einstweilige Verfügung unter Androhung eines Bußgelds untersagen lassen. Das Arbeitsgericht Osnabrück gewährte ihr den Anspruch mit der Begründung, dass es sich um einen rechtswidrigen politischen Demonstrationsstreik handele, da er nicht auf tarifliche Regelungen gerichtet sei. Auch zum Einbezug internationalen Rechts nahm das Gericht Stellung. Das ILO-Übereinkommen Nr. 87 gewährleiste keine Garantie des Arbeitskampfs und die

---

[1043] *Kiechle*, 2019, S. 53.

[1044] *Notz*, 2019.

[1045] *Kiechle*, 2019, S. 58.

Spruchpraxis der ILO-Organe entfalte für die Mitgliedstaaten keine bindende Wirkung.[1046]

In einer anderen Konstellation wollte eine bestreikte Arbeitgeberin für zukünftige Streiks einen Unterlassungsanspruch erwirken. Das Arbeitsgericht Lörrach gab der Klägerin Recht, da es sich um einen rechtswidrigen, „weil politischen Streik" gehandelt habe, „da er sich gegen mittlerweile realisierte Gesetzesvorhaben der Bundesregierung gerichtet hat, und nicht einem zulässigen Ziel diente".[1047] Das Gericht betonte, dass die Arbeitgeberin keinen Einfluss auf das Gesetzgebungsvorhaben hätte nehmen können. Das ILO-Übereinkommen Nr. 87 garantiere nur das Vereinigungsrecht, nicht den Protest in vorliegender Form. Was unter der Wahrung der Arbeits- und Wirtschaftsbedingungen zu verstehen ist, sei allein nach nationalem Recht zu bestimmen, so das Gericht.[1048]

8. Gerichtliche Auseinandersetzungen seit dem Jahr 2000

In den Jahren 2003 und 2004 kam es vereinzelt zu Streiks gegen die Agenda 2010 und gegen einen Gesetzesentwurf der CDU/CSU, der die Aushöhlung der Tarifautonomie sowie der betrieblichen Mitbestimmung zur Folge gehabt hätte. Die Umsetzung des Gesetzesentwurfs von CDU/CSU konnte letztendlich verhindert werden.

Ein weiteres Beispiel für einen aus Arbeitnehmer*innensicht erfolgreichen „politischen" Streik liefern die Streiks gegen das Port Package II im Jahr 2006. Die Europäische Kommission strebte eine Regulierung des Marktzugangs für Hafendienstleistungen an, unter der die Häfen einem schärferen Wettbewerb ausgesetzt worden wären. Am 11. Januar 2006 traten europaweit 50.000 Hafenarbeiter*innen dagegen in den Streik, sodass eine Woche später die Mehrheit des Europäischen Parlaments die Richtlinie ablehnte.

Im Frühjahr 2007 fand ein Streik gegen die Einführung der Rente mit 67 statt, ohne dass er eine nachweisbare Auswirkung auf die Reform gehabt hätte.

Die einzige gerichtliche Einlassung mit einem Bezug zum sogenannten politischen Streik in diesem Zeitraum findet sich in einem Arbeitsgerichtsurteil aus dem Jahr 2010. In jenem Jahr streikten Lehrer*innen in Hessen gegen die Reduzierung der Wochenarbeitszeit sowie die Rücknahme der Pflichtstundenerhöhung aus den Jahren 2003 und 2004 für Lehrkräfte und für die Einrichtung zusätzlicher Deputatsstunden. Zudem traten sie in den Streik, um die Erhöhung des Renten- und Pensionseintrittsalters und den Ablauf der gesetzlichen Regelungen im Altersteilzeitgesetz zu verhindern. Die letztgenannten Streikziele hätten sich nach Ansicht des Arbeitsgerichts Marburg an die Bundesgesetzgebung gerichtet und seien deshalb verfassungswidrig gewesen: „Ein Streik gegen den Bundestag wäre als politischer Streik

---

[1046] ArbG Osnabrück 4. 6. 1996 – 4 Ga 10/96, NZA-RR 1996, 341.

[1047] ArbG Lörrach 2. 10. 1996 – 2 Ca 384/96, NZA-RR 1997, 262.

[1048] Ebd.

unzulässig und würde gegen verfassungsrechtliche Grundsätze verstoßen".[1049] Für die Rechtswidrigkeit führte das Gericht keine weiteren Argumente an.

9. Debatten um Feministische Streiks und Klimastreiks

Die Bündnisse des Feministischen Streiks beziehungsweise Frauen*streiks und des Klimastreiks der „Fridays for Future"-Bewegung hatten zuletzt die Debatte um die Zulässigkeit des sogenannten politischen Streiks wiederentfacht. Beim Frauen*streik am 8. März 2019 waren deutschlandweit mehrere Tausende, bei den zwei Klimastreiks am 20. September und 29. November 2019 insgesamt weit mehr als eine Million Personen auf der Straße, viele von ihnen während der Arbeitszeit.

Die Organisator*innen und Unterstützer*innen der Aktionstage verbreiteten vorab Broschüren und Ratgeber, welche Formen des Protests nach der jetzigen Rechtslage erlaubt seien.[1050] Dabei wurden die Grenzen des rechtmäßigen Handelns ausgeleuchtet. So setzte sich ein Teilbündnis des Frauen*streiks zum Ziel, den sogenannten politischen Streik zu legalisieren.[1051] Die Organisator*innen des Klimastreiks riefen unter anderem die Arbeitgeber*innen zur Teilnahme auf und verwiesen aufgrund der „möglichen Konsequenzen" eines „wirklichen Streiks" darauf, dass die Teilnahme am Klimastreik vorab mit den Arbeitgeber*innen abgesprochen werden, Überstunden abgebaut, die Mittagspause verlängert oder Urlaub genommen werden sollte.[1052]

Eine Kanzlei in Berlin mobilisierte auf andere Weise zum Klimastreik: Sie rief Arbeitnehmer*innen zu einem Demonstrationsstreik für den Klimaschutz auf und gab Hinweise, unter welchen Bedingungen ihre Teilnahme an einer solchen Aktion rechtmäßig sein könnte.[1053] In einigen Städten wurden Arbeitnehmer*innen des öffentlichen Dienstes und privater Unternehmen ermuntert, am Klimastreik teilzunehmen. Den Arbeitnehmer*innen wurde teilweise auferlegt, dafür Urlaub oder Gleitzeit einzureichen, einige Arbeitgeber*innen erlaubten ihren Arbeitnehmer*innen die Teilnahme am Klimastreik, ohne dafür Urlaub nehmen zu müssen.[1054]

Obwohl innerhalb der Gewerkschaften das Verhältnis zum Umwelt- und Klimaschutz seit jeher umstritten ist, da bestimmte Industrien von umweltschädlichen Produktionsweise profitieren oder ihr weiteres Bestehen davon abhängt, solidarisierten sich große Teile der DGB-Gewerkschaften mit den Aktionen der Klimabe-

---

[1049] ArbG Marburg 10. 12. 2010 – 2 Ca 270/10 – juris, Rn. 48 ff.

[1050] Für den Frauen*streik finden sich Streikanweisungen in *D. Hensche*, 2019; *Vorschläge Frauen*streik*, 2019 und für den Klimastreik im *Aufruf Klimastreik*, 2019.

[1051] *Frauen*streik Freiburg*, 2019.

[1052] *Aufruf Klimastreik*, 2019.

[1053] *Hopmann*, 2019.

[1054] *Dpa/lnw*, Süddeutsche Zeitung vom 16. 09. 2019; *WDR* 18. 9. 2019.

wegung.[1055] Beispielsweise rief der damalige Vorsitzende der Gewerkschaft ver.di Frank Bsirske zur Teilnahme an der Demonstration auf, betonte aber, dass dies nicht während der Arbeitszeit geschehen dürfe.[1056] Die Basisgewerkschaftsgruppe ver.di aktiv forderte einen offiziellen Streikaufruf der Gewerkschaften.[1057]

Auch der Frauen*streik erfuhr nur symbolische Unterstützung der Gewerkschaften. Offizielle Aufrufe zur Arbeitsniederlegung unterblieben. Gewerkschafter*innen begründeten diese Entscheidung mit dem Verbot des sogenannten politischen Streiks und daraus potenziell folgenden Schadensersatzforderungen gegen die Gewerkschaften sowie Mahnungen und Kündigungen für die Arbeitnehmer*innen.[1058]

Im Jahr 2020 fiel der 8. März auf einen Sonntag. Den Presseberichten sind unter anderem aus diesem Grund keine Angaben zu tatsächlich stattgefunden Streiks zu entnehmen. Im Jahr 2021 war die Organisation der Aktionen durch die dritte Welle der COVID-19-Pandemie erschwert, am 8. März 2021 fand allerdings bei dem Unternehmen Jenoptik in Jena ein Warnstreik während der laufenden Tarifverhandlungen mit dem Schwerpunkt auf feministischen Themen unter anderem zur Entgeltgleichheit statt.[1059]

Der erste Klimastreik im Jahr 2020 fand aufgrund der Hygieneschutzmaßnahmen im Zuge der COVID-19-Pandemie erst am 25. September 2020 statt. Der Aufruf der Organisator*innen war so verfasst, dass die „Streikenden" vorab mit ihren Arbeitgeber*innen bezüglich der Teilnahme an der Aktion Rücksprache halten und den Vorgesetzten versichern sollten, unaufschiebbare „Aufgaben vorzuarbeiten und versäumte Arbeit bald nachzuholen". Um „rechtlich auf der sicheren Seite" zu sein, forderten die Organisator*innen des Klimastreiks die Arbeitnehmer*innen auf, beispielsweise Urlaub zu nehmen oder Überstunden abzubauen.[1060]

Die Vorgänge zeigen einerseits, dass es vereinzelt den Willen gibt, die Rechtsprechung zum sogenannten politischen Streik herauszufordern. Andererseits wird der Streikbegriff zum Teil ad absurdum geführt. Sobald zu einer „Arbeitsniederlegung" aufgerufen wird, für die die Arbeitnehmer*innen Urlaub nehmen oder Überstunden abgelten sollen, kann kein ökonomischer Druck auf die Arbeitgeber*innen aufgebaut werden.[1061] Eine „Arbeitsniederlegung" außerhalb der Arbeitszeit ist keine Störung der Arbeitsbeziehungen, sondern aus arbeitsrechtlicher Sicht Freizeit.

[1055] *DGB* 7.8.2019; *Bernhardt*, junge Welt vom 16.09.2019.

[1056] *Schulte*, Westdeutsche Allgemeine Zeitung vom 05.08.2019.

[1057] *Ver.di aktiv*, 20. August 2019.

[1058] *Mendívil*, junge Welt vom 06.03.2019.

[1059] *IG Metall Jena-Saalfeld und Gera* 8.3.2021.

[1060] *Aufruf Klimastreik*, 2020.

[1061] Zur begrifflichen Einordnung des Streiks siehe S. 31 ff.

Bei allen Aktionstagen sind keine Abmahnungen, Kündigungen, Schadensersatzforderungen oder Unterlassungsverfügungen bekannt geworden. Gerichtliche Auseinandersetzungen blieben demnach sowohl im Vorfeld als auch im Nachgang der teilweise erfolgten Arbeitsniederlegungen aus. Die Frage, ob die Gewerkschaften mit Bezug auf das Streikrecht aus Art. 9 Abs. 3 GG rechtmäßig zum Streik hätten aufrufen können, blieb daher von den Gerichten unbeantwortet.

10. Zwischenergebnis

Jeder Streik, der sich seit dem Zeitungsstreik an staatliche Institutionen gerichtet hat und gegen den die Arbeitgeber*innen mit Rechtsmitteln vorgegangen sind, wurde von den Gerichten, zumindest in der letzten Instanz, als rechtswidrig bewertet. Die Gerichte verwiesen dabei in aller Regel auf bereits ergangene Urteile. So stetig die Rechtsprechung, so arm war sie an Begründung. Kaum eines der Urteile weist eine rechtsdogmatische Argumentation auf, die über die in der Auseinandersetzung um den Zeitungsstreik vorgetragenen Herleitungen des Verbots des sogenannten politischen Streiks hinausreicht.

Die ersten Urteile wiederholten das Verbot des sogenannten politischen Streiks, ohne die Beschränkung des Grundrechts mit neuen Argumenten anzureichern. Wie schon in der genetischen Auslegung Nipperdeys, verkürzte das Landesarbeitsgericht München im Jahr 1979 die Diskussionen im Parlamentarischen Rat zum „politischen" Streik und schloss aus den Beratungen, dass dieser nicht von Art. 9 Abs. 3 GG umfasst sein solle.

Ein Großteil der Rechtsprechung schloss sich der Argumentation Forsthoffs an, indem es die Trennung der staatlichen und gesellschaftlichen Willensbildung fortführte.

Der eigene Grundrechtsgehalt des Arbeitskampfrechts in Art. 9 Abs. 3 GG wurde von keinem der Gerichte anerkannt. Als besonders drastisch ist die argumentative Schieflage beim Landesarbeitsgericht Rheinland-Pfalz in seinem Urteil aus dem Jahr 1986 zu bewerten. Darin setzte das Gericht das Streikrecht mit der Versammlungs- und Meinungsäußerungsfreiheit gleich, indem es den Arbeitnehmer*innen empfahl, an einer Demonstration außerhalb der Arbeitszeit teilzunehmen. Die besondere Qualität sowie Notwendigkeit des Streiks und dessen historischer Entwicklung wurde damit nivelliert. Das Gericht ignorierte, dass der Streik im Vergleich zu Versammlung und Meinungskundgabe das effektivere Druckmittel der Arbeitnehmer*innen darstellt.

In den Urteilen ab dem Jahr 1980 gründet das Verbot des sogenannten politischen Streiks auf der Rechtsprechung des Bundesarbeitsgerichts zum Tarifbezug des Arbeitskampfrechts aus demselben Jahr. Die Gerichte schlossen sich dem Diktum des Bundesarbeitsgerichts an, dass alle Streiks rechtswidrig seien, die sich nicht auf tarifliche Regelungen richteten. So sei auch der sogenannte politische Streik nicht vom Grundgesetz geschützt.

Das Bundesarbeitsgericht selbst begründete die bislang einzige Entscheidung über die Rechtmäßigkeit der Teilnahme an einem „politischen“ Streik nur sehr knapp, indem es auf den Tarifbezug des Arbeitskampfrechts verwies.

Zudem berücksichtigten die Gerichte internationale Gewährleistungen des Arbeitskampfrechts bei der Grundrechtsauslegung nicht oder hielten sie für nicht verbindlich.

In dem Urteil des Arbeitsgerichts Frankfurt am Main zur Zulässigkeit des Poststreiks und dem Urteil des Bundesarbeitsgerichts zur Zulässigkeit des Streiks bei den Tarifverhandlungen zu den Arbeitszeiten nach Ladenschluss zeigt sich das Problem der Abgrenzung des „politischen“ vom „arbeitsrechtlichen“ Streik. Die Gerichte sahen in der Rechtmäßigkeit der Streiks kein Problem, weil sie auf Tarifverträge ausgerichtet waren, obwohl die zu regelnde Materie bereits von der Gesetzgebung beschlossen beziehungsweise gerade im Reformprozess steckte. Die Gerichte bewerteten den Streik ausschließlich anhand der formellen Voraussetzung des Tarifvertrags.

Nur wenige Gerichte fügten der Auseinandersetzung des Zeitungsstreiks argumentativ etwas Neues hinzu. Diese Argumente sind auf die Rechts- und Rechtsprechungsentwicklung zurückzuführen. So stützten viele Gerichte das Verbot des sogenannten politischen Streiks auf die Kernbereichsthese des Bundesverfassungsgerichts, die es jedoch mit dem Urteil von 1995 und in nachfolgender ständiger Rechtsprechung aufgegeben hat.[1062]

Das Landesarbeitsgericht München nahm in seinem Urteil aus dem Jahr 1979 Bezug auf die Gesetzesmaterialien zur Einführung des dritten Satzes in Art. 9 Abs. 3 GG. Das Gericht bezog die historischen Dokumente allerdings nur unvollständig ein. In der Gesetzesbegründung der Bundesregierung unter Bundeskanzler Kurt Georg Kiesinger (CDU) zur sogenannten Notstandsverfassung vom 24. Juni 1968, durch die Art. 9 Abs. 3 S. 3 GG eingefügt wurde, findet sich folgende Passage:

> „Mit Rücksicht darauf, daß im arbeitsrechtlichen Schrifttum der Inhalt des Begriffs ‚Arbeitskampf‘ nicht einheitlich gedeutet wird, soll durch den Zusatz ‚die zur Wahrung und Förderung der Arbeits- und Wirtschaftsbedingungen von Vereinigungen im Sinne des Artikels 9 Abs. 3 geführt werden‘ klargestellt werden, daß sich Artikel 91 Abs. 4 GG nur auf den arbeitsrechtlichen Arbeitskampf, nicht auf den Arbeitskampf zur Durchsetzung politischer Ziele bezieht. Damit wird jedoch die Frage, ob und in welchen Grenzen der politische Streik rechtlichen Schutz genießt oder unzulässig ist, nicht entschieden“.[1063]

Die Frage, ob der sogenannte politische Streik zulässig oder unzulässig ist, wurde durch die Verfassungsänderung explizit nicht beantwortet.[1064] Aus der Entste-

---

[1062] BVerfG 14.11.1995 – 1 BvR 601/92, NZA 1996, 381, S. 382.

[1063] BT-Drucks. V/1879, S. 24.

[1064] So auch *H. Schäfer*, AöR 1968, 37, S. 78; *Baur*, 1969, S. 140 ff.; a. A. *Seiter*, 1975, S. 69, der den zweiten Teil der Gesetzesbegründung in seiner Abhandlung nicht zitiert und schlussfolgert, dass die Schranken-Schranke des Art. 9 Abs. 3 S. 3 GG nur eintritt, wenn es hungsgeschichte von Art. 9 Abs. 3 S. 3 GG sollten sich nach der Intention der Gesetzgebung keine Rückschlüsse für die Zulässigkeit des sogenannten politischen Streiks ziehen lassen.

Damit können die argumentativen Neuerungen in der Bewertung des sogenannten politischen Streiks als von der eigenen Rechtsprechung des Bundesverfassungsgerichts überholt beziehungsweise im Falle der Bezugnahme auf Art. 9 Abs. 3 S. 3 GG als widerlegt gelten.

II. Tarifbezug des Arbeitskampfrechts

In diesem zweiten Teil der Untersuchung der Rechtsprechungsentwicklung nach 1955 wird der Tarifbezug des Arbeitskampfrechts daraufhin begutachtet, ob sich darin Elemente der Nipperdeyschen Lehre zum Arbeitskampfrechts wiederfinden oder ob die Gerichte eine neue dogmatische Begründung des Tarifbezugs entwickelt haben. Als Modifikationen von Nipperdeys Modell stechen dabei die Urteile des Bundesarbeitsgerichts aus den Jahren 1971 und 1980 hervor. Insbesondere die Entscheidungen des Bundesarbeitsgerichts von 1980 sind relevant, weil sich die Gerichte in den Folgejahren für das Verbot des „politischen" Streiks maßgeblich darauf bezogen.[1065] In einigen nachfolgenden Urteilen des Bundesarbeits- sowie des Bundesverfassungsgerichts zeichnen sich Tendenzen ab, nach denen der Tarifbezug infrage gestellt werden könnte.

1. Das Urteil des Bundesarbeitsgerichts vom 21. April 1971

Nach der Entscheidung aus dem Jahr 1955 erging das nächste bedeutsame Urteil des Bundesarbeitsgerichts zum Arbeitskampfrecht am 21. April 1971. Dem Urteil lag der Fall von streikenden Croupiers in einer Spielbank zu Grunde. Die Streikenden wurden von ihrer Arbeitgeberin lösend ausgesperrt und nur zum Teil wiedereingestellt, weil die Arbeitgeberin die Stellen bereits mit anderen Arbeitnehmer*innen besetzt hatte.[1066]

In dem Urteil verabschiedete sich das Bundesarbeitsgericht von der lösenden Wirkung der Aussperrung, die das Gericht im Urteil vom 28. Januar 1955 aufgestellt hatte. Zur Arbeitskampffreiheit machte das Bundesarbeitsgericht nur knappe Ausführungen: Der Arbeitskampf müsse in einem freiheitlichen Tarifsystem möglich sein, stehe aber unter dem obersten Gebot der Verhältnismäßigkeit, weil die Tarif-

---

sich um „arbeitsrechtliche (‚zur Wahrung und Förderung der Arbeits- und Wirtschaftsbedingungen') Arbeitskämpfe, also nicht politische Arbeitskämpfe" handelt, womit er bei der meines Erachtens nicht sinnvollen Abgrenzung vom arbeitsrechtlichen zum „politischen" Streik nach Nipperdey verbleibt, zur Kritik siehe S. 260 ff.

[1065] Siehe S. 282 ff.

[1066] BAG 21.4.1971 – GS 1/68, NJW 1971, 1668.

vertragsparteien Verantwortung gegenüber der Gemeinschaft innehätten und Arbeitskämpfe tiefgreifende wirtschaftliche und soziale Folgen herbeiführen könnten. Das Gericht erwähnte Art. 9 Abs. 3 GG in dem gesamten Urteil ein einziges Mal: bei der Begründung des Aussperrungsrechts.[1067]

Die Leitgedanken des Urteils werden in einer Publikation des damaligen Präsidenten des Bundesarbeitsgerichts Gerhard Müller deutlich. In dem Aufsatz argumentiert er, dass die Arbeitskampffreiheit als Institutsgarantie des Art. 9 Abs. 3 GG umfasst sei: „Ich meine ferner, daß der jetzige Satz 3 des Art. 9 Abs. 3 GG den Arbeitskampf als Rechtsinstitut voraussetzt und ihn somit gleichsam einschlußweise verfassungsrechtlich absichert“. Jedoch könne der Arbeitskampf auch Unbeteiligte und die Allgemeinheit stark schädigen. Deswegen sei der „Institutsgarantie“ die Schranke immanent, dass es nur in der Art und Weise ausgeübt werden dürfe, wie es dem Gemeinwohl möglichst wenig schade. Diese Schranke werde im Wege der Verhältnismäßigkeitsprüfung umgesetzt. Aus dem Verhältnismäßigkeitsgebot seien viele Einschränkungen des Grundrechts abzuleiten, unter anderem die Tarifbezogenheit des Streiks. Aus dem Verbot der Existenzvernichtung gehe zudem die Pflicht der Kampfparteien, Notarbeiten durchzuführen, hervor.[1068]

Das Bundesarbeitsgericht hatte in seinem Beschluss von 1955 die verfassungsrechtliche Grundlage des Arbeitskampfrechts ausdrücklich abgelehnt. In der Entscheidung von 1971 erwähnte das Gericht Art. 9 Abs. 3 GG nur zur Begründung des Aussperrungsrechts, nicht des Streikrechts. Das Gericht maß dem Arbeitskampf keine eigenständige Grundrechtsqualität bei.

Das Bundesarbeitsgericht gab mit dem Urteil von 1971 das Prinzip der Sozialadäquanz für immer auf.[1069] Stattdessen führte es die Verhältnismäßigkeitsprüfung jedes Arbeitskampfs ein. Die Anwendung des Verhältnismäßigkeitsprinzips auf den Arbeitskampf verkehrt die Verwendung der Rechtsfigur in der sonstigen Grundrechtsdogmatik in ihr Gegenteil. Das Bundesverfassungsgericht hat das Verhältnismäßigkeitsprinzip zur Überprüfung einer Grundrechtseinschränkung entwickelt – die sogenannte Schranken-Schranke.[1070] Der Verhältnismäßigkeitsgrundsatz kommt dann zur Anwendung, wenn die Einschränkung eines Grundrechts durch einen staatlichen Eingriff auf dem Prüfstand steht[1071] und wenn entgegenstehende

---

[1067] BAG 21.4.1971 – GS 1/68, NJW 1971, 1668, S. 1669.

[1068] *G. Müller*, AuR 1972, 1, S. 5 f.

[1069] Die Begrifflichkeit wird heute weder in der Rechtsprechung noch der Literatur als Maßstab zur Bestimmung der Rechtmäßigkeit einer Arbeitskampfmaßnahme genutzt, Däubler ArbeitskampfR-*Däubler*, § 7, Rn. 9; Däubler ArbeitskampfR-*Öğüt*, § 22, Rn. 44; auch im Zivilrecht wird die Sozialadäquanz als Figur des Deliktsrechts mittlerweile abgelehnt NK-BGB-*Katzenmeier*, BGB § 823, Rn. 107 m. w. N.

[1070] BVerfG 11.6.1958 – 1 BvR 596/56, BVerfGE 7, 377, S. 407; BVerfG 5.3.1968 – 1 BvR 579/67, BVerfGE 23, 127, 133.

[1071] v. Mangoldt/Starck/Klein-*Sommermann*, GG Art. 20, Rn. 316 f.

Grundrechte miteinander abgewogen werden müssen.[1072] Das Bundesarbeitsgericht hat den Arbeitskampf einer pauschalen Verhältnismäßigkeitsprüfung unterzogen, ohne herauszuarbeiten, ob es eine Grundrechtskollision annimmt. Zudem bleibt unklar, wie es die Grundrechtsdogmatik auf den Arbeitskampf überträgt, wenn es darin gar kein Grundrecht erblickt.

Rechtswissenschaftler haben das Urteil stark kritisiert. Das grundrechtliche Freiheitsrecht auf Arbeitskämpfe sei damit dem Gebot der Verhältnismäßigkeit unterworfen worden und nicht die Einschränkung des Grundrechts, wie es in der Grundrechtsdogmatik vorgesehen sei.[1073] Hätte das Bundesarbeitsgericht den Verhältnismäßigkeitsgrundsatz konsequent angewendet, hätte es prüfen müssen, ob das Aufstellen der verschiedenen Einschränkungen von Art. 9 Abs. 3 GG durch die eigene Interpretation des Arbeitskampfrechts verhältnismäßig ist.

Indem das Bundesarbeitsgericht erstmalig das Gebot der Verhältnismäßigkeit als Grundrechtsschranke anwendete, konnte es dieselben Wertungen wie in dem Urteil von 1955 beibehalten. Zu den Wertungen zählen die prinzipielle Schädlichkeit des Arbeitskampfs und dass das Gemeinwohl vor Streiks zu bewahren sei. So konnte das Bundesarbeitsgericht auch den Tarifbezug des Arbeitskampfs aufrechterhalten.[1074] Über die Verhältnismäßigkeitsprüfung hielt das Gericht an der Abwägung des Streikrechts mit dem arbeitgeberseitigen Recht am eingerichteten und ausgeübten Gewerbebetrieb fest. Damit wurde dem Streikrecht ein vermeintlich gleichrangiges Schutzrecht der Arbeitgeber*innen entgegengestellt, ohne anzuerkennen, dass Art. 9 Abs. 3 GG gerade die Schäden auf Unternehmensseite als von der Grundrechtsausübung umfasst ansieht. Das Bundesarbeitsgericht negierte damit das eben noch proklamierte „Rechtsinstitut" des Arbeitskampfs.[1075]

Ein Vergleich der Rechtsprechung von 1955 und 1971 ergibt nicht nur eine inhaltliche Kontinuität unter anderen Begrifflichkeiten. Auch die Urheber der Rechtsfiguren blieben dieselben. Die rechtsdogmatische Vorlage für das Urteil stammte von Nipperdey. Im Jahr 1969 veröffentlichte er unter Mitarbeit des Zivilrechtlers Franz Jürgen Säcker einen Aufsatz zum Vorlagebeschluss des Ersten Senats des Bundesarbeitsgerichts. In dieser Publikation stellten sich die Autoren hinter die Konzeption des Arbeitskampfrechts, die das Bundesarbeitsgericht mit seinem Urteil von 1955 begründet hatte:

> „Die dem Beschluß des Großen Senats zugrunde liegende Konzeption hat sich gesellschafts- und wirtschaftspolitisch als höchst erfolgreich erwiesen. Sie hat volkswirtschaftlich und

---

[1072] Maunz/Dürig-*Herdegen*, GG Art. 1 Abs. 3, Rn. 36 f.; zur Kritik v. Mangoldt/Starck/Klein-*M. Kemper*, GG Art. 9, Rn. 163.

[1073] *Säcker*, GewerkMH 1972, 287, S. 297; *Joachim*, AuR 1973, 289, Fn. 23; *D. Hensche/Wolter*, 2010, 544, S. 554 f.

[1074] Zustimmend auch schon *Säcker*, GewerkMH 1972, 287, S. 295 ff., obwohl er selbst die rechtliche Argumentation für den Vorlagebeschluss des Gerichts gemeinsam mit Nipperdey geschaffen hatte, siehe 2. Kap., Fn. 1076; *Wahsner/Bayh*, 1983, S. 55.

[1075] *Däubler*, JuS 1972, 642, S. 643 f.

politisch unsinnige Arbeitskämpfe vermeiden helfen, hat andererseits dagegen sichergestellt, daß durch das hinter allen Tarifverhandlungen stehende Druckmittel des Arbeitskampfs immer weitere Verbesserungen der Arbeitsbedingungen zugunsten der Arbeitnehmer erzielt werden konnten".[1076]

Nipperdey legte damit offen, dass er nicht tarifbezogene Arbeitskämpfe für volkswirtschaftlich und politisch unsinnig hielt – eine Wertung, die er bar jeder Rechtsgrundlage traf, die aber durch seine Rechtsprechung aus dem Jahr 1955 normative Wirkkraft erhielt. In der weiteren Besprechung argumentierten die beiden Juristen, dass nach dem Verhältnismäßigkeitsgebot geprüft werden müsse, ob ein Arbeitskampf rechtmäßig und welches Arbeitskampfmittel zulässig sei.[1077] Damit führten sie den Verhältnismäßigkeitsgrundsatz in das Arbeitskampfrecht ein. Dieser Grundsatz ersetzte das Sozialadäquanzprinzip begrifflich, behielt die rechtsdogmatischen Widersprüchlichkeiten allerdings bei.

Nipperdey hatte als derjenige, der die Bewertung von Arbeitskämpfen anhand des Prinzips der Sozialadäquanz eingeführt hatte, in einem Aufsatz aus dem Jahr 1967 festgestellt, dass aus diesem Prinzip selbst keine deliktsrechtlichen Wertungen zu schlussfolgern seien, sondern dass es lediglich der Durchführung einer Güterabwägung diene. Trotz der Feststellung, dass aus dem Sozialadäquanzprinzip keine eigenständigen Wertungsgesichtspunkte abzuleiten seien, komme der Rechtsfigur „ein bedeutender heuristischer Anerkennungswert" zu, denn durch sie würden „die von der Rechtsordnung an normale, ordentliche, verständige Menschen in der zu beurteilenden konkreten Situation im wirtschaftlichen und sozialen Zusammenleben" gestellten Verhaltensanforderungen berücksichtigt.[1078] In die Güterabwägung konnten seines Erachtens Wertungen einfließen, die sich an Normalität und Ordentlichkeit ausrichteten. Nipperdeys Verteidigung der von ihm geprägten Rechtsprechung des Bundesarbeitsgerichts verblieb damit bei einer Argumentationsweise, die sich nicht auf positiv gesetztes Recht zurückführen ließ und stattdessen einen Wertungsspielraum durch die Beibehaltung der Generalklauseln eröffnete.

Insgesamt hat das Bundesarbeitsgericht durch die Einführung der Verhältnismäßigkeitsprüfung in das Arbeitskampfrecht im Jahr 1971 die Nipperdeysche Rechtskonzeption aufrechterhalten.

2. Die Urteile des Bundesarbeitsgerichts vom 10. Juni 1980

Das Bundesarbeitsgericht leitete das Arbeitskampfrecht zum ersten Mal als Grundrecht aus Art. 9 Abs. 3 GG in den Urteilen vom 10. Juni 1980 her.

Die Urteile ergingen zu den Streiks um das Rationalisierungsschutzabkommen in der Druckindustrie. Die Arbeitnehmer*innen legten ab November 1977 ihre Arbeit

[1076] *Nipperdey/Säcker*, BB 1969, 321.

[1077] *Nipperdey/Säcker*, BB 1969, 321, S. 322.

[1078] *Nipperdey*, NJW 1967, 1985, S. 1992.

nieder. Die Tarifverhandlungen führten zu keinem für die Gewerkschaften zufriedenstellendem Ergebnis. Die Streiks wurden fortgesetzt. Die Arbeitgeber*innen reagierten mit diversen Aussperrungen, die im Aufruf der zentralen Kampfleitung vom 14. März 1978 zu einer unbefristeten, bundesweiten Aussperrung gipfelten. Die Industriegewerkschaft Druck und Papier gab an, dass über 32.000 Mitglieder von der Aktion betroffen waren. Der Gewerkschaft seien Kosten in Höhe von nahezu 15 Millionen D-Mark entstanden, wobei über 80 Prozent auf die Unterstützungsleistungen für die Aussperrungen zurückzuführen gewesen seien. Im Gerichtsprozess führte die IG Druck und Papier an, dass sie künftig durch Aussperrungen streikunfähig werden und damit die Möglichkeit der Grundrechtsausübung aus Art. 9 Abs. 3 GG verlieren könnte.[1079]

Die Gewerkschaftsmitglieder traten ihre Lohnansprüche an die IG Druck und Papier ab, die nun Massenklagen auf Zahlung des ausstehenden Lohns für die Zeit der Aussperrung organisierte. Die Mitglieder der IG Metall führten ihre Klagen selbst und reichten insgesamt 34.500, die IG Druck und Papier 12.000 Klagen ein. Durch die Massenklagen wurde die kollektive Aktion des Streiks trotz des Individualklagesystems beibehalten.[1080] Der berichterstattende Richter am Bundesarbeitsgericht Thomas Dieterich wählte vier der 170 eingegangenen Revisionsklagen als Leitentscheidungen aus, die beide Gewerkschaften und die zentralen juristischen Probleme umfassten.[1081]

Das Bundesarbeitsgericht verankerte das Arbeitskampfrecht erstmals als Grundrecht in Art. 9 Abs. 3 GG, indem es feststellte, dass Einigkeit darüber bestehe, dass „das Streikrecht einen notwendigen Bestandteil der freiheitlichen Kampf- und Ausgleichsordnung darstellt, die durch Art. 9 III GG im Kern gewährleistet ist“. Darin sah das Gericht eine kontinuierliche Linie zur Rechtsprechung des Bundesarbeitsgerichts und verwies auf den Beschluss des Großen Senats vom 28. Januar 1955.[1082]

Das Bundesarbeitsgericht stellte fest, dass der Arbeitskampf als „Institution für die Tarifautonomie vorausgesetzt“ werde, „weil sonst weder das Zustandekommen noch die inhaltliche Sachgerechtigkeit tariflicher Regelungen gewährleistet wären“. Die Wirksamkeit der Tarifautonomie hänge von dem Druckmittel des Streiks ab. Als Begründung führte das Gericht aus, dass Tarifverhandlungen ohne das Recht zum Streik im Allgemeinen nicht mehr als „kollektives Betteln“ seien.[1083] Dabei handelt

---

[1079] BAG 10.6.1980 – 1 AZR 822/79, NJW 1980, 1642.

[1080] *Reifner*, ZfRSoz 1981, 88.

[1081] BAG 10.6.1980 – 1 AZR 822/79; BAG 10.6.1980 – 1 AZR 168/79; BAG 10.6.1980 – 1 AZR 331/79; BAG 10.6.1980 – 1 AZR 935/79; *Dieterich*, 2016, S. 128.

[1082] BAG 10.6.1980 – 1 AZR 822/79, NJW 1980, 1642, S. 1644.

[1083] BAG 10.6.1980 – 1 AZR 822/79, NJW 1980, 1642, S. 1643 f. Das Gericht verwies als Quelle der Formulierung „kollektives Betteln“ auf Blanpain. In den Veröffentlichungen des belgischen Arbeitsrechtlers Roger Blanpain findet sich die Formulierung jedoch das erste Mal nachweisbar in einer Veröffentlichung aus dem Jahr 1991: „The right to bargain, without the es sich nicht nur um ein Bonmot des Arbeitskampfrechts, sondern diese Feststellung begründete die grundrechtliche Akzeptanz des Streiks und unterstrich dessen Notwendigkeit für die Interessendurchsetzung der Arbeitnehmer*innen.

Zudem bezog das Bundesarbeitsgericht die „bisherige Sozialgeschichte“ in die Rechtsauslegung mit ein, indem es feststellte, dass die „Gewerkschaften fast immer gehalten [waren], eine Verbesserung der Arbeitsbedingungen zu fordern und durchzusetzen“. Der Rückgriff auf historische und sozialwissenschaftliche Ausführungen erfolgte jedoch „nicht im Sinne einer normativen Vorgabe, sondern nur als Erkenntnismittel und Indiz“.[1084]

Zur in der Literatur stark umstrittenen Einführung und Auslegung des Paritätsprinzips stellte das Bundesarbeitsgericht fest:

> „Immerhin besteht im wesentlichen Einigkeit darüber, daß die grundgesetzlich gewährleistete Tarifautonomie gleichwertige Verhandlungschancen voraussetzt und daß dem Arbeitskampfrecht als Institution die Aufgabe zufällt, dieses Gleichgewicht der Kräfte herzustellen“.[1085]

Damit legte das Gericht den Arbeitskampf auf die eine, bestimmte Aufgabe fest, innerhalb von Tarifverhandlungen ein Machtgleichgewicht herzustellen.

Das Gericht sah zwischen der erfolgten Herleitung des Arbeitskampfrechts aus der Tarifautonomie und den internationalen Gewährleistungen aus Art. 6 Nr. 4 ESC, der EMRK und dem ILO-Übereinkommen Nr. 87 keinen Widerspruch, prüfte allerdings nur, ob die Gewährleistung des Arbeitskampfrechts durch das Grundgesetz

---

right to strike, is reduced to collective begging“. Dabei bezogen sich Blanpain und Luyten auf Art. 6 Abs. 4 ESC, nach dem das Arbeitskampfrecht selbständig neben der Koalitionsfreiheit und der Tarifautonomie stehe, *Blanpain/Luyten*, 1999, 13, S. 42. Ein Tarifbezug des Arbeitskampfrechts lässt sich dieser Rechtsauslegung nicht entnehmen.

Der Arbeitsrechtswissenschaftler Gregor Thüsing vermutet, dass das Bonmot nicht auf Blanpain zurückgehe, sondern eine Redewendung des englischsprachigen Raums sei, vgl. *Thüsing*, ZIP 2003, 693, S. 701, Fn. 69. Er verweist dafür allerdings auf einen Artikel aus dem Jahr 1994, vgl. *Estreicher*, Michigan Law Review 93 (1994), 577, S. 599, Fn. 96 m. w. N. zur US-amerikanischen Diskussion, die ebenso ausschließlich Publikationen aus Jahren nach 1980 und damit nach der hier relevanten Entscheidung des Bundesarbeitsgerichts aufweist. Trotz der anachronistischen Herleitung Thüsings überzeugt die These, dass die Formulierung auf den US-amerikanischen Diskurs zurückgehe. Nach einer Ausarbeitung des Arbeitsrechtswissenschaftlers Eric Tucker sind die Ursprünge der Formulierung unbekannt. Die erste Verwendung lasse sich auf das Jahr 1921 zurückdatieren. Durch einen Artikel im Time Magazine, ‚U.S. At War: No Collective Begging‘ vom 25. September 1944, in dem ein Gewerkschaftsmitglied das Versprechen der Gewerkschaften anprangerte, während des Krieges nicht zu streiken: „Hell, we haven't even got collective begging, let alone collective bargaining.“ wurde die Redewendung einer breiten Öffentlichkeit bekannt. Seitdem wurde sie von Gewerkschaftern und in juristischen Argumentationen benutzt, um das Arbeitskampfrecht zu begründen, *Tucker*, 2013, S. 2, Fn. 6.

[1084] BAG 10. 6. 1980 – 1 AZR 822/79, NJW 1980, 1642, S. 1643, 1647.

[1085] BAG 10. 6. 1980 – 1 AZR 822/79, NJW 1980, 1642, S. 1644.

mit internationalem Recht übereinstimme und nicht, wie die Ausgestaltung der Gewährleistungen erfolgen müsse.[1086]

An dem Grundsatz der Verhältnismäßigkeit der Arbeitskampfmaßnahmen hielt das Gericht fest. Es erwähnte lediglich die Kontroverse, die sich nach dem Urteil aus dem Jahr 1971 entsponnen hatte, ohne sich mit den Argumenten der Kritiker auseinanderzusetzen, weil „dazu im Schrifttum alles erforderliche gesagt worden" sei.[1087]

Die Urteile des Bundesarbeitsgerichts sind neben den stark umstrittenen Kompromissfindungen zum Aussperrungsrecht und zur Bestimmung des Verhandlungsgleichgewichts vor allem wegen der Änderung der Arbeitskampfdogmatik in die Rechtsgeschichte eingegangen. Zum ersten Mal leitete das Gericht das Streikrecht als Grundrecht aus Art. 9 Abs. 3 GG her. Es sprach dem gesamten Arbeitskampfrecht gegenüber der Tarifautonomie eine dienende Funktion zu. Das Arbeitskampfrecht sei nötig, um das Funktionieren des Tarifvertragssystems zu gewährleisten. Das Gericht versah denjenigen Arbeitskampf, der auf den Abschluss eines Tarifvertrags ausgerichtet war, mit einer verfassungsrechtlichen Legitimation. Seit 1955 galt der Arbeitskampf als hinzunehmendes Übel, solange er sozialadäquat beziehungsweise verhältnismäßig, d. h. tarifbezogen war. Mit den Urteilen vom 10. Juni 1980 wertete das Bundesarbeitsgericht den Arbeitskampf nicht mehr als zu duldendes soziales Phänomen, sondern als Grundrechtsausübung. Darauf aufbauend wurde auch der Tarifbezug des Arbeitskampfrechts neu begründet. Das Gericht begründete das Arbeitskampfrecht mit der teleologischen Setzung, der Arbeitskampf bezwecke, paritätische Verhandlungsbedingungen für den Abschluss von Tarifverträgen zu schaffen. Der Tarifbezug blieb trotz der neuen Begründung durch die Herleitung des Arbeitskampfrechts als Annex der Tarifautonomie bestehen.

Wie schon in den Urteilen von 1955 und 1971 diente die Legitimation des Freiheitsrechts gleichzeitig dessen Einschränkung. Der Zirkelschluss von 1955, dass grundsätzlich jeder Streik sozial inadäquat sei, er aber gerechtfertigt werden könne, wenn er sozialadäquat sei, wiederholte sich in den Urteilen von 1980, wenn auch auf verfassungsrechtlicher Ebene. Das Gericht erkannte erstens das Streikrecht mit der dienenden Funktion für die Tarifautonomie an und stellte auf zweiter Stufe fest, dass der Arbeitskampf rechtmäßig sei, solange er die Verhältnismäßigkeitsprüfung bestehe. Verhältnismäßig sei er, wenn er unter anderem tarifbezogen geführt werde. In beiden Argumentationsschleifen wurden die wertungsoffenen Begriffe der Sozialadäquanz und der Verhältnismäßigkeit mit dem Tarifbezug gefüllt. Ohne weitere Rechtfertigung der Einschränkung des Arbeitskampfrechts übernahm das Bundesarbeitsgericht die Verhältnismäßigkeit und den Tarifbezug als immanente Schranke des Freiheitsrechts aus der Nipperdeyschen Dogmatik und in expliziter Weiterführung der Rechtsprechung vom 28. Januar 1955.

[1086] BAG 10. 6. 1980 – 1 AZR 822/79, NJW 1980, 1642, S. 1645.

[1087] BAG 10. 6. 1980 – 1 AZR 822/79, NJW 1980, 1642, S. 1650.

Auch wenn sich das Gericht von der Begründung mittels der Wirtschaftsfriedlichkeit verabschiedete und die Notwendigkeit von Streiks betonte, ruhte es sich auf dem Tarifbezug und der Verhältnismäßigkeit des Streiks als Legitimationen aus. Mit diesen rechtsdogmatischen Problemen und der Einführung des Rechts am eingerichteten und ausgeübten Gewerbebetrieb in das Arbeitskampfrecht hat sich das Bundesarbeitsgericht weder in den Entscheidungen von 1980 noch in irgendeinem danach gefällten Urteil auseinandergesetzt. Erkennt das Bundesarbeitsgericht die zirkelschlüssige Begründung des Tarifbezugs an, wird es nicht vermeiden können, sich mit der deliktsrechtlichen Behandlung des Arbeitskampfrechts zu beschäftigen, die sich nicht auf grundrechtliche Positionen der Arbeitgeber*innen oder andere Rechtsgüter mit Verfassungsrang zurückführen lässt.[1088]

Das Bundesarbeitsgericht schuf mit seinem Urteil den Grundstein dafür, den Streik ausschließlich als Mittel dafür anzuerkennen, dass die Arbeitgeber*innen einem Tarifvertrag zustimmen.[1089] Der Streik habe für die Arbeitnehmer*innen eine ausgleichende Funktion in den Tarifverhandlungen. Damit erkannte das Gericht die richtigerweise festgestellte Notwendigkeit eines Ausgleichs durch den Streik nur für Tarifverhandlungen an. Eine solches Verständnis der Wirkungsweisen und Gewährleistungsdimensionen des Arbeitskampfrechts wird dem Grundrecht allerdings nicht gerecht, denn der Ausgleich asymmetrischer Verhandlungspositionen ist nicht auf Tarifverhandlungen beschränkt. Die Funktionsbandbreite des Streikrechts weist weit darüber hinaus.[1090]

Zusammenfassend kann die vom Bundesarbeitsgericht vorgenommene verfassungsrechtliche Begründung des Arbeitskampfrechts in Bezug auf die Gewährleistung eines „politischen“ Streikrechts nicht als grundlegender Wendepunkt in der Dogmatik gewertet werden. Die Begründung des Tarifbezugs des Arbeitskampfrechts führte lediglich zu einer auf Verfassungsebene gehobenen Manifestierung desselben. Die zirkelschlüssige Dogmatik Nipperdeys wurde dabei übernommen. Das Bundesarbeitsgericht hat zwar die verfassungsrechtliche Verankerung in Art. 9 Abs. 3 GG anerkannt, dabei hat es sich aber nicht mit den diversen Funktionen des Streiks, die objektiv-teleologisch begründbar sind, und der Frage auseinandergesetzt, welche grundrechtlich gewährleisteten Schutzgüter der Arbeitgeber*innen während eines Streiks einschlägig sind.

[1088] Siehe dazu S. 106 ff. und S. 245 ff.

[1089] *Rödl/Beerwerth*, AuR 2021, 244, S. 246.

[1090] Dieser Kritikansatz findet sich auch bei *Kocher*, KJ 2020, 189, S. 196; zu den objektiv-teleologisch begründeten Funktionen des Arbeitskampfrechts siehe S. 80 ff.

3. Tendenzen in der Rechtsprechung des Bundesarbeitsgerichts und des Bundesverfassungsgerichts zur Revision des Tarifbezugs des Arbeitskampfrechts

In den Folgejahren wiederholten das Bundesarbeitsgericht und auch das Bundessozialgericht in Fällen zum Arbeitskampfrecht den funktionellen Zusammenhang und die dienende Rolle des Streiks für die Tarifautonomie, ohne die vom Bundesarbeitsgericht in den Urteilen des Jahres 1980 entwickelte Begründung, die in den entscheidenden Punkten die Dogmatik Nipperdeys fortführt, argumentativ zu erweitern.[1091]

Das Bundesarbeitsgericht hat in verschiedenen Urteilen jedoch Öffnungstendenzen in der Arbeitskampfrechtsprechung gezeigt. Es stellte fest, dass der deutsche Tarifbezug des Arbeitskampfrechts auf die Vereinbarkeit mit internationalem Recht zu überprüfen sei: „Dabei mag die generalisierende Aussage, Arbeitskämpfe seien stets nur zur Durchsetzung tarifvertraglich regelbarer Ziele zulässig, im Hinblick auf Teil II Art. 6 Nr. 4 ESC einer erneuten Überprüfung bedürfen“.[1092] Zudem grenzte das Gericht den Prüfungsumfang der Verhältnismäßigkeit eines Arbeitskampfs ein:

> „Eine Arbeitskampfmaßnahme ist dann rechtswidrig, wenn sie bezogen auf das Kampfziel offensichtlich ungeeignet, offensichtlich nicht erforderlich oder unangemessen ist. Hinsichtlich der Geeignetheit und der Erforderlichkeit hat die den Streik führende Gewerkschaft eine Einschätzungsprärogative.“[1093]

Seitdem führt das Bundesarbeitsgericht eine nur noch enge Verhältnismäßigkeitsprüfung durch. Auch wenn die dogmatische Verdrehung des Verhältnismäßigkeitsgrundsatzes bestehen blieb, könnte damit ein Spielraum für die Frage eröffnet worden sein, ob die hier diskutierte Konstellation des „politischen“ Streiks[1094] nicht doch von Art. 9 Abs. 3 GG umfasst und offensichtlich verhältnismäßig ist.

Das Bundesarbeitsgericht führte im Urteil zum Unterstützungsstreik von 2007 aus, dass das „Grundrecht als koalitionsmäßige Betätigung auch Arbeitskampfmaßnahmen, die auf den Abschluss von Tarifverträgen gerichtet sind“, schützt. „Sie werden jedenfalls insoweit von der Koalitionsfreiheit erfasst, als sie erforderlich sind, um eine funktionierende Tarifautonomie herzustellen“.[1095] Aus den relativierenden Formulierungen „auch“ und „jedenfalls“ kann gelesen werden, dass das

[1091] BAG 23.10.1984 – 1 AZR 126/8, NZA 1985, 459; BAG 5.3.1985 – 1 AZR 468/83, NZA 1985, 504, S. 506; BAG 7.6.1988 – 1 AZR 372/86, NJW 1989, 63; BAG 18.02.2003 – 1 AZR 142/02, NZA 2003, 866, S. 867; BAG 20.11.2012 – 1 AZR 611/11, NZA 2013, 437, S. 443; BAG 20.11.2012 – 1 AZR 179/11, NZA 2013, 448, S. 463; BSG 30.11.2016 – B 6 KA 38/15 R, NZS 2017, 539, S. 548, Rn. 103 ff.

[1092] BAG 10.12.2002 – 1 AZR 96/02, NZA 2003, 734, S. 740; diese Bedenken wiederholte es in BAG 24.4.2007 – 1 AZR 252/06, NZA 2007, 987, S. 994.

[1093] BAG 19.6.2007 – 1 AZR 396/06, NZA 2007, 1055, Ls. 5; bestätigt in BAG 22.9.2009 – 1 AZR 972/08, NZA 2009, 1347, Ls. 10.

[1094] Siehe S. 23 ff., 31 ff.

[1095] BAG 19.6.2007 – 1 AZR 396/06, NZA 2007, 1055, S. 1056.

Bundesarbeitsgericht Arbeitskämpfe auch für andere Ziele als nur Tarifkämpfe als zulässig betrachtet. Zudem erkannte das Gericht, „dass jegliche Reglementierung zugleich eine Beschränkung der durch Art. 9 III GG gewährleisteten Betätigungsfreiheit darstellt, die der verfassungsrechtlichen Rechtfertigung bedarf".[1096] Ob es den von der Rechtsprechung aufgestellten Tarifbezug des Arbeitskampfrechts auch als eine solche Beschränkung erkennt, ist aus der Entscheidung nicht abzulesen. Jedoch stellte das Gericht im selben Urteil die Beschränkung des Arbeitskampfrechts entlang von Tarifvereinbarungen auf und prüft diese Einschränkung nicht auf Verhältnismäßigkeit: „Für die Ausgestaltung des Arbeitskampfrechts stellt die Funktionsfähigkeit der Tarifautonomie sowohl Rechtfertigung als auch Grenze dar".[1097]

Eine weitere offene Formulierung lässt sich der Flashmob-Entscheidung des Bundesarbeitsgerichts entnehmen. Darin führt das Gericht aus, dass „insbesondere Arbeitskampfmaßnahmen, die auf den Abschluss von Tarifverträgen gerichtet sind"[1098] vom Schutzbereich des Art. 9 Abs. 3 GG umfasst sind. Aus der Verwendung des Wortes „insbesondere" ist zu schließen, dass tarifbezogene Arbeitskämpfe grundrechtlich geschützt sind und der Schutzbereich darüber hinaus noch weitergezogen werden könnte.

Die angedeuteten Möglichkeiten einer Rechtsprechungsänderung durch das Bundesarbeitsgericht werden in der Kommentarliteratur unter anderem darauf zurückgeführt, dass das Bundesverfassungsgericht die Kernbereichslehre der Koalitionsfreiheit aufgegeben hat.[1099] Das Bundesverfassungsgericht hat bis heute trotz dieses Rechtsprechungswandels zu Art. 9 Abs. 3 GG[1100] den vom Bundesarbeitsgericht aufgestellten Tarifbezug des Arbeitskampfs mitgetragen. Die Arbeitskampfrechtsprechung des Bundesverfassungsgerichts zeichnet sich dadurch aus, dass der Tarifbezug des Arbeitskampfs immer wieder erwähnt wird, ohne ihn selbst dogmatisch einzuordnen oder eingehend zu begründen.[1101]

Eine offene Formulierung ähnlich der Rechtsprechung des Bundesarbeitsgerichts, die ein Aufgeben des Tarifbezugs für möglich erscheinen lässt, findet sich im Urteil des Zweiten Senats zum Beamtenstreikverbot aus dem Jahr 2018:

> „Zu den geschützten Mitteln zählen etwa Arbeitskampfmaßnahmen, die auf den Abschluss von Tarifverträgen gerichtet sind. Sie unterfallen jedenfalls insoweit der Koalitionsfreiheit,

---

[1096] BAG 19.6.2007 – 1 AZR 396/06, NZA 2007, 1055, S. 1057.

[1097] BAG 19.6.2007 – 1 AZR 396/06, NZA 2007, 1055, S. 1057.

[1098] BAG 22.9.2009 – 1 AZR 972/08, NZA 2009, 1347, Ls. 5.

[1099] BKS-*Wankel*, AKR, Rn. 22.

[1100] BVerfG 14.11.1995 – 1 BvR 601/92, NZA 1996, 381, S. 382.

[1101] Es seien nur die neusten Urteile und Beschlüsse zur Veranschaulichung genannt: BVerfG 9.7.2020 – 1 BvR 719/19, 1 BvR 720/19, NJW 2020, 3098, S. 3099, Rn. 14; BVerfG 19.6.2020 – 1 BvR 842/17, NZA 2020, 1186, S. 1187, Rn. 11; BVerfG 24.10.2019 – 1 BvR 887/17, Rn. 8; BVerfG 12.6.2018 – 2 BvR 1738/12, 2 BvR 1395/13, 2 BvR 1068/14, 2 BvR 646/15, NVwZ 2018, 1121, S. 1127 f.; BVerfG, 26.3.2014 – 1 BvR 3185/09, NZA 2014, 493, S. 494.

als sie allgemein erforderlich sind, um eine funktionierende Tarifautonomie sicherzustellen".[1102]

Dieser Passus lässt sich anhand der aufzählenden Umschreibung der Arbeitskampfmaßnahmen so deuten, dass die deduktive Ableitung des tarifbezogenen Streikrechts aus Art. 9 Abs. 3 GG zeigt, dass es sich dabei nur um einen Teilaspekt der grundrechtlichen Gewährleistungen handele.[1103] Allerdings prüfte der Zweite Senat die Rechtmäßigkeit des Streiks der verbeamteten Lehrer*innen nicht mehr an dem zunächst treffend ausgeführten weiten Schutzbereich aller koalitionsspezifischen Verhaltensweisen.[1104] Der Senat nahm damit bei der Bewertung des konkreten Einzelfalls eine Einschränkung des Schutzbereichs von Art. 9 Abs. 3 GG vor. Da dies aber nicht im maßstabsbegründenden Teil des Urteils erfolgte,[1105] ist die restriktive Auslegung des Arbeitskampfrechts nicht bindend für künftige Entscheidungen. Eine allgemeine Tarifakzessorietät des Arbeitskampfrechts ist dem Beamtenstreikurteil des Bundesverfassungsgerichts nicht zwingend zu entnehmen.[1106]

4. Zwischenergebnis

Das Bundesarbeitsgericht gab mit dem Urteil aus dem Jahr 1971 das Prinzip der Sozialadäquanz endgültig auf. In derselben Entscheidung führte das Bundesarbeitsgericht eine Verhältnismäßigkeitsprüfung des Arbeitskampfs ein. Die Gewährleistung eines Grundrechts und nicht dessen Einschränkung auf seine Verhältnismäßigkeit zu überprüfen, widerspricht der sonstigen Grundrechtsdogmatik und gleicht aufgrund des erheblichen Entscheidungsspielraums, wann ein Arbeitskampf verhältnismäßig sei, inhaltlich dem Prinzip der Sozialadäquanz. Über die Verhältnismäßigkeitsprüfung konnten unter anderem die Einschränkung des Arbeitskampfrechts durch den Tarifbezug, die Wertung der prinzipiellen Schädlichkeit des Arbeitskampfs und der grundrechtsgleiche Schutz von wirtschaftlichen Schäden über das Recht am eingerichteten und ausgeübten Gewerbebetrieb als Grundsätze des Arbeitskampfrechts weitergetragen werden. Die inhaltliche Kontinuität geht zudem auf eine personelle zurück – schließlich führte Nipperdey in einer Anmerkung zum Vorlagebeschluss der Entscheidung die Verhältnismäßigkeitsprüfung in das Arbeitskampfrecht ein.

Das Bundesarbeitsgericht leitete mit den Urteilen von 1980 das Arbeitskampfrecht aus Art. 9 Abs. 3 GG als Grundrecht ab. Es ließ die Wertung fallen, der Ar-

---

[1102] BVerfG 12.6.2018 – 2 BvR 1738/12 u.a., BVerfGE 148, 296, S. 344; so ähnlich bereits BVerfG 26.6.1991 – 1 BvR 779/85, NZA 1991, 809, Ls. 2.

[1103] So auch *T. Klein*, AuR 2018, 479, S. 479f.; für BVerfG 26.6.1991 – 1 BvR 779/85, NZA 1991, 809, Ls. 2 so auch Däubler ArbeitskampfR-*Däubler*, § 9, Rn. 8.

[1104] BVerfG 12.6.2018 – 2 BvR 1738/12, 2 BvR 1395/13, 2 BvR 1068/14, 2 BvR 646/15, BVerfGE 148, 296, S. 359.

[1105] So auch *T. Klein*, AuR 2018, 479, S. 484.

[1106] Vgl. auch *Hauer*, 2020, S. 128f.

beitskampf sei keine erwünschte Rechtsausübung und betonte stattdessen die Notwendigkeit des Streiks. Dennoch blieben dieselben Grundrechtsbeschränkungen bestehen, wie sie 1955 aufgestellt worden waren. Das Bundesarbeitsgericht begründete die Tarifakzessorietät des Arbeitskampfrechts mit der Zweckbindung an paritätische Erfolgschancen in Tarifverhandlungen. Ohne auf die historische Verfassungsgebung einzugehen, sondern über die teleologische Setzung, der Arbeitskampf diene der Tarifautonomie, leitete das Gericht das Arbeitskampfrecht als Annex der Tarifautonomie her. Insgesamt überwiegt trotz der verfassungsrechtlichen Verankerung des Arbeitskampfrechts die Kontinuität zur Rechtsprechung von 1955. Das Bundesarbeitsgericht wies in den Urteilen von 1980 explizit darauf hin, dass es sich in der Fortführung dieser Rechtsprechungslinie sehe. Über die eindimensional teleologische Setzung[1107], die Verhältnismäßigkeitsprüfung des Arbeitskampfs und die fehlende Bestimmung, welches Grundrecht der Arbeitgeber*innen durch einen Streik verletzt ist, wenn es sich ausschließlich um wirtschaftliche Schäden in Form von Vermögenseinbußen handelt, blieb der Tarifbezug in der Nipperdeyschen Konstruktion bestehen.

Das Bundesarbeitsgericht führt seit dem Urteil aus dem Jahr 2007 eine nur noch eingeschränkte Verhältnismäßigkeitsprüfung des Streiks durch. Die Rechtswidrigkeit des Streiks solle nur noch vorliegen, wenn er offensichtlich ungeeignet, nicht erforderlich oder unangemessen sei, wobei den Gewerkschaften eine Einschätzungsprärogative bei der Geeignetheit und Erforderlichkeit des Streiks zukomme.

Die Einschränkung der Intensität der Verhältnismäßigkeitsprüfung hat zwar den Tarifbezug nicht entfallen lassen. Sie kann aber als Einfallstor dafür dienen, denjenigen „politischen“ Streik als angemessen anzuerkennen, mit dem Gewerkschaften den Staat als gesetzgebenden Gestalter eines Arbeitsmarkts und der Arbeitsbedingungen zum Handeln auffordern. Seit der Jahrtausendwende finden sich in der Rechtsprechung des Bundesarbeitsgerichts und des Bundesverfassungsgerichts einzelne Formulierungen, die die strenge Tarifakzessorietät des Arbeitskampfs relativieren. Auch könnte das Bundesarbeitsgericht den Tarifbezug vor dem Hintergrund der Gewährleistungen des Arbeitsvölkerrechts auf den Prüfstand stellen, wie es selbst angedeutet hat.

III. Zwischenergebnis

Die Wertungen Nipperdeys bilden in abgewandelter Form die Basis der heutigen Rechtsprechung. Nipperdeys Tarifbezug gründet auf nicht haltbaren empirischen Annahmen und vermeintlich historischen Zusammenhängen, aus denen er Grundrechtsauslegungen ableitete. Seine Rechtsauslegungen sind ideologisch, weil er sie zum Großteil nicht mittels des rechtsdogmatischen Auslegungskanons herleitete. Die Rechtsprechung führte das Prinzip der Sozialadäquanz in Form der Verhält-

[1107] Zur Diversität der Zwecksetzungen des Streikrechts siehe S. 80 ff.

nismäßigkeitsprüfung des Arbeitskampfs weiter. Die Übertragung des Rechts am eingerichteten und ausgeübten Gewerbebetrieb auf das Arbeitskampfrecht, hinter der eine grundrechtliche Prüfung der Arbeitgeberinteressen zurückbleibt, und der Tarifbezug des Arbeitskampfrechts leben fort.

Die Rechtsprechung hat bis heute den Tarifbezug nicht als das erkannt und geprüft, was er ist: eine Einschränkung des Arbeitskampfrechts. Die Kontinuität der Tarifakzessorietät wirkt sich auf die Begründungsarmut des Verbots des sogenannten politischen Streiks aus. Das Verbot gründet auf drei nicht haltbaren Argumentationslinien. Die erste ist die von Nipperdey aufgestellte und durch das Bundesarbeitsgericht mittels des Funktionsvorbehalts des Arbeitskampfs für die Tarifautonomie fortgeführte Tarifakzessorietät. Fast alle Gerichte leiteten die Rechtswidrigkeit des „politischen" Streiks aus der Tarifakzessorietät her. Die zweite Argumentationslinie bedient sich des verengten Demokratieverständnisses nach Forsthoff. Der dritte Argumentationsstrang fußt auf der mittlerweile aufgegebenen Nichtanerkennung des Arbeitskampfrechts in Art. 9 Abs. 3 GG. All diese Begründungen des Verbots des „politischen" Streiks sind von der Rechtsprechung entweder aufgegeben worden oder sie sind nach der hier vertretenen Rechtsauffassung nicht überzeugend.

So lässt sich für die Anwendung des Rechts am eingerichteten und ausgeübten Gewerbebetrieb im Arbeitskampfrecht und die immanente Schranke der Verhältnismäßigkeit mit den Rechts- und Politikwissenschaftler*innen Sonja Buckel und Andreas Fischer-Lescano analytisch präzise und hegemoniekritisch fragen: „Was ist der ‚Mehrwert' des Rechts, wenn Ideologie in seiner Form auftritt?"[1108] Nach der Untersuchung der deutschen Rechtsprechungsentwicklung lautet die Antwort: Ein Mehrwert dieser Rechtsfiguren ist nicht zu erkennen. Vielmehr stellen sie eine zur sonstigen Grundrechtsdogmatik quer liegende nicht zu rechtfertigende Einschränkung des Streikrechts dar.

C. Ergebnis

Der Tarifbezug und das Verbot des sogenannten politischen Streiks gehen maßgeblich auf die rechtswissenschaftlichen und judikativen Auseinandersetzungen anlässlich des Zeitungsstreiks im Jahr 1952 zurück. Weil sich beide arbeitskampfrechtlichen Wertungen nicht aus einer rechtsdogmatischen Auslegung von Art. 9 Abs. 3 GG unter Berücksichtigung der internationalen Gewährleistungen ergeben,[1109] stellen sie rechtfertigungsbedürftige Beschränkungen des Grundrechts dar.

Die Betrachtung der ideengeschichtlichen Grundlagen und der juristischen Konstruktionen des Tarifbezugs und des Verbots des politischen Streiks zeigt, dass eine Rechtfertigung beider nicht infrage kommt. Die Kernargumente der juristischen

---

[1108] *Buckel/Fischer-Lescano*, 2007, 238, S. 239.

[1109] Siehe S. 36 ff. und S. 119 ff.

Debatten sind zum einen Teil ideologisch, denn sie bedienen sich keiner rechtsdogmatischen Begründung, und zum anderen Teil grundgesetzwidrig, da sie gegen zentrale Gewährleistungen des Streikrechts und des Demokratieprinzips verstoßen.

Die unterinstanzlichen Gerichte und vor allem das Bundesarbeitsgericht und Bundesverfassungsgericht haben die in den 1950er Jahren entwickelten Argumentationslinien teils in abgewandelter Form und durch Verschiebungen der Rechtsdogmatik fortgeführt. Die Rechtsprechung lebt vor allem von der Kontinuität zur Arbeitskampflehre der frühen Bundesrepublik. Sie ordnet den Tarifbezug des Arbeitskampfrechts als dessen Begründung und nicht als dessen Beschränkung ein. Die Gerichte haben bisher keine weiterreichenden juristischen Begründungen des Tarifbezugs und des Verbots des politischen Streiks geliefert.

Das Bundesarbeitsgericht erwähnte, dass der Tarifbezug des Arbeitskampfrechts anhand der völkerrechtlichen Gewährleistungen geprüft werden müsse. Über die eingeschränkte Verhältnismäßigkeitsprüfung oder eine grundrechtsdogmatisch konsequente Prüfung der Angemessenheit der Einschränkung des Streikrechts, könnte das Gericht zukünftig den Tarifbezug als nicht gerechtfertigt ansehen.

Zusammenfassung und Schlussbetrachtung

Die Ausgangsbeobachtungen, wie die prekären Arbeitsbedingungen in den frauendominierten Branchen, insbesondere der Altenpflege, mit der gesetzgeberischen Ausgestaltung des Sozialstaats und der Streikpraxis zusammenhängen, haben mich zu einem Rückblick auf die Entstehungsmomente und die Entwicklung sowie zur Grundrechtsdogmatik des deutschen Arbeitskampfrechts geführt. Das Ergebnis dieser Betrachtung ist eine rechtsdogmatische Kritik am Status quo der Rechtsprechung und der Rechtswissenschaft. Aus den einzelnen Kritikpunkten ergibt sich eine Neukonzeption des Streikrechts, die Anschlussfragen rechtsdogmatischer Art aufwirft.

I. Der „politische" Streik als rechtshistorische Realität

Die von Geschichts-, Rechts-, Politik- und Wirtschaftswissenschaftler*innen aufgestellte These, nach der Rechtswissenschaft und Gerichte die Geschichte des sogenannten politischen Streiks mit „interessierter Vergeßlichkeit"[1] behandelten, ist unter einigen Gesichtspunkten zu bejahen.

Die normative Trennung von rechtswidrigem „politischem" Streik und rechtmäßigem tarifbezogenem Arbeitskampf erweist sich insbesondere vor dem Hintergrund der vielfältigen Forderungen und Adressat*innen von Streiks als geschichtsvergessenes Konstrukt. Streiks richteten sich schon immer gegen den Staat. Sei es, weil der Staat die Gewerkschaften und ihre Betätigung verbot, weil der Staat mittels polizeilicher und militärischer Gewalt Streiks beendete, weil die Legislative aufgrund der Streiks tätig wurde, indem sie Gesetze zum Schutz der Arbeitnehmer*innen erließ oder das allgemeine Wahlrecht einführte, oder weil der Staat Arbeitgeber*innen zwingen konnte, die Gewerkschaften als Verhandlungspartnerinnen und Tarifverträge als rechtsverbindlich zu akzeptieren. Bis zur staatlichen Anerkennung von Gewerkschaften und dem Streikrecht, war jeder Streik ein „politischer", weil er gegen staatliche Verbote verstieß. Mit jedem Streik begehrten die Arbeitnehmer*innen gegen diese Verbote auf.[2] Die Rechtswissenschaft „vergisst", dass jeder Streik, solange der Staat ihn nicht anerkannte, sondern zum Teil sogar bekämpfte, den Staat zumindest indirekt adressierte. Damit erfüllten diese Streiks

[1] *Haupt et al.*, 1981, 13, S. 16.

[2] Zur historischen Darstellung siehe S. 37 ff.; zur Kritik an der historischen Auslegung bei dem Begründer der Leitlinien des deutschen Arbeitskampfrechts Nipperdey siehe S. 257 ff.

stets ein Kriterium des „politischen“ Streiks.[3] Daran zeigt sich die problematische begriffliche Unterscheidung zwischen „politischem“ und „ökonomischem“, „arbeitsrechtlichem“ beziehungsweise tarifbezogenen Streik. Sie entspricht der ideologischen Trennung von Politik und Wirtschaft in der kapitalistischen Produktionsweise, die die tatsächlichen Verknüpfungen dieser Sphären verschleiert.[4]

Ob ein Streik in einer staatlichen Verordnung, einem Gesetz, vom Militär durchgeführten Erschießungen, einer Schlichtung, einem Tarifvertrag oder sogar einer verfassungsgebenden Versammlung endete, war den konkreten zeithistorischen Umständen geschuldet. Arbeitnehmer*innen waren stets auf Streiks als notwendige Form der Interessendurchsetzung angewiesen. Die Notwendigkeit des Streiks ist historisch konstant, die Regelungsform hingegen kontingent. So unterschiedlich die Regelungsformate zur Verbesserung der Arbeitsbedingungen waren, eins war ihnen gemein: Den Verbesserungen gingen stets Streiks voraus.[5] Eine Rechtsauslegung, die eine Tarifakzessorietät des Arbeitskampfs als dessen Rechtmäßigkeitserfordernis aufstellt, ignoriert den historischen Wirkungszusammenhang zwischen den Streiks und den vielfältigen Formen der Konfliktbeilegung. Der Staat ist derjenige Akteur, der den Rahmen der Wirtschafts- und Arbeitsbedingungen spannt. Er kann zudem Einflussmöglichkeiten der Arbeitnehmer*innen auf die Arbeits- und Wirtschaftsbedingungen rechtlich absichern. Den Staat als unrechtmäßigen Streikadressat zu bewerten, verkennt die historische Wirkweise von Streiks.

Die Streiks zwischen den Jahren 1918 und 1923, in denen Arbeitnehmer*innen die Forderungen der sogenannten Novemberrevolution umsetzen wollten, beendete das Militär auf Befehl der SPD-geführten Reichsregierung gewaltsam. Streikende wurden inhaftiert und getötet.[6] Die Arbeitsrechtswissenschaft und die Gerichte sparen dieses Kapitel der „politischen“ Streiks, die durchaus auf die Arbeits- und Wirtschaftsbedingungen bezogen waren, in ihren historischen Darstellungen und bei der normativen Bewertung des Gewährleistungsgehalts von Art. 9 Abs. 3 GG aus[7] oder erwähnen sie nur am Rande.[8] Für diese Streiks um demokratischere Wirtschafts- und Arbeitsweisen zu Beginn der Weimarer Republik musste die Rechtswissenschaft keine Dogmatik entwickeln, weil sie nicht über den Gerichtsweg beendet wurden, sondern über staatlich angeordnete Inhaftierungen und Erschießungen. Behaupten

---

[3] Siehe S. 42 ff., zum Begriff des „politischen“ Streiks siehe S. 31.

[4] Ausführlich zur Kritik an der Begriffsbildung von „politischem“ und „arbeitsrechtlichem“ Streik siehe S. 260 ff.

[5] Siehe S. 39 ff.

[6] Siehe S. 47 ff.

[7] Siehe dazu S. 280 ff.

[8] Bei den arbeitsrechtshistorischen Abhandlungen ist Kittner der Einzige, der die postrevolutionären Streiks zumindest erwähnt. Er umschreibt sie als Arbeitsniederlegungen, die über die Vorstellungen der Mehrheitssozialdemokratischen Partei Deutschlands hinausgingen, gegen die militärische Interventionen erfolgten und gibt ihnen zuletzt eine Mitschuld an der Konsolidierung der militärischen, rechten und republikfeindlichen Kräfte, vgl. *Kittner*, 2005, S. 398.

Rechtsprechung und Rechtswissenschaft, dass der tarifbezogene Arbeitskampf derjenige sei, den das Grundgesetz vorgefunden habe und den es schützen wolle, schimmert auch durch diese Argumentation eine „interessierte Vergeßlichkeit" durch.

In der jungen Bundesrepublik setzten die mehrheitlich in konservativer Tradition stehende Arbeitsrechtswissenschaft und das Bundesarbeitsgericht der antidemokratischen Staatspraxis der Weimarer Republik – in Form der willkürlichen Rechtsprechung[9] oder der Erschießungen von Streikenden – keine rechtliche Verbriefung des Streikrechts entgegen, sondern verboten nicht tarifbezogene Arbeitskämpfe. Die frühe Auslegung von Art. 9 Abs. 3 GG zog nur einseitig Kontinuitätslinien zur Weimarer Republik. Auch wenn das Erfordernis, vor dem Streik den Arbeitsvertrag zu kündigen, aufgehoben wurde, griffen die prägenden Stimmen in Rechtswissenschaft und Rechtsprechung den Ansatz der Weimarer Republik auf: Der Arbeitskampf schade der Wirtschaft und sei daher zu vermeiden.[10] Rechtswissenschaft und Rechtsprechung zogen historische Streiks bei der Geschichtsdarstellung und normativen Bewertung nur selektiv heran. Sie sind zum überwiegenden Teil ausschließlich an Streiks „interessiert", die der Durchsetzung von Tarifforderungen dienten. Streiks, mit denen Arbeitnehmer*innen unmittelbar oder mittelbar den Staat adressierten, und dass Rechtswissenschaft und Rechtsprechung diese Formen des „politischen" Streiks in der Weimarer Republik nur ausnahmsweise anders behandelten als den tarifbezogenen Streik,[11] sind in der Regel nicht Gegenstand von arbeitsrechtlichen und rechtshistorischen Betrachtungen.

Das Grundgesetz ist als Gegenentwurf zum Nationalsozialismus konzipiert und muss sich auch gegen diejenigen staatsautoritären Aspekte richten, die ihr Gesicht bereits in der Weimarer Republik zeigten. Hinter der Konzeption des Grundgesetzes als Gegenentwurf steht das Ziel, dass sich erfahrenes Unrecht nicht wiederholen soll. Der Katalog an Grundrechten ist Ausdruck dieser Zielstellung. Handlungen, die vormals verboten waren, Menschen, die unter staatlicher Anleitung verfolgt und ermordet wurden, sollten unter grundrechtlichen Schutz gestellt werden. Die Streiks für eine demokratischere Wirtschaft, die der Staat der Weimarer Republik mit vielen Todesopfern militärisch beendete, müssen daher in die rechtshistorische Interpretation von Art. 9 Abs. 3 GG einfließen.

Aus einer vollständigen Erzählung der Streikrechtsgeschichte könnte geschlussfolgert werden, dass nicht nur tarifbezogene, sondern auch „politische" Streiks schützenswerte Grundrechtsausübungen unter dem Grundgesetz darstellen.

---

[9] Siehe S. 58 ff.

[10] Siehe S. 179 ff., S. 241 ff. und S. 274 ff.

[11] Siehe S. 55 ff. und S. 58 ff.

II. Grundrechtsdogmatische Revision des Streikrechts

Für die rechtsdogmatische Auslegung von Art. 9 Abs. 3 GG musste ich einen Aufbau wählen, der sich von den vorherrschenden Ansichten in der Rechtswissenschaft und den Leitlinien der Rechtsprechung emanzipieren kann. Das Bundesarbeitsgericht leitet das Arbeitskampfrecht als Annex der Tarifautonomie her. Rechtswissenschaftliche Abhandlungen geben die bisherige Rechtsprechung des Bundesarbeitsgerichts wieder. Eine davon losgelöste rechtsdogmatische Begründung des Streikrechts existiert bislang noch nicht. Anhand einer eigenständigen Auslegung von Art. 9 Abs. 3 GG konnte ich zeigen, dass sich das Streikrecht auch ohne Tarifbezug herleiten lässt.

Durch die rechtshistorische Betrachtung des Streikrechts wurde herausgearbeitet, dass Arbeitnehmer*innen für ihre Interessendurchsetzung auf Streiks angewiesen sind. Damit Arbeitnehmer*innen ihre Forderungen gegen Arbeitgeber*innen und Staat verwirklichen können, benötigen sie ein effektives Mittel, um Verhandlungsdruck zu erzeugen. Insbesondere die Streiks, die den Staat direkt adressierten und die Massenstreiks in ganz Europa zum Ende des 19. und zu Beginn des 20. Jahrhunderts, die in vielen Ländern unter anderem das allgemeine Wahlrecht brachten, haben dies verdeutlicht.[12]

Für die subjektiv-teleologische Auslegung ist von Bedeutung, dass alle Abgeordneten des Parlamentarischen Rats das Streikrecht anerkannten. Differenzen existierten nur hinsichtlich des Streiks von Beamt*innen und einige Abgeordnete betonten, dass das Grundrecht einen staatsumstürzenden Streik nicht gewährleisten könne. Die Abgeordneten erwähnten den Tarifbezug des Arbeitskampfrechts oder die Beschränkung auf die Arbeitgeber*innen als Streikadressat*innen mit keiner Silbe. Eine Interpretation von Art. 9 Abs. 3 GG, nach der Streiks mit Forderungen außerhalb von Tarifverhandlungen und in Zielrichtung des Staates als rechtmäßig bewertet werden, ist vom Willen der Verfassungsgebung umfasst.[13]

Nach der objektiv-teleologischen Auslegung lassen sich vier Funktionen des Streikrechts verfassungsrechtlich begründen, ohne dass es sich dabei um eine abschließende Aufzählung handelt.[14] Erstens dient der Streik dem Ausgleich asymmetrischer Verhältnisse beim Zustandekommen von Verträgen. Viele Rechtswissenschaftler*innen und die Rechtsprechung erkennen diese Funktion als Telos des Streikrechts an, begründen es jedoch kaum rechtsdogmatisch. Das Telos lässt sich über die rechtshistorische Betrachtung des Streikrechts herleiten: Arbeitnehmer*innen waren darauf angewiesen, durch Streiks Druck auf staatliche und unternehmerische Entscheidungsträger*innen aufzubauen, um ihre Position der strukturell schlechteren Verhandlungsposition auszugleichen. Daneben lässt sich diese Zwecksetzung den Beratungen des Parlamentarischen Rats entnehmen. Die

[12] Siehe die rechtshistorische Betrachtung ab S. 44 ff.

[13] Siehe S. 73 ff.

[14] Siehe zur Auslegungsmethode S. 80 f.

Abgeordneten gingen einhellig von der Anerkennung des Streikrechts aus und kamen damit der Forderung der Gewerkschaften nach, deren sonst nachteilige Verhandlungsposition auszugleichen. Eine weitere Begründung dieses Telos lässt sich der systematischen Verfassungsauslegung entnehmen. Das Grundgesetz strebt über die Gewährung des Streikrechts hinaus den Ausgleich von asymmetrischen Verhandlungspositionen an. Dies hat das Bundesverfassungsgericht für verschiedene privatrechtliche Vertragskonstellationen entschieden. Es leitete diesen Grundsatz aus dem Sozialstaatsprinzip nach Art. 20 Abs. 1 und 28 Abs. 1 GG her.[15]

Die zweite Funktion des Streiks ist, dass er es ermöglicht, einen Beitrag zur materiellen Umverteilung von den Arbeitgeber*innen hin zu den Arbeitnehmer*innen zu leisten. Auch diese Wirkweise des Streiks lässt sich objektiv-teleologisch anhand von grundgesetzlichen Normen begründen. Dazu zählen die Befugnisnorm zur Vergesellschaftung in Art. 15 GG und das Sozialstaatsprinzip nach Art. 20 Abs. 1 und 28 Abs. 1 GG. Bei frauendominierten Branchen wie der Altenpflege, in denen im Vergleich zu männerdominierten Branchen prekäre Arbeitsbedingungen vorherrschen, kann diese Funktion auch mittels des Gleichberechtigungsgebots und Diskriminierungsverbots aus Art. 3 Abs. 2 und Abs. 3 GG begründet werden.[16]

Eine dritte Funktion des Streikrechts lässt sich aus der historischen Betrachtung ableiten: Durch Streiks konnten Arbeitnehmer*innen die Möglichkeit erkämpfen, an gesellschaftlichen Entscheidungsprozessen teilzuhaben. Sie sicherten sich damit die Chance auf demokratische Partizipation rechtlich ab. Ein weiterer Aspekt der demokratischen Teilhabe ist es, dass Arbeitnehmer*innen mit jedem Streik ihre Interessen in die Öffentlichkeit tragen. Diese Funktion lässt sich verfassungsrechtlich mit der systematischen Stellung des Streikrechts im dritten Absatz des Art. 9 GG als Kommunikationsgrundrecht und mit dem Demokratieprinzip nach Art. 20 Abs. 1 und 28 Abs. 1 S. 1 GG begründen. Nach der Rechtsprechung des Bundesverfassungsgerichts gewährleistet das Demokratieprinzip eine vielfältige Partizipation am öffentlichen Meinungskampf. Die kollektiven Verhandlungen und Abstimmungen innerhalb einer Gewerkschaft und im Vorfeld eines Streiks laufen nach demokratischen Prinzipien ab und sind damit Teil eines zivilgesellschaftlichen und demokratischen Prozesses. Gewerkschaften basieren darauf und fördern damit die Demokratie zugleich. Prozessual und materiell sind Streiks eng mit demokratischen Grundsätzen verwoben. Die Funktion von Streiks, demokratische Teilhabe der Arbeitnehmer*innen zu gewährleisten, lässt sich demnach objektiv-teleologisch begründen.[17]

Als vierte Funktion des Streikrechts lässt sich identifizieren, dass Arbeitnehmer*innen durch die Ausübung dieses Rechts selbstbestimmt ihre Arbeits- und Wirtschaftsbedingungen mitgestalten können. Durch den Arbeitskampf können sie

[15] Siehe S. 81 ff.

[16] Siehe S. 83 ff.

[17] Siehe S. 95 f.

den Arbeitgeber*innen im Arbeitsverhältnis, das von Fremdbestimmung geprägt ist, etwas entgegensetzen. Das Prinzip der Selbstbestimmung kann als eine der Leitideen des Grundgesetzes gelten und kommt in diversen Grundrechten und Verfassungsprinzipien zum Ausdruck. Dazu gehört die Konzeption des Grundgesetzes als Gegenentwurf zum Nationalsozialismus, das Selbstbestimmungsprinzip aus Art. 1 Abs. 1 GG sowie Art. 2 Abs. 1 GG, das Verbot von Zwangsarbeit aus Art. 12 Abs. 2 und 3 GG und die Selbstbestimmung durch die Vergesellschaftung von erarbeiteten Gütern nach Art. 15 GG.[18]

Das Streikrecht ist demnach objektiv-teleologisch vielfältig auszulegen. Es sollte nicht auf die eine Funktion, einen Machtausgleich innerhalb von Tarifverhandlungen herzustellen, reduziert werden.

Dafür spricht auch die semantische und systematische Auslegung. Art. 9 Abs. 3 GG erwähnt das Streikrecht zwar nicht explizit, die subjektiv-teleologische Auslegung hat aber gezeigt, dass es vom Gewährleistungswillen der Abgeordneten des Parlamentarischen Rats umfasst war. Aus der semantischen Auslegung des Begriffspaars der Arbeits- und Wirtschaftsbedingungen und deren rechtshistorischer Erweiterung ist herzuleiten, dass es sich dabei um einen weiten und entwicklungsoffenen Schutzbereich handelt. Jeder Streik, der einen Bezug zur Ausübung der abhängigen Beschäftigung hat, fällt in den Schutzbereich von Art. 9 Abs. 3 GG. Die systemische Auslegung der Regelung im dritten Absatz von Art. 9 GG gibt zu erkennen, dass es sich beim Streikrecht wie bei der Vereinigungsfreiheit um ein demokratiestützendes Kommunikationsgrundrecht handelt.[19]

Diese Auslegung wird durch die völkerrechtsfreundliche Interpretation des Grundgesetzes gestützt. Der EGMR leitet aus Art. 11 Abs. 1 EMRK ein Streikrecht ab, das ohne Tarifbezug und ohne Begrenzung auf die Arbeitgeber*innen als legitime Adressat*innen gewährleistet ist. Das Streikrecht ist nach der Rechtsprechung des Gerichtshofs sowohl für die Interessendurchsetzung der Arbeitnehmer*innen als auch für die Verfasstheit der demokratischen Gesellschaft unerlässlich. In Fällen von Streiks in der Gesundheitsbranche hat der EGMR entschieden, dass diese nicht grundsätzlich beschränkt, geschweige denn verboten werden können. Der EGMR nutzt für die Schutzbereichsbestimmung der Menschenrechte den Vergleich der Rechtslage in den Konventionsstaaten. Die rechtsvergleichende Betrachtung für die hier interessierende Frage hat ergeben, dass die überwiegende Mehrheit der Konventionsstaaten das Streikrecht jenseits von Tarifverhandlungen, auch als gegen den Staat gerichtete Maßnahme garantiert, solange es sich um wirtschaftliche und soziale Belange handelt.[20]

Es spricht viel dafür, dass der Tarifbezug und das Verbot des „politischen" Streiks nicht nach Art. 11 Abs. 2 EMRK gerechtfertigt werden können. Die ökonomischen

---

[18] Siehe S. 97 f.

[19] Siehe S. 104 f.

[20] Siehe S. 129 ff.

Interessen der Arbeitgeber*innen, die auf zu vermeidende Vermögensverluste oder zu erwartende Gewinne gerichtet sind, das Wohlergehen der Volkswirtschaft oder ein anderes dem Recht am eingerichteten und ausgeübten Gewerbebetrieb entsprechendes Recht sind nicht durch die EMRK geschützt. Die Tarifautonomie kann den Eingriff in das Streikrecht nicht rechtfertigen, da sie weder aus Sicht der Arbeitgeber*innen verletzt noch in ihrer systemischen Funktionsfähigkeit beeinträchtigt ist.[21]

Die unionsrechtliche Gewährleistung des Arbeitskampfrechts aus Art. 28 GRCh ist trotz des fehlenden grenzüberschreitenden Sachverhalts für die Bewertung von inländischen Streiks in der Pflegebranche relevant, weil der EGMR regelmäßig die unionsrechtlichen Garantien zur Auslegung der EMRK heranzieht. Art. 28 GRCh gewährleistet ein eigenständiges Arbeitskampfrecht, dessen Schutzbereich nach der semantischen und historischen Auslegung nicht auf Tarifverhandlungen zwischen Arbeitnehmer*innen und Arbeitgeber*innen begrenzt ist. Der Gewährleistungsumfang von Art. 28 GRCh zur Frage der Rechtmäßigkeit des sogenannten politischen Streiks ist nach den Materialien zur Entstehung der Charta und der bisherigen Rechtsprechung nicht eindeutig bestimmbar, überlässt aber Auslegungsspielräume.[22]

Weitere völkerrechtliche Normen, die das Arbeitskampfrecht schützen und deren Gewährleistungsumfang über denjenigen hinausgeht, den die deutsche Rechtsprechung konstruiert hat, sind Art. 6 Nr. 4 ESC, das ILO-Übereinkommen Nr. 87, Art. 8 Abs. 1 lit. d IPWSKR und Art. 22 IPBPR und die dazugehörigen Entscheidungen der Spruchkörper. Diese völkerrechtlichen Garantien des Streikrechts gewährleisten das Menschenrecht ohne tarifakzessorische Einschränkungen und umfassen auch Streiks mit wirtschaftlichem oder sozialem Bezug, die auf ein Handeln staatlicher Stellen gerichtet sind.[23]

Das Verhältnis zwischen Grundgesetz und den internationalen Verträgen ist durch die völkerrechtsfreundliche Auslegung und die effektive Gewährleistung der menschenrechtlichen Garantien determiniert. Die gemeinsame europäische Grundlage des Streikrechts ist, dass sich Streiks immer schon gegen den Staat gerichtet haben und richten mussten, um neben tatsächlichen auch rechtliche Verbesserungen der Situation der Arbeitnehmer*innen zu erreichen. Einzelstaatliche Regelungen können diese rechtshistorische Entwicklung nicht negieren und das Streikrecht somit um eine Gewährleistungsdimension beschneiden. Insbesondere judikativen Entscheidungen kommt nach der Rechtsprechung des EGMR eine geringere demokratische Legitimation als legislativen Entscheidungen zu, sodass die deutsche Rechtsprechung nur einen schmalen Spielraum für das Abweichen von diesen Gewährleis-

[21] Siehe S. 138 ff. mit Verweis auf die deutsche Grundrechtsdogmatik siehe S. 111 ff.

[22] Siehe S. 120 ff.

[23] Siehe S. 147 ff., S. 155 ff., S. 157 ff.

tungen hat. Der begrenzte Entscheidungsspielraum geht auch auf den Rechtvergleich hinsichtlich des Tarifbezugs und des Verbots des „politischen" Streik zurück.[24]

Die völkerrechtlichen Garantien, die Rechtsprechung des EGMR und die Spruchpraxis der internationalen Überwachungsorgane sind bei der Auslegung des Grundgesetzes vollumfänglich zu berücksichtigen. Die Grenze für die völkerrechtsfreundliche Auslegung bildet die Verfassungsidentität nach Art. 79 Abs. 3 GG. Materien, die unter die Ewigkeitsklausel fallen, werden durch das Anerkennen des Streikrechts außerhalb von Tarifverhandlungen und mit an den Staat gerichteten Forderungen jedoch nicht berührt.[25]

Die konkrete Frage, ob Arbeitnehmer*innen in den frauendominierten Branchen mittels Streiks Gesetzesänderungen fordern können, ist nach dieser Auslegung von Art. 9 Abs. 3 GG zu bejahen. Arbeitnehmer*innen, die ihre Forderungen nicht auf den Abschluss von Tarifverträgen, sondern an den gesetzgebenden Staat, der den Arbeitsmarkt als solchen geschaffen hat und die Arbeitsbedingungen maßgebend mitgestaltet, können sich auf die Ausübung des Streikrechts berufen, solange ihre Forderungen die Arbeits- und Wirtschaftsbedingungen betreffen. Nicht tarifierbare Forderungen, beispielsweise Änderungen im Sozialrecht, eine Umgestaltung der Pflegeversicherung oder Beteiligungsrechte der Arbeitnehmer*innen bei den Verhandlungen zu den Vergütungsvereinbarungen, sind danach nicht als rechtswidrig zu bewerten, da sie sich unmittelbar auf die Arbeits- und Wirtschaftsbedingungen beziehen. Streiks, die zum Zwecke von Tarifabschlüssen geführt werden, bleiben auch ohne die Tarifakzessorietät des Arbeitskampfrechts rechtmäßig. Die tarifliche Friedenspflicht bleibt bestehen und kann als Eingriff in das schrankenlos gewährleistete Streikrecht damit gerechtfertigt werden, dass die Tarifparteien während der Tarifvertragslaufzeit freiwillig auf die Ausübung des Arbeitskampfrechts verzichten.

Aus der Kritik am Tarifbezug als Beschränkung des Arbeitskampfrechts folgt, dass die weiteren Beschränkungen, die durch das Grundsatzurteil des Bundesarbeitsgerichts vom 28. Januar 1955 für rechtmäßig erklärt wurden, im Einzelnen genauer auf ihre Rechtfertigung zu überprüfen wären. Dazu gehört beispielsweise das Verbot von nicht gewerkschaftlich getragenen Streiks. Entfällt die Tarifakzessorietät des Arbeitskampfrechts durch eine rechtsdogmatische Revision von Art. 9 Abs. 3 GG sind auch die Argumentationen zur Tarif- und damit Arbeitskampffähigkeit zu überdenken.

III. Grundrechtsdogmatische Prüfung des ökonomischen Schadens

Die deutsche Rechtswissenschaft und Rechtsprechung hat bis heute nicht geprüft, wie sich der Schutz des bestehenden Vermögens oder der Gewinnaussichten der Arbeitgeber*innen in die Grundrechtsdogmatik einfügen. Die Übertragung des

[24] Siehe S. 142 ff.

[25] Siehe S. 159 ff.

Rechts am eingerichteten und ausgeübten Gewerbebetrieb in das Arbeitskampfrecht ist in sich voller Widersprüchlichkeiten und liegt zudem quer zur Grundrechtsauslegung des Bundesverfassungsgerichts.

Es ist dogmatisch konsequent den Arbeitgeber*innen keinen grundrechtlichen Schutz ihres Vermögens während eines Streiks zukommen zu lassen. Eingriffe in das Arbeitskampfrecht als schrankenlos gewährleistetes Recht sind nur durch Grundrechte anderer und Rechtsgüter mit Verfassungsrang zu rechtfertigen. Dieselben begrenzten Einschränkungsmöglichkeiten des Streikrechts ergeben sich aus den völkerrechtlichen Schrankenregelungen nach Art. 11 Abs. 2 EMRK und Art. G Abs. 1 ESC.[26]

Das wirtschaftliche Interesse der Arbeitgeber*innen daran, dass kein Streik stattfindet, ist weder von Art. 14 Abs. 1 GG noch von Art. 12 Abs. 1 GG geschützt. Eine verfassungsrechtliche Gewähr dieses Interesses bedeutet eine Negation des von Art. 9 Abs. 3 GG anerkannten Bruchs der arbeitsvertraglichen Pflichten und stellt die Normenhierarchie zwischen Grundrechtsausübung und schuldrechtlicher Pflichtenerfüllung auf den Kopf. Die unmittelbare und mittelbare Vermögensschädigung, die den Arbeitgeber*innen durch Streiks entstehen kann, ist nicht von der Eigentumsfreiheit nach Art. 14 Abs. 1 GG umfasst. Nach der ständigen Rechtsprechung des Bundesverfassungsgerichts fallen das Vermögen und die Gewinnerwartungen nicht in den grundrechtlichen Schutzbereich. Auch der Schutzbereich der Unternehmer*innenfreiheit geht nach der Rechtsprechung zu Art. 12 Abs. 1 GG nicht über den Gewährleistungsgehalt von Art. 14 Abs. 1 GG hinsichtlich der Vermögensinteressen hinaus. Dieser streikursächliche ökonomische Schaden auf Seiten der Arbeitgeber*innen ist Sinn und Zweck des Streiks. Erkennen Rechtswissenschaft und Rechtsprechung diesen Schaden als Druckerzeugungsmittel und Ausübung des Grund- und Menschenrechts nicht an, negieren sie es gleichsam.

Wird neben der Weisungsbefugnis über die Arbeitskraft, die durch den Streik rechtmäßig suspendiert wird und dem Vermögen der Arbeitgeber*innen noch Raum für die Eröffnung des Schutzbereichs von Art. 12 Abs. 1 GG gesehen, ist das Grundrecht der Arbeitgeber*innen mit dem Streikrecht aus Art. 9 Abs. 3 GG abzuwägen. Unabhängig vom Einzelfall ist zu konstatieren, dass ein Streik zeitlich begrenzt auf die Arbeitgeber*innen einwirkt und die Ausübung des Streikrechts die einzige Möglichkeit der Arbeitnehmer*innen ist, effektiv auf die Gestaltung der Arbeits- und Wirtschaftsbedingungen Einfluss zu nehmen. Die Arbeitgeber*innen hingegen verfügen über das Weisungsrecht der Arbeitnehmer*innen und das Eigentum an den Produktionsmitteln und können jederzeit die Arbeits- und Wirtschaftsbedingungen regeln. Selbst während eines Streiks verbleiben den Arbeitgeber*innen hinreichende Handlungsmöglichkeiten, um diesen zu beenden. Das Streikrecht fällt in der Grundrechtsabwägung daher regelmäßig schwerer ins Gewicht als die Unternehmer*innenfreiheit.[27]

---

[26] Siehe S. 105 f., S. 137 ff. und S. 150 ff.

[27] Siehe S. 106 ff.

In der Altenpflege unterliegen die Arbeitgeber*innen als Betreiber*innen von Pflegeeinrichtungen nicht nur schuldrechtlichen Verpflichtungen gegenüber den Pflegebedürftigen, sondern sie sind durch den Abschluss des öffentlich-rechtlichen Versorgungsvertrags auch Verpflichtungen gegenüber den Pflegekassen eingegangen. Indem sie ihre Pflichten aus dem öffentlich-rechtlichen Versorgungsvertrag zur Gewährleistung der Pflege erfüllen, schützen sie nicht nur ihre eigenen vermögensrechtlichen Interessen an der Bezuschussung durch staatliche Gelder, sondern übernehmen die staatliche Aufgabe zum Schutz der Pflegebedürftigen aus Art. 2 Abs. 2 S. 1 GG. Eine rechtliche Konstruktion über die Unternehmer*innenfreiheit aus Art. 12 Abs. 1 GG und dem Versorgungsvertrag erscheint möglich, nach der sich die Arbeitgeber*innen neben den Grundrechtsträger*innen auf das Grundrecht auf Leben und körperliche Unversehrtheit berufen können.[28] Das Streikrecht muss in einer Güterabwägung mit dem Grundrecht der Pflegebedürftigen in Ausgleich gebracht werden. Die konkrete Abwägung dieser grundrechtlichen Positionen ist eine Frage der Übernahme von Notdienstarbeiten.[29]

IV. Konstruierte Rechtsgüter zu Lasten der Arbeitnehmer*innen

Rechtswissenschaft und Rechtsprechung haben die eigenständige Gewährleistung eines Arbeitskampfrechts in den Anfangsjahren der Bundesrepublik negiert. Sie haben den Tarifbezug des Arbeitskampfrechts nicht als das rechtsdogmatisch eingeordnet, was er ist: eine Einschränkung des Arbeitskampfrechts. Stattdessen diente er neben anderen Einschränkungen als Begründung des Arbeitskampfrechts. Diese funktionale Beziehung und verkürzte Sichtweise auf die Gewährleistungsdimensionen des Arbeitskampfrechts bildet noch heute das Fundament der Auslegung von Art. 9 Abs. 3 GG.[30]

Die Grundpfeiler dieser Argumentation sind aus rechtsdogmatischer Sicht instabil. Alle Rechtsgüter, die Juristen in den Anfangsjahren der Grundgesetzinterpretation zur Begründung der Tarifakzessorietät und des Verbots des sogenannten politischen Streiks in das Arbeitskampfrecht einführten, sind grundrechtsdogmatisch zu kritisieren.

Das erste Rechtsgut, das den Tarifbezug begründen sollte, etablierte Nipperdey durch sein Zeitungsstreikgutachten und seine Prägung der Rechtsprechung als erster Präsident des Bundesarbeitsgerichts: das Recht am eingerichteten und ausgeübten Gewerbebetrieb.[31] Er folgte dabei der Prämisse, die er während seiner gesamten

---

[28] Siehe S. 115 f.

[29] Siehe dazu *Tschenker*, NZA-RR 2022, 337.

[30] Zur Kontinuität des Tarifbezugs siehe S. 293; zur Kontinuität des Verbots des sogenannten politischen Streiks siehe S. 280 ff.

[31] Zum Gutachten siehe S. 241 ff.; zu Nipperdeys Bedeutung für Rechtsprechung und den gesamten Rechtsdiskurs siehe S. 272 ff.

Karriere von der Weimarer Republik über den Nationalsozialismus bis zum Ende seines Wirkens in der Bundesrepublik vertreten sollte: Arbeitskämpfe sollten vermieden werden, denn sie seien schädlich für die Wirtschaft.[32] Das Problem dieser Grundrechtsfigur im Streikrecht ist, dass streikursächliche wirtschaftliche Schäden der Arbeitgeber*innen als grundrechtlicher Abwägungsbelang eingeführt werden, ohne genauer zu differenzieren, ob es sich dabei um grundrechtliche Positionen aus Art. 12 Abs. 1 GG oder Art. 14 Abs. 1 GG handelt, oder ob lediglich das verfassungsrechtlich nicht geschützte Vermögen oder die arbeitsvertragliche Pflicht betroffen sind.

Das Recht am eingerichteten und ausgeübten Gewerbebetrieb schützt, nach der Rechtsprechung des Bundesverfassungsgerichts und entgegen der Annahme Nipperdeys, weder die bestehenden noch die zu erwartenden Vermögenspositionen.[33] Nipperdey bezog sich dennoch auf dieses Rechtsgut, das nach einem Rechtsprechungswandel des Bundesgerichtshofs auf Aspekte der unternehmerischen Betätigung ausgeweitet wurde. Im Arbeitgeber*innen-Arbeitnehmer*innen-Verhältnis umschreibt dieses Rechtsgut allerdings nichts weiter als den Arbeitsvertrag und die daraus entstehenden Pflichten der Arbeitnehmer*innen. Die schuldrechtliche Pflichtenerfüllung ist jedoch kein grundrechtlich geschütztes Interesse der Arbeitgeber*innen.[34]

Zudem ist die Übertragung dieses Rechtsguts auf die Arbeitskampfkonstellation zwischen Arbeitgeber*innen und Arbeitnehmer*innen zu kritisieren. Das Reichsgericht entwickelte das Recht am eingerichteten und ausgeübten Gewerbebetrieb für wirtschaftliche Schäden in der Wettbewerbskonstellation zwischen zwei Unternehmen. Die unternehmerische Verwertung der Arbeitskraft schloss das Gericht explizit aus dem Schutzumfang des Rechtsguts aus. Der Bundesgerichtshof weitete in dem Urteil vom 26. Januar 1951 den Schutz des Rechts am eingerichteten und ausgeübten Gewerbebetrieb auf Handlungen von nicht im Wettbewerb stehenden Dritten aus. In dem Fall ging es aber ebenfalls um eine wettbewerbliche Konstellation zwischen zwei Unternehmen. Das Verhältnis zwischen Arbeitgeber*innen und Arbeitnehmer*innen ist keines, das mit einem Wettbewerb zwischen Unternehmen oder dem Verhältnis zu außenstehenden Dritten vergleichbar ist. Vielmehr ist es von ungleichen Verhandlungspositionen und einseitiger Abhängigkeit geprägt. Arbeitnehmer*innen sind somit nie gleichrangige Wettbewerbsgegner*innen. Auch sind sie nie wie außerhalb des Unternehmens agierende Dritte zu behandeln, da sie stets von ihren Arbeitgeber*innen abhängig sind. Die Übertragung des Rechts am eingerichteten und ausgeübten Gewerbebetrieb auf Arbeitskämpfe führte nicht nur zu einem deliktsrechtlichen Schutz der arbeitsvertraglichen Interessen der Arbeitgeber*innen. Sie lässt zudem die besondere Beziehung zwischen Arbeitgeber*in und

[32] Siehe S. 220 ff.

[33] Siehe S. 108 ff.

[34] Siehe S. 106 f.

Arbeitnehmer*innen unberücksichtigt, die von Ungleichheit und Abhängigkeit geprägt ist.[35]

Wird die Heranziehung des Rechts am eingerichteten und ausgeübten Gewerbebetrieb im Arbeitskampfrecht abgelehnt, weil dieses im Verhältnis zwischen Arbeitgeber*innen und Arbeitnehmer*innen nichts weiter schützt, als die arbeitsvertragliche Pflicht, die durch den Streik rechtmäßig suspendiert wird, ergeben sich rechtsdogmatische Folgefragen, die in dieser Arbeit nur angerissen werden können. Beispielsweise müsste für das produzierende Gewerbe die Frage diskutiert werden, ob hier Arbeitgeber*innen andere Schutzgüter als in den frauendominierten Branchen wie der Altenpflege zukommen. Zu prüfen wäre der Eigentumsschutz aus Art. 14 Abs. 1 GG an den Produktionsmitteln. Damit sind Interessen der Arbeitgeber*innen betroffen, die über den Vermögensschutz hinausgehen. Eine grundrechtsdogmatische Bestimmung dieser Grundrechtsverhältnisse auf Basis der Anerkennung eines tarifbezugslosen Streikrechts steht noch aus.

Die Rechtsprechung trennt Eigentum und Vermögen in ihrer rechtlichen Betrachtung. Dem Eigentum kommt grundrechtlicher Schutz zu, dem Vermögen nicht. Dass dem Vermögen kein grundrechtlicher Schutz zukommt, gilt nicht für die bisherige Konzeption des Arbeitskampfrechts. Denn durch die Einführung des Rechts am eingerichteten und ausgeübten Gewerbebetrieb wurden alle Interessen der Arbeitgeber*innen, die durch einen Streik verletzt sein könnten, als schützenswertes Rechtsgut betrachtet, ohne dass die Differenzierung zwischen Eigentum und Vermögen für die grundrechtliche Betrachtung eine Rolle gespielt hat. Die jetzige Streikrechtsdogmatik steht damit im Widerspruch mit der Auslegung von Art. 12 und 14 GG.

Neben der Einführung des Rechts am eingerichteten und ausgeübten Gewerbebetrieb stützte Nipperdey seine Argumentation auf eine weitere Konstruktion. Als Erster versuchte er aus dem Grundgesetz das Prinzip der sozialen Marktwirtschaft als wirtschaftsverfassungsrechtlichen Grundsatz abzuleiten. Aus der vermeintlich verfassungsrechtlich vorgegebenen sozialen Marktwirtschaft schlussfolgerte er, dass die Rechtsordnung auf die friedliche Austragung von wirtschaftlichen Konflikten ausgerichtet sei. Er unterstellte auch das Arbeitskampfrecht dieser Wirtschaftsfriedlichkeit. Vorläufer dieser Konstruktion lassen sich bereits in Nipperdeys Werken der Weimarer Republik und des Nationalsozialismus finden. Seine Arbeitskampfrechtslehre war stets vom Gedanken der Wirtschaftsfriedlichkeit geprägt. Diese Wertung führte er allerdings nicht auf positiv gesetztes Recht zurück. Indem er die anzustrebende Vermeidung von Arbeitskämpfen zur Bewertung des Arbeitskampfs nutzte, erhob er sie selbst zur rechtlichen Doktrin.[36] Einer rechtsdogmatischen Prüfung hält diese Konstruktion nicht stand. Die normative Annahme, das Arbeitskampfrecht dürfe nur im Zuge von Tarifverhandlungen rechtmäßig ausgeübt werden, stellt einen Eingriff in das freiheitliche Grundrecht aus Art. 9 Abs. 3 GG dar.

---

[35] Siehe S. 245 ff.

[36] Siehe S. 220 ff.

Eingriffe in das Arbeitskampfrecht lassen sich nur zugunsten von Grundrechten anderer oder Rechtsgütern von Verfassungsrang rechtfertigen. Nipperdeys wirtschaftspolitische Vorstellungen gehören nach steter Rechtsprechung des Bundesverfassungsgerichts und aufgrund fehlender Anhaltspunkte in den Materialien der verfassungsgebenden Organe nicht zu den Rechtsgütern mit Verfassungsrang. Wie auch alle anderen demokratiefördernden Grundrechte nicht auf eine bestimmte Vorstellung der Wirtschaftsordnung reduziert werden können, darf auch die Ausübung von Art. 9 Abs. 3 GG nicht an der sozialen Marktwirtschaft ausgerichtet werden.[37]

V. Der „politische" Streik im demokratischen Gefüge des Grundgesetzes

Finden sich keine Rechtsgüter mit Verfassungsrang, die den Tarifbezug des Arbeitskampfrechts rechtfertigen können, bröckeln die argumentativen Stützen des Verbots des sogenannten politischen Streiks. Neben dem Rückschluss von der Tarifakzessorietät auf das Verbot aller Streiks, die nicht nur Arbeitgeber*innen adressieren, wird die Rechtswidrigkeit des sogenannten politischen Streiks damit begründet, dass er sich nicht in das System der staatlichen Willensbildung unter dem Grundgesetz einfüge.[38]

Anhand der Argumente Forsthoffs und Abendroths anlässlich des Zeitungsstreiks konnte gezeigt werden, dass die verfassungsrechtliche Herleitung des Verbots des sogenannten politischen Streiks auf einem verfassungsrechtlich überholten Demokratieverständnis beruht. Das Demokratiemodell von Forsthoff baut auf einem elitären Herrschaftsverhältnis zwischen Staat und Gesellschaft auf. Danach sollte die staatliche Willensbildung von einer Führungsgruppe ausgeübt werden und von gesellschaftlichen Einflüssen abgeschottet sein.[39]

Das Bundesverfassungsgericht hingegen legt das Demokratieprinzip nach Art. 20 Abs. 1 und 2 sowie Art. 28 Abs. 1 S. 1 GG nach einem sozial- und politikwissenschaftlich informierten Verständnis der staatlichen Willensbildung aus. Die demokratische Willensbildung ist nicht von gesellschaftlicher Beteiligung abgekapselt und beschränkt diese auf Wahlen, sondern ist offen für vielfältige zivilgesellschaftliche Partizipation und beruht auf dieser.[40] Diesem Verständnis entspricht auch die Grundgesetzauslegung Abendroths. Der Streik ist Teil der öffentlichen Auseinandersetzung und das Grundgesetz gewährleistet die Diversität der Beteiligung

---

[37] Siehe S. 249 ff.

[38] Siehe dazu das Gutachten zum Zeitungsstreik von Forsthoff S. 200 ff.; zur Kontinuität dieser Argumentation in der Rechtsprechung zum Zeitungsstreik siehe S. 266 ff. und in allen weiteren Urteilen zum „politischen" Streik siehe S. 280 ff.

[39] Siehe S. 193 ff. und S. 200 ff.

[40] Siehe S. 95 ff. und S. 209 ff.

am Meinungskampf. Die Vielfalt der Akteur*innen hat die Verfassungsgebung in Art. 21 Abs. 1 GG zum Ausdruck gebracht, indem sie neben den Parteien anderen zivilgesellschaftlichen Beteiligungsformen die Mitwirkungsmöglichkeit am Willensbildungsprozess eingeräumt hat.[41]

Derjenige Streik, der auch den Staat als Akteur bei der Gestaltung der Arbeits- und Wirtschaftsbedingungen adressiert, gefährdet nicht die Demokratie, sondern stärkt sie. Rechtshistorisch hat die Ausführung solcher Streiks zu demokratischen Beteiligungsformen der Arbeitnehmer*innen geführt und im Fall des Kapp-Lüttwitz-Putsches im Jahr 1920, die Demokratie sogar vor einem reaktionär-militärischen Umsturz bewahrt.[42] Dass das Anerkennen der grundrechtlichen Gewährleistung von „politischen" Streiks die Demokratie gefährde, weil dies zu einer Übermachtstellung der Gewerkschaften führe, ist erstens eine nicht belegte Annahme und lässt sich zweitens nicht auf Verfassungsrecht zurückführen. Vielmehr fußt diese Angst auf Forsthoffs gewerkschaftsfeindlicher Einstellung.[43]

Die Gewährleistung des Streikrechts mit Forderungen an den Staat stellt zudem keine Verletzung des durch Art. 38 Abs. 1 S. 2 GG geschützten freien Mandats der Abgeordneten dar. Die Willensbildung der Abgeordneten wird durch einen Streik nicht in einem solchem Maße beeinflusst, dass die Parlamentarier*innen sich nicht mehr frei für oder gegen etwas entscheiden können. Streiks fügen sich vielmehr in die Auseinandersetzungen des öffentlichen Meinungskampfs ein, die den Abgeordneten als Entscheidungsgrundlage dienen.[44]

Gerichte aller Instanzen stützten das Verbot des sogenannten politischen Streiks im Wesentlichen auf die Argumente Forsthoffs und auf den Tarifbezug Nipperdeys. Eine tiefgreifende Auseinandersetzung mit der rechtsdogmatischen Konstruktion dieses Verbots und den Einbezug der menschenrechtlichen Gewährleistungen des Arbeitskampfrechts hat die oberste Rechtsprechung bislang unterlassen beziehungsweise hatte das Bundesarbeitsgericht seit 1984 keine Gelegenheit mehr dazu.[45]

VI. Streik, Sozialstaat und ein möglicher Rechtsprechungswandel

Das Bundesarbeitsgericht hat angedeutet, dass der Tarifbezug anhand völkerrechtlicher Garantien einer erneuten Überprüfung bedürfe.[46] Zudem hat es in der Rechtsprechung vom 10. Juni 1980 festgestellt, dass das Arbeitskampfrecht für die Tarifautonomie unabdingbar sei. Das Streikrecht sei der Garant für gerechte Tarifergebnisse. Wie anhand der Beispiele aus frauendominierten Branchen gezeigt, sind

---

[41] Siehe S. 209 ff.

[42] Siehe S. 45 ff. und S. 47 ff.

[43] Siehe S. 193 ff.

[44] Siehe S. 213 ff.

[45] Siehe S. 280 ff.

[46] Siehe S. 301 ff.

gerechte Tarifergebnisse und damit eine Verbesserung der Arbeitsbedingungen nicht allein über Tarifforderungen zu erreichen. Denn der Staat gestaltet diese Arbeitsmärkte maßgeblich mit. Streikende mahnten bereits die mangelhafte staatliche Finanzierung an, zu einem Streik mit dem Ziel einer gesetzgeberischen Änderung haben die Gewerkschaften allerdings noch nicht aufgerufen.

Arbeitnehmer*innen ist es nach der jetzigen Rechtslage verboten, Änderungen an denjenigen Regelungen, die ihre Arbeitsbedingungen bestimmen, zu fordern und im Wege des Streiks den Handlungsdruck zu erhöhen. In der Rechtswirklichkeit sind die unterschiedlichen Regulierungssysteme wie Arbeitsverträge, Vergütungsvereinbarungen, Gesetze und Tarifverträge eng miteinander verknüpft. Sie bedingen und beschränken sich gegenseitig. Im Arbeitskampfrecht hingegen werden tarifliche und gesetzliche Regelungsmaterien streng voneinander getrennt. Mittels eines von den Gerichten als „politisch" markierten Streiks Druck auf die Entscheidungsträger*innen des Altenpflegemarkts auszuüben, ist nach ständiger Rechtsprechung verboten.

Werden die hinter dem gerechten Tarifergebnis stehenden Zweckrichtungen des Streikrechts auf Ausgleich der asymmetrischen Verhandlungspositionen, dem Ausgleich der materiellen Ungleichheit, der Selbstbestimmung und der demokratischen Teilhabe der Arbeitnehmer*innen akzeptiert, müssen Arbeitnehmer*innen zumindest in Fällen, in denen der Staat die Arbeits- und Wirtschaftsbedingungen maßgeblich ausgestaltet, diesen auch mit Streikforderungen adressieren dürfen.

Eine Berücksichtigung dieser Argumentation wäre dem Bundesarbeitsgericht darüber möglich, dass es die bereits vollzogene Loslösung vom Verhältnismäßigkeitsprinzip fortführt. So könnte es die Intensität der Verhältnismäßigkeitsprüfung weiter einschränken oder sich grundrechtsdogmatisch konsequent gänzlich davon lösen, wenn keine anderweitigen Grundrechte mit dem Streikrecht abzuwägen sind. Auch die vom Bundesarbeitsgericht selbst angedeutete Überprüfung des Tarifbezugs vor dem Hintergrund des Arbeitsvölkerrechts steht noch aus und lässt auf einen Rechtsprechungswandel hoffen.

Literaturverzeichnis

Abelshauser, Werner, Deutsche Wirtschaftsgeschichte, Von 1945 bis zur Gegenwart, München 2011 (zitiert: *Abelshauser*, 2011).

Abendroth, Wolfgang, Die Berechtigung gewerkschaftlicher Demonstrationen für die Mitbestimmung der Arbeitnehmer in der Wirtschaft, in: Heinz Maus/Friedrich Fürstenberg (Hrsg.), Antagonistische Gesellschaft und politische Demokratie, Aufsätze zur politischen Soziologie, Neuwied/Berlin 1967 (1953), S. 203–230 (zitiert: *Abendroth*, 1967).

Abendroth, Wolfgang, Ein Leben in der Arbeiterbewegung, Gespräche aufgezeichnet und herausgegeben von B. Dietrich/J. Perels, 2. Aufl., Frankfurt a.M. 1977 (zitiert: *Abendroth*, 1977).

Abendroth, Wolfgang, Einführung in die Geschichte der Arbeiterbewegung, Von den Anfängen bis 1933, 3. Aufl., Heilbronn 1997 (1985) (zitiert: *Abendroth*, 1997).

Abendroth, Wolfgang, Innergewerkschaftliche Willensbildung, Urabstimmung und „Kampfmaßnahme", AuR 1959, 261–268 (zitiert: *Abendroth*, AuR 1959, 261–268).

Abendroth, Wolfgang, Nachtragsgutachten zum Problem der Berechtigung gewerkschaftlicher Demonstrationen für die Mitbestimmung der Arbeitnehmer in der Wirtschaft, in: Michael Buckmiller/Joachim Perels/Uli Schöler (Hrsg.), Gesammelte Schriften, Band 2: 1949–1955, Hannover 2013 (1953), S. 250–255 (zitiert: *Abendroth*, 2013).

Abendroth, Wolfgang, Sozialgeschichte der europäischen Arbeiterbewegung, 5. Aufl., Frankfurt a.M. 1969 (zitiert: *Abendroth*, 1969).

Abendroth, Wolfgang, Streik und Verfassungsrecht in der modernen Demokratie, in: Michael Buckmiller/Joachim Perels/Uli Schöler (Hrsg.), Gesammelte Schriften, Band 2: 1949–1955, Hannover 2013 (1954), S. 377–383 (zitiert: *Abendroth*, 2013).

Abendroth, Wolfgang, Verfassungsrechtliche Grenzen des Streikrechts, GewerkMH 1951, 57 (zitiert: *Abendroth*, GewerkMH 1951, 57).

Abendroth, Wolfgang, Zum Begriff des demokratischen und sozialen Rechtsstaats im Grundgesetz der Bundesrepublik Deutschland, in: Heinz Maus/Friedrich Fürstenberg (Hrsg.), Antagonistische Gesellschaft und politische Demokratie, Aufsätze zur politischen Soziologie, Neuwied/Berlin 1967 (1954), S. 109–138 (zitiert: *Abendroth*, 1967).

Abendroth, Wolfgang, Zum Begriff des demokratischen und sozialen Rechtsstaats im Grundgesetz der Bundesrepublik Deutschland, in: Ernst Forsthoff (Hrsg.), Rechtsstaatlichkeit und Sozialstaatlichkeit, Aufsätze und Essays, Darmstadt 1968 (1954), S. 114–144 (zitiert: *Abendroth*, 1968).

Abendroth, Wolfgang, Zur Funktion der Gewerkschaften in der Westdeutschen Demokratie, GewerkMH 1952, 641 (zitiert: *Abendroth*, GewerkMH 1952, 641).

Abendroth, Wolfgang/*Schnorr von Carolsfeld*, Ludwig, Die Berechtigung gewerkschaftlicher Demonstrationen für die Mitbestimmung der Arbeitnehmer in der Wirtschaft, in: Michael

Buckmiller/Joachim Perels/Uli Schöler (Hrsg.), Gesammelte Schriften, Band 2: 1949–1955, Hannover 2013 (1953), S. 231–249 (zitiert: *Abendroth/Schnorr von Carolsfeld*, 2013).

Absenger, Nadine/*Schubert*, Jens M., Noch zeitgemäß?! Eine Nachlese zu BVerfG, 12.5.2018 – 2BvR 1738/12 u.a. (Beamtenstreikrecht), SR 2019, 211 (zitiert: *Absenger/Schubert*, SR 2019, 211).

Adomeit, Klaus, Hans Carl Nipperdey als Anreger für eine Neubegründung juristischen Denkens, in: Stefan Grundmann/Karl Riesenhuber (Hrsg.), Deutschsprachige Zivilrechtslehrer des 20. Jahrhunderts in Berichten ihrer Schüler Band 1, Berlin 2007, S. 149–165 (zitiert: *Adomeit*, 2007).

Aghazadeh-Wegener, Nazli/*Liebscher*, Doris/*Hanschmann*, Felix, Rechtswissenschaftliche Expertise zur Diversity-Dimension „sozialer Status" mit Bezug auf das Berliner Landesantidiskriminierungsgesetz, Berlin 2020, https://www.ewdv-diversity.de/fileadmin/user_upload/Publikationen_Mitglieder_PDF/DaSoS_Rechtsexpertise.pdf (zugegriffen am 30.8.2021).

Ahrendt, Martina/*Koch*, Ulrich/*Linck*, Rüdiger et al., Arbeitsrechts-Handbuch, Systematische Darstellung und Nachschlagewerk für die Praxis, 17. Aufl., hrsg. von Günter Schaub, München 2017 (zitiert: Schaub ArbR-HdB-*Bearbeiter*).

Alexy, Robert, Theorie der juristischen Argumentation, Die Theorie des rationalen Diskurses als Theorie der juristischen Begründung; Nachwort (1991): Antwort auf einige Kritiker, 2. Aufl., Frankfurt a.M. 1991 (1983) (zitiert: *Alexy*, 1991).

Allgemeiner Deutscher Gewerkschaftsbund, Protokoll der Verhandlungen des zehnten Kongresses der Gewerkschaften Deutschlands, Berlin 1919 (zitiert: *Allgemeiner Deutscher Gewerkschaftsbund*, 1919).

Annerfelt, Pascal, Den Spatz in der Hand oder die Taube auf dem Dach – Die Massenstreikdebatte 1905/06, AuR 2020, G9–G12 (zitiert: *Annerfelt*, AuR 2020, G9-G12).

anonym, Forsthoff, Ernst, Politische Massenreklame, Union-Pressedienst 2 (1947), 4 (zitiert: *anonym*, Union-Pressedienst 2 1947, 4).

anonym, Forsthoff, Ernst, Sinn und Anrecht der Parteien, Union-Pressedienst 2 (1947), 2 (zitiert: *anonym*, Union-Pressedienst 2 1947, 2).

anonym, Forsthoff, Ernst, Verfassungsehrlichkeit, Union-Pressedienst 2 (1947), 4 (zitiert: *anonym*, Union-Pressedienst 2 1947, 4).

Anschütz, Gerhard, Die Verfassung des Deutschen Reichs vom 11. August 1919, 14. Aufl., hrsg. von Gerhard Anschütz, Darmstadt 1933 (zitiert: Anschütz WRV-*Bearbeiter*).

Antoni, Michael/*Domgörgen*, Ulf/*Kienemund*, Andreas, Grundgesetz für die Bundesrepublik Deutschland, Handkommentar, 12. Aufl., hrsg. von Heinrich Amadeus Wolff/Dieter Hömig/Karl-Heinz Seifert, Baden-Baden 2018 (zitiert: Hörnig/Wolff-*Bearbeiter*).

Arbeitskampfrecht, Handbuch für Wissenschaft und Praxis, hrsg. von Tino Frieling/Matthias Jacobs/Christopher Krois, München 2021 (zit. als FJK ArbeitskampfR-HdB-*Bearbeiter*).

Aufruf Klimastreik, Leitfaden 2019, https://fridaysforfuture.de/wp-content/uploads/2019/08/20.09._kolleg_innen_leitfaden.pdf (zugegriffen am 15.9.2020).

Aufruf Klimastreik, Mitstreiken – aber wie? 2020, https://www.klima-streik.org/demos/mitstreiken-aber-wie (zugegriffen am 15.9.2020).

Augsberg, Steffen/*Bär-Bouyssière*, Bertold, EU-Kommentar, 4. Aufl., hrsg. von Ulrich Becker/Armin Hatje/Johann Schoo u. a., Baden-Baden/Wien/Basel 2019 (zitiert: Schwarze/Becker/Hatje/Schoo-*Bearbeiter*).

Augurzky, Boris/*Borchert*, Lars/*Deppisch*, Rebecca et al., Heimentgelte bei der stationären Pflege in Nordrhein-Westfalen, Ein Bundesländervergleich, Essen 2008 (zitiert: *Augurzky et al.*, 2008).

AuR Redaktion, Nr. 46. Verfassungsrechtliche Grundlage des Streikrechts; Streik und Individualvertrag; Maßregelungsklausel; Gleichbehandlungsgrundsatz bei Weihnachtsgratifikationen (Art. 9 Abs. 3 GG), AuR 1954, 380 (zitiert: *AuR Redaktion*, AuR 1954, 380).

Auth, Diana, Ökonomisierung der Pflege – Formalisierung und Prekarisierung von Pflegearbeit, WSI-Mitteilungen 2013, 412 (zitiert: *Auth*, WSI-Mitteilungen 2013, 412).

Auth, Diana, Ökonomisierung von Pflege in Großbritannien, Schweden und Deutschland, Zeitschrift für Gerontologie und Geriatrie 45 (2012), 618 (zitiert: *Auth*, Zeitschrift für Gerontologie und Geriatrie 45 2012, 618).

Axer, Peter/*Bassen*, Andreas/*Bieresborn*, Dirk, SGB XI, Soziale Pflegeversicherung: Kommentar, 5. Aufl., hrsg. von Peter Udsching/Bernd Schütze, München 2018 (zitiert: Udsching/Schütze-*Bearbeiter*).

Bachem, Jörn/*Böhm*, Annett/*Brünner*, Frank, Sozialgesetzbuch XI, Soziale Pflegeversicherung: Lehr- und Praxiskommentar, 5. Aufl., hrsg. von Utz Krahmer/Markus Plantholz, Baden-Baden 2018 (zitiert: LPK-SGB XI-*Bearbeiter*).

Badura, Peter, Das Recht der Koalition — Verfassungsrechtliche Fragestellungen, in: Gerhard Müller (Hrsg.), Das Arbeitsrecht der Gegenwart, Jahrbuch für das gesamte Arbeitsrecht und die Arbeitsgerichtsbarkeit. Nachschlagewerk für Wissenschaft und Praxis, Berlin 1978, S. 17–36 (zitiert: *Badura*, 1978).

Baer, Susanne, Würde oder Gleichheit?, Zur angemessenen grundrechtlichen Konzeption von Recht gegen Diskriminierung am Beispiel sexueller Belästigung am Arbeitsplatz in der Bundesrepublik Deutschland und den USA, Baden-Baden 1995 (zitiert: *Baer*, 1995).

Baer, Susanne/*Bittner*, Melanie/*Göttsche*, Anna Lena, Mehrdimensionale Diskriminierung – Begriffe, Theorien und juristische Analyse 2010.

Battis, Ulrich/*Bethge*, Herbert/*Brinktrine*, Ralf, Grundgesetz, Kommentar, 8. Aufl., hrsg. von Michael Sachs, München 2018 (zitiert: Sachs-*Bearbeiter*).

Bauer, Fritz, Politischer Streik und Strafrecht, JZ 1953, 649 (zitiert: *Bauer*, JZ 1953, 649).

Baur, Ulrich, Der politische Streik unter besonderer Berücksichtigung der sogenannten Notstandsverfassung von 1968, Würzburg 1969 (zitiert: *Baur*, 1969).

Becker, Martin, Arbeitsvertrag und Arbeitsverhältnis in Deutschland, Vom Beginn der Industrialisierung bis zum Ende des Kaiserreichs, Frankfurt a. M. 1995 (zitiert: *Becker*, 1995).

Becker, Martin, Arbeitsvertrag und Arbeitsverhältnis während der Weimarer Republik und in der Zeit des Nationalsozialismus, Frankfurt a. M. 2005 (zitiert: *Becker*, 2005).

BeckOK Arbeitsrecht, 53. Aufl., hrsg. von Christian Rolfs/Richard Giesen/Ralf Kreikebohm u. a., München 2019 (zitiert: BeckOK ArbR-*Bearbeiter*).

BeckOK BGB, 51. Aufl., hrsg. von Georg Bamberger/Herbert Roth/Wolfgang Hau u. a., München 2019 (zitiert: BeckOK BGB-*Bearbeiter*).

BeckOK Sozialrecht, hrsg. von Christian Rolfs/Richard Giesen/Ralf Kreikebohm u. a., München 2019 (zitiert: BeckOK Sozialrecht-*Bearbeiter*).

Ben-Israel, Ruth, International labour standards, The case of freedom to strike, Deventer 1988 (zitiert: *Ben-Israel*, 1988).

Berchtold, Josef/*Huster*, Stefan/*Rehborn*, Martin et al., Gesundheitsrecht, SGB V, SGB XI, 2. Aufl., hrsg. von Josef Berchtold/Stefan Huster/Martin Rehborn u. a., Baden-Baden 2018 (zitiert: NK-GesundhR-*Bearbeiter*).

Berg, Peter/*Kocher*, Eva/*Schumann*, Dirk, Tarifvertragsgesetz und Arbeitskampfrecht, Kompaktkommentar, 7. Aufl., hrsg. von Peter Berg/Eva Kocher/Dirk Schumann, Frankfurt a. M. 2021 (zitiert: BKS-*Bearbeiter*).

Berger, Georg, Stellungnahme des Industrieverbandes Bergbau (BBZ) zur Sozialisierung der Bergbauwirtschaft auf seiner Bochumer Zonenkonferenz am 29. 1. 1947 nach einem Vortrag von Dr. Georg Berger, in: Hermann Weber/Siegfried Mielke (Hrsg.), Gewerkschaften in Politik, Wirtschaft und Gesellschaft, Köln 1991 (1947), S. 740–759 (zitiert: *Berger*, 1991).

Bernhardt, Markus, „Der Tagebau läuft so oder so aus“, junge Welt vom 16. 09. 2019, 2, https://www.jungewelt.de/loginFailed.php?ref=/artikel/362848.gewerkschaften-beim-klimastreik-der-tagebau-l%C3%A4uft-so-oder-so-aus.html (zugegriffen am 16. 9. 2020).

Bernsdorff, Norbert/*Borowsky*, Martin, Die Charta der Grundrechte der Europäischen Union, Handreichungen und Sitzungsprotokolle, Baden-Baden 2002 (zitiert: *Bernsdorff/Borowsky*, 2002).

Bernstein, Eduard, Der Streik, Sein Wesen und sein Wirken, Frankfurt a. M. 1906 (zitiert: *Bernstein*, 1906).

Beuthien, Volker, Mitbestimmung unternehmerischer Sachentscheidungen kraft Tarif- oder Betriebsautonomie, ZfA 1984, 1 (zitiert: *Beuthien*, ZfA 1984, 1).

Bieback, Karl-Jürgen, Verhandlungen über Leistungen und Entgelte im SGB XI – Probleme der Regulierung, in: Maximilian Fuchs/Christine Fuchsloch/Gerhard Naegele et al. (Hrsg.), Gesundheit, Alter, Pflege, Rehabilitation – Recht und Praxis im interdisziplinären Dialog 2017, S. 183–195 (zitiert: *Bieback*, 2017).

Bispinck, Reinhard/*Dribbusch*, Heiner/*Öz*, Fikret et al., Einkommens- und Arbeitsbedingungen in Pflegeberufen, Eine Analyse auf Basis der WSI-Lohnspiegel-Datenbank 2013, https://www.boeckler.de/pdf/ta_lohnspiegel_2013_21_pflegeberufe.pdf (zugegriffen am 7. 10. 2021).

Blanke, Sandro, Soziales Recht oder kollektive Privatautonomie?, Hugo Sinzheimer im Kontext nach 1900, Tübingen 2005 (zitiert: *Blanke*, 2005).

Blanpain, Roger/*Luyten*, Nancy, Belgium, in: Michael Gold/Manfred Weiss (Hrsg.), Employment and industrial relations in Europe, The Hague 1999, S. 13–44 (zitiert: *Blanpain/Luyten*, 1999).

Böckler, Hans, Schreiben des Vorsitzenden des Gewerkschaftsrates der vereinten Zonen, H. Böckler, Frankfurt a. M., an den Präsidenten des Parlamentarischen Rates, K. Adenauer, Bonn, zum Grundgesetz, Ende Oktober 1948, in: Hermann Weber/Siegfried Mielke (Hrsg.),

Gewerkschaften in Politik, Wirtschaft und Gesellschaft, Köln 1991 (1948), S. 864–871 (zitiert: *Böckler*, 1991).

Bode, Ingo, Ökonomisierung in der Pflege – was ist das und was steckt dahinter?, in: Ingo Bode (Hrsg.), Divergentes Altern, Hamburg 2013, S. 9–27 (zitiert: *Bode*, 2013).

Boecken, Winfried/*Düwell*, Franz Josef/*Diller*, Martin et al., Gesamtes Arbeitsrecht, hrsg. von Winfried Boecken/Franz Josef Düwell/Martin Diller u. a., Baden-Baden 2016 (zitiert: NK-ArbR-*Bearbeiter*).

Böttcher, Hans-Ernst, Richard Schmid (1899–1986), in: Thomas Blanke/Alexander von Brünneck/Rainer Erd et al. (Hrsg.), Streitbare Juristen, Eine andere Tradition, Baden-Baden 1988, S. 487–495 (zitiert: *Böttcher*, 1988).

Brameshuber, Elisabeth, Das Recht auf Streik nach Art. 28 Grundrechtecharta – Ein Beitrag zur inhaltlichen Verortung, EuZA 2016, 46 (zitiert: *Brameshuber*, EuZA 2016, 46).

Bräutigam, Christoph/*Dahlbeck*, Elke/*Enste*, Peter et al., Flexibilisierung und Leiharbeit in der Pflege, Düsseldorf 2010, https://www.boeckler.de/pdf/p_arbp_215.pdf (zugegriffen am 7. 10. 2021).

Brecht-Heitzmann, Holger/*Kempen*, Otto Ernst, Tarifvertragsgesetz, TVG, 5. Aufl., hrsg. von Holger Brecht-Heitzmann/Otto Ernst Kempen, Frankfurt a. M. 2014 (zitiert: Kempen/Zachert-*Bearbeiter*).

Brentano, Lujo, Zur Kritik der Englischen Gewerkvereine, Leipzig 1872 (zitiert: *Brentano*, 1872).

Breuer, Stefan, Die ‚Konservative Revolutio' – Kritik eines Mythos, PVS 1990, 585 (zitiert: *Breuer*, PVS 1990, 585).

Bruch, Rüdiger vom, Streiks und Konfliktregelung im Urteil bürgerlicher Sozialreformer 1872–1914, in: Klaus Tenfelde/Heinrich Volkmann (Hrsg.), Streik, Zur Geschichte des Arbeitskampfes in Deutschland während der Industrialisierung, München 1981, S. 253–270 (zitiert: *vom Bruch*, 1981).

Buckel, Sonja, Neo-Materialistische Rechtstheorie, in: Sonja Buckel/Ralph Christensen/Andreas Fischer-Lescano (Hrsg.), Neue Theorien des Rechts, 3., neubearbeitete Auflage, Tübingen 2020, S. 189–205 (zitiert: *Buckel*, 2020).

Buckel, Sonja, Subjektivierung und Kohäsion, Weilerswist 2007 (zitiert: *Buckel*, 2007).

Buckel, Sonja/*Fischer-Lescano*, Andreas, „Democrazia operaia"?, in: Stephan Meyer (Hrsg.), Bestimmtheit und Normativität des Rechts, Eine Erwiderung auf das Paradigma diskursiver Rechtserzeugung, Stuttgart 2007, S. 238–256 (zitiert: *Buckel/Fischer-Lescano*, 2007).

Bührig, Erich, Probleme des Koalitions- und Abeitskampfrechts, WWI 1954, 187 (zitiert: *Bührig*, WWI 1954, 187).

Bundesvorstand des DGB, Zur Verfassungsfrage. Grundsätzliche Forderungen der Gewerkschaften zum Abschnitt „Arbeit und Wirtschaft" in den Landesverfassungen, in: Hermann Weber/Siegfried Mielke (Hrsg.), Gewerkschaften in Politik, Wirtschaft und Gesellschaft, Köln 1991 (1947), S. 851–858 (zitiert: *Bundesvorstand des DGB* (BBZ), 1991).

Bünnemann, Fabian, The compatibility of the prohibition of political strikes with international and EU labour law, Germany's handling of the right to strike, Hamburg 2015 (zitiert: *Bünnemann*, 2015).

Buschmann, Rudolf/*Lörcher*, Klaus, Deutschland und die Europäische Sozialcharta, Übersetzung von Buschmann/Lörcher, AuR 2011, 107 (zitiert: *Buschmann/Lörcher*, AuR 2011, 107).

Carstensen, Jeanette/*Seibert*, Holger/*Wiethölter*, Doris, Entgelte von Pflegekräften, Aktuelle Daten und Indikatoren, Nürnberg 4. November 2020, http://doku.iab.de/arbeitsmarktdaten/Entgelte_von_Pflegekraeften_2019.pdf (zugegriffen am 7.7.2021).

Collin, Peter, Regulierte Selbstregulierung – normative Ordnung eines deutschen Sonderwegs?, in: Peter Collin/Gerd Bender/Stefan Ruppert et al. (Hrsg.), Moderne Regulierungsregime / Regulierte Selbstregulierung in der westlichen Welt des späten 19. und frühen 20. Jahrhunderts, Frankfurt a.M. 2014, S. 3–26 (zitiert: *Collin*, 2014).

Committee of Ministers of the Council of Europe, High Level Conference on the Future of the European Court of Human Rights – Brighton Declaration. Abschlusserklärung des Ministerrats vom 19. April 2012 2012.

Committee on Economic, Social and Cultural Rights, Concluding observations, E/C.12/DEU/CO/6 2018.

Committee on Economic, Social and Cultural Rights, General comment Nr. 9 (E/C.12/1998/24), „The domestic application of the Covenant“ 1998.

Craven, Matthew C. R., The International Covenant on Economic, Social, and Cultural Rights, A perspective on its development, Oxford 1995 (zitiert: *Craven*, 1995).

Dalichau, Gerhard, Kommentar zum Sozialgesetzbuch XI, 2. Aufl., hrsg. von Gerhard Dalichau, Köln 2019 (zitiert: Dalichau-*Bearbeiter*).

Dathe, Dietmar, Streiks und soziale Proteste in Ostdeutschland 1990–1994, Eine Zeitungsrecherche, Berlin 2018.

Däubler, Wolfgang, Arbeitskampfrecht, Handbuch für die Rechtspraxis, 4. Aufl., hrsg. von Wolfgang Däubler, Baden-Baden 2018 (zitiert: Däubler ArbeitskampfR-*Bearbeiter*).

Däubler, Wolfgang, Das Grundrecht auf Mitbestimmung und seine Realisierung durch tarifvertragliche Begründung von Beteiligungsrechten, Frankfurt a.M. 1973 (zitiert: *Däubler*, 1973).

Däubler, Wolfgang, Das soziale Ideal des Bundesarbeitsgerichts, in: Michael Kittner (Hrsg.), Streik und Aussperrung, Protokoll der wissenschaftlichen Veranstaltung der Industriegewerkschaft Metall vom 13. bis 15. September 1973 in München, Frankfurt a.M. 1974, S. 411–509 (zitiert: *Däubler*, 1974).

Däubler, Wolfgang, Die unverhältnismäßige Aussperrung – BAG (GS) AP, Art. 9 GG – Arbeitskampf – Nr. 43, JuS 1972, 642 (zitiert: *Däubler*, JuS 1972, 642).

Däubler, Wolfgang, Neue Grundsätze im Arbeitskampf? Zur Entscheidung des Ministerkomitees des Europarats, AuR 1998, 144 (zitiert: *Däubler*, AuR 1998, 144).

Däubler, Wolfgang/*Ahrendt*, Martina/*Bepler*, Klaus et al., Tarifvertragsgesetz, Mit Arbeitnehmer-Entsendegesetz, 4. Aufl., hrsg. von Wolfgang Däubler/Martina Ahrendt/Klaus Bepler u.a., Baden-Baden 2016 (zitiert: Däubler TVG-*Bearbeiter*).

Däubler, Wolfgang/*Hjort*, Jens Peter/*Schubert*, Michael et al., Arbeitsrecht, Individualarbeitsrecht mit kollektivrechtlichen Bezügen; Handkommentar, 4. Aufl., hrsg. von Wolfgang

Däubler/Jens Peter Hjort/Michael Schubert u. a., Baden-Baden 2017 (zitiert: HK-ArbR-*Bearbeiter*).

Dauner-Lieb, Barbara/*Langen*, Werner, Schuldrecht, §§ 611–853, 3. Aufl., hrsg. von Barbara Dauner-Lieb/Werner Langen, Baden-Baden 2016 (zitiert: NK-BGB-Bearbeiter).

Denninger, Erhard (Hrsg.), Kommentar zum Grundgesetz für die Bundesrepublik Deutschland, 3. Aufl., Neuwied 2001 (zitiert: Denninger-*Bearbeiter*).

Désenfant, Claire, Alle sind gleich, nur manche sind gleicher, Altenheim 2014, 12 (zitiert: *Désenfant*, Altenheim 2014, 12).

Deter, Gerhard, Informationen, AuR 1998, 152 (zitiert: Deter, AuR 1998, 152).

DGB, Die Politik muss beim Klimaschutz aufs Tempo drücken 7. 8. 2019, https://www.dgb.de/themen/++co++1047786e-b904-11e9-926b-52540088cada (zugegriffen am 16. 9. 2020).

DGB, Wirtschaftspolitische Grundsätze des Deutschen Gewerkschaftsbundes Oktober 1949, in: DGB (Hrsg.), Protokoll. Gründungskongreß des Deutschen Gewerkschaftsbundes für das Gebiet der Bundesrepublik Deutschland. München, Kongreßsaal des Deutschen Museums 12., 13. und 14. Oktober 1949, Düsseldorf 1950 (1949), 318–326 (zitiert: *DGB*, 1950).

Dieterich, Thomas, Die Grundrechtsbindung von Tarifverträgen, in: Monika Schlachter (Hrsg.), Tarifautonomie für ein neues Jahrhundert, Festschrift für Günter Schaub zum 65. Geburtstag, München 1998, S. 117–134 (zitiert: Dieterich 1998).

Dieterich, Thomas, Ein Richterleben, Im Arbeits- und Verfassungsrecht, Berlin 2016 (zitiert: *Dieterich*, 2016).

Dietz, Rolf, Die Koalitionsfreiheit, in: Karl August Bettermann/Hans Carl Nipperdey (Hrsg.), Die Grundrechte, Dritter Band Grundrechte und institutionelle Garantien 1. Halbband, Berlin 1958, S. 417 (zitiert: *Dietz*, 1958).

Dietz, Rolf, Schreiben an die Vereinigung Nordrhein-Westfälischer Arbeitgeberverbände, Archiv FES, Münster 10. 1. 1951.

Dietz, Rolf, Streik und Arbeitsverhältnis, BB 1952, 294 (zitiert: *Dietz*, BB 1952, 294).

Dietz, Rolf, Streik zur Durchsetzung von arbeitsvertraglichen Ansprüchen, in: Festschrift für Wilhelm Herschel, Beiträge zu Problemen des neuzeitlichen Arbeitsrechts, Stuttgart 1955, S. 47–55 (zitiert: *Dietz*, 1955).

Doemming, Klaus-Berto v./*Füsslein*, Rudolf Werner/*Matz*, Werner, Entstehungsgeschichte der Artikel des Grundgesetzes, Tübingen 1951 (zitiert: *v. Doemming/Füsslein/Matz*, 1951).

Dorssemont, Filip, The Right to Bargain Collectively: A Matrix for Industrial Relations., in: Niklas Bruun/Klaus Lörcher/Isabelle Schömann et al. (Hrsg.), The European social charter and the employment relation, Oxford/Portland, Oregon 2017, S. 249–288 (zitiert: *Dorssemont*, 2017).

dpa/AP/reuter, Gewerkschaft wehrt sich gegen Folgen der Post-Privatisierung, Neue Zeit vom 10. 06. 1994, 1.

dpa/lnw, Stadt Düsseldorf lässt Mitarbeiter am Klimastreik teilnehmen, Süddeutsche Zeitung vom 16. 09. 2019, https://www.sueddeutsche.de/wissen/klima-duesseldorf-stadt-duesseldorf-laesst-mitarbeiter-am-klimastreik-teilnehmen-dpa.urn-newsml-dpa-com-20090101-190916-99-899382 (zugegriffen am 16. 9. 2020).

Dreier, Horst/*Bauer*, Hartmut, Grundgesetz, Kommentar, 3. Aufl., hrsg. von Horst Dreier/Hartmut Bauer, Tübingen 2013 (zitiert: Dreier-*Bearbeiter*).

Drohsel, Franziska, Über die Frage der Sozialisierung am Beispiel „Deutsche Wohnen & Co. Enteignen", KJ 2020, 30 (zitiert: *Drohsel*, KJ 2020, 30).

Dumke, Matthias, Streikrecht i. S. des Art. 6 Nr. 4 ESC und deutsches Arbeitskampfrecht, Vorgaben, Vereinbarkeit und Umsetzung, Frankfurt a. M. 2013 (zitiert: *Dumke*, 2013).

Düwell, Franz Josef/*Schubert*, Jens M., Mindestlohngesetz, Handkommentar, 2. Aufl., hrsg. von Franz Josef Düwell/Jens M. Schubert, Baden-Baden 2017 (zitiert: HK-MiLoG-Bearbeiter).

EMRK, Europäische Menschenrechtskonvention: Handkommentar, 4. Aufl., hrsg. von Jens Meyer-Ladewig/Martin Nettesheim/Stefan von Raumer u. a., Baden-Baden/Wien/Basel 2017 (zitiert: Meyer-Ladewig/Nettesheim/von Raumer-*Bearbeiter*).

EMRK/GG, Konkordanzkommentar zum europäischen und deutschen Grundrechtsschutz, 3. Aufl., hrsg. von Oliver Dörr/Rainer Grote/Thilo Marauhn u. a., Tübingen 2022 (zitiert: Dörr/Grote/Marauhn, EMRK/GG-*Bearbeiter*).

Emunds, Bernhard, Überforderte Angehörige – ausgebeutete Live-Ins – Burnout-gefährdete Pflegekräfte. Sozialethische Bemerkungen zur verweigerten sozialen Wertschätzung Pflegender in Deutschland, in: Michael Fuchs/Dorothea Greiling/Michael Rosenberger (Hrsg.), Gut versorgt?, Ökonomie und Ethik im Gesundheits- und Pflegebereich, Baden-Baden 2019, S. 147–167 (zitiert: *Emunds*, 2019).

Engels, Andreas, Verfassung und Arbeitskampfrecht, Verfassungsrechtliche Grenzen arbeitsgerichtlicher Arbeitskampfjudikatur, Berlin 2008 (zitiert: *Engels*, 2008).

Epping, Volker/*Hillgruber*, Christian, BeckOK Grundgesetz, 47. Aufl., hrsg. von Volker Epping/Christian Hillgruber, München 2021 (zitiert: BeckOK GG-*Bearbeiter*).

Estreicher, Samuel, Collective bargaining or ‚collective begging'?: Reflections on antistrikebreaker legislation, Michigan Law Review 93 (1994), 577 (zitiert: *Estreicher*, Michigan Law Review 93 1994, 577).

Europäisches Unionsrecht, Vertrag über die Europäische Union – Vertrag über die Arbeitsweise der Europäischen Union – Charta der Grundrechte der Europäischen Union, 7. Aufl., hrsg. von Hans von der Groeben/Jürgen Schwarze/Armin Hatje, Baden-Baden 2015 (zitiert: von der Groeben/Schwarze/Hatje-*Bearbeiter*).

Europäisches Unionsrecht, EUV – AEUV – GRCh – EAGV : Handkommentar, 2. Aufl., hrsg. von Christoph Vedder/Wolff Heintschel von Heinegg, Baden-Baden/Wien/Zürich 2018 (zitiert: Vedder/Heintschel von Heinegg-*Bearbeiter*).

Europarat, Unterschriften und Ratifikationsstand des Vertrags 214, Protokoll Nr. 16 zur Konvention zum Schutze der Menschenrechte und Grundfreiheiten 2020, https://www.coe.int/de/web/conventions/full-list/-/conventions/treaty/214/signatures?p_auth=ROoS8T58 (zugegriffen am 7. 4. 2020).

European Committee of Social Rights, Digest of the Case Law of the European Committee of Social Rights 2018.

Evans, Michaela, Arbeitsbeziehungen der Care-Arbeit im Wandel, Bonn 2016 (zitiert: *Evans*, 2016).

Federici, Silvia, Aufstand aus der Küche, Reproduktionsarbeit im globalen Kapitalismus und die unvollendete feministische Revolution, 2. Aufl., Münster 2015 (1974) (zitiert: *Federici*, 2015).

Feldkamp, Michael F., Der Parlamentarische Rat 1948–1949, Akten und Protokolle, Band 14 Hauptausschuß, Berlin/Boston 2009 (zitiert: *Feldkamp*, 2009).

Feldkamp, Michael F., Der Parlamentarische Rat 1948–1949, Band 11 Interfraktionelle Besprechungen, Berlin 1997 (zitiert: *Feldkamp*, 1997).

Feldman, Gerald D., Die Freien Gewerkschaften und die Zentralarbeitsgemeinschaft 1918–1924, in: Heinz Oskar Vetter (Hrsg.), Vom Sozialistengesetz zur Mitbestimmung, Zum 100. Geburtstag von Hans Böckler, Köln 1975, S. 229–252 (zitiert: *Feldman*, 1975).

Feldman, Gerald D., German Business Betwen War and Revolution: The Origins of the Stinnes-Legien Agreement, in: Gerhard A. Ritter (Hrsg.), Entstehung und Wandel der modernen Gesellschaft: Festschrift für Hans Rosenberg zum 65. Geburtstag, Berlin 1970, S. 312–341 (zitiert: *Feldman*, 1970).

Feldman, Gerald D./*Steinisch*, Irmgard, Industrie und Gewerkschaften 1918–1924, Die überforderte Zentralarbeitsgemeinschaft, Stuttgart 1985 (zitiert: *Feldman/Steinisch*, 1985).

Fischer-Lescano, Andreas/*Preis*, Ulrich/*Ulber*, Daniel, Verfassungsmäßigkeit des Mindestlohns, Baden-Baden 2015 (zitiert: *Fischer-Lescano/Preis/Ulber*, 2015).

Forsthoff, Ernst, Begriff und Wesen des sozialen Rechtsstaats, in: Ernst Forsthoff (Hrsg.), Rechtsstaatlichkeit und Sozialstaatlichkeit, Aufsätze und Essays, Darmstadt 1968 (1954), S. 165–200 (zitiert: *Forsthoff*, 1968).

Forsthoff, Ernst, Besprechung von O. Koellreutter, Der deutsche Führerstaat, JW 1934, 538 (zitiert: *Forsthoff*, JW 1934, 538).

Forsthoff, Ernst, Das politische Problem der Autorität, in: Rechtsstaat im Wandel, Verfassungsrechtliche Abhandlungen 1950–1964, Stuttgart 1964 (1956), S. 99–110 (zitiert: *Forsthoff*, 1964).

Forsthoff, Ernst, Der totale Staat, Hamburg 1933 (zitiert: *Forsthoff*, 1933).

Forsthoff, Ernst, Der totale Staat, 2. Aufl., Hamburg 1934 (zitiert: *Forsthoff*, 1934).

Forsthoff, Ernst, Der Totalitätsanspruch des Staates, Rheinisch-Westfälische Zeitung vom 06.10.1933, 1.

Forsthoff, Ernst, Die politische Verantwortung der Justiz, Münchener Neueste Nachrichten vom 19.11.1933, 1.

Forsthoff, Ernst, Die politischen Streikaktionen des Deutschen Gewerkschaftsbundes anläßlich der parlamentarischen Beratung des Betriebsverfassungsgesetzes in ihrer verfassungs- und zivilrechtlichen Bedeutung, Köln 1952 (zitiert: *Forsthoff*, 1952).

Forsthoff, Ernst, Die Verwaltung als Leistungsträger, Stuttgart/Berlin 1938 (zitiert: *Forsthoff*, 1938).

Forsthoff, Ernst, Föderalismus – Theorie und Wirklichkeit, Union-Pressedienst 1948, 1 (zitiert: *Forsthoff*, Union-Pressedienst 1948, 1).

Forsthoff, Ernst, Lehrbuch des Verwaltungsrechts, 1. Band Allgemeiner Teil, München 1953 (zitiert: *Forsthoff*, 1953).

Forsthoff, Ernst, Rechtsstaat im Wandel, Verfassungsrechtliche Abhandlungen 1950–1964, Stuttgart 1964.

Forsthoff, Ernst, Sind die Gewerkschaften jetzt verfassungsfeindlich?, Die Welt, Beilage „Die geistige Welt“ vom 30.12.1972, V.

Forsthoff, Ernst, Um die kommunale Selbstverwaltung, Zeitschrift für Politik 1932, 248 (zitiert: *Forsthoff*, Zeitschrift für Politik 1932, 248).

Forsthoff, Ernst, Verfassungsprobleme des Sozialstaats, in: Ernst Forsthoff (Hrsg.), Rechtsstaatlichkeit und Sozialstaatlichkeit, Aufsätze und Essays, Darmstadt 1968 (1954), S. 145–164 (zitiert: *Forsthoff*, 1968).

Forsthoff, Ernst, Zur Problematik eines Bundeswirtschaftsrates, DÖV 1952, 714 (zitiert: *Forsthoff*, DÖV 1952, 714).

Fraenkel, Ernst, Der Doppelstaat, Recht und Justiz im „Dritten Reich“, Frankfurt a.M. 1984 (zitiert: *Fraenkel*, 1984).

Frank, Marco, Die Pflegereform, die nicht weiterhilft, SozSich 2021, 273 (zitiert: *Frank*, SozSich 2021, 273).

Franzen, Martin, Das Pflegelöhneverbesserungsgesetz, RdA 2020, 75 (zitiert: *Franzen*, RdA 2020, 75).

Franzen, Martin/*Gallner*, Inken/*Kania*, Thomas et al., Erfurter Kommentar zum Arbeitsrecht, 22. Aufl., hrsg. von Rudi Müller-Glöge/Ulrich Preis/Ingrid Schmidt u.a. München 2022 (zitiert: ErfK-*Bearbeiter*).

Franzen, Martin/*Gallner*, Inken/*Oetker*, Hartmut et al., Kommentar zum europäischen Arbeitsrecht, 4. Aufl., hrsg. von Martin Franzen/Inken Gallner/Hartmut Oetker u. a., München 2022 (zitiert: Franzen/Gallner/Oetker EuArbR-*Bearbeiter*).

Franzen, Martin/*Thüsing*, Gregor/*Waldhoff*, Christian, Arbeitskampf in der Daseinsvorsorge, Vorschläge zur gesetzlichen Regelung von Streik und Aussperrung in Unternehmen der Daseinsvorsorge, Berlin 2012 (zitiert: *Franzen/Thüsing/Waldhoff*, 2012).

*Frauen*streik Freiburg*, Wir streiken! Sei auch Du dabei! 2019, https://frauenstreik.org/wp-content/uploads/2019/02/8m-broschuere-streikaktionsformen.pdf (zugegriffen am 7.10.2021).

Frey, Erich, Muß der Streikwillige kündigen?, AuR 1953, 289 (zitiert: *Frey*, AuR 1953, 289).

Friedlaender, Heinrich, Artikel 156, in: Hans Carl Nipperdey (Hrsg.), Die Grundrechte und Grundpflichten der Reichsverfassung, Kommentar zum zweiten Teil der Reichsverfassung, Berlin 1930, S. 322–348 (zitiert: *Friedlaender*, 1930).

Frotscher, Werner/*Pieroth*, Bodo, Verfassungsgeschichte, 8. Aufl., München 2009 (zitiert: *Frotscher/Pieroth*, 2009).

Fuhrmann, Uwe, Die Entstehung der „Sozialen Marktwirtschaft“ 1948/49: Eine historische Dispositivanalyse, Konstanz 2017 (zitiert: *Fuhrmann*, 2017).

Fuhrmann, Uwe, Feminismus in der frühen Gewerkschaftsbewegung (1890–1914), Die Strategien der Buchdruckerei-HilfsarbeiterInnen um Paula Thiede, Bielefeld 2021 (zitiert: *Fuhrmann*, 2021).

Fütterer, Patrick, Das Koalitions- und Streikrecht im EU-Recht nach dem Wandel der Rechtsprechung des EGMR zur Koalitionsfreiheit gemäß Art. 11 EMRK (Demir und Baykara und andere), EuZA 2011, 505 (zitiert: *Fütterer*, EuZA 2011, 505).

Galperin, Hans, Zuschriften zu dem Bericht von Prof. Dr. Thilo Ramm über die Rechtsprechung des BAG, JZ 1964, 711 (zitiert: *Galperin*, JZ 1964, 711).

Gamillscheg, Franz, Grundlagen, Koalitionsfreiheit, Tarifvertrag, Arbeitskampf und Schlichtung, München 1997 (zitiert: *Gamillscheg*, 1997).

Gamillscheg, Franz, Nipperdey und sein Kritiker, JZ 1965, 47 (zitiert: *Gamillscheg*, JZ 1965, 47).

Geary, Dick, Arbeiterprotest und Arbeiterbewegung in Europa 1848–1939, München 1983 (zitiert: *Geary*, 1983).

Generalkommission der Gewerkschaften Deutschlands, Protokoll der Verhandlungen des 10. Kongresses der Gewerkschaften Deutschlands, abgehalten zu Nürnberg vom 30. Juni bis 5. Juli 1919, Berlin 1919 (zitiert: *Generalkommission der Gewerkschaften Deutschlands*, 1919).

Gerhard, Ute/*Wischermann*, Ulla, Unerhört, Die Geschichte der deutschen Frauenbewegung, 23. Aufl., Reinbek bei Hamburg 1996 (zitiert: *Gerhard/Wischermann*, 1996).

Gerlinger, Thomas/*Röber*, Michaela, Vertragspolitik und Vergütung, bpb 2014.

Germelmann, Claas-Hinrich, Theorie und Geschichte des Streikrechts, Darmstadt 1980 (zitiert: *Germelmann*, 1980).

Gewerkschaftsrat, Der Gewerkschaftsrat zur Verfassungsfrage, 30.9.1948, in: Hermann Weber/Siegfried Mielke (Hrsg.), Gewerkschaften in Politik, Wirtschaft und Gesellschaft, Köln 1991 (1948/49), S. 862–864 (zitiert: *Gewerkschaftsrat*, 1991).

Gladen, Albin, Geschichte der Sozialpolitik in Deutschland, Eine Analyse ihrer Bedingungen, Formen, Zielsetzungen und Auswirkungen, Wiesbaden 1974 (zitiert: *Gladen*, 1974).

Gooren, Paul, Der Tarifbezug des Arbeitskampfes, Zulässige Arbeitskampfziele im Lichte der Europäisierung und Internationalisierung des Rechts, Baden-Baden 2014 (zitiert: *Gooren*, 2014).

Götz, Michael, Die vertragliche Konzeption des Leistungserbringungsrechts der sozialen Pflegeversicherung 2018 (zitiert: *Götz*, 2018).

Green, Jan-Niklas, Arbeitskämpfe zulasten der Allgemeinheit, Zur Stimmigkeit der bislang diskutierten Prüfungsmaßstäbe von Arbeitskämpfen sowie zu Auswirkungen der staatlichen Gewährleistungsverantwortung auf die Arbeitskampffreiheit in Branchen der sogenannten Daseinsvorsorge, Baden-Baden 2017 (zitiert: *Green*, 2017).

Greß, Stefan/*Stegmüller*, Klaus, Gesetzliche Personalbemessung in der stationären Altenpflege, Gutachterliche Stellungnahme für die Vereinte Dienstleistungsgewerkschaft (ver.di) 2016 (zitiert: *Greß/Stegmüller*, 2016).

Groh, Wilhelm, Koalitionsrecht, Mannheim 1923 (zitiert: *Groh*, 1923).

Grote, Hermann, Der Streik, Köln 1952 (zitiert: *Grote*, 1952).

Gruß, Matthias, Damit für alle mehr bleibt ... 2019, https://gesundheit-soziales.verdi.de/mein-arbeitsplatz/altenpflege/++co++06131336-0c41-11ea-9c05-001a4a160100 (zugegriffen am 19.10.2020).

Gusy, Christoph, Die Weimarer Reichsverfassung, Tübingen 1997 (zitiert: *Gusy*, 1997).

Habel, Simone/*Tschenker*, Theresa, Reduktion der Arbeitszeit in der Live-In-Pflege, Eine interdisziplinäre Untersuchung von Maßnahmen der Vermittlungsagenturen, Düsseldorf 2022 (zitiert: *Habel/Tschenker*, 2022).

Habersack, Mathias/*Papier*, Hans-Jürgen/*Raude*, Karin et al., Schuldrecht – Besonderer Teil IV §§ 705–853, Partnerschaftsgesellschaftsgesetz, Produkthaftungsgesetz, 8. Aufl., hrsg. von Franz Jürgen Säcker/Roland Rixecker/Hartmut Oetker u. a., München 2020 (zitiert: MüKo BGB-*Bearbeiter*).

Hänsle, Walter, Streik und Daseinsvorsorge, Tübingen 2016 (zitiert: *Hänsle*, 2016).

Haubner, Tine, Die neue Kultur des Helfens, Zur sozialpolitischen Instrumentalisierung des Ehrenamts in der Pflege, Luxemburg 2016, 112 (zitiert: *Haubner*, Luxemburg 2016, 112).

Hauer, Matti, Der Arbeitskampf im nationalen und europäischen Recht, Eine Untersuchung über den Einfluss des europäischen Rechts auf eine aus Art. 9 Abs. 3 GG abgeleitete Arbeitskampffreiheit am Beispiel des Tariferfordernisses, Baden-Baden 2020 (zitiert: *Hauer*, 2020).

Haug, Wolfgang Fritz, Historisch-kritisches Wörterbuch des Marxismus, Band 6/1. Hegemonie bis Imperialismus, Hamburg 2004 (zitiert: *Haug*, 2004).

Haupt, Heinz-Gerhard/*Jost*, Annette/*Leithäuser*, Gerhard et al., Der politische Streik – Geschichte und Theorie, in: Heinz-Gerhard Haupt/Annette Jost/Gerhard Leithäuser et al. (Hrsg.), Politischer Streik, Frankfurt a. M. 1981, S. 13–53 (zitiert: *Haupt et al.*, 1981).

Hedemann, Justus Wilhelm, Das bürgerliche Recht und die neue Zeit, Rede gehalten bei Gelegenheit der akademischen Preisverteilung in Jena am 21. Juni 1919, Jena 1919 (zitiert: *Hedemann*, 1919).

Heiberger, Raphael H./*Schwarzer*, Bettina/*Riebling*, Jan R., Eine Frage des Marktes? Regionale Unterschiede von Heimentgelten stationärer Pflegeeinrichtungen, Berlin J Soziol 27 (2017), 209 (zitiert: *Heiberger/Schwarzer/Riebling*, Berlin J Soziol 27 2017, 209).

Held, Benjamin/*Rodenhäuser*, Dorothee/*Diefenbacher*, Hans, NWI 2020, Auswirkungen der Coronapandemie auf die Wohlfahrt, Düsseldorf 2020.

Heller, Fritz, Sozialpolitik und Reichsarbeitsgericht, Sozialpolitische Erwägungen in den Urteilen des Reichsarbeitsgerichts, Leipzig 1932 (zitiert: *Heller*, 1932).

Heller, Hermann, Rechtsstaat oder Diktatur?, Tübingen 1930 (zitiert: *Heller*, 1930).

Heller, Hermann, Staatslehre, 6. Aufl., Tübingen 1983 (1934) (zitiert: *Heller*, 1983).

Henne, Thomas, Die neue Ordnung im Zivilrecht – speziell im Familien- und Arbeitsrecht, in: Michael Stolleis (Hrsg.), Das Bonner Grundgesetz, Altes Recht und neue Verfassung in den ersten Jahrzehnten der Bundesrepublik Deutschland (1949–1969), Berlin 2006, S. 13–37 (zitiert: *Henne*, 2006).

Hensche, Detlef, Das Tabu des politischen Streiks in Deutschland, in: Alexander Gallas/Jörg Nowak/Florian Wilde (Hrsg.), Politische Streiks im Europa der Krise, Hamburg 2012, S. 219–226 (zitiert: *Hensche*, 2012).

Hensche, Detlef, Frauenstreik – eine juristische Handreichung für Aktivist*innen 2019, http://frauenstreik.org/wp-content/uploads/2019/02/juristische-Handreichung-Frauenstreik-von-Hensche-11-02-2019.pdf (zugegriffen am 7. 10. 2021).

Hensche, Detlef/*Wolter*, Henner, Die verhältnismäßige Freiheit – zum Übermaßverbot des Streiks, in: Thomas Dieterich/Martine Le Friant/Luca Nogler et al. (Hrsg.), Individuelle und kollektive Freiheit im Arbeitsrecht, Gedächtnisschrift für Ulrich Zachert, Baden-Baden 2010, S. 544–560 (zitiert: *Hensche/Wolter*, 2010).

Hensche, Martin, Teleologische Begründungen in der juristischen Dogmatik, Eine Untersuchung am Beispiel des Arbeitskampfrechts, Baden-Baden 1998 (zitiert: *Hensche*, 1998).

Hentschel, Volker, Geschichte der deutschen Sozialpolitik (1880–1980), Soziale Sicherung und kollektives Arbeitsrecht, 3. Aufl., Frankfurt a. M. 1988 (zitiert: *Hentschel*, 1988).

Hering, Laura, Beamtenstreik zwischen Karlsruhe und Straßburg: Art. 11 EMRK und die konventionskonforme Auslegung durch das BVerfG, ZaöRV 2019, 241 (zitiert: *Hering*, ZaöRV 2019, 241).

Hessel, Philipp, Probleme des Streikrechts, BB 1951, 85 (zitiert: *Hessel*, BB 1951, 85).

Hessel, Philipp, Streikrecht und Arbeitsvertrag, RdA 1952, 48 (zitiert: *Hessel*, RdA 1952, 48).

Heyde, Wolfgang/*Benda*, Ernst/*Vogel*, Hans Jochen et al., Handbuch des Verfassungsrechts der Bundesrepublik Deutschland, hrsg. von Wolfgang Heyde/Ernst Benda/Hans Jochen Vogel u. a., Berlin 1995 (zitiert: HbVerfR-*Bearbeiter*).

Hielscher, Volker/*Kirchen-Peters*, Sabine/*Nock*, Lukas, Pflege in den eigenen vier Wänden, Zeitaufwand und Kosten: Pflegebedürftige und ihre Angehörigen geben Auskunft, Düsseldorf 2017.

Hodgson, Geoffrey M., Conceptualizing Capitalism: Institutions, Evolution, Future, Chicago 2015 (zitiert: *Hodgson*, 2015).

Hoeniger, Heinrich, Einige Gedanken zum Recht des Arbeitskampfes, RdA 1953, 204 (zitiert: Hoeniger, RdA 1953, 204).

Hoffmann, Reinhard, Beamtenstreik und Verfassungsverständnis vom Sozialstaat, KJ 1971, 45 (zitiert: *Hoffmann*, KJ 1971, 45).

Hoffrogge, Ralf, Richard Müller, Der Mann hinter der Novemberrevolution, 2. Aufl., Berlin 2018 (zitiert: *Hoffrogge*, 2018).

Hollstein, Thorsten, Die Verfassung als „Allgemeiner Teil", Privatrechtsmethode und Privatrechtskonzeption bei Hans Carl Nipperdey (1895–1968), Tübingen 2007 (zitiert: *Hollstein*, 2007).

Höpfner, Clemens, Die Tarifgeltung im Arbeitsverhältnis, Historische, ökonomische und legitimatorische Grundlagen des deutschen Koalitions- und Tarifvertragsrechts, Baden-Baden 2015 (zitiert: *Höpfner*, 2015).

Hopfner, Sebastian/*Heider*, Benjamin, Arbeitskampfrechtliche Folgen eines staatlichen Mindestlohns, DB 2012, 1684 (zitiert: *Hopfner/Heider*, DB 2012, 1684).

Hopmann, Benedikt, Rechtliche und praktische Hinweise, zur Teilnahme an Versammlungen am 20. September 2019 und verbandsfreien Arbeitsniederlegungen 2019, www.kanzlei72a.de/downloads/Hinweise%20zum%2020.09.2019.pdf (zugegriffen am 16. 9. 2020).

Huber, Ernst Rudolf, Wirtschaftsverwaltungsrecht, Band II, Tübingen 1954 (zitiert: *Huber*, 1954).

Hueck, Alfred, Die politischen Streikaktionen des Deutschen Gewerkschaftsbundes anläßlich der parlamentarischen Beratung des Betriebsverfassungsgesetzes in ihrer verfassungs- und zivilrechtlichen Bedeutung, Köln 1952 (zitiert: *Hueck*, 1952).

Hueck, Alfred, Grenzen des rechtmäßigen Streiks, in: Festschrift für Wilhelm Herschel, Beiträge zu Problemen des neuzeitlichen Arbeitsrechts, Stuttgart 1955, S. 27–45 (zitiert: *Hueck*, 1955).

Hueck, Alfred/*Nipperdey*, Hans Carl, Grundriß des Arbeitsrechts, Berlin 1960 (zitiert: *Hueck/Nipperdey*, 1960).

Hueck, Alfred/*Nipperdey*, Hans Carl, Lehrbuch des Arbeitsrechts, Zweiter Band Kollektives Arbeitsrecht von H. C. Nipperdey, 6. Aufl., Berlin/Frankfurt a. M. 1957 (zitiert: *Hueck/Nipperdey*, 1957).

Hueck, Alfred/*Nipperdey*, Hans Carl, Lehrbuch des Arbeitsrechts, Zweiter Band, Mannheim 1930 (zitiert: *Hueck/Nipperdey*, 1930).

Hueck, Alfred/*Nipperdey*, Hans Carl/*Dietz*, Rolf, Gesetz zur Ordnung der nationalen Arbeit, hrsg. von Alfred Hueck/Hans Carl Nipperdey/Rolf Dietz, München/Berlin 1934 (zitiert: Hueck/Nipperdey/Dietz AOG-*Bearbeiter*).

Hueck, Alfred/*Nipperdey*, Hans Carl/*Dietz*, Rolf, Gesetz zur Ordnung der nationalen Arbeit, 4. Aufl., hrsg. von Alfred Hueck/Hans Carl Nipperdey/Rolf Dietz, München/Berlin 1943 (zitiert: Hueck/Nipperdey/Dietz AOG-*Bearbeiter*).

Hürtgen, Renate, Zwischen Disziplinierung und Partizipation, Vertrauensleute des FDGB im DDR-Betrieb, Köln 2005 (zitiert: *Hürtgen*, 2005).

IG Metall Jena-Saalfeld und Gera, IG Metall setzt Warnstreiks in Ostthüringer Betrieben fort, Pressemitteilung vom 08. 03. 2021, https://www.igmetall-jena-saalfeld-gera.de/aktuelles/meldung/ig-metall-setzt-warnstreiks-in-ostthueringer-betrieben-fort (zugegriffen am 11. 5. 2021).

ILO, CEACR Report, Germany 1991, https://www.ilo.org/dyn/normlex/en/f?p=1000:13101:0::NO:13101:P13101_COMMENT_ID:3343814 (zugegriffen am 10. 9. 2020).

ILO, Freedom of association, Digest of decisions and principles of the Freedom of Association Committee of the Governing *Body* of the ILO, 5. Aufl., Geneva 2006 (zitiert: *ILO*, 2006).

ILO, General survey on the fundamental conventions concerning rights at work in light of the ILO Declaration on Social Justice for a Fair Globalization, 2008, International Labour Conference, 101st session, Geneva 2012 (zitiert: *ILO*, 2012).

ILO, Summary of reports, Geneva 1987 (zitiert: *ILO*, 1987).

Institut DGB-Index Gute Arbeit, Weiblich, systemrelevant, unterbezahlt, Arbeitsbedingungen in vier frauendominanten Berufsgruppen, Berlin 2020.

Ipsen, Hans Peter, Zur Erinnerung an Kurt Perels, AöR 1958, 374 (zitiert: *Ipsen*, AöR 1958, 374).

Isensee, Josef/*Kirchhof*, Paul, Handbuch des Staatsrechts der Bundesrepublik Deutschland, Band II, 3. Aufl., hrsg. von Josef Isensee/Paul Kirchhof, Heidelberg 2004 (zitiert: Isensee/Kirchhof HdbStR II-*Bearbeiter*).

Isensee, Josef/*Kirchhof*, Paul, Handbuch des Staatsrechts der Bundesrepublik Deutschland, Band VIII, 3. Aufl., hrsg. von Josef Isensee/Paul Kirchhof, Heidelberg/Hamburg 2010 (zitiert: Isensee/Kirchhof HdbStR VIII-*Bearbeiter*).

Jacobs, Matthias/*Payandeh*, Mehrdad, Das beamtenrechtliche Streikverbot: Konventionsrechtliche Immunisierung durch verfassungsgerichtliche Petrifizierung, JZ 2019, 19 (zitiert: *Jacobs/Payandeh*, JZ 2019, 19).

Jacobs, Matthias/*Schmidt*, Laura, Anforderungen an Einschränkungen des Streikrechts, EuZA 2016, 82 (zitiert: *Jacobs/Schmidt*, EuZA 2016, 82).

Jarass, Hans D., Charta der Grundrechte der Europäischen Union, Unter Einbeziehung der vom EuGH entwickelten Grundrechte, der Grundrechtsregelungen der Verträge und der EMRK: Kommentar, 3. Aufl., hrsg. von Hans D. Jarass, München 2016 (zitiert: Jarass-*Bearbeiter*).

Jeschke, Anja, Der europäische Streik, Konturen und Entwicklungsperspektiven eines gemeineuropäischen Streikrechts, Baden-Baden 2006 (zitiert: *Jeschke*, 2006).

Joachim, Hans G., Ist der Grundsatz der Verhältnismäßigkeit ein geeignetes Kriterium für die rechtliche Erfassung des Phänomens „Arbeitskampf"?, AuR 1973, 289 (zitiert: *Joachim*, AuR 1973, 289).

Kahn-Freund, Otto, Autobiographische Erinnerungen an die Weimarer Republik, Ein Gespräch mit Wolfgang Luthardt, KJ 1980, 183 (zitiert: *Kahn-Freund*, KJ 1980, 183).

Kahn-Freund, Otto, Das soziale Ideal des Reichsarbeitsgerichts, in: Thilo Ramm (Hrsg.), Arbeitsrecht und Politik, Neuwied 1966 (1931), S. 149–210 (zitiert: *Kahn-Freund*, 1966).

Kahn-Freund, Otto, On Uses and Misuses of Comparative Law, The Modern Law Review 37 (1974), 1, www.jstor.org/stable/1094713 (zitiert: *Kahn-Freund*, The Modern Law Review 37 1974, 1).

Kaiser, Andreas, Arbeitsrechtswissenschaft und Gewerkschaften gegen Ende der Weimarer Zeit, in: Udo Reifner (Hrsg.), Das Recht des Unrechtsstaates, Arbeitsrecht und Staatsrechtswissenschaften im Faschismus, Frankfurt a. M./New York 1981, S. 130–153 (zitiert: *Kaiser*, 1981).

Kaiser, Anna-Bettina, Streikrecht für Beamte – Folge einer Fehlrezeption?, AöR 2017, 417 (zitiert: *Kaiser*, AöR 2017, 417).

Kämmerer, Jörn Axel/*Kotzur*, Markus, Vollendung des Grundrechtsverbundes oder Heimholung des Grundrechtschutzes?, Die BVerfG-Beschlüsse zum „Recht auf Vergessen" als Fanal, NVwZ 2020, 177 (zitiert: *Kämmerer/Kotzur*, NVwZ 2020, 177).

Karassek, Roland, „Arbeitnehmer" und „Arbeitgeber" – eine begriffsgeschichtliche Spurensuche, Arbeit Bewegung Geschichte 16 (2017), 106 (zitiert: *Karassek*, Arbeit Bewegung Geschichte 16 2017, 106).

Kaskel, Walter, Arbeitsrecht, 3. Aufl., Berlin 1928 (zitiert: *Kaskel*, 1928).

Katerndahl, Christoph, Tarifverhandlung und Streik als Menschenrechte, Eine dogmatische Analyse der Koalitionsfreiheit des Art. 11 der Europäischen Menschenrechtskonvention, Baden-Baden 2017 (zitiert: *Katerndahl*, 2017).

Katzenstein, Walter, Arbeitskampf und Reichsverfassung, JW 1928, 274 (zitiert: *Katzenstein*, JW 1928, 274).

Keiser, Thorsten, Vertragszwang und Vertragsfreiheit im Recht der Arbeit von der Frühen Neuzeit bis in die Moderne, Frankfurt a. M. 2013 (zitiert: *Keiser*, 2013).

Kempen, Otto Ernst, Kollektivautonomie contra Privatautonomie: Arbeitsvertrag und Tarifvertrag, NZA-Beil 2000, 7 (zitiert: *Kempen*, NZA-Beil 2000, 7).

Kempen, Otto Ernst, Warnstreik, Sympathiestreik und gewerkschaftliche Demonstration im grundgesetzlichen Arbeitsverfassungsrecht, AuR 1990, 237 (zitiert: *Kempen*, AuR 1990, 237).

Kempen, Otto Ernst, Zwischen Delikt und Demokratie: Arbeitskampf in der Kontroverse, AuR 1984, 225 (zitiert: *Kempen*, AuR 1984, 225).

Kemper, Andreas/*Weinbach*, Heike, Klassismus, Eine Einführung, 2. Aufl., Münster 2016 (zitiert: *Kemper/Weinbach*, 2016).

Kerber-Clasen, Stefan, Gewerkschaftliche Aushandlungen des Sozialstaatsumbaus im Kita-Bereich, in: Ingrid Artus/Peter Birke/Stefan Kerber-Clasen et al. (Hrsg.), Sorge-Kämpfe, Auseinandersetzungen um Arbeit in sozialen Dienstleistungen, Hamburg 2017, S. 34–57 (zitiert: *Kerber-Clasen*, 2017).

Kiechle, Brigitte, Frauen*streik, „Die Welt steht still, wenn wir die Arbeit niederlegen!“, Stuttgart 2019 (zitiert: *Kiechle*, 2019).

Kiel, Heinrich/*Lunk*, Stefan/*Oetker*, Hartmut, Münchener Handbuch zum Arbeitsrecht, Bd. 3: Kollektives Arbeitsrecht I, 4. Aufl., hrsg. von Heinrich Kiel/Stefan Lunk/Hartmut Oetker u. a., München 2019 (zitiert: MHdb ArbR-*Bearbeiter*).

Kieler Gelehrtenverzeichnis, Rolf Erwin Waldemar Dietz, https://cau.gelehrtenverzeichnis.de/person/3dd2aee3-90c0-59ff-c8ee-4d4c60c7a1cd (zugegriffen am 15.4.2020).

Kielmansegg, Peter Graf von, Heller, Hermann, in: Historische Kommission bei der Bayerischen Akademie der Wissenschaften und der Bayerischen Staatsbibliothek (Hrsg.), Neue Deutsche Biografie, 8. Bd.: Hartmann-Heske, XVI, Berlin 1969, 477–479 (zitiert: *Kielmansegg*, 1969).

Kissel, Otto Rudolf, Arbeitskampfrecht, Ein Leitfaden, München 2002 (zitiert: *Kissel*, 2002).

Kittner, Michael, 50 Urteile, Arbeitsgerichte schreiben Rechtsgeschichte, 2. Aufl., Frankfurt am Main 2020 (zitiert: *Kittner*, 2020).

Kittner, Michael, Arbeitskampf, Geschichte, Recht, Gegenwart, München 2005 (zitiert: Kittner 2005).

Kittner, Michael, Autonome Handlungs- und Konfliktfähigkeit von DMV und IG Metall: Mitglieder, Tarifbindung und Arbeitskampf, in: Jörg Hofmann/Christiane Benner (Hrsg.), Geschichte der IG Metall, Zur Entwicklung von Autonomie und Gestaltungskraft, Frankfurt a. M. 2019, S. 101–225 (zitiert: *Kittner*, 2019).

Kittner, Michael, Vor 100 Jahren: „Der § 153 der Gewerbeordnung wird aufgehoben.“, AuR 2018, G9–G12 (zitiert: *Kittner*, AuR 2018, G9–G12).

Klein, Thomas, Beamtenstreik zwischen BVerfG und EGMR, AuR 2018, 479 (zitiert: *Klein*, AuR 2018, 479).

Knorre, Susanne, Soziale Selbstbestimmung und individuelle Verantwortung, Hugo Sinzheimer (1875–1945); eine politische Biographie, Frankfurt a.M. 1991 (zitiert: *Knorre*, 1991).

Kocher, Eva, Die Arbeitsverfassung als Gegenstand des Sozialstaatsgebots, KJ 2020, 189 (zitiert: *Kocher*, KJ 2020, 189).

Kocher, Eva, Die Erstreikbarkeit eines tariflichen Belastungsausgleichs im Kontext von Mindestpersonalausstattungsregelungen, NZA 2022, 815 (zitiert: *Kocher*, NZA 2022, 815).

Kocher, Eva, Kollektivverhandlungen und Tarifautonomie – welche Rolle spielt das europäische Recht?, AuR 2008, 13 (zitiert: *Kocher*, AuR 2008, 13).

Kocher, Eva, Tariffähigkeit ohne Streikbereitschaft? – Funktionale Alternativen zur Arbeitskampfbereitschaft im Fall von Hausangestelltenvereinigungen, in: Jens M. Schubert (Hrsg.), Anforderungen an ein modernes kollektives Arbeitsrecht, Festschrift für Otto Ernst Kempen, Baden-Baden 2013, S. 166–178 (zitiert: *Kocher*, 2013).

Kocher, Eva, Vom Diskriminierungsverbot zum „Mainstreaming" – Anforderungen an eine Gleichstellungspolitik für die Privatwirtschaft, RdA 2002, 167 (zitiert: *Kocher*, RdA 2002167).

Kocher, Eva/*Kädtler*, Jürgen/*Voskamp*, Ulrich et al., Noch verfassungsgemäß? Fernwirkungen bei Arbeitskämpfen in der Automobilindustrie und die Verfassungsmäßigkeit des § 160 Abs. 3 SGB III, Frankfurt a.M. 2017 (zitiert: *Kocher et al.*, 2017).

Kocher, Eva/*Krüger*, Laura/*Sudhof*, Clemens, Streikrecht in der Kirche im Spannungsfeld zwischen Koalitionsfreiheit und kirchlichem Selbstbestimmungsrecht, Ein goldener Mittelweg zwischen Kooperation und Konflikt?, NZA 2014, 880 (zitiert: *Kocher/Krüger/Sudhof*, NZA 2014880).

Konzen, Horst, Der Arbeitskampf im Verfassungs- und Privatrechtssystem, AcP 1977, 473 (zitiert: *Konzen*, AcP 1977, 473).

Konzertierte Aktion Pflege, Abschlussbericht der Konzertierten Aktion Pflege 2019.

Körner, Anne/*Leitherer*, Stephan/*Mutschler*, Bernd et al., Kasseler Kommentar Sozialversicherungsrecht, SGB I, SGB IV, SGB V, SGB VI, SGB VII, SGB X, SGB XI, 113. Aufl., hrsg. von Anne Körner/Stephan Leitherer/Bernd Mutschler u.a., München 2021 (zitiert: KassKomm-*Bearbeiter*).

Köst, Ewald, Entscheidungen des Reichsarbeitsgerichts. Band 1, Berlin/Boston 1954 (zitiert: *Köst*, 1954).

Köst, Ewald, Entscheidungen des Reichsarbeitsgerichts. Band 2, Berlin/Boston 1954 (zitiert: *Köst*, 1954).

Koukiadaki, Aristea, Restrictions: Article G, in: Niklas Bruun/Klaus Lörcher/Isabelle Schömann et al. (Hrsg.), The European social charter and the employment relation, Oxford/Portland, Oregon 2017, S. 87–98 (zitiert: *Koukiadaki*, 2017).

Kranig, Andreas, Lockung und Zwang, Zur Arbeitsverfassung im Dritten Reich, Stuttgart 1983 (zitiert: *Kranig*, 1983).

Krauskopf, Dieter/*Baier*, Gerhard/*Wagner*, Regine, Soziale Krankenversicherung – Pflegeversicherung, Kommentar, hrsg. von Dieter Krauskopf/Gerhard Baier/Regine Wagner, München 2018 (zitiert: Krauskopf SGB XI-*Bearbeiter*).

Krauth, Stefan, Kritik des Rechts, Stuttgart 2013 (zitiert: *Krauth*, 2013).

Kruke, Anja, Sonderfall Europa – Skizze einer kleinen Geschichte der Arbeiterbewegung, APuZ 2013, 3 (zitiert: *Kruke*, APuZ 2013, 3).

Kümmerling, Angelika, Der lange Weg zur Professionalisierung der Altenpflege und seine (nicht?)-intendierten Folgen, in: Steffen Lehndorff (Hrsg.), Abriss, Umbau, Renovierung?, Studien zum Wandel des deutschen Kapitalismusmodells, Hamburg 2009, S. 136–165 (zitiert: *Kümmerling*, 2009).

Kunig, Philip/*Münch*, Ingo von, Grundgesetz, Kommentar, 7. Aufl., hrsg. von Philip Kunig/ Andreas von Arnauld/Ingo von Münch, München 2021 (zitiert: v. Münch/Kunig-*Bearbeiter*).

Kunz, Eduard, Heimrecht, Kommentar, 11. Aufl., hrsg. von Frank Dickmann, München 2014 (zitiert: Dickmann-*Bearbeiter*).

Lahusen, Benjamin, Rechtspositivismus und juristische Methode, Betrachtungen aus dem Alltag einer Vernunftehe, Weilerswist 2011 (zitiert: *Lahusen*, 2011).

Lange, Erhard H. M., Der Parlamentarische Rat 1948/49, Mitglieder, Stiftung Haus der Geschichte der Bundesrepublik Deutschland 2020, https://www.parlamentarischerrat.de/mitglieder_891_mitglied=46_seitentiefe=2.html (zugegriffen am 22. 4. 2020).

Larenz, Karl, Methodenlehre der Rechtswissenschaft, 6. Aufl., Berlin 1991 (zitiert: *Larenz*, 1991).

Lauschke, Karl, Band 2: Gewerkschaftlicher Neubeginn 1945–1951, Essen 2005 (zitiert: *Lauschke*, 2005).

Legien, Carl/*Borsig*, Ernst von, Aufruf der Arbeitsgemeinschaft der industriellen und gewerblichen Arbeitgeber und Arbeitnehmer Deutschlands vom 10. Februar 1919, in: Herbert Michaelis/Ernst Schraepler (Hrsg.), Ursachen und Folgen, Bd. 3 Der Weg in die Weimarer Republik, Vom deutschen Zusammenbruch 1918 und 1945 bis zur staatlichen Neuordnung Deutschlands in der Gegenwart, Berlin 1959 (1919), S. 70–72 (zitiert: *Legien/Borsig*, 1959).

Lewinsohn, Georg, Streik und Kündigung, ArbR 1920, 103 (zitiert: *Lewinsohn*, ArbR 1920, 103).

Liebscher, Doris, Rasse im Recht – Recht gegen Rassismus, Genealogie einer ambivalenten rechtlichen Kategorie, Berlin 2021 (zitiert: *Liebscher*, 2021).

Lörcher, Klaus, BVerfG: Beamtenstreikverbot widerspricht nicht der EMRK?, AuR 2019, 522 (zitiert: *Lörcher*, AuR 2019, 522).

Lörcher, Klaus, Neue Entwicklungen im Streikrecht durch die EGMR-Urteile Tymoshenko und HLS, AuR 2015, 126 (zitiert: *Lörcher*, AuR 2015, 126).

Löwisch, Manfred, Der rundfunkpolitische Streik, RdA 1982, 73 (zitiert: *Löwisch*, RdA 1982, 73).

Löwisch, Manfred/*Rieble*, Volker, Tarifvertragsgesetz, Kommentar, 4. Aufl., hrsg. von Manfred Löwisch/Volker Rieble, München 2017 (zitiert: TVG-*Bearbeiter*).

Luban, Ottokar, Die Massenstreiks für Frieden und Demokratie im Ersten Weltkrieg, in: Chaja Boebel/Lothar Wentzel (Hrsg.), Streiken gegen den Krieg!, Die Bedeutung der Massenstreiks in der Metallindustrie vom Januar 1918, 2., durchges. Aufl., Hamburg 2015, S. 11–16 (zitiert: *Luban*, 2015).

Luig, Klaus, ... weil er nicht arischer Abstammung ist, Jüdische Juristen in Köln während der NS-Zeit, Köln 2004 (zitiert: *Luig*, 2004).

Lutz, Helma, Die Hinterbühne der Care-Arbeit, Transnationale Perspektiven auf Care-Migration im geteilten Europa, Weinheim/Basel 2018 (zitiert: *Lutz*, 2018).

Luxemburg, Rosa, Der politische Massenstreik und die Gewerkschaften, Rede am 1. Oktober 1910 in Hagen in der außerordentlichen Mitgliederversammlung des Deutschen Metallarbeiter-Verbandes, in: Brigitte Hoeft/Elke Kleeberg/Elisabeth Piwka et al. (Hrsg.), Rosa Luxemburg Gesammelte Werke, Band 2 1906 bis Juni 1911, Berlin 1972 (1910), 463–483 (zitiert: *Luxemburg*, 1972).

Luxemburg, Rosa, Der preußische Wahlrechtskampf und seine Lehren, Vortrag gehalten am 17. April 1910 im Zirkus Schumann zu Frankfurt am Main, in: Brigitte Hoeft/Elke Kleeberg/Elisabeth Piwka et al. (Hrsg.), Rosa Luxemburg Gesammelte Werke, Band 2 1906 bis Juni 1911, Berlin 1972 (1910), S. 305–333 (zitiert: *Luxemburg*, 1972).

Luxemburg, Rosa, Massenstreik, Partei und Gewerkschaften, in: Brigitte Hoeft/Elke Kleeberg/Elisabeth Piwka et al. (Hrsg.), Rosa Luxemburg Gesammelte Werke, Band 2 1906 bis Juni 1911, Berlin 1972 (1906), S. 91–170 (zitiert: *Luxemburg*, 1972).

Luxemburg, Rosa, Parteitag der Sozialdemokratie 1910 in Magdeburg, in: Brigitte Hoeft/Elke Kleeberg/Elisabeth Piwka et al. (Hrsg.), Rosa Luxemburg Gesammelte Werke, Band 2 1906 bis Juni 1911, Berlin 1972 (1910), S. 451–462 (zitiert: *Luxemburg*, 1972).

Maihofer, Andrea, Das Recht bei Marx, Zur dialektischen Struktur von Gerechtigkeit, Menschenrechten und Recht, Baden-Baden 1992 (zitiert: *Maihofer*, 1992).

Mangoldt, Hermann von, Schriftlicher Bericht zum Entwurf des Grundgesetzes für die Bundesrepublik Deutschland, Drucksachen No. 850,854, Bonn 1949 (zitiert: *Mangoldt*, 1949).

Mangoldt, Hermann von/*Klein*, Friedrich, Das Bonner Grundgesetz, Band I, 2. Aufl., Berlin 1957 (zitiert: *Mangoldt/Klein*, 1957).

Manzanza Lumingu, Yves-Junior, Regelung des Streikrechts in Bereichen der Daseinsvorsorge in der Bundesrepublik Deutschland, Mit vergleichendem Überblick über ausgewählte ausländische Rechtsordnungen, Würzburg 2017 (zitiert: *Manzanza Lumingu*, 2017).

Marx, Karl, Das Kapital, Band 1, in: Karl Marx/Friedrich Engels (Hrsg.), Werke, Band 1–43, Berlin 1867, S. 11–802 (zitiert: *Marx*, 1867).

Marx, Karl, Zur Judenfrage, in: Karl Marx, Friedrich Engels (Hrsg.), Werke, Band 1–43, Berlin 1867 (1843), S. 347–377 (zitiert: *Marx*, 1867).

Maultzsch, Felix, Grundstrukturen der englischen Case Law-Methodik, in: Joachim Rückert/Ralf Seinecke (Hrsg.), Methodik des Zivilrechts – von Savigny bis Teubner, 3. Aufl., Baden-Baden 2017, S. 510–540 (zitiert: *Maultzsch*, 2017).

Maunz, Theodor/*Dürig*, Günter, Grundgesetz, Kommentar, hrsg. von Theodor Maunz/Günter Dürig, München 2019 (zitiert: Maunz/Dürig-*Bearbeiter*).

Maus, Ingeborg, Entwicklung und Funktionswandel der Theorie des bürgerlichen Rechtsstaats, in: Mehdi Tohidipur (Hrsg.), Der bürgerliche Rechtsstaat, Frankfurt a. M. 1978, S. 13–81 (zitiert: *Maus*, 1978).

Meinel, Florian, Der Jurist in der industriellen Gesellschaft, Ernst Forsthoff und seine Zeit, 2. Aufl., Berlin 2012 (zitiert: *Meinel*, 2012).

Meissinger, Hermann, Das Kollektiv im Arbeitsrecht, AuR 1953, 359 (zitiert: *Meissinger*, AuR 1953, 359).

Meissinger, Hermann, Koalitionsrecht – ein Mittel zum Zweck der Sozialen Selbstverwaltung, AuR 1954, 65 (zitiert: *Meissinger*, AuR 1954, 65).

Meissinger, Hermann, Legaler Streik und Arbeitsvertrag, AuR 1954, 353 (zitiert: Meissinger, AuR 1954, 353).

Meissinger, Hermann, Reliefbild des Arbeitsrechts, München, Düsseldorf 1952 (zitiert: Meissinger 1952).

Meissinger, Hermann, Streik und Arbeitsvertrag, NJW 1955, 972 (zitiert: Meissinger, NJW 1955, 972).

Mendívil, Eleonora Roldán, „Recht auf politischen Streik durchsetzen", junge Welt vom 06.03. 2019, 2, https://www.jungewelt.de/loginFailed.php?ref=/artikel/350408.raus-zum-8-m%C3%A4rz-recht-auf-politischen-streik-durchsetzen.html?sstr=M%C3%BCnchen (zugegriffen am 16.9.2020).

Metz, Rainer, Volkswirtschaftliche Gesamtrechnungen, in: Thomas Rahlf (Hrsg.), Deutschland in Daten, Zeitreihen zur historischen Statistik, Bonn 2015, S. 186–199 (zitiert: *Metz*, 2015).

Metzler, Gabriele, Justiz im Schatten der Weltwirtschaftskrise, Das Konzept der Arbeitsbeziehungen und der innerbetrieblichen Ordnung nach der Rechtsprechung des Reichsarbeitsgerichts (1927–1932), in: Heinz Mohnhaupt/Dieter Simon (Hrsg.), Vorträge zur Justizforschung, Geschichte und Theorie Band 2, Frankfurt a.M. 1993, S. 471–497 (zitiert: *Metzler*, 1993).

Meyer, Dirk, Der Mindestlohn-Pflege – Relevanz und mögliche Auswirkungen, Zeitschrift für öffentliche und gemeinwirtschaftliche Unternehmen (ZögU) 35 (2012), 44 (zitiert: *Meyer*, Zeitschrift für öffentliche und gemeinwirtschaftliche Unternehmen (ZögU) 35 2012, 44).

Meyer, Jürgen/*Hölscheidt*, Sven/*Bernsdorff*, Norbert, Charta der Grundrechte der Europäischen Union, 5. Aufl., hrsg. von Jürgen Meyer/Sven Hölscheidt/Norbert Bernsdorff, Baden-Baden 2019 (zitiert: Meyer/Hölscheidt-*Bearbeiter*).

Meyn, Hermann, Die Deutsche Partei: Ursachen des Scheiterns einer national-konservativen Rechtspartei im Nachkriegsdeutschland, Politische Vierteljahresschrift 1965, 42 (zitiert: *Meyn*, Politische Vierteljahresschrift 1965, 42).

Mielke, Siegfried/*Rütters*, Peter/*Becker*, Michael, Einleitung, in: Hermann Weber/Siegfried Mielke (Hrsg.), Gewerkschaften in Politik, Wirtschaft und Gesellschaft, Köln 1991, S. 9–92 (zitiert: *Mielke/Rütters/Becker*, 1991).

Milert, Werner/*Tschirbs*, Rudolf, Vom Wert der Mitbestimmung, Betriebsräte und Aufsichtsräte in Deutschland seit 1945, Düsseldorf 2016 (zitiert: *Milert/Tschirbs*, 2016).

Miquel, Marc von, Ahnden oder amnestieren?, Westdeutsche Justiz und Vergangenheitspolitik in den sechziger Jahren, Göttingen 2004 (zitiert: *Miquel*, 2004).

Miquel, Marc von, Juristen: Richter in eigener Sache, in: Norbert Frei/Tobias Freimüller (Hrsg.), Karrieren im Zwielicht, Hitlers Eliten nach 1945, 2., durchges. Aufl., Frankfurt a.M. 2002, S. 181–237 (zitiert: *Miquel*, 2002).

Mommsen, Wilhelm, Deutsche Parteiprogramme, München 1960 (zitiert: *Mommsen*, 1960).

Moritz, Susanne, Staatliche Schutzpflichten gegenüber pflegebedürftigen Menschen, Baden-Baden 2013 (zitiert: *Moritz*, 2013).

Morsch, Günter, Streik im „Dritten Reich“, Vierteljahreshefte für Zeitgeschichte 1988, 649 (zitiert: *Morsch*, Vierteljahreshefte für Zeitgeschichte 1988, 649).

Mückenberger, Ulrich, Der Demonstrationsstreik, Zum Verbot des RFFU-Streiks durch das LAG München, KJ 1980, 258 (zitiert: *Mückenberger*, KJ 1980, 258).

Müller, Christoph, Hermann Heller (1891–1933), in: Thomas Blanke, Alexander von Brünneck, Rainer Erd et al. (Hrsg.), Streitbare Juristen, Eine andere Tradition, Baden-Baden 1988, S. 268–281 (zitiert: *Müller*, 1988).

Müller, Gerhard, Der Arbeitskampf als Rechtsinstitution – Gedanken zum Arbeitskampfrecht in der Bundesrepublik Deutschland, AuR 1972, 1 (zitiert: *Müller*, AuR 1972, 1).

Müller, Gerhard, Grundfragen des Streikrechts, RdA 1951, 247 (zitiert: *Müller*, RdA 1951, 247).

Müller, Gerhard, Zur Rechtsprechung des Bundesarbeitsgerichtes, BB 1955, 577 (zitiert: *Müller*, BB 1955, 577).

Müller, Gerhard, Zuschriften zu dem Bericht von Prof. Dr. Thilo Ramm über die Rechtsprechung des BAG, JZ 1964, 711 (zitiert: *Müller*, JZ 1964, 711).

Müller-List, Gabriele, Adenauer, Unternehmer und Gewerkschaften, Zur Einigung über die Montanmitbestimmung 1950/51, Vierteljahreshefte für Zeitgeschichte 1985, 288 (zitiert: *Müller-List*, Vierteljahreshefte für Zeitgeschichte 1985, 288).

Nationalrat der Nationalen Front, Braunbuch, Kriegs- und Naziverbrecher in der Bundesrepublik und in Westberlin, 3. Aufl., Berlin 1968 (zitiert: *Nationalrat der Nationalen Front* (Hrsg.), 1968).

Neuhaus, Andrea/*Isfort*, Michael/*Weidner*, Frank, Situation und Bedarfe von Familien mit mittel- und osteuropäischen Haushaltshilfen, Deutsches Institut für angewandte Pflegeforschung e.V., Köln 2009.

Neumann, Dirk, Johannes Denecke, in: Hans Dieter Beck (Hrsg.), Juristen im Portrait, München 1988, S. 243–246 (zitiert: *Neumann*, 1988).

Neumann, Franz, Demokratischer und autoritärer Staat, hrsg. von Herbert Marcuse, Frankfurt a.M. 1967.

Neumann, Franz, Der Funktionswandel des Gesetzes im Recht der bürgerlichen Gesellschaft, in: Herbert Marcuse (Hrsg.), Demokratischer und autoritärer Staat, Frankfurt a.M. 1967 (1937), S. 31–81 (zitiert: *Neumann*, 1967).

Nikisch, Arthur, Arbeitsrecht, Berlin 1930 (zitiert: *Nikisch*, 1930).

Nikisch, Arthur, Arbeitsrecht, Tübingen 1951 (zitiert: *Nikisch*, 1951).

Nikisch, Arthur, Streik und Arbeitnehmer, BB 1952, 721 (zitiert: *Nikisch*, BB 1952, 721).

Nipperdey, Hans Carl, Anmerkung zu OLG Dresden 16.12.1931 – 1 Ost 247/31, NJW 1932, 3461 (zitiert: *Nipperdey*, NJW 1932, 3461).

Nipperdey, Hans Carl, Artikel 143–165 und „Zur Ideengeschichte der Grundrechte", hrsg. von Hans Carl Nipperdey, Berlin 1930 (zitiert: Nipperdey-*Bearbeiter*).

Nipperdey, Hans Carl, Aussprache, in: Gesellschaft für Soziale Reform (Hrsg.), Die Reform des Schlichtungswesens. Der wirtschaftliche Wert der Sozialpolitik, Bericht über die Verhandlungen der XI. Generalversammlung der Gesellschaft für Soziale Reform in Mannheim am 24. u. 25. Oktober 1929, Jena 1930, S. 100–104 (zitiert: *Nipperdey*, 1930).

Nipperdey, Hans Carl, Das Arbeitsrecht, in: Bernhard Harms (Hrsg.), Recht und Staat im Neuen Deutschland. Zweiter Band, Berlin 1929, S. 108–136 (zitiert: *Nipperdey*, 1929).

Nipperdey, Hans Carl, Das Recht des Streiks in Deutschland, SJZ 1949, 811 (zitiert: *Nipperdey*, SJZ 1949, 811).

Nipperdey, Hans Carl, Das System des Bürgerlichen Rechts, in: Werner Schubert (Hrsg.), Akademie für Deutsches Recht, 1933–1945. Protokolle der Ausschüsse: Bd III, 1: Volksgesetzbuch, Nachdruck 2018, Berlin/Boston 1988 (1938), 425–444, (95–114) (zitiert: *Nipperdey*, 1988).

Nipperdey, Hans Carl, Das System des neuen Arbeitsrechts, Zeitschrift der Akademie für Deutsches Recht 1935, 911 (zitiert: *Nipperdey*, Zeitschrift der Akademie für Deutsches Recht 1935, 911).

Nipperdey, Hans Carl, Der Arbeitskampf als unerlaubte Handlung, Grundsätzliches zur Frage seiner Rechtswidrigkeit, in: Hans Constantin Paulssen/Willi Richter (Hrsg.), Festschrift f. Friedrich Sitzler zu s. 75. Geburtstag, Stuttgart 1956, S. 79–112 (zitiert: *Nipperdey*, 1956).

Nipperdey, Hans Carl, Die Arbeitsgenossenschaft, Deutsches Arbeitsrecht 1933, 16 (zitiert: *Nipperdey*, Deutsches Arbeitsrecht 1933, 16).

Nipperdey, Hans Carl, Die Ersatzansprüche für die Schäden, die durch den von den Gewerkschaften gegen das geplante Betriebsverfassungsgesetz geführten Zeitungsstreik vom 27.–29. Mai 1952 entstanden sind, Köln 1953 (zitiert: *Nipperdey*, 1953).

Nipperdey, Hans Carl, Die Grundprinzipien des Wirtschaftsverfassungsrechts, Deutsche Rechtszeitschrift 1950, 193 (zitiert: *Nipperdey*, Deutsche Rechtszeitschrift 1950, 193).

Nipperdey, Hans Carl, Die Grundprinzipien des Wirtschaftsverfassungsrechts 1950, DRZ 1950, 193 (zitiert: *Nipperdey*, DRZ 1950, 193).

Nipperdey, Hans Carl, Die Reform des Kartellrechts, Berlin 1929 (zitiert: *Nipperdey*, 1929).

Nipperdey, Hans Carl, Die soziale Marktwirtschaft in der Verfassung der Bundesrepublik, Karlsruhe 1954 (zitiert: *Nipperdey*, 1954).

Nipperdey, Hans Carl, Grundfragen der Reform des Schadensersatzrechts, Arbeitsberichte der ADR Nr. 14, in: Werner Schubert (Hrsg.), Akademie für Deutsches Recht, 1933–1945. Protokolle der Ausschüsse: Bd III, 5: Ausschuß für Schadenersatzrecht; Leistungsstörungen. Umfang und Art des Schadenersatzes. Deliktsrecht – Ausschuß für das Recht der Bestätigungsverträge, Nachdruck 2018, Berlin/Boston 2018 (1940), S. 42 (zitiert: *Nipperdey*, 2018).

Nipperdey, Hans Carl, Gutachten über die Frage: Inwieweit haftet ein Berufsverein der Arbeitgeber oder Arbeitnehmer für unzulässige Kampfhandlungen, und welche Änderungen des deutschen Rechts sind hier, zugleich unter Beobachtung ausländischer Vorbilder, empfehlenswert?, in: Schriftführer-Amt der Ständigen Deputation (Hrsg.), Verhandlungen des Vierunddreißigsten Juristentags (Köln), Erster Band (Gutachten), Berlin/Leipzig 1926, S. 395–448 (zitiert: *Nipperdey*, 1926).

Nipperdey, Hans Carl, Kontrahierungszwang und diktierter Vertrag, Jena 1920 (zitiert: *Nipperdey*, 1920).

Nipperdey, Hans Carl, Lehrbuch des Bürgerlichen Rechts, I. Band Ludwig Enneccerus Allgemeiner Teil des Bürgerlichen Rechts, 15. Aufl., Tübingen 1959 (zitiert: *Nipperdey*, 1959).

Nipperdey, Hans Carl, Prüfung der Rechtslage zum geplanten Montanstreik, Köln 14. 1. 1951.

Nipperdey, Hans Carl, Soziale Marktwirtschaft und Arbeitsrecht, Sozialer Fortschritt 3 (1954), 199 (zitiert: *Nipperdey*, Sozialer Fortschritt 3 1954, 199).

Nipperdey, Hans Carl, Soziale Marktwirtschaft und Grundgesetz, 3. Aufl., Köln 1965 (zitiert: *Nipperdey*, 1965).

Nipperdey, Hans Carl, Tatbestandsaufbau und Systematik der deliktischen Grundbestände, NJW 1967, 1985 (zitiert: *Nipperdey*, NJW 1967, 1985).

Nipperdey, Hans Carl/*Säcker*, Franz Jürgen, Lehrbuch des Arbeitsrechts, Bd. 2. Kollektives Arbeitsrecht, Berlin 1970 (zitiert: *Nipperdey/Säcker*, 1970).

Nipperdey, Hans Carl/*Säcker*, Franz Jürgen, Suspendierende und lösende Arbeitskampfmittel, Zum Vorlagebeschluß des 1. Senats des BAG vom 1968-09-03 – 1 AZR 113/68 = BB 1968, 1079, BB 1969, 321 (zitiert: *Nipperdey/Säcker*, BB 1969, 321).

Nörpel, Clemens, Aussprache, in: Gesellschaft für Soziale Reform (Hrsg.), Die Reform des Schlichtungswesens. Der wirtschaftliche Wert der Sozialpolitik, Bericht über die Verhandlungen der XI. Generalversammlung der Gesellschaft für Soziale Reform in Mannheim am 24. u. 25. Oktober 1929, Jena 1930, S. 72–81 (zitiert: *Nörpel*, 1930).

Nörr, Knut Wolfgang, Zwischen den Mühlsteinen, Eine Privatrechtsgeschichte der Weimarer Republik, Tübingen 1988 (zitiert: *Nörr*, 1988).

Notz, Gisela, Die Geschichte von Frauenstreiks und streikenden Frauen: „Das vierte ‚K' heißt Kampf", in: Ingrid Artus/Nadja Bennewitz/Annette Henninger et al. (Hrsg.), Arbeitskonflikte sind Geschlechterkämpfe, Sozialwissenschaftliche und historische Perspektiven, Münster 2020, S. 28–49 (zitiert: *Notz*, 2020).

Notz, Gisela, Wir wollten Brot und Rosen 2019, https://adamag.de/frauenstreik-1994-wir-wollten-brot-und-rosen (zugegriffen am 13. 9. 2021).

Novitz, Tonia, International and European protection of the right to strike, A comparative study of standards set by the International Labour Organization, the Council of Europe and the European Union, Oxford 2010 (zitiert: *Novitz*, 2010).

Nowak, Iris, Gewissen und Gewerkschaft, Von der (fehlenden) Organisierung in der Altenpflege, express – Zeitung für sozialistische Betriebs- und Gewerkschaftsarbeit 2014, 31 (zitiert: *Nowak*, express – Zeitung für sozialistische Betriebs- und Gewerkschaftsarbeit 2014, 31).

Nowak, Iris, Perspektiven von Arbeitskonflikten in der Altenpflege, in: Ingrid Artus/Peter Birke/Stefan Kerber-Clasen et al. (Hrsg.), Sorge-Kämpfe, Auseinandersetzungen um Arbeit in sozialen Dienstleistungen, Hamburg 2017, S. 182–199 (zitiert: Nowak 2017).

Nützenadel, Alexander, Wirtschaftliche Interessenvertretung in der parlamentarischen Demokratie, Die Debatte über den Bundeswirtschaftsrat in den fünfziger Jahren, Vierteljahreshefte für Zeitgeschichte 2003, 229 (zitiert: *Nützenadel*, Vierteljahreshefte für Zeitgeschichte 2003, 229).

Odenthal, Fabian, Die Zulässigkeit von Sonderformen des Arbeitskampfs, Aktuelle Entwicklungen unter besonderer Berücksichtigung europäischer und internationaler Gewährleistungen, Baden-Baden 2020 (zitiert: *Odenthal*, 2020).

Oschmiansky, Heidi, Wandel der Erwerbsformen in einem Frauenarbeitsmarkt, Das Beispiel „Altenpflege", Zeitschrift für Sozialreform 2010, 31 (zitiert: *Oschmiansky*, Zeitschrift für Sozialreform 2010, 31).

Ötsch, Walter/*Pühringer*, Stephan/*Hirte*, Katrin, Netzwerke des Marktes, Ordoliberalismus als Politische Ökonomie, Wiesbaden 2018 (zitiert: *Ötsch/Pühringer/Hirte*, 2018).

Otto, Hansjörg, Arbeitskampf- und Schlichtungsrecht, München 2006 (zitiert: *Otto*, 2006).

Oxford Dictionary, Oxford Advanced Learner's Dictionary, 10. Aufl., Oxford 2020 (zitiert: *Oxford Dictionary*, 2020).

Paschukanis, Eugen, Allgemeine Rechtslehre und Marxismus, Versuch einer Kritik der juristischen Grundbegriffe, Wien/Berlin 1929 (zitiert: *Paschukanis*, 1929).

Patett, Rainer, Das Verhältnis des Arbeitskampfrechts zu Art. 12 GG und den europäischen Grundfreiheiten 2015 (zitiert: *Patett*, 2015).

Paukner, Katharina, Die Zulässigkeit des Unterstützungsstreiks – Zum Urteil des Bundesarbeitsgerichts vom 19. Juni 2007, ZTR 2008, 130 (zitiert: *Paukner*, ZTR 2008, 130).

Perels, Joachim, Die Rechtmäßigkeit des politischen Demonstrationsstreik, in: Hans-Ernst Böttcher (Hrsg.), Recht Justiz Kritik, Festschrift für Richard Schmid zum 85. Geburtstag, Baden-Baden 1985, S. 141–159 (zitiert: *Perels*, 1985).

Picker, Eduard, Der Arbeitskampf in der Rechts- und Wirtschaftsordnung, ZfA 2011, 443 (zitiert: *Picker*, ZfA 2011, 443).

Pirker, Theo, Die blinde Macht. Die Gewerkschaftsbewegung in Westdeutschland, Erster Teil 1945–1952, München 1960 (zitiert: *Pirker*, 1960).

Pistor, Katharina, Der Code des Kapitals, Wie das Recht Reichtum und Ungleichheit schafft, 2. Aufl., Berlin 2021 (2019) (zitiert: *Pistor*, 2021).

Plantholz, Markus, Die Rechtsprechung des BSG zum Unternehmerwagnis – eine Analyse, SRa 2020, 97 (zitiert: *Plantholz*, SRa 2020, 97).

Polasky, Janet L., A Revolution for Socialist Reforms: The Belgian General Strike for Universal Suffrage, Journal of Contemporary History 1992, 449 (zitiert: *Polasky*, Journal of Contemporary History 1992, 449).

Polzin, Daniel, Das politische Streikrecht in Deutschland – eine Bestandsaufnahme, SR 2020, 216 (zitiert: *Polzin*, SR 2020, 216).

Popp, Klaus, Öffentliche Aufgaben der Gewerkschaften und innerverbandliche Willensbildung, Berlin 1975 (zitiert: *Popp*, 1975).

Poscher, Ralf, Die Koalitionsfreiheit als ausgestaltungsbedürftiges und ausgestaltungsfähiges Grundrecht, RdA 2017, 235 (zitiert: *Poscher*, RdA 2017, 235).

Potacs, Michael, Effet utile als Auslegungsgrundsatz, EuR 2009, 465 (zitiert: *Potacs*, EuR 2009, 465).

Potthoff, Heinz, Die Einwirkung der Reichsverfassung auf das Arbeitsrecht, Leipzig 1925 (zitiert: *Potthoff*, 1925).

Potthoff, Heinz, Die rechtliche Stellung des Streiks, Die Justiz 1926, 262 (zitiert: *Potthoff*, Die Justiz 1926, 262).

Potthoff, Heinz, Die Rechtswidrigkeit des Streikverbotes vom 10. Nov. 1920, Deutsches Arbeitsrecht 1925, 987 (zitiert: *Potthoff*, Deutsches Arbeitsrecht 1925, 987).

Povedano Peramato, Alberto, Streikrecht und Arbeitsvölkerrecht 2019 (zitiert: *Povedano Peramato*, 2019).

Praesidium, Draft Charter of Fundamental Rights of the European Union, CHARTE 4192/0, CONVENT 18, Brüssel 27. 3. 2000.

Preis, Ulrich, Von der Antike zur digitalen Arbeitswelt, RdA 2019, 75 (zitiert: *Preis*, RdA 2019, 75).

Protokoll Gründungskongreß des Deutschen Gewerkschaftsbundes, Richtlinien des Deutschen Gewerkschaftsbundes zur Führung von Arbeitskämpfen, in: Hermann Weber/Siegfried Mielke (Hrsg.), Gewerkschaften in Politik, Wirtschaft und Gesellschaft, Köln 1991 (1950), S. 605–608 (zitiert: *Protokoll Gründungskongreß des Deutschen Gewerkschaftsbundes* 1991).

Protokoll Gründungskongreß des Deutschen Gewerkschaftsbundes, Sozialpolitische Grundsätze des Deutschen Gewerkschaftsbundes, in: Hermann Weber/Siegfried Mielke (Hrsg.), Gewerkschaften in Politik, Wirtschaft und Gesellschaft, Köln 1991 (1950), S. 830–833 (zitiert: *Protokoll Gründungskongreß des Deutschen Gewerkschaftsbundes* 1991).

Radbruch, Gustav, Vom individualistischen zum sozialen Recht, in: Gustav Radbruch/Fritz von Hippel (Hrsg.), Der Mensch im Recht, Göttingen 1957 (1930), S. 35–49 (zitiert: *Radbruch*, 1957).

Radke, Olaf, Die Nachwirkungen des „Gesetzes zur Ordnung der nationalen Arbeit", AuR 1965, 302 (zitiert: *Radke*, AuR 1965, 302).

Rainey, Bernadette/*Wicks*, Elizabeth/*Ovey*, Clare, Jacobs, White and Ovey, The European Convention on Human Rights, Oxford, UK 2017 (zitiert: *Rainey/Wicks/Ovey*, 2017).

Rajewsky, Xenia, Arbeitskampfrecht in der Bundesrepublik, Frankfurt a.M. 1970 (zitiert: *Rajewsky*, 1970).

Ramm, Thilo, Der Begriff Arbeitskampf, AcP 1961, 336 (zitiert: *Ramm*, AcP 1961, 336).

Ramm, Thilo, Der nichtgewerkschaftliche Streik (I. Teil), Zum Urteil des Bundesarbeitsgerichts vom 21. 10. 1969 – 1 AZR 93/68, AuR 1971, 65 (zitiert: *Ramm*, AuR 1971, 65).

Ramm, Thilo, Die Rechtsprechung des Bundesarbeitsgerichts, Teil 1, JZ 1964, 494 (zitiert: *Ramm*, JZ 1964, 494).

Ramm, Thilo, Die Rechtsprechung des Bundesarbeitsgerichts, Teil 2, JZ 1964, 546 (zitiert: *Ramm*, JZ 1964, 546).

Ramm, Thilo, Nationalsozialismus und Arbeitsrecht, KJ 1968, 108 (zitiert: *Ramm*, KJ 1968, 108).

Ramm, Thilo, Pluralismus ohne Kodifikation, Die Arbeitsrechtswissenschaft nach 1945, in: Dieter Simon (Hrsg.), Rechtswissenschaft in der Bonner Republik, Studien zur Wissenschaftsgeschichte der Jurisprudenz, Frankfurt a. M. 1994, S. 449–528 (zitiert: *Ramm*, 1994).

Ramm, Thilo, Sozialadäquanztheorie und freiheitlicher sozialer Rechtsstaat, AuR 1966, 161 (zitiert: *Ramm*, AuR 1966, 161).

Rebhahn, Robert, Der Arbeitskampf bei weitgehend gesetzlicher Regelung der Arbeitsbedingungen, Teil 1, DRdA 2004 (zitiert: *Rebhahn*, DRdA 2004).

Rebhahn, Robert, Die Zukunft der Kollektivautonomie in Europa – Tarifautonomie im Rechtsvergleich, EuZA 2010, 62 (zitiert: *Rebhahn*, EuZA 2010, 62).

Redler, Lucy, Politischer Streik in Deutschland nach 1945, Köln 2007 (zitiert: *Redler*, 2007).

Rehder, Britta, Rechtsprechung als Politik, Der Beitrag des Bundesarbeitsgerichts zur Entwicklung der Arbeitsbeziehungen in Deutschland, Frankfurt a. M. 2011 (zitiert: *Rehder*, 2011).

Reifner, Udo, Kollektiver Rechtsgebrauch: Die Massenklagen der IG-Metall gegen die Aussperrung, ZfRSoz 1981, 88 (zitiert: *Reifner*, ZfRSoz 1981, 88).

Reimer, Franz, Juristische Methodenlehre, Baden-Baden 2016 (zitiert: *Reimer*, 2016).

Reuss, Wilhelm, Der „politische" Arbeitskampf, AuR 1966, 264 (zitiert: *Reuss*, AuR 1966, 264).

Reuter, Dieter, Nochmals: Die unverhältnismäßige Aussperrung, BAG (GS) AP, Art. 9 GG – Arbeitskampf – Nr. 43, JuS 1973, 284 (zitiert: *Reuter*, JuS 1973, 284).

Richardi, Reinhard, Die Verhältnismäßigkeit von Streik und Aussperrung, NJW 1978, 2057 (zitiert: *Richardi*, NJW 1978, 2057).

Richter, Ronald, Die neue soziale Pflegeversicherung – PSG I, II und III, Pflegebegriff – Vergütungen – Potenziale, 2. Aufl., Baden-Baden 2017 (zitiert: *Richter*, 2017).

Rickert, Imke, Zur Dialektik des Rechts in der bürgerlichen Gesellschaft, KJ 2021, 3 (zitiert: *Rickert*, KJ 2021, 3).

Ridder, Helmut, Die soziale Ordnung des Grundgesetzes, Leitfaden zu den Grundrechten einer demokratischen Verfassung, Opladen 1975 (zitiert: *Ridder*, 1975).

Ridder, Helmut, Zur verfassungsrechtlichen Stellung der Gewerkschaften im Sozialstaat nach dem Grundgesetz, Stuttgart 1960 (zitiert: *Ridder*, 1960).

Rieble, Volker, Das neue Arbeitskampfrecht des BAG, BB 2008, 1506 (zitiert: *Rieble*, BB 2008, 1506).

Ritter, Gerhard A./*Tenfelde*, Klaus, Der Durchbruch der Freien Gewerkschaften Deutschlands zur Massenbewegung im letzten Viertel des 19. Jahrhunderts, in: Heinz Oskar Vetter (Hrsg.), Vom Sozialistengesetz zur Mitbestimmung, Zum 100. Geburtstag von Hans Böckler, Köln 1975, S. 61–120 (zitiert: *Ritter/Tenfelde*, 1975).

Rödl, Florian/*Beerwerth*, Joost, Streikmobilisierung auf Firmenparkplatz, AuR 2021, 244 (zitiert: *Rödl/Beerwerth*, AuR 2021, 244).

Röhner, Cara, Eigentum und Vergesellschaftung in der Wohnungskrise. Zur Aktualität von Art. 15 GG, KJ 2020, 16 (zitiert: *Röhner*, KJ 2020, 16).

Röhner, Cara, Ungleichheit und Verfassung, Vorschlag für eine relationale Rechtsanalyse, Weilerswist 2019 (zitiert: *Röhner*, 2019).

Rothgang, Heinz, Abschlussbericht im Projekt Entwicklung und Erprobung eines wissenschaftlich fundierten Verfahrens zur einheitlichen Bemessung des Personalbedarfs in Pflegeeinrichtungen nach qualitativen und quantitativen Maßstäben gemäß § 113c SGB XI (PeBeM), Bremen 2020, https://www.gs-qsa-pflege.de/wp-content/uploads/2020/09/Abschlussbericht_PeBeM.pdf (zugegriffen am 2.7.2021).

Rothgang, Heinz, Was bringt das Gesetz zur Verbesserung der Gesundheitsversorgung und Pflege für die stationäre Langzeitpflege?, SozSich 2021, 443 (zitiert: *Rothgang*, SozSich 2021, 443).

Rothgang, Heinz/*Kalwitzki*, Thomas, Alternative Ausgestaltung der Pflegeversicherung, Abbau der Sektorengrenzen und bedarfsgerechte Leistungsstruktur, Initiative Pro-Pflegereform 2017, https://www.pro-pflegereform.de/fileadmin/default/user_upload/Zusammenfassung_-_Gutachten_Prof._Rothgang.pdf (zugegriffen am 22.10.2018).

Röwekamp, Marion, Diskriminierung oder Beteiligung?, Juristinnen zwischen 1933 und 1945, djbz 2008, 125 (zitiert: *Röwekamp*, djbz 2008, 125).

Rückert, Joachim, „Nipperdey, Hans", in: Historische Kommission bei der Bayrischen Akademie der Wissenschaften (Hrsg.), Neue Deutsche Biographie, Neuwach – Pagel, Berlin 1999, S. 280–282 (zitiert: *Rückert*, 1999).

Rückert, Joachim, Zu Kontinuitäten und Diskontinuitäten in der juristischen Methodendiskussion nach 1945, in: Karl Acham/Knut Wolfgang Nörr/Bertram Schefold (Hrsg.), Erkenntnisgewinne, Erkenntnisverluste, Kontinuitäten und Diskontinuitäten in den Wirtschafts-, Rechts- und Sozialwissenschaften zwischen den 20er und 50er Jahren, Stuttgart 1998, S. 113–172 (zitiert: *Rückert*, 1998).

Rudkowski, Lena, Der Streik in der Daseinsvorsorge, München 2010 (zitiert: *Rudkowski*, 2010).

Ruland, Franz, Demografie und Sozialstaat, NZS 2018, 793 (zitiert: *Ruland*, NZS 2018, 793).

Rüthers, Bernd, Arbeitskampf und politisch-ökonomisches System, in: Hans Brox/Bernd Rüthers (Hrsg.), Arbeitskampfrecht, Ein Handbuch für die Praxis, 2. Aufl., völlig neubearb., Stuttgart 1982, S. 1–10 (zitiert: *Rüthers*, 1982).

Rüthers, Bernd, Rechtstheorie, Begriff, Geltung und Anwendung des Rechts, 2. Aufl., München 2005 (zitiert: *Rüthers*, 2005).

Rüthers, Bernd, Streik und Verfassung, Köln 1960 (zitiert: *Rüthers*, 1960).

Rüthers, Bernd, Überlebende und überlebte Vergangenheiten, Zwei Starjuristen einer Diktatur unter sich, Myops 2008, 67 (zitiert: *Rüthers*, Myops 2008, 67).

Sachverständigenkommission für den Zweiten Gleichstellungsbericht, Zweiter Gleichstellungsbericht der Bundesregierung, BT-Drs. 18/12840. 2017.

Sack, Rolf, Das Recht am Gewerbebetrieb, Geschichte und Dogmatik, Tübingen 2012 (zitiert: *Sack*, 2012).

Säcker, Franz Jürgen, Zu den rechtspolitischen Grundlagen der Arbeitskampf-Entscheidungen des Bundesarbeitsgerichts vom 21. April und 26. Oktober 1971, GewerkMH 1972, 287 (zitiert: *Säcker*, GewerkMH 1972, 287).

Säcker, Franz Jürgen/*Oetker*, Hartmut, Grundlagen und Grenzen der Tarifautonomie, Erläutert anhand aktueller tarifpolitischer Fragen, München 1992 (zitiert: *Säcker/Oetker*, 1992).

Saul, Ben/*Kinley*, David H./*Mowbray*, Jacqueline, The International Covenant on Economic, Social and Cultural Rights, Commentary, cases, and materials, Oxford 2014 (zitiert: *Saul/ Kinley/Mowbray*, 2014).

Schachtschabel, Hans Georg, Geschichte der volkswirtschaftlichen Lehrmeinungen, Stuttgart 1971 (zitiert: *Schachtschabel*, 1971).

Schäfer, Hans, Die lückenhafte Notstandsverfassung, Kritische Bemerkungen zur dritten Regierungsvorlage, AöR 1968, 37 (zitiert: *Schäfer*, AöR 1968, 37).

Schäfer, Michael/*Voland*, Thomas/*Strenge*, Nikolas von, „Gepflegte Investition" – Der rechtliche Rahmen für Errichtung, Betrieb und Finanzierung von Pflegeheimen, NZS 2008, 570 (zitiert: *Schäfer/Voland/Strenge*, NZS 2008, 570).

Schansker, Mareike, Die Beschränkung des Streikrechts auf tariflich regelbare Ziele, Baden-Baden 2015 (zitiert: *Schansker*, 2015).

Scherer, Inge, Grenzen des Streikrechts in den Arbeitsbereichen der Daseinsvorsorge, Schutz der Bürger vor gezielter Schädigung durch Streiks, Berlin 2000 (zitiert: *Scherer*, 2000).

Schlachter, Monika, Der Schutz der Vereinigungsfreiheit durch die Europäische Sozialcharta, SR 2013, 77–91 (zitiert: *Schlachter*, SR 2013, 77–91).

Schlachter, Monika, Die Europäische Menschenrechtskonvention und ihre Wirkungen auf das deutsche Recht, RdA 2011, 341 (zitiert: *Schlachter*, RdA 2011, 341).

Schlachter, Monika/*Heuschmid*, Johannes/*Ulber*, Daniel (Hrsg.), Arbeitsvölkerrecht, Tübingen 2019 (zitiert: Schlachter/Heuschmid/Ulber-*Bearbeiter*).

Schlegel, Rainer/*Voelzke*, Thomas, juris PraxisKommentar SGB XI, 2. Aufl., hrsg. von Rainer Schlegel/Thomas Voelzke, online 2017 (zitiert: jurisPK-SGB XI-*Bearbeiter*).

Schmid, Richard, Zum politischen Streik, GewerkMH 1954, 1 (zitiert: *Schmid*, GewerkMH 1954, 1).

Schmitt, Carl, Die Wendung zum totalen Staat, in: Positionen und Begriffe, im Kampf mit Weimar – Genf – Versailles 1923–1939, 4. Aufl., Berlin 2014 (1931), S. 166–178 (zitiert: *Schmitt*, 2014).

Schmitt, Carl, Positionen und Begriffe, im Kampf mit Weimar – Genf – Versailles 1923–1939, 4. Aufl., Berlin 2014.

Schmoller, Gustav von, Eröffnungsrede, in: Ständiger Ausschuß (Hrsg.), Verhandlungen der Eisenacher Versammlung zur Besprechung der socialen Frage am 6. und 7. Oktober 1872, Leipzig 1873, S. 1–7 (zitiert: *Schmoller*, 1873).

Schmoller, Gustav von, Referat über die Arbeitseinstellungen und Gewerkvereine, in: Ständiger Ausschuß (Hrsg.), Verhandlungen der Eisenacher Versammlung zur Besprechung der socialen Frage am 6. und 7. Oktober 1872, Leipzig 1873, S. 78–93 (zitiert: *Schmoller*, 1873).

Schnorr, Gerhard, Das Recht zur fristlosen Entlassung wegen Streikbeteiligung, AuR 1953, 193 (zitiert: *Schnorr*, AuR 1953, 193).

Scholz, Rupert, Die Koalitionsfreiheit als Verfassungsproblem, München 1971 (zitiert: Scholz 1971).

Schröder, Jan, Kollektivistische Theorien und Privatrecht in der Weimarer Republik am Beispiel der Vertragsfreiheit, in: Knut Wolfgang Nörr/Bertram Schefold/Friedrich H. Tenbruck (Hrsg.), Geisteswissenschaften zwischen Kaiserreich und Republik, Zur Entwicklung von Nationalökonomie, Rechtswissenschaft und Sozialwissenschaft im 20. Jahrhundert, Stuttgart 1994, S. 335–359 (zitiert: *Schröder*, 1994).

Schröder, Rainer, Die Entwicklung des Kartellrechts und des kollektiven Arbeitsrechts durch die Rechtsprechung des Reichsgerichts vor 1914, Ebelsbach 1988 (zitiert: *Schröder*, 1988).

Schroeder, Wolfgang, Interessenvertretung in der Altenpflege, Zwischen Staatszentrierung und Selbstorganisation, Wiesbaden 2018 (zitiert: *Schroeder*, 2018).

Schulin, Bertram, Die soziale Pflegeversicherung des SGB XI – Grundstrukturen und Probleme, NZS 1994, 433–444 (zitiert: *Schulin*, NZS 1994, 433–444).

Schulin, Bertram, Verträge mit den Leistungserbringern im Pflegeversicherungsrecht (SGB XI), Vierteljahresschrift für Sozialrecht 1994, 285 (zitiert: *Schulin*, Vierteljahresschrift für Sozialrecht 1994, 285).

Schulte, Stefan, Verdi-Chef Bsirske ruft zur Teilnahme am „Klimastreik“ auf, Westdeutsche Allgemeine Zeitung vom 05.08.2019, https://www.waz.de/wirtschaft/verdi-chef-bsirske-ruft-zur-teilnahme-am-klimastreik-auf-id226689669.html (zugegriffen am 16.9.2020).

Schulz, Erika, Das deutsche Pflegesystem ist im EU-Vergleich unterdurchschnittlich finanziert, DIW Wochenbericht 2012, 10 (zitiert: *Schulz*, DIW Wochenbericht 2012, 10).

Schulz, Jürgen Michael, „Bonn braucht sein Licht nicht unter den Scheffel zu stellen“ Fritz Eberhards Arbeit im Parlamentarischen Rat, in: Bernd Sösemann (Hrsg.), Fritz Eberhard, Rückblicke auf Biographie und Werk, Stuttgart 2001, S. 213–237 (zitiert: *Schulz*, 2001).

Schulz, Sarah, Die freiheitliche demokratische Grundordnung, Weilerswist 2018 (zitiert: *Schulz*, 2018).

Schurian, Hannah, Das bisschen Pflege, Was falsch läuft und wie es anders gehen könnte, Berlin 2017.

Schwaabe, Heinrich, Gedanken zum Streikrecht, AuR 1954, 357 (zitiert: *Schwaabe*, AuR 1954, 357).

Seeck, Francis, Hä, was heißt denn Klassismus?, in: Francis Seeck/Brigitte Theißl (Hrsg.), Solidarisch gegen Klassismus. organisieren, intervenieren, umverteilen, 2. Aufl., Münster 2021, S. 17–18 (zitiert: *Seeck*, 2021).

Seegert, Christian, Die Formierung des Streikrechts, Arbeitsgerichtsbarkeit und Koalitionsrecht im Prozess gesellschaftlicher Restauration 1946–1955, Frankfurt a.M. 1985 (zitiert: *Seegert*, 1985).

Seifert, Achim, Das Bundesarbeitsgericht in der „Ära Nipperdey“, in: Christian Fischer/Walter Pauly (Hrsg.), Höchstrichterliche Rechtsprechung in der frühen Bundesrepublik, Tübingen 2015, S. 247–262 (zitiert: *Seifert*, 2015).

Seifert, Achim, Die Bedeutung von EMRK und GRCh für das deutsche kollektive Arbeitsrecht, EuZA 2013, 205 (zitiert: *Seifert*, EuZA 2013, 205).

Seifert, Jürgen, Demokratische Republik und Arbeiterbewegung in der Verfassungstheorie von Wolfgang Abendroth (1906–1985), KJ 1985, 458 (zitiert: *Seifert*, KJ 1985, 458).

Seiter, Hugo, Streikrecht und Aussperrungsrecht, Ein Arbeitskampfrechtssystem auf der Grundlage subjektiv-privater Kampfrechte, Tübingen 1975 (zitiert: *Seiter*, 1975).

Seiter, Hugo, Zur Gestaltung der Arbeitskampfordnung durch den Gesetzgeber, RdA 1986, 165 (zitiert: *Seiter*, RdA 1986, 165).

Sell, Stefan, Das Kreuz mit der Pflege. Konfessionelle Träger von Pflegeheimen als Getriebene und Treiber in Zeiten einer fortschreitenden Ökonomisierung des Pflegesektors, Remagen 2009.

Sielemann, Jürgen/*Flamme*, Paul, Hamburger jüdische Opfer des Nationalsozialismus, Gedenkbuch, Hamburg 1995 (zitiert: *Sielemann/Flamme*, 1995).

Sinzheimer, Hugo, Arbeitsrecht und Rechtssoziologie, Gesammelte Aufsätze und Reden. Band 2, hrsg. von Otto Kahn-Freund/Thilo Ramm, Schriftenreihe der Otto-Brenner-Stiftung, Frankfurt a. M. 1976.

Sinzheimer, Hugo, Das Weltbild des bürgerlichen Rechts, in: Otto Kahn-Freund/Thilo Ramm (Hrsg.), Arbeitsrecht und Rechtssoziologie, Gesammelte Aufsätze und Reden. Band 2, Frankfurt a. M. 1976 (1932), 313 ff. (zitiert: *Sinzheimer*, 1976).

Sinzheimer, Hugo, Der Wandel im Weltbild des Juristen, in: Otto Kahn-Freund/Thilo Ramm (Hrsg.), Arbeitsrecht und Rechtssoziologie, Gesammelte Aufsätze und Reden. Band 2, Frankfurt a. M. 1976 (1928), 42 ff. (zitiert: *Sinzheimer*, 1976).

Sinzheimer, Hugo, Die Reform des Schlichtungswesens, in: Gesellschaft für Soziale Reform (Hrsg.), Die Reform des Schlichtungswesens. Der wirtschaftliche Wert der Sozialpolitik, Bericht über die Verhandlungen der XI. Generalversammlung der Gesellschaft für Soziale Reform in Mannheim am 24. u. 25. Oktober 1929, Jena 1930, S. 17–49 (zitiert: *Sinzheimer*, 1930).

Sinzheimer, Hugo, Ein Arbeitstarifgesetz, Die Idee der sozialen Selbstbestimmung im Recht, Berlin 1977 (1916) (zitiert: *Sinzheimer*, 1977).

Sinzheimer, Hugo, Grundzüge des Arbeitsrechts, Jena 1927 (zitiert: Sinzheimer 1927).

Smiatacz, Carmen, Kurt Perels *1878, Landeszentrale für politische Bildung Hamburg 2014, https://www.stolpersteine-hamburg.de/?MAIN_ID=7&BIO_ID=4974 (zugegriffen am 4. 9. 2021).

Sozialdemokratische Partei Deutschlands, Das Heidelberger Programm: beschlossen auf dem Parteitag der Sozialdemokratischen Partei Deutschlands in Heidelberg am 18. September 1925, Parteitag der Sozialdemokratischen Partei Deutschlands, Heidelberg am 18. 9. 1925, Offenbach a. M. 1947 (zitiert: Sozialdemokratische Partei Deutschlands 1947).

Sozialdemokratische Partei Deutschlands, Grundsatzprogramm der Sozialdemokratischen Partei Deutschlands, beschlossen vom Außerordentlichen Parteitag der Sozialdemokratischen Partei Deutschlands in Bad Godesberg vom 13. bis 15. November 1959, Bonn 1959, https://library.fes.de/pdf-files/bibliothek/retro-scans/fa-57721.pdf (zugegriffen am 17. 6. 2021).

Spickhoff, Andreas, Medizinrecht, 3. Aufl., hrsg. von Andreas Spickhoff, München 2018 (zitiert: Spickhoff-*Bearbeiter*).

Staff, Ilse, Fritz Bauer (1903–1968), in: Thomas Blanke/Alexander von Brünneck/Rainer Erd et al. (Hrsg.), Streitbare Juristen, Eine andere Tradition, Baden-Baden 1988, S. 440–450 (zitiert: *Staff*, 1988).

Starck, Christian/*Klein*, Friedrich, Grundgesetz, Kommentar, 7. Aufl., hrsg. von Peter M. Huber/Andreas Voßkuhle/Hermann von Mangoldt, München 2018 (zitiert: v. Mangoldt/ Starck/Klein-*Bearbeiter*).

Statistisches Bundesamt, Pflegestatistik 2015, Pflege im Rahmen der Pflegeversicherung Deutschlandergebnisse, Wiesbaden 2017.

Statistisches Bundesamt, Pflegestatistik 2019, Pflege im Rahmen der Pflegeversicherung Deutschlandergebnisse, Wiesbaden 2020.

Statistisches Bundesamt, Volkswirtschaftliche Gesamtrechnungen, Bruttoinlandsprodukt, Bruttonationaleinkommen, Volkseinkommen. Lange Reihen ab 1925. 2020. 24.08.2021.

Staudinger, Julius von, Julius von Staudingers Kommentar zum Bürgerlichen Gesetzbuch (BGB) mit Einführungsgesetz und Nebengesetzen, Band II: Recht der Schuldverhältnisse, Teil 3 (Lieferung 5): §§ 611–740, 10. Aufl., hrsg. von Karl Geiler/Hans Carl Nipperdey/Karl Kober, Berlin 1943 (zitiert: Staudinger-*Bearbeiter*).

Steinke, Ronen, Fritz Bauer oder Auschwitz vor Gericht, München/Berlin/Zürich 2015 (zitiert: *Steinke*, 2015).

Sterzel, Dieter, Wolfgang Abendroth (1906–1985), Revolutionär und Verfassungsjurist der Arbeiterbewegung, in: Thomas Blanke/Alexander von Brünneck/Rainer Erd et al. (Hrsg.), Streitbare Juristen, Eine andere Tradition, Baden-Baden 1988, S. 476–486 (zitiert: *Sterzel*, 1988).

Stolleis, Michael, Geschichte des öffentlichen Rechts in Deutschland, Weimarer Republik und Nationalsozialismus, München 2002 (zitiert: *Stolleis*, 2002).

Stolleis, Michael, Geschichte des Sozialrechts in Deutschland, Ein Grundriß, Stuttgart 2003 (zitiert: *Stolleis*, 2003).

Stolleis, Michael, Parteienstaatlichkeit – Krisensymptome des demokratischen Verfassungsstaats?, in: Michael Stolleis/Heinz Schäffer/René A. Rhinow et al. (Hrsg.), Parteienstaatlichkeit, Krisensymptome des demokratischen Verfassungsstaats?, Berlin/New York 1986, S. 7–45 (zitiert: *Stolleis*, 1986).

Strüder, Sebastian, Das Verhältnis von EuGH und EGMR nach dem Beitritt der EU zur EMRK aus unionsrechtlicher Sicht, NJOZ 2021, 769 (zitiert: *Strüder*, NJOZ 2021, 769).

Tarnow, Fritz, Schreiben von F. Tarnow, Gewerkschaftsrat, Frankfurt a. M., an den Bundesvorstand des Gewerkschaftsbundes Württemberg-Baden zur verfassungsmäßigen Absicherung des Streikrechts, in: Hermann Weber/Siegfried Mielke (Hrsg.), Gewerkschaften in Politik, Wirtschaft und Gesellschaft, Köln 1991 (28. 12. 1948), S. 878–879 (zitiert: *Tarnow*, 1991).

Theobald, Hildegard, Pflegearbeit in Deutschland, Japan und Schweden, Wie werden Pflegekräfte mit Migrationshintergrund und Männer in die Pflegearbeit einbezogen?, Düsseldorf 2018 (zitiert: *Theobald*, 2018).

Thoma, Richard, Kritische Würdigung des vom Grundsatzausschuß des Parlamentarischen Rates beschlossenen und veröffentlichten Grundrechtskatalog 25. 10. 1948, Dok. Nr. 18, in:

Kurt Georg Wernicke/Rupert Schick/Eberhard Pikart (Hrsg.), 1948–1949; Akten und Protokolle, Ausschuß für Grundsatzfragen, Boppard am Rhein 1993 (1948), S. 361–379 (zitiert: *Thoma*, 1993).

Thüsing, Gregor, Vereinbarte Betriebsratsstrukturen, ZIP 2003, 693 (zitiert: *Thüsing*, ZIP 2003, 693).

Tschenker, Theresa, Effektiver Streik und Notdienstarbeiten, NZA-RR 2022, 337 (zitiert: *Tschenker*, NZA-RR 2022, 337).

Tschenker, Theresa, Kollektivverträge über Personalschlüssel in der Altenpflege, IndBez 2019, 366 (zitiert: *Tschenker*, IndBez 2019, 366).

Tucker, Eric, Can Worker Voice Strike Back? Law and the Decline and Uncertain Future of Strikes 2013, http://digitalcommons.osgoode.yorku.ca/clpe/300 (zugegriffen am 13. 5. 2021).

Uhlig, Daniel, Das Recht bei Marx und im Materialismus, Eine systematische Darstellung der Thesen materialistischer Rechtstheorien und ihrer Probleme unter Berücksichtigung der wirtschaftstheoretischen und philosophischen Prämissen, Berlin 2020 (zitiert: *Uhlig*, 2020).

Uhlig, Daniel, Rezension von Stefan Krauth, Kritik des Rechts, KJ 2014, 224 (zitiert: Uhlig, KJ 2014, 224).

ver.di, Pflege und Gesundheitsversorgung solidarisch finanzieren 2011, https://www.verdi.de/themen/gesundheit/++co++e1106e22-adf7-11e0-7d3a-00093d114afd (zugegriffen am 28. 6. 2021).

ver.di, Stellungnahme der Vereinten Dienstleistungsgewerkschaft – ver.di zum Gesetzesentwurf der Bundesregierung, Entwurf eines Gesetzes zur Weiterentwicklung der Gesundheitsversorgung, BT-Drs. 19/26822, ver.di, Berlin 2021.

ver.di, Stellungnahme zu BT-Drs. 19/23483, Berlin 10. 11. 2020, https://www.bundestag.de/resource/blob/805788/41631e7525a2d988519f916973a3c906/19_14_0243-30-_Vereinte-Dienstleistungsgewerkschaft-Versorgungsverbesserungsgesetz-data.pdf (zugegriffen am 6. 7. 2021).

ver.di, Fachbereich Gesundheit, Soziale Dienste, Wohlfahrt und Kirchen, Aufruf gegen das DRG-System 2020, https://gesundheit-soziales.verdi.de/mein-arbeitsplatz/krankenhaus/++co++c76910e2-0265-11eb-b5e8-001a4a160119 (zugegriffen am 28. 6. 2021).

ver.di aktiv, Gewerkschafter*innen fordern: Für einen offiziellen Streikaufruf für den 20.9.! 20. August 2019, http://verdi-aktiv.de/2019/08/gewerkschafterinnen-fordern-fuer-einen-offizielen-streikaufruf-fuer-den-20-9/ (zugegriffen am 16. 9. 2020).

Verfassungsausschuss der Ministerpräsidenten-Konferenz der westlichen Besatzungszonen, Bericht über den Verfassungskonvent auf Herrenchiemsee vom 10. bis 23. August 1948, München 1948 (zitiert: *Verfassungsausschuss der Ministerpräsidenten-Konferenz der westlichen Besatzungszonen*, 1948).

Verfassungsgebende Deutsche Nationalversammlung, Verhandlungen der verfassungsgebenden Deutschen Nationalversammlung, Aktenstück Nr. 391, Berlin 28. 5. 1919, https://www.reichstagsprotokolle.de/Blatt2_wv_bsb00000020_00368.html.

Vielhaber, Otto, Streik und Arbeitsvertragsbruch, RdA 1951, 372 (zitiert: *Vielhaber*, RdA 1951, 372).

Viol, Madeleine, Die ambulante Pflege – Stiefkind der Pflegegesetzgebung in der 19. Legislaturperiode, SozSich 2021, 276 (zitiert: *Viol*, SozSich 2021, 276).

*Vorschläge Frauen*streik*, Streik im Betrieb 2019, http://frauenstreik.org/wp-content/uploads/2019/01/Betriebliche-Streiks.pdf (zugegriffen am 15.9.2020).

Wahsner, Roderich, Das Arbeitsrechtskartell – Die Restauration des kapitalistischen Arbeitsrechts in Westdeutschland nach 1945, KJ 1974, 369 (zitiert: *Wahsner*, KJ 1974, 369).

Wahsner, Roderich, Politischer Streik und Verfassung, in: Detlef Hensche/Martin Kutscha (Hrsg.), Recht und Arbeiterbewegung, Zum Gedenken an Wolfgang Abendroth, Köln 1987, 48–57 (zitiert: *Wahsner*, 1987).

Wahsner, Roderich, Vom Koalitionsverbot zum Aussperrungsverbot – Zur Geschichte von Koalitionsfreiheit und Aussperrung, in: Karl-Jürgen Bieback/Heinz Oskar Vetter (Hrsg.), Streikfreiheit und Aussperrungsverbot, Zur Diskussion einer gewerkschaftlichen Forderung, Neuwied 1979, S. 144–183 (zitiert: *Wahsner*, 1979).

Wahsner, Roderich/*Bayh*, Joachim, „... Widerstand bis hin zum Generalstreik ...", Gewerkschaften, Streikrecht und Widerstand gegen Raketenstationierung; zugleich ein Beitrag zum politischen Streik, Marburg 1983 (zitiert: *Wahsner/Bayh*, 1983).

Waltermann, Raimund, Koalitionsvertrag: Flächendeckende Tarifgeltung in der Pflegebranche, NZA 2018, 686 (zitiert: *Waltermann*, NZA 2018, 686).

Warneck, Wiebke, Strike rules in the EU27 and beyond, A comparative overview, Brussels 2007 (zitiert: *Warneck*, 2007).

WDR, Klimastreik statt Arbeiten: Stadtverwaltungen machen mit 18.9.2019, https://www1.wdr.de/nachrichten/klimastreik-arbeitgeber-100.html (zugegriffen am 16.9.2020).

Weber, Petra, Gescheiterte Sozialpartnerschaft – gefährdete Republik?, Industrielle Beziehungen, Arbeitskämpfe und der Sozialstaat; Deutschland und Frankreich im Vergleich (1918–1933/39), München 2010 (zitiert: *Weber*, 2010).

Weber, Werner, Spannungen und Kräfte im westdeutschen Verfassungssystem, 3. Aufl., Berlin 1970 (1951) (zitiert: *Weber*, 1970).

Wedel-Schaper, Eva/*Hafner*, Christoph/*Ley*, Astrid, Die Professoren und Dozenten der Friedrich-Alexander-Universität 1743–1960, Teil 1: Theologische Fakultät, Juristische Fakultät, Erlangen 1993 (zitiert: *Wedel-Schaper/Hafner/Ley*, 1993).

Weinhauer, Klaus/*McElligott*, Anthony/*Heinsohn*, Kirsten, Introduction, In Search of the German Revolution, in: Klaus Weinhauer/Anthony McElligott/Kirsten Heinsohn (Hrsg.), Germany 1916–23, A revolution in context, Bielefeld 2015, S. 7–35 (zitiert: *Weinhauer/McElligott/Heinsohn*, 2015).

Weipert, Axel, Die Zweite Revolution, Berlin 2014 (zitiert: *Weipert*, 2014).

Weiß, Christian, Vergütung der stationären Langzeitpflege, Berlin 2016 (zitiert: *Weiß*, 2016).

Weiß, Volker, Die „Konservative Revolution", in: Martin Langebach/Michael Sturm (Hrsg.), Erinnerungsorte der extremen Rechten, Wiesbaden 2015, S. 101–120 (zitiert: *Weiß*, 2015).

Welti, Felix/*Wiebelitz-Spangenberg*, Christina, Sozialrechtlicher Rahmen für Arbeitsbedingungen im Gesundheitswesen, AuR 2017, 59 (zitiert: *Welti/Wiebelitz-Spangenberg*, AuR 2017, 59).

Wenzel, Otto, 1923, Die gescheiterte Deutsche Oktoberrevolution, Münster 2003 (zitiert: *Wenzel*, 2003).

Wesel, Uwe, Aufklärungen über Recht, 10 Beiträge zur Entmythologisierung, 2. Aufl., Frankfurt a. M. 1988 (zitiert: *Wesel*, 1988).

Wiedemann, Herbert/*Oetker*, Hartmut, Tarifvertragsgesetz, Mit Durchführungs- und Nebenvorschriften; Kommentar, 8. Aufl., hrsg. von Herbert Wiedemann, München 2018 (zitiert: Wiedemann TVG-*Bearbeiter*).

Wieland, Joachim, Rechtsgutachten zu den rechtlichen Möglichkeiten einer Rücküberführung des Universitätsklinikums Gießen und Marburg in öffentliches Eigentum, Berlin 2021.

Wingenfeld, Klaus, Grundlagen der Personalbemessung in vollstationären Pflegeeinrichtungen, Bielefeld 2010.

Winters, Fritz, Zur Frage des Streikrechts der Beamten, Berlin 1919 (zitiert: *Winters*, 1919).

Wipp, Michael/*Sausen*, Peter, Regelkreis der Einsatzplanung, Dienstpläne sicher und effizient erstellen, 3. Aufl., Hannover 2018 (zitiert: *Wipp/Sausen*, 2018).

Wippermann, Wolfgang, Umstrittene Vergangenheit, Fakten und Kontroversen zum Nationalsozialismus, Berlin 1998 (zitiert: *Wippermann*, 1998).

Wittholz, Joachim, Übersicht über den Stand der Druckerstreik-Prozesse, AuR 1953, 14 (zitiert: *Wittholz*, AuR 1953, 14).

Zacher, Clemens, Die Entstehung des Wirtschaftsrechts in Deutschland, Wirtschaftsrecht, Wirtschaftsverwaltungsrecht und Wirtschaftsverfassung in der Rechtswissenschaft der Weimarer Republik, Berlin 2002 (zitiert: *Zacher*, 2002).

Zimmer, Reingard, Soziale Grundrechte in der EU: Das Arbeitskampfrecht nach in-Kraft-Treten des Vertrags von Lissabon, AuR 2012, 114 (zitiert: *Zimmer*, AuR 2012, 114).

Zöllner, Wolfgang, Alfred Hueck, Rechtslehrer in Weimarer Republik, Nazidiktatur und Bundesrepublik, in: Stefan Grundmann/Karl Riesenhuber (Hrsg.), Deutschsprachige Zivilrechtslehrer des 20. Jahrhunderts in Berichten ihrer Schüler Band 1, Berlin 2007, S. 131–148 (zitiert: *Zöllner*, 2007).

Personen- und Stichwortverzeichnis